CSSCI来源集刊

现代中国文化与文学

40

MODERN CHINESE
CULTURE AND LITERATURE

李怡 毛迅 主编

四川大学文学与新闻学院
四川大学大文学研究学派培育项目　主办

巴蜀书社

图书在版编目(CIP)数据

现代中国文化与文学.40/李怡,毛迅主编.—成都：巴蜀书社,2022.3
ISBN 978-7-5531-1688-4

Ⅰ.①现… Ⅱ.①李…②毛… Ⅲ.①中华文化-文化研究-现代-丛刊②中国文学-现代文学-文学研究-丛刊 Ⅳ.①G122-55 ②I206.6-55

中国版本图书馆 CIP 数据核字(2022)第 049419 号

现代中国文化与文学(40)

李怡 毛迅 主编

责任编辑	李 蓓
出 版	巴蜀书社
	四川省成都市锦江区三色路 266 号新华之星 A 座 36 楼
	邮编 610023 总编室电话：(028)86361843
网 址	www.bsbook.com
发 行	巴蜀书社
	发行科电话：(028)86361856
经 销	新华书店
印 刷	成都蜀通印务有限责任公司(028)64715762
照 排	成都完美科技有限责任公司
版 次	2022 年 3 月第 1 版
印 次	2022 年 3 月第 1 次印刷
成品尺寸	185mm×260mm
印 张	26.25
字 数	640 千
书 号	ISBN 978-7-5531-1688-4
定 价	73.00 元

本书如有印装质量问题，请与工厂调换

编委会名单

编委会主任

曹顺庆

编委

(以汉语拼音为序)

柏 桦	蔡 震	陈国恩	程光炜	陈方竞	崔民选
丁 帆	范智红	高远东	高旭东	郜元宝	何锡章
黄美娥	金龙云(韩)	孔范今	孔庆东	李 今	李继凯
刘福春	刘 勇	刘秀美	栾梅健	罗振亚	逄增玉
朴宰雨(韩)	宋如珊	谭桂林	王兆胜	王中忱	魏 建
解志熙	岩佐昌暲(日)	袁国兴	杨剑龙	张福贵	张 健
张堂锜	张中良	赵学勇	郑家建	朱栋霖	朱晓进
朱寿桐	邹 红	周晓明			

目录

特 稿

李金发系列论（一）：李金发的诗歌审美观 ················ 骆寒超 1

"地方路径"专题研究

"通过地方路径开辟进入大文学史的独特视野"
——由《南京百年文学史》的观念、实践及探索意义谈起 ·············· 李 钧 15
南京百年文学史的四副面孔 ················ 张 鑫 23
《南京百年文学史》：在"南京文学"与"文学南京"的DNA双螺旋上 ······ 蒋洪利 28

新视界

数字时代的"诗为媒"：文学生活的跨界建构与话语审美 ············ 操 慧 宋巧丽 33
论中国近现代文学期刊的三级构成体系 ················ 刘 泉 王今晖 45
中文学科虚拟仿真实验教学改革的探索 ················ 杨天舒 刘 震 路 杨 57
跨文化戏剧的改编与文化立场
——邢云飞与莎士比亚的《铸情》 ················ 李伟民 廖 红 69
东亚现代性场域下"狂人"的多种面向
——兼论韩雪野对"狂人"形象的再书写 ················ 徐 榛 80

文学史序跋与现代新诗经典化关系论 .... 陈柏彤 93

情与礼的末世历险
——论吴趼人写情小说的失踪叙事 .... 陶明玉 106

"虫天世界"的国家寓言：晚清小说《蜗触蛮三国争地记》考论 .... 宋 雪 117

文学档案

意识形态与新诗选本的版本
——以《臧克家诗选》和《艾青诗选》为考察中心 .... 向阿红 129

新发现张恨水、白薇等十封书信释读
——兼谈抗战时期的保障作家生活运动 .... 张智勇 141

民国文学研究

近现代知识分子转型浪潮中的胡适 .... 傅其林 冯芙蓉 153

"诗"与"俗"如何化合？
——从上海剧艺社看现实题材剧目的文化品格 .... 穆海亮 165

从"共建"到"共生"：论抗战时期南京文学 .... 曾祥金 177

"画梦"与寻梦：何其芳与延安文艺教育 .... 翟二猛 189

民族共同体的另一种想象
——论萧红香港时期的小说"重写"问题 .... 安 静 204

接受历史、个体心境与当下论战的复杂纠葛
——重回20世纪30年代鲁迅与朱光潜的"静穆"之争 .... 汪静波 216

再现与重构：茅盾早期小说中的"时代性"问题再讨论 .... 殷鹏飞 231

《反攻》杂志与东北作家群的流脉问题 .... 冯 芽 247

"买卖"背后的故事
——老舍早期佚作《一号儿买卖》的文学史意义 ………………… 马晗敏 262

语言、诗化与文体形构
——汪曾祺早期小说创作的文体学意义 …………………………… 许亚龙 272

《民国日报·觉悟》的诗歌翻译 ……………………………………… 李小歌 285

共和国文学研究

重审20世纪20—80年代中国新诗朗诵的声音景观 ………………… 巫洪亮 300

明光遮蔽的幽光：《傅雷家书》书写的青年傅敏 …………………… 吴迎君 315

社会教育与女性主体性的建构
——以十七年小说"新妇女"叙事为核心 …………………… 张　宇　董卉川 331

《白鹿原》中的瘟疫叙事及其叙事伦理 ……………………………… 谭琳妃 340

文学史视野下"70后"作家的小镇书写 ……………………………… 聂章军 350

殉情叙事传统在当代小说中的继承与裂变 …………………………… 郭芷华 361

情感记忆、现代魅影与文化自觉
——论城市化进程中返乡叙事的乡俗书写 …………………… 黄明海 373

著述·综述

《中国小说史略》研究百年述论 ……………………………………… 王瑜锦 386

中华传统优秀文化的创新与通俗文学批评标准的构建
——评汤哲声《百年中国通俗文学价值评估·史学书写卷》 ……… 黄　杨 400

编后语 ………………………………………………………………… 陈思广 407

Contents

Feature Articles

First Article of Li Jinfa Studies Series: Li Jinfa's Poetry Aesthetics .... Luo Hanchao 1

Special Study of "Local Path"

"Opening up a Unique Vision into the Great Literary History through Local Path"
——On the Concept, Practice and Significance of *Centennial Literary History of Nanjing*
.... Li Jun 15
Four Faces of Nanjing Literary History in the Past 100 Years .... Zhang Xin 23
Centennial Literary History of Nanjing: On the DNA Double Helix of "Nanjing Literature" and "Literary Nanjing" .... Jiang Hongli 28

New Vision

"Poetry as a Medium" in the Digital Age: The Cross-Border Construction and Discourse
    Aesthetics in Literary Life .... Cao Hui   Song Qiaoli 33
On the Three-level System of Modern and Contemporary Chinese Literary Journals
    .... Liu Quan   Wang Jinhui 45
Exploration on Teaching Reform of Virtual Simulation Experiment in Chinese Literature
    Discipline .... Yang Tianshu   Liu Zhen   Lu Yang 57
Adaptation of Cross-cultural Dramas and the Cultural Standpoint
    ——Xing Yunfei and Shakespeare's *Zhu Qing* .... Li Weimin   Liao Hong 69
Various Aspects of "Madman" in the Field of Modernity in East Asia
    ——Also on Han Xueye's Rewriting of the Image of "Madman" .... Xu Zhen 80
On Relationship between Prefaces and Postscripts of Literary History and the Classicization of
    New Poetry .... Chen Baitong 93

Contents

An Adventure of Love and Propriety
——On the Disappearance Plots in Wu Jian-Ren's Romantic Fictions ········· Tao Mingyu 106

The National Allegory behind "The World of Insects": A Research of Late Qing Fiction *Wo Chu Man Sanguo Zhengdi Ji* ················· Song Xue 117

Literary Files

The Ideology and Editions of Selected New Poems
——With *Selected Poems of Zang Kejia* and *Selected Poems of Ai Qing* as Research Center
················· Xiang Ahong 129

Interpretation of Ten Newly Discovered Letters by Zhang Henshui, Bai Wei and Others
——Also on the Movement of Safeguarding Writers' Living during the Anti-Japanese War
················· Zhang Zhiyong 141

Literary Study of the Republic of China

Hu Shi in the Transition Wave of Intellectuals of Modern Times
················· Fu Qilin Feng Furong 153

How to Combine "Poetry" and "Secularity"?
——A View of the Cultural Character of Realistic Themed Dramas Based on Shanghai Theater Art Society ················· Mu Hailiang 165

From "Co-construction" to "Symbiosis": On Nanjing Literature during the Anti-Japanese War
················· Zeng Xiangjin 177

"Portraying Dream" and Following Dream: He Qifang and the Literature Education in Yan'an
················· Zhai Ermeng 189

Another Imagination of National Community
——On "Rewriting" of Xiao Hong's Novels in Hong Kong Period ········· An Jing 204

Complicated Entanglement among Acceptance History、Individual Mood and Polemic at that Time
——Returning to Lu Xun and Zhu Guangqian's Debate of "Silence" in 1930s
················· Wang Jingbo 216

Reappearing and Reconstruction: Re-discussion on the Issue of "Zeitgeist" in Mao Tun's Early Novels ················· Yin Pengfei 231

The Journal *Fan Gong* and A Re-examination of the Flowing Veins of the Northeast Writers Group ················· Feng Ya 247

Story Behind "the Deal"
——The Significance of Lao She's Lost Early Work *One Deal* in the Literature History .... Ma Hanmin 262

Language, Poetic and Stylistic Formation
——The Stylistic Significance of Wang Zengqi's Early Novels .... Xu Yalong 272

Poetry Translation of *The Consciousness Supplement of Republican Daily* .... Li Xiaoge 285

Literary Study of the People's Republic of China

Re-Examining the Soundscapes of Recitation of Chinese New Poetry from 1920s to 1980s
.... Wu Hongliang 300

Dim Light Sheltered under the Bright Light: Fu Min, A Young Man Depicted in *Fu Lei's Letters*
.... Wu Yingjun 315

Social Education and Construction of Female Subjectivity
——Centered on the "New Women" Narration of Novels in the Seventeen Years Literature
.... Zhang Yu　Dong Huichuan 331

The Plague Narrative and Narrative Ethics in *White Deer Plain* .... Tan Linfei 340

Town Literature of the 70's Generation Writers from Perspective of Literary History
.... Nie Zhangjun 350

The Inheritance and Fission of the Narrative Tradition of Dying for Love in Contemporary Novels
.... Guo Zhihua 361

Emotional Memory, Modern Phantom and Cultural Consciousness
——On the Rural Customs Writings of the Narrative of Returning Home in the Process of Urbanization .... Huang Minghai 373

Writings · Summarization

A Review of the Centennial Research on *A Brief History of Chinese Fictions*
.... Wang Yujin 386

The Innovation of Chinese Traditional Culture and Construction of Critical Standard of Popular Literature
——The Comment to Tang Zhesheng's Value Assessment of *Chinese Popular Literature in One Hundred Years · Writing about Historiography of Literature* .... Huang Yang 400

Afterword .... Chen Siguang 407

特 稿

李金发系列论（一）：李金发的诗歌审美观

骆寒超

李金发一生未见有关于自己的诗歌审美观的系统陈述。不过，在他为己、为人所写的序跋、随笔和艺术琐谈中，还是留下了一些属于诗歌观念性的见解。现经梳理，我们把它们归纳成四个方面，即诗应表现人的内在世界、诗应追求外物象征功能、诗应构建一个想象系统、诗应追求超常语言体式。

一、诗应表现人的内在世界

李金发认为，现实世界是丑陋的，不值一看，真正的美只存在于内心中。艺术是为创造美而存在的，唯其如此，我们才可以说，艺术（诗）的创造在李金发看来应该表现人的内心世界。为此，他对现实人生的态度大有不屑一顾的味儿——在许多场合他都表明了这一立场。特别是他用华林的笔名所写的《烈火》一文就认为"艺术与社会不是共同的世界"，"艺术上唯一目的，就是创造美，艺术家唯一工作，就是忠实表现自己的世界"。所以，对艺术家（诗人）来说，"美的世界是创造在艺术上，不是建设在社会上"①。可见，在他看来，诗歌的事业中社会人生是没有位置的。如果认定李金发从一踏上诗坛起，就显示出世纪末的唯美主义倾向，那么，这样的言论可说是这一倾向的总纲。他对社会人生是如此漠视，那么对自然景象又怎样呢？自然景象，不言而喻，是属于更外在的，李金发也的确把它们更看成奴仆了。在《艺术之本源与其命运》一文中，他就这样说："变动的景象，于我们好像是神秘繁复的灵魂之思想，我们的灵魂之深处与之谐和，从此自然于艺术家之前，不再是一件纯粹外表的东西，

---

① 《烈火》，《美育》1920年4月创刊号。

他爱慕着，寻找其情绪于大自然之身，他少画些自然之所见，多画些自身之内所见。"① 这段话要求"变动的景象"在我们灵魂深处能获得谐和存在，条件就是必须"寻找其情绪于大自然之身"，就是说，自然景象不过是主观情绪之寄托物。唯其如此，才使他大力提倡"少画些自然之所见，多画些自身之内所见"。因此，李金发对诗歌境界作了一些倾向于唯美主义的思考。

首先，他把写诗只看成"一种抒情的推敲，字句的玩意儿"②，说"我绝对不能跟人家一样，以诗来写革命思想，来煽动罢工、流血，我的诗是个人灵感的记录表，是个人陶醉后引吭的高歌，我不能希望人人能了解"。他写至此，还趁着语势对20世纪30年代的左翼文学评论家所持的评论标准颇为不满地说了一通："为什么中国的批评家一定口口声声说要有'时代意识''暗示光明''革命人生'等等空洞名词呢？"③还有一件事也值得一提。在和杜格灵对话的《诗回答》中，问者言及诗人欧外鸥决定"此后将以政治经济的事体作为他的诗的题材，而使他的诗像社会问题的提供一般"，李金发的反应却是"这种题材或为可能，全在创造者控制之力，但我是始终不能这样企图的"，"相信我诗的题材与人迥异"④。从这里也可以见出，他在这期间抱定了一个宗旨——超越外在世界，脱离现实人生，遁入内心世界，去作唯美的抒唱。当然，话也得说回来，诗人的念头是不稳定的，往往是兴之所至，随意发挥。就在讲这话的3年前，他在《现代》杂志上就发表过长诗《剩余的人》，为吸毒者可怖的命运发出哀叹；抗战发生后，他写了多篇讴歌反法西斯战争、呼吁为民族解放而献身的诗，说明他这种"超现实"之言说并不是绝对的。

其次，他把写诗看成一种品味醇酒美人的乐事。作为一个耽于唯美者，李金发既然提倡对社会人生的超脱，那么，使他的精神为之沉湎的又是什么呢？他也脱不了士大夫文人那种传统习气，沉湎于"对酒当歌，人生几何"的享乐主义意绪。他在《自挽》一诗中借表达自我审美心态的机会，作了一番属于自己的诗歌观念的言说。

  人若谈及我的名字，
  只说这是一秘密——
  爱秋梦与美女的诗人
  倨傲里带点 mechani。

---

① 《艺术之本源与其命运》，《美育》1929年10月第3期。
② 《诗问答》，《文艺画报》1935年2月第1卷第3期。
③ 《是个人灵感的记录表》，《文艺大路》1935年11月第2卷第1期。
④ 《诗问答》，《文艺画报》1935年2月第1卷第3期。

应该说，把诗人的抒情追求定位在"爱秋梦与美女"上，实是"对酒当歌，人生几何"的现代版说法。"秋梦"者，因年华流逝心怀感伤而神游幻美境界之谓也。由此看来，这是一种"留连光景惜朱颜"的抒情追求。《自挽》收在《食客与凶年》中，写于1923年。这场倡导当时还应者寥寥，但4年后戴望舒写了《雨巷》，又5年后何其芳写了《预言》，把李金发的这场倡导通过创作实践发扬开来，以致形成了一股诗歌潮流。如今《雨巷》、《预言》成了这股诗潮的标志，却没有人注意到李金发在《自挽》中的率先倡导。当然，由此类抒情追求激发出来的颓唐情调，与那时由国恨家仇激发出来的风云时代情调是不合拍的，李金发这种超脱现实社会的倡导不足为训。不过，值得一提的是，这也多少反映了一些处于时代低气压期间知识分子所感受到的前程渺茫、生存苦闷的真实心态，而李金发则在诗歌观念上把它体现了出来，以致在诗歌界起了某个方面的带头羊作用。

第三，他把写诗看成一场玩弄虚幻感觉、朦胧印象以迷醉自己心灵的美事。李金发鲜有借酒消愁的直接言说，却颇提倡在诗歌中追求幻觉印象，表现于此获得的恍兮惚兮诗境，如同迷幻药一般麻醉心魂，达到超脱社会现实的目的。据说，法国前期象征派诗人中有以吸食大麻来刺激神经、求取幻觉而写诗者，可见他们对此种追求是何等投入。李金发作为新诗中第一个象征主义诗人，是直接传承自他那法兰西籍"名誉老师"①们的，所以在诗歌观念中也有了这种求幻觉印象的举措与言论。一直以来，他被人看成诗怪，就在于在他诗中玩弄幻觉竟到了怪诞的地步。在《有感》中，他就大写了一通幻感。如开门见山的第一节就写"如残叶溅／血在我们／脚上"，十分荒诞可怖。诗人对残叶之飘落秋郊竟会有血流遍地的幻觉，而人踏在它们上面，竟感到有血溅在脚上。能说这幻觉不怪诞惑人吗？这就是玩弄幻觉的结果。一帖迷幻药的药效，真是够刺激神经的。而以这样的举措来玩弄幻觉、超脱现实，也真够旗帜鲜明的。李金发又被人看成百年新诗坛写朦胧诗的第一人，这是因为他主张恍兮惚兮的印象表现。而支撑这个主张的则是对印象的醉心。在《艺术之本源及其命运》中，他以赞美月夜的"朦胧之美"来提倡诗中的幻象追求。他认为"夜间的无尽之美，是在其能将万物仅显露了一半"，"贝多芬及全德国人所歌咏之月夜，是在万物都变了原形，即最平淡之曲径，亦充满着诗意，所有看不清的万物之轮廓，恰造成一种柔弱之美"，因为暗影是万物之服装，月亮的光辉好像特用来把万物摇荡于透明的轻云中。而这个"轻

---

① 语出李金发译魏尔伦诗《巴黎之夜景》的译后附言："有极多的朋友和读者说我的诗之美中不足，是太多难解之处，这事我不同意。我的名誉老师是魏尔伦。好，现在就请他出来……"见《小说月报》1926年10月第17卷第2期。

云","诗人眼中所常有"。他怀着这些虚幻意识去观察大自然,"解散之,你便使其好梦逃逸;任之,则完成其神怪之梦"。好一场"神怪之梦"的追求!对这种朦胧之美的大力提倡,使李金发看到"万物仅显露了一半"、"万物都变了原形"而具有了独特的审美价值,所以更主张诗人对朦胧印象作倾情玩弄。由此足见李金发遁入内心世界、追求朦胧印象的诗学主张,正是其唯美主义倾向的体现。

二、诗应追求外物象征功能

诗既然只是表现人的内在世界,那么外在的客观世界也就必然会被看成展示这场表现的手段。这样一来,客观与主观就会构成一种象征与被象征的关系。正是这个外物乃内心之象征的命题,在李金发的诗歌观念中推了出来,且凸显了出来。那么,我们不断在说的象征又是怎么回事呢?马拉美的追求者亨利·德·雷涅有这样一种解释:"象征就是抽象与具体之间的一个比较,比较的一方仅仅是被暗示出来的","因为象征通常以这种方式独立存在,对于被象征的东西,读者只是得到一点点指示或者什么也没有……"① 其实,这个解释指的是喻体与喻本的暗示关系。唯其是暗示,只起"指示"(即提示)作用,或者干脆什么也没有"指示"给读者,仅露出一点儿苗头,让他人自己去捉摸。美国学者劳·坡林在《谈诗的象征》一文中则说:"象征的定义可以粗略地说成是某种东西的含义大于其本身","象征意味着既是它所说的同时也是超过它所说的","象征的含义是无限的"②。他这个解释还是谈喻体与喻本的关系,指出二者出于一体,同时喻体又须大于喻本。总之,综合二家之说,可以见出象征更近于隐喻,不像被既定的意义所范围着的明喻,因而可暗示更多东西,甚至超验的东西。基于此,喻体为了发挥自身可以大于喻本而作变形,并因此而扩展开来。这样一来,也就决定了作为一场象征活动,更宜于用来展示内在世界。也就是说,外在世界既可以和诗人的内在世界感兴地应合,还能以手段的身份暗示内心深处更隐秘的东西。于是,李金发也就顺势作了这样的言说:"我认为任何人生悲欢离合,及为人所忽略的生活断片……皆可暗示人生。"他甚至敢于这样宣告:"我作诗的时候,从没有准备怕人家难懂,只求能发泄尽胸中的诗意就是……我的诗是个人灵感的记录表,是个人陶醉后引吭的高歌。"③

李金发这场象征艺术追求,使他的诗歌观念上了一个台阶,染上了象征派的诗学

---

① 引自柳扬编译的《花非花——象征主义诗学》,旅游教育出版社1991年版,第3页。
② 《世界文学》1981年第5期。
③ 《是个人灵感的记录表》,《文艺大路》1935年11月第2卷第1期。

色彩。

西方以法国象征派为代表的这一路诗人认为，现实世界是虚幻的、丑恶的、痛苦的，只有主观的内心世界才是真的、美的、幸福的，是具有"最高真实"的"另一世界"，而诗就得拿客观世界的外物去象征、暗示它。马拉美在《关于文学的发展》中把这"另一世界"说成"绝对的世界"，他要表现的就是隐藏在平凡事物后面的这个"绝对的世界"，并对暗示的使用作了一通发挥：

> ……与直接表现对象相反，我认为必须去暗示。对于对象的观照，以及由对象引起梦幻而产生的形象，这种观照和形象——就是歌。但是巴那斯派诗人仅仅是全盘地把事物抓起来加以表现，所以他们缺乏神秘性，他们把相信他们是在创造——这种美妙的乐趣，都从精神上给剥夺了。指出对象无异是把诗的乐趣四去其三。诗写出来原就是叫人一点一点地去猜想，这就是暗示，即梦幻。这就是这种神秘性的完美的应用，象征就是由这种神秘性构成的，一点一点地把对象暗示出来，用以表现一种心灵状态。反之也是一样，先选定某一对象，通过一系列的猜测探索，从而把某种心灵状态展示出来①。

这一番话从象征说到象征主义，把西方这个影响极大的诗歌流派的核心主张都表达出来了。可惜，马拉美没有把客观世界的外物对主观世界的从属性更凸显出来。俄国诗人康·巴尔蒙特在《象征主义诗歌浅谈》中，则把这种关系当成这股诗潮形成的根本点来谈。他的"浅谈"立足于象征主义与现实主义的比较，所以一开始就这样说："具体的生活像浪花一样，把现实主义者卷住，他们在这种生活之外什么也看不见，而与实际生活隔绝的象征主义者，则仅仅把生活看作自己的幻想，他们从窗口向外观察生活。"他还作了如下的发挥：

> 现实主义诗人作为单纯的观察者，依附于世界的物质基础，带着稚气观察世界，这时象征主义诗人则用其复杂的感受能力改造物质性，使世界服从于自己的意志并深入到它的奥秘之中。现实主义诗人的思想超不出尘世生活以及精确地、单调得恼人地标志出来的里程碑范围。象征主义诗人永远不会丢失他们与尘世迷宫连接起来的阿里阿德尼线，他们常常受到来自规定范围之外的清风的吹拂，因此出现一种似乎是违背他们意志的现象，在他们所说的话后面仿佛可以听到别人的、不是他们自己发出的嘈杂声，可以感到自然力的絮语以及从我们可以想象的

---

① 伍蠡甫主编：《西方文论选》下卷，上海译文出版社1980年版，第151页。

神圣不可侵犯的宇宙传来的片段合唱声。现实主义诗人也经常给我们创造珍宝，但这类珍宝我们得来后心满意足，事情就到此为止了。象征主义诗人在其作品中给予我们的是一只有魅力的戒指，它既是宝贝，能使我们感到喜悦，同时它又召唤我们去做某些事情，我们感觉到一种未知的新事物近在咫尺，于是我们就盯住这个法宝向前走呀走呀，朝某个方向愈走愈远①。

就这样，西方象征派通过客观世界从属于主观世界、外物服役于内心的主观唯心主义主张建立起了一个象征主义诗学体系，而李金发则在自己的诗歌观念中发出了呼应声。前文曾提及李金发以华林的笔名所写的《烈火》一文，内中一些话就十分典型地表现着这一点，现在不妨完整地引述于下：

> ……艺术是不顾道德，也与社会不是共同的世界，艺术上唯一目的，就是创造美；艺术家唯一工作，就是忠实表现自己的世界。所以他的美的世界，是创造在艺术上，不是建设在社会上。

这的确是西方象征派观点在东方的呼应。

而起连锁反应的是李金发坦然宣称"我的名誉老师是魏尔伦"。他在《诗问答》中还回答了他人的提问，说因为"受波特莱尔与魏尔伦的影响而做诗"，所以自己的作品很有波特莱尔的"趋向"。

"外物只是内心世界的象征"——李金发这一个诗歌观念，使他成为了百年新诗中象征诗派的第一人。

三、诗应构建一个想象系统

李金发既然主张外物只是内在世界的象征，那么，在诗歌创作中如何使外物具有象征功能呢？他把艺术想象推了出来。在他看来，外物象征功能的发挥首先要靠想象。

想象是人通过自觉的表象运动，借助原有的表象和经验以创造新形象的心理过程。这里的表象运动其实是一场感觉活动。创作心理学告诉我们：人受外物的刺激所引起的感觉，会把情绪激发出来，从而显示其表象运动。而情绪的鼓荡则能使人依凭旧时的经验——也就是记忆表象为手段来展开想象。由此说来，想象的源头——或者说原

---

① 袁可嘉等编选：《现代主义文学研究》（上），中国社会科学出版社1989年版，第358-359页。

动力，是感觉。说起感觉，上文提及李金发在诗歌创作中就对它十分偏爱，甚至有以玩弄感觉来写诗自娱的唯美主义倾向。这个倾向对诗歌真实世界的把握而言，有可能导致审美趣味脱离社会人生的不健康的一面，但对诗歌真实世界的表现而言，则是件大好事，会导致艺术想象的丰富与想象的活跃。所以，李金发的诗歌观念中也就有了一个重要见解——立足于感觉从而大力标榜想象。

在这方面，李金发颇说了一些话。

发表在《美育》第3期上的《艺术之本源与其命运》一文中，李金发这样谈到艺术想象："诗意的想象，似乎需要一些迷信于其中，如此它不宜于用冷酷的理性去解释其现象。"这句不动声色的话可并不简单，含有三个要点，耐人寻味。一个要点是：想象系感性情绪的一种热烈而自足的显示，用理性抽象的"冷酷的解释既不合适也不可能"。这里可以见出李金发所标榜的想象和知觉联想是疏离的，因为知觉联想立足于理性。另一个要点是想象须含有"迷信"的成分。这里所说的"迷信"，实指本能，即这是一种潜意识之所为。他之所以用了"迷信"这样的词语，是为了凸显想象容不得明确、清晰的显示，而只能是处在惝恍中的精神现象，因为潜意识就是混沌一片的。第三个要点是想象须和诗意当成一回事来看待。既然这二者被看成一回事，那么想象原是非理性、直觉的，诗意也定然会是朦胧、暧昧的，因为富于感兴的境界就是这样。由此可见，李金发所标榜的想象，并不只是创作心理学上简简单单的纯心理现象，而是在背后拥有一个系统内涵的。因此，笔者认为他所标榜的想象实属以想象为逻辑起点的想象系统。

我们在上面已论及：想象来自主体直观外在事物所刺激出来的感觉，所以也就使想象总是以形象性和直觉性为基本特征，而这也就使想象的直接结果为意象的创造。李金发意会到了这一点，在《诗问答》中他就说了这么一段话：

> ……诗是一种观感灵敏的将所感到所想象用美丽或雄壮之字句将刹那间的意象抓住，使人人可传观的东西。它能言人之所不能言，或者人之所欲言而未言的事物。诗人是富于哲学意识、自以为了解宇宙人生的，任何人类的动象，大自然的行表，都使他发生慨叹，不像一般人之徒知养生，进而毫无所感。有时诗人之所想象超人一等而为普通人不能追踪，于是诗人遂为人所不谅解，以为他是故弄玄虚。

这段话告诉我们，想象在诗歌创作中的作用确实极大，只有靠了想象，才有意象的生成。情况是这样的：主体在展开想象时，于刹那间会有一个艺术精灵出现，而诗人必须抓住它，因为这精灵不仅是具体可感的，而且还是可以让人人传观的；是于己能传达微妙的心曲，于人能借此领会诗人微妙之心曲者。这就是意象。意象出于记忆表象在主体脑中的库藏，是经过想象的选择而找出来的典型表象，是能与原初感觉相呼应、和诗情相应合的。所以，李金发的诗歌观念中关于诗的定义是深刻的：诗首先是想象，进而是想象活动所导致的意象。

就这样，李金发标榜想象的结果，首先把意象创造推了出来，意象的功能价值也就在他的诗歌观念中凸显了出来。以致在《序林英强的〈凄凉之街〉》中，他这样说：

> ……诗只需要 image（形象，象征），犹人身之需要血液。现实中，没有什么了不起的美，美是蕴藏在想象中，象征中，抽象的推敲中，明乎此，则诗自然铿锵，不致"花呀月呀"了①。

这段话不仅再次表达了想象导致意象的产生对诗歌具有的重要价值，表达了意象在诗歌创作中具有决定诗歌生命是否得以存在的特殊作用，更重要的还在于，由意象创造而推出了一个有关诗歌的象征功能的问题。论及此，笔者想插一句个人的感慨之词——笔者十分钦佩孙玉石教授学术探讨的细致深入。在《论李金发诗歌的意象构建》一文中，孙教授针对上引李金发那段话，特别是那段话中"诗之需要 image（形象，象征）"的表述而作的隐秘性内涵的发掘，正是学术探求中不可多得的细致探讨。他这样说：

> ……李金发的美学观念中，对于"意象"这个美学概念以及他在诗歌创作中具有的特殊意义，是非常重视的。同时也看得出一种矛盾的情况：他对于意象这个现代美学范畴，又存在着模糊的理解所造成的某种误读。一方面，李金发已经注意"意象"在现代诗歌审美创造中的重要性，视"意象"为诗歌的生命；另一方面，他又将"意象"（image）这个概念的理解宽泛化了，模糊化了。如果将"image"理解为"形象""意象"还接近词的本意，说"意象"即是"象征"（英语为 Symbol），就是一种有意无意的误读了。但是，有趣的是，在这个误读中，李金发将由想象产生的"意象"与"象征"连在一起进行理解，也无意中透露出他的一个观念：在他的审美视点中，自觉地将"象征"列入"意象"创造的

---

① 《橄榄月刊》1933 年 8 月第 35 期。

范围，建立了一种意象与象征的同一性的理念①。

　　这段话把李金发的一场误读作了歪打正着的点明。看来，李金发在潜意识中是把意象与象征混为一谈了。混为一谈得好，因为意象的审美功能从实质上说就是象征。何以见得呢？我们不妨拉开一点来谈谈。意象可以分为两大类——喻象与兴象。喻象偏于比喻功能，是喻体，实属远取譬的隐喻。我们常说的印证意象，其所及的审美意蕴远大于喻本，因而使它能由比喻提升为象征。宗白华在《略论文艺与象征》一文中就说，"象征"的实现靠的是"幽眇以为理，想象以为事，惝恍以为情"，再通过特定的语言手段"巧妙地烘染出来"，使人能"默会于意象之表"，从而获得"寄托深而境界美"②的把握。至于李金发，其见解也相似，即通过想象而默会喻象，从而去"发现事物间的新关系"，求得意象与象征混为一体。兴象偏于兴发感动功能。我们常说的感兴意象，和比喻无涉，属于两条在横轴线上的并置，再以索绪尔所说的那个对等原则作交感互应而生成一片氛围境界——这样一场感兴活动，从而在情调氛围的感兴中发生主体的外物超越与心灵领悟所及的象征。李金发出于特定的个性，既面对外在世界敏于兴发感动，更在自己的诗歌观念中对感兴作用极为推崇。他曾说自己是"下笔吟哦千言，对着湖光山色兴叹"的一个"多愁善感的诗人"，而这位诗人之灵，是拿"宇宙间最灵活最明察的东西"把握到的，"花草的摇动，岁月的癙流，都会使他无限感兴"③。那么，这种置身于客观世界而引起的兴发感动所达到的审美效应又怎样呢？他认为，主体在自然中发现、谛听、明了万物的语言，也就会使大自然"给我们之情绪及变化无穷的动象，成为我们象征灵魂之运动"④。这种种言说展示出了李金发所追求的感兴意象象征的升华。

　　这也表明在李金发的诗歌观念中，象征功能是由包括喻象和兴象在内的意象所促成的。

　　这更反映了如下一点：鉴于意象是李金发所拥有的想象系统中的一个环节，所以归根到底，在李金发的诗歌观念中，象征功能的获得，的确须凭他那个想象系统。

四、诗应追求超常语言体式

　　李金发被人目为诗怪。怪就是不同于众，就是超常。李金发的怪也体现在他的一

---

① 孙玉石：《中国现代诗学丛论》，北京大学出版社 2010 年版，第 450 页。
② 《观察》1947 年 9 月第 3 卷第 2 期。
③ 《谐和译者小序》，《美育》1929 年 10 月第 3 期。
④ 《风景画论》，《美育》1929 年 10 月第 3 期。

个诗歌观念上,那就是新诗的超常语言体式。这个超常可从三个方面见出。

首先是新诗语言方面的。

谁都知道新诗的语言是白话,这是胡适提倡的。胡适在《白话文学史·自序》中对此作了如下的解释:"白话有三个意思:一是戏台上说白的'白',就是说得出、听得懂的话;二是清白的'白',就是不加粉饰的话;三是明白的'白',就是明白晓畅的话。"可见,对"白话"的要求集中在"白"上面,也就是要合于文法地表达得明明白白、清清楚楚。但靠这样的白话语言来写诗,会弄得句子拖泥带水、表达死板无味的。诗歌语言不仅要流畅、活泼,更要含蓄、灵动,有暗示力。所以,胡适提倡的这种白话,在新诗创作中没有流行多久就出现了不满之声,有人开始改造白话。傅斯年提出采用西方式句法,俞平伯提出起用旧诗中一些还有表达生命力的文言词语,陆志韦主张白话口语化,莫衷一是。李金发也提出了一些改造白话的主张。他竟然认为白话中既可采用西方语言的句法,又可夹入一些外文词语,尤其还可夹杂生僻艰涩的古典词语、文言虚词,力求把白话改造得不中不西、半文半白。这种超越常俗的主张被他提出来,并在他写的新诗中通过实践而"发扬光大"起来。他之所以这样做是有一个特定目的的。在《序林英强的〈凄凉之街〉》一文中,他就说自己提这种改造白话的超常主张,为的是"使人增加无形的神秘的概念"。这里的"概念"云云,大概属于用词不当,确切的说法该是"意趣"。就是说,采用这种不中不西、半文半白的"白话大杂烩",能使接受者在阅读中引起神秘的"意趣"。应该说,这样讲还是有它一定的合理性的。因为,作为社会交际手段的白话,只能是以用语身份来写新诗,而用语只是诗家语(诗歌语言的传统说法)的一个基本框架——包括基本词汇与基础语法,不能等同于诗家语。诗家语属于直觉语言而非逻辑语言。说具体点,它是一种反语法修辞规范的直觉语言。退一步讲,它也可以说是遵语法反修辞的或者反语法遵修辞的兼用而偏于直觉的语言。诗家语既然成为了这样的语言,让人感觉是"语言的大杂烩"也就成了必然。这里不存在褒贬的意思,只是个合不合理的问题。李金发的思维之超常,就超常在率先提出了诗歌中使用的语言成为"语言的大杂烩"是合理的。唯其如此,才使他在诗集《食客与凶年》的《自跋》中说了这么一段话:

> 余每怪异何以数年来关于中国古代诗人之作品,既无人过问,一意向外采辑一唱百和,以为文学革命后,他们是荒唐极了的,但从无人着实批评过。其实中西作家随处有同一之思想、气息、眼光和取材,稍微留意便不敢否认,余于他们的根本处,都不敢有所轻重,唯每欲把两家所有试为沟通或即调和之意。

—— 李金发系列论（一）：李金发的诗歌审美观 ——

这段话从开头到"但从无人着实批评过"的部分，是否有所特指，不得而知。不过所述者可以理解为：他看不惯一味欧化而无视传统——这是李金发的真实心情吗？由于行文所指不具体，我们可作多方面猜测。别的且不说了，就诗家语而言，他不满于白话掺欧化句法和西洋词语，而不考虑也掺入古典诗歌句法和传统诗性词语。这是合于李金发真实心情的。至于后半部分，将中西诗艺——特别是西方的和古典诗歌传统的诗家语——中还具有诗艺生命力者，融入新诗语言建设，予以相互沟通、调和，正是他主张新诗的诗家语搞"语言拼盘"——亦即"语言大杂烩"的理论倡导。他还在自己的创作实践中予以探索。成功与否是另外的问题，这种精神总还是值得称颂的，而不该嘲笑和贬低他。陆耀东在《论李金发的诗》中说，李金发这段《自跋》是"大言不惭的话"，使人"不免感到可笑"，还说"自己的诗捡法国象征派的余唾，生硬模仿，同中国诗歌传统相去十万八千里，反昂首天外，一味责人'一意向外采辑'，真太无自知之明了"[①]。他没有参透李金发的话而作此嘲笑与贬斥，是不够严肃的。

其次是追求音乐美方面的。

西方象征派，特别是法国的前期象征派把诗的音乐美看得高过一切。但这个"音乐美"究竟是怎么样的？一般而论，就是声音的象征。是的，正是声音的象征。那么，用来作象征之用的声音又是怎么样的？是"平平仄仄"吗？是音组等时停逗的节奏表现吗？是不同长度的节奏诗行循序渐进又渐降的有机组合或者持续大起大落的有机组合所显示的旋律表现吗？都不是。那应该是怎么样的呢？李金发在《爱憎》一诗中说出来了。

  我们的心充满无音之乐，
  如空间轻气的颤动。

这就奇了，世间竟然有"无音之乐"？无声，哪来"乐"感？这可真如"空间转气"，须得有一种微妙的感觉才能把握住"颤动"。由此看来，这个说法有点超常了。不过，这个主张的思路实在不是李金发所创，而是从他那"名誉的老师"魏尔伦处得来的。也许是想和波德莱尔的一首诗《黄昏的和谐》比个高下，魏尔伦也写了首同题的诗，并且同样也写得好。他能取得成功的原因是"由于诗句短，只有五个音节，而且很多诗句语法关系密切，难以分清节奏，波特莱尔诗中那种亚力山大体缓慢、有规

---

① 陆耀东：《二十年代中国名流派诗人论》，中国社会科学出版社1985年版，第287-288页。

律的节奏便被一种轻快而无规则的节奏所取代"①。所谓"难以分清节奏"、"无规律的节奏",竟也能获得高度的音乐美,说明世上确实有"无音之乐"。于是,也就有了李金发这个"无音之乐"的主张。

其实,李金发所爱的"无音之乐"和郭沫若所倡导的内在节奏、内在韵律差不多,甚至可以说是一回事。只不过郭沫若一提内在韵律就要把外在韵律全打倒,李金发则不然。他所持的这个"不然"的态度和由此派生的一些比较折中的见解也来自魏尔伦。正如查尔斯·查德威克所说,虽然"打破苛刻的作诗法桎梏"是魏尔伦对象征主义的主要贡献,但是"他从未走得更远",就韵律而言也没有"完全抛弃它","实际上,他在晚年又重申了如下信念:韵律是法国诗歌的根本"。李金发也把这一点继承了下来。在《诗问答》中,他就说,虽然自己写诗"全不注意韵艺",但他"喜欢看步韵的诗","不反对自由诗押韵";还说"在不过于牵制自由发挥诗意状态之下",押韵还使他"有点技巧上的兴趣"。可见,他的"无音之乐"主张虽超常,也还是同魏尔伦一样,有点折中倾向。

再次是提出"无音之乐"探求的独特途径。

上面我们已言及李金发主张的"无音之乐"就是郭沫若主张的内在韵律,其直接后果是否定一切外在音乐性。那该如何把"无音之乐"的音乐美传达给他人呢?这虽是个难题,但李金发还是提出了一些措施。在《诗问答》中,他向杜格灵说了一句话——"无音之乐"的音乐美"全看在章法、造句、意象的内容"。这句话虽只是点了一点,却提示了不少可供思索的内容。品味这个说法后,我们可以获得一个明确的认识,即"无音之乐"是通过章法、句法和意象组合的作用达到的。

章法处理得有机是能给人以节奏感的,它是对全局各部分内容相交、格式一致的追求。它是一种谋篇布局的匀和关系所致,所以立足于对称,具言之,即相随以求持续对称、相交以求交替对称、相抱以求向心对称。这些都能生成复沓回环的节奏感。在20世纪20年代中后期出现的象征派诗人——王独清、穆木天、冯乃超的一些诗中,都能通过章法上的对称获得复沓回环的节奏表现,如王独清的诗集《威尼市》及其名篇《我从Cafe中出来》等都显示着"无音之乐"的音乐美。意象组合的有机也能生成节奏:空间关系中表远近、动静之类意象的组合,时间关系中表晨昏、春秋之类意象的组合,都能让人把握到"无音之乐"。对此,笔者也曾在《新诗创作论》中有所提及,把意象的感兴功能称之为"情境",并以"情境结构"来表示意象组合,说了如下一番话:"情境是随着情绪的流动而不断地发生基质变异的,不同基质在情绪流动过

---

① [英]查尔斯·查德威克:《象征主义》,引自柳扬编译《花非花——象征主义诗学》,旅游教育出版社1991年版,第24页。

程中的有机结构所导致的感知差别，也就能产生同情绪的波伏相应的情韵节奏。当然，具有基质差异的情境结构模式，是极为多样的，在读者的审美感知中体现出来的情韵节奏，也有它体现的独特性，多彩性。"① 这里的情韵节奏是与声韵节奏相对的，所以这番话其实也就是当年李金发提倡以意象组合以求"无音之乐"的新说法。值得指出的是，加拿大的文学理论家弗莱曾在《批评的解剖》中说内在节奏是一种联想节奏。这见解极具学术分量。李金发提出的以章法上的内容对称求"无音之乐"，其实就是联想节奏；至于以意象组合求"无音乐"，则更是联想节奏了。不过，以句法体现的"无音之乐"不属联想节奏。通过特殊的句法以求内在节奏——"无音之乐"，在诗坛似乎有一种不自觉的通行风尚。所谓通行风尚，指的是把句子造得怪怪的——成分缺失、语序错综、关联省略以致弄得语势跳跃、倒装。这样做的目的是力求在传达波伏中的情绪时能合于主体特殊的口吻。说到底，以句法求"无音之乐"，实指以口语语调求内在节奏。而这种口语语调大多来自于直觉的语势，所以，作为新诗诗体的一种追求风尚，有点不自觉的率性而为。

李金发提出的"无音之乐"探求之路虽有三条——章法、句法和音组组合，但他自己在诗创作中，对章法、意象组合以求联想节奏不感兴趣，他感兴趣的是句法，以句法求口语语调节奏。所以，别人看他的话很怪。因为句法上更可以率性而为，可以是超常之路——这方面容后再谈了。

综上所述，我们可以说：李金发的诗歌审美观始终是围绕表现人的内在世界而展开的，客观世界——特别是社会现实存在只是用来象征人的内心的手段；他对语言体式作超常怪异的追求，也只是想创造一种神秘境界，以提升内在世界的抒情魅惑力。所以，李金发的诗歌观念是象征主义诗学的集中体现。

（作者单位：浙江大学）

---

① 《新诗创作论》，上海文艺出版社1989年版，第373-374页。

"地方路径"专题研究

主持人语：

《南京百年文学史》与文学史写作的"地方路径"

进入21世纪20年代以来，"地方路径"问题成为中国现当代文学界的一大新热点。它以李怡教授在《当代文坛》开设的专栏"地方路径与文学中国"为开端，围绕着其提出的"地方路径"如何通达"现代中国"这一核心问题展开讨论。《文学评论》、《文艺争鸣》等刊物也都有相关论文跟进。以此为主要话题的相关学术研讨会与媒体讨论不时出现。相关探讨在地方路径的理论推衍与建构、地方路径与重写文学史、地方路径与中国经验、地方路径与学术研究史等诸层面都有了相当程度的推进。越来越多的学者关注或者投入到这一前沿课题与研究转型的潮流中。近年来，追求中国话语与本土理论已经成为学术界较为普遍和自觉的主体意识。在这一背景下，可以预料，地方路径的理论转向将是业内一个长期的过程。而其中，地方路径的地方实践又将是一个富有探讨价值和最为广阔的领域。中国有许许多多的地方，也会有许许多多的地方路径，而每一个地方又蕴含着"地方中国"的共性与个性相结合的独特逻辑。

"地方路径与文学中国"话题问世前，在一次研讨会上，李怡教授就与我讨论过具体的设想，我也欣然接受邀请参与到相关讨论中。在某种程度上，"南京百年文学史"的写作也正是这一实践的产物。承蒙李钧、张鑫、蒋洪利三位学者关注和不吝赐教，大家基于各自对于地方路径的不同理解，讨论了该书的特色与得失。在此，一方面，我想表达对于《现代中国文化与文学》的衷心感谢与崇高敬意，为占用了这么多篇幅讨论这一话题颇感汗颜；另一方面，我特别想强调，尽管在经典文学的数量方面，地方与整体有着包含与被包含的关系，但从本质上来说，文学史写作的地方路径，与大文学史或者文学通史的写作之间，绝非是简单的小与大、少与多、局部与整体的关系，而是学术研究上核心路径的不同取向。"地方路径"在审美建构与思想逻辑上，有着值得挖掘的被忽视或被遮蔽的偌大空间，有着较之文学史的"宏大叙事"更加鲜活、更富个性和更为高深的宝藏。

——张光芒（南京大学中国新文学研究中心）

"地方路径" 专题研究

"通过地方路径开辟进入大文学史的独特视野"[①]
——由《南京百年文学史》的观念、实践及探索意义谈起

李 钧

张光芒等著《南京百年文学史》梳理了1912—2017年间的南京城市文化、文学思潮、文学创作（小说、诗歌、散文、戏剧影视）与文学评论的历史变迁，是区域文学史和城市文学史书写的最新尝试。其"学术"的动力、开放的观念、沉潜的写作与创新的经验，不仅给当今文坛以镜鉴，也为文学史研究开拓了新的学术增殖点。

一、"学术"的动力：区域文学史写作的创新尝试

梁启超曾从"述"、"作"层面对于作为"时代思潮"的"学术"做出了阐释："述"者，总体属于"我注六经"、"义理考据"、"实事求是"、"无征不信"式的学问，注重典籍整理、疏证校勘，及至"究索名物"、"碎义逃难"之时则可能沦为细枝末节之"小学"。"作"者，则是"六经注我"、"多学而识"、"戛戛独造"、"经世致用"式的学术，讲求法新贵创、与时俱进、思想解放、自由研究[②]。中国传统学术思想在最近两百年实现了创新性发展，转化为"有学问的思想"或"有思想的学问"的现代学统[③]。以此衡量，《南京百年文学史》是一部沉潜、致用、创新、建构的学术精品。

张光芒2013年初接受南京市文联委托，牵头撰写"南京现当代文学史"，遂将课

[①] 本文系国家社科基金项目"梁实秋在台湾史料的搜集、整理与研究（1949-1987）"（20BZW155）的研究成果。
[②] 梁启超：《清代学术概论》，东方出版社2012年版，第5、6页。
[③] 李钧：《十字街头 中国学术如何整合与重建》，《中国教育报》2008年1月17日。

题申请立项为江苏省社科基金项目，并联合张勇、赵磊、陈进武、袁文卓等青年学者一起推进这项艰巨而具有重要学术价值和文学史学意义的工作。他们深知，南京现当代文学史涉及诸多重大事件、社团、期刊、作家和作品，敏感度高，难度不可估量。好在张光芒具有负责江苏省当代文学研究会及江苏省作协委托的相关研究的工作经验，拥有大量史料资源，加之 2018 年底受聘为"南京申创世界'文学之都'特聘专家"并"全程参与了南京文学资源与文学现状的调研、文学之都申请报告的起草与修改等一系列过程"①，故而对南京百年文学史有了更加全面、深刻而直观的感悟与体认，也为《南京百年文学史》写作注入了新的学术动力。及至联合国教科文组织 2019 年 10 月底宣布南京成功入选"世界文学之都"时，《南京百年文学史》也完成了初稿，随后又根据审读专家的意见进行完善修改，至 2021 年 8 月，这部 47 万字的厚重著作终于与读者见面了。

《南京百年文学史》是"首部系统的南京百年文学史著作"②，是区域文学史写作的创新尝试。众所周知，"作为近代文学、科学和思想的产物，'文学史'的重要基础，是 19 世纪以来的民族—国家观念。如果按照安德森的说法，民族国家是一个'想象的共同体'，那么，文学史便为这种想象提供了丰富的证据和精彩的内容。……文学史是借着科学的手段、以回溯的方式对民族精神的一种塑造，目的在于激发爱国情感和民族主义，犹如法国最著名的文学史家朗松的表白：'我们不仅是在为真理和人类而工作，我们也在为祖国而工作。'"③ 因而，中国文学史在制度化的学科建制过程中，"在历史也是时间的序列中，被塑造成一个完整、统一的形象以后，这种叙述上的完整和统一构造，也渗透到意识形态和制度的层面，这或可看成在文学的研究和教学领域，文学史大抵成'一统天下'之势的深层原因。……中国文学史终于变成了一种共识和集体的记忆"；但是人们由这种统编文学史而接受了"一套共同的语言"，也"无意中做了'套中的人'"④；直到"重写文学史"口号提出之后，才打破了一元标准，确信"文学史的讲法其实远非一种"⑤，不仅"拿来"了剑桥大学、哈佛大学等高校和汉学家推出的各种中国文学史版本⑥，国内学者也尝试从区域、民间、省区、城市的

---

① 张光芒等：《南京百年文学史》，江苏凤凰文艺出版社 2021 年版，"绪言"第 2 页。
② 张光芒等：《南京百年文学史》，江苏凤凰文艺出版社 2021 年版，"绪言"第 12 页。
③ 戴燕：《文学史的权力》，北京大学出版社 2002 年版，"前言"第 2 页。
④ 戴燕：《文学史的权力》，北京大学出版社 2002 年版，"前言"第 8 页。
⑤ 戴燕：《文学史的权力》，北京大学出版社 2002 年版，"前言"第 11 页。
⑥ 如［美］王德威主编：《哈佛新编中国现代文学史》（*A New Literary History of Modern China*），哈佛大学贝尔纳普出版社（the Belknap Press of Harvard University Press）2017 年版；［美］宇文所安、孙康宜主编：《剑桥中国文学史》（上、下），刘倩等译，生活·读书·新知三联书店 2013 年版；［德］顾彬主编：《中国文学史》（七卷本），华东师范大学出版社 2008 年版。

——"通过地方路径开辟进入大文学史的独特视野"——

视角或结构单位进行文学史书写,并注意在书写过程中"抛开'成则为王,败则为寇'的偏见,警惕种种后设的理论、原则、标准"①。这些学术尝试与实践创新无疑受到了黄仁宇"大历史观"的个性启示,也更符合"小题大做"的学术正途②。

张光芒希望《南京百年文学史》能"通过地方路径开辟进入大文学史的独特视野"。毫无疑问,从南京的地理位置、政治地缘、历史影响、文化传统、城市性格及其"东亚第一个'世界文学之都'"身份等条件来看,南京最有资格书写自己的城市文学史。南京"地居全国东南,当长江下游,北控中原,南制闽越,西扼巴蜀,东临吴越;居长江流域之沃野,控沿海七省之腰膂;所谓'龙蟠虎踞''负山带江'是也"③。也正因为南京是中国政治、经济、文化重镇,故而历来为兵家必争之地,其兴亡存续的悲剧命运和文化断裂现象渐渐造成了南京文学"怀古伤今"的精神母题和审美意蕴;而"与这种怀古伤今的审美意蕴相伴随的是南京文人的隐逸心态",南京作家有感于历史、政治的无情和命运的无常,"大多数都试图摆脱政治权力的控制和官方意识形态的束缚,以独立姿态沉浸于古典文化和新文学的研究与创作之中,接续了这种怀古伤今的创作路数与隐逸悲情的精神取向"④。这也就形成了南京文化与文学的独特个性。"从地域文化和文学传统上说,南京历经兴衰巨变与文化融合,既有江南文化的典雅与温润,又有中原文化的厚重与质朴,形成了先锋与保守并存、精致与世俗交织的文化风格以及'中庸''多元'的文化气质。……'相对于北京,南京是边缘写作,不具有话语霸权的中心意义';'相对于上海,南京写作又少了一些欧化,而更多地保存了许多东方的古典意味'。南京文化积淀与人文传统而形成了士人气质、边缘心态、市民情怀,使得南京作家在解构、反叛与创新思潮中并没有走得太远,仍然是沿着地域文化影响下的艺术理路前行。"⑤ 就此而言,《南京百年文学史》从"城与人"的角度梳理南京百年文学史,确立南京文学的审美个性,也是在为南京作家群体树旗立传,因而是一项具有重要的文学、史学价值的创新尝试。

二、开放的观念:深符恩格斯的"历史合力说"

一部文学史的学术价值主要表现在其特有的研究对象、历史观念与研究方法上。

---

① 戴燕:《文学史的权力》,北京大学出版社2002年版,"前言"第12页。
② "有一次他(胡适)以青年导师身份,警告台湾大学一个学生不要奢望轻易找到难题的答案。他说:'要小题大做,千万不要大题小做。'"见林语堂:《我最难忘的人物——胡适博士》,《读者文摘》(台北)1963年10月号。
③ 朱偰:《金陵古迹图考》,商务印书馆1936年版,第11、1页。
④ 张光芒等:《南京百年文学史》,江苏凤凰文艺出版社2021年版,"绪言"第6、7页。
⑤ 张光芒等:《南京百年文学史》,江苏凤凰文艺出版社2021年版,第237-238页。

《南京百年文学史》以孙中山1912年1月1日就任南京临时政府大总统为起点,因为这一事件既是"现代中国"建构的起点,也是南京百年城市史的光荣。显然,"1912—2017"是南京独有的一个文学史研究单位,而南京文学的变迁最能映照出中国文学从"古典"到"后现代"的发展历程。

《南京百年文学史》秉持开放创新的历史观念,这在深层上符合马克思主义"历史合力说"原理①。首先,它将中国"现代化"过程中②发生的各种文学思潮、现象与创作均纳入视野,以"存在即合理"的态度加以关照。仅就诗歌而言,它不仅详解汪静之等"现代派",也圈点同光体陈三立、南社柳亚子、学衡吴芳吉和胡先骕等"保守派",还关注吴梅、陆志韦、卢骥野、胡梦华等"中间派",让他们的诗学观点在历史时空中对话碰撞,从而还原彼时南京诗坛的多元文化场阈。这种多源多流的客观呈现,既符合历史真实,更在深层上符合马克思主义"历史合力说"原理。其次,它将作家作品"入选标准"分为典型南京作家、准南京作家、南京籍作家和非南京作家的南京题材写作四类,从而使这部文学史成为一部"南京传";"《南京百年文学史》的主体内容及两个附录的设计与写作是一次全新的尝试,它所涉及的内容信息极为丰富,有些作家作品系首次在文学史著作中出现"③。这个"南京作家谱系"对后来的研究者而言,无疑具有指点迷津的路标作用。再次,"将新近批评家一并纳入文学史叙述中,既是本书的尝试,也是本书的特色之一"④。这些批评家集中在南京市文联、南京大学、南京师范大学等高校和机构,他们虽然来自天南海北,但长期浸淫于南京城市文化,遂形成了相近的沉潜、内敛、注重实证的学风。——不妨"近取譬",以《南京百年文学史》为证:此书由五人合著而行文风格统一,毫无违和之感,可谓南京纯正学风的一个例证;此书所附"南京百年文学作家名录"400人简介、"南京百年文学报刊年表"234种期刊索引,也显示出南京学派注重史料实证、确保论由史出的

---

① "历史是这样创造的:最终的结果总是从许多单个的意志的相互冲突中产生出来的,而其中每一个意志,又是由于许多特殊的生活条件,才成为它成为的那样。这样就有无数相互交错的力量,有无数个力的平行四边形,而由此就产生出一个总的结果,即历史事变……(单个的意志)融合为一个总的平均数,一个总的合力……每个意志都对合力有所贡献,因而是包括在这个合力里面的。"《恩格斯致约·布洛赫》,《马克思恩格斯选集》(第4卷),人民出版社1972年版,第478-479页。

② 朱德发先生提出了"重构现代中国文学史"观念,认为"现代中国文学"作为区别于"古代中国文学"的文学史概念,包含中国"现代化"过程中产生的新文学、通俗文学、少数民族文学、台港澳文学、传统体式文学、民间文学等(详参朱德发:《重建"现代中国文学史"学科意识》,《福建论坛》2002年第2期)。"现代中国文学"观念经张福贵(从意义概念返回时间概念的现代中国文学史)、李继凯("古今中外化成现代"的"大现代中国文学")等学者的阐释深耕,目前已广为学界所认可。

③ 张光芒等:《南京百年文学史》,江苏凤凰文艺出版社2021年版,"后记"第530页。

④ 张光芒等:《南京百年文学史》,江苏凤凰文艺出版社2021年版,"绪言"第12页。

——"通过地方路径开辟进入大文学史的独特视野"——

学术风格。

更重要的是,《南京百年文学史》贯穿了比较研究的眼光。地域文学史著作者只有拥有宏大格局,才能避免陷于孤芳自赏、妄自尊大。南京学者早在20世纪30年代就表现出了格局观念与地域文化自觉意识。朱偰将南京与长安、洛阳、北京等城市进行比较,认为"四都之中,文学之昌盛,人物之俊彦,山川之灵秀,气象之宏伟,以及民族患难与共、休戚相关之密切,尤以金陵为最"。张光芒等更是以新千年的新视野看取南京文学在中国文坛格局中的位置,不虚美骄矜,不非议责难。就纵向沿革的时间意识而言,《南京百年文学史》既指出文学社团、流派和作家作品的艺术创新性,也不讳其时代局限性,从而使后来者鉴往知来,获得有益启示。比如客观呈现陈瘦竹20世纪40年代与1957年文学批评话语的巨大变化,既让读者理解其历史理性,更在心中权衡"趋时"的是非得失;著作尤称许陈瘦竹20世纪50年代后期在现代戏剧研究领域的成就,并认为其"应用历史的、比较的和艺术的方法研究文学,这样的文学评论就有立体感、透视力和审美性"① 这一观念具有方法论意义。再如"南社'宗唐'的柳亚子为何批判'宗宋'的同光体"这一难题在不少史著中语焉不详,而《南京百年文学史》却讲述得条理清晰、证据充足。柳亚子在《我和朱鸳雏的公案》中说:"从满清末年到民国初年,江西诗派盛行,他们都以黄山谷为鼻祖,而推尊为现代宗师的,却是陈散原、郑海藏二位先生,高自标榜,称为同光体。我呢,对于宋诗本身,本来没有什么恩怨,我就是不满意于满清的一切,尤其是一般亡国大夫的遗老们。亡友陈勒生烈士曾说过:'满清的亡国大夫,严格讲起来,没有一个是好的。因为他们倘若有才具,有学问,那末,满清也不至于亡国了。满清既亡,却偏要以遗老孤忠自命,这就觉得是进退失据了。'"② 柳亚子等南社"宗唐"派鼓吹新学思想,标榜爱国主义,反抗清朝统治,高扬布衣之诗,试图以豪迈雄健的盛唐气象扫除晚清遗老遗少过分推敲字句的文风,故而从"排满革命"角度将桐城派、同光体斥为"文妖诗鬼"。然而,胡先骕、成舍我、闻野鹤、朱鸳雏、高吹万等人在1917年推崇同光体,双方遂引发激烈争议,以致彼此呼吁将对方逐出南社;而恰逢张勋助力清廷复辟,同光体派诗人被溥仪召集入京,沈曾植被任命为学部大臣,陈宝琛为帝傅,这更是给桐城派、同光体贴上了"反动"标签,柳亚子遂发表《再质野鹤》等文指斥同光体为君主帝制的帮凶,为祸甚大,必须割去……此一论争最终导致南社分裂。可贵的是,《南京百年文学史》并未止于柳亚子的"政治正确",而是客观地指出:南社首脑在二次革命之后、国是日非之际,志气颓唐,丧失气节,参与筹安劝进,支持袁世凯称帝,

---

① 张光芒等:《南京百年文学史》,江苏凤凰文艺出版社2021年版,第205页。
② 柳无忌:《南社纪略》,上海人民出版社1983年版,第149-150页。

沦为笑柄；其诗作也随之成为发牢骚、述心境的游戏之作，伤春悲秋，无病呻吟，妇人醇酒，靡靡之音，以"淫滥"两字见病于世。故而胡适于 1916 年致任鸿隽信中称："适以为今日欲救旧文学之弊，须先从涤除'文胜'之弊入手。今日之诗（南社之诗即其一例），徒有铿锵之韵，貌似之辞耳，其中实无物可言。其病根在于重形式而去精神，在于以文胜质。"胡适于 1916 年 7 月 22 日与南社成员梅光迪通信中直言："诸君莫笑白话诗，胜似南社一百集。"胡适于 1916 年 10 月 1 日《寄陈独秀》中则有了更详尽的阐释："南社诸人，夸而不实，滥而不精，浮夸淫琐，几无足称者。……综观文学堕落之因，盖可以'文胜质'一语包之。文胜质者，有形式而无精神，貌似神亏之谓也。欲救此文胜质之弊，当注重言中之意，文中之质，躯壳内之精神。"① 至其起草《文学改良刍议》、《建设的文学革命论》时，所提到的古典诗词之滥用典、惯用陈言套语、善作无病呻吟等弊病，全以南社成员创作的旧体诗为例，反复指出南社成员"志在'作古'"，不是诗人，而是诗匠……这既揭示了新文化运动的动力和白话文学革命的合理性，更显示了《南京百年文学史》清晰缜密的起承转合逻辑线索，令人有豁然开朗之感。

《南京百年文学史》有了"历史的眼光"、"系统的整理"、"比较的研究"② 而合成的开放的观念，加以实事求是的态度、多重证据的保障和沉潜从容的写作，既破除了"征实太多，发挥太少，有如蚕食叶而不能抽丝"的匠气（章学诚《与汪辉祖书》），也就自然多有创新的发现与可信的判断。

三、沉潜的写作：用时七年，五易其稿，打造精品

在追求"学术 GDP"的急功近利时代，张光芒等 5 位学者却能用时 7 年沉潜写作，认真完成一个课题，保持了精益求精的学术态度，这已值得同行称道。他们根据丁帆、汪政、吴俊、何平、赵一心等审稿专家提出的意见，五易其稿而不厌其烦，更显示出挑战写作难度的非凡勇气与打造学术精品的超常耐力。

南京 1912—2017 年这一百年，是处于"三千年未有之大变局"的一个世纪，既包括苦难岁月、耻辱岁月和尴尬岁月，更有大时代、新时代和辉煌时代，时移世易，大起大落，不仅很多事件和人物迄无定评，而且三民主义文学、沦陷区文学、"探求者"与"第四种剧本"、"文化大革命"文学等仍属敏感话题，还有些难题则有待档案"解密"和新史料考证。那么，如何处理这些难题就非常考验作者的学养与智慧，而"恨

---

① 胡适：《寄陈独秀》，《新青年》第 2 卷第 2 期，1916 年 10 月 1 日。
② 胡适：《〈国学季刊〉发刊宣言》，《国学季刊》第 1 卷第 1 号，1923 年 1 月。

———"通过地方路径开辟进入大文学史的独特视野"———

事不恨人,可恕不可忘"未尝不是一种"存而不论"的方法。

历史书写最重要的意义是经验总结。事后之明的条陈大义固然重要,而放下道德判断、客观呈现史料,很多时候亦能显示撰写者的历史态度,比如呈现陈瘦竹戏剧研究所用"历史的、比较的和艺术的方法",呈现吴梅关于古文与白话文的兼容并包态度①,呈现"他们"派和"日常主义"派排除二元对立、排斥庞然大物的诗学观念等等。恰恰是这种客观呈现,显示出著作者"引而不发"、"微言大义"的史才与史识,也给人更加深沉的启悟与开示。

尤其令人感叹的是,《南京百年文学史》熟练运用"小题大做"方法,擅于将对社会历史发展动力的宏观论述和关于文学思潮流变的中观论述,蕴藏于对经典作家作品的细读深论之中,真正做到了抽丝剥茧般破解文学史谜题。比如朱自清《背影》、《绿》等一直被大陆奉为现代艺术散文经典,但余光中《论朱自清的散文》却对朱自清散文多有挑剔和解构,认为朱氏散文除了"好用明喻而趋于浅显"、好用女性意象而近乎"意淫"外,"另一瑕疵便是伤感滥情(sentimentalism)……《背影》一文久有散文佳作之誉,其实不无瑕疵,其一便是失之伤感。短短千把字的小品里,作者便流了四次眼泪,也未免太多了一点。时至今日,一个二十岁的大男孩是不是还要父亲这么照顾,而面临离别,是不是这么容易流泪,我很怀疑。我认为,今日的少年应该多读一点坚毅豪壮的作品,不必再三诵读这么哀伤的文章"②。余光中这篇苛刻文字被大陆期刊转载后引起一片哗然,使很多中学教师无所适从。如今余光中已作古,《南京百年文学史》为其避讳,并不挑明余光中文章的意识形态背景,只是从人性角度深入解读《背影》,既与余光中"隔空对话",也为中学语文教学排解难题。"(《背影》)文笔质朴动人,用回忆的手法记录了车站上定格于'我'心中的父亲的背影。父亲这个奋斗终生的旧式知识分子为了家庭在社会上苦苦挣扎,却难逃老来颓唐的处境。父亲的背影并不高大,却是旧时代中国所有父亲的缩影:他们默默肩负着家庭的重任,前无支持,后无依靠,妻儿老小全仰赖自己生活,一生只能竭力奉献,绝不哀求怜悯。简短的篇幅中四次提到作者'流泪':祖母去世让'我'倍感天人永隔的悲痛;父亲蹒跚着去买橘子让'我'感到痛悔自己的轻狂,充满无法分担父亲肩头重担的无力感;车站分别时感受到父亲多年的艰辛,为亲人离散伤感;之后阅读父亲来信,为父亲的宽厚又一次流下伤感无力的眼泪。本篇写出了成为父亲意味着从此失去了退缩的

---

① 吴梅"对白话新文学的态度中立,不参与也不反对,理性地将新旧文学视为并存且互不干涉的两种文学取向",并认为当时"东大教授中,实不免有借学术的组织,作其他种种企图的。他不愿意因此而引起其他的纠纷,所以用这个名字(潜社),希望大家埋头学习,暂时不要卷入政治的漩涡"。张光芒等:《南京百年文学史》,江苏凤凰文艺出版社2021年版,第61页。

② 余光中:《论朱自清的散文》,《名作欣赏》1992年第2期。

权利，即使失去亲情的落脚点，经济上困顿无助，也绝不能在亲人面前露出穷途末路的感伤。"① 由此一例可以看出张光芒等在《南京百年文学史》写作中的厚道人性与处理难题时的智慧睿性，既让读者在对"文学即人学"的把握中"识人性"，也在知人论世的解读中"知得失"，更在时代大潮的梳理中"知兴替"，深得"小题大做"之学术三昧。

张光芒接受媒体采访时谈到了撰写《南京百年文学史》的学术目标——"首先应该是试图丰富文学史写作的实践，其次是试图通过地方路径开辟进入大文学史的独特视野，再就是这样的城市文学史也是对年轻作家的一种鼓励"②。从效果来看，这部学术精品已超额完成了预定的学术目标，甚至让人感叹：如果说学界有学派、文坛有流派，那么《南京百年文学史》在学术风格上真的"很南京"！

（作者单位：曲阜师范大学文学院）

---

① 张光芒等：《南京百年文学史》，江苏凤凰文艺出版社2021年版，第63页。
② 白雁：《张光芒：为文学之都南京写一部文学史》，《现代快报》2021年10月31日。

"地方路径"专题研究

南京百年文学史的四副面孔①

张 鑫

为某一特定地域晚近时期的文学发展著史立传，实属一件"出力不讨好"之事。盖因地域文学史的写作既要充分把脉相应地域的独特文化气质，又难免受到前辈学者已有成果的"影响的焦虑"。《南京百年文学史》的写作则在一定程度上克服了以上难题与困境。在笔者看来，这主要得益于两个方面：其一，南京在中国乃至世界文学地理版图上的独特优势，如繁盛的近现代历史文化、"世界文学之都"桂冠等，均为《南京百年文学史》的撰写提供了不可或缺的先在有利条件；其二，亦是至关重要的一点，作为治史者的张光芒等对于文学标准与学术标准的"一体两面"的执着坚守。

学者黄修己曾通过分析张振金《岭南现代文学史》和陈辽《江苏新文学史》指出，地区性的新文学史著作一方面"最好能与对地域文化的研究相结合，写出本地区新文学发展的自己特点"②，另一方面，应对地域文学的概念加以明确界定，以提升"地区性文学史的科学性"③。张光芒等著《南京百年文学史》以"金陵文化"这一"更具针对性和有效性"④的地域文化概念，把脉南京百年文学史发展规律，一定程度上解决了黄修己提出的地域文学史写作难题。所谓金陵文化，是指"以今南京为中心，辐射周边地区所形成的文化圈，是中华汉文明的重要组成部分"⑤，其与南京"龙蟠虎踞"、"负山带江"⑥的地理环境和六朝古都、十朝都会的历史地位互为表里。在金陵

---

① 本文系国家社科基金重点项目"中国新文学学术史研究"（20AZW015）的阶段性研究成果。
② 黄修己：《中国新文学史编纂史》，北京大学出版社1995年版，第387页。
③ 黄修己：《中国新文学史编纂史》，北京大学出版社1995年版，第389页。
④ 张光芒等：《南京百年文学史》，江苏凤凰文艺出版社2021年版，第1页。
⑤ 张光芒等：《南京百年文学史》，江苏凤凰文艺出版社2021年版，第1页。
⑥ 朱偰：《金陵古迹图考》，中华书局2006年版，第9页。

文化这一概念的统摄下,《南京百年文学史》致力于沟通古典/现代、地方/国家、边缘/中心等看似对立却紧密关联的文学史命题,为我们勾画出世界"文学之都"南京百年文学史的四副独特面孔。

一、搭建史论系统的学理实践

《南京百年文学史》写作课题组由南京大学中国新文学研究中心教授张光芒与张勇、赵磊、陈进武、袁文卓等青年学者共同组成。各作者或长期聚焦南京城市文化与文学生态,或持续深耕南京近现代文学史料,以各自的学术专长取南京百年文学之一端,合力搭建成南京文学百余年来的史论系统。这一系统既借鉴通行的文学史体例,又能够不落窠臼、有所创新。

因此,《南京百年文学史》的一大突出特点表现为"纵横交叉"①、前后勾连的系统性。纵向上,此书按南京文学百余年发展历程的六个阶段分为六大章,著者将其概括为"传统与现代的碰撞"、"审美与革命的变奏"、"黑暗与光明的交锋"、"社会主义文学的兴起与探索"、"从复苏到新潮"和"生气蓬勃的多元格局"。尽管其形式上仍以历时为线索,但并未囿于"就百年而谈百年"的思维定式,而是以一种前后勾连的史论笔法将百余年来南京的文学发展置于千年文学传统中加以观照。譬如本书论史起点虽始于1912年,但亦论及晚清时期南京城市近代化的社会背景与守成主义盛行的文化传统及其对南京现代文学的影响,在南京千年文学精神传统的投影下审思南京现代文学的变革,一定程度上反拨了古典/现代二元对立的机械史学思维。横向上,各章内部按概述、小说、诗歌、散文、戏剧影视细分为五节,其开篇的概述部分则结合具体的社会现实与历史背景介绍文学发展逻辑与城市变迁节奏的整体互动关系,以南京文学独特的审美特征为内在逻辑串联起作家、文本与文学思潮,给读者以强烈的历史在场感。正如美国学者理查德·利罕所言,"城市是都市生活加之于文学形式和文学形式加之于都市生活的持续不断的双重建构"②。《南京百年文学史》通过对不同文学形式的系统性归纳与学理性剖析,深入城市文学肌理,探询地域文化本质,既彰显出别具特色的地域风貌,又建构了地域文学史的本体性规律与独有的审美逻辑。

---

① 张光芒等:《南京百年文学史》,江苏凤凰文艺出版社2021年版,第11页。
② [美]理查德·利罕:《文学中的城市:知识与文化的历史》,吴子枫译,上海人民出版社2009年版,第3页。

二、突入史料空间的勤恳探索

南京因近代以来特殊的政治地位积淀了丰厚的文学资源，但所谓资源丰厚往往给人以抽象之感，具体如何丰厚仍须用事实说话、以数据证明。然而长期以来，新文学史著作在行文中有意无意地扩充作品评论分析的篇幅，却轻视乃至忽视了史实史料的地位，导致其面目日益趋近"文学作品评论汇编"，新文学史的撰写逐渐步入歧途。对此，黄修己曾直言："史学著作，可以各有其风格，允许有的作品较多地发挥作者的理论见解。但必有一个前提，即尽可能充分的史实依据。如果作者的观点，是通过史实自然地流露出来，当为上乘之作。"①

为实现南京百年文学本真面容的自然流露，《南京百年文学史》著者下大气力搜寻文学史料。张光芒在后记中透露，著者之一袁文卓"为查证到全面而准确的资料信息，他不辞辛苦地多次走访报刊或当事人，奔波于图书馆与档案馆等"②。众所周知，位于南京的中国第二历史档案馆、江苏省作家协会档案室、南京市档案馆、南京图书馆、金陵图书馆等存档藏书机构，存有大量近现代文学史料，这些正造就了研究南京百年文学史的得天独厚的优势。然而，许多档案资料或久未公开，或饱受冷落，它们在阴暗角落等待有心人悉心发掘整理并加以利用。这就要求著者在笔力、脑力之外增强脚力、眼力，本着严谨求真的态度，突入广阔待垦的史料空间孜孜探索。显然，著者未辜负南京百年文学遗产，全书最后两份长长的附录即为明证。附录一"南京百年文学作家名录"作为主体部分的注释、索引和补充，将方光焘、卢前、汪锡鹏、陈楚淮等一度遭受冷落与遮蔽的现代作家拉回文学史视野；附录二"南京百年文学报刊年表"罗列了1919年以来创刊发行于南京的234种文学报刊，其中南京沦陷时期创立存续的报刊搜集难度不可谓不大，最终呈现于附录二中的此期80余种报刊，突破了南京沦陷时期文学研究的既有认知，体现出较高的史料价值。

三、研究地域文学的别样路径

近年来，地域文学研究渐成学术热点，其在国家文学史与大民族文学史叙事之外，提供了一种更为多元化、个性化、异质性的文学研究路径。地域文学研究范式源于吉尔兹提出的"地方性知识"，其强调的是"概念思考的不同角度和概念自身的局部性

---

① 黄修己：《中国新文学史编纂史》，北京大学出版社1995年版，第530页。
② 张光芒等：《南京百年文学史》，江苏凤凰文艺出版社2021年版，第528页。

及差异性,它相对于总体性"①。因此,在"地方性知识"理论范式下研究地域文学遂衍生出更多意义指向,其至少应包含地方/国家、差异性/总体性、边缘/中心等相对概念。而一个显在的事实是,南京在中国历史尤其是近现代历史上的特殊地位,天然赋予其作为地域文学代表性样本的条件,也就是说,它在上述每一对概念中都能找到居间位置。不仅如此,"世界文学之都"的称号还为作为中国地域文学的南京文学走向世界提供了独家专属的捷径。由此看来,"在文学史叙述中,区域并不必然地小于国家"②,而作为文学史叙述对象的南京百年文学,也早已溢出一般意义上的地域文学史边界。

南京地处南北之间,别于京、沪二地,其"兼收并蓄的城市性格"③与雅俗共赏的文化旨趣吸引了诸多文学名家聚集于此,留下了不少以南京"城与人"为书写对象的名篇佳作。在张爱玲笔下,南京是一座"充满温暖且富有人性之城"④;在张恨水笔下,南京处处皆有不畏强暴的平民英雄。通过钩沉张爱玲、张恨水等现代文学名家的南京文学往事,《南京百年文学史》给地域文学研究带来了一场观念革新,即在张爱玲的沪、港与张恨水的京、沪等地之外,还有南京这样一个看似边缘却不可或缺亦无可替代的文学地域空间。李怡指出,"在新时期以来的文学史建构中","能够进入上海和北京文坛的活跃的作家是衡量其经典程度的主要指标"⑤。进而言之,京、沪二地作为文学中心城市的牢固地位导致其他城市的边缘处境,具体表现为经典作家的边缘城市文学活动与边缘城市的文学发展历史遭受忽视。《南京百年文学史》所做的工作正是试图"透过'地方路径'重写辨析'文学中国'整体经验的形成"⑥。

四、新人近作入史的大胆尝试

《南京百年文学史》述及文学史时长前后逾百年,在前 5 章爬梳南京文学厚重历史的基础上,第六章集中展陈新人近作与新的文艺形式。首先,准经典作家与新生文学力量均占有一席之地——书中不仅详细论析范小青、叶兆言、苏童、毕飞宇等"50

---

① 周宪:《作为地方性概念的审美现代性》,《南京大学学报》(哲学·人文科学·社会科学版) 2002 年第 3 期。
② 张光芒:《论地方路径与文学史的重构》,《当代文坛》2020 年第 5 期。
③ 张光芒等:《南京百年文学史》,江苏凤凰文艺出版社 2021 年版,第 7 页。
④ 张光芒等:《南京百年文学史》,江苏凤凰文艺出版社 2021 年版,第 163 页。
⑤ 李怡:《每一处边缘都是中心——〈王余杞文集续编〉代序》,《现代中国文化与文学》第 36 辑,巴蜀书社 2021 年版。
⑥ 李怡:《"地方路径"如何通达"现代中国"——代主持人语》,《当代文坛》2020 年第 1 期。

后"、"60后"作家及其作品,也对鲁敏、黄孝阳、曹寇、葛亮、孙频等"70后"、"80后"作家着墨甚多,甚至对庞羽、重木、钱墨痕等"90后"作家亦有所关注。其次,聚焦于地方文艺新形式——第六章对朱苏进、江奇涛、范小天等南京剧作家及其作品给予了扼要评析,从《江山风雨情》等历史正剧到《春光灿烂猪八戒》等神幻喜剧,作者悉心扫描南京文艺试验场的各个角落,通过发掘新的审美形式、捕捉新的思想内容,多角度展现南京文艺新生态。再次,对创作新现象的敏锐捕捉——《南京百年文学史》以点面结合的叙述提示我们,世纪之交以来新出现的重要文学主题,都或多或少凝结着南京作家的思考与探索。如黄梵《浮色》的先锋实验、黄孝阳《众生·设计师》的语言迷宫锐意于反思科技与人文间的关系,跳舞的东方玄幻小说、雨魔的宠兽系列奇幻小说掘进于网络文学崭新的审美空间,曹寇、赵志明等的小说创作扩充了"小镇青年文学"样本库……

作为一部颇具开拓性的地域文学史著作,《南京百年文学史》关注并吸纳新人近作,其秉持的创新意识诚然可贵。但另一方面,文学史与文学批评的不同之处也正在于前者须比后者更能经得起历史考鉴。文学批评提倡鼓励新人、催生新作,而文学史写作却不应与时代亦步亦趋,甚至刻意求新。应该说,经典化原则仍应是文学史写作的一条铁律,否则"青史留名"之作的典范性与文学史价值将会大打折扣。在此意义上,治文学史者应将《文学理论》结尾处的断语视为座右铭:"文学史有它的过去,也有它的将来,用不着为此感到遗憾,将来不能也不应该仅仅是填补从较老的方法里所发现的系统中的空白。我们必须精心制定一个新的文学史理想和使这一理想可能得以实现的新方法。"[①] 这也正是笔者所期待的《南京百年文学史》等地域文学史呈现出的第五副面孔。

(作者单位:南京大学中国新文学研究中心)

[①] [美] 勒内·韦勒克、奥斯汀·沃伦:《文学理论》,刘象愚等译,浙江人民出版社2017年版,第267页。

"地方路径"专题研究

《南京百年文学史》：在"南京文学"与"文学南京"的DNA双螺旋上[①]

蒋洪利

南京历史悠久，曾是"六朝古都"、"十朝都会"。漫长的城市发展史在给南京镌刻上时代印痕的同时，也给金陵留下了一笔宝贵的财富，文学便是其中之一。南京作为"一座历史悠久、文脉昌盛的文学之城"，不仅是中国文学走向独立和自觉的起始之地，也是中国文学走向世界的重要基地。2019年10月31日，南京入选"世界文学之都"，彰显了南京在世界文坛的影响力。2021年，张光芒教授领衔编写的《南京百年文学史》问世，为人们了解南京近百年来文学的整体形貌、理解南京文学的独特价值提供了参考和依据。

《南京百年文学史》的撰写成员均长期工作、生活于南京，对南京的文学生态、南京的城市文化与文学发展有着较为深入的研究。从2013年开始，这个团队用了7年的时光爬梳历史、搜集资料、分工撰写，并数易其稿，直至成熟。在具体写作中，他们将对南京的文化特征、文学特色的整体把握与作家作品、文学活动的细致分析相结合，力求充分发掘出"南京文学"与"文学南京"的独特意义与价值，并将某些处于"失语"乃至"半失语"状态的作家重新拉回到人们的视野，从地域路径重新探索和开拓了中国现当代文学史的范围与可能性。

一、表现"南京文学"的多样态

谈及"南京文学"中的"南京"，其概念绝非一般意义上的行政区划，也非经济

[①] 本文系国家社科基金重点项目"中国新文学学术史研究"（20AZW015）的研究成果。

——《南京百年文学史》：在"南京文学"与"文学南京"的 DNA 双螺旋上——

意义上的"南京都市圈"，而是一种文化意义上的文学区。张光芒等人称之为"金陵文学区"，即"以今南京为中心，辐射周边地区所形成的文化圈"①。就文学区的形成逻辑与评判标准而言，"金陵文学区"的说法无疑是成立的。从地域文学空间来说，南京地处"南北交界的战略位置和优越的地理、经济条件，颇受历代统治者的重视，更有不少统治者选择建都于此。南京据此形成的政治中心、经济中心、文化中心的地位对各地文人形成了强大的吸引力，无数文人墨客于此逗留或长期居住于此"②。而南北交融的文化历史也使南京形成了开放的文化格局与兼容并包的城市性格。"生于此间的南京作家大都能文能武，刚柔并济，既具有关切现实的士人气又具有赏花弄月的文人气。"③南京独特的"人文气候"也使南京作家大多"都试图摆脱政治权力的控制和官方意识形态的束缚，以独立姿态沉浸于古典文化和新文学的研究与创作之中"④，这些作家在"南京自然、人文地理以及文化传统的浸染下，经过多年的积累和不断的探索，逐渐形成了自身独特的艺术世界和文学系列，而这些或新或旧，或长或短的文学作品也汇入到南京文学的整体场域中，持续丰富着南京文学的精神与内涵"⑤。可以说，"金陵文学区"正是在"文学场"与文学创作者的双向互动中得以形成并不断发展壮大的。

在确定进入这一文学区的作家时，张光芒等人采用了一种类似于传统乡土血脉关系的甄选方式，即按照血脉浓淡由典型到非典型。其中，典型的南京作家包括出生在南京并长期在南京生活与写作的作家，以及非南京出生但有长期在南京生活和写作经历的作家。第二种是准南京作家，即无论是否生于南京，都曾"在南京生活过一段时间，并且其创作以南京为书写对象，或者具有较鲜明的南京气质，或者在较大程度上受到南京文化影响"⑥的作家。第三种则是南京籍的作家。第四种则是非南京作家的南京写作。这 4 类作家依据"距离"的远近散布在"金陵文学区"中，形成了一种类似于格尔茨所言的"马赛克式的社会组织体系"⑦。他们散发着大小不一、错杂有致的

---

① 张光芒等：《南京百年文学史》，江苏凤凰文艺出版社 2021 年版，第 1 页。
② 蒋洪利：《当代"南京作家群"：概念、流变及意义》，《区域文化与文学研究集刊》2020 年第 2 期。
③ 蒋洪利：《当代"南京作家群"：概念、流变及意义》，《区域文化与文学研究集刊》2020 年第 2 期。
④ 张光芒等：《南京百年文学史》，江苏凤凰文艺出版社 2021 年版，第 7 页。
⑤ 蒋洪利：《当代"南京作家群"：概念、流变及意义》，《区域文化与文学研究集刊》2020 年第 2 期。
⑥ 张光芒等：《南京百年文学史》，江苏凤凰文艺出版社 2021 年版，第 10 页。
⑦ [美] 克利福德·格尔茨：《地方知识——阐释人类学论文集》，杨德睿译，商务印书馆 2014 年版，第 81 页。

光芒，令"南京文学"变得丰富而多样。

当然，南京文学的多样性不仅仅体现在"南京作家"的多种类型上，更体现在著者对南京文学独特性的把握上。与其他中国现当代文学史的论著不同，《南京百年文学史》着重关注了旧体诗词的写作。民国时期，南京成为文化守成主义的大本营，挖掘、保护传统文化成为文化守成主义者们的共同追求。他们在撰文阐述自己的立场、表达自己的学术观点的同时，也根据时地的变换创作了许多旧体诗词。这些旧体诗词不仅是南京作家文化态度与文化选择的呈现，也是南京文学的重要组成部分。研究者指出，"长期以来，现代文学史中对旧体文学创作、发表及影响常忽略不谈，造成了新文学一枝独秀的文学场景，这种做法破坏了文学的多元性和完整性。实际上，旧体文学虽然在五四以后退出主导位置，但其传统却源远流长，始终有迹可循，传统诗文的发表传播也仍有市场，对其进行研究是对现代文学面貌的整体把握，也是对历史的真实再现"[①]。《南京百年文学史》对南京旧体诗人的研究在一定程度上还原了文学发展的本来面目，也凸显了南京文脉的历史传承性。

为了更好地展现南京的文学环境与文学理论动态，《南京百年文学史》还将工作、生活于南京的文学批评群体纳入研究范畴。一方面，在南京文学发展的历史长河中，文学理论向来是其中的重要组成部分。中国第一篇文学理论文章《文赋》诞生于此，第一部诗论专著《诗品》成形于此，第一部系统的文学理论和批判专著《文心雕龙》成书于此。另一方面，"文学创作与理论批评在文学发展史上历来是有机互动的两翼"[②]，南京文学史理应有文学理论研究与文学批评的一席之地。因此，《南京百年文学史》以简洁的笔墨、洗练的文字勾勒出了活跃在金陵文学区里的文艺理论研究者与文学批评家的整体形貌，着重点出了南京文学批评家的批评风貌，生动展现了南京文艺研究界的整体态势，从而为人们更全面地理解"南京文学"的丰富内涵提供了帮助。

值得注意的是，著者在撰写《南京百年文学史》时，所使用的"文学"概念并非狭义上的文学，而接近一种"大文学"的概念。一般而言，人们所谈论的文学包括小说、诗歌、散文、戏剧4种类型。而在《南京百年文学史》中，著者创造性地将电影、电视剧纳入文学史的叙述脉络之中，以巡礼的形式展现了当代南京电影、电视文学的发展脉络及其所取得的成绩。当代南京电影、电视文学在承续传统文学的立场坚守与价值指向的同时，也展现了南京当代作家在新时代创造性转换文学表现手段与表现方式的能力，为南京文学的蓬勃发展注入了一股新的力量。

---

① 张光芒等：《南京百年文学史》，江苏凤凰文艺出版社2021年版，第119页。
② 张光芒等：《南京百年文学史》，江苏凤凰文艺出版社2021年版，第12页。

二、书写"文学南京"的独特性

南京文学发展的百年,可以说是以文学记录南京历史变迁的百年。细细考察不同历史时期的作家创作,甚至可以勾勒出一幅面貌生动的南京城市地图。隶属于金陵文学区的作家,大多接续了一种怀古伤今的创作路数和隐逸悲情的精神取向,在对南京地理、景观、文化、风物的描摹中建立起了与历史、现实之间的联系。玄武湖、台城、鸡笼山、秦淮河、鸡鸣寺等地理坐标也成为他们创作的对象,甚至演化成含有某种情怀的意象。

如果说南京地标进入作家写作的场域是"南京作家"的独特之处的话,那么,对于南京文学外部生成环境的独到把握与分析便是《南京百年文学史》在勾勒"文学南京"时所显示出的一个独特之处。《南京百年文学史》以1912年为起点,将自此之后的南京文学划分为6个阶段:1912—1927年为从古典到现代的过渡期,1927—1937年为南京文学的分化与生长期,1937—1949年为南京文学的黑暗期与反抗期,1949—1976年为南京文学的曲折探索期,1976—1992年为南京文学的恢复发展期(简称"新时期"),1992—2017年为南京文学的多元发展期。其中,第三阶段又可细分为1937—1945年汪伪时期和1945—1949年国民政府还都时期,第四阶段又可细分为1949—1966年和1966—1976年两个时段,第五阶段也可细分为1976—1985年和1985—1992年两个时段。从历史时段的划分而言,著者没有选择1919年作为南京百年文学史的开端,而是选择了1912年,显然是考虑到了南京特殊的政治历史在南京近百年文学生成中的地位与作用。此外,第三阶段、第四阶段乃至第五阶段的细分也凸显了南京文学自身的发展逻辑。这种独到的文学史视角注意到了"作家们为'呼应主潮'进而参与建构整个文坛兴盛局面所付出的不懈努力,又看到了作家们为'发现本土''抵进本土'而进行的执著探索"[①]。应该说,"抵进本土"和"呼应主潮"这两条线索一直贯穿在南京文学发展的进程之中,从而形成了南京文学传统与现代、先锋与保守的独特文化品格。

其次,《南京百年文学史》还把南京文脉的特异性融入章节结构、作家作品的分析之中,从而形成了一种一以贯之的治史风格。从民国时期新文学与传统文学的交织,到新时期以来先锋文学与现实主义文学的双重变奏,《南京百年文学史》的写作都反映出南京这座城市的包容、多元与自由。尤为重要的是,著者在品评作家作品的时候,不以个人的好恶为准则,而是力求公允。例如在评论张资平20世纪30年代末的创作时,著者指出,张资平附逆日伪的叛国行为使他在文学史中的形象充满了异类意味,

---

① 杨艳伶:《二十年磨一剑 砺得西部长歌——读〈中国西部新文学史〉》,《中国现代文学论丛》2021年第1期。

受到了思想界和文艺界的批判，但"从新文学的发展来说，张资平的小说创作彰显了发展的新文学与转型的通俗文学异质共生的趋向"①。可以说，张光芒等人是以一种启蒙与审美相交织的文学标准来审度南京近百年来的文学发展的，因而文艺的审美特性及其内部所包蕴的对人自由、多元发展的启蒙功用才是入史的标杆与准则。这使得这部文学史著作充满了学人的知性韵味。

张光芒在"绪言"中指出，信息化时代的到来让区域文学变得复杂且不稳定，"但全球本土化的新思潮也让人们坚信，越是民族的越是世界的，越是地方的越是人类的"②。文学的地域空间"对我们考察文学的发生和变异，对于我们解释文学的深层文化意义，提供了非常丰富的材料依据和智慧源泉"③，因此，讲述文学流变的文学史理应关注到文学产生的地理空间、地域文化以及作家的地理感知与记忆。从这一层面说，《南京百年文学史》的出现为人们提供了一条从地域路径感知文学变迁的窗口。而从另一层面而言，中国现当代文学的发展史也并非是一个整体的、抽象的、实质化的静态历史，而是由一系列具体的、非实质化的地方文学发展脉络组合而成的动态历史。由此观之，南京百年文学史既是中国现当代文学史的重要组成部分，也是世界现当代文学发展史的组成成分。

格尔茨曾指出，"对于当下的社会来说，如何把握对于另一个民族而言是'近经验'的概念，并且对其了解的程度充分到足以将之安置在具有说明效果的联结之中，使之扣连到理论家为掌握社会生活之普遍性特征所塑造出来的'远经验'的概念具有重要的意义"④。从这个意义上说，《南京百年文学史》不仅可以使人们更好地理解南京文学创作的整体面貌与发展流变，还可以使人们更深层地理解南京的在地性文化，并进而从"当地人"的认知结构中寻求社会现象的有关解释，发现阅读城市与民族文化的多重路径。正是在"南京文学"与"文学南京"的 DNA 双螺旋上，该书确立了自身的丰富性、复杂性与多元性的有机统一。

在越发强调民族独特性与民族文化的今天，《南京百年文学史》的问世无疑向世界展示了南京的文化与文学，也向世界证明了南京能够成为"世界文学之都"不仅得益于其丰厚的文化底蕴，更得益于这座城市蓬勃的文学热情与文学创造力。

（作者单位：南京大学中国新文学研究中心 & 南京晓庄学院文学院）

---

① 张光芒等：《南京百年文学史》，江苏凤凰文艺出版社 2021 年版，第 164 页。
② 张光芒等：《南京百年文学史》，江苏凤凰文艺出版社 2021 年版，第 10 页。
③ 杨艳伶：《二十年磨一剑　砺得西部长歌——读〈中国西部新文学史〉》，《中国现代文学论丛》2021 年第 1 期。
④ ［美］克利福德·格尔茨：《地方知识——阐释人类学论文集》，杨德睿译，商务印书馆 2014 年版，第 70 页。

| 新视界 |

数字时代的"诗为媒":
文学生活的跨界建构与话语审美[①]

操 慧 宋巧丽

> 我相信只要有人类存在,诗歌作为一种艺术形式,作为人类表达精神世界、与外部进行沟通的一种神秘语言,必将伴随着我们的精神创造,一代一代传下去[②]。
>
> ——吉狄马加

早在人类进入数字时代之前,人际传播就是一个强有力和有效的社会沟通体系:它既伴随言语功能的社会化演进,也伴随其表意多元化的拓展。可以说,基于人类生存发展的交流与精神交往的对话作为共时性符号表意结构体系从未停止;换言之,在人类发展的言语交流体系中,不仅包括语言功能的实践发掘与广泛应用,也包括高于实际"物"的需求的审美追求及满足,这是一个文化传播的过程,也是一个作为个体与集体的叙事能力完善及互补的价值实现过程。正是在社会参与和文化想象之间,文学、艺术、新闻等依托媒介技术提供的平台,加速了彼此的融合,同时也各自发现了更为丰富的可能性与可沟通性,我们可将之表述为——在叙事的写实与写意互动中重构着人类精神生活中的"诗与远方"的文化生活体验,而这也正成为当下我们迈入数字时代感知与审思这样的表意变迁、叙事转向及话语审美的基础和切入点。本文所要

---

① 本文系国家社科基金项目"媒介融合背景下我国新型主流媒体的竞争力构建与评价研究"(16BXW024)的阶段性成果。
② 张滢莹:《在对李白、杜甫的致敬中,探问城市美学的诗歌意蕴丨第五届成都国际诗歌周举行》,澎湃新闻网,2021 年 12 月 23 日,参见:https://www.thepaper.cn/newsDetail_forward_15961435,访问时间:2022 年 1 月 20 日。

侧重聚焦的是一直作为一种文学生活媒介化建构的"诗为媒"现象及其话语逻辑，且旨在解析其跨界生发的机制与"诗话"审美的时代动因。

一、"诗何以为媒"之动态生发逻辑

据汉典解释，"诗"包含两层含义："一是文学体裁的一种，通过有节奏和韵律的语言反映生活，抒发情感"；"二是中国古书名，《诗经》的简称"。可见，诗既可以是文本、文献，也可以是一种叙事言志的载体。在《说文解字》中，"诗"为"志也。从言寺声。讠，古文诗省。书之切"。"毛诗序曰。诗者、志之所之也。在心为志。发言为诗。"《书·舜典》中记为"诗言志，歌永言"。这是从词源和语义上对"诗"的功能、特征的释义。通俗地说，"诗"具有抽象写意与文化交流的作用，可以作口头传颂，也可以做文本记录，且诗文本为诗传颂的文献载体，而诗传颂又使诗文本能够广泛传播，由此观之，两者具有的互动即：诗在其"文"与"歌"的互动层面构成了彼此不断交叉影响的媒介。何为媒介？简言之，就是"介绍或导致双方发生关系的人或事物"，又指"在传播中，将讯息送达受播者途中的工具或方法。如报纸、杂志、通讯社、广播、电视、电影等"。本文研究认为，"诗"既具有外向言说交流的特质，又具有内向观照心性的审美，在以"歌"传播、流动的过程中激活诗人与大众的共情，从而试图引发共鸣，达致对生活的感悟、对生命的体验、对自我的洞察……因此，从文学体裁上看，诗文本侧重于静态的作品，而"诗歌"（传颂与颂传）则侧重于与社会的情感互动，是一个辐射面广的文化对话与精神交流过程，也由此而共筑出文学生活的形态及内容。将之放在更悠长的社会文化的诗意形构中看，就是诗歌自媒与互媒以及跨媒和融媒的日常生活的审美变迁轨迹，诗歌自身在其间演进的"媒介"属性因媒介技术的飞速发展而不断凸显、不断互构，最终成为一种生活写意与审美想象的"诗话"生产。直至当下的数字时代，二进制符码不但未消解诗歌的独特言志，反而更加折射出现代人对诗意表达的向往与推崇。"诗"与"诗歌"在动静之间交织出可以跨界、可以脱域、可以交流的话语空间，这是其具有的内在"媒介"之"连接、渗透及谋合"属性的文化活力，也可以说是超越了一种言语修辞的话语审美的社会实践。它使凡是怀揣着梦想与真善美的人们在以诗为媒的生活体验与审美追求中获得心智层面的价值满足。

基于媒介"物"性的外向连接（诗歌传颂）及"人与物"（诗人做诗、大众咏诗）的交互，本文将诗的历时性媒介四重特性描绘如下：

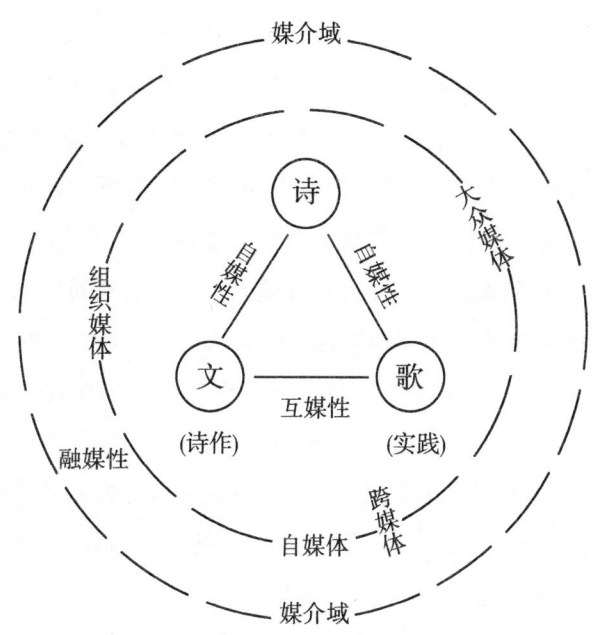

图1 诗之媒介属性的生发表征及互动示意

如图1所示,诗的传播包括由歌而记载和由文本而歌的过程,可以视作文学由口头向文本实践的演进路径之一,如早期的诗经、民间诗歌由口头到文本,进而成为文献的发展。又如今天的诗作可以口头与书面文本并进同步和多媒体呈现、再生产,诗文本不再是一次性永久固定的形态,诗歌的转化也可以是多次、多元转化,由此使诗的传播进入一个多重时空的交互,即"文本"与"歌本"融合为一种独特的话语(话本)。它不仅可以立体地不断穿越进入诗意的表达,也可以不断翻新、构建新的文化的表意。所以,"诗言志"本身的审美实践就是被建构为媒介化的文学生活的过程与载体,它既是人类对时代文化的消费,又是实现人类破壁沟通的桥梁,甚至是一种可相通的"心音抚慰"。

概言之,文学在媒介化的技术延伸下彻底地融入生活,并以诗的意境勾画人类对美的永恒追求和向往。因之,"诗为媒"的必然性不仅有诗的表达逻辑优势及语法易得性,更有媒介技术驱动与迭代后基于精神交往需求的便捷化的满足。当下,我们置身生活的"媒介化"与文学发展的"媒介域"生态,能够感知两者正在构建一种新型的媒介化的文学生活。或曰,我们身临"大文学"视阈下的生活审美实践。

《诗刊》副主编霍俊明认为,"诗歌既是美学文本又是社会文本,正如诗人既是语言公民又是社会公民一样,所以真正的甚至伟大的文本总是能够同时面向自我、时代、社会、历史甚至未来的诸多本质命题的"①。这是诗歌作为"文"与"歌"的交互形态参与社会生活并能够快速构建文学生活的媒介化形式的功能彰显及天然的媒介属性所在。尤其需要指出的是，数字时代因为技术的快速驱动及智能化发展趋势实现了"万物皆媒"的"万物互联"，这意味着法国媒介学家雷吉斯·德布雷（Régis Debray）在其《普通媒介学教程》中所提出的媒介学学科框架已不再是理论构想。德布雷认为，"媒介域是一个信息和人的传递和运输环境，包括与其相对应的知识加工方法和扩散方法"②。这是一种人与信息的新环境与新型关系，且就是数字时代的连接方式和文化生态的建构。如图1所示，信息化不仅存在于人与人、物与物、人与物，还泛在于这三种关系的互动互构中。它是一个复杂网络，也是一个关系结构，既包含主客体间的权力结构，也包含主客体间的秩序重构，"旨在说明传递技术及其制度配置被牵连进信仰的改变，也就是社会秩序的确立和改变"③。它启示我们：以技术驱动的新型媒介及其表意不断融创为新的传播体系，并不断型塑人的感性与理性思维，最终影响人对于外界和自身的体认。正如图1的同心圆圈层扩展，每一层都可以互相渗透和影响，每一层也再造着新的时空和意义。从诗的自媒性（诗人写诗、咏诗以及文本与传播实践为主）到大众媒体的介入、传播（诗作报道、诗人新闻、诗歌文化活动及其传播中对诗词的引用等），再到不同类别媒体间的传播（大众媒体、组织媒体、自媒体的互媒性），直至进入人类已有的所有媒体类别中的交互融合（媒介融合或融媒体）中，诗作为自身的文学媒介和文化话语已经完成了多次、多元、多维的再生产，通过不断叠加时空、扩展人群，延伸拓展表意，进而成为进入生活方式和审美想象的"诗话"。这样的文化话语常态化和日常审美可感化其实就是媒介域造就的"诗媒"风景，即可视作不断循环递进的人类"言志抒情"的表达审美。它既有内在又有外化，是始终聚焦于人对自身价值与精神的关注及关切的独特的"媒"系统。从此媒介生发逻辑和传播轨迹看，诗之可以为媒就源自人"以诗为美"的追求和对美好、理想的永恒不变的憧憬。可见，"媒"与"美"在内容、形态上具有历时的同构性，在技术发展、需求满足上又具有共时创造性。一个看似工具、平台，一个看似动机、归宿，但产需互促又创造了奇妙的连接与耦合。它们在诗传播和诗为媒中巧然天成，穿越时空，在数字化的当下更凸显了传统文化底蕴提供给现代人的审美精神滋养。

---

① 《霍俊明：理想的诗歌应直指命运、存在和时间的本质命题》，中国作家网，2022年1月10日，参见：https://cbgc.scol.com.cn/news/2884018，访问时间：2022年1月20日。
② 黄华：《"媒介域"的忧思》，《中国社会科学报》2015年5月6日，B01版。
③ 黄华：《"媒介域"的忧思》，《中国社会科学报》2015年5月6日，B01版。

二、"媒介域"中以诗修辞的话语审美

沿着技术演进的脉络,我们可以清晰地看到诗作为媒介的自媒性的延扩与融变。数字时代是"媒介域"显见的阶段,也是诗媒多元化的呈现阶段。在日常生活、大众媒体中融入互媒性的表达,不仅是一种典型的泛在化应用的修辞,也是一种诗意栖居的话语审美。

对诗歌与诗词的引用、选摘,是传统媒体报道中的修辞惯用策略,旨在提升可读性的同时也体现新闻审美——新闻主题及价值的"写意"。除了早期报纸副刊中的诗作和诗人专访,新闻版面上的一些新闻叙事中常会出现诗句引用,它们或是出现在标题、导语,或是出现在主体或结尾,意在铺陈情景、深化意义,在新闻客观写实的基础上引发读者共鸣,激发读者合乎情理的想象。这属于有关文学体裁与新闻写作的研究领域,我们将此现象纳入报告文学或新闻散文化范畴。它体现了自古以来文学与新闻的互动,包括叙事的互鉴。至于其中的动因,与人们阅读审美的时代变迁息息相关,也涉及新的叙事角度、思维以及方法技能,但总的功用就是有助于写作及文本的灵动,有助于传播效能的实现。给人"言外"的"意会",是基于客观的主体之主观共情,以达到文本传递和意义体味的和谐。此即修辞的基本作用——"制造同意"和"说服"。实践表明,新闻报道中的用诗具有古今通感的审美贯通与价值认同,它让受众在了解信息动态之际亦有回味生活、感悟情理之体验,同时还能获得抽离碎片化的事实、现象后更深广的思悟。比较典型的例证为对文化或国际交流活动的报道,其新闻写作中的诗引用出场,可以烘托文化氛围,营建体验空间。诗引用虽然诉诸笔端,却依然挥之不去其不可言说的意趣,提升了阅读的兴趣和赏析的兴致。与其说这是诗引用的修辞效用,不如说是从写意到共情的"悦读"的享受。对不在现场、无法身临其境的受众而言,这是缓解现实生存压力而获得新知、信息或情绪释放的审美过程,且伴随新闻传播的及时性、流动性。这种体验让日常审美更加自然、自觉和自在。

题为《以情动心,以文感人——习主席出访演讲和讲话注读》的新闻之导语中这样写道:"国家主席习近平出国访问时,在许多重要场合发表的演讲和讲话,总是引人入胜、激荡人心。以本次出访为例,习主席在巴基斯坦议会演讲和亚非领导人会议上讲话,也同样广征博引,饱含深情厚谊,让听众为之折服。"[①] 这是一篇角度别致的花

---

① 柳丝:《以情动心,以文感人——习主席出访演讲和讲话注读》,新华网,2015年4月23日,参见:http://www.xinhuanet.com/politics/2015-04/22/c_128731408.htm,访问时间:2022年1月20日。

絮报道,它盘点了习近平主席在外交活动讲话中的诗引用,解读了这些诗为媒的独特作用。它们早已超出了写作修辞的范畴而成为以诗载道、以诗会友、以诗感人的桥梁。恰如报道中的内容所述:"诗歌飞扬,春风化雨。习主席的演讲和讲话善用诗词来敲开人的心扉。中国有句古话:'与君初相识,犹如故人归。'这就是我访问巴基斯坦的真实感受。写下这段美丽诗句的作者如今已难考证,但不少中国当代文学作品中都提到了这句诗。习主席在巴议会演讲时用此句开篇,形容中巴友谊深入人心、经得起时间历练,无论是老一辈人,还是新一代人,都能彼此产生一见如故、相见恨晚的感觉。"该报道从用诗、解读、类比三个角度说明了诗为媒从人际话语到媒体话语的交际应用和沟通策略。诗为媒在文本内外能够起到"二次媒介"、"三次媒介"的多级传播作用,可以突破新闻客观写实的有限性,让修辞的对话、交互性得到有效增强。因此,这样的修辞应用也使受众在新闻审美之外能够领略文学之美、交际之巧。从此具体案例可见,文本层面和人际交流层面的"引诗为媒",其传播路径及审美机制可描绘为如下传递互构情况:

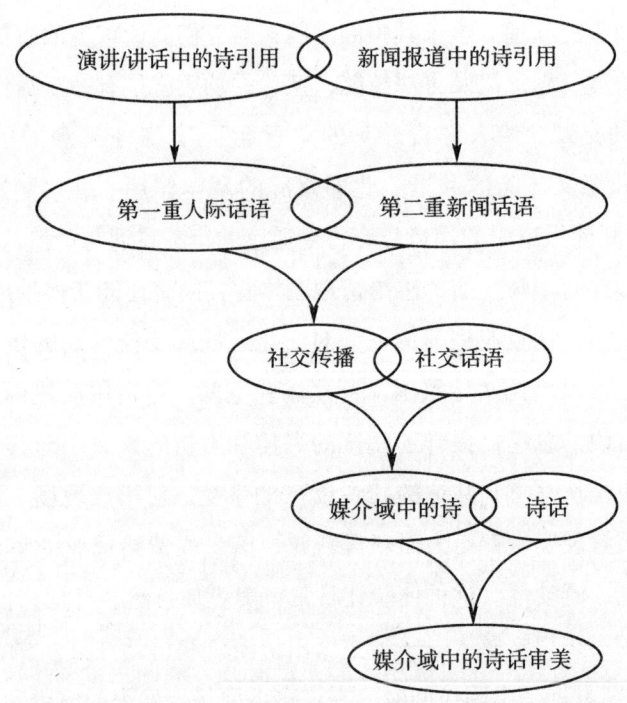

图 2 媒介域中作为文学生活媒介化形构的"诗话"修辞机制

如图 2 所示,无论是人际传播中的"诗引用",还是大众媒体的新闻报道中的"诗引用",它们都存在文本+语境的话语生成条件和势能,因为"引用"行为本身就意味着"媒介传播"的发生。在信息载体和信息解读的多样化互动中,"诗"既是相对独立的自媒体,又是可以融入交际和意会的"它媒"内容及意义携带体。它就是代表着多重表意的话语机制。结合具体的语境，这样的"诗话"是可以超脱实体指代而实现精神层面的共情、共鸣的。换言之，"诗引用"就媒介互动行为来说，即是一种有效的"诗化"修辞。其间，生活话语、文学话语、新闻话语等都可以通过特定情境化的感性召唤而聚合为关于真、善、美的畅想及情绪表达。这个交错叠加的网络化、结构化过程在图 2 的每一个层面都是互动影响，指代的是立体时空存在及发展轨迹。此为"媒介域"的跨界建构和话语投射。

与日常人际互动+新闻文本构建的"诗媒"与"诗话"相对应的另一类"诗话"建构和传播，是媒体的一些主题特色活动及其报道。它们通过对诗的整体或局部作各类互动式传播，让诗歌社群中的人在参与中成为再次传播的载体，进而再依托专家、意见领袖的解读和对其价值认同的分享，助力"诗话"成为融入社会生活的泛文化类话语资源。《中国诗词大会》、《经典咏流传》和"成都国际诗歌周"活动及其报道均为近期比较典型的文化及审美话语实践。

以《经典咏流传》为例，它是中央电视台综合频道和央视创造传媒有限公司联合制作推出的大型诗词文化音乐节目。该节目 2018 年 2 月 16 日晚八点在中央电视台综合频道首播以来，至 2022 年 1 月，共播出 4 季。它用"和诗以歌"的形式，回到了诗歌的起源，也让诗歌回到了生活[1]。面对浩瀚的诗海和品味不同的受众，该节目通过"传统诗词释读"+"流行音乐编改"的组合形式，邀请歌手现场演唱。歌词中既有对原诗词的翻唱，也有注入现代白话的亲历故事讲述，融视听艺术于一体。节目一方面将"诗"的内容与形式活化，另一方面将"诗媒"作为艺术修辞的丰富化、时新感凸显出来，拉近了诗与人的关系，再构了诗、意、情、景的融合时空，增强了诗话人文的现代性、贴近性与感染力。如对小诗《苔》的传唱，重在传递普通人的价值尊严和坚韧追求，共情效果突出，探索了诗教功能的新途径。节目中，乡村支教老师梁俊与山里孩子在舞台上传唱了清代诗人袁枚的《苔》："白日不到处，青春恰自来。苔花如米小，也学牡丹开。"孩子们朴质无华的天籁之声令人动容，也浸染了亿万观众。为什么 200 多年前的 20 字小诗能让我们潸然泪下、久难释怀？因为它不仅是梁老师和学生们克服困难、乐观向上的写照，同时也是对天地之间每个平凡又平等的生命尊严的致敬与励志。一首小诗打动人心，在于质朴表达，更在于隽永的诗意。它让世人听到了梦想的力量。"苔花如米小，也学牡丹开"，正是对每个人生命价值的肯定。平凡的生命也能灿烂绽放，正是这一立意拨动了亿万普通观众心弦的共振，触及了心灵的柔软之处。节目播出后，这首歌一夜之间爆红，搜索量比节目播出前增长了千百倍。此外，

---

[1] 霍可：《文化类综艺的创新表达与价值传播——以诗词文化音乐节目〈经典咏流传〉为例》，《新闻世界》2018 年第 11 期，第 21-24 页。

"夕阳西下，断肠人在天涯"，让观众领略秋思之祖马致远之立意深邃，"境"与"情"的表达在此达到极致。通观《经典咏流传》的创新，主要表现在注重文化精神、现代元素、青年诉求、生活时尚的有机融合，与此相匹配，又提供"读诗成曲"AI技术、"二维码"互动、网端播放等多元技术的体验，使节目具备了传播经典的流行活力与动力。在2019年3月16日播出的一期节目中，节目组运用全息投影高科技手段，让邓丽君"重返舞台"，与小女孩刘润潼共同演绎《但愿人长久》，让这首经典歌曲重回观众耳畔。在现实和虚拟的时空中，诗与歌的对话应合，令人在"耳目一新"之余，更能品味到传统与现代的奇思妙构。人文尚美的积极修辞在此得以无形彰显。

又如《中国诗词大会》，它是以诗词爱好者参与和竞赛为聚合的社群文化传播典范。据研发者——中央电视台科教频道（CCTV-10）的定位所述，这是一档大型演播室文化益智节目，也是央视首档全民参与的诗词节目。该节目从2016年2月12日第一季开播至今，以"赏中华诗词、寻文化基因、品生活之美"为宗旨，力求通过对诗词知识的比拼及赏析，带动全民重温那些曾经学过的古诗词，分享诗词之美，感受诗词之趣，意在从古人的智慧和情怀中汲取营养，涵养心灵。该节目的现场就是一个层次丰富的"媒介域"，诗词作为其核心修辞，连接老、中、青参与者，使他们在诗词竞猜和相互切磋中完成传统文化与现代人的对话；加之知名主持人和诗词专家的点评，现场的百人团与电视机前的无数观众可以学诗、颂诗、话诗，全民大会因此而变为诗友切磋聚会，有关诗与人的互动仪式链由此而构建，平淡的生活也因这样的诗媒导入而被点亮。

相比上述两例电子媒体内的诗话构建创意，"成都诗歌国际周"的创设与传播则体现了一座城市的诗歌叙事、文化精神和品牌营销。诗不仅是媒介，而且还是城市和中华文化对外连接的整体修辞。作为一项特色文化活动，"成都诗歌国际周"从2017年创设以来已经举办了5届。每一届都有一个鲜明的主题，依次为："诗歌与光明涌现的城池"（2017）、"成都与巴黎·诗歌双城会"（2018）、"用诗歌构建的人类命运共同体"（2019）、"我们共同的星球·见证诗歌的温暖和力量"（2020）、"世界时间上的李白与杜甫"（2021）。这些渐变的主题显示，成都是一座开放的国际化大都会，自古以来，文脉悠长，与世界相通，与诗友守望。在诗歌周上，诗人们通过开幕式、创作采风、主题论坛、咏颂会，多层面、多角度、全方位感受成都的诗歌底蕴和历史文化，并为成都留下诸多诗篇①。2021年，第五届成都国际诗歌周开幕式以"盛世李杜"、"诗润千年"、"时间永恒"3个篇章为线索，融合朗诵、舞蹈、歌唱、绘画等艺术形式，立体展现了诗歌跨越时空的永恒魅力。从千年之前李白与杜甫的诗歌名篇，

---

① 肖姗姗、成博：《见证诗歌的温暖和力量》，《四川日报》2020年12月10日，第2版。

到现代诗人对天府成都的咏叹，再到外国诗人围绕时间主题的书写，一首首精心挑选的诗篇，结合艺术家们的精彩演绎，为广大观众带来一场美轮美奂的视听盛宴①。2018年，成都国际诗歌周开幕式则邀请了不同国家的诗人，用不同的语言进行对话。列选作品既有著名的中外诗歌经典作品，也有当代诗人的新锐作品，同时将诗歌与四川清音、民谣、武术以及小提琴等结合，上演了一场诗与歌、诗与乐、诗与舞的艺术盛宴②。2021年，成都国际诗歌周的召开又为人们共同抗疫点亮了诗歌的灯盏，为人们共同迎接美好的明天打开了诗意的大门，也为人们共同书写时代的诗篇提供了交流的平台。疫情期间开展的诗歌活动，得以让诗人认识到自己的使命——"在人类正在经历艰难的时刻，诗人和诗歌更应该承担起引领人类精神的崇高使命"③。

我们对这些主题中的关键词进行分析发现，"诗歌"一词一以贯之，它是"媒介"、纽带、桥梁，更是话语、方法、路径，是我们内心的文化情怀与言说方式。无论是新闻报道、外事讲话还是城市传播、日常交流，"诗"与"歌"的融合共构都可以成为城市形象塑造、城市品牌营销的文化创意与有效修辞。"经由成都国际诗歌周的丰富活动，主办方追求的不仅仅是一种单纯的诗歌交流，也希望能够向普通百姓提供追求幸福美好生活方式的另一种途径。"④ 正如诗人梁平指出的，"让李白的诗歌、杜甫的诗歌润物无声地浸润在老百姓的日常生活里。对成都来说，这是一种以诗歌的方式搭建城市美学形象的尝试"⑤。

上述这些文化传播实践表明：以媒介融合为平台与手段，突出人与诗的时空关联，让诗在各类媒体的互动中涌现传播的创意，可以创新一种日常审美和文学审美的融合机制，从而滋养民族话语的文化性，突破文学传统传继的代际局限。这可以视作诗媒转化为诗话的社会参与的文化仪式构建路径。此过程也勾画出数字时代文学作为媒介文化的重要元叙事的风景线。

---

① 肖姗姗、成博、吴梦琳：《2021·第五届成都国际诗歌周开幕》，《四川日报》2021年12月19日，第2版。
② 吴梦琳：《中外诗人用诗歌对话》，《四川日报》2018年10月15日，第3版。
③ 肖晨：《为抗疫点亮了诗歌的灯盏》，《四川日报》2020年12月10日，第9版。
④ 张滢莹：《在对李白、杜甫的致敬中，探问城市美学的诗歌意蕴 | 第五届成都国际诗歌周举行》，澎湃新闻网，2021年12月23日，参见：https://www.thepaper.cn/newsDetail_forward_15961435，访问时间：2022年1月20日。
⑤ 张滢莹：《在对李白、杜甫的致敬中，探问城市美学的诗歌意蕴 | 第五届成都国际诗歌周举行》，澎湃新闻网，2021年12月23日，参见：https://www.thepaper.cn/newsDetail_forward_15961435，访问时间：2022年1月20日。

三、生活诗学：因诗相通的文化对话

诗人林雪认为，当时间轴被定义在"世界"的尺度上时，不仅是一种格局，更是文学想象力与自信的呈现。"这是我们向世界推广中国文学经典的一种姿态，是对于更自信、更具体、更自觉、更包容的文化理念的传承和传播。"① 如果说，"诗"在中国人心中是一种理想和精神的栖居，象征着一种个体逐梦的追求；那么，数字时代的传播就正在以"诗约万里"的心灵对话实现文化交流中的价值共鸣。这是对构筑"人类命运共同体"的一种全媒体实践，也是对人类心怀"诗心"、"诗情"的可沟通的文化对话可能性的生动诠释。

在此，本文以中国环球电视网（CGTN）策划推出的《诗约万里》大型诗歌文化产品为例，解析其体现的因诗相通的文化对话与价值共美的生活诗学媒介化景观。

《诗约万里》是 CGTN 自 2021 年 12 月 26 日起重磅推出的一档全新融媒体矩阵产品，由中、英、西、法、阿、俄 6 种语言制作，邀请 10 余国驻华大使、各语种主持人以及海内外诗人、音乐人等参与，创新运用诗意化的影像语言、生动的人物故事和诗歌朗诵，通过主产品《梦的力量》、《和平之道》、《生生不息》、《自然之音》、《此心安处》（共 5 集）分别阐释"梦想"、"和平"、"生命"、"家"与"自然"五大主题。其创意自述为"自古以来，诗歌，便是人类最精粹的语言，是人类表达心志和感情时真、善、美的艺术结晶，也是文明沟通的桥梁"②。

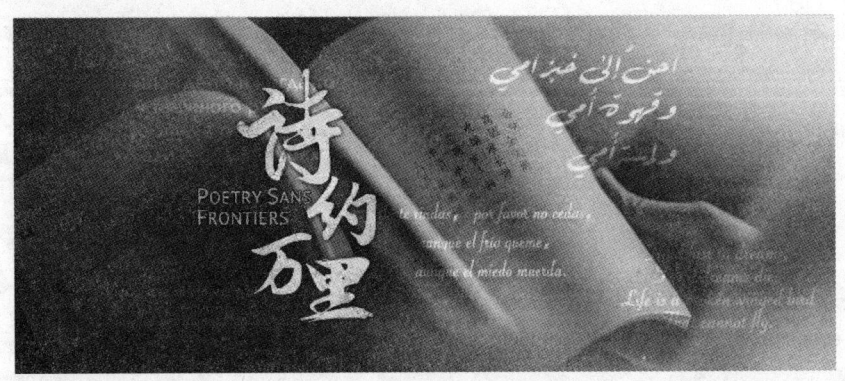

图 3　CGTN 大型诗歌文化产品《诗约万里》封面（客户端截图）

---

① 张滢莹：《在对李白、杜甫的致敬中，探问城市美学的诗歌意蕴 | 第五届成都国际诗歌周举行》，澎湃新闻网，2021 年 12 月 23 日，参见：https: //www.thepaper.cn/newsDetail_forward_15961435，访问时间：2022 年 1 月 20 日。

② "CGTN 阿拉伯语频道"微信公众号：《诗约万里 | 以诗为引，开启一段触动心灵的旅程》，2021 年 12 月 26 日，参见：https: //mp.weixin.qq.com/s/iG5eG2LGIwIwzMKombGOpQ。

——数字时代的"诗为媒":文学生活的跨界建构与话语审美——

图4 CGTN大型诗歌文化产品《诗约万里》内容板块(客户端截图)

这款融媒体传播品的团队介绍道:"作为一档打破语种界限的跨文化交流节目,《诗约万里》并没有将视野局限在中华传统诗词之上,而是独具特色地以影像化的散文诗体为拍摄手法,以人类共通的情感为出发原点,以不同文化背景的中外诗歌为纽带,呈现出全人类在情感上的共通点,以唤醒全球观众的共同心声,搭建起全球人民相互理解、相互包容、彼此信任的桥梁。"① 受邀嘉宾通过自身经历的故事分享,以诗歌朗读结尾,唤起受众对生活、对人生的价值感应。此外,作为衍生产品的"我在全世界 为你读诗"全球参与活动,通过短视频征集与跨屏互动,使不同国家、民族、个体的诗歌在媒体间流动,让我们能够倾听"不同",看到差异,但在心灵的对话上,却形成了强烈的共美、共享与共鸣,其内核就是诗文化的沟通、相通与融通。传统的诗的线性阅听变为多媒介融合的立体视听,诗的自媒性转化为活跃的"融合剂",可以自由渗入各类媒体构建关系域和日常生活的沟通域,从而成为一个灵动的"跨类文本"。这既符合数字时代文化消费的感性体验特点,也顺应了快时代中的人们对慢生活

---

① "CGTN阿拉伯语频道"微信公众号:《诗约万里丨以诗为引,开启一段触动心灵的旅程》,2021年12月26日,参见:https://mp.weixin.qq.com/s/iG5eG2LGIwIwzMKombGOpQ。

片刻驻足的精神渴望。它带给人全新的感知、全息化的审美,不仅焕发了新的媒介诗意,更激发了媒体诗学作为一种方法观照生活的视野与活力。基于此,我们细解"诗约万里"的命名发现,它既点明了"万里之外"时诗可以连接的媒介功用,又隐含"近在咫尺"时诗可以深度相知的辩证;所谓"诗约",是海内外同道者的约定,亦是全球社群知己者的对话。这是何等亲切、清新和浪漫的公共参与,又是何等自在、互信、包容的交流愿景。

我们在为这款复合化的跨文化"诗"媒创意点赞的同时,不禁又引发了关于诗为媒、诗言志何以融通的审思——在人类文明对话的历程及潜能层面反观当下的数字人文,我们不难发现:媒介进化的工具性与其社会人文互动的价值性从来就是彼此缠绕、生生不息,那最深层的文化归属感和精神信念始终以"诗"的融通性而成为永恒不变的优选。如前所述,声、景、画、读、看、写,有关诗的媒介融合表达与"诗意"修辞的通感叠加,都将在沉浸体验中标志着数字化诗学及其生活美学的新形态正向我们走来。"幸亏,我们还有诗",也因此新的动向和皈依或将变得更复杂或更真切。可以预见的是,未来有关"诗即媒"与"诗融媒"的媒体诗学将进一步转化为我们对话和言说的日常,技术跨界和智能化的步伐也会加速文学与生活的审美融合,因之也必将带来"诗"的跨界实践和更具创意的诗话探研。

(作者单位:四川大学文学与新闻学院)

新视界

论中国近现代文学期刊的三级构成体系[①]

刘 泉 王今晖

从1872年11月学术界公认的中国第一份文学期刊《瀛寰琐纪》创刊到1949年9月末,我国的文学期刊已知创刊10400余种,其中逾200种仅存名目。现存可以查阅到其主要学术信息的10000余种文学期刊,构成了中国近现代文学期刊庞大繁杂、流变丰富的文学期刊世界。对这份极其重要的文学遗产开展尽量科学合理的研究,特别是注重从其三级构成即总体构成、群体构成、个体构成切入,以有效推进文学期刊研究,是一项重要而迫切的历史任务。

一、文学期刊的总体构成

中国近现代文学期刊的总体,是由不同内涵与外延的两大门类即"纯文学期刊"与"涉文学期刊"互补共建组成的庞大体系,而其年度创刊数量与地域分布则是考量、评估其基本状貌的主要学术依据。

(一)纯文学期刊与涉文学期刊

众所周知,在电子出版物出现之前,文学书籍、报纸文学副刊及文艺小报、文学期刊(简称书、报、刊),一直是连接文学的生产方(编辑者与创作者)与消费方(阅读者与批评者)两端的桥梁。这三种密切相关又各不相同的出版物,就像三根坚固的柱石,支撑起近现代中国文学的摩天大厦。他们既是近现代文学发生、发展、沿革、变异的最直接见证与最具象的载体,也是构成这一史实不可或缺的重要内容。

[①] 本文系青岛大学文学院中国期刊研究所规划项目暨国家社会科学基金重大招标项目"中国近现代文学期刊全文数据库建设与研究(1872—1949)"(17ZDA276)的阶段性成果。

由于文学期刊的出版周期比书籍短,而容量又大于报纸副刊,因此,文学期刊的关注度往往要高于另外两种。但是,对于文学期刊的内涵与外延的考量,一直没有取得完全统一的意见。因此,在若干专业叙录文学期刊的工具书和研究论文、著作中,对于文学期刊的界定,就明显存在着两种尺度。例如,《中国现代文学期刊目录汇编》选收了"我国现代文学史上有影响的有代表性的因而有相当资料价值的期刊二百七十六种(另有附录四种)。其中绝大部分是文学期刊,也酌情选收了一部分与中国现代文学关系密切的综合性文化刊物"①。《中国现代文学期刊目录新编》则以"逾700万字"的篇幅,"收入中国现代文学(相关)期刊657种。它是迄今规模最大、收录数量最多、编制也最全的一部中国现代文学期刊目录索引工具书"②。而《中国现代文学期刊史论》则叙录现代文学期刊3500余种。在此基础上,《1872—1949文学期刊信息总汇》(以下简称"《信息总汇》")又承严家炎、张伯海先生指导,将收录文学期刊的时间上限上溯至学术界公认的中国第一份文学期刊《瀛寰琐纪》问世的1872年,同时一面补充新获得的文学期刊信息,一面更广泛地考察、吸纳了最新相关研究成果,从而把叙录文学期刊的数量扩充到10000余种。《中国现代文学期刊目录汇编》、《中国现代文学期刊目录新编》和《中国现代文学期刊史论》、《信息总汇》显然持有两种不同的关于"文学期刊"的界定标准。前者可以称为偏严的、宁缺毋滥的文学期刊工具书;后者则是偏宽的、宁缺毋滥的文学期刊工具书——两者各有自己的收录标准,也就拥有不太相同的读者群、不太一致的存在与使用价值。

我们认为,现存的文学期刊主要由两种形态综合、共建而成,一类是"纯文学期刊",一类是"涉文学期刊"。

所谓"纯文学期刊",除去必须涵盖传统的小说、诗歌、散文、戏剧四大门类外,其他如电影文学、儿童文学、民间文学、外国文学、校园文学、女性文学、翻译文学等门类和亚门类,文学批评、文学史研究、文学理论研究等领域的期刊,均应列入收集、叙录的范围③。

所谓"涉文学期刊",是我们在多年对中国近现代文学期刊考察、研究、思考的基础上"杜撰"的名称,指以创刊于1915年的《青年杂志》月刊(次年改称《新青

---

① 唐沅、韩之友、封世辉、舒欣、孙庆升、顾盈丰:《中国现代文学期刊目录汇编·前言》,天津人民出版社1988年版。

② 吴俊、李今、刘晓丽、王彬彬:《中国现代文学期刊目录新编·前言》,上海人民出版社2010年版。

③ 例如《小说海》、《小说大观》、《小说月报》、《诗》、《戏剧》、《创造》(季刊)、《文学周报》、《弥洒》、《浅草》、《语丝》、《电影月报》、《太白》、《现代文学评论》、《世界文学》、《译文》、《文艺阵地》、《文艺春秋》、《友联特刊》等。

年》，以下称"《新青年》"）为代表的涉及文学或具备某些文学性内涵的非纯粹文学期刊，即指设有文学、文艺栏目，或以一定篇幅发表文学作品或文学研究文章的综合性期刊特别是文化类期刊，以及以一定篇幅发表文学作品或文学研究文章的其他专业性期刊，例如校刊、学报、同学会会刊、同乡会会刊等①。

其实，中国学术界尤其是文学期刊研究专家们，一向都是把这样两大门类的期刊一并合称为文学期刊的，正如没有人把《新青年》排除于文学期刊之外一样。既然涉文学的《新青年》可以毫无疑义地置身文学期刊行列，其他涉文学期刊也应该以同样的理由一并划入这一版图。这里需要区别和说明的是，对文学期刊进行普查，勘定、厘清文学期刊的实际版图，应该采取"宁滥毋缺"的策略；而撰写文学期刊史的时候，就必须分清主次，按照水平高低、贡献大小、影响远近来选取优者入史入论。

（二）考量文学期刊总体的基本数据

按照以上对于文学期刊的认知，下面列出纵（时间）、横（空间）两个坐标系上已知中国近现代文学期刊的实际存在状况。

1. 文学期刊的时间序列

据统计，从1872年11月到1949年9月底，共创刊（含复刊）文学期刊约10164种。按年度具体排列如下：

创刊（复刊）时间	期刊种类	创刊（复刊）时间	期刊种类	创刊（复刊）时间	期刊种类	创刊（复刊）时间	期刊种类
1872年	1	1911年	10	1925年	176	1939年	419
1875年	1	1912年	41	1926年	158	1940年	351
1876年	2	1913年	49	1927年	146	1941年	352
1892年	1	1914年	74	1928年	244	1942年	239
1901年	3	1915年	47	1929年	330	1943年	251
1902年	6	1916年	30	1930年	326	1944年	219
1903年	10	1917年	58	1931年	416	1945年	399
1904年	10	1918年	54	1932年	404	1946年	709
1905年	9	1919年	62	1933年	484	1947年	517
1906年	16	1920年	92	1934年	435	1948年	385

---

① 例如《华侨杂志》、《留美学生季报》、《学生杂志》、《妇女杂志》、《甲寅》、《每周评论》、《曙光》、《新社会》、《学衡》、《努力周报》、《北京师范大学国文学会丛刊》、《国立北京大学国学季刊》等。

续表

创刊（复刊）时间	期刊种类	创刊（复刊）时间	期刊种类	创刊（复刊）时间	期刊种类	创刊（复刊）时间	期刊种类
1907年	22	1921年	90	1935年	468	1949年	158
1908年	15	1922年	112	1936年	511		
1909年	11	1923年	152	1937年	531		
1910年	10	1924年	158	1938年	390		

创刊（含复刊）数量当然只能够从特定角度反映文学期刊的某种生存状况，而且这里的统计方法及统计结果都有待于进一步完善。但在找到更科学、更合理、更具备说服力的统计方法之前，这仍然不失为一组可供参考的数据。

1912年，是中国历史上革故鼎新的重要年份，国人特别是知识分子看到了些许关于国家民族的希望。于是，文学期刊的创刊数量从1910年、1911年的每年10种，骤增至41种，开创了中国自有文学期刊以来的最高纪录。从此，中国文学期刊每年的创刊记录就一直保持着两位数乃至三位数的成绩。文学期刊的历史使命与中国知识界对国家民族命运的深切关注的血肉联系可见一斑。

1945年，14年艰苦卓绝的抗日战争终于胜利，山河光复的兴奋迅速透过文学期刊表达出来。于是，1946年创刊（当然必须包含复刊）的文学期刊急剧飙升至709种。这是从1872年中国自有文学期刊以来的最高纪录！而且此时的文学期刊，大多冠以《人民时代》、《大同》、《中兴》、《自由》、《活力》等旗帜鲜明的刊名，充分显示了办刊者对家国民族美好前途的期待与展望！

从1945至1949年，文学期刊数量的变化和内容的更迭更是时代风云的直接反映。随着"和平协定"被撕毁，"较场口惨案"等一系列事件的爆发，绝大多数文学期刊旗帜鲜明地站到了正义一边。据不完全统计，仅以显著篇幅设置"李闻惨案"专栏、专辑的文学期刊就有《文艺复兴》、《十二月》、《诗激流》、《文萃》等，其他如歌颂烈士、继承遗愿、声援民盟、抗议暴政、呼唤民主、抚恤遗属者的文章，更是群刊竞发，难以尽数。

2. 文学期刊的空间序列

从区域分布的视角看去，我们的近现代文学期刊呈现出完全不平衡、不均等的样态。从国内来看，可以按照行政区划以文学期刊数量多寡为序排列如下①：

---

① 刘增人、刘泉、王今晖：《1872—1949文学期刊信息总汇》，青岛出版社2015年版，目录第139-274页。

行政区域	期刊数量	行政区域	期刊数量	行政区域	期刊数量
上海	2833	山东	206	台湾	74
广东	1135	香港	191	甘肃	66
北京	1050	广西	181	吉林	56
江苏	718	陕西	154	贵州	48
四川	476	江西	147	黑龙江	35
浙江	428	云南	146	内蒙古	16
湖南	404	河北	125	澳门	15
重庆	370	河南	124	新疆	9
湖北	283	辽宁	113	海南	8
福建	276	山西	94	青海	7
天津	258	安徽	89	宁夏	4

此外，日本、新加坡、印度尼西亚、菲律宾、美国等也曾有中文文学期刊问世。在寻找到更加科学的统计标准和方法之前，我们不妨暂时把以上数据作为一种有一定价值的参照物。

作为中国文学期刊的发源地与大本营，上海创办和发行了占全国近三分之一的文学期刊，贡献与影响都无可替代！江苏人文荟萃又贴近上海，成为文坛时尚之地。北京本来是中国文化的代表城市，"五四"前后，不少文学期刊纷纷从上海等地北上，北京一度成为文学期刊兴盛的中心。但1926年前后，随着北伐大军聚义广州并挥斥风云一路北上，《语丝》、《现代评论》等重量级文学期刊相继移居上海，特别是1928年至1930年，革命文学、左翼文学在上海迅速发展，北京逐渐失去中心地位，只留下几块"京派"的厚重招牌与天津的文学期刊、文学副刊互相呼应。由于抗战时期的特殊情势，诸多文学前辈跟随抗敌队伍从北京、上海后撤至广东、四川、浙江、湖北等省市，在这些地域形成文学期刊的一时兴盛态势。桂林、昆明、延安、西安等规模不同的城市乃至乡镇，也都曾经出版、发行过水平较高、影响不小的文学期刊。

二、文学期刊的群体构成

相当数量的中国近现代文学期刊并非孤立存在，其发生、发展、萎缩、消亡的过程，往往与同时代的其他文学期刊存在或对立或互补的关联，从而构成某种值得研究的群体。对峙、传承、变异、组合等是群体构成的常见模式。

（一）对峙

《现代评论》与《语丝》，《新月》与《萌芽月刊》、《拓荒者》是对峙形态的典型。过去我们主要关注这两类期刊在意识形态上的分歧,且认为这些分歧会产生类似拉帮结派的负面影响,却往往低估了其中的积极作用。其实,对峙也是期刊迅速发展的重要途径之一。紧张的对峙关系,迫使刊物积极组织有说服力和"战斗性"的稿件,努力补充、完善自我的观点和主张,大大提高了刊物自身的理论水平。也因为文章引人注目的论辩色彩,刊物有可能变为读者持续关注的"舞台",刊物销量有望增加,出版商的获利也会增多。从当年孙伏园在《语丝》销路畅通时得意地对鲁迅说"真好,他们竟不料踏在炸药上了"①,就可以看出编辑者的一种营销心理。从这样的意义上说,对峙是期刊生存发展的重要途径,没有对峙,将在很大程度上消解期刊努力完善自我的紧迫感与内驱力,或错失引发关注热点、号召读者的重要机遇。

(二)传承

由于传承的内涵、外延不同,传承的样式也多有差异。从《新青年》到《每周评论》、《新潮》、《少年中国》、《解放与改造》、《曙光》、《新社会》、《人道》等刊,办刊人有变化,出版社有差异,刊物的内容也不尽相同,但热情宣传新思潮的宗旨却如出一辙,而且相沿有序,共同承担起为中国社会现代转型提供精神武器的历史作用——这是期刊历史作用的传承。从辛亥前后的《礼拜六》、《小说大观》、《小说时报》、《小说新报》、《小说画报》,到20世纪20年代初的《小说世界》、《红杂志》、《红玫瑰》,到30年代的《珊瑚》、《千秋》、《万岁》、《金刚钻月刊》,再到40年代的《万象》、《春秋》,这些期刊大多以上海市民为基本读者群,从内容到形式都特别重视市民情趣,历经盛衰却一脉不绝,形成一个堪称庞大的系列,在审美趣味与读者群体上都有传承意义。

革新后的《小说月报》及《文学周报》是文学研究会的机关刊物,创刊于1933年的《文学》则与前两者存在传承关系:《文学》的主持人沈雁冰、郑振铎和编辑傅东华、王统照都是文学研究会的骨干,也是《小说月报》、《文学旬刊》的主要编辑。《文学》在编辑方针、刊物风貌上对《小说月报》及《文学周报》都有所承袭——包括喜欢刊发无名文学青年的文稿与某一主题的"专辑"、"特辑"——这是社团流派的传承。自《新青年》倡导"随感录"以来,杂文、随笔成为新文学的强项文体,至《语丝》风行海内,这种文体更成时尚,诸多文学大家都有所建树。至20世纪30年代,《语丝》文体明显地形成两大分支:一支承续鲁迅战斗杂文的风格,以《太白》、《海燕》、《夜莺》、《鲁迅风》、《野草》等为代表;另一支发扬周作人闲适小品的格调,以《论语》、《人间世》、《宇宙风》、《逸经》、《文饭小品》等为阵地。以此形成

---

① 鲁迅:《我和〈语丝〉的始终》,《鲁迅全集》(第4卷),人民文学出版社2005年版,第171页。

文体传承的典型样式。

不难看出，期刊之间的传承关系，是造就期刊网络式结构的重要程序。没有传承性的刊物，很难培养出较为固定甚至不断扩容的读者群落，很难造就高水平的编辑队伍，也就很难成为期刊界的"名牌"与"精品"，从而造成持续影响；而有所传承的期刊，总是既有相对固定的读者层面，又有志趣相投的编辑群体、观念相近的作者队伍，以及沿袭不衰的办刊方针，甚至连刊物的文体语式、栏目设置、按语编后、设计装帧等，也都给读者一种风雨故人式的亲和感和认同感，其影响有连续性，其销路有可靠性，正是合规律性的一种佐证。

（三）变异

文学期刊自身的变异，主要有两种形态：一是由俗向雅的变异，即面向市民的通俗期刊的文人化、雅化趋向；一是由雅变俗，即面向知识者群体的文人期刊向通俗化演变的趋势。由俗向雅，是期刊变异的主流，它体现着中国现代文学的发展方向及现代文人文化的主流地位。改组后的《小说月报》就是由俗向雅整体性变异的最好例证。《万象》自1943年7月1日第3年第1期起由柯灵接编，也是由俗向雅局部性变异的一个颇具代表性的现象。前者招牌仍在，但内容已经完全改观，不仅毫无承袭，简直就是对于原刊的反叛；后者在保留了知识讲座、医学常识、史地漫话、文哲逸话等已经拥有相当读者量的综合性文化栏目的基础上，以较高文化品位的新文艺创作，大幅度取代迎合低级趣味的内容。芦焚、王统照、张爱玲的小说，吴伯箫的散文，李健吾的歌剧，石挥、佐临、袁俊的戏剧理论及戏剧评论等，开始成为期刊的主体内容，实现了对原刊风格的某种置换。可以说，前者近似突变、革命，后者则类似于渐变、改良。这类变异，直接提升了刊物的文化品位，读者群也随之发生了转换，刊物面貌与社会反响都发生了全方位的变化。由雅向俗的变异，也有例证可资寻绎。如1903年5月29日创刊于上海的《绣像小说》、1906年11月1日创刊于上海的《月月小说》、1907年2月创刊于上海的《小说林》等，都在时代潮流的影响下回归到以遣情娱兴、游戏休闲为宗旨，有的甚至公开以"游戏"为刊名进行宣示，完全放弃了当初以"新小说"为主所倡导的文学启蒙的历史使命。

（四）组合

有着相同或相近办刊宗旨的几份期刊，在大体一致的时空背景下先后或同时创刊，面向大体相同的读者群体，宣传基本相似的刊物主张及旨趣，由此形成一种自觉或不自觉的期刊团体，以达到张扬某种思潮、倡导某种文体、掌控或局部掌控某种舆论场的目的。这种组合，有的以社团为基础，其组织形式相对严密，理论主张旗帜比较鲜明，在论战或宣传中一般具有较强的战斗力，如后期创造社、太阳社、我们社等的

《洪水》、《创造月刊》、《太阳月刊》、《我们》等,以及左联所创办的《十字街头》、《大众文艺》、《北斗》、《拓荒者》、《萌芽》等。前者在宣传"革命文学理论"及对鲁迅的批判上,步调一致,口径统一,分工明确,火力集中;后者以密集的队列形成彼此呼应的阵势,在论战中也起到了不可小觑的作用。这种组合,有的以自己的精神领袖为核心,自觉自愿地围绕在核心周围,形成一种无明显外部组织形式而内核却十分严密和团结的组合。如鲁迅所领导、支持的《语丝》、《莽原》、《奔流》、《萌芽》、《文艺研究》、《前哨》、《十字街头》等,再如胡风带领的"七月派"创办的《七月》、《希望》、《诗垦地》等。因鲁迅、胡风在文学观念、理论主张上高屋建瓴,具有极大的号召力,特别是他们那种独具特色的人格魅力,便毫无争议地成为某一特定时空中一批期刊的旗手和核心,形成一种特别引人注目的文学景观,也成为期刊史上经典的组合范例。有的组合则是以艺术趣味为纽带的。如由一批执着于文学的审美特质的青年所创办的《浅草》、《沉钟》、《弥洒》等,由几位心仪西方现代派艺术理想的青年所经营的《无轨列车》、《新文艺》、《现代》等。它们看似漫不经心、此伏彼起,且刊期长短不一,却浸透着一代文学青年的审美理想与艺术追求,而其内在的同一性则显示出这种多元文学期刊顽强的生命力。有的组合是由某一出版机构的支持而人为形成的,自然带着该机构鲜明的印记,体现着该机构的营销模式与文化策略。比如商务印书馆的《教育杂志》、《妇女杂志》、《儿童世界》,以及开明书店的《中学生》、《中学生文艺》、《新少年》等。前者在注重综合中又偏重教育,为该社出版的大批量教科书在某种意义上作补充和呼应;后者在关注教育中又特别重视中学生的知识结构与人格结构的不断优化,对象更加明显和集中,是该社宗旨的鲜明体现。有的组合是以某种文体的倡导为契机的。如以《诗》为开端的新诗期刊系列,以《小说月报》为代表的白话小说期刊系列,以《戏剧》领起的话剧研究与话剧文学期刊系列,以《新青年》(专栏"随感录")、《语丝》等所形成的散文、杂文、小品文期刊系列,以《未名》、《译文》为代表的翻译文学期刊系列等。它们对于文体的形成、发展,都有着重要的意义。

文学期刊世界的构建模式当然还可以继续列举,但仅此数端,即足见在中国社会、中国文学现代化的历史进程中,文学期刊是如何在竞争中迅猛地发展,在混沌无序的表象下面倔强地延续着自身沉默而顽强的生存规律,在有序与无序之间,一面适应一面也改造着自己的生存环境,组织成颇具时代特色的网络状的期刊世界。

三、文学期刊的个体构成

中国近现代文学期刊是一个目前还无法精准核定的极其庞大的"家族",其曾经存在的数量是十分惊人的。正如刘增杰先生所说,"从19世纪末至21世纪初,出版的文学期刊,至今并没有精确的统计数字。据魏绍昌主编的《中国近代文学大系·史料索引集》统计,近代主要文学期刊131种,偏重文艺的综合性期刊111种,文艺报纸67种。另据刘增人等纂著的《中国现代文学期刊史论》统计,从1915年9月《新青年》杂志创刊到1949年7月创刊的文学期刊,'大约3504种。这是一幅很难用简短的文字描述的极其宏伟又相当驳杂的文学景观与出版景观'。刘增人等在这段文字中所使用的数字,可能还是一个被大大缩小了的数字。任何人都不可能看到这一时段全部的文学期刊。战争的破坏与其他因素,使许多文学期刊旋生旋灭。即使一些相当有价值的文学期刊,也会很快被时代的巨浪所吞没"①。我们现在所能做的只有开列已经得知的文学期刊的学术信息,给当下急需的学者提供暂时的帮助,同时耐心等待未来可能完备无缺的真实结果出现——虽然这是一个非常渺茫的希望。

不过,据我们目前所知,自1872年11月到1949年9月底,现在已知创刊、发行了10400余种期刊,其中逾200种已经无法确切知道其创刊、发行的时间与地点。仅就这已知的文学期刊而言,其个体构成的形态要素,就呈现出复杂且丰富的样式:

(一)刊期·版式·印装

中国近现代文学期刊的刊期应该说是应有尽有,有日刊、双日刊、三日刊、五日刊、周刊、旬刊(亦称十日刊)、半月刊(亦称双周刊、十五日刊)、月刊(有的号称月刊,但实际每年只出10期)、双月刊、季刊、半年刊、年刊、不定期刊等等。版式则主要是32开本及16开本,但又有大32开本与小32开本的区分,还有64开本、24开本、方型开本,以及适合旅行携带的狭长开本,不一而足。民国以前的文学期刊,以石印版较多,此后则铅印版渐渐一统天下。但根据地、解放区由于条件极其艰苦,也有一些油印版刊物。一些小学校自办的刊物,有不少也是油印本。文学期刊创办之初,书籍与刊物的界限还没有那么分明,刊物的装订也还在沿袭线装书籍的样式。如1872年创刊的《瀛寰琐纪》、1875年创刊的《四溟琐纪》、1986年创刊的《寰宇琐记》等,都还是24开线装本。它也因为开本偏小,被称为"巾箱本",即袖珍本。1892年刊行的《海上奇书》,则是点石斋书局石印本,单面印刷,小32开本。1903年刊行的《觉民》初为油印本,第5期改为铅印本。1906年印行的《著作林》第1—16期在杭州出版,木刻雕版石印;第17期迁至上海,改为铅字排印,仍为线装。其实,铅印平装本,也往往采用先出单本而后再合订重出的形态。一些比较讲究的刊物,有

---

① 刘增杰:《中国现代文学史料学》,上海中西书局2012年版,第105页。

时加上外封或腰封，但已经很少见到"匣装"了①。此外，还有极少量的毛边期刊，作为个案，也应该考虑在内。

(二) 语体·文体

毫无疑问，中国近现代文学期刊的绝大多数，其主体都是汉语写成的文本，虽然也有少数中英文、中日文合刊的个案。中国古代就有的文言文与古白话，也在初期的文学期刊中继续沿用，但后者显然占据了多数的位置。1901年创刊于浙江杭州的《杭州白话报》，开始公开以"白话"为语体，并以此为荣，号召天下。此后还陆续出现创刊于上海的《智群白话报》、《中国白话报》、《扬子江白话报》，创刊于日本东京的《新白话报》、《白话》，创刊于江苏无锡的《江苏白话报》，创刊于福建福州的《福建白话报》等等。白话成为文学期刊的主流语体的历史趋势，已经日益明显。"五四"以降，文言的刊物已经少而又少，只有如《甲寅》、《青鹤》等在坚持故我，但显然已经属于失去读者的期刊界的"孤哀子"了。

小说一直是中国文学期刊的大宗，但又有从传统的连载章回体小说到鲁迅《狂人日记》式的现代短篇小说的质变。茅盾、巴金、王统照等现代长篇小说的名作，许多都是先在文学期刊连载，然后交付出版社单行印装出版的，这几乎成为现代文学作品的一种典型问世模式了。从《新青年》的"随感录"开始，中国现代散文就显示出杂文和美文并存的格局。从胡适的《蝴蝶》到戴望舒的《雨巷》，从闻一多倡导的"三美"诗体到抗战时期流行的朗诵诗、十四行诗，抗战前线的枪杆诗、墙头诗、快报诗……中国新诗的体式，在文学期刊上展示着多姿多彩的各种可能。最初的戏剧刊物往往是旧剧一统天下，"五四"时期以《新青年》为主要阵地的关于戏剧观的大讨论，迅速打破了这种格局。介绍西方戏剧理论并借以提倡话剧的论文与撰写话剧剧本的尝试之作，开始陆陆续续在文学期刊上出现，并与南国社等的话剧实践互相应和，终于实现了中国戏剧的历史性变革，虽然这种变革的得失依然需要后人认真梳理和总结。电影文学剧本稍晚于电影广告登上期刊的舞台，但不久即成为电影文学期刊的灵魂。历史证明，没有高水平的电影故事和文学剧本，没有高水平的导演与演员对电影的深刻理解，特别是对电影角色的深入阐释与演绎，电影期刊就只能成为低俗消费的又一渠道。20世纪40年代中后期，在根据地、解放区里，为了适应广大工农兵群众文化翻身的急迫需求，那里的文学期刊开始在文体领域里迅速增添了快板书、数来宝、街头小剧、民间歌谣、小故事、配图识字、连环画、漫画配诗歌短句、农谚农谣、生产

---

① 我们现在在图书馆里见到的期刊，绝大多数是数期刊物合订在一起而且外面加以硬纸封套的样式，其实这并非所有刊物原来的"身材"。

知识、卫生启蒙等通俗文学形态,且大面积呈现,大幅度推广,形成"五四"以来文学期刊文体领域里的罕见变革。

(三)创刊·停刊(休刊)·复刊·终刊

中国近现代文学期刊的发展、沿革情况是极其复杂多样的。相当数量的刊物,创刊时雄心勃勃,舍我其谁,不幸仅出数期,就偃旗息鼓,悄然关张,甚至连关张的具体时间和期数都需要费心考证,才可以厘清端倪。"其兴也勃焉"、"其亡也忽焉"①的古话,好像就是预言着这种期刊现象。创刊以后,不少刊物命运多舛,不得不停刊或休刊,但是偶有机遇,马上想方设法恢复旧观,延续生命。其间的复杂状态,颇具文学史的意味。相对而言,除一些文人刊物因时代动荡、经济窘迫、人员变更等因素导致刊物寿命极不稳定外,由非激进文人主办的刊物,如施蛰存主编的《现代》、傅东华和王统照主编的《文学》、朱光潜主编的《文学杂志》、郑振铎和章靳以主编的《文学季刊》等,时间较长,也较为稳定。而左联文学期刊大多数寿命不长。如丁玲主编,姚蓬子、沈起予助编的《北斗》月刊,1931年9月20日创刊于上海,1932年7月20日出版第2卷第3、4期合刊号后被查禁终刊,共出版8期。又如《呐喊》周刊,1937年8月22日创刊于上海,仅出2期即遭上海租界当局查抄;同年9月5日由茅盾主编,改名《烽火》重新出版,由上海"文学社"、"文季社"、"中流社"、"译文社"四社同人自筹经费印行,巴金为发行人,由"文化生活出版社"、"上海杂志公司"、"开明书店"、"五洲书报社"代售,同年11月7日出至第12期因日寇占领上海而停刊;1938年5月1日在广州复刊,续出第13期,续出后改为旬刊,由巴金编辑,"烽火社"发行,发行人为茅盾,"文化生活出版社"总经售,同年10月11日出至第20期因广州战事危急而停刊。连同《呐喊》在内,此刊共出22期。其中所彰显的编辑成员的文化立场与家国情怀,永远是中国期刊文化史上值得纪念的一页。

余 论

中国学术界对近现代文学期刊的研究,已经取得了显著的业绩,出现了若干具有历史意义的成果。但我们也应该清醒地看到,既往的研究主要还是集中在对文学期刊上发表的文学作品和提供这些作品的作家的考察评论上,即依然是期刊文学研究,而非全景式的文学期刊研究。当下急迫的任务,应该是大力倡导实事求是的科学学风,尽可能从文学期刊本体出发,进一步厘清具有特殊属性的文学期刊研究与一般意义上

---

① (周)左丘明撰、(晋)杜预注、(唐)孔颖达正义:《左传正义》,北京大学出版社2000年版,第280页。

的文学研究、文化研究、历史研究、新闻出版研究、文献史料研究等相关研究领域的区别与关联,从仅仅关注具有经典意义的少数文学期刊个体,推进到集众家之力描摹出符合文学期刊发展历史的全景式文学期刊的历史景观,提升理论思维,营造研讨氛围,建构话语体系,将该项研究陆续向文学期刊论、文学期刊史、文学期刊学推进,逐步打造一种既跨越又联通传统学术界域的新型学科体系,进一步开拓出文学期刊研究的新思路,创建文学期刊研究的新格局,使文学期刊研究迈向新的台阶。

(作者单位:青岛大学国际教育学院)

▲ 新视界

中文学科虚拟仿真实验教学改革的探索①

杨天舒　刘震　路杨

为贯彻落实习近平总书记关于强化实践育人工作的重要指示精神,根据《教育信息化十年发展规划(2011—2020年)》和《2017年教育信息化工作要点》等相关文件,教育部从2017年起展开新一轮国家虚拟仿真实验教学项目建设工作,提高高校教学的信息化水平,推进教学资源的开放和共享,尤其加大了人文社科类虚拟仿真实验项目的支持力度,为基础人文学科教育与信息技术的深度融合提供了较大空间。2019年12月,由中文专业教学指导委员会参与、南开大学召集的"文学学科虚拟仿真实验建设与发展研讨会",有效推动了中文专业虚拟仿真项目的整体规划和目录编制工作②,为各大高校进一步展开中文学科虚拟仿真教学项目建设提供了重要的方向指导和建设参考。

不过,目前人文社科类虚拟仿真项目的建设,仍以应用性较强的学科门类为主。以实验空间—虚拟仿真实验教学课程共享平台(http://www.ilab-x.com/)上线并开放共享的虚拟仿真实验项目为例,目前归入文学类目录的项目共有92项,但这一分类目录下实际包含中国语言文学、新闻传播学和外国语言文学这3个一级学科③。其中,新闻传播学一级学科的实验共46项,占总数的50%。中国语言文学一级学科的实验目前上线24项,其中6项于2020年11月经教育部认定为首批国家级虚拟仿真实验

---

① 本文系中央民族大学"一流本科课程"建设项目"中国现代文学史"(KC2028)的研究成果。
② 参见张丛皞:《中文专业发展的新趋势与新选择》,《中国高校社会科学》2020年第5期。
③ 数据采集时间截至2021年10月,访问网址:http://www.ilab-x.com/list#95,2021年10月5日访问。

一流课程①，16 项为 2021 年新上线的项目，可以说实验课程的建设尚处在初级阶段。目前关于虚拟仿真实验教学的相关研究，主要集中在虚拟仿真技术的开发和利用层面，对虚拟仿真实验与具体学科相结合的教学改革研究，则只涉及极少部分理工、新闻等技术和应用学科。作为传统人文学科的中国语言文学学科，如何更好地利用虚拟仿真技术，设计符合专业教学特点的实验教学体系，提高人文学科学生的数字素养和科学思维，目前都尚未展开系统的研究与探索。本文即尝试对中文学科虚拟仿真教学实验建设的必要性和实践路径、方法等展开分析，并就今后中文学科虚拟仿真实验开发与建设提出建设性意见。

一、中文学科虚拟仿真实验建设的必要性

在新文科背景下，中文学科相关课程的虚拟仿真实验建设，既是适应国家近年来规划和调整虚拟仿真项目专业布局、建设文科类信息化实验教学项目示范体系的新要求，也是人文学科进行交互性、泛在化实验教学新模式的探索，对于培养人文学科大学生数字素养和信息素养都具有重要意义。

（一）传统中文学科实验教学的普遍困境

进入信息时代以来，互联网、云计算和大数据等信息技术的发展，给传统中文教育教学模式的创新带来新的动力。一些高校中文学科开始利用实验技术和手段来促进文科教学②，最大限度地调动学生的主观能动性。然而，在实际教学中，众多需要学生沉浸于特定文学情境中加以理解的教学内容，无法通过大规模参观、游历让学生体验。这不但受制于时间、交通、安全、经费等因素，更是由于文学情境限于特定历史时空或经过作家艺术加工，其实验环境往往无法通过现实途径完整获得。教学中涉及的众多历史文物、文献、建筑、绘画等，因价值昂贵或已湮灭，也不可能作为实验素材用于日常教学。一些涉及诗词吟诵、古籍修护等操作性的实验，又往往因为地区差异和教育资源的不平衡，只能限于一时一地的教学，无法进一步开放和共享。因此，中文学科的课程实验体系，面临实验环境匮乏、实验素材湮灭或不可得、实验资源不

---

① 教高函〔2020〕8 号《教育部关于公布首批国家级一流本科课程认定结果的通知》，访问网址：http://www.moe.gov.cn/srcsite/A08/s7056/202011/t20201130_502502.html，2020 年 11 月 25 日。

② 参见许桂芳：《建立新型的高校文科实验教学体系》，《高校实验室工作研究》2007 年第 3 期。

均衡等诸多问题，急需引入虚拟仿真和现代信息技术，提高学习主体的实践性和体验感①，解决教学中的难点和痛点，构建中文学科信息化实验教学创新体系。

（二）后疫情时代泛在化实验教学的需要

在新冠疫情防控期间，单一的传统课堂教学方式受到极大挑战，各大高校充分利用在线教学资源开展线上教学，基本保证了教学工作的顺利完成。不过，在实验教学方面，因较多受制于实验空间、实验素材和特定的实验条件，仍然受到一定影响。中文学科的大部分课程，虽不像理工学科那么依赖实验教学，但仍有一部分诸如戏剧排演、语音训练、方言调查、文献修复等实验教学内容，无法通过普通的线上教学完成。相比之下，有针对性地建设以学生为主体、以"情境体验+交互操作"为主要手段的虚拟仿真实验教学学习平台，能较好地解决这一问题，让学生不受时间、空间限制，随时随地利用手中的电脑设备做实验，实现交互性、泛在化教学。这对以"教师讲解+PPT展示"为主的传统中文课堂来说，是有益的推进和重要的补充，也是在后疫情时代，应对时代之变，用数字技术改造传统中文教学，进行中文学科教学改革的一个重要方面。

（三）中文学科人才数字素养提升的需求

"数字素养"的概念，是1994年由以色列学者约拉姆·埃谢特·阿尔卡莱（Yoram Eshet-Alkalai）最早提出的，包括解读视觉图形信息的图像素养、整合各种数字信息进行复制再创造的素养、驾驭非线性超媒体的素养、辨别信息适用性并对之保持批判性思维的素养和以数字化的形式进行共享与交流的社会—情感素养五个方面②。此后，保罗·吉尔斯特（Paul Gilster）③、英国联合信息系统委员会（JISC）、欧盟（EU）、美国图书馆协会（ALA）、国际图联（IFLA）等学者或行业机构，都从不同角度提出多种数字素养的定义、模型或框架④。大学生的数字素养教育是复杂的系统工程，也是当代高等教育的重要内容之一，其关键性影响因素有相关政策、文化环境、ICT基础设施、教学管理和评价等⑤。中文学科因其偏于传统性的教育体系，涉及较多的是偏重科研性的查找、理解、评价等利用信息技术的信息素养训练，针对提高数

---

① 参见姜丽萍、李小平、张琳、陈建珍、董银银：《基于可穿戴人体感知的教学体验系统设计》，《中国电化教育》2020年第12期。

② 参见肖俊洪：《数字素养》，《中国远程教育》2006年第5期。

③ Paul Gilster. *Digital Literacy* [M]. New York: John Wiley & Sons, 1997: 25-48.

④ 参见凌征强：《我国大学生数字素养现状、问题与教育路径》，《情报理论与实践》2020年第7期。

⑤ 参见耿荣娜：《信息化时代大学生数字素养教育的关键影响因素研究》，《情报科学》2020年第9期。

字素养的框架设计,与理工学科和其他应用型社会科学专业相比往往显得不足。虚拟仿真实验教学,注重专业教育与数字技术的融合,能有效训练中文学科大学生利用数字化系统和工具展开学习、多人在线协同合作学习以及适应虚拟技术设备并在虚拟环境下学习等能力,进而培养其在数字环境下进行知识、图像、情境整合再创造等多方面数字素养。因此,中文学科虚拟仿真实验课程的开发和推广,是专业课程与数字素养融合教育的新探索,给传统学科注入了新的活力,是提高中文学科大学生数字素养的必要途径。

二、中文学科虚拟仿真实验的类型

中文学科的虚拟仿真实验,主要运用仿真技术,通过教学内容中人或物的3D建模、场景的建构还原和人机交互的情节演绎等虚拟功能,将抽象的文学、语言知识具象化、情境化、逻辑化,为学生构建关于文艺理论、文学文本、文献修复、语言实训等方面的操作性、体验性和探究性学习框架。目前,中文类虚拟仿真项目,主要有技能训练式、情境体验式两种[1]主要实验类型,也有部分更加突出自主探究环节的综合性实验模式。

(一)技能训练式实验

一般由系统提供相应的3D虚拟场景和交互操作界面,实验设计能"准确地计算并模拟实际实验状态和仪器操作状态,能正确地分析判断用户的操作流程,对用户不当操作进行屏蔽或提示"[2]。此类实验以浙江师范大学的《古籍鉴别与修复虚拟仿真实验》为代表。该项目以引导学习(版本鉴别、古籍修复)和自主实验(综合测试)两个模块的三个环节组成,主要以学习古籍版本修复知识和操作技能训练为主。再如湘潭大学的《多情境口语表达能力训练虚拟仿真实验》和西北民族大学的《民汉双语国家通用语言社区应用虚拟仿真实验》。前者将学生的普通话口语表达训练与演讲比赛、新闻发布会、面试等虚拟场景相结合,提高学生在实际情境中克服恐惧、流畅表达的口语能力;后者在虚拟生活社区、餐厅、房屋中介等情境中设置语言交互训练,帮助学生感受国家通用语言应用的文化氛围。此类实验可突破实验环境、实验素材、实验成本等限制,一般根据教学实验内容设计较为严格的操作流程和训练标准,达到相关

---

[1] 参见涂俊、沈立岩、冯大建:《构建文学学科的实验教学体系》,《实验室研究与探索》2009年第4期。

[2] 王琳、吉逸:《基于FLASH技术的虚拟仿真实验开发》,《电脑知识与技术(学术交流)》2007年第17期。

知识和能力培养目标。

（二）情境体验式实验

近年来，实验开发者开始将 VR 技术及其带来的沉浸感作为虚拟仿真实验的关键元素，借助新的交互工具如触笔、数据手套、头戴式显示器等，提升虚拟仿真实验的应用效果①。此类实验以盐城师范学院的《"18 世纪歌德创作与中国元素"文学虚拟仿真实验》为代表。该实验构建了 18 世纪欧洲"中国热"背景下的歌德故居、歌德歌剧院等情境模块，虚拟再现了《浮士德》、《少年维特之烦恼》等文学场景，除 PC 版之外，还建设了 VR 版本，可由学生佩戴 HTC-VR 头盔，对歌德生平与创作进行沉浸式情境体验与学习。此类实验具有鲜明的文科实验特色，以虚拟技术对文学文本或文学情境进行复原、模拟、重构、再造，让学生进入构造的虚拟教学情境中完成沉浸体验与学习，从而突破历史时空，消弭接受隔膜，提升学习效果。

（三）"自主探究"式综合实验

由于中文学科自身的特点，在文学、语言、艺术、审美等活动中往往是多种因素同时介入，因此，单一的操作训练缺少具体的人文环境，容易失之于死板，纯粹的审美漫游体验又不能完成教学目标中的专业能力训练。结合以上两种类型，并且一定程度地实现学生的交互设计和自主探究的综合性实验往往更符合中文学科的特点。此类实验以南开大学《中华诗教诗词吟诵虚拟仿真实验》为代表。该实验以迦陵学舍内外的不同虚拟环境展开"学吟诵"和"听名篇"两个环节的情境体验式学习，再以"吟名篇"和"自由吟"两个环节，分别进行单人和多人小组古诗吟诵训练，将情境式体验学习、吟诵技能训练和多人互评自主探究环节有机结合。这类实验能营造良好的操作性和体验性的学习环境，同时提高学生的实践技能、情感认知和文化素养，是中文学科实验教学革新的重要发展方向之一。

三、中文学科虚拟仿真实验的设计

中文学科的实验设计，既有一般理工、社会科学类虚拟仿真实验的共性，如对实验环境的仿真还原、针对训练目标对各个实验步骤进行人机交互设计等，也有自身的学科特殊性，如具有特定人文气质的虚拟实验环境、场景化和情节化的 VR 叙事策略、实验主体的角色扮演、学习模块的情境化等。这些富有学科特色的设计思路，使虚拟

---

① 参见陈娟娟：《VR 叙事视角下虚拟仿真实验的设计与应用》，华中师范大学硕士学位论文，2017 年，第 7-9 页。

仿真实验教学更贴近中文学科的特点和教学实际，也为本学科的虚拟仿真实验建设积累了宝贵的经验。

（一）特定人文气质的实验环境

中文学科虚拟仿真实验环境，大多区别于普通实验室或实操训练环境，重视具有人文意义的虚拟实验环境。在"能实不虚"的整体性原则下，中文学科虚拟实验环境，有的是山水诗词的意境，有的是文学中的象征世界，有的是已经湮灭的历史时空，或者是不易获得的历史情境，整体氛围上都更富有沉浸式的人文气息和审美感染力。例如，陕西师范大学的《丝绸之路起点的历史重现——唐诗话长安城虚拟仿真实验》，以史料中记载的唐代长安城为依托，结合建筑、政治、绘画、乐舞、西域文献等多种元素，利用 VR 和 AR 技术，在虚拟世界中还原了唐代长安城的核心格局，构建了大唐长安城这一在历史中已经湮灭的特定虚拟实验环境。再以温州大学《山水诗之意境体验虚拟仿真项目》为例。该项目以山水诗鼻祖谢灵运的古诗《登江中孤屿》为中心，通过不同时代的诗人雅集和角色扮演，将入境、悟境、造境和用境等关键性实验模块、步骤与共赴江屿之神的邀约、江上问答、澄鲜阁论艺、浩然楼评诗等情节巧妙融合，形成意境优美、虚实结合的实验环境。这一实验环境，既有现实中雁荡山、楠溪江和江心屿等风景的仿真还原，同时又不同于现实中的山水风景，而是基于 VR 技术进行了重构，再现了经过诗人艺术加工的"山水意境"。基于这一独特的、虚实结合的山水意境实验环境，该项目为中国古典诗词美学鉴赏类课程中相对抽象的山水诗歌意境教学打开了实验教学设计的新思路。

（二）具有完整情节框架的 VR 叙事

中文学科的虚拟仿真实验，十分注重对实验内容中的各种关键性步骤进行场景化和情节化处理，即使是在进行操作性的交互设计时，也更注重将关键步骤的交互点与场景、情节有机融合。这使中文学科的虚拟仿真项目具有更强的故事性，从而增加学习过程的人文意趣和体验性。以中央民族大学开发建设的《延安文艺情境虚拟仿真实验》为例，该实验以一名当代大学生穿越到抗战时期并奔赴延安进行文艺学习与实践的经历为情节线索，搭建了一个融入 VR 叙事的相对完整的系统处理框架。在这个相对完整的 VR 叙事框架中，学生进行角色扮演，穿越到达 20 世纪 40 年代的延安之后，根据场景解锁后任务栏及场景中的触发任务提示，展开情境式学习与交互性操作，在抗战时期延安民族学院学员生活场景、《在延安文艺座谈会上的讲话》学习场景、鲁迅艺术文学院文艺实践场景等 3D 仿真环境中，连续完成 4 个模块共 17 个实验步骤。实验将具体知识和能力目标，分散融合在一个个虚拟的 20 世纪 40 年代延安历史环境中，让学生在完整有序的 VR 叙事语境中强化代入感，复现了历史上青年们奔赴延安之后适应学员生活、进行文艺理论学习、在实际工作中进行文艺实践、最终成为党的文艺工作者的培养全过程。这一过程，是深入理解延安文艺的理论和创作实践并将其内化于情感结构中的关键，在历史上一般要经过3—4年时间，周期长，培养过程不可逆，在当代现实生活中不能够再获得。该实验围绕《中国现代文学史》课程中延安文艺理论与实践展开实验设计，尤其重视情节化、场景化的 VR 叙事，较好地解决了学生在当代现实环境下无法完成的穿越历史、体验革命的教学难点，具有专业训练与课程思政建设的双重意义。

（三）实验主体的角色扮演

沉浸式体验是虚拟仿真实验的主要教学优势之一，实验一般利用虚拟技术增广视角为360°全景，实验主体实现从旁观者到第一人称的视角转换，可以全方位观察自己的虚拟实验环境，在其中获得更加自然流畅的体验，阻断现实世界的干扰，增强沉浸感和代入感①。不过，中文学科的虚拟仿真实验，其实验环境大多为经过艺术化、审美化加工的特定时空，整体设计上又往往具有相对完整的情节架构，在实验过程中如果直接代入学生的当下身份作为实验主体，有时反而会破坏体验感，有不和谐的"出戏"之嫌。因此，部分中文学科在进行特定实验情境设计时，引入网络游戏的角色扮演方法，与实验环境和 VR 叙事相结合，建构特定的角色扮演主体，通过模拟化实践和审美移情，实现类似游戏体验的、深度介入的沉浸感②。

1. 第一人称叙事型角色扮演

即由系统提供角色扮演提示，但在 VR 叙事中仍保留第一人称叙事视角。例如，南通大学《〈楚辞〉象征体系虚拟仿真实验》，系统提供屈原、湘君、湘夫人三个角色，实验主体可以根据提示勾选其中一位角色，通过角色扮演的方式进入实验空间开始实验。再如，中央民族大学《延安文艺情境实践虚拟仿真实验》，系统通过建构当代大学课堂场景和穿越时空场景，帮助实验主体获得历史穿越和角色扮演的真实感，代入奔赴延安的青年学生角色。这种类型的角色扮演，一方面解决了当代大学生实验主体在特定实验环境中的身份游离"出戏"的问题，另一方面也保持了 VR 叙事的第一人称视角，方便设计较多的互动环境，让实验主体有更为真实的实验操作体验。

2. 第三人称叙事型角色扮演

即由系统提供特定的化身形象，实验主体通过对化身形象的操作和代入，实现角

---

① 参见陈娟娟：《VR 叙事视角下虚拟仿真实验的设计与应用》，华中师范大学硕士学位论文，2017 年，第 11—12 页。

② 参见徐莺云：《电子游戏审美表现对玩家体验的影响——以互动偏向与角色扮演为例》，《东南传播》2020 第 8 期。

色扮演。例如，温州大学开发建设的《山水诗之意境体验虚拟仿真项目》，设计了谢灵运、孟浩然、文天祥3个不同时代的诗人形象，由实验主体扮演谢灵运的角色，与另外两位诗人同游"诗之岛"，进行意境体验。该实验采用第三人称和第一人称视角切换的VR叙事手法，实验主体既可以像网络游戏体验一样代入真实可感的角色形象，又可以通过"手动行走"模式进入第一人称视角，体验视角的变化，加强漫游体验感，便于避免长时间单一人称视角产生的枯燥感。

3. 学习模块的情境化

虚拟仿真实验教学项目一般在所属课程中占一定比例的学时，多采用线上与线下结合的教学方式，由学生先在课程中完成相关实验内容的学习，再通过线上虚拟仿真实验系统进行实验操作，完成相应的实验学时。不过，由于虚拟仿真实验教学资源在线上开放共享的特质，独立于线下课程的线上学习模块一直占有较为重要的位置。尤其是2019年教育部将虚拟仿真实验项目列入一流课程开展建设以来，作为虚拟仿真实验课程，相应的学习模块更成为实验设计的重要组成部分。中文学科的虚拟仿真实验，一般较少将实验简单划分为知识学习和实验操作两大模块，更注意学习模块的情境化设计，尤其是设计基于情境学习和沉浸式体验的虚拟展厅、虚拟课堂和虚拟图书馆等虚拟场景，将实验需要学习的基础知识、教学影像、图像、音频、视频等资料库植入虚拟展厅、虚拟课堂和虚拟图书馆，由学生在特定的虚拟情境中漫游体验，同时进行深度学习。南开大学开发建设的中华诗教虚拟仿真平台[①]，在这方面进行了较为成功的尝试。该平台复原了叶嘉莹先生的迦陵学舍，将叶先生手稿、书信、手札等生平资料内置于迦陵学舍的虚拟展厅情境中，将叶先生的在线讲座视频资料内置于虚拟会议室情境中，将叶先生讲诗评诗的音视频资料以及学术研究数据库资料内置于虚拟学堂情境中，将系统的中华诗教学习模块和数据库建设模块有机融合在展厅、学堂、书房、会议厅等迦陵学舍情境中，为广大没有条件进入真实的迦陵学舍学习的学生，提供了线上迦陵学舍情境化体验式的学习机会。此外，《"18世纪歌德创作与中国元素"文学虚拟仿真实验》、《延安文艺情境实践虚拟仿真实验》等项目，也都较好地将学习模块进行情境化设计并融合到实验的虚拟展厅和交互操作过程中，避免了独立学习模块在设计上的割裂感，改善了沉浸感与互动性不共存的设计难题，将专业知识学习、深度体验和实验操作模块有机结合，同时提升学生的数字处理、整合和再创造等能力与素养。

[①] 参见李晓娟、涂俊：《中华诗教虚拟仿真实验教学平台构建体系探索》，《实验室研究与探索》2017年第12期。

四、中文学科虚拟仿真实验的评价体系

虚拟仿真实验项目的评价模块,也是实验开发的重点环节之一。一般技能训练型实验,在实验中设计能正确分析、判断用户的操作流程的评价模块,由系统根据实验操作与最终实验结论生成实验报告,即可获得较为科学、准确的实验评价。对于中文学科来说,因为涉及较多情境体验和较为复杂的 VR 叙事,除了实验操作之外,评价元素也更为多元和复杂。例如复杂情境交互体验度、非标准化和个性化考核等,都是设计评价标准时需要着重考虑的关键性因素。

(一)情境体验度评价

情境体验是一种偏于主观的感受,在传统人文学科教学评价中,其过程较难量化,一般只能实现结果评价,即由学生将自己的体验诉诸文字,再由教师根据文字表达进行评价。在互联网和信息高度发达的时代,学生从网上获取相关情境体验的文字表述变得更加便捷,给传统的结果评价方式带来一定困难,教师对学生体验的真实性较难把握,对体验过程也不易追踪。虚拟仿真实验评价体系,能较好地实现对体验过程的评估。目前主要的评价方法是,在情境模块中设计相应的学习或操作触发点,借用游戏中任务驱动法的思路,为实验主体布置任务,由实验主体一边漫游一边探究,根据在情境中对触发点的触发或操作数量或质量,评价情境体验的完成度。例如南通大学《〈楚辞〉象征体系虚拟仿真实验》在湘江岛屿漫游模块发布在情境中进行植物采集的相关任务,中央民族大学《延安文艺情境实践虚拟仿真实验》在延安情境漫游模块发布在情境中寻找军号、讲台、劳动工具和生活用品等任务,通过评价学生完成任务的情况,实现学生情境体验的过程评价。

(二)非标准化考核评价

个性化和非标准化考核在中文学科非常普遍,这是由学科特点决定的。从根本上来说,人文学科都不以千人一面的标准化思维为人才培养目标。因此,即使是相对接近科学思维的虚拟仿真实验教学,非标准化的实验考核仍占有一定比例。针对非标准化考核,目前主要有两种评价方式:一是由教师或助教在线上完成非标准化答案的批阅和反馈,形成实验评价;二是由学生小组讨论和互相评价的方式,以互评结果形成实验评价。此外,也有项目团队利用大数据和 AI 技术,尝试在主观评阅的基础上生成客观评阅系统。如温州大学《山水诗之意境体验虚拟仿真项目》,由系统记录多位老师的评价评语和学生用词频率,多层次生成相应的评价数据库,尝试实现实验结果自动批改。

近年来，高等教育教学改革的重点之一，就是不断强化教育教学的过程评价。2020年10月13日，国务院印发了《深化新时代教育评价改革总体方案》，提出"坚持科学有效，改进结果评价，强化过程评价，探索增值评价，健全综合评价，充分利用信息技术，提高教育评价的科学性、专业性、客观性"①。虚拟仿真实验在评价机制方面的优势，正是具有双重反馈机制，能有效利用信息技术，实现过程评价和结果评价。系统可以同步记录学生操作错误的数据并及时反馈，学生在实验过程中遇到问题，可即时得到系统的指导信息。在实验完成后，学生也可获得系统生成的实验报告反馈，学生的学习过程和实验操作的每一步都有记录，并且体现在实验报告中，有据可查，方便学生整体上把握实验过程中的错误、问题以及最终实验成绩。

虚拟仿真实验的评价机制的另一优势，在于它不只是学习评价的方式，也是进行教学数据搜集、整理与分析的有效途径。任课教师可以通过平台分析学生实验高频错误的原因，利用大数据了解教学难点，针对性地评估学习效果，改进实验设计，在实验中实现智能指导。因此，虚拟仿真实验的评价体系，其价值不局限于简单的判断对错和给学生打分，而是让教师可以全方位、全过程地监控学生的学习过程并评价、分析学习结果。在学习过程与学习结果的双重评价与分析中，教师可以准确掌握学生学习的难点，进一步在与实验教学相对应的课堂教学中有的放矢地解决学生学习的难点。在这个意义上，虚拟仿真实验教学既是从传统教学中生长出来的一个教育创新点，也通过评价机制的大数据技术实现了"反哺"整个教学过程，传统课堂教学也可以从中受益，在以学生为主体的教学活动中实现更加精准化和个性化的教学指导。

五、中文学科虚拟仿真实验的问题与建议

中文学科虚拟仿真教学实践，目前已经积累了一定经验，在实验设计方面比较充分地体现了中文学科的特点，不但能够一站式完成专业知识学习、实践能力提高、创新素质训练、课程思政建设等多方面的教学任务，在提高人文学科大学生的数字素养和促进优质教育资源开放共享等方面，都具有较为明显的优势，未来可能会在中文学科线上教学和实践体系中扮演更重要的角色。

当然，中文学科的实验教学体系建设整体仍处于探索阶段，面临的问题也同样明显。一方面，以目前建设完成的实验课程来说，数量上远远不能跟理工类、应用类学科相比，即使在中国语言文学一级学科内部，实验课程的二级学科方向也严重不均衡，

---

① 中共中央国务院印发《深化新时代教育评价改革总体方案》，网址 http://www.gov.cn/xinwen/2020-10/13/content_5551032.htm，2020年10月13日。

与汉语言文学专业核心课、必修课配套的实验课程较少，尚不能满足中文学科的实验教学需求。另一方面，也有学者提出虚拟仿真技术在文学和语言教育中参与能力有限的问题，认为"要将其限定在稳妥合理的教学结构和课时比例之中，主要侧重古意的营造、古音的复原、特定文学和文化时空的虚拟等，不宜在所有课程中推广和实践"①。或者说，以文字阅读为主要训练方法的传统中文学科，如何避免受制于一般理工科实验的思维定式，更合理地利用虚拟现实技术，开发出更多适合中文学科特点的虚拟仿真实验，还是需要深入研究的课题。

在现有技能训练和情境体验等主要实验类型之外，我们建议中文学科的虚拟仿真实验，可以建设更多专业+跨学科的综合性训练。例如，由中国人民大学开发的《特殊类型纪录片摄制虚拟仿真实验》即立足于新文科建设背景下中国语言文学的跨学科、影像化、科技化特征，通过仿真纪录片场景，培养学生分镜头设计的能力，解决"从文字到影像思维的跨越"问题，将文字创作转化为影像构思，实现跨学科的专业能力和数字素养训练。中央民族大学开发的《延安文艺情境实践虚拟仿真实验》，在实验内容上从延安文学文本扩大到美术、音乐、艺术创作、舞台表演、摄影等多种艺术形式，并且融合了马克思主义理论、社会生活史、人文地理学、大学教育史、艺术理论、建筑学等多个学科领域，设计为以专业学习为核心、以多学科交叉融合为特色的综合性训练，更有助于实现实践性、综合性和高阶性的人才培养目标。陕西师范大学开发的《丝绸之路起点的历史重现——唐诗话长安城虚拟仿真实验》，以唐代诗歌为专业核心内容，运用建筑、政治、绘画、乐舞、考古、西域文献等跨学科实验素材进行综合设计，体现了古典诗歌与信息技术融合的跨学科综合性训练的思路。

除了跨学科综合性训练之外，我们还应进一步突出实验主体的自主探究和自主设计环节，尝试开发多线性开放式的实验类型。一般说来，理想的 VR 叙事形态下，故事不是阅读的前提，而是互动的结果②。也就是说，实验主体进入实验设计的 VR 叙事之后，并不是故事的静态旁观者，也不仅限于按照实验要求进行交互操作，而应该成为虚拟环境中真正的叙事主体，成为故事的参与者与结果的创造者。基于 VR 叙事中主体与虚拟环境的交互理论，中文学科虚拟仿真实验，可尝试设计实验主体与虚拟环境的多线性互动，不同的互动形成多个实验结果，不但能真正体现虚拟现实的交互性特征，也可以更有效地激发实验主体的学习兴趣。此类型的实验尚在理论探索阶段。如果能实现这种多线性开放式互动设计，既可避免过于统一化和标准化的实验操作模式，给实验结果带来更多的可能性，又有助于进一步开发更具有人文特色的个性化、

---

① 张丛皞：《中文专业发展的新趋势与新选择》，《中国高校社会科学》2020 年第 5 期。
② 秦兰珺：《互动和故事：VR 的叙事生态学》，《文艺研究》2016 年第 12 期。

高阶性和研究型实验。这显然更加贴近中文学科的培养目标，也更符合中文学科的教学实际。

六、结语

　　传统中文学科在数字时代如何守正创新，以更加适合新一代网络原住民——大学生的方式开展教学，在保持传统和与时俱进中激活学科的新活力，一直广受研究者的关注。而虚拟现实技术和中文学科教育的结合，必将带来学习方式甚至是思维方式的变革，为中文教育的文化传承与数字人文创新做出自己的贡献。

（作者单位：中央民族大学文学院）

◈| 新视界 |

跨文化戏剧的改编与文化立场
——邢云飞与莎士比亚的《铸情》

李伟民 廖 红

借助于国外风靡一时的彩色同名电影,莎士比亚的《铸情》在现代中国迅速成为中国都市观众熟悉的莎剧之一,在上海等大城市掀起了持续的观影热潮。受电影成功的影响,罗密欧与朱丽叶的故事也多次被搬上话剧舞台,成为那一时期改编最多、影响颇广的莎氏话剧之一。包括《铸情》在内的莎氏戏剧的改编,实际上提出了跨文化戏剧改编如何以"本土化"的形式融入民族文化,适应中国观众欣赏口味的命题。邢云飞改编的《铸情》可谓是这一探索的先行试验之一。邢云飞改编的《铸情》在剧本中采用了很少被搬上舞台的田汉、徐志摩的译作。《铸情》的演出也为抗日战争中的难民救济做了力所能及的工作。民国时期莎士比亚的传播融入了反侵略战争的洪流,可谓是莎士比亚在中国最显著的时代标记之一①。需要强调的是,从跨文化戏剧改编及所反映的文化立场来看,对《铸情》的改编不仅使我们认识到莎士比亚戏剧改编的复杂程度,也使我们认识到文化立场在现代话剧的制作及演剧技巧改编中的重要性。

20世纪30年代,有两部莎剧是中国演剧界热衷于改编的,一部为《罗密欧与朱丽叶》(以下简称"《罗》剧"),一部为《威尼斯商人》。因此,这两部莎剧也就成为中国读者、观众最为熟悉的莎剧。它们对中国读者、观众的影响,往往超过了莎氏四大悲剧在中国的影响。这从《罗密欧与朱丽叶》被林纾译为《铸情》,并不断以《铸情》为名翻译、推上舞台以来,就可清晰地看到它在民众中的影响。晚清以来,文明戏、新潮话剧热衷以《铸情》为名,改编演出《罗》剧。1936年,米高梅公司在中国推出第一部有声彩色电影《铸情》,迅速在中国蹿红,并且赢得城市市民的喜爱。

---

① 李伟民:《抗日战争时期莎士比亚在中国》,《新文学研究》1993年第3、4期合刊。

一时间,《铸情》的大幅照片充斥于中国的报刊,以"香艳"①、"血泪凝成的大悲剧"② 为噱头,带动了人们的观影愿望。同时,话剧界受到影片发行成功的鼓舞,也纷纷以《铸情》为剧名推出话剧《罗密欧与朱丽叶》,多种译本也行销于坊间。

在全面抗战即将爆发之际,莎剧《铸情》的出现,显示了特殊年代中国观众对莎氏戏剧的喜爱。在众多《罗密欧与朱丽叶》的译本中,邢云飞③改编本《铸情》于民国二十七年十一月在"启明书局"初版后,在民国二十九年四月,短短的一年多时间里竟然出到第三版。邢云飞的《铸情》除了自己编译外,台词采用田汉和徐志摩的译作。这是其译本的一大特色。《铸情》一书收录了"关于莎士比亚(录自郑振铎编《文学大纲》)"、"序"、"罪言"、"剧本"、"关于第一次公演"的说明。从中我们可以比较详细地了解改编者跨文化改编的具体意图、文化立场、改编本与原作、银幕与话剧舞台之间的关系,以及该剧搬上舞台后的演出效果和影响。

一、《铸情》:铸就了爱情婚姻自由与个性解放

在中国,外国文学的传播与新文学关系密切。在新文学发生、发展的过程中,莎士比亚戏剧的影响持久深远。正如鲁迅所指出的,"新文学是在外国文学潮流的推动下发生的"④。徐半梅曾把翻译剧本列为剧本的第一种类⑤,说明外来的翻译剧本对现代话剧的影响甚至构成了"当时文艺思潮的重要组成部分"⑥。在"西术东渐剧学大伸"⑦ 之际,改编《铸情》这样的经典被认为是"悲剧能独步海上"⑧ 的原因之一。个性解放思潮、追求婚恋自由、批判封建家族包办婚姻、痛恨旧式婚姻束缚,不但成为五四运动蕴含的精神解放内容之一,而且为后面的莎剧译介找到了思想解放的宣泄

---

① 报道及电影剧照有:《华灯初上朱丽叶婆娑起舞之一香艳镜头》,《号外画报》,民国二十五年十二月十二日,第 918 号;《现在本市国泰影院上演莎士比亚名著〈铸情〉之一幕》,《号外画报》,民国二十六年五月十八日;《良友画报》1936 年第 123 期刊载《铸情》的电影故事和剧照 7 次;一直到 1941 年,在持续 5 年的时间里,影院仍不时公映《铸情》,见《米高梅:巨片:〈铸情〉:瑙玛、李思廉、霍华合演(五幅照片)》,《电影艺术》1941 年第 5 期;甚至《世界电影》直到 1948 年第 5 期,还刊出了《四个不同时期的铸情》的电影剧照。
② 南:《莎翁的〈铸情〉——春蚕到死丝方尽,蜡炬成灰泪始干》,《影剧》1936 年第 2 期。
③ 邢云飞又名邢鹏举,有时发表文章时署名邢鹏举。
④ 鲁迅:《集外集拾遗补编·(中国杰作小说)小引》,《鲁迅全集》(第 8 卷),人民文学出版社 1981 年版,第 399 页。
⑤ 半梅:《读陈大悲的剧本》,《实话报》(北京),1921 年 3 月 22 日。
⑥ 黄修己:《中国新文学史编纂史》,北京大学出版社 2007 年版,第 236 页。
⑦ 朱双云:《新剧史》,东方出版社 2015 年版,第 19 页。
⑧ 朱双云:《新剧史》,东方出版社 2015 年版,第 169 页。

口。这充分说明"五四新文艺一方面是中国社会的产物,一方面是外国思潮、外国文艺大量涌入的结果"①。

20世纪30年代,外国戏剧的演出,成为磨砺、验证话剧导演艺术的基石。尤其是莎氏《铸情》所表现出来的个性解放、浪漫主义爱情观,自被译介为汉语后,因其鲜明立体的人物形象,曲折伤感的戏剧情节,凄美坚贞、矢志不渝的爱情故事,充满激情、流畅大胆的语言表达方式,一气呵成的悲剧结构,不但使当时的青年男女油然而生反抗封建社会束缚,追求婚姻自主、精神自由的动力,而且在后世,"《铸情》"业已成为纯洁爱情的同义语和表达忠贞不渝爱情的代名词。1938年,邢云飞不仅翻译了《铸情》,而且还把《铸情》搬上了舞台。虽然排练时间仓促,他自己谦虚地认为"比较粗糙"②,却是那一时期《铸情》的"代表性演出"③之一。特别是演出采用后来很少用到的田汉与徐志摩译作④,使邢氏及其新生话剧研究社的演出在莎剧话剧演出史上具有了特殊的意义。

作为经典的《铸情》借助翻译、戏剧改编、电影传播,亦表现出传播者和受众对其中蕴含的追求个人幸福爱情观的向往。田汉翻译《罗蜜欧与朱丽叶》与他提倡在戏剧创作中表现强烈的爱情至上观念,提倡个性解放不无关系。他认为"只有写出把爱情看得比生命更高、为爱宁愿去死,才足以充分表达青年人对个性解放的迫切要求"⑤。而《铸情》中所表现出来的爱情观,恰恰是能够证明他这一主张的。这就说明"五四"时期个性解放、爱情至上、民主与自由思潮的影响,以及《铸情》具有的思想认识价值、经典魅力和世界影响力,从跨文化戏剧的角度看,构成了一道接受莎士比亚戏剧的民族文化景观。

二、认识经典:"莎剧中演"与文化立场

当时,一般的文化人对莎氏已有一定的了解。郑正秋在《新剧考证百出》中就记

---

① 乐黛云:《比较文学与中国现代文学》,黄修己编:《中国现代文学研究方法论集》,首都师范大学出版社1984年版,第289页。
② 曹树钧:《莎士比亚在中国舞台上》,哈尔滨出版社1989年版,第223页。
③ 魏策策:《从〈铸情〉到〈罗米欧与朱丽叶〉:纸面到台面的莎剧演绎》,《中州学刊》2020年第8期。
④ 自林纾在《吟边燕语》把《罗密欧与朱丽叶》译为《铸情》,不仅电影的引进,而且话剧改编也多采用《铸情》这一译名,20世纪30年代以后《铸情》这一译名才逐渐消失。新生话剧社演出《铸情》的时间为1938年。1937年6月,上海业余实验剧团在上海卡尔登戏院公演了《罗密欧与朱丽叶》,采用田汉译本,由章泯导演,徐渠任舞美设计,赵丹扮演罗密欧,俞佩珊扮演朱丽叶,章曼萍扮演奶奶,沙蒙、吕复等均参加了演出。
⑤ 黄修己:《中国现代文学发展史》(第三版),中国青年出版社2008年版,第156页。

载了包括《铸情》①在内的20部莎剧舞台演出的剧情。邢云飞的《铸情》在"关于莎士比亚"一章中引述了郑振铎在《文学大纲》里的赞美——莎作里蕴含了"最飘逸的幻想,最静美的仙境,最广阔的滑稽,最深入的机警,最深挚的怜悯心,最强烈的热情以及最真切的哲学,他的喜剧使人嬉笑,他的悲剧使人感泣"②。但莎作的经典性究竟体现在哪些方面?其实,那时的学人从《吟边燕语》、不成熟的译作和文明戏中只能模糊地知道大概。莎氏只是作为一种文化、文学经典的象征被人们提及、阅读或演出。因为,彼时优雅、忠实、完整的莎剧还在陆续译介之中,朱生豪译本③、梁实秋④译本也还有待时间的检验⑤。

但是,莎氏的影响已经足以引起文化人的经典崇拜。作为受过高等教育的邢云飞,其对莎士比亚的经典性的阐释可以作为当时人们的普遍认知。"莎士比亚好像是一个永久的,固定的,神奇莫测的导演者……引导着人们喜、怒、哀、乐、歌、舞、咏、叹,去经历人生各种不同的情绪……把人生的精华提炼了出来,熔化到艺术的冶炉中去。……莎士比亚会把他整个的心灵,送到艺术的天国里去,莎士比亚终究付给了人们一种新生命。人生的精华便是爱,莎士比亚所付给人们的新生命便是爱的活力。当人们青春来到的时候,爱神便把一缕缕的情思,织就了人们可爱的心灵。"⑥毫无疑问,邢云飞看到了莎氏对人生、人性、人心的深刻洞察和文艺复兴思想对人的生命价值的肯定,及其艺术创作手法的丰富性⑦。但是,经典的魅力究竟在哪里?这还需读者、观众从剧本和舞台上亲自感受。

作为学生剧社的"新生话剧研究社"为何选择公演《铸情》?正如邢氏在《铸情》的"罪言"中所言,一是出于对于话剧艺术的热爱,二是有感于抗日战争期间中国人民所遭受的苦难。新生话剧研究社公演莎翁名剧《铸情》颇为偶然。当时,光华附中爱好话剧的学生所组织的新生话剧研究社,欲为抗战中流离失所的难民捐款,原本计划公演阿英的《春风秋雨》,但剧本没有通过租界的审查,由于时间"仓促"和舞台条件限制,又不愿失掉救济难民的机会,便从选择经典戏剧和演出效果出发,挑选出

---

① 郑正秋:《新剧考证百出》,赵骥校勘,学苑出版社2016年版,第181页。
② 郑振铎:《文学大纲·文艺复兴卷》,时代文艺出版社2010年版,第25页。
③ 李伟民:《朱生豪与莎士比亚的中国故事》,《光明日报》2016年8月2日。
④ 李伟民:《梁实秋与莎士比亚》,《书城》1994年第10期。
⑤ 1936年,为纪念莎士比亚诞辰,商务印书馆推出了梁实秋译莎剧8种,但《罗密欧与朱丽叶》不在其中。朱生豪译的《莎士比亚戏剧全集》1—3辑1947年上半年由世界书局出版。
⑥ 邢云飞:《序》,莎士比亚:《铸情》,邢云飞译,启明书局1938年版,第2-3页。
⑦ 邢鹏举(邢云飞)的《莎氏比亚恋爱的面面观》作了《铸情》译本的《序》,删除了该文中论述莎氏其他戏剧的三、四部分。见邢云飞:《莎氏比亚恋爱的面面观》,《新月》1930年第3卷第3期。

青年观众较为熟悉的《铸情》。

莎剧的跨文化改编极具挑战性。回顾莎剧在中国演出的历史，我们就会发现，相对于本土戏剧来说，对中国剧坛具有深刻影响的跨文化莎剧改编并不多见。改编莎剧，有相当的难度，难以协调众口也是不争的事实。但是，面对难演难改的《铸情》，仍然阻挡不了人们在中国舞台上改编莎剧的热情。因为，莎氏戏剧跨文化改编的意义，重要的是丰富本民族人们的精神和文化生活，通过不断提高演技水平，感受经典戏剧的审美魅力，实现文化、民族、戏剧、文艺思想、审美观念之间的交流与融通。

在《铸情》改编过程中，邢云飞已经充分认识到把莎剧搬上话剧舞台的难度。如何克服原作布景繁杂、对白艰深的困难？如何在仓促的时间里把《铸情》成功地搬上舞台？如何使剧情调动中国观众的情感？邢云飞做了力所能及的探索。他根据自己改编、演出的经验认为，要把《铸情》搬上舞台，引起观众的共鸣，取得良好的舞台效果，必须对原作进行较大幅度的改编。他坦率地说："我觉得这个剧本不适宜于用话剧演出，至少用话剧演出是不会讨好的。莎氏的《铸情》布景繁杂、对白艰深、演员众多、服装古旧。纵使起莎翁于地下，把当时轰动英国的演员和舞台面都移到中国来，决难得到观众们一致的赞许。"① 为了适合话剧演出和语境，改编对人物、情节、台词、布景都做了不少改动。实际上，邢氏以更适宜话剧、更适宜中国改编的这一思路，强调的是如何协调中西戏剧表演体系的问题。

《铸情》跨文化改编的难度在于中西民族、文化的相异，时代、语境变迁，戏剧观的差异以及审美观念的不同。对于有清醒意识的莎学家和导演来说，诞生于400多年前的莎剧，舞台搬演如果不深入挖掘原作精神、突出矛盾冲突、深入刻画人物形象，进行细致、严谨甚至大胆的增删，演出效果不仅不会令观众满意，更有损于大众对莎氏经典的期待。显然，改编必须在建构话剧导演艺术主体性的同时，发挥主观能动性，必须更符合中国话剧演出规律，更适宜于中国观众的审美认知。为此，邢云飞主要采用了田汉、徐志摩的译文，并根据自己对该剧精神的理解，对内容、情节、人物和台词进行了改动，以期适合于舞台演出的需要。

三、情节、场面的紧凑与徐志摩译文的诗意化

徐志摩曾感慨道："我们了解莎士比亚的程度，止于'文豪'林琴南的吟边燕语，只知道了那几段故事——又只是糟粕。"② 文明戏莎剧的演出也不令人满意。对原作如

---

① 邢云飞：《罪言》，莎士比亚：《铸情》，邢云飞译，启明书局1938年版，第2-3页。
② 徐志摩：《看了〈黑将军〉之后》，《晨报副刊》1923年4月。

何改编与舞台如何呈现的问题,邢氏强调必须根据剧社的实际情况、舞台条件、观众的审美习惯因地制宜,以便克服莎剧水土不服的睽违感,为此,必须减少场次、浓缩情节、突出主线。作为《铸情》的译者和改编者,邢云飞清楚地知道如果不能根据舞台演出的实际情况给予调整,那么莎氏剧作的优点,一经搬上中国舞台,很大程度上就会变为明显的短处。

(一)空间场面:突出主线与凝聚焦点

为了适合中国舞台的搬演,邢氏对《铸情》的结构和台词进行了改写,"布景从五幕二十四个场面,改成四幕七个场面"①。当时由于全本话剧《铸情》演出不多,邢氏只好拿电影《铸情》作比较,但也意识到话剧与电影在技术手法、表现空间、时间、情节之间有很大差异。场面变换太多,只适宜于电影而不适宜于话剧。莎氏原作中,每个场面演员的对话只有短短的一二十句,如果机械照搬,更换布景的时间都会超过正式演出的时间。其实这种原作与改编、话剧与电影之间的矛盾,正体现出"莎剧中演"的文化与审美习惯之间的矛盾。所以,邢云飞认为"莎士比亚当时的舞台,正如中国京剧的本来面目一样,崇尚象征主义,根本没有逼真的布景。所以场面虽多,不会妨碍观众欣赏的效果。现在我们虽然用新式的话剧姿态演出,决计不能超出舞台允许的条件以外"②。邢氏强调的是电影与戏剧在空间呈现上的不同,在考虑到《铸情》艺术主体性的建构的基础上,强调为突出主要人物和事件,必须删除繁复的场景,突出戏剧情节主线,减少布景的迁换,在跨文化的改编中突出莎剧与中国戏曲崇尚舞台象征性这一艺术原则。

具体做法是,为了突出主线,邢氏"把许多不出场的人的说话,包括在出场的人的言辞里"③。原作角色众多,如果不对角色进行删减,势必造成情节和矛盾冲突的分散。他强调,只有删除次要人物和次要线索,人物关系才会更为明晰,矛盾才能集中在罗米欧、朱丽叶、劳伦斯和巴理斯几个主要人物身上④,演员才能在叙事与抒情中突出主要人物的性格特征,细腻地表现出人物的心理矛盾和复杂情感。邢氏认为,只有采用这样的改编原则,舞台上的《铸情》才能服中国文化的水土,西方的经典爱情故事才能得到中国人的理解,罗密欧与朱丽叶凄美的爱情故事才能得到中国观众的喜爱。

---

① 云飞:《关于第一次公演》,莎士比亚:《铸情》,邢云飞译,启明书局1938年版,第1页。(在莎氏剧本结尾,又从第1页编起,本文实际上为该书之"跋"。该文先刊登于《青年周报》1938年第17期,后收入本书中。)
② 莎士比亚:《铸情》,邢云飞译,启明书局1938年版,第2页。
③ 邢云飞:《罪言》,莎士比亚:《铸情》,邢云飞译,启明书局1938年版,第3页。
④ 邢云飞:《罪言》,莎士比亚:《铸情》,邢云飞译,启明书局1938年版,第2-3页。

(二) 百籁诗与散文体

1933 年,《新月》第 4 卷第 1 期的"志摩纪念专号"刊发了《罗米欧与朱丽叶》①。邢云飞除自己的改译外,将徐志摩译"百籁诗"和田汉转译自日文的散文译文混合为演出脚本。针对《铸情》中的"百籁诗(Blank verse)"台词艰深、散文化台词通俗的责问,邢氏提出,"只要'艰深'而不是听不懂,那就无害于'艰深'"②,甚至会更富于诗意。有人认为该剧中第二幕的"'凉台场面'不该采用徐志摩的译诗,应该采用田汉的译文",以便显得台词更为通俗。对此,邢氏回应,判断台词是否能够反映角色的情感与心理,是否能够塑造鲜明的人物形象,应该以演出的舞台效果、观众能否听懂台词为准绳,而不能斤斤计较于台词译文的俗与雅。

作为徐志摩在光华大学的得意门生,邢氏曾回忆,在光华大学的课堂上,"徐志摩先生讲过了浪漫诗人,田汉先生讲过了近代戏剧"③。选择徐志摩、田汉的译作,固然有师生情谊的因素,但也与邢云飞对翻译的判断不无关系。他认为由于"五四运动以后翻译的工具和技巧有绝大进步"④,因此,田汉、徐志摩的译作可以用作演出的台本。

但比较了田译和徐译以后,邢氏指出:"用散文翻译的台词不一定是浅显,用新诗来翻译的台词不一定是艰深;田汉先生只译出了话的意义,徐志摩先生却译出了话的神味。"⑤ 邢氏懂诗,对新诗情有独钟。在他的诗《玫瑰》中有"晨光把你从黑暗里带来,多情的露水象征着悲哀"、《献给未来的诗人》中有"时代的黑暗把人们煎熬,谁的心都起了激荡"⑥ 这样的诗句,所以,他强调译文的"诗意"与"神似"也就不难理解了。他认为,"凉台场面"采用徐志摩的译文,并不是"浅显"与"艰深"的问题,而是"诗"与"散文"的表现力问题。押韵是把某些韵头以后部分的韵母相同的字放在要求的位置上。徐志摩的译文诗意浓郁,韵律协调,分行分节,朗诵起来更加符合原作中人物的性格特征,也更容易抒发人物的内心情感。例如:"啊,轻些! 什么光在那边窗前透亮? 那是东方,朱丽叶是东方的太阳。升起来呀,美丽的太阳

---

① Romeo and Juliet 自林纾译为《铸情》以来,很长一段时间,都以《铸情》名之。米高梅公司的电影、邢云飞均沿用《铸情》之名。田汉译为《罗蜜欧与朱丽叶》,1938 年上海业余实验剧团演出采用田汉译文时改为《罗密欧与朱丽叶》。徐志摩译为《罗米欧与朱丽叶》。本文均照原始文献的提法,只是在不涉及具体译者时,才用现在的统称《罗密欧与朱丽叶》。
② 莎士比亚:《铸情》,邢云飞译,启明书局 1938 年版,第 2 页。
③ 邢云飞:《光华校史上最可纪念的几页》,《光华年刊》1933 年版,第 10 页。
④ 邢鹏举:《翻译的理论与实际》,《旋风》1935 年第 1 卷第 1 期。
⑤ 莎士比亚:《铸情》,邢云飞译,启明书局 1938 年版,第 3 页。
⑥ 邢鹏举:《〈玫瑰〉与〈献给未来诗人〉》,《光华年刊》1935 年版,第 38 页。

……"① 比较而言，田汉的这一段译文"可是，静！那边窗户里放出什么光来了？那是东边，朱丽叶便是太阳。出来，美丽的太阳……"② 并不押韵。徐志摩译文开篇就多用后鼻韵母"ing"、"ang"组成音节的字。试想，当大幕徐徐拉开之际，朗诵形成的无乐之徒歌，便于把观众带入和谐且易颂美听的诗意语境中，从而真切而形象地反映出两位主人公爱情的热烈。

对《铸情》这样的跨文化戏剧而言，建构话剧舞台的艺术信念尤为重要。对于莎士比亚戏剧中的"百籁诗"，读者和观众不可能要求译文像中国诗、词、曲一样押韵。随着剧情的推进，徐志摩译"百籁诗"中那特有的蕴含在抑扬格中的诗意，戏剧开场中充满情感、韵律和谐的美听已经先声夺人，使观众感受到人物情感的强烈喷发。在具体台词的选择上，邢氏对徐志摩的译文也不是全盘照录，除了缩短有些长句，以便更适合舞台表现外，有些台词也根据舞台演出和白话文的用词习惯进行了改写，例如"她的眼在做文章"③、"分别是这样甜蜜的忧点"④ 改为"她的眼在说话"、"分别是这样甜蜜的忧愁"等等⑤，以此获得最佳的舞台效果。

四、田汉散文体译文与舞台效果

田汉的《罗蜜欧与朱丽叶》尽管是中国第一个该剧的全译本，但由于是从日文转译而来，语言生硬，用词费解，误译之处在所难免。《铸情》由于仓促上演，邢编本保留了田译本中的主要情节，但对田译本晦涩、不符合白话文规律、不符合舞台表演的台词也改动、删除了不少。

邢氏选择散文形式、对白浅显的田汉译本，辅以电影《铸情》对白台本，追求的是戏剧的舞台表现力，目的是使观众能够在跌宕起伏的剧情中，抓住人物心理情感的变化，感受到悲剧的魅力。根据舞台演出的需要，邢云飞改编的策略是，尽量浓缩对白之间的层次，对一些与剧情发展联系不够紧密和次要人物的台词进行重构。例如，邢氏的改编本直接删除了田汉译本第二幕第一场说明者的"登场诗"⑥。同时，刑云飞

---

① 莎士比亚：《铸情》，邢云飞译，启明书局1938年版，第22页。
② 莎士比亚：《罗蜜欧与朱丽叶》，田汉译，上海中华书局1924年版，第38页。
③ 徐志摩：《罗米欧与朱丽叶（第二幕第二景）》，《新月》1932年第4卷第1期。
④ 徐志摩：《罗米欧与朱丽叶（第二幕第二景）》，《新月》1932年第4卷第1期。
⑤ 莎士比亚：《铸情》，邢云飞译，启明书局1938年版，第22页。
⑥ 田汉译《罗蜜欧与朱丽叶》第二幕第一场说明者的"登场诗"，实际应为第一幕第五场中的退场诗。见朱生豪、陈才宇译《莎士比亚全集》（第三卷），浙江工商大学出版社2015年版，第77页。

也根据舞台表演的需要对田译本进行改写。如第二幕第一场,罗蜜欧上场,说"我的心留在这里,我如何能够回去?转来,这愚钝的土块[指身子],去找出你的生活的转机去吧"①,邢云飞的改编本为了剧情的快速推进,则简化为"我的心留在这里,我如何能够回去?"② 同一场中,麦邱灼③说罗蜜欧是"好色之徒"、"疯子"、"热血儿"、"情种",邢编本则改为"风流汉"、"痴心人"、"热血的男儿"、"多情的种子"④。对田汉译本所做改动的优劣,虽然见仁见智,但邢氏却是从舞台演出效果和更加口语化立场出发的。

同时,邢编本在不损害田汉译文的基础上,尽量保留了田汉译文。例如,该剧的第一幕第五场,罗蜜欧见到朱丽叶后,魂不守舍地赞美道:

> 哦,她的颜色简直使满堂的灯烛添无穷的光辉!她悬在黑夜的脸上就像黑人的耳朵上悬着美玉一样;这种美玉非俗人所得而佩,非尘世所得而有!你看那美人在她的女伴中间,不恰像一只雪白的鸽子站在乌鸦队里吗?候跳舞完了留神她站的地方,我要去触她的玉手儿一下,也叫我这只粗鲁的手享享艳福,我的心到底生过爱情没有?眼睛呀,你说没有!因为我今晚以前何曾见过真正的美人⑤。

邢云飞的改编本为:

> 哦,她的颜色简直使满堂的灯烛添无限的光辉!她在黑夜里面,就像黑人的耳朵上悬着美玉一样;这块美玉,决非普通人所能佩挂,也决非尘世间所得而有!你看那美人在她的女伴中间,不就像一只雪白的鸽子站在乌鸦队里吗?我已经注意她站的地方,我要去触一下她的玉手,也叫我这只粗鲁的手享些艳福。我在怀疑,我心坎上到底生过爱情没有。眼睛呀,你说没有吧!因为在今晚以前,我何曾见过真正的美人⑥?

在这一段中,邢云飞仅仅对田汉译本中的字、词进行了调整,如"无穷"改为

---

① 莎士比亚:《罗蜜欧与朱丽叶》,田汉译,上海中华书局1924年版,第36页。
② 莎士比亚:《铸情》,邢云飞译,启明书局1938年版,第20页。
③ 此处田汉译《罗蜜欧与朱丽叶》中把人物表中的"麦邱灼"误植为"墨",显然田汉后来对这一译名有所改动,但"人物表"仍为"麦邱灼",而邢编本则为"麦",删除了人物表。
④ 莎士比亚:《铸情》,邢云飞译,启明书局1938年版,第20页。
⑤ 莎士比亚:《罗蜜欧与朱丽叶》,田汉译,上海中华书局1924年版,第29页。
⑥ 莎士比亚:《铸情》,邢云飞译,启明书局1938年版,第12页。

"无限","佩"改为"佩挂","不恰像"改为"不就像","心"改为"心坎上";《铸情》追求舞台画面节奏呈现的外化瞬间,强调创作"就在于他善于激发演员的意志,善于使他们发生兴趣并唤起他们的想象"①,台词删减是为了使观众在连续的舞台对话中能更准确地捕捉到人物内心世界的变化,也促使演员的叙事与抒情更具有张力;在符合生活中表达习惯的基础上,让人物的对白更加符合舞台表现的规律,符合日常语言的搭配习惯,有助于演员的表达,如"触她的玉手一下"改为"触一下她的玉手","候跳舞完了留神她站的地方"显然没有"我已经注意她站的地方"更符合白话文和舞台叙事的逻辑规律。

邢氏的改动,强化了人物感情抒发的力度和层次性,从演出效果出发,体现出力求以肢体语言和人物内心活动的外化展现剧中人物的生活状态。例如第三幕第五场中罗蜜欧与朱丽叶告别的那场戏,朱丽叶依依不舍地说"……那亢着勉强发出的粗糙的声音,和不调和不愉快的尖锐的謦音拼命乱叫的,正是云雀,有些人说云雀能唱极和美的歌,这只云雀儿却不然……"②,删减为"那唱着不入调的歌声的,正是云雀。有些人说,云雀能唱最美妙的歌曲"③。又如田汉译本第五幕第三场罗蜜欧说"人到临死的时候总是很愉快的!他们的看护人喊这个做死前之电光:咳,但是我怎么能喊这个做电光呢?我的爱人啊!我的妻啊!那吸尽了你的气息之蜜汁的死神……"④,不仅"电光"改为了"回光反照"⑤,而且罗蜜欧的几段台词均被缩短或删除了。再如第五幕第五场朱丽叶自刎之后,邢编本就结束了,后面侍仆、警兵、公爵、嘉夫人等人的对话悉数被删除,以强调故事的悲剧性结局。

如何跨越文化鸿沟,把《铸情》成功搬上中国舞台,引起观众的强烈共鸣,这是摆在每一位改编者面前的现实问题。为此,邢氏认为《铸情》的"演出对中国的现代话剧提出了制作技巧及演剧技巧等方面的挑战"⑥。为了解决莎剧与现代观众的时代、文化隔阂,为了使表演具有现代和时尚感,赢得都市观众的喜爱,邢氏《铸情》的舞台布景和服装尽量模仿电影《铸情》。服装既尽可能参酌英国文艺复兴时期的服装特点,又模仿电影《铸情》中的服装样式,舞台、灯光要求顾到"色彩的调和"⑦。该

---

① [苏]玛·阿·弗列齐阿诺娃:《斯坦尼斯拉夫斯基体系精华》,郑雪莱等译,中国电影出版社1990年版,第183页。
② 莎士比亚:《罗蜜欧与朱丽叶》,田汉译,上海中华书局1924年版,第91页。
③ 莎士比亚:《铸情》,邢云飞译,启明书局1938年版,第41页。
④ 莎士比亚:《罗蜜欧与朱丽叶》,田汉译,上海中华书局1924年版,第128-129页。
⑤ 莎士比亚:《铸情》,邢云飞译,启明书局1938年版,第41页。
⑥ 魏策策:《从〈铸情〉到〈罗米欧与朱丽叶〉:纸面到台面的莎剧演绎》,《中州学刊》2020年第8期。
⑦ 莎士比亚:《铸情》,邢云飞译,启明书局1938年版,第3页。

剧演出后，有些人认为，改编类似电影《铸情》，显得太"电影化"了。针对这些意见，邢氏进行了辩驳。他认为演出没有取得预想效果还是在于分幕多、台词深、灯光运用不到位。"灯光运用的草率和错误，使'凉台场面'夜色不象夜色，阳光不象阳光，使得美丽的布景减色不少。最后一场 Dark change，因为工作灯没有熄灭的缘故，使得观众见到已死的巴理斯复活起来，一阵哗笑消灭了悲剧的 Climak，更是绝大的失败。"[①] 所以，他强调道："我们只怕和电影相差太远……"[②] 应该说，邢氏的辩解颇为苍白，他并没有看到该剧演出"失败"的真正原因恰恰是放弃了戏剧之长，一味模仿电影，曲解了剧场效果。批评家的意见是一针见血的。在已引起热捧的电影《铸情》华丽、宏大的场面前，如果中国舞台演出的《铸情》缺乏依托民族文化的创造性，就只会沦为电影《铸情》的注脚或说明。

民国时期，借助于彩色电影《铸情》在中国上演，莎士比亚《罗密欧与朱丽叶》的爱情故事迅速在都市民众中得到认可。《罗》剧也由此成为中国戏剧舞台经常排演的莎剧之一。80多年前，邢云飞编著的《铸情》以学生排演《铸情》为契机，为抗战胜利做出了贡献。实践证明，面对400多年前的经典莎剧《铸情》，邢氏《铸情》的改编必须解放思想，根据本民族戏剧的特点进行重构，亦步亦趋的机械模仿是没有出路的。跨文化的莎剧改编必须摒弃仿古式的莎剧演出，充分利用中国戏曲的优势，创造出接中国地气的莎剧。莎剧跨文化改编的成功蕴藏在无限的创新之中。这就是邢云飞改编《铸情》带给我们的重要启示。

（作者单位：浙江越秀外国语学院中国语言文化学院）

[①] 莎士比亚：《铸情》，邢云飞译，启明书局1938年版，第4页。
[②] 莎士比亚：《铸情》，邢云飞译，启明书局1938年版，第3页。

▷ 新视界 ▷

东亚现代性场域下"狂人"的多种面向
——兼论韩雪野对"狂人"形象的再书写

徐 榛

中、韩两国隔海相望,在文化传统与现代性历史进程上具有同质性。1919 年以降,中、韩两国分别爆发了集政治文化运动于一体的五四运动与三一运动。特别是中国的五四运动给东亚沦为殖民地的弱小民族注入了一股民族反抗与文化自省的强心剂,不仅表现在社会政治运动上的有所为,而且深化至文化改革和文学书写转变的产生与深入。

伴随着中国新文化运动渐入高潮,韩国文人在殖民统治高压政策下积极译介中国新文化成果。梁建植留中归国后在《中国的思想革命和文学革命》的序言中指出两国命运的相似性与连带性特征:"中国与韩国的国情非常相似,在思想、政治、道德以及革命的氛围、启蒙的性质上都是如此。建设新中国、破坏旧中国跟建设新韩国、破坏旧韩国的过程都很类似,因此我们非常关心中国的新文化运动,密切注视中国进步的文学运动。"① 他首先提出了"旧/新"二元关系,呈现 20 世纪初东亚弱小民族接受现代性最直接的认知体系,推动"破/建"的建构方法;其次,揭示了中韩两国相似的历史命运,以"镜像"达到对自我的观照;再次,关注文学运动的改革作用,所谓"进步的"直指肯定中国新文化与文学改革迫切性的表述,即改变当下文化秩序,指向对民族主体性的反思。随着韩国三一运动被镇压,中国新文化运动的成功无疑给韩国文人提供了成功的案例。

艾蒂安·巴利巴尔认为,"对知识、权利和传统的任何集体占有都必然被认为是

---

① 《中国的思想革命和文学革命》,《东亚日报》1922 年 8 月 22 日。

'文化'：作为某种文化秩序的制度，或作为文化对现存制度的挑战"①。文化在历史语境中呈现动态，引发于战争、殖民或种族、阶级等，最终指向文化秩序的再建功能，而建构过程与当下社会体制相关。殖民地韩国文人对中国新文学的接受与文学实践为此提供了有效的观察路径。鲁迅发表的中国新文学首篇白话文小说《狂人日记》直指"礼教吃人"的母题，通过"狂人"揭露封建传统对中国人肉体与精神的双重戕害。"狂人"被韩国文人移植后，成为与殖民社会与传统体制对峙的文化符号。"狂人"在他文化中的多面性不仅表现在其在异域文化体系中被认知的过程，还应关注其在文学实践中的呈现形态。本文聚焦鲁迅《狂人日记》在韩的传播路径与文化阐释，以韩国KAPF作家韩雪野为例，从文本对读的角度考察其文学实践中"狂人"形象的嬗变，发现中韩文学的互动与连带效应。

一、"狂人"的"出走"：他者文化场域中的传播与阐释

鲁迅之于韩国，首先是一个历史问题。但历史并非指涉个人介入某个事件或史实，而指向介入文化场域，即鲁迅如何进入他者的历史叙事框架中。于是，我们需考察其进入异质文化空间的路径，关注文学符号"出走"后被他者文化赋予逻辑的过程。

《狂人日记》的文学主题与塑造的文学符号直指中国社会的弊病。韩国柳树人于1925年拜访鲁迅，将《狂人日记》译介至韩国文坛，使其成为最早在韩国刊登的鲁迅文学作品。文学译介过程体现了翻译者语言转译时的逻辑，但难以彰显文学批评意识，只能从文本在原文化场域中的文学所指加以判断。现代东亚面临的时代危机与文化困境呈现交集，语言转译和文本主题表述关联紧密。

译介是接受他者文化最直接的路径，但韩国文坛最早论及鲁迅及《狂人日记》的是梁白华于1920年在《开辟》上翻译发表青木正儿的《胡适氏를中心으로한 中国의文学革命》。文章以胡适的《文学改良刍议》开篇，介绍了"八不主义"与《尝试集》，介绍了中国对西方文学思潮与理论的引介，以及推行白话文运动的实绩，分别从新诗、小说和戏剧等文学体裁引介具体白话文实例。文章特别在介绍小说时提及鲁迅道："在小说方面，鲁迅是有未来的作家，他的《狂人日记》中所描写的一个迫害狂的惊怖的幻觉，已达到至今中国小说家未能涉足的境地。《新思潮》的同仁们在创作上很努力，但遗憾的是，朝鲜现下文坛上还是充满着幼稚的作品。"② 韩国文人高度评

---

① [美] 于连·沃尔夫莱：《批评关键词：文学与文化理论》，陈永国译，北京大学出版社2015年版，第49页。
② 梁白华：《胡适氏를中心으로한 中国의文学革命》，《开辟》1921年2月号，第122页。

价了鲁迅作品的文学价值,认为蕴含三层内涵:(1)有关"迫害狂"的认知。梁氏提出,《狂人日记》中迫害狂及其恐怖幻觉指向两大核心问题——"迫害狂的文化意义所指"、"恐怖幻觉的文化内容所指"。(2)《狂人日记》打破了中国传统文学的桎梏,注入了新文学力量。对韩国而言,自韩国三一运动失败,韩国知识分子重思救亡之路,民族救亡与现代性思考相交织,凸显了知识分子对社会内部改造与主体性建构的诉求。(3)《狂人日记》的文学价值在中国文坛具有独特性,对东亚弱小民族又具有普遍性与典范性特征。梁氏直言韩国文坛引介中国文学成果的必要性。

此后谈及"狂人"形象的是朴鲁哲1928年发表在《朝鲜日报》上的《中国新文学简考》。文章聚焦中国小说界的发展,提及白话诗的试验、欧洲新文学的输入,以及对白话散文创作的尝试。他在论及短篇小说时说:"其中,小说家鲁迅十分优秀。从《狂人日记》到《阿Q正传》,都不是普通的作品。鲁迅是中国小说家中非常有力量的年轻作家。"① 如果说胡适是中国文学革命的发起者,那鲁迅就是有力的实践者。朴氏关注了从"狂人"到"阿Q"的书写,其本质是对"旧"的批判和对不同阶层"人"的观察,同时也阐明鲁迅小说在韩国社会被需要的事实。

丁来东于20世纪20年代末在《现代中国文学的新方向》中整体观照了中国文学,肯定中国文学革命的成果,认为文学革命是必要、必经和具有成效的方法,应该通过认识"他者"反窥"自我",以文学迂回地批判殖民压迫。他在30年代初撰写的《中国短篇小说家鲁迅과 그의 作品——그의 作品과》内容从整体上把握鲁迅的文学世界。丁氏比较了《呐喊》与《彷徨》,认为"如果说描写极其混乱的新旧思想,新旧制度,新旧风俗习惯的冲突表现了《呐喊》的时代性的话,那在《彷徨》中看不到这样的社会的状况。相反,在《彷徨》中可以看到社会的一般性倾向,以及新思想家沉沦甚至屈服于旧思想、旧习惯、旧道德的状况……缺乏深刻意味而表现平凡"②。诚然,丁氏准确地把握了鲁迅前后创作的转向,却忽视了这种转向是由社会文化场域内涵变迁而造成的事实,而以新文化运动高潮期的文化秩序套用于走向低潮的文化现实反思则存在可议性。他虽然未突出"狂人"形象,但对《呐喊》的评价完全凸显了对鲁迅早期作品中反抗性的关注与肯定。

此后直到1936年,韩国才再次出现讨论鲁迅的高峰。鲁迅的逝世轰动中外文坛,韩国文人李陆史在鲁迅逝世4天后在《朝鲜日报》上发表了长文《鲁迅追悼文》,从鲁迅生平、文学世界、与俄国文学的关系、文学作品解读等层面展开。李氏从两个角

---

① 朴鲁哲:《中国新文学简考》(二),《朝鲜日报》1928年11月第3版。
② 丁来东:《中国短篇小说家鲁迅과 그의 作品——그의 作品과 内容》,《朝鲜日报》1931年第4版。

度阐释了《狂人日记》：一是从新文学的叙述主题出发，批判此后福柯所谈及的权力体系。文章聚焦中国封建家庭体制对人的禁锢，认为如若不破坏被宗教礼法观念固形化的权利结构，它将成为阻碍近现代社会发展的障碍。二是从新文学关注的主客体层面出发，认为"救救孩子"指向关注青年的生存状态。《狂人日记》不仅在内容和主旨上直指传统家长制的弊端，而且在形式上颠覆了传统小说的书写模式，"狂人"的"妄想症"暴露了中国传统仁义道德桎梏下的国民具备"吃人"的精神实质。

吉尔吉特·D·蔡丁在解释拉康的自我与他者关系时提出："没有他者（the Other），就不可能有主体。"① 自我与他者并非分离的、简单的个体关系，需关注自我对他者在内容、方法、形式等层面的汲取与运用。自我可能转化为"读者"，通过阅读的方式对他者进行转译，达到阐释和为我所用的过程。东亚场域框架下的他者观察不同于西方话语的诠释，根本点在于观察主客体身份与文化根源的异同。韩国文人与中国新文化运动的互动诠释了提摩赛·克拉克所说的"他者阅读和写作之间延拓的相互空间命名"②。韩国文人对鲁迅及其作品的译介过程，正体现了自我与他者健康的文化转换。韩国文人重点关注鲁迅对中国现代社会的反思和文学创作特点，"愚昧"和"鞭挞"成为重要的关键词。"愚昧"指向中国社会和国民性的现实性写照，"鞭挞"指向对未来中国社会的期待。中国的改变将深具"痛感"，并直指"启蒙"的功效，形成韩国文人反观殖民地自我的路径。殖民地韩国在殖民语境下的启蒙运动举步维艰，中国的社会弊病与韩国社会具有共性，鲁迅对中国社会的反思也是韩国文人希望对韩国社会传达的启蒙信号。

二、"狂人"的变形："狂"的文化意义再构建

韩雪野作为韩国 KAPF 文学的代表作家，坦言受到鲁迅知识分子形象的影响。知识分子成为 20 世纪初各地文人的主要刻画对象，不仅在于社会转型引起的新兴阶层的生成，还在于其在文化转型中扮演的重要角色。知识分子具备两种文化指涉：一是塑造知识分子的主体，二是被塑造的知识分子客体。这是分隔在文本内外的两大文学符号。鲁迅在塑造知识分子形象时，更关注知识分子文化主体性的建构与表述。

鲁迅将"真的知识阶级"定义为：一是"对于社会永不会满意"，因而是永远的

---

① ［美］于连·沃尔夫莱：《批评关键词：文学与文化理论》，陈永国译，北京大学出版社 2015 年版，第 222 页。
② ［美］于连·沃尔夫莱：《批评关键词：文学与文化理论》，陈永国译，北京大学出版社 2015 年版，第 279 页。

批判者;二是永远"为平民说话",并且"不顾利害","想到什么就说什么"①。韩雪野的文学世界正诠释了鲁迅"真的知识阶级",包括对知识分子主体意识表达的思考与两次论争后转向对城镇小市民阶级生存状态的反思。这样的书写并非断裂式的呈现,而表现出交叉性的特征。对韩国现代性的反思是建立在殖民语境下"被现代化"的基础之上,是配合"北上"策略的衍生品,呈现"现代性主体"与"被掠夺主体"的双重书写。韩氏文学实践将知识分子主体意识与对小市民阶层的关怀相结合,与鲁迅知识分子的文化内涵相契合。

(一)文学世界的形成与文学实践的可能

韩雪野(1900-1976),原名韩秉道,咸镜南道咸州郡人。1915年就读京城高等学校时接触了新小说。1919年就读于咸兴法学院时因三一运动中主导同盟休学事件被勒令退学,进入北京益智英文学校学习。1921年进入日本大学学习社会学。1925年在《朝鲜文坛》上发表短篇小说《那天晚上》,正式登上韩国文坛。此后在"满洲"和北京生活,开始关注劳动者阶层的生活。1927年,韩雪野加入KAPF,正式开始普罗文学的创作。此后经历与李北满论争、违反治安法事件,韩雪野开始与KAPF文学观念保持距离。他在小说人物塑造上呈现了由早期知识分子形象到后期底层形象书写的转变,一是和日本殖民统治在经济上对韩国农民土地的掠夺而引起的社会问题有关,二是在KAPF的两次事件中,韩氏两次归乡经验使他关注底层阶级的生存状态。

由KAPF的文化论争引起的城市空间移动直接影响了韩雪野文学实践的转变。钱理群在讨论鲁迅文学与城市的关系时提出:"他的创作激情正是源于从这三大空间所获取的乡村记忆与都市经验,而他由此创造的'鲁镇世界'、'北京世界'与'上海世界',便构成了其文学世界的主体。"② 作者与城镇使主体在时空跨越中实现文学叙事的故事对象与故事情节,并认知传统性与现代性的对抗关系,彰显写作者的转变轨迹。韩雪野的文学世界包含了现代韩国与乡土韩国的对抗。韩氏在二次返乡后将目光投向底层,但知识分子仍是他借以观察社会的中间物。

韩雪野的经历与鲁迅相似,对家族的阶级性持怀疑态度,但又对父亲怀有同情心理,其阶级视角较为复杂。韩氏在自传小说《塔》中回忆道:"一是自己在家庭里的反叛和同情;二是不满父母对待男女的差别;三是因日帝对父亲的迫害而将目光从家庭转向了社会。"③ 由此可见,首先,他在处理自身与家族关系时出现了矛盾的认知观;其次,对女性压迫的不满也促进了其阶级视角的养成;再次,是他对民族自决性

---

① 《鲁迅全集》(第八卷),人民文学出版社1981年版,第226页。
② 钱理群:《钱理群讲学录》,广西师范大学出版社2007年版,第45页。
③ 장석흥:《한설야소설 연구》, 박이정 1997年版,第34页。

的思考。日本殖民政府的经济掠夺与文化同化造成了民族/阶级矛盾的统一，急剧贫困强化了民族独立的愿望，同时，文化同化激起了知识分子的反抗诉求，知识启蒙成为知识分子肩负的文化使命。

韩雪野在1919年三一运动失败后前往北京，此刻北京正处于"五四"新文化运动高潮期，韩雪野势必会受到中国"五四"新文学的影响。此时，鲁迅的《狂人日记》已在《新青年》上刊登。他也直言受到鲁迅文学创作的影响。他在1956年纪念鲁迅逝世20周年时撰写的《鲁迅和朝鲜文学》中说：

> 如果说我自己的情况，我在文学上受到高尔基的影响很大。此外，我在鲁迅的小说中发现了哲学的深度，接触到以一种东方风格，即便我身处狱中时，也对鲁迅作品中人物的性格进行了思考。因此，出狱后写的《摸索》和《波涛》处理的人物都是受到鲁迅《狂人日记》《孔乙己》不小暗示后的形象①。

韩雪野的作品与阅读19世纪俄国小说的经验关系甚大。鲁迅小说的哲学性与东方性格对他的影响，主要为对鲁迅式人物性格的思考。这也是他试图借助鲁迅式人物观照韩国社会现实，"以外观内"的反思过程。他直言《狂人日记》对其20世纪40年代初创作的两篇小说中知识分子形象的影响，展现了对韩国知识分子的剖析与自省。

（二）"狂人式文化精神病症"的再书写

诚然，《摸索》在主题、情节和结构上与鲁迅的《狂人日记》和《孔乙己》不尽相同，但文中有对"狂人"形象的挪用与塑造。韩雪野在开篇设置了两个"狂人"形象，并直接冠以"狂人"的称谓。第一个"狂人"是一个头扎网巾、带纱帽、身穿长袍的人，在马路中间念叨着汉文诗句。从衣着装扮来看，这是典型的朝鲜时代两班中的旧知识分子形象：

> 那个"狂人"不管怎样，绝对不给穿西服的人让道，不仅如此，还故意用肩膀击撞，发出"哎嘿"的声音，表示不耐烦的样子。如若碰到汽车经过，便张开双臂，站在车前不让其通过，以示无法通过之意②。

这里呈现了传统两班的文化特质，特别是"哎嘿"口气的书写。侵略的外力加速了殖民地韩国社会形态由传统封建主义向现代资本主义转型，传统两班成为了现代性

---

① 韩雪野：《鲁迅与朝鲜文学》，《朝鲜文学》1956年10月号。
② 《人文评论》，人文社1940年3月号，第114页。

转型期中格格不入的阶层。韩氏从外貌到行为对"狂人"展开描写：一是对穿西服的人的挑衅行为。这呈现了两班自负的心理状态，也暴露了两班对封建体制与阶级身份持有坚持与维护的基本态度。二是拦截汽车的行为。汽车是现代化进程的产物，汽车的出现取代了传统落后的交通方式，现代资本的进入逐渐改变了社会原始结构。但两班拦车的动作显示了对资本侵入所造成的社会结构与等级秩序改造的抵制，也反映了两班阶级试图通过干涉与对峙维护自身阶级的等级秩序。

韩氏的两班形象闪烁着鲁迅笔下落后封建文人形象孔乙己的影子。"孔乙己是站着喝酒而穿长衫的唯一的人。……他对人说话，总是满口之乎者也，教人半懂不懂的。"① 韩氏在人物外貌和语言上的描写与鲁迅形成对照：一方面，两班的"长袍"与孔乙己的"长衫"相对照。衣着是人物文化身份的反射，两件"长衫"构成了中、韩封建文人区分阶级等级制度的标尺。另一方面，两班的"哎嘿"与孔乙己的"之乎者也"相呼应。有关口头禅的细节描写也呈现了两班和孔乙己在各自社会文化环境下对自身文化身份的强调和保持等级秩序的挣扎。两班处在封建社会向现代资本主义社会的转型阶段，其故意与资产阶级发生正面碰撞，暴露了封建文人不愿承认两班身份失势的现实。孔乙己的"长衫"表明了文人身份，但他却"站着"，又是"唯一"的。"长衫文人坐着喝酒"的事实与孔乙己的现实形成冲突，以孔乙己为代表的旧式文人在被知识分子世界所抛弃时，仍不愿与底层民众为伍，以"之乎者也"来划清与底层阶级的界线，坚持悬置于知识分子边缘人物的社会身份。韩氏的两班形象明显带有孔乙己的文化性格，但其对《狂人日记》相反意义的表现，遮蔽了"狂人"的先锋性，形成了真实"癫狂"与"自负"相结合的文化意义，呈现了两种人群性格的合成体。

韩雪野笔下的第二个"狂人"是一个上学后变狂的年轻人，其特点有二：一是外貌特点——个子矮、相貌贫苦；二是神态特点——眉眼凶狠。年轻"狂人"弱小、贫苦的长相与锐利、凶悍的神情形成表象与内在的反差，构建了年轻人"狂"的性格内涵。

> 这个年轻人有喜欢去运动会或者运动场一样人很多的地方流浪的习惯。他手上总是抓住一把鹅卵石或者沙子，口袋里竟然还装着一把刀②。

年轻"狂人"具有危险性，呈现出好斗和攻击的性格。但这里出现了"学校"与"狂人"的连接，直指"教育"与"性格养成"的直接关联。小说创作于20世纪40

---

① 《鲁迅全集》（第一卷），人民文学出版社1981年版，第435页。
② 《人文评论》，人文社1940年3月号，第115页。

―― 东亚现代性场域下"狂人"的多种面向 ――

年代初期,正是日本殖民统治下"皇民化运动"与"战时总动员"政策推行的重要时期。"皇民性格养成"与"战争雇佣兵制造"要求学校教育、改造人的性格,反映出殖民教育对人性的歪曲与暴力呈现。可见,鲁迅的"狂人"时时警惕攻击,"狂"要求文化主体性的"正常"而非暴力性攻击;而韩氏背道而驰,从外貌到性格,呈现出由外到内的"疯狂性格"。两者所设定的"狂"的文化内涵截然不同,呈现了不同文化场域下的形象生成。韩氏笔下的"狂"走向常态化,即殖民同化机制下的文化精神病症。

韩雪野在开篇塑造的两个狂人分别代表了封建传统与殖民统治话语体系下的文化符号,体现了两种文化身份不同的病态性格。韩氏小说中还有第三个"狂人"主人公南植。通过他的视角,小说揭露出上述两位狂人的病症特征,而他本身也具备"狂人"的气质。南植自省道:"是啊,反正试着将自己跟狂人比较,比来比去觉得自己和狂人之间好像是存在着什么关联。"① 南植首先以观察者视角进入文本,揭示了韩国社会的阶层乱象,其根本在于封建传统与殖民话语的纠葛。其次,南植主动观照自我,发现自己也带有"狂人"的性格。身为作家却遭到社会的冷眼旁观,甚至被同行嘲讽,他在日常社会生活中经常因各种事件感到不快,生活的压力让他产生了敏感的精神症状,表现出了"狂人"的精神特质。

> 事实上,他每天受到周围重压的挤压,感觉自己的身体与精神就像失根的树,又像从藤曼上掉下的南瓜一样,变得干枯腐烂②。

南植发现自己的身体与精神与当下社会现实之间出现了鸿沟,而独自徘徊于自己想象的精神空间之中。南植对现实世界的观察时常表现出抽象的意识幻象:

> 往前走的人(正常走着的人)看起来像躲着什么走路似的,然后结果却是在后退(向后走)。就这样等着看,越看越是那样,所以就直愣愣地看着来往的人。
> 不只是人那样,就连汽车、人力车、推车也是如此。而且,火车和汽车里也有人像地蚕一样,现在还妄想着把那轮子转过去③。

现实世界中的人、物、事都与他发生了精神上的断裂,他貌似无法回归到现实生

---

① 《人文评论》,人文社 1940 年 3 月号,第 113 页。
② 《人文评论》,人文社 1940 年 3 月号,第 129 页。
③ 《人文评论》,人文社 1940 年 3 月号,第 124 页。

活中，而是作为一个旁观者。这与鲁迅的"狂人"性格相似。"狂人"感觉到房屋崩塌的碎片要压垮自己，对"月光"、"狗的目光"、"人的眼光"充满怀疑和想象，担心他们要"吃掉"自己。"狂人"在传统书本中间看到"仁义道德"的表象显出了"吃人"的本质，不愿意进入中国封建社会的话语体系中，尽可能在自己的"妄想"世界中保持对现实的对抗性姿态。南植遭遇韩国社会的复杂语境，具有"狂人"隔离于世的精神特质，但与鲁迅的"狂人"并不一致。

南植虽然在精神世界上与进入资本主义进程的韩国社会现实保持了距离，但他苦恼于自己为什么出现这样的"妄想"而无法融入现实生活？韩雪野在小说中设计了一次购物事件，南植和妻子一起购物，因被店员看不起而引起风波。南植一直在观察、思考妻子的行为。在面对现实社会的嘲讽时，妻子比南植更加大胆并具有抵抗性格。与南植的"妄想式精神世界"相比，妻子更加贴近社会现实本身。这也与韩雪野的两次归乡经历有关，即思索如何接近、融入与反映现实社会本身。鲁迅的"狂人"面临的是反封建礼教的任务，表现出"非妄想式"的抵抗；而韩雪野《摸索》中的南植所面临的是资本主义进程对城市小市民生活造成的困境，知识分子如何进入现实社会语境成为了思考议题。南植不愿参与到烦琐怪诞的日常纠葛中，但又急切地想融入生活，这对矛盾造成了知识分子敏感的精神特质。可见，韩氏《摸索》中的知识分子形象与鲁迅"狂人"的"疏离"相反，呈现出对"融入"现实社会的挣扎。这也真实地反映了韩雪野的创作思维。

同样的问题意识在《波涛》中得以延续，韩雪野再次塑造了一个精神世界出现病症的"狂人"明秀。和南植的"妄想症"不同，明秀的症状表现为"疑妻症"，正如鲁迅的"狂人"对村庄与家庭的怀疑。"怀疑"是鲁迅"狂人"的关键词，一切的"非正常"与"不适应"都是从"疑心"开始的，具体呈现了"怀疑"与"光影"的交错。"狂人"回乡后，"月光"、"狗的目光"、"人的目光"充满着攻击与死亡的意味。大哥对他讲过的"易子而食"、"寝皮食肉"，使他想到"妹妹之死"、历史书内"仁义道德"的字缝间充斥的"吃人"二字，所有的一切都指向"吃人"的主题。"狂人"可能也会被吃，更加焦虑于自己可能也参与了吃人的盛筵，陷入对"吃与被吃"矛盾的思考。在《狂人日记》中，所谓的"狂人"并非指向"非正常"，而"正常人"才是"非正常"。"狂"与"正常"的反喻对照，一方面反映了封建社会的传统对人性的迫害，所谓的仁义道德是在充满欺骗和虚伪的外衣下进行的吃人盛宴；另一方面，对可能还没有参与到"吃人"盛宴中的人提出隐存的救赎力量。韩氏延续了知识分子"怀疑"的文化书写，从家庭内部展开到社会关系的维系。韩氏刻画了两次明秀的"疑心病"症状：一是明秀对朋友春植与妻子关系的怀疑；一是与春植介绍的朋友俊的纠葛。

明秀的"疑妻症"表现为怀疑介绍人前辈 C 与妻子的关系，由此引发了两个后果：一是几乎断绝了与所有朋友的来往；二是和妻子发生争吵并陷入纠葛。他乐于从外部将自己与现实世界分离，而置身于"孤独者"的环境中。在与外部世界断裂后，明秀把精神症状的矛头指向妻子，与妻子发生了言语与肢体冲突。他陷入纠葛时的情感具有复杂性：

> 从她那儿我感觉到一段感情，但明秀明明知道这种感情是不会再对她感情上告一段落，但只是知道，而不知道怎样做才好，无缘无故地向妻子发火、吵架，结束后又得重新变得爱她①。

明秀与妻子的纠葛并非他刻意地主动找妻子麻烦，而是情绪失去了宣泄的出口。明秀对妻子的情感掺杂了怀疑、嫉妒和愤怒等情绪，同时又有多情的成分。就连他唯一交往的朋友春植，也因为自己对他与妻子关系的臆想式猜测而断了联系。他切断了与外部世界的联系，妻子成为了唯一宣泄情感的载体。有学者认为，"妻子就是自己丧失的理念和文学的代替物，对妻子的热情就是对社会理想的热情的歪曲表现，疑妻症就是解决不了的内面的纠葛的等价物"②。明秀对外部世界的拒绝造就了他转向内部发泄的可能性。知识分子明秀的精神特质和鲁迅的"狂人"一般，对外部世界充满了疑虑，进而形成抵抗的姿态，呈现从内向外的怀疑态度。但两者也呈现出明显的差异。鲁迅的"我"从对外到对内的怀疑态度转向，再到对现世性的批判，指向的并非是如何融入社会的问题，而是如何改变现状的问题，是从自我反思到社会改造的设想过程。然而，韩雪野笔下的明秀则沉浸在日常生活的自我化想象中，呈现出从对内到对外的思考路径，从而解决与现世社会的对话与融入问题。

第二次"疑心病"事件是明秀与俊前往酒吧后引起的。俊是一个能言善辩的人，不仅长相很好，而且知识渊博，因而受到酒吧服务生的关注，由此而引发了明秀的怀疑。然而，俊光鲜的外部条件背后却是一个没有内部世界的人。这就和明秀形成了对比。俊在现实社会中的光鲜和明秀对现实社会的断裂发生了冲突。韩氏设置了两个有趣的场景：一是明秀在梦中殴打了俊，这是明秀对现实社会的一次情感宣泄；二是明秀要将俊作为主人公写一部小说，当明秀再次找俊时，俊感受到与明秀潜在的冲突，

---

① 《人文评论》，人文社 1940 年 3 月号，第 79 页。
② 全炯俊：《韩雪野小说中的鲁迅》，《중국현대문학》1999 年，第 46 页。

便避而不见。韩氏使用了两个意象载体,即梦境和小说。前一个意象成为明秀宣泄情绪的出口,而后一个意象成为了明秀进行正面性评判的工具。由梦境到小说经历了由想象到实践的过程,由抽象到现实的采用与转变。明秀的内部精神世界也将有可能通过这两个意象载体达到对外部世界的呐喊与反抗。

韩雪野在两篇小说中分别塑造的南植与明秀的职业都是作家。韩氏在彰显知识分子文化身份的同时,还注意到游离于文本内外的文化身份的重合,即写作者与被塑造者之间主客体对话的可能性,即对社会环境与生存状态的反思在文本内外的两个空间中实现交汇。显然,《波涛》继续了《摸索》的主题思考,以知识分子为观察视角,借用了鲁迅"狂人"的人物性格反差与书写模式,但二者所涵盖的文化概念不同。鲁迅的"狂人"是反对中国传统封建礼教的,所谓的"狂"是一种入世的抵抗精神。而韩雪野《摸索》和《波涛》中的知识分子都面临着韩国资本主义进程下现实社会生活的压抑。前者发生了裂变,将传统文人、殖民教育与政策等以"狂人"形象呈现;最关键的是关注知识分子"狂人"的生存状态,想脱离"妄想"的世界,回归到社会生活的现实中,表现出"接近"现实的姿态;在融入的过程中,知识分子是孤独的,甚至是"疯狂"的,遭遇了想象与现实的冲突。后者的"狂人"对外部世界充满了怀疑态度,主动与外部世界决裂,从内部寻找情感突破的出口,以梦境与小说为载体,对现实社会进行批判,表现出"反抗"现实的姿态。韩雪野特别提及这两篇小说受到鲁迅小说的影响,而《波涛》中"狂人式"的思考与鲁迅的"狂人"性格更加接近。

诚然,韩雪野明确表示自己在创作中借鉴了鲁迅《狂人日记》、《孔乙己》中的人物形象与性格特征。但他将"他者"进行"自我"改造式书写时发生了变化,作品中知识分子的性格比起"狂人",更接近"孤独者"魏连殳、吕纬甫等,即其文学创作的书写基调更接近《彷徨》所反映出的叙事风格。在20世纪20年代初期,经历了社会革新运动的洗礼,特别是在中国五四运动取得成功的鼓舞下,韩国文坛及时做出反应,不仅在传播接受的层面上有所体现,也通过文学实践进行呼应,但在传播接受与文学实践两大层面上却表现出不同的叙述倾向。如上所述,韩国文人在接受与阐释鲁迅文学及思想时,表现出对《呐喊》的好感与热衷,而对《彷徨》保持了较为冷静的态度。但进入韩国作家文本实践内部,却发现其论述状态更接近《彷徨》而非《呐喊》。可见,韩国文人已然意识到自我的状态更加接近彷徨,但因为离现实更近,就更显示出对《呐喊》的诉求。韩国对鲁迅的接受首先更加倾向于对革命人鲁迅的呈现。而要彰显与阐释革命人鲁迅的反抗,自然会贴近《呐喊》这样的文本。于是,韩国文人的创作,虽然现实话语偏向《彷徨》的状态,但仍然尝试靠近《呐喊》的叙述基调与情绪表现。笔者曾在《接触、译介与实践：论李陆史对鲁迅文学的接受》① 中指出，韩国民族诗人李陆史为数不多的短篇小说《门外汉的手帖》几乎沿用了鲁迅《狂人日记》的叙事形式与《故乡》的叙事内容呈现；虽然李氏在反抗与改造的道路上没有鲁迅乐观，但仍然表现出强烈的斗争意识。在"呐喊"的斗志与"彷徨"的情绪之间，殖民地韩国恶劣的社会现实需要《呐喊》的力量，即便社会与文化局势不容乐观，但仍然表现出对革命人鲁迅的需求。

三、结论

"文化生产场是斗争的场所，这个场所通过占支配地位的作家定义的推行，力求规定有权参加为作家定义而斗争的人的范围。一切文化生产的现实和作家的观点本身，会仅仅由于全部对文学事务有发言权的人的增加，而发生彻底的改变。"② 文学场内的斗争具象就是作家所定义的文学场的界线与规定的文学对象，即与权力干预者相对的、作家以外的群体范畴，在表现场内部的力量关系的同时，作用于场本身，从而达到对既定秩序的重新排列。应该注意，这种动态的文学行为是源自作者，呈现文学书写群体，而反作用于文学场，威胁的是权力对文学的范围划定，表现权力与文学的关系，且直指权力体系与社会体制的内核。鲁迅的《狂人日记》就是对既定权力关系与社会体制内核的揭露与挑战，"狂人"的出现就设置了观察传统文化体制弊病与打破既定社会言语框架的可能。20 世纪 30 年代的中韩文化生产场存在差异，但对反传统的要求却是一致的，而中国新文化运动的开展给韩国文坛提供了一个成功的案例。特别是鲁迅"狂人"形象在韩的传播，受到了韩国文人的关注，其文化身份的先锋性正是韩国文人所需要的，自然也形成了接受的文化路径。

韩国 KAPF 作家韩雪野直言其文学实践中对鲁迅《狂人日记》中知识分子形象的接受。鲁迅的"狂人"虽然是具象的形象，但其文化符号内涵指向"吃人/救人"的概念揭示，并旨在重建想象的社会框架，恢复正常的人伦秩序。所谓的"狂"走向了矛盾的两极，从启蒙主义与社会改造的角度来看，"狂"等于"正常"。伊丽莎白·布龙芬认为，"焦虑就产生于权利或名誉的控制和丧失之间的这种张力，这种焦虑一旦成

---

① 徐榛：《接触、译介与实践：论李陆史对鲁迅文学的接受》，《南通大学学报》（社会科学版）2020 年第 3 期。
② ［法］皮埃尔·布迪厄：《艺术的法则：文学场的生成和结构》，刘晖译，中央编译出版社 2001 年版，第 272 页。

型便会继续保持……他性之原型的权力通过复制而强化,常常体现为差异形象之间的一种相互关系"。"狂人"表象上的"狂气"在韩雪野的文字中得到延续,但"狂人"经历了一气化三清的处理,呈现出包含传统性、殖民性与现代性的人物形象,投射至韩国殖民地社会中教育、体制等殖民策略中,反映出殖民话语下的独特风景———一方面呈现了鲁迅"狂人"形象的嬗变过程,另一方面,也反映了韩国文人借"狂人"的再书写对本民族命运的思考。"狂人"在反映现代中国与韩国文化共性的同时,也体现出现代韩国社会的异质性问题。"狂人"的刻画也反映出韩雪野的文化观与创作思维,呈现了东亚现代性框架下中韩文化互动与发展变化的面貌,更加有利于发现与理解中韩文学之间的连带效应。

(作者单位:扬州大学文学院)

新视界

文学史序跋与现代新诗经典化关系论[①]

陈柏彤

文学史是研究文学历史现象、探索文学发展规律的科学,也是生产文学知识、塑造文学经典的重要载体。对1917—1949年的中国新诗来说,文学史著如何选择、阐释现代诗人诗作,直接关系到它们在读者心目中的地位,也关系到其是否具有被留存、被经典化的可能。目前来看,学界已经关注到文学史著与新诗经典塑造的关系,并对唐弢等主编的《中国现代文学史》、钱理群等主编的《中国现代文学三十年》等典型个案进行了深入分析。但值得注意的是,附加于这些文学史著作前后的、作为现代新诗经典化进程重要力量的序跋文本却往往被忽略。实际上,不同时期的文学史序跋不仅通过反思述史现状、重现批评语境的方式反映文学史著所提倡的具体观念,还通过描绘文学版图、引领文学发展,持续参与对新诗形象的建构与解构。所以,百年以来的文学史序跋如何影响现代新诗经典的塑造,是本文试图关注并解决的主要问题。

一、序跋书写方式与新诗传播关系

自1917年前后现代新诗发生以来,如何阐发新诗价值地位、维护新诗创作成果、塑造新诗品格、建构新诗形态,就成为新诗倡导者和支持者长期面对的主要问题。目前,学界关注的主要是新诗批评、新诗选本、文学史著对新诗发生发展和形象建构的作用,而附加于正文前后的序跋文章却往往被忽略。实际上,现代文学序跋产生于出版传媒变革的背景中,与相对孤立的、重于叙述的古代文学序跋不同,是传达个人文

[①] 本文系国家社科基金重大项目"中国新诗传播接受文献集成、研究及数据库建设(1917-1949)"(16ZDA186)、兰州大学中央高校基本科研业务费专项资金"新诗集序跋(1920-1949)与新诗发展及经典化关系研究"(21lzujbkydx067)的研究成果。

学观念、沟通作者与读者的重要文献。一方面，它体现了不同学者对文学现状和既有历史的认识与总结；同时，它也通过即时的评述表达出对文学的看法、审美趣味和个人观点，指引着未来文学的发展趋势。尤其是百年以来的文学史序跋包括新诗史序跋，它们通过论述文学史观念、勾勒新诗历史、陈列新诗作品等具体方式，作用于新诗的传播道路。

　　站在不同立场叙述新诗历史，是文学史序跋引导、介绍文学史著的重要途径。不同时期的文学史序跋具有不同的述史思路，引领不同的诗人诗作走向读者视野。20世纪20年代，新诗诞生不久，诗人们对许多现象都没有形成共识，这一时期的文学史序跋倾向于将新文学、新诗作为中国文学史发展进程中的一个部分论述，在大文学史的框架中遴选出值得关注的诗人诗作。例如，胡适《国语文学史》的附录《五十年来中国之文学》，将文学革命描述成为活文学与死文学、革新与复古、白话文与古文学斗争成功的结果，并在此意义上高度肯定了胡适、沈尹默、周作人、刘复的白话诗试验对文学革命的建设作用；凌独见在《新著国语文学史》的《自序》中表示，此著按照"《古今白话诗选》"① 的原则评选，拉通古今，使早期新诗有资格与旧诗、旧文学并立于中国文学史的脉络中，且在"未脱旧诗词窠臼"、"外国化"至"中外诗结婚之后"的述史思路中重点叙述胡适、沈尹默、俞平伯、陈衡哲、玄庐、周作人、刘复、郭沫若以及他们的作品《朋友》、《他》、《江上》、《鸽子》、《人力车夫》、《春水》、《三弦》、《鸟》、《秋夜》、《秋风》、《晨兴》等。可以说，在文学进化的历史线索中，早期新诗的开拓者们获得了被反复言说的平台。及至20世纪三四十年代，新文学在动荡的社会历史中走向多元发展道路，探讨新文学发展规律与革命文学发展规律的文学史著也交替出现。前者的序跋多青睐梳理"文体的渊源流变"②，叙述作家身世、作品内容、现代心声，"不叙'载道'的古文"③，所以，胡适、刘大白、康白情、俞平伯、汪静之、刘延陵、冰心、郭沫若、徐志摩、闻一多、朱湘、白采等在新诗的语言、体式、情感方面具有显著成就的诗人及其作品成为这些文学史著关注的重点；后者的序跋则将社会革命与文学发展结合起来，将郭沫若、蒋光慈等表达反叛精神、革命情怀的《女神》、《前茅》、《新梦》、《哀中国》视为新诗的主流。20世纪50年代以后，不同性质的文学史著不断出现、更新和发展，如王瑶所著《中国新文学史稿》、唐弢主编《中国现代文学史》、钱理群等著《中国现代文学三十年》、金钦俊著《新诗三十年》、黄修己著《20世纪中国文学史》等等。它们的序言分别站在新民主主义、启蒙

---

　① 凌独见：《自序》，《新著国语文学史》，商务印书馆1923年版，第2页。
　② 胡云翼：《自序》，《新著中国文学史》，北新书局1933年版，第6页。
　③ 谭正璧：《自序》，《中国文学进化史》，光明书局1929年版，第2页。

主义、现代化、20世纪大文学等历史视野中,不同程度地影响着诗人诗作的遴选与叙述。简言之,从现代新诗发生至今的百余年间,不少文学史序跋通过述史的方式阐述文学史观,帮助分析、厘定现代诗人诗作的文学史地位,从而影响不同时期、不同诗人诗作的传播与接受。

  不同于其他类别的序跋,文学史序跋侧重于对历史的叙述与评价。一方面,它们排列史实、勾勒线索,体现出史的意识;同时,也关注不同文学现象、文学作品,凸显出评的态度。文学史序跋的批评式特点,有助于发掘部分诗人的贡献地位,彰显作品经典质素,提升新诗的传播潜力。在讨论"什么是新诗"的时期,梳理白话文学发展脉络、从旧诗词中寻找白话入诗的根源成为争取新诗合法性的重要策略,如胡适《国语文学史》、凌独见《新著国语文学史》、胡毓寰《中国文学源流》等著的序跋就十分关注民间白话文学线索及古今白话诗歌脉络。基于此,这些史著倾注较多笔墨分析倡导白话诗歌的领袖胡适之、擅长旧体诗词的代表沈尹默以及具备旧体诗词特点的《鸽子》、《人力车夫》、《春水》、《三弦》等作品,突出他们在新诗形式、语言方面的尝试精神和启示意义。这些论述既有助于呈现早期诗人诗作的历史面貌,也有助于确认其文学史地位。当面对新诗发展问题时,不少文学史序跋则直接通过重审新诗历史来引导新诗作品的选评取向。例如,金钦俊在《新诗三十年》(1991)导言《中国现代新诗发展的轮廓》中探讨20世纪三四十年代的现实主义诗歌,发现艾青早年受法国象征诗派影响、注重诗歌形象的雕塑美,融现代主义和现实主义于一体的特点;认识到臧克家在新月诗派、生活实体、传统诗歌的多重影响下,以乡野的内容和沉郁的诗风成为现实主义诗歌中新的一支。20世纪90年代,市场经济继续发展,社会现代化程度进一步加深,反映人民疾苦的传统现实主义诗歌逐渐式微,《新诗三十年》导言在一定程度上打开了艾青、田间、臧克家这些现实主义诗人的艺术阐释空间,提高了他们在不同文化语境中的传播潜力。再如,陆耀东曾在《中国新诗史(1916—1949)》的《前言》中提出对"九叶派"一词的思考,他认为这9位诗人未组织过一个社团,也未合办过同一刊物,唯一的会师是在《中国新诗》上,应该使用"《中国新诗》诗人群"更为准确。作者对这一命名的忖量体现了20世纪80年代以后新诗审美追求的变化,也反映了学者们已不满足于"九叶"这一诗性特征不明确的称呼,而更加追求"中国新诗"的中国性品格与现代性特征。正因为这些阐释,穆旦、袁可嘉、陈敬容等诗人的现代主义品质愈发得到凸显与重视,而后,他们随着现代主义思潮的发展逐渐成为谈论中国新诗史不可绕过的诗人。不难看出,在现代新诗传播接受的不同阶段,文学史序跋对诗人诗作的分析方式与意义解读有助于发掘他们的多重艺术形象,使之获得持续传播的机会。

  谈论文学问题只是序跋的一个方面,回顾文学史编写过程、记录诗坛文事交往活动、凸显著者个人努力，也是文学史序跋书写的重要特点。有的作者在序跋中描述编写文学史著的困难与努力。如王哲甫在《中国新文学运动史》（1933）的《自序》中谈到，自己一年以来的全副精神几乎全用在讲义方面，常伏案不休息，任晚上各宿舍灯火熄灭，依旧默默写作，耗尽脑汁地工作；胡绍轩在《中国新文学教程》（1942）的《序》中说，这本书搜集、摘录材料就历经4年，自己经常为了一个适当的例子寻找身边所有书籍，甚至离开家跑到很远的书店或者图书馆；王向远著《中国百年国难文学史（1840—1937）》（2010）、杨联芬等著《20世纪中国文学期刊与思潮：1897—1949》（2006）、刘扬烈著《中国新诗发展史》（2000）、王光明著《现代汉诗的百年演变》（2003）等文学史序跋，也描述了作者如何收集利用原始资料、查阅一手书报杂志、构思提纲、求教于各位大家的写作过程。文学史写作是一个庞大的工程，这些序言通过对艰辛创作的回忆叙述，展示了作者执着的学术求索历程，不仅增强了论述的可靠性，也拉近了与读者的情感距离。有的序跋作者秉持"史"的意识，强调文学史著的独特之处。例如，潘颂德为沈用大《中国新诗史（1918—1949）》（2006）作序，认为这部新诗史写法独特、史料翔实、见解独到，明确了其特色；孙玉石为王光明《现代汉诗的百年演变》（2003）作序，认为对新诗演变过程理论思考的突进给本书带来了以问题穿越历史、以冷峻审视过程的新姿态和新深度，具有超越性意义。自20世纪初期至今，已出版的文学史著数不胜数，这些具有总结史著特点、凸显史著价值、发掘历史意义的文学史序跋，客观上能够提高文学史著成为经典或权威的概率，也因之影响文学史叙述乃至新诗叙述能否获得读者认可、所叙内容能否获得普遍接受的可能程度。

由此可见，文学史序跋以述史书写、批评书写、文事回顾等具体方式，从不同维度介入诗人诗作的遴选评价与传播接受历程，也关系到新诗在当下以及未来的发展命运。

二、文学史观与新诗版图构建

一般读者看来，文学史即意味着准确的、坚硬的事实描述，是一种可以信赖的知识；而如何看待文学历史，如何对文学现象加以筛选、分析、阐释，则是关乎文学史书写的核心问题。文学史序跋通过说明作者意图、著书经过、内容体例等方式，设定新文学和新诗的历史起点、时间分期和具体结构，绘制出不同的新诗知识图景。

新诗的起点在哪里？不同的文学史序跋作者对新诗历史开端的看法并不一致。有的序跋基于中国文学的整体视野，将新文学、新诗视为中国文学历史发展过程中的有机组成部分,看重晚清政治革命与新文学发生的关系。例如,江亢虎在为胡毓寰《中国文学源流》所作序言中指出"晚近以来,白话诗文流行"、"此体本自古所有"①,强调白话诗文发展的延续性,因此,此著对"新文与新诗"的叙述从"仿古之文,渐变而为仿西及明浅之文"② 的晚清变革开始,认为梁启超是这一革新的先锋。除20世纪初期谭正璧的《中国文学史大纲》、赵祖抃的《中国文学沿革一瞥》之外,21世纪初期的不少文学史家也坚持将晚清作为文学革命的先声,如1998年黄修己在《20世纪中国文学史》③ 导言中就认为,文学革命的发生从远处说是1840年鸦片战争以后救亡图存运动的继续和发展,从近处看是20世纪开头十几年间社会变动和文学变动的酝酿与准备,黄遵宪、康有为、丘逢甲、梁启超、柳亚子等重要诗人的理论探索、诗学活动、诗歌作品以及历史贡献均被纳入文学史叙述之中。晚清视野之外,也有不少序跋作者将五四运动视为新文学发生的开端。像吴文祺《新文学概要》总论、李何林《近二十年中国文艺思潮论》序言认为新文学在"五四"时期方才"呱呱坠地"、1919至1920年是奠定"新文学"基础的初期,而后,20世纪50年代王瑶的《中国新文学史稿》、70年代末唐弢主编的《中国现代文学史》等教材也将"五四"作为新文学的起点。不难发现,五四起点说影响着几代人的文学观念。谈及对现代文学源头的认识,1917年兴起的文学革命也是不可绕过的历史事件,许多文学史家在序跋中反复声明这一点。20世纪30年代,陆侃如、冯沅君的《中国诗史·附论》提出,胡适首先发现文学变革的趋势并有意加以提倡,他的文学改良刍议说打响了文学革命的第一炮;而王哲甫的《中国新文学运动史》、谭正璧的《新编中国文学史》、李一鸣的《中国新文学史讲话》等著作,则直接在具体叙述中反复渲染文学革命及其提倡者胡适的功绩,确认文学革命的开端意义;新时期以后,冯光廉等著《中国新文学发展史·导论》(1991)、钱理群等著《中国现代文学三十年·前言》(1998)、陈世安主编《中国现代文学·前言》(2005)等,均指认1917年为现代文学起点。无论是晚清起点说、五四起点说或是文学革命起点说,均反映了不同作者对现代文学主流与性质的认识差异:晚清起点说重视晚清政治改革与新文化运动的关系,强调中国文学发展的内在连续性;五四起点说突出新民主主义革命与新文学同构之特点;文学革命起点说则体现了文学史家对新文学发展规律的客观审视。也就是说,文学史序跋的内容直接关涉着现代文学史的起点确认与性质辨析。

不同文学史观下的序跋内容不仅展现了多元起点观,也影响着新诗的历史分期、

---

① 胡毓寰:《序》,《中国文学源流》,商务印书馆1930年第4版,第1页。
② 胡毓寰:《中国文学源流》,商务印书馆1930年第4版,第320页。
③ 黄修己:《20世纪中国文学史》,中山大学出版社1998年版。

主流内容。在晚清起点说下，文学革命之前的诗人诗作大都能进入读者视野。黄遵宪的《日本杂事诗》、《人境庐诗草》、《己亥杂诗》及"我手写我口"、"不名一格，不专一体"、"诗之外有事，诗之中有人"等诗学主张①；梁启超的《饮冰室诗话》、《夏威夷游记》，康有为的《南海先生诗集》；柳亚子慷慨悲壮的风格，苏曼殊反映人生体验的"近代味"，陈去病、高旭、马君武等人质实沉郁、形式自由、语言通俗的诗风②等等，均作为新诗发展不可或缺的环节被呈现出来。这些事实也成为解释新诗发生原因的重要文献资料。而视"五四"为起点，则意味着文学史家对五四运动作为现代文学发生源头的重视，划分、叙述文学历史的标准主要在于文学与社会革命之关系。例如，臧克家所编《中国新诗选（1919—1949）·代序》③认为，新诗史可分为五四时期、大革命时期、大革命失败至抗战前夜、抗日战争和解放战争4个阶段，每个阶段的诗人诗作构成不同：第一阶段有李大钊的《欢迎独秀出狱》，刘半农的《相隔一层纸》、《D-》、《敲冰》，朱自清的《送韩伯画往俄国》，郭沫若的《女神》，刘大白的《劳动节歌》等；第二阶段有郭沫若的《前茅》、《恢复》，蒋光慈的《新梦》、《哀中国》，刘半农的《出狱》等；第三阶段有殷夫的《别了，哥哥》、《一九二九年的五月一日》、《我们》、《血字》、《议决》，臧克家的《烙印》、《罪恶的黑手》、《自己的写照》，蒲风的《茫茫夜》等；第四阶段有艾青的《他死在第二次》、《吹号者》、《向太阳》、《火把》，田间的《给战斗者》、《她也要杀人》，何其芳的《夜歌和白天的歌》，袁水拍的《马凡陀的山歌》，臧克家的《宝贝儿》、《生命的零度》，李季的《王贵与李香香》。不难看出，在"五四"的起点逻辑下，具有反帝反封建性质的、大众化的、民族化的现实主义诗歌不断发展壮大，成为新诗史叙写的主流，而新月派、现代派、九叶诗派的诗人诗作则难以进入史家的考察范围。这一述史特点在20世纪50至80年代的文学史著中表现尤为突出。伴随社会文化语境的变迁，当下被追捧的新诗经典和主流诗人诗作则大多在现代文学的发展脉络中被凸显。如钱理群等著《中国现代文学三十年》（1998）、陈世安主编《中国现代文学》（2005）、谢筠编著《简明中国现代文学史》（2006）等在以文学革命为起点的文学演进史中，将新诗分为1917—1927、1927—1937、1937—1949三个时期，重点描述胡适、郭沫若、湖畔派、闻一多、徐志摩、冯至、李金发、中国诗歌会、戴望舒、艾青、穆旦、七月派以及《尝试集》、《女神》、《红烛》、《死水》、《汉园集》、《十四行集》等诗人作品，使这些被革命理论史

---

① 刘勇、李怡总主编，胡福君、陈晖本卷主编：《中国现代文学编年史（1895—1949）·第一卷1895—1905》，文化艺术出版社2015年版，第7页。
② 黄修己：《20世纪中国文学史》（上卷），中山大学出版社1998年版，第34-35页。
③ 这部作品具有以选代史的性质，因此也纳入本文的考察范围。

视域所遮蔽的新诗发展主流重新得到彰显与确认。此外，20世纪90年代以后出版的《中国现代主义诗潮史论》（1999）、《中国现代主义文学史论》（2003）、《二十世纪中国的现代主义诗歌》（2006）等著作序跋，从现代主义文学流变规律出发，透视李金发、戴望舒、卞之琳、冯至、辛笛、穆旦、郑敏们所开掘的现代主义诗潮洪流，将这些现代主义诗人的诗坛地位推上了一个高峰。

由是观之，兼顾个人意识、时代精神、文学观念的文学史序跋对现代文学的认识差异巨大，在不同的起点、分期与主流叙述中，它们或构建出反帝反封、革命现实主义不断发展壮大的新诗图景；或描绘出凸显文学性线索、反映较高艺术水准的诗人诗作画卷；或发掘、揭示出那些体现新诗发展规律、展现新诗重要潮流的诗学现象，等等。文学史序跋对新诗历史版图的审视与思考，是不同语境中的文学史家重构文学史的努力和尝试，也为新诗历史的重新叙述、新诗代表作品的遴选和评价提供了基本前提与依据。

三、时代语境与新诗价值阐释

一个世纪以来，不同的社会文化思潮、文学运动此起彼伏，各种话语渗透到文学史、新诗史的言说框架中，形成不同的批评范式。文学史序跋的写作比较及时，受正在发生的批评观念影响较大，因而在不同历史时期、不同文学语境中呈现不同的价值导向。这些观念作用于新诗解读，打开诗人诗作被反复言说的意义维度，使之获得被不断阐释、沉淀为经典的机会。

20世纪20年代，新旧文学之争成为文坛关注的焦点问题，为了给新文学争取合法地位与发展空间，文学史给予新文学及新诗初步的历史化，通过序跋揭示其"新"内涵，使不少备受诟病的诗人诗作初步获得历史地位。凌独见在《新著国语文学史·自序》中提出，要选择足以代表时代精神的个人作品让读者赏识评判，因此，五四新诗的探索性、开拓性特点得到承认，诸如《人力车夫》、《学徒苦》仿古诗的手法，《游香山纪事》、《落叶》、《春水》使用五绝、五言、七言的句法，《鸽子》、《三弦》的词调格式等，不再被简单视为刷洗过的旧诗，而作为新体诗第一个发展阶段的成果被罗列分析。在凌独见看来，新体诗的产生并非一日之功，而是历经从新旧夹杂、外国化到中西结合的发展过程，未来新诗应是有旧诗做根底的、有素养的、成熟的作品。此外，冯瘦菊在《新诗和新诗人·引言》中强调，新诗是现代人的心声，是社会的鸣籁；新诗人是国民魂的结晶，是人类的天使。他认为胡适的《一念》、《三溪路上大雪里一个红叶》、《一笑》，周作人的《小河》、《路上所见》、《病中杂诗》，寒星的《山弦》、《铁匠》，俞平伯的《春水船》，傅斯年的《深秋永定门城上晚景》，沈玄庐的

《想》,康白情的《送客黄埔》、《天亮了》、《庐山纪游杂诗》,陈衡哲的《鸟》等诗歌都是"表现得很有力,描写得很细腻,抒发得很真挚的好诗真诗"①,也是"确实成功的名作品"②。冯瘦菊将诗歌的情感修养、诗人的艺术训练③作为评判好诗的标准,进一步增强对新诗作品写实性、崇高性的解读与欣赏,使这些诗歌获得最初的历史评判,让新进的诗人"有所适从"④。早期新诗发展与文学史书写几乎同步进行,在人们对新诗还没有清晰认识的情况下,不同文学史序言开始从开拓精神、抒情写实等具体特点出发,为分析、确认早期诗人诗作的价值意义与历史位置奠定了初步的评价基础。

20世纪30年代以后,新诗进入相对繁荣的发展时期,这一时期的文学史序跋与内容不再偏重于对新文学价值地位的论证,而更多地强调新诗等文体在样式、语言、风格方面的规律特点。有的文学史注意到新诗的艺术流变。如胡云翼在《新著中国文学史·自序》中谈到,过去的文学史大都缺乏现代文学批评的态度,偏重死板的静物叙述,只知记述作家身世、批评及其作品,对文学思潮的起伏、各种文体的渊源皆不熟知,基于这一现状,此著设法将各时代散漫的材料统率起来,寻找各种文体文派及作家作品之间的线索脉络,勾勒文体的发展及文派流变。因此,他着力凸显诗人们的艺术贡献,如胡适打破一切的自由尝试精神,周作人、沈尹默、刘复、傅斯年、康白情、俞平伯"音节响亮,意味深长"⑤的创作,郭沫若肆放自由、汪静之天真烂漫、谢冰心笔调清莹、徐志摩讲究韵格、闻一多规律极严的诗学成就,均得到较为充分的肯定。同时,也有不少文学史序跋试图从社会历史的角度重新阐明新文学乃至新诗的历史任务及发展前景。比如,贺凯在《中国文学史纲要·自序》中提出,"五四"以后的文学需重视文学理论斗争,依据作品所反映的阶级意识及社会背景,分析它们的存在价值与时代关系。由此,他认为郭沫若是"一个革命的小资产阶级战士"⑥,突出郭著《女神》热烈反抗的精神、《前茅》呼唤革命时代的声音;蒋光慈是"革命文学的始倡者"⑦,其《新梦》、《哀中国》反映了对"未来人类荣光"的期待、对呻吟于帝国主义铁蹄下人民的同情;徐志摩则是逃避现实、睁眼做梦的代表,其诗华而不实。在社会跌宕起伏、战争不断发展的背景下,贺凯、李何林、蓝海等文学史家从革命文学视角出发,对郭沫若、徐志摩等诗人诗作进行重新评价。虽然这些论断并不完全准

---

① 冯瘦菊:《新诗和新诗人》,上海大东书局1929年版,第43页。
② 冯瘦菊:《新诗和新诗人》,上海大东书局1929年版,第42页。
③ 冯瘦菊:《新诗和新诗人》,上海大东书局1929年版,第1页。
④ 冯瘦菊认为,新进诗人因为缺乏详论新诗和新诗人的精密丰美的巨著而至无所适从。
⑤ 胡云翼:《新著中国文学史》,北新书局1933年版,第304页。
⑥ 胡云翼:《新著中国文学史》,北新书局1933年版,第337页。
⑦ 胡云翼:《新著中国文学史》,北新书局1933年版,第353页。

确,甚至有些片面,但也作为一种审视的方法影响着新诗的历史评价与形象建构。20世纪三四十年代,不同形态的文学史著及其序跋一方面体现了学者们对新诗未来发展路径的展望和期许,某种程度上还展示出诗人作品多元的思想意蕴与诗学形象,提高了他们在不同语境中被谈论的概率。

20世纪50至70年代,现代文学史著的书写形态和观念发生了显著变化,新诗叙述也随之调整。王瑶《中国新文学史稿》、丁易《中国现代文学史略》、张毕来《新文学史纲》、刘绶松《中国新文学史初稿》等著作的序跋,为崭新语境下如何引领新诗创作潮流、生产新的诗学知识提供了前提与依据。《中国新文学史稿·自序》指出,中国新文学史即"运用新观点,新方法,讲述自五四时代到现在的中国新文学的发展史,着重在各阶段的文艺思想斗争和其发展状况,以及散文、诗歌、戏剧、小说等著名作家和作品的评述"[①]。王瑶所指的是,将新民主主义的理论方法与新文学史写作结合起来梳理文学发展规律,突出具有"反帝反封"特征的现实主义诗歌。所以,论及早期诗歌时,他认为胡适的诗在一定程度上表现了反对旧礼教的决心,给予新诗新鲜血液;刘半农的《相隔一层纸》体现了朦胧的人道主义,是"现实主义诗歌的萌芽";徐玉诺的《农村之歌》与《水灾》、郑振铎的《死者》等诗反映了社会现实和强烈的斗争意识。此外,郭沫若、蒋光慈、穆木天、冯乃超、柯仲平、殷夫等人和中国诗歌会的无产阶级诗歌、20世纪40年代以后工农兵群众诗歌也是作者的主要关注对象。这些诗歌的反抗意识、革命精神、战斗风格、情感变化等现实性质素,也得到相对完整的呈现。20世纪50年代中期以后,政治教育环境进一步发生变化。刘绶松在《中国新文学史初稿》的后记中提到,文学史写作主要为读者提供了解"社会主义现实主义文学发生和发展"[②]的参考资料,要求新诗还须具备社会主义性质,因此,《中国新文学史初稿》对诗人的选择与评价更为严格。在这一条线索中,作者将《女神》所体现的反叛意识与时代精神结合起来,进一步阐明这部诗集"奔腾的力量"、"磅礴的气势"和"二十世纪的动的精神",使之成为开辟中国新诗道路的新诗集;另外,被大多民国文学史著视为新月派代表诗人的闻一多则被描绘成学者、斗士,特别是他的《忆菊》、《洗衣歌》由于显示了对种族歧视的愤慨和抗议之声、对祖国人民的热爱之情,成为被着力褒奖的对象。不难看出,与民国时期具有学术个性与鲜明特点的文学史著不同,以革命诗人为中心的、现实主义的、大众化的新诗逐渐成为这一时期的主流诗学选择。

20世纪80年代起,随着思想解放程度、经济发展水平不断提高,人们对文学史

---

① 王瑶:《自序》,《中国新文学史稿》(上册),开明书店1951年版,第3页。
② 刘绶松:《后记》,《中国新文学史初稿》,作家出版社1956年版。

书写和新诗未来的认识也愈发多元,这些变化显著地反映在序跋中。一些史著尝试恢复历史真实叙述。1984年,唐弢在《中国现代文学史简编》的《编写后记》中指出,文学史既不是作家作品论,也不是文学运动史或思想斗争史,它应采用一手资料,从作家作品中分析来龙去脉并找出规律,将文学的历史发展线索清理出来。因此,那些在上一阶段被批判、遮蔽的诗人开始得到相对客观的评价。举例来说,它既承认《尝试集》是我国第一部新诗集,分析其形式、内容的特点,尝试恢复胡适的诗学地位,又指出其诗反封建性不足的思想缺陷;肯定冯至抒情诗的成就以及叙事诗的现实表达;称誉戴望舒的诗有一定艺术感染力,同时重点叙写诗人描写现实生活、抒发爱国情感的作品。可以说,在艺术性与政治性纠缠的评价标准下,许多诗学成就较高但革命贡献有限的诗人诗作得以重新被文学历史叙述。20世纪90年代以后,市场经济进一步发展,人们对个体生命的关注越发迫切,文学史叙述也越发多元化、个性化。有的史著拓展了新诗研究领域。比如,孙玉石在《中国现代主义诗潮史论·前言》中表明,以象征主义为滥觞的现代主义思潮是中国现代诗发展中的客观存在潮流,梳理现代主义诗潮衔接着"五四"至20世纪40年代诗人们的艺术探索与心理感觉,促使新诗创造新传统并成为其在更高层次上走向现代性形态的无法推卸的责任。潘颂德在《中国现代乡土诗史略·后记》中提到,在诗坛出现盲目崇拜西方现代派诗歌诗论的情况下,创造具有中国特色的、具备民族气息的诗歌十分必要;作者在广泛搜集资料和采访老一辈乡土诗人的基础上,理清了中国现代乡土诗的发展轨迹,揭示了现代乡土诗的发展趋向。此外,还有将文学研究扩大到文化领域的《中国百年国难文学史(1840—1937)》,从性别角度探索文学发展规律的《中国女性文学教程》等等。显然,在开放性的社会语境中,新诗的诗学特点、现实意义、时代价值、文化特性等多重要素被不断发掘。这些评价既能引导20世纪80年代以来的新诗创作,也使乡土诗人、女性诗人、现代主义诗人、国难中的诗人及作品获得敞开自我价值和走向经典的可能性。

总而言之,百余年来文学史中的新诗叙述,深受外在场域的影响。文学史序跋通过反映时代现状、调整述史策略等话语方式,自觉张扬特定语境中的诗学理想,从而在解读诗歌文本、评说诗歌现象、引导读者阅读方面发挥特殊的历史功能。这些序跋不仅指引着新诗的发展方向、新诗历史的叙述方向,也使更多的新诗作品在不同历史语境中获得被言说的机会,并由此参与新诗经典的遴选、评价进程。

四、遴选评估与新诗"经典"指认

文学史序跋不同于其他文学类序跋,一方面,它有帮助说明作者创作意图和写作经过的特点；同时，序跋作者对史书本身的介绍、评论深受文学观念制约，不仅影响文学史结构及其面貌，也影响新诗的叙述、诗人诗作遴选和诗学形象塑造，具有特殊的经典化功能。

历史都是当代史。从20世纪20年代文学史著将新文学及新诗纳入历史叙述开始，新诗的面貌便在百余年间不断被重构和彰显。其中，不少重要的文学史或新诗史序跋为新诗人、新诗作品提供了出场或重新出场的平台，开启了它们的经典化历程。例如，影响力远远大于诗集本身的《中国新文学大系（1917—1927）·诗集·导言》①，将《尝试集》、《鸽子》、《关不住了》、《谈新诗》等作品或论文放置于新诗发生的历史脉络中，指出胡适及其《尝试集》因首创精神、思想贡献、样式革新而成为新诗起点的学理依据；同时，它还正面肯定了李金发"诗怪"之称的合理性，强调戴望舒诗作在音节、气氛、颜色方面的现代特征，不仅客观呈现了这几位诗人的创作特点，还初步确立了他们的诗史地位，为其将来能够成为被认可的经典奠定了重要基础。朱自清对以上诗人诗作的论断也成为新时期以后不少文学史著所参考的评价标准。中华人民共和国成立以后，臧克家《中国新诗选（1919—1949）·序言》对民国时期文学史所置重的诗人诗作进行重构，将李大钊、刘半农、郭沫若、殷夫、蒋光慈、闻一多、臧克家、蒲风、艾青、田间、马凡陀和《欢迎独秀出狱》、《相隔一层纸》、《敲冰》、《劳动节歌》、《五一运动歌》、《卖布谣》、《匪徒颂》、《哀中国》、《我应当归去》、《太阳吟》、《洗衣歌》、《一九二九年的五月一日》、《自己的写照》、《给战斗者》、《马凡陀的山歌》等作为典范推荐给新中国的读者，给予这些以前不被广泛传播的诗人诗作接受读者检验的机会，特别是对于蒲风、田间等诗人以及《凤凰涅槃》、《自己的写照》、《给战斗者》、《她死在第二次》、《大堰河——我的保姆》等极少被民国文学史著或新诗选本提及的作品而言，此序使它们获得了新的传播空间。20世纪90年代以后，《中国现代主义诗潮史论·前言》（1999）、《现代汉诗的百年演变·序言》（2003）、《中国新诗史（1916—1949）·第一卷前言》、《二十世纪中国的现代主义诗歌·导言》（2006）等，揭示了辛笛、穆旦、郑敏、林庚、吴兴华、邵洵美、孙毓棠、番草、金克木、路易士、施蛰存等诗人的诗学影响，使这些自民国时期至改革开放后均未获得充分重视的诗人及其作品在21世纪得到被发现、被重视的机会。而后，他们的确也被不少文学史教材、新诗选本和研究者重视，特别是中国新诗派诗人及沦陷区诗人吴兴华、路易士一度成为备受学界关注的热点现象。此外，还有不少序跋作者展示新史料，通过呈现女性诗人、港澳台诗人、解放区诗人诗作等，不断丰富读者对中国新诗面貌的认知。由此可见，不同时期的文学史序跋成为重新指认新诗"经典"的重要力量。

---

① 这部作品具有以选代史的性质，因此也纳入本文的考察范围。

在不同的批评语境和编选目的下，文学史序跋往往会通过阐明、敞开所述对象的诗学意义，增加其价值，使之成为新的文学秩序中的"经典"。如果说遴选诗人诗作是重组新诗版图的基本前提，那么，如何言说则是赋予他们文学史地位的必需举措，二者相互配合，方能生产出能符合时代要求、引导读者阅读趣味的新诗知识。以新时期以来开始重新进入读者视野的穆旦、郑敏、陈敬容等诗人为例，20世纪七八十年代的文学史要么强调他们描写底层人物、呼唤新中国诞生的现实精神，要么反映他们运用象征手法抒发生活哲理的艺术特色，要么表现诗人诗作的民族性征与中国元素[1]。固然，在经济文化开始恢复的历史语境下，以上切合时代要求的解读成为九叶诗派重归文学史的重要途径，却并没有点明他们在新诗历史上的独特贡献。而20世纪90年代以后，孙玉石、陆耀东、汪建钊等学者以文学史前言或导言梳理流派发展脉络时，才真正开始全方位体察这些诗人诗作的诗学价值。他们认为这些20世纪40年代的现代派诗人加强了形式的自觉，培养出一批美感敏锐的读者，丰富了新诗的诗歌流派；又肯定他们接续传统，同时自觉构想新诗现代性蓝图的努力；还赋予其能够代表中国新诗的期望。以上《中国现代主义诗潮史论》、《中国新诗史》、《二十世纪中国的现代主义诗歌》等著的序言均为自序，一方面体现了著者对史著本身学术意义、思想观念的阐发与揭示，另一方面，更为重要的是，序言把作者一贯的主张以著序的方式固定下来，并形成具有论断性质的文学史知识，使这些诗人流派被塑造成为新诗艺术史上的"经典"。类似情况也出现在不同版本的文学史著中。如钱理群等在1987年所著的《中国现代文学三十年》中将现代文学视为"改造民族灵魂"的启蒙文学；而在1998年修订版的《前言》中则指出现代文学是具有现代性质的文学，要能促进思想的现代化和人的现代化、改造传统文学并联系世界文学、变革美学观念与品格。因此，修订版对1987年版所述的新月派诗人及现代派诗人"到艺术之宫里去寻找避风港"[2]、"脱离时代、人民的狭小的个人情绪"[3] 等不符合启蒙要求的批判进行了删除，转而以现代的立场解释他们这种"向内转"的情绪是深入自我世界和艺术世界的表现。可见，修订版通过《前言》明确叙述方向，随之调整具体章节的叙述策略，丰富了新月派、现代派的现代诗绪和艺术价值空间，使其不断向新时期的主流队伍靠拢。

值得注意的是，文学史著及序跋一般由具有一定专业背景和理论基础的学者完成，

---

[1] 主要参见黄修己著《中国现代文学简史》（中国青年出版社1984年版）以及钱理群等著《中国现代文学三十年》（上海文艺出版社1987年版）。

[2] 钱理群、吴福辉、温儒敏、王超冰：《中国现代文学三十年》，上海文艺出版社1987年版，第346页。

[3] 钱理群、吴福辉、温儒敏、王超冰：《中国现代文学三十年》，上海文艺出版社1987年版，第352页。

他们对所述对象已有较为专业的眼光和成熟的认识，同时也体现了较为明显的个人偏好和选择。2006年，潘颂德在给沈用大《中国新诗史（1918—1949）》所作序言中认为，此著的特色之一在于掌握丰富史料，评述了228位诗人的诗歌创作，特别是对"陈衡哲、沈兼士、汪敬熙、顾诚吾、王光祈、周无、黄仲苏、黄日葵、张闻天、左舜生、易漱渝、戴季陶、王以仁、楼建南、石评梅、陆晶清、孟超……"① 等四五十人诗歌创作的评述，突破了既有著作只论述知名诗人的格局。潘序虽然指出了作者力图反应新诗史全貌的努力，但在一定程度上忽略了文学史书写的复杂性，即文学史并不仅仅是个人史学史识的呈现，而且与教育、意识形态互动密切，文学史著者必然要根据艺术价值、诗史意义或社会作用等标准来选择、评述入史对象。就此而言，像左舜生、戴季陶等人对新诗建设所起的作用能否使他们具备入史的资格？其作品的艺术水准是否具有留存价值？这些问题都值得商榷。事实上，为何以及如何重新发现过去不被重视的诗人诗作，才是在"发掘新的诗人诗作"之后需要思考的根本问题。孙玉石曾表示，学者述史时需要警惕主观认知偏差，并提出避免"某些评骘过于贬抑，某些评骘又过于夸饰"②、"偏爱淹没了某些历史的真实"③ 的看法。

也就是说，虽然文学史序跋在总结、评价文学史著的过程中直接或间接地指认、塑造出了一些"经典"，凸显出部分不被重视或评价不高的诗人诗作，给予了他们在不同时期被发现、被重新评价的机会，但序跋主观的思路和个人的表达也存在欠缺整体性视野的不足，其经典化功能值得反思。而对于书写序跋的作者来说，审慎恪守人情距离、节制表达个人情志、坚持以客观历史的眼光评价文学史著作，是增强序跋历史功能、提升史著学术影响力需要特别注意的叙述立场。

（作者单位：兰州大学文学院）

---

① 潘颂德：《序》，沈用大：《中国新诗史（1918—1949）》，福建人民出版社2006年版，第3页。
② 孙玉石：《序二》，王光明：《现代汉诗的百年演变》，河北人民出版社2003年版，第14页。
③ 孙玉石：《序二》，王光明：《现代汉诗的百年演变》，河北人民出版社2003年版，第15页。

新视界

情与礼的末世历险①
——论吴趼人写情小说的失踪叙事

陶明玉

一、引言

自1840年鸦片战争以来，清王朝被迫打开国门，纳入资本主义世界体系。在千年未有之大变局中，中国传统的社会秩序逐渐土崩瓦解。旅行叙事，作为一个动荡社会的文学表征，开始大量出现在晚清小说如社会小说、科幻小说中。清末小说家吴趼人的写情小说呈现出的失踪叙事，无疑也是旅行叙事的一种。

吴趼人发表于1903年的写情小说《电术奇谈》讲述了印度公主林凤美与英国商人喜仲达私奔，相约在伦敦见面，而喜仲达却被人谋害突然失踪，直到小说结尾才离奇现身并与林凤美完婚。这部源自异域的衍义之作②或许并未寄寓多少文化思考，但是蕴含其中的失踪叙事模式却贯穿了吴趼人此后的三部写情小说——《恨海》（1906）中的逃难失踪，《劫余灰》（1908）中的被拐卖失踪，《情变》（1910）中的私奔失踪。

---

① 本文系国家社科基金一般项目"明清说部诗文辑纂与研究"（17BZW011）、上海市教委科研创新人文社科重大项目"《全稗文》汇纂、考订与研究"（E00033）的阶段性成果。
② 《电术奇谈》24回初刊于《新小说》，自光绪二十九年八月（1903年10月）第八号至光绪三十一年六月（1905年7月）第十八号断续连载，署"日本菊池幽芳氏元著，东莞方庆周译述，我佛山人衍义，知新主人评点"。据日本学者樽本照雄的考察，菊池幽芳氏原著为75回小说《新闻卖子》，为其所译英国小说，刊于《大阪每日新闻》1897年1月1日至3月25日，1900年出版单行本。（参［日］樽本照雄：《吴趼人〈电术奇谈〉的原作》，《清末小说研究集稿》，齐鲁书社2006年版，第147页。）

这种失踪叙事模式在情节结构上呈现出这样的程式化倾向：恋爱或订婚状态中的青年男女因为某种缘故一方或两方失踪，失踪者历险后回归，最后完婚或者婚姻失败，形成失踪—历险—回归的三段结构。

小说作为一种体裁类型，"不仅是社会特征与形式特征的结合，而且也是集体记忆的一个片断"①。吴趼人写情小说中的失踪叙事是晚清小说旅行叙事中的一种特别形态。与一般的旅行叙事的不同之处在于，吴趼人写情小说的失踪旅行者都是未经世事的、处于订婚或恋爱状态中的青年男女，他们并无游历的主观心态，而是被"抛入"旅行中，被迫经历了一番"历险"。值得注意的是，吴趼人笔下的失踪叙事更像是一个意义生成的框架，不仅勾画出清末动乱社会中青年男女的命运与选择，同时也隐喻了古今变革、中西对立语境下中国传统文化的历史处境和根本出路。这种特别的失踪和历险，在清末传统文化遭遇巨大变革和危机的历史背景下具有某种文化实验的意味。

二、由失踪叙事到理念历险

吴趼人的社会小说如《二十年目睹之怪现状》、《新石头记》、《上海游骖录》等都具备旅行叙事的特征，作者常常通过小说中旅行者的游历和见闻来表达对社会变革和新旧文化的评论和态度，但这些评论和态度一般浮现在文本的浅层。而吴趼人的写情小说《恨海》、《劫余灰》、《情变》则在更深的层次即叙事模式层面来实现文化选择的倾向性。它体现在作者通过失踪叙事的框架来呈现关于情与礼的观念，并在清末文化巨变的背景下显示特殊的文化选择寓意。

在吴趼人的写情小说中，通过失踪叙事引发的历险，不仅是小说中人物的历险，也是小说人物所代表的情与礼的理念的历险。在失踪叙事的框架中，《恨海》、《劫余灰》、《情变》三部小说呈现了情、礼的三种不同状态。《恨海》中张棣华面临情、礼困境而最终选择去礼见情，《劫余灰》中朱婉贞通过历险实现了情礼合一的理想，《情变》中寇阿男的情极生变最终导向情的消解。情、礼观念的不同状态，代表了文化选择的不同可能。

（一）去礼见情：张棣华的逃难与情、礼困境

在《恨海》（1906）第一回开篇，作者便奠定了小说的主题基调："我今叙这一段

---

① [法]托多罗夫：《巴赫金、对话理论及其他》，蒋子华、张萍译，百花文艺出版社2001年版，第291页。

故事，虽未便先叙明是写那一种情，却断不犯写魔的罪过。"① 所谓写魔，指的是"那不必用情，不应用情，他却浪用其情的"。"浪用其情"即是不合礼教之情，而作者所述之情与之相反。而情与礼的冲突与融合，也成为情节结构和主题模式的推动力。随着情节的发展，情、礼理念的冲突与融合被划分为三个阶段：第一个阶段是情与礼的发端，男女的订婚既让二人产生了爱情的萌芽，也赋予二人一套礼教规约；第二个阶段是二人的逃难与失散，情与礼处于冲突的状态；第三个阶段是二人的重逢，礼融入情。

小说第一回对两对青年的背景进行了简要的介绍。北京四合院里，和乐融融的三家人（既有官宦之家也有经商之家），子女各长成，顺理成章地定了姻亲。在此之前，男女主角张棣华和陈伯和的情是一种友情或者姐弟亲情，但是随着年龄的增长，逐渐萌生出男女之情。他们在一位塾师教导下读书，接受了相差无几的教育，传统礼教是其重要部分。小说刻意流露出关于女主角张棣华读书内容的信息，说她"慢慢便把读过的《女诫》、《女孝经》都丢荒了，只记得个大意，把词句都忘了"。这条信息透射出，由《女诫》和《女孝经》生发出来的男女之礼和事父母之礼，是人物行为的规范，也成为小说思想的两个方面。

张、陈逃难南下，小说的重心转入第二个阶段，即情与礼的冲突。未婚男女有一段共同的旅程，以及伴随着的共处时空，这样的情节和场景的叙事设置，在吴趼人之前的传统爱情小说（以诗歌传情和花园幽会为常见的叙事套路）中是少见的，在后世言情小说中虽屡见不鲜，但它们主要是借旅行叙事发挥着提供富于变化的恋爱空间的叙事功能。但在吴趼人的笔下，旅行叙事却引入了一个情、礼冲突的结构。恶劣的逃难环境时刻考验着青年男女对礼防的坚持，也促进他们感情的上升，情与礼的冲突随之凸显出来。在逃难途中，张棣华处处避嫌，与未婚夫不同处一屋，不同睡一炕，不用其被衾，不仅不能与未婚夫有任何肢体接触，甚至连嘘寒问暖都是不正当的，正所谓"非礼勿视，非礼勿听，非礼勿言，非礼勿动"②。陈伯和也谨守男女之防，配合张棣华的行为。小说中有大量关于张棣华的心理描写，深入地揭示了女性的恋爱心理，颇为现代小说研究者称道。事实上，这些描写是作者对妇女心理的想象，作者生动地设计出纠缠在张棣华心中的情与礼的艰难选择。张棣华关心的核心问题是男女之防，具体来说就是未正式结婚的男女是否可以有肢体接触、能否共处一室等。百余年后的今天，这个问题已无探讨的必要。然而在吴趼人的时代（或在吴趼人看来），仍然是

---

① 吴趼人：《恨海》，《吴趼人全集·写情小说集》，北方文艺出版社2019年版，第3页。本文其他出自此书者不另注。

② 朱熹：《四书章句集注》，中华书局2012年版，第133页。

一个关于礼教的大问题。"被礼法所限"的张棣华陷入了一个情、礼困境：她既渴望表达对陈伯和的关心与情爱，又不敢（或"羞于"）逾越她内心的礼教规约。正是这道防线，使得二人不能同坐轿内，导致陈伯和被难民冲散。棣华的拘礼成了伯和失踪的动因。

陈伯和失踪是故事和人物的转折。张棣华一直处于自责的状态中，认为自己不应该过分避嫌，"这会你倘回来了，我再也不敢避甚么嫌疑了"。她心中一直想念他，牵挂他，并想尽办法寻找他，无可奈何之下回到上海后，仍然要父亲打听他的下落。伯和的失散，反而让张棣华的情愈加强烈，而她心中的礼防也随之减弱。小说中有几处情节体现了这一转变。如伯和的家人李富寻来，棣华连忙出去相迎问讯，"也自忘甚么是个嫌疑"。又如张棣华奉母命先用了伯和的被褥，竟然"情极成痴……只打算将来成礼之后，如何恩爱，如何相敬……想到得意之处，转觉得心痒难挠起来"。这是小说中仅存的有关性心理的描写，十分含蓄巧妙，借助被子这一日常事物，表现人物的心理及其转变。尽管还未成礼，但张棣华在情的驱使下已经有了"非分之想"，且没有了之前的羞愧之感，而是"心中为之一畅"。陈伯和却与张棣华相反，虽然也曾寻找张棣华，却禁不住诱惑，在难中意外得到一笔巨额财富，又在友人辛述瑰（谐音"心术诡"）的勾引下学坏。巨额的财富转化为不加节制的欲望，伯和大嫖妓女，大抽鸦片，最后沦落到街头行乞。伯和的沦落象征着情的消解。历险形成了对二人的情与礼的考验。棣华对情愈发坚贞，渐渐褪去了礼的外衣，接近情的本质。而伯和则离礼越来越远，更不用说情了。

张棣华与陈伯和在上海相遇后，情与礼进入第三个阶段，礼融入情。虽然刚开始张棣华还一如从前那样拘礼，与伯和见面还要请求父亲宽恕"越礼之罪"，但是当伯和境况危急时，棣华终于冲破了内心的礼教禁锢，亲自去医院服侍伯和，甚至用嘴为伯和哺药。棣华的行为引来议论，"有说难得的，有说不害臊的"。旁人的议论反衬出张棣华的心志。值得注意的是，婚姻的仪式被人物内心的转变所取代，礼呈现出内化的倾向。在服侍伯和时，张棣华强调二人关系的合礼性——"妾身已为郎君所有，今日侍奉汤药，是妾分内事"。礼防的弱化与退去，让情达到了顶点。而小说的高潮正在于礼与情由冲突走向融合。

《恨海》的故事和主题都是关于情的，这在开篇已被点明。吴趼人主张情的合乎礼度，并通过《恨海》中理想化的男子陈仲蔼说："我何尝无情？但是务求施得其当罢了。"在其观念中，情是礼的根本，礼是情的外衣，情"对君国施展起来便是忠，对于父母施展起来便是孝……"棣华虽然有严格的礼防之心，却不知从权和"施得其当"，对礼之根本——情的施用不得要领，所以面临了情与礼的困境，但她最终经历了

"因礼制情"到"去礼见情"的心理过程。从这个角度来看,《恨海》的主题还关乎"礼"的批判再运用。作者还通过另一对男女的反向对比强化了主旨。小说中有几处王娟娟与张棣华的对比。第一处是将要定亲之时通过伯和之父说出"王家娟娟,人倒甚聪明……张家棣华,似乎太呆笨了些,终日不言不笑的";第二处是逃难途中棣华之母说出"我见王家娟娟,和他们小瑞儿是终日有说有笑的。虽然他们是老亲,究竟也是个未曾成礼的夫妻,娟娟何曾像你";第三处是结尾时通过仲蔼的视角,"仲蔼拿自己和哥哥比较,又拿嫂嫂和娟娟比较,觉得造物弄人,未免太甚"。伯和之父、棣华之母与仲蔼分别代表了对棣华的两种判断。很显然,仲蔼更接近作者的观点。作为次要人物,仲蔼是作者对情、礼观念的补充,仲蔼对父母的尽心尽孝、对男女之情的节制专一都体现了情与礼的完美统一。

虽然吴趼人对情和礼的认识有其思想的局限性,但是《恨海》利用失踪叙事的框架来促成主题的生成自有其独特性和价值。作者将小说人物抛入庚子之乱中,让两对不相匹配的男女经历了一次历险和考验。他们对情与礼的态度和选择呈现出不同的形态,伯和与王娟娟堕落为嫖客和妓女。在作者观念中,"多情"的嫖客和妓女正是无情的代表。情既已亡,礼亦不存。只剩下坚守情与礼的陈仲蔼和张棣华,一个披发入山,一个出家为尼。《恨海》结尾词《西江月》"安排颠倒遇颠连,到此真情乃见"一语,正好道出了小说从叙事框架到主题模式的生成机制。

(二)情礼合一:朱婉贞的失踪与礼的生成

《劫余灰》中的女主角朱婉贞拥有一个概念化的名字。"婉贞"的字面意思是美好有节操,至于朱婉贞的姓,也代表一个传统的理学家族。她的父亲名朱学,号小翁,叔父号仲晦(朱熹的字),皆影射理学家朱熹。只是具体到兄弟二人,却呈现出一正一反的讽刺意味:兄长为正统古板的理学先生,弟弟是拐卖人口的骗子。朱婉贞的表亲,也是与朱婉贞成亲的一家姓陈。朱、陈家族结合为一个大家族,更像是程朱理学的集合体。人物命名的概念植入,暗示着小说潜藏着丰富的道德寓意。作者在为女主角命名的时候,显而易见地寄寓了传统女德思想。在一篇自剖心迹的骈文中,朱婉贞提到自己"幼承姆训,粗解女仪……箴言垂《女诫》之篇"①。作为一个从小接受传统礼教的女子,朱婉贞的失踪和历险,无疑带有文化实验的意味。

跟随《劫余灰》中失踪者朱婉贞的足迹,我们看到她被叔父朱仲晦拐卖后经历了3次大的历险:第一次是被卖到外省妓院,自杀失败后,设计逃脱;第二次是返乡途中遭遇大风浪,沉船漂流;第三次是落水后被旗人官员搭救,旗人强行纳之为妾,朱

---

① 吴趼人:《劫余灰》,《吴趼人全集·写情小说集》,北方文艺出版社2019年版,第220页。

婉贞反抗后被旗人打死，被弃尸荒野，死而复生。这3段故事的功能始终是对朱婉贞贞洁的考验。为了不被玷污可以死，在强权和诱惑面前宁死不屈，死后可以复生……推动朱婉贞走出灾厄的主要力量不是一般的儿女私情（《劫余灰》几乎未及儿女私情，仅有片段写到朱婉贞对未婚夫的童年印象，二人并无感情基础，长大以后也几乎没有接触），而是道德。

这种道德的力量表现为对礼教的崇敬乃至狂热。在历险过程中，朱婉贞关心的不是性命安危，而是自己的贞洁。当贞节受到威胁时，朱婉贞两度寻死（在妓院和旗人府上）。用死亡来换取贞洁的完整和烈女的名声，是朱婉贞义无反顾的选择。礼教规范已经刻进了她的意识深处——"守身保节，是我等女子分内之事，算得甚么？"次要人物的评论则加强了小说礼教意义，并推动叙事的前进。李知县、尼姑和名医等人不仅对朱婉贞的奇节称赞有加，还在关键的时刻帮助她脱离险境，如李知县救下沦落妓院的朱婉贞，妙悟尼姑和名医则收容、医治朱婉贞并助其返乡。至于朱小翁则对礼教表现得近乎狂热，当女儿沉船后未见尸首，旁人劝其打听女儿下落，他却坚信女儿已死，认为"打听一层，是可以不必的了"。这位理学先生更关心的是女儿是否保全了名节。在朱小翁看来，殉节而死已经是完美的结果。

作者刻意塑造完整的女性道德模范，而其表现手段仍然是失踪叙事的框架。作为情、礼合一的完美典范，朱婉贞并没有表现出如《恨海》中张棣华那样的情、礼困境。朱婉贞代表的情与礼自始至终都是合一的，人物的思想和行动高度统一。情通过礼得以显现，"能见情之处，只在伦常之中"，乃至礼即是情的化身。礼在行动中得以显现，最好的形式莫过于历险与考验。将女主角"抛入"灾难是一种有意识的叙事手段，带有强烈的道德试验意图。这不仅包括前已提及的概念化的命名方式，还通过叙述者的插话得以显现："你想一个十六岁的闺女，向来是娇生惯养的，凭空叫他受了许多苦楚，想看官们早已巴望他快点团圆的了。谁知临了时，却叫他身带重伤，孤苦零丁的一个人坐在荒郊之外，泥水之中。造物弄人，未免太不仁了！"这样的折磨，在叙述者看来是"百折千磨完节操"。贞德庵的"洗礼"隐喻朱婉贞的劫后重生。有趣的是，尼姑庵的妙悟并非纯粹的佛教尼姑，而是一个出家守寡的贞节老妇，与《恨海》的张棣华（也是出家守寡）有精神相通之处。妙悟的模范意义为朱婉贞归来后去未婚夫家守寡15年做了铺垫。未婚守寡虽然是传统礼教的规约，但并非强制性的教条，朱婉贞的婆婆也劝她改嫁，朱婉贞却坚持守寡，让礼的呈现趋向完美。在吴趼人的观念里，节妇守寡正是情的体现，其《恨海》中写道："前人说的那守节之妇，心如槁木死灰，如枯井之无澜，绝不动情的了；我说并不然，他那绝不动情之处，正是第一情长之处。"小说的结局是大团圆式的喜剧。朱婉贞的未婚夫从南洋归来，二人圆满完婚。时间之长、地域之广、行程之艰都未能阻挡二人破镜重圆，衬托出青年男女守节的道德力量。

在朱婉贞历险之前，礼只存在于概念中，而当历险完成以后，礼便生成了。礼的背后潜藏着一套儒家道德体系。值得注意的是，在作者的话语体系里，礼主要体现为女子（而非男子）对贞洁和节操的坚守，它规定了这些行为准则：女子不得失身于人，一旦定亲就要忠于丈夫，夫亡要守寡。礼的其他方面，也在朱婉贞身上得到体现，如对父兄的名誉的维护和孝顺等。其范围大抵不出传统女子的"三从四德"，体现出吴趼人写情小说思想的保守性。

（三）情极生变：寇阿男的私奔与情的消解

如果《劫余灰》可以看作礼的历险的话，那么《情变》就是情的历险。作者在楔子中写道："大抵情到极处，反成不了情，于是乎有变；倘无变，反不成为情。这便是本书大概。"① 这个"大概"既是关于主题的，也是关于叙事的。《劫余灰》中那种概念植入式的人物命名方式在《情变》中仍然得到延续。"寇"有流寇之意。女主角寇阿男生长在一个武术世家，自幼习武。她的家族是白莲教的遗孽，靠走江湖为生，也是地方社会的外来者，与主要接受儒家传统的耕读之家秦白凤家族有根本性的差异。"阿男"二字也有与传统女德背道而驰的寓意。《情变》中的男主角叫秦白凤，"秦"是"情"的谐音。秦白凤的父亲名亢之，亢之是亢进；叔父名绳之，绳是束缚。诙谐的文字技巧实际上是吴趼人情论的独特话语方式，暗示情的两个方向：守礼和任情。二者作为叙事动因在《恨海》中已有过实践。由寇阿男诱导的情选择了后者——任情，让情走向极致。一场情的历险于是在文本中展开，而其呈现方式仍然以失踪叙事为主。

小说叙述青年男女秦白凤、寇阿男不愿接受家长的婚姻安排，私定终身，在幽会之事败露之后，又私奔杭州，最后被各自家长带回，匹配他人。情的历险从寇、秦二人在故乡的幽会偷情就已开始，而以二人私奔失败为结束。虽然失踪叙事只占据小说第五回到第七回的部分内容，却是情节与人物的重大转折。寇阿男被父亲捉回以后大病一场，变得痴呆反常，任由母亲安排与表兄的婚姻。而秦白凤在羞愧之余，彻底断绝了与寇阿男结合的念想，接受了家长安排的与何彩鸾的婚姻。寇阿男二人的私奔既是儿女私情达到极致的体现，也是自由婚姻走向失败的开始。对于二人的婚姻，虽然也有将错就错的提议，但是双方父母自始至终没有同意。强大的礼教规范和风俗传统让二人的婚姻必然走向断裂。《情变》的失踪叙事提供了与《劫余灰》不同的考验情

---

① 吴趼人：《情变》，《吴趼人全集·写情小说集》，北方文艺出版社2019年版，第79页。

景，身怀绝技的寇阿男不会面临生存的困难，考验寇阿男、秦白凤二人的是以家长制为代表的礼教规范和风俗传统。而青年男女的失踪是对包办婚姻模式的背离，寇四爷等的寻找代表了家长权威和礼教规范的重建。《情变》后两回未写，不过好在吴趼人早已确定了回目："感义侠交情订昆弟，呈淫威变故起夫妻；祭法场秦白凤殉情，抚遗孤何彩鸾守节。"据此，我们基本上能够推测后面的故事：寇阿男犯事被诛，秦白凤在法场为寇阿男殉情，而秦白凤的妻子何彩鸾为其守寡，抚养后代。

失踪叙事的框架凸显出包办婚姻与自由婚姻的矛盾，而作者的立场则是站在自由婚姻的对立面。小说中代表人物寇阿男是追求自由婚姻的典型。她具备现代新女性的一些潜质——敢爱敢恨，敢于打破礼教，追求自己的婚姻和幸福。寇阿男不仅亲自向秦白凤表达爱意，私定终身，相信"只要有心，我有法子"；还偷入秦白凤的房间，私自拜了天地，夜夜幽会；事情败露后，仍不甘心，要"设法寻着了他，再图终身之计"，于是挟持秦白凤私奔，准备做长久夫妻。寇阿男的奇技除了为失踪叙事提供条件外，也让情的呈现充满吊诡。这个人物的思想、行动与《恨海》中拘礼的张棣华正好相反。然而，正是这样个性鲜明的人物却成了作者人物塑造的反面典型，也是作者文化试错的投射。寇阿男私奔被抓回，羞于见人，叙述者插话道："这就是一良未泯的凭据。若是丧尽天良的人，他岂但不知羞耻，只怕还要当众宣布他父母的野蛮专制，不容他自有结婚呢！"叙述者的插话为她抹上了叛逆无良的色彩。对二人的私定终身，叙述者也是一副家长式的嘲笑声口："说来他两个小孩子家这等做事，未免儿戏。"背离礼教规范而追求婚姻自由的情在这场历险中劳而无功，以悲剧收场，正如楔子开篇诗所言，"何苦纷纷说自由，若无欢喜便无愁"。

对清末方才流行的自由婚姻观念进行批判乃至污蔑，并非吴趼人写情小说的最终目的，《情变》楔子中所言"勘破情关"或许才是其深层意图所在。吴趼人认为，浪用其情的"情魔"与儿女私情的"情痴"是言情的两个误区。其勘破情关的思想路径之一是用泛情论来消解情魔、情痴等男女之情。《恨海》开篇曰："要知俗人说的情，当知道儿女私情是情；我说那与生俱来的情，是说先天种在心里，将来长大，没有一处用不着这个情字。"同样的思想也在《劫余灰》中借尼姑妙悟表达道："先天一点不泯之灵，谓之情。此乃飞潜动植，一切众生所共有之物"，"可笑世人论情，抛弃一切广大世界，独于男女爱悦之间用一个'情'字"。而对男女之情的推演则是其勘破情关的另一种努力。吴趼人试图借用《恨海》这部写情小说来现身说法，"勘破情关悟道"、"情到极处，方能勘破情关；情关破后，便可以因情悟道"是其构想的理路。寇阿男的私奔代表了"情到极处"的趋向，然而情到极处却无法自我超越，"任尔一情情到死，情天高处又投生"。如何从儿女私情进化到夫妇之情，并最终勘破情关，是

《情变》的叙事和主题的主要逻辑进程。秦、寇二人越出礼教规范的儿女私情没能实现向夫妇之情的最终跨越,作者安排的另一个贞节淑女何彩鸾才是秦白凤的佳偶(也暗示在名字上),秦、何二人的婚配是情到极处生出来的变,夫妇之情"施之于变,谓之节义"。"变"是儿女私情的纠偏和情得以维持下去的最终方式。然而,此时的情已经不是儿女私情,而是合乎礼教的夫妇之情。而夫妇之情如何勘破呢?苦修(守节)数十年的妙悟自称最终也没有勘破夫妇之情。《劫余灰》没有给出的答案,在《情变》中得到了解答。吴趼人引用《聊斋志异》中"惄者,情之至也"的说法,认为情的最高状态是不动情,到达情的本体,亦即勘破情关。由极到至,是情从量到质的飞跃。这个过程,吴趼人主要借助的是礼教。小说写寇阿男初次夜访秦白凤后,有一段叙述者的插话:"诸公!这是秦白凤以礼自守的好处。别人做写情小说,无非是写些痴男怨女;我说这部小说却先写出一个道学先生来,岂不是驴头不对马嘴,不知这个正是我说书的唤起世人的苦心……然而他还不免为情所累,可见得这个'情'字,真是世间误人之物。"贯穿整部小说的正是儿女私情与礼教规范的冲突与消长。在情极生变后,儿女私情转化为一般意义上的夫妇之情,并最终被消解。代表礼教模范的何彩鸾的守节将会成为勘破情关的最后注脚。不难推测,勘破情关后的悟道,仍然是回归到儒家传统,并成为吴趼人在写情小说的历险中最后做出的文化选择。

三、结语:文本失衡与主题裂缝

才子佳人小说发展到晚清的写情小说后,故事中的青年男女走出了闺房和后花园,步入了更加广阔的天地——这是一个充满诱惑和危险的新世界,也是一个传统与秩序仍具权威的旧世界。在吴趼人的写情小说中,我们看到了不同形态的失踪者:私奔的寇阿男敢于反抗礼教,追求自由婚姻;历险的朱婉贞誓死保住贞洁;逃难的张棣华在情礼困境前谨小慎微……游走于新、旧世界间的失踪者们代表了情、礼的不同方向及其背后的文化选择的可能性,他们的失踪与历险既是叙事展开的基本模式,也是作者道德观念演绎的主要方式。

事实上,礼教规范的建构在明清小说如《好逑传》、《金云翘传》等中已有过充分的实践,吴趼人的道德探索并未超出晚明以来情、礼思想的主流。其所谓"导之以入于道德范围之内"[①]的小说总体追求,仍然不出儒家旧道德的范围。尽管如此,吴趼人写情小说仍具有其独特的价值。他创造了一个具有特定意义生成机制的叙事框架,

---

① 吴趼人:《月月小说序》,《月月小说》1906年第1期。

并通过这一叙事框架让"脂黛钗钿,尽卷入其活泼之盘涡里"①,来呈现其情、礼观念。然而,这种理念化的操作方式却让小说出现文本失衡和主题裂缝的弊端,也留下无法走出的困境。

重点分析失踪叙事框架中的女性角色,这并非出于笔者个人偏好,而是缘于作者本就有意选择女性作为写情小说的中心人物。"近代以来的社会变动,包括传统道德观念的松动与种种女权运动,使得女子旅行逐渐增多",但是,"女性旅行特别具有一种性别意味"②。在吴趼人的写情小说中,作者不仅将女性塑造成代表道德理想的完美典型(或反面典型),还建构了一套适用于妇女的礼教规范。这种对女性的想象、凝视和期待,而非如五四小说中那样"平等的审视"③,恰好折射出吴趼人根深蒂固的男性中心主义。《劫余灰》中朱婉贞忠贞如一,守寡十余年,陈耕伯却在海外娶妻生子。这对朱婉贞来说似乎不公平。然而直到小说结尾,两位妻子不仅没有产生任何矛盾冲突,而且还以姐妹相称,和谐融洽,走向了大团圆的结局。除了有意效仿才子佳人小说兼美的结局模式外,对传统一夫多妻制进行道德演绎以展示妻妾伦理或许是作者更重要的意图。而《情变》中的女主角寇阿男不仅是礼教规范的破坏者,还是淫奔事件的主导者,最后不可避免地以悲剧告终。两极分化的女性形象是作者以礼教为尺度进行的戏剧化塑造,其根本目的在于推导出一套适用于女性的情、礼规范。与女主角相反,小说中的男主角往往游弋于礼教话语之外,陈耕伯一夫多妻成为美谈,陈伯和嫖娼被张棣华轻松接受,秦白凤的"失足"是由于寇阿男的"诱拐"。而即使是以女性为凝视的焦点,在泛情论乃至无情论的透镜下,作者对女性作为主体的情感和情欲的表现也极其淡漠,认为是"痴"与"魔"。吴趼人写情小说中唯一一处女性性心理描写仅为《恨海》中借用被子这一物体进行性幻想的含蓄流露,作者的道德规范意识促使其隐去女性爱欲的情节。而那些誓死守节、割肉医母等带有古典理想色彩的情节却是其兴趣所在。《恨海》、《劫余灰》和《情变》都以节妇守寡结束。在吴趼人看来,这是表现至情的最佳方式,寡妇的不动情"正是第一情长之处"。凡此种种都暴露出吴趼人以女性为主体的情礼规范,整个写情小说文本在男性中心主义逻辑下失去平衡,最终导致主题出现裂痕。除此之外,文本中存在的不可靠叙述无疑加大了主题裂痕。如《情变》中,叙述者在展现寇、秦二人的自由爱情时深入人心,而写到秦白凤见到

---

① 报癖:《说小说·恨海》,《月月小说》1906 年第 6 期。
② 唐宏峰:《旅行的现代性——晚清小说旅行叙事研究》,北京师范大学出版社 2011 年版,第 161、162、165 页。
③ 王佳琴:《五四小说与女性第三人称代词的书写探索》,《南昌大学学报》(人文社会科学版)2020 年第 4 期。

家长安排的妻子何彩鸾的美貌"不觉心中大喜"时,读者会顿生诧异之感。类似无力的纠正让勘破情关的主题模式产生了裂痕,最终的效果是寇阿男二人的自由爱情非但没有让读者产生排斥感,反而是生出同情。

　　作为一位"主张恢复我固有之旧道德"① 的小说家,在新文化的洪流中,吴趼人的主张显然与历史的发展方向背道而驰。仲蔼披发入山,不知所踪;棣华削发为尼,出家守寡。二者皆是一种深刻的文化隐喻。他们所象征的情礼统一的道德规范,在一个新旧交替的时代已然无法找到自己的位置。而道德模范朱婉贞的历险不过是古典传统在末世的回光返照。但我们也应看到,吴趼人写情小说的困境在折射出传统道德规范破裂的同时,也呼唤着具有现代意义的情的主体的诞生。这正好说明以吴趼人为代表的"新小说"作家的创作实践蕴含着走向文学现代性的可能,并启发"五四"作家继续前行。这或许是情与礼的末世历险的意义所在。

（作者单位：复旦大学中国语言文学系）

---

①　趼：《上海游骖录》,《月月小说》1907 年第 8 期。

◈ 新视界 ┃

"虫天世界"的国家寓言：晚清小说《蜗触蛮三国争地记》考论[①]

宋 雪

作为时代文本的一环，小说汇集了特定历史时期整个社会集团的观念、知识、思想、审美诸要素，体现出复杂多元的文化图景。小说具有无限的虚构空间，又与政治社会的变动有极为密切的联系，因而同时具有记录历史和寄托情怀的双面意义。在众声喧哗的"转型时代"，晚清小说多有所寄寓，部分作品被称为"寓言小说"。寓言（allegory）本为一种文类，当其融入小说创作，也使作品带有深刻的政治或思想寄寓。小说中的"寓言"／"预言"书写，不但形构出奇幻诡谲的故事天地，也代表了现实危机下的政治愿景与未来构想。借由这一路径，晚清士人叙写社会现实、轶事奇闻，也铺展出心目中的国族未来。初刊于1907年的文言小说《蜗触蛮三国争地记》，就是这样一部"别开生面的杰作"[②]。小说借虫天世界的寓言，叙写日俄战争背景下的现实中国，在"触蛮战争"的故事框架中加入谴责、奇幻、政治诸要素，戏谑滑稽的文字外衣下，实寄托遥深，呈现出一时代的历史图景与想象空间。

一、庄子寓言的"故事新编"

《庄子·则阳》记载了"触蛮战争"这样一则寓言：

[①] 本文系国家社科基金青年项目"文学视域下的戊戌维新文献整理与研究"（20CZW037）的研究成果。

[②] 阿英：《阿英全集》（第6卷），安徽教育出版社2003年版，第64页。

> 有国于蜗之左角者曰触氏，有国于蜗之右角者曰蛮氏，时相与争地而战，伏尸数万，逐北旬有五日而后反①。

《庄子》"寓言十九，借外论之"②，这则夸张的小故事，本为讽刺好战者的争权夺利。《蜗触蛮三国争地记》脱胎于《庄子》之典，铺衍成说部长文，以虫天世界的故事投射甲午以来的国族痛史，书写清末的社会观察和国家寓言。

《蜗触蛮三国争地记》初刊于1907年《著作林》第19—22期，共6回，题为蜗庐寄居生序，虫天逸史氏撰③。次年出版单行本，内容增补至16回，卷首增加"牛角挂书客"题词④。这本小书署为"原著者活东，译述者虫天逸史，发行所蝇须馆，印刷处蟠纽印文科"，除"定价大洋贰角"外，可谓"无一不虫"。不过，"虫天逸史"由作者改为译述者，假托为活东⑤原著，只是一个文字游戏，从其版本和内容看，并非翻译作品。《蜗触蛮三国争地记》以蜗、触、蛮、喻中、日、俄三国，借虫豸世界投射晚清十余年史事，并展开未来想象。小说16回本基本保留了6回本的内容，在6回本的第3、4回之间插入了戊戌变法、庚子事变、刺杀恩铭、秋瑾被难等事件，第14回叙事回到6回本的第4回，故事结尾并无更动。不过，16回本于每回末尾添加了"虫天逸史索隐，雕虫小技生笺"，以笺注的方式详释文本典故。1915年，《香艳杂志》分两期连载小说16回本，但仅收正文，未收笺注，标为"滑稽小说"⑥；1990年，《中国神怪小说大系》收入16回本，包括正文、笺注、序跋⑦，是目前较易得见的版本。

触蛮战争之典，历代均有引用阐发，然大抵不出对蜗角虚名、党争倾轧的讽刺，表现的是摒弃俗务的处世哲学。对于"蠨蛸杀敌蚊巢上，蛮触交争蜗角中"⑧的价值评判，是"相争两蜗角，所得一牛毛"⑨、"蜗角斗争，左触右蛮，一战连千里"⑩的

---

① 陈鼓应注译：《庄子今注今译》，中华书局1983年版，第677页。
② 陈鼓应注译：《庄子今注今译》，中华书局1983年版，第727页。
③ 蜗庐寄居生序，虫天逸史氏撰：《蜗触蛮三国争地记》，《著作林》第19-22期，1907年。
④ 活东原著，虫天逸史译述：《蜗触蛮三国争地记》，蝇须馆1908年。该本笔者未得见。引自付建舟：《清末民初小说版本经眼录二集》，浙江工商大学出版社2013年版，第166-168页。
⑤ 活东，蝌蚪的异名。郑恢主编：《事物异名分类词典》，黑龙江人民出版社2002年版，第231页。
⑥ 虫天逸史氏撰：《滑稽小说　蜗触蛮三国争地记》，《香艳杂志》第11-12期，1915年。
⑦ 陈年希等校点：《中国神怪小说大系·寓意卷》2，辽沈书社1990年版，第347-386页。
⑧ 《禽虫十二章（之七）》，（唐）白居易著，朱金城笺校：《白居易集笺校》，上海古籍出版社1988年版，第2585页。
⑨ 《不如来饮酒七首（之七）》，（唐）白居易著，朱金城笺校：《白居易集笺校》，上海古籍出版社1988年版，第1900页。
⑩ 《哨遍·秋水观》，（宋）辛弃疾：《稼轩长短句》，上海古籍出版社1988年版，第1页。

寓言，终归于"蜗牛两角犹如梦，更说纷纷触与蛮"① 的人生之叹。"蛮触之争，不足道也"②，几乎成为对这一故事的定评。时至晚清，在欧风美雨的侵袭和国族危机的压力下，感时忧国的情绪冲散了逍遥世外的凝想，"触蛮战争"的故事，在讽喻之外，也和时局联系到了一起。彼时的"争地而战"，不再是虚名微利的谐谑笑话，实有着丧权割地的切肤痛感。在此背景下创作的《蜗触蛮三国争地记》，在庞大的寓言叙事框架下，仍合乎触蛮之喻的传统，而在谴责与讽喻之外，也有深切的家国关怀。延续古典与阐发新义，成为这部"故事新编"的鲜明特色。

晚清援引触蛮战争典故者，不仅《蜗触蛮三国争地记》一书。1896 年，《万国公报》即有《蛮触互争》一文，叙中印边陲争端③；1903 年，黄遵宪《旋军歌》畅想"何洲何地争触蛮，看余马首旋"的"万邦和战奉我权"④ 之日；惜秋等所著传奇《维新梦·商战》一出，朝廷派商人前往蛮国、触国、众香国、大槐国通商⑤，寓言中的国度成为晚清人拟想的"对外贸易伙伴"。辛亥以后，围绕"蛮触战争"的想象空间更加拓宽，不仅有从"蛮触斗争蜗角外"生发出的"匹夫应有兴亡责"⑥，也继起一系列游戏之文，如前人《蛮触壮游录》（1915）⑦、筑恨《戏拟蜗牛谕蛮触书》（1916）⑧、许指严《蛮触小史》（1922）⑨ 等，在戏谑奇想之外，亦可见这一寓言巨大的阐释空间。

二、现实危机与谏时讽世

《蜗触蛮三国争地记》以象征漫画式的笔触，借昆虫界的争斗投射晚清时局，甲午以来的史事人物皆入其中，在无稽之谈的表象下，以入世精神作讽世之言。小说以"唯虫能虫，唯虫能天"（《庄子·庚桑楚》）⑩ 之喻，将"当代史事"文学化，借微虫世界作宏大的历史书写，映射现实危机，兼具未来想象，体现出辛亥前夕士人的时

---

① 《上清宫》，（宋）范成大著，富寿荪标校：《范石湖集》，上海古籍出版社 2006 年版，第 250 页。
② 《与王子敬六首》（其四），（明）归有光：《归震川全集》，国学整理社 1936 年版，第 470 页。
③ 《蛮触互争》，《万国公报》第 90 期，1896 年 7 月，第 20a-20b 页。
④ 《饮冰室诗话》，《新民丛报》第 26 号，1903 年 2 月 26 日，第 99 页。
⑤ 旅生续著：《维新梦·商战》，《绣像小说》1904 年第 23 期。
⑥ 谢燕庭：《感怀》，《学生文艺丛刊汇编》1911 年第 2 卷第 2 期，第 15-16 页。
⑦ 前人：《蛮触壮游录》，《游戏杂志》1915 年第 12 期，第 20-21 页。
⑧ 筑恨：《戏拟蜗牛谕蛮触书》，《小说丛报》第 3 卷第 4 期，1916 年 11 月 10 日，第 1-2 页。
⑨ 许指严：《蛮触小史》，《快活》1922 年第 10 期，第 1-9 页。
⑩ 陈鼓应注译：《庄子今注今译》，中华书局 1983 年版，第 619 页。

事关注与思考。

（一）"隐射双关"下的晚清世变

小说叙蜗牛国之左右有触、蛮二国，触将伐蛮，蜗牛国宣布中立，二国战于蜗牛国之地，蛮国败绩，触、蛮和议，以蜗牛国不能坚守中立为由，分索蜗牛国东省金矿与铁路。而此前蜗牛国曾败于触国，割地偿款；蜗牛国游士康伊上书变法，被旧党中伤，逃亡海外，六君子被杀；旧党顽固用事，红灯妖术盛行，率民攻外国使馆，联军入侵，不得已为城下之盟。在此危机下，金蚕卖国求荣，蛰虫倡议铁路，蜉羽力主借款，乌龙演说殉国，螳螂攘臂而起，斯螽发动集股，政府终赎回路矿。蜗牛王意识到"非变法无以自强"，从刑法、学务、警察、军政入手，然所用非人，终无实效。慨于国事积弊，斑龙蹈海而死，螳蛄绝命兴学，齐螬枪杀大员，秋蝉英勇就义。世变日亟，蜗牛王遂议停铨选，拔新士，倡留学，主禁烟，遇触国取缔留学生之令、美人蛭国苛待华虫等事，国民群起抵制外货，击杀教士，民气日张，进化日速。蜗牛王下诏变法，以负版、伊威为相，派遣出洋考察政治，虽遭革命党袭击而未辍，归而改革政治，发展工矿学务，整顿海军，颁行新律，预备立宪，请开国会，国势日上，大败蛮触，收复失地，国富兵强，商庆太平。牛角挂书客题辞谓该书"隐射双关，勾心斗角，涉笔成趣，妙语解颐，庄列寓言，主文谲谏"，道出小说独特的寓言笔法与影射意味。

站在光绪末年的时间点上，作者回顾往事，感慨今时，将甲午以来的史事囊括于虫天世界的想象中，隐射晚清世变，亦道出未来期许。其中前14回大抵写实，故事情节大都有真实事件对应；末二回的未来畅想，则是一种乌托邦式的政治愿景。小说通过115个昆虫形象，铺叙晚清10余年的内政外交、社会文化，事事影射，独具匠心。小说序言谓"至于蜗牛国内政之羹沸，外交之波诡，殉国之血忱，革命之风险，其他政界学界，以及社会之种种现象，皆足以考见世变焉"，借微虫世界的故事考见世变，可谓小说的写作宗旨；而以16回文字容纳10余年之重大史事，庄谐之外，亦可见作者功力。

《蜗触蛮三国争地记》以蜗牛国喻晚清王朝，"据鸡卵之乾坤，玩蜉蟒之岁月"，点出帝国发展的迟滞。"蜗牛国王"不仅指表面的统治者光绪帝，亦暗指实际掌权者慈禧。蜗牛国朝廷三大臣分别为叩头虫阿谀、应声虫苟容、可怜虫裘和，辛辣地讽刺朝臣对上阿谀、对外求和的丑态。触、蛮二国隔海相望，蛮国（俄国）蚕食蜗牛国东省之地，蜗牛王如若罔闻；触国（日本）将伐蛮，宣称"无利贵国土地之心"，于是蜗牛国宣布中立，任由蛮、触二国在本国土地上开战，"湖山歌舞，粉饰太平，日于半间堂斗蟋蟀为戏"。小说痛陈日俄战争中清廷"局外中立"之举，以"歌舞湖山君相乐，可怜荆棘泣铜驼"的哀辞，为故事打下沉重的基调。小说以1904—1905年间的日

——"虫天世界"的国家寓言:晚清小说《蜗触蛮三国争地记》考论——

俄战争肇始,但时间维度不止于此,包括追叙甲午战争、康梁变法、庚子事变,历陈"蜗牛国之积弱,已匪伊朝夕之故",使故事更具时间层次。作者以极简的文字书写国族痛史,虽云寓言,实具现世之悲。例如写甲午战争:

> 先是,蜗牛国庞然自大,曾为属藩事,与触国战。败绩,割地偿款以和。是以畏触如虎,而不敢轻与启衅。(第1回)

寥寥数语,道出战争的缘由、结局与清廷心态。又如追述戊戌变法:

> 先时,蜗牛国为触所败,游士康伊伏阙上万言书,力陈变法自强之计。蜗牛王大悦,召见于壁宫。一日三迁,大见信任,旧党诸臣深甚之。康伊犹自以为无患,思欲效其款款之愚。甚者先以蜚语中伤之,因上告变,遂下诏逮捕。康伊率其徒郎君子遁之海外。其党六人被逮,皆膏螳斧,识者伤之,称为六君子。(第4回)

康伊即蜻蜓①,郎君子即醋鳖②,以虫名与产地分指康有为与梁启超。作者以小说笔法叙康梁变法、六君子被戮之事,伤时忆往,亦道出对本朝史事的价值评判。

在16回本增补的文字中,另涉邹纲与汤绪殉路、苏报案、孙中山出亡、陈天华蹈海、惠兴女士殉学、徐锡麟刺杀恩铭、秋瑾遇难、胡仿兰放足、许阿妹骗嫁、科举停废、反美华工禁约运动等一系列晚清史事,广涉国族政治、女性解放、民权革命、社会风俗等话题。作者以游戏笔调,假言虫界,实评当朝,意在谏时讽世。在这一意义上,《蜗触蛮三国争地记》托名寓言,实为一部晚清时事小说。

(二)对女界的关注与书写

《蜗触蛮三国争地记》16回本刊行于1908年,一系列"当代史事"的加入,也使小说更具时效意义。在增补的10回文字中,作者深感"蜗牛国女界极为黑暗",尤其突出对女界的重视。小说第8至10回连写多个女界人物,影射事件均为时下新闻,包括1905年的惠兴女士殉学、1907年的秋瑾遇难、许阿妹骗嫁和胡仿兰放足事件,以社会新闻为小说素材,体现出作者的时事追踪和社会关注。

小说写留学外洋、专尚维新的女士蟋蛄道:"女士蟋蛄,与班龙同留学于外洋。及归,专尚维新,人呼之曰蟋新女士。……蟋新女士慨女界之腐败,多由于女学之不兴

---

① "蛉,蜻蛉也。淮南人呼蠊蚜,音康伊。"(汉)许慎撰,(清)段玉裁注:《说文解字注》,上海古籍出版社1981年版,第668页。
② "郎君子生南海。"(明)李时珍:《本草纲目》,山西科学技术出版社2014年版,第1136页。

也,亟思建立女学堂以挽救之,而苦于无资。因叹曰:'人生若朝露,吾居斯世,知能看得几春秋哉。吾以身殉学堂,后之人或有悲吾志而继起者。'因作绝命书,备言其事,自沉于西湖而死。""好事者以蠵新女士兴学,编为传奇,付诸梨园,登台演唱,观者无不感泣焉。"(第八回)此一"悲学界女子葬西湖"故事,正是惠兴女士殉学(1905年12月21日)、田际云编演《惠兴女士传》(1906年3月29日)之事①。虽然小说对史事进行了艺术加工(设定惠兴女士留学日本且与陈天华同学、改服毒为沉湖),但基本史实与立场、态度鲜明可辨。以蠵蛄代指惠兴女士,在谐音之外,更取"蠵蛄不知春秋"(《庄子·逍遥游》)②之典,安排情节语言,相当巧妙。而在讲完齐蟙枪击大员(徐锡麟刺杀恩铭)的故事后,作者又以半回的篇幅,细述秋瑾之事:

先是,齐(按:即齐蟙)与女士秋蝉,同学于海外。秋蝉性高洁,好孤栖,尝与其夫离婚,大为旧社会所不满。……女士尝创办学堂,太守桂蠹颇器重之。及齐蟙事发,恐其累己也,乃思为反噬之计,任用蠹役短狐,狐假虎威,妄肆毒蛋,遂令短狐率兵掩捕之。秋蝉出不意,不得脱,遂就擒焉。问与齐某相识否?曰似尝相识。问以通匪状,不应。再三问,无一语。遂下诸狱。秋蝉在狱中,惟元鬓低垂,吟"秋雨秋风愁杀人"之句而已。桂蠹亟思杀之以灭口,因以交通匪类蒙详,不待报而诛于市。吴中女士梁山伯、祝英台,收葬女士骸骨,并为之志铭,以表其墓焉。论者冤之。(第9回)

小说中虽涉百余种昆虫,然人与虫的对应皆有根据。作者以高洁孤栖之秋蝉喻秋瑾,用妄行佞诡之桂蠹③代贵福,以含沙射人的短狐④称李钟岳,借吴中蝴蝶梁山伯与祝英台⑤指徐自华与吴芝瑛,褒贬之意蕴含其中。书中叙秋瑾之留日、离婚、兴学、吟诗、归葬,皆有事实根据,而下狱、被诛之事,虽有所加工,但时人一看便知其所指。"论者冤之"正是此案传出后普遍的社会心态,而抨击涉事官员,亦是一时舆论之的。小说以梁、祝之名赞颂徐、吴二女士义举;在切合虫天譬喻的同时,也使故事更具神话色彩。

---

① 夏晓虹:《晚清女性与近代中国》,北京大学出版社2014年版,第267—307页。
② 陈鼓应注译:《庄子今注今译》,中华书局1983年版,第10页。
③ "桂蠹,以喻食禄之臣也。"(宋)洪兴祖:《楚辞补注》,上海古籍出版社2015年版,第402页。
④ "蜮,短狐也,似鳖,含沙射人,中之则病死。"袁珂校注:《山海经校注》,上海古籍出版社1980年版,第373页。
⑤ "吴中呼黑而有彩者曰梁山伯,纯黄色者曰祝英台。"(清)陆凤藻辑:《小知录》,上海古籍出版社1991年版,第358页。

——"虫天世界"的国家寓言：晚清小说《蜗触蛮三国争地记》考论——

夏晓虹教授在《晚清女性与近代中国》中举出三个晚清"女性之死"的典型事例，巧合的是，三案的中心人物都出现在了《蜗触蛮三国争地记》中。1907年4月24日，江苏沭阳县女子胡仿兰被公婆逼迫，服毒身亡。该事件经由报刊披露，成为社会新闻。胡仿兰之死本是旧式家庭中常见的悲剧，然其死于放足与兴学二端，极大地引起了舆论注意①。小说将胡仿兰化为胡蝶，演绎出一段励学放足的故事：

  自蟫新女士、秋女士既死之后，越数年而有胡蝶焉。好新学，尝提倡天足会。堂有威姑，曰蚊母，锐喙纤足，刻深次骨，信口噬人。有嘬肤露筋之惨。蚊母年虽老，而犹跕绣履，新学界讥为花脚蚊。母闻之，衔甚，因迁怒于媳，斥之为妖，每夕辄纷咬不休。女不能堪，雉颈而亡。时人哀之，谓之缢女。由是，大动学界公愤，指名控诉。蚊母自知理绌，愿罚款设立学堂以息事，以慰女士之志，并请于大吏，旌胡女士之庐以表彰之。（第10回）

虽小说与事实并非完全合榫，但作者对于新学、天足的关注，足以彰显该案的社会影响力。

惠兴女士殉学、秋瑾被难、胡仿兰放足这3个关于女子解放的故事，在舆论中大抵是严肃叙事，且与废缠足、兴女学的时代潮流相契。而小说中另一个关于缠足的案例——许阿妹骗嫁，虽名之"女界奇案"，而实为一场性别倒错的社会闹剧。1907年初，沪上爆出一件奇案，媒人周文其将许周氏之女许阿妹说与闵阿和为妻，聘礼40元，成婚后闵阿和发现许阿妹实系男扮女装，告于县府，查办后判许阿妹重责500板，枷号游街，押改过局两年②。许阿妹男扮女装、蓄发缠足，事之新奇引起了报界关注，并被搬上舞台③。男子缠足，世为罕例④。及至晚清，在女子废缠足的大潮中，居然有男子缠足骗嫁，的确博人眼球。这一近似花边新闻的事件，实乃社会"怪现状"之一斑，影响远不及前3件女界史事。小说作者编排演绎，将许阿妹化为蟢子⑤，极力铺叙其"缠足穿耳，凌波微步，罗袜纤纤"之体态和骗嫁故事，然所述笑柄，只是市井怪谈，实非清季要事。

以上女界故事，并非国政外交事件，与日俄战争亦无直接关系，即本不属于"三

---

 ① 夏晓虹：《晚清女性与近代中国》，北京大学出版社2014年版，第308-340页。
 ② 《男扮女装游街示众》，《申报》1907年2月24日第17版。
 ③ 《新排新戏：浦东奇闻许阿妹男扮女装》，《申报》1907年3月30日第7版。
 ④ 高洪兴：《缠足史》，上海文艺出版社2007年版，第137-143页。
 ⑤ 蟢子，名蟏蛸，蜘蛛的一种，身体细长，暗褐色，脚很长，多在草木间结八卦形的网。李行健主编：《河北方言词汇编》，商务印书馆1995年版，第125页。

国争地"叙事范围。作者详述这些故事,一方面是"斯时社会之怪现状,可谓层出不穷矣"(第10回)的现实刺激,一方面也有以小说著史的用心。小说16回本刊行于1908年,而书中所叙秋瑾被难、胡仿兰之死、许阿妹骗嫁均为1907年之事,甚至发生在1908年1月25日的秋瑾营葬也进入了小说,可见作者以"当代史事"著书的安排。这些事件,在小说6回本刊行时尚未发生或未有定论,作者在增补时悉数纳入,也使其笔下的晚清图景更加多元,只是其史料采择标准不够统一,部分市井新闻的插入,时有堆砌之嫌。

三、在现实与乌托邦之间

《蜗触蛮三国争地记》本于晚清实事,人物事件皆有投射。作者秉着入世精神,书写自身所经历的时代,虽披着庄子寓言的外衣,实具政治小说意味。从小说中伤悼戊戌、拥护立宪、指斥革命党"性沈毒"、称独角仙(孙中山)为"罪魁"和"国事犯"的表述,作者立场大抵是赞成维新改良,反对暴力革命。他不能或不愿想象革命的到来,于是在补叙了10回故事之后,又回到了最初设定的系统。这样一来,发生在1905年的吴樾投弹、五大臣出洋在小说时序中被反置于徐锡麟刺杀恩铭、秋瑾被难等事件之后,1906年的预备立宪成为小说中投射现实的最后一环。在经历了一系列世变后,作者还是回到了维新的大梦中。小说末3回想象蜗牛国任贤兴策,百废俱举,沐浴圣化,共庆太平。这一未来构想与时事小说的现实书写之间,其实有着巨大的罅隙;身处帝国末世的作者,虽向往新学,关心时务,谴责社会乱象,期待国族新生,但对未来也充满不确定。这样的安排,体现出其内心的犹疑和矛盾。

(一)从槐安国到微虫世界

借动物世界类比现实,本为寓言特色。中国叙事文学中关于昆虫世界的书写,最典型的当属梦游槐安国的故事。从唐代李公佐《南柯太守传》到明代汤显祖《南柯记》,再到晚清《点石斋画报》的《续南柯》①、民初楝园(洪炳文)之《后南柯》②,淳于棼梦游蚁国的故事千百年来被反复述说,"南柯一梦"也成为象喻乌托邦的中国经典。"人间君臣眷属,蝼蚁何殊?一切苦乐兴衰,南柯无二"③道出如梦的人生感

---

① 《点石斋画报》1890年第222期,申六,第43-44页。
② 楝园:《后南柯乐府》,《小说月报》第3卷第1-6期,1912年。
③ (明)汤显祖著,钱南扬校注:《南柯梦记》,人民文学出版社1981年版,第171页。

―― "虫天世界"的国家寓言:晚清小说《蜗触蛮三国争地记》考论 ――

怀,亦成为以虫界喻人间的母题范例。"贵极禄位,权倾国都。达人视此,蚁聚何殊"①,人世的荣华富贵与蚁界之"细碎营营"② 相类,槐安国与檀萝国的故事,在形构出文学上"别一世界"的同时,也留下"普天下梦南柯人似蚁"③ 的寓言。

同是关于微虫世界的故事,触蛮战争与南柯一梦之典,在诗文中常并提出现。例如黄庭坚之"千里追奔两蜗角,百年得意大槐宫"④,辛弃疾之"名利处,战争多,门前蛮触日干戈。不知更有槐安国,梦觉南柯日未斜"⑤。然而,"左角蛮攻触,南柯檀伐槐"的虫界征伐投射到人间,芸芸众生也终落得"俳谐记名字,人物委尘埃"⑥。《蜗触蛮三国争地记》以百余种昆虫象喻晚清社会百相,带有某种历史的审视。然而,与淳于棼梦醒,"感南柯之浮虚,悟人世之倏忽"⑦ 所不同的是,小说作者心中仍做着"天朝上国"的旧梦。故事中蜗牛王任用贤良,变法维新,召开国会,实现大同,而就在16回本刊行的1908年,光绪与慈禧先后驾崩,清朝很快覆亡。小说并列现实的中国与可能的中国,然而与前半的述史写实相比,末尾的乌托邦构想却具反讽意味:作者意在谏时讽世,而历史却和他开了一个大玩笑。汤显祖《南柯记》以"浮世纷纷蚁子群"⑧ 的出世精神作结,而《蜗触蛮三国争地记》的作者,始终秉持入世的态度,然其对当下的政治观察,并未完全跟上时代,正是"繁华梦未醒南柯"(第11回)。

在小说序言中,"蜗庐寄居生"写下了自己的历史观察和未来期待:

> 即如蜗牛王之发愤为雄,不数近世之青吉斯汗、拿破仑,而蛮触二王,亦无愧为蛮夷大长。至百虫将军之战功,比之威灵吞、纳耳逊,可无愧色。而传负版、伊威之主张变法,即东瀛之板垣退助、伊藤博文,何以加诸?若朱知之阐明电学,其功尤不在瓦特之发明蒸汽机下。

在这里,他虽具新学新知,以西国拿破仑(Napoléon Bonaparte,1769—1821)、威

---

① (唐)李公佐:《南柯太守传》,《南柯梦记》,人民文学出版社1981年出版,附录,第182页。
② (明)汤显祖:《题词》,《南柯梦记》,人民文学出版社1981年出版,第1页。
③ (明)汤显祖著,钱南扬校注:《南柯梦记》,人民文学出版社1981年版,第171页。
④ 《元丰癸亥经行石潭寺见旧和栖蟾诗甚可笑因削柎灭稿别和一章》,(宋)黄庭坚著,(宋)任渊、史容、史季温注,黄宝华点校:《山谷诗集注》下,上海古籍出版社2003年版,第934页。
⑤ 《鹧鸪天·睡起即事》,(宋)辛弃疾:《稼轩长短句》上海古籍出版社1985年版,第225页。
⑥ 《读〈三国志〉》,(宋)薛季宣著,张良权点校:《薛季宣集》,上海社会科学院出版社2003年版,第52页。
⑦ (唐)李公佐:《南柯太守传》,《南柯梦记》,人民文学出版社1981年版,附录,第182页。
⑧ (明)汤显祖著,钱南扬校注:《南柯梦记》,人民文学出版社1981年版,第172页。

灵顿（Arthur Wellesley，1769—1852）、纳尔逊（Horatio Nelson，1758—1805）之战功伟业作为帝王朝臣的榜样，以东瀛之明治维新期许清廷的预备立宪，畅想未来的"电世界"，然仍视日俄为"蛮夷"，幻想成吉思汗横扫欧亚的时代重现。新与旧在其头脑中交织，不可稽辨的上古神话与考见世变的现实理想落在笔端，组成这样一部谏时讽世而又充满幻想的矛盾之作。由序言与正文思想的同一，"蜗庐寄居生"很可能是作者假托。

（二）虫天世界的幻想奇谭

同是1908年的"国家寓言"①，虫天逸史的《蜗触蛮三国争地记》与吴趼人的《新石头记》皆以托喻述说维新改革之美好，而"文明境界"与"虫天世界"的乌托邦书写，又开辟了迥异于现实的幻想奇谭。吴趼人设想的"文明境界"，在军事、政治、科学、教育诸方面都臻于强盛；虫天逸史心中的未来中国，也该是尽善尽美的沐化圣境。《新石头记》将补天神话编入历史兴衰，而《蜗触蛮三国争地记》则以晚清国史重述庄子寓言。在幻境与现实、过往与未来、时空错位与故事新编之间，两位作者以不同的乌托邦隐喻，展现出帝国末世的想象空间。

与《新石头记》假想宝玉离开"野蛮世界"，迈入文明大门不同的是，《蜗触蛮三国争地记》所改造的是经历了"戊戌之政变，己亥之立嗣，庚子之纵团"②的老大帝国。在宝玉乘飞车、阅水师、游工厂、观军操、升空下海并试验声光化电的同时，蜗牛国"命黄蜂主外务大臣事务，唐郎监造东省铁路"，"以金鳞主东省矿务，以大学博士脉望、鞠通为学务大臣"，改革内政外交，倡办经济实务。"女学士络丝娘创纺纱制布厂，马头娘创设缫丝厂"，海滨蛟人"以新法制冰筲"，工艺大学博士吐铁创设炼钢厂，海螂规复海军，以铁甲将军为陆军大将……二书铺排现代化的种种可能，畅想富国强兵的盛况，形构出晚清现实之外的新世界。巧合的是，《新石头记》末回有一段和《蜗触蛮三国争地记》相似的叙述：

> 适值又有人上了条陈，说照这样模糊影响的行新政，是不能见效的。必要立宪，方才有用。不然，但看日俄交战，日本国小而胜，俄国国大而败。日本人并不曾有什么以小敌大的本领，不过是一个立宪，一个专制。这回战事不算以小胜大，只算以立宪胜专制罢了。这个条陈上去，朝廷也感悟了，思量要立宪，只是

---

① 王德威：《被压抑的现代性——晚清小说新论》，宋伟杰译，北京大学出版社2005年版，第323页。
② 任公：《本馆第一百册祝辞并论报馆之责任及本馆之经历》，《清议报》第100册，1901年12月21日，第5b页。

没个下手处。于是就派了五位大臣，出洋考察宪政。五位大臣分头出洋，去了多时，把各国一切窍要，都查考明白了。在京里设了个宪政局，五位大臣每日到局，各把考来的宪法互相比较。……斟酌尽善了，便布了宪政。果然立宪的功效，非常神速，不到几时，中国就全国改观了①。

这和蜗牛王"变法之志愈坚，卒遣二大臣出洋考察政治，归而改纪其政"（第14回），其实是一回事。以日俄战争为鉴，力倡立宪维新，本是二书共同之处。然而，在庆祝万国和平的博览大会上，欢声雷动中宝玉梦醒，补天之愿终未酬；而蜗牛国的故事，却以"波蠡地海至海马岛之海权，悉归蜗牛国势力范围之内"，蛮触"二国之王称臣奉藩，厥角稽首"告终。身处20世纪，与吴趼人的"补天乏术"相比，《蜗触蛮三国争地记》的作者仍企望回到天朝上国的朝贡体系，这在晚清瓜剖豆分的现实危机之下，无疑是极大的讽刺。

《蜗触蛮三国争地记》融合传统神怪元素与西方科学新知，在无稽之谈的表象下，书写新的国族神话。作者笔下的日俄战争，交战双方用的是蚊子船和田鸡大炮；变法兴国后的蜗牛国，以朱知电网反击蛮国的空中电雷、空中飞弹和触国的空中飞艇，又以氢气球瞭望敌军虚实，大败蛮、触二国。对兵器的铺叙，显然受到俞万春《荡寇志》的影响；而对电术的推崇和"空中战争"的畅想，晚清科幻小说功不可没。1908年，包天笑发表短篇小说《空中战争未来记》②，幻想欧洲各国争霸，凭借飞艇展开空中大战。"二十世纪之世界，其空中世界乎？"这一设问，显示了时人对空中世界的兴趣。晚清小说中，气球、飞车作为升天的工具，引起国人无尽的想象③；而当科学小说与政治小说结盟，这样的科学发明就成为超越空间阻隔、打破平面世界、形构立体图景的绝佳工具。西学大潮带来的新名词赋予小说知识的进步，然而新旧之间的观念龃龉、故事内外的文明落差、幻想奇谭的启蒙与自欺，在投射现实危机和预演国族命运的同时，也显示出"现代性"的艰难与吊诡。

结　语

《蜗触蛮三国争地记》以古书、方言中的百余种虫豸投射现实人间，构想出一部

---

① 吴趼人：《新石头记》，江西人民出版社1988年版，第404页。
② 笑：《空中战争未来记》，《月月小说》1908年第2卷第9期，第51—61页。
③ 陈平原：《从科普读物到科学小说——以"飞车"为中心的考察》，《中国文化》1996年第1期。

晚清的政治寓言与未来预言。小说隐射双关，谏时讽世，以乌托邦愿景对国族未来做出前瞻式的试验，一定程度上可称为晚清版的《动物农场》（*Animal Farm*）。不过，与乔治·奥威尔（George Orwell，1903—1950）借动物故事作历史预言不同的是，《蜗触蛮三国争地记》虽描绘魑魅人间，然其插科打诨的笔法、市井绯闻的捕捉、对朝贡体系的怀念以及大团圆的结局，透出其作为通俗文学的时代局限。小说以虫天世界象喻人间百态，虽有卡夫卡（Franz Kafka，1883—1924）式的离奇荒诞，却最终回到"端拱垂裳庆太平"的旧小说模式。小说延续了庄列虞初的叙述手段，以嬉笑隐语力求"言语妙天下"，虽引入西学新知、时下新闻，但其寓言的叙述方式仍是传统笔致。"文通蝌蚪"、"学饱蠹鱼"的作者，以"蜗篆坟典"写下关于"虫沙疆域"① 的错综谜题，其中的隐射与况味，实为国家寓言，而非游戏之作。

（作者单位：北京大学中文系）

---

① 倮虫长民：《〈蜗触蛮三国争地记〉跋》，《著作林》1907 年第 22 期，第 13 页。

文学档案

意识形态与新诗选本的版本[①]
——以《臧克家诗选》和《艾青诗选》为考察中心

向阿红

中国新诗自发生起,至今已有百年历史。在新诗发展过程中,20世纪20年代就开始出现了不同类型的新诗选本,因此,选本参与了新诗自发生以来的整个建构过程。它作为新诗作品的集合体,在很大程度上构成了人们对"新诗"这一概念的具体认知。在不同类型的新诗选本中,个人诗选可以说是诗人一生创作的集中体现。但它往往具有众多版本。这些版本又多产生于不同的历史时期,受不同意识形态、审美观念等影响而发生版本变异。其中,《臧克家诗选》与《艾青诗选》就是在不同历史时期,甚至可以说是在较为特殊的历史转型期产生版本变化的典型例子。20世纪30年代初,艾青与臧克家开始崭露于中国新诗坛,两人分别自费出版了各自的第一部新诗集《大堰河》与《烙印》,成为当时令人瞩目的诗坛新秀。由于他们在艺术背景、创作风格、诗学理论等方面存在着明显的异同之处,因此常被学术界进行比较研究。甚至有学者称二人代表着中国新诗的两种走向。《臧克家诗选》和《艾青诗选》都在20世纪50年代中期出版,并都经历了多个版本的变迁。《臧克家诗选》于1954年1月由作家出版社出版,1956年11月由人民文学出版社出版增订本,1978年11月人民文学出版社再版,1986年2月人民文学出版社又出版了第三版。《艾青诗选》则一直由人民文学出版社出版:1955年1月初版,1979年7月出版新1版,1984年2月再版,1996年出版三版增订本。两本诗选的版本变化都经历了"十七年"、"70年代末"、"80年代中期"等几个特殊的历史时期,不可避免地打上了不同时代的历史烙印。从"政治—文

[①] 本文系湖南省教育厅科学研究优秀青年项目"中国现代诗人作品修改及因由研究"(21B0333)的阶段性研究成果。

学""一体化"的意识形态化版本,到"自我追求"与"政治意识"双重标准下达到平衡的折中版本,再到晚年心态下回归历史的定本,两本诗选的不同版本与相对应的意识形态之间建立了互文式的内在联系。臧克家与艾青通过对各自诗选众版本的编选与序跋写作,鲜明地表达了紧跟时代步伐的姿态。同时,透过这些编选策略和序跋言说方式,凸显了诗人与意识形态的互动关系,折射出他们在不同时代语境下"说"与"被说"的复杂性与矛盾性。

一、"政治—文学"的"一体化"与诗选版本

"政治—文学""一体化"是中国当代"十七年"文学的主要特征,它贯穿了文学作品生产、传播、接受的全过程。在这样的文学语境中,作品的出版需通过严格的审查,唯有符合国家主流意识形态的要求,才能获得流通的机会。20世纪50年代初,人民文学出版社陆续出版了一套现代作家选集丛书,包括鲁迅、闻一多、冰心、蒋光慈等45位作家的45本作品选集。这套丛书是在党对出版活动的绝对领导之下,并严格执行"为人民服务"的出版方针而进行编选、出版的。这一时期,文艺界对作家作品的评价也常根据作家的政治身份来进行定位。在作家队伍中,实行成分划分,把党员作家称为革命作家,而将一直跟着党走的非党员作家称为进步作家。前者往往得到无形的优待和照顾,而后者则被作为共产党在文艺战线上的"统战对象"。作家的政治身份是关系到其作品能否顺利出版的重要因素。出版社需对作家身份及其作品进行意识形态把关和审查后,再定夺作品是否出版。《臧克家诗选》与《艾青诗选》在"十七年"的出版及其版本变化情况,就与非党员诗人臧克家和党员诗人艾青在"十七年"意识形态中的身份定位有很大的关系。

《臧克家诗选》初版于1954年1月,由作家出版社出版,共收录37首诗作,书后附有诗人于1953年9月亲自撰写的《后记》。臧克家在《后记》中说:"这个集子里所选的三十几篇作品,除了'六机匠'其余的都是短诗。开头一篇'难民',写作时期是一九三二年,最后一篇'高贵的头颅,昂扬着',是一九五三年的创作,前后相隔二十年挂零。"① 时隔一年,《艾青诗选》于1955年1月由人民文学出版社出版。《艾青诗选》是由人民文学出版社编辑牛汉负责编选的。该诗选收录的全是中华人民共和国成立前(1932年至1945年间)艾青创作的诗歌作品,未收录中华人民共和国成立后的诗作。未入选的诗包括带有一定暴力色彩与恐怖气氛的诗歌,如《江上浮婴尸》、《人》等;描写诗人"神思"的作品,如《泡影》、《窗》等;展现诗人在狱中

---

① 臧克家:《后记》,《臧克家诗选》,作家出版社1954年版,第111页。

凄惨生活的作品,如《铁窗里》、《监房的夜》、《病监》等等。这些诗作要么与"十七年"所宣扬的革命乐观主义精神,以及只可歌颂光明、不能暴露黑暗的文艺规范相背离,要么诗歌中渗透着小资情调等等,不符合"十七年""人民诗歌"的标准。牛汉曾回忆说:"1951年我在部队给艾青写了封信,告诉他我不喜欢他建国后的一些诗,说他在苏联写的诗不是真正的诗。我提出了真诚的批评,而他到延安之前的诗影响了我一辈子。"① 因此,诗选的篇目选择与编辑牛汉对艾青诗作的评价及喜好也或多或少有一定的关系。该诗选分为4辑,其中,前3辑是短诗,第4辑为长诗,所选诗歌数目约为《臧克家诗选》的两倍。而这对于从20世纪30年代初就开始进行新诗创作,且出版过10多部新诗集的臧克家来说,编选他的诗选集却只选录30多首诗歌作品,他无疑是不满意的。在《臧克家诗选·后记》中,诗人表露了心中的不满和失望。他说:"这二十年,是伟大的二十年!而我所能够拿出来的却只有这么三十几篇短诗。"②《臧克家诗选》出版后,臧克家的一些朋友也曾指出诗选选得太少。这在1955年2月3日臧克家致方殷的信中有记载:"我的《诗选》出版后,许多朋友都指责我选得太少,前几天苏金伞同志带口信来,说'太少了',今天又接到青勃的信,也如此说,弄得我也三心二意了。"③ 两本诗选除了数量上的悬殊之外,在选录作品题材上也有较大的差别。《艾青诗选》选录了艾青创作的部分政治讽刺诗,而《臧克家诗选》对此类题材的作品未选录一首。政治讽刺诗对两位诗人的诗歌史地位都非常重要。因此,1955年1月《艾青诗选》出版后,臧克家非常关注该选本,尤其是《艾青诗选》对政治讽刺诗的选录情况。他在致方殷的信中说:"我写了许多讽刺诗,在当时也起了些政治作用,这次全没选入。两月前《光明日报》上的评文也谈到了这些讽刺诗。你同牛汉同志再商量下,是否可以选一些进去?艾青选集选了政治讽刺[诗]没有?望示。"④ 臧克家得知实情后,不免对作家出版社的编选原则产生怨意。时过两年后,臧克家还在抱怨作家出版社对他的冷漠态度。他在发表于1957年第8期《文艺报》上的发言稿《个人的感受》(座谈文艺界内部矛盾)中说:"我在1954年出了本诗选(初版本),遭到作家出版社的冷遇,甚至可以说是侮辱。我写了二十八年诗,只选了三十几首,出版以后朋友们批评我说:'出了十几本诗,为什么只选这几首?薄薄的一小本,摆在书架子上连个名字也看不到!'我愿意这样么?就是这么薄薄的一小本,出版社的党员负责同志还板起面孔对我说:'好了,我们放宽尺度给你出,已经交给牛汉审

---

① 牛汉:《雪峰欢迎我到人民文学出版社及诗歌界的争论》,何启治、李晋西编撰:《我仍在苦苦跋涉:牛汉自述》,生活·读书·新知三联书店2008年版,第95页。
② 臧克家:《致方殷》,《臧克家全集》(第11卷),时代文艺出版社2002年版,第95页。
③ 臧克家:《致方殷》,《臧克家全集》(第11卷),时代文艺出版社2002年版,第99页。
④ 臧克家:《致方殷》,《臧克家全集》(第11卷),时代文艺出版社2002年版,第98页。

查去了.'"①

《臧克家诗选》与《艾青诗选》的出版及编选情况之所以会出现如此之大的差距,主要在于"十七年"时期国家意识形态控制下的出版体制严格把关作家的政治身份及其作品内容。中华人民共和国成立前夕,中共中央对即将成立的新中国出版业高度重视。中华人民共和国成立后,国家对出版社文学书籍的出版进行了分工。"十七年"新诗选本的出版主要集中在人民文学出版社、作家出版社、中国青年出版社、通俗读物出版社、上海文艺出版社等几家。出版总署于1953年9月22日拟定了《出版总署关于人民文学出版社拟另以"作家出版社""文学古籍刊行社"和"艺术出版社"名义出版书籍的请示报告》。同年10月7日,政务院文化教育委员会以(53)文秘字第803号文批准了此报告。该报告中的第一条意见便是"拟定以'作家出版社'名义,放宽选稿尺度,扩大出版文学书籍范围,以满足群众对文学书籍日益增长的需要"②。1953年11月,隶属于中国作家协会的作家出版社在北京成立。作为人民文学出版社的"副牌出版社",作家出版社积极配合国家在古典文学、现代文学、外国文学等方面的部分书籍出版。但人民文学出版社相较于作家出版社来说,出版物的范围要大于后者,且在质量上高于后者。艾青与臧克家因政治身份的不同,其作品的出版显然会受到出版社的不同对待。

在经历了作家出版社的冷遇之后,臧克家明白了自己在新政权、新中国文坛上的地位。作为非党员作家,他意识到自己只是共产党在文艺战线上的"统战对象"。在《臧克家诗选》出版后不久,中国青年出版社和《读书月报》编辑部邀请臧克家编选《中国新诗选(1919—1949)》,以满足广大青年读者的需求。当时正在家中养病的臧克家二话没说便答应了此邀请。此后,他便沉浸在繁重的编选工作中,断断续续干了一年才算完成。在编选过程中,臧克家十分慎重,经多次向有关部门和研究诗歌的同志征求意见后,才最终确定入选篇目。最终,《中国新诗选(1919—1949)》于1956年8月由中国青年出版社出版,书前有臧克家撰写的代序《"五四"以来新诗发展的一个轮廓》和后记《关于编选工作的几点说明》。这篇代序写作于1954年11月14日,1955年连载于《文艺学习》第2期和第3期,并被《新华月报》1955年第4期全文转载。在代序中,臧克家不仅阐述了"五四"以来中国新诗发展的历程,强调了新诗的发展与党的领导和影响分不开,而且对自己的诗歌创作进行了总体定位。他立足于

---

① 臧克家:《个人的感受(座谈文艺界内部矛盾)》,《文艺报》1957年第8期。
② 《出版总署关于人民文学出版社拟另以"作家出版社""文学古籍刊行社"和"艺术出版社"名义出版书籍的请示报告》,袁亮主编:《中华人民共和国出版史料(一九五三年)》(第5卷),中国书籍出版社1999年版,第524页。

其诗歌内容的"进步性"、诗歌价值的"革命性",表明了自己的立场。同时,诗人也对其作品思想性和战斗力的薄弱进行了自我检讨和批判,带有一种强烈的自责色彩。他说:"没有能够进一步地和当时的革命斗争联系在一起,所以,比起那个国难深重、阶级斗争剧烈的伟大历史时期的现实所要求的来,作品的思想性的强度和战斗力量就显得不足。"① 臧克家为了适应中华人民共和国成立初期的政治环境和文学环境,小心谨慎地书写自己的诗歌史地位,力求遵从共产党领导下的意识形态规则。代序的连载及转载,以及《中国新诗选(1919—1949)》的出版,为臧克家赢得了良好的声誉。1955年,人民文学出版社的责任编辑牛汉因受"胡风案"的牵连而被逮捕。此后,人民文学出版社则将责任编辑更换成了诗人方殷。臧克家与方殷交谊颇好,他之前在信中试图请求方殷帮忙说服牛汉修订《臧克家诗选》,但未果。最终,1956年11月,《臧克家诗选》由人民文学出版增订本。这与诗人方殷担任该出版社编辑也有一定的关系。

《臧克家诗选》增订本按抗战前、抗战期间、抗战胜利后至新中国成立前、新中国成立以后的时间顺序分为4辑,分别选录诗歌33首、33首、17首、11首,共计94首诗歌作品。增订本与初版本相比,保留了初版本中的所有诗歌作品,并新增57首作品,其中增加了诗人1954年至1955年间创作的部分新作。这些新增加的诗歌大都是以表现"积极情感"为主导的作品,而被闻一多极力称赞的《烙印》、《生活》等诗作却未收录,主要是因为这些诗作的某些诗句情感基调过于灰暗,不符合中华人民共和国成立初期的主流意识形态。并且,为了符合"新时代"的要求,诗人将旧作中涉及"中华民国"的纪年法都改成了公历纪年法。从题材上来看,诗人加入了一些政治讽刺诗,如《警员向老百姓说》、《谢谢了,"国大代表们"》等,弥补了初版本的缺漏。总体来说,《臧克家诗选》增订本很好地展现了臧克家诗歌创作的历程。它变得较为厚实,不再是薄薄的一小本,页码由原来的113页增加到276页。

二、"双重标准"的诗选版本

"文华大革命"十年,新中国文化事业的发展受到严重损害,大量优秀的文学艺术作品被视为"毒草"而遭禁毁。艾青回忆说:"五十年代,我曾收到一本从日本寄来的日文《艾青诗选》。此书在"文化大革命"中作为'毒草'被红卫兵烧毁,译者

---

① 臧克家:《"五四"以来新诗发展的一个轮廓(代序)》,臧克家编选:《中国新诗选1919—1949》,中国青年出版社1956年版,第21页。

的名字因时间久远,已回忆不起来了。"① "四人帮"被粉碎之后,国家的政治环境和文化环境变得相对宽松起来,党和政府开始整顿遭到严重破坏的文化事业。全国文联各协会渐渐恢复工作,一些文艺刊物纷纷复刊与创刊,文艺界也开始举行各种会议重新讨论文艺理论方面的问题,一些优秀的文学作品也开始不断涌现等等。国家在整顿文化事业的过程中,其中极为重要的一项工作就是要对出版工作进行全面的规划和安排。"文化大革命"期间的出版工作在"四人帮"的严重干扰、破坏下,搞乱了路线是非,无法真正按照客观实际情况有计划地出书,因而造成一方面长期书荒严重、一方面书库积压增加的极不正常的状况②。国家出版局于1977年拟定了《国家出版局1978年—1985年出书规划初步设想(草案)》,对各类图书的出版进行了规划和要求。其中,在对文学艺术类书籍的出版安排中,有一条计划规定"我国新文学发展史上著名作家的代表作,在一九八五年以前陆续出版单行本或个人选集"③。因此,重新编选、出版诗人诗集或选集被提上了议程。尤其是现代已成名的一些诗人,他们在"文化大革命"期间遭到迫害,不仅被迫停止了文学创作,而且在"文化大革命"前出版的一些优秀作品也惨遭查抄。"文化大革命"结束后,这些诗人大都已近晚年,此时重印或重编他们的诗选自然就带有一种"补救"的性质。"文化大革命"结束后不久,《臧克家诗选》和《艾青诗选》先后由人民文学出版社重新编选出版,臧克家与艾青都亲自参与了此次编选工作。他们依据"双重标准"的编选原则,在"自我追求"与"政治意识"之间寻求平衡,使两本诗选成为了一个"折中性"的版本。虽然"四人帮"已被粉碎,结束了"文化大革命"文学,社会环境和文学环境都相对宽松了起来,但此时还没有一个相对统一的批评标准,国家意识形态还处于一个亚敏感状态。因此,诗人们不得不时刻保持着一颗警惕之心。

《艾青诗选》初版两年后,1957年,艾青被错划为"右派",先后被下放到北大荒林场和新疆生产建设兵团,长期从事基层工作,被迫退出文坛,销声匿迹长达20多年。这期间,《艾青诗选》一直未被再版,直到"四人帮"被粉碎之后,艾青作为"归来诗人",才重新获得创作及其作品再版的机会。1983年,艾青回忆说:"一九五七年反右运动,我被错划为'右派',我的作品也受到了株连。现在时隔二十多年,人得到平反,作品也得到了平反。"④ 艾青于1979年3月在政治上得到了平反。他平

---

① 艾青:《致稻田孝》,《艾青全集》(第4卷),花山文艺出版社1991年版,第732页。
② 《国家出版局1978—1985年出书规划初步设想(草案)》,袁亮主编:《中华人民共和国出版史料(一九七六年十月至一九七八年十二月)》(第15卷),中国书籍出版社2013年版,第215页。
③ 《国家出版局1978—1985年出书规划初步设想(草案)》,袁亮主编:《中华人民共和国出版史料(一九七六年十月至一九七八年十二月)》(第15卷),中国书籍出版社2013年版,第223页。
④ 艾青:《致连库》,《艾青全集》(第4卷),花山文艺出版社1991年版,第699页。

反后,人民文学出版社开始启动重新编选《艾青诗选》的计划。1978年6月19日,艾青在致涂乃贤的书信中提到"昨天,人民文学出版社来人叫我编我的诗选。等编好、排好、印好,也许要到明年了。可见技术之落后"①。其实,早在一年前,人民文学出版社就有重新出版《艾青诗选》的计划。1978年6月21日,艾青在致徐勇良的信中说:"去年从你那里传来我的诗集要出版的消息,直到三天前才落实。人民文学出版社来人要我重选一本。字数不限制。"② 此后,他在1978年7月21日至涂乃贤的信中说:"8月份,我要整理出一些诗。"③ 可见,诗人已准备投入到诗选的编选工作中了。几个月后,艾青将诗选的样本发到了北京印刷厂。"我的诗选校样已发到印刷厂。北京印东西特别慢,出书可能要到五、六月了。"④ 从中可以隐约看出,在新的时代环境下,艾青对新编《艾青诗选》的急切期待心情。

最终,《艾青诗选》于1979年7月出版。此版共分为八辑,按顺序分别为"芦笛"(11首)、"向太阳"(14首)、"火把"(10首)、"黎明的通知"(14首)、"启明星"(16首)、"花束"(11首)、"光的赞歌"(12首)、"两个寓言",共计88首诗歌作品以及两篇寓言。该版书前有艾青的"自序",写于1978年12月中旬。在自序中,艾青罗列了他"归来"之后读者写给他的部分来信内容,表达了强烈的喜悦之情。同时,诗人对自己的生活经历和创作历程进行了详细回顾,并对自己的一些诗学理论进行了阐述。1979年版的《艾青诗选》与1955年的初版本相比,作者抽换了部分诗歌,删除了初版本中诗人于20世纪30年代末至40年代初期创作的一些艺术性不足的写景诗,如《黄昏》、《桥》、《秋晨》、《冬天的池沼》、《水鸟》、《矮小的松木林》、《捉蛙者》等;增加了诗人在中华人民共和国成立前夕创作的一些抒情诗,以及在20世纪50年代创作的部分情感基调明朗、歌颂新时代的诗作,如《喜鹊》、《新的年代冒着风雪来了》、《春姑娘》等。另外,诗人将1954年在南美洲旅行时创作的部分作品也收录到诗集里,放在第五辑"启明星"和第六辑"花束"中。诗人"归来"后创作的部分新作,放在第七辑"光的赞歌"中,其中有充满希望、迎接新时代的作品,如《光的赞歌》等;有控诉"文化大革命"的作品,如《在浪尖上》等。粉碎"四人帮"以后,复出的艾青是诗坛拨乱反正的领军人物之一。他坚守最根本的诗歌伦理,以说真话的姿态,在诗歌中表现出直触时弊的勇气,显示出独特的品质。《在浪尖上》就展现了一位普通人在危难时代无惧无悔的英雄行为。艾青将这些敢说真话、针砭时弊

---

① 艾青:《致涂乃贤》,《艾青全集》(第4卷),花山文艺出版社1991年版,第636页。
② 艾青:《致徐勇良》,《艾青全集》(第4卷),花山文艺出版社1991年版,第638页。
③ 艾青:《致涂乃贤》,《艾青全集》(第4卷),花山文艺出版社1991年版,第645页。
④ 艾青:《致涂乃贤》,《艾青全集》(第4卷),花山文艺出版社1991年版,第667页。

的诗作收入到诗选中，同时又增添了一些歌颂新时代、充满希望的作品。这些变化体现了诗人既有自我追求又有迎合新时代意识形态的编选心态。

1957年艾青被划为"右派"停止文学创作活动之后，臧克家依然在进行诗歌创作。1966年，"文化大革命"开始，臧克家被批斗，于1969年11月被下放到湖北咸宁文化部"五七干校"劳动并接受"审查"。他多年无法从事文学创作，直到1972年9月才被宣布"解放"，10月从湖北干校回到北京。"文化大革命"结束以后，人民文学出版社决定重新出版《臧克家诗选》。臧克家在1977年8月17日致徐迟的信中说："昨天'人文'诗歌组来了同志，要出我一本总的诗集（总结一生），从《烙印》到目前作品的选集。来年出。"① 1977年，臧克家已72岁高龄，人民文学出版社这次计划新出的《臧克家诗选》带有总结诗人一生的性质。一年多后，《臧克家诗选》于1978年11月出版。诗选共分为五辑，在1956年增订本的基础上增加了一辑，各辑选录诗歌数量分别为34首、32首、16首、9首、17首，共增加诗歌12首，总篇数共计108首。书前有诗人于1978年4月做了修改的"自序"。在这篇自序中，诗人依然处处小心翼翼，对其诗歌作品思想性的薄弱进行了检讨和批判。1978年版与1956年版相比，变化较大之处集中在第四辑和第五辑。1978年版第四辑中的9首诗作都是新增的作品。其中，《泪》和《生·死》是怀念周总理去世的悼念诗，其余7首全是歌颂伟大领袖毛主席的诗作。臧克家将这9首诗歌作品收入诗选并单独列为一辑的做法，是为了顺应当时文艺界的出版环境。1978年版第五辑中部分新增的诗歌主要是从诗人1958年以后出版的诗集中选的。在1978年版中，臧克家收录了《烙印》等一些艺术性较好但情感基调灰暗的诗作，又在第四辑中选录了一些歌颂和追悼国家政治人物的诗作，加上他对自序的修改等等，这些选诗策略和序跋言说方式说明诗人既希望在新的时代环境中展现其诗歌创作的多样性及原本状态，又时刻观察着时代环境的变化，随时保持着一颗警惕之心。《臧克家诗选》从初版本到1956年增订本，再到1978年的版本，可以说是越编越厚。

三、"回归历史"的诗选定本

20世纪80年代中期前后，《艾青诗选》与《臧克家诗选》又分别出版了新版本。此时，诗人艾青与臧克家都已接近80岁的高龄。这次两本诗选的出版都是两人生前的最后一次编订，带有"总结一生"的定本性质。新时期文学发展到20世纪80年代中

---

① 臧克家：《致徐迟》，《臧克家全集》（第11卷），时代文艺出版社2002年版，第552-553页。

期，呈现出一种"百家争鸣"的状态，各种文艺思潮、文学观念和文学作品纷纷涌现。国家意识形态逐渐宽松，人们开始思考评价文艺的价值标准，甚至有学者提出"重写文学史"的问题，以"纯审美"作为价值标准，反拨"政治/艺术"和"功利/审美"的二元文学史书写方式。在这样的文学语境中，《艾青诗选》与《臧克家诗选》又都再次出版，不但都增加了一些诗人认为艺术性较好的诗作，而且对前几版中为了迎合当时国家意识形态而修改的大部分诗作进行了历史还原。

1979年版的《艾青诗选》由人民文学出版社出版后，曾被其他出版社多次重印出版，并且被翻译成多种语言流通于其他国家。艾青曾在致王载源的书信中说："我的书被译成法文的，有1958年版的李治华先生译的《向太阳》；1979年出版的由 C. vignal 翻译的《艾青诗选》；有1980年北京外文出版社的燕汉生和法国专家苏珊娜合译的《艾青诗选》。"① 1984年2月，《艾青诗选》在1979年版基础上进行了再版。此版本按时间顺序，选录了诗人自20世纪30年代到70年代末期的主要作品。其中，30年代选录33首，40年代选录17首，50年代选录12首，70年代选录25首，共计87首诗歌。该版本抽换了30余首诗作，删掉了1979年版中选录的30多首诗歌作品，如《兵车》、《抬》、《补衣妇》、《哀巴黎》、《欧巴罗》、《街》等等，并重新进行编排，增加了艾青"复出"后创作的部分诗歌作品到70年代的诗作中。书前有艾青撰写的《我的创作生涯》一文。这可谓是艾青自编的《艾青诗选》定本。需要特别说明的是，1996年艾青去世后，《艾青诗选》又由人民文学出版社出版了三版增订本。增订本对入选篇目又作了较大调整，删掉数首原选作品，重新补入40余首佳作。此版篇目同样按照时间（年代）顺序来编排，新增加了诗人在80年代创作的诗歌作品。

《艾青诗选》再版本出版后不久，1984年11月25日，臧克家在《致文大家》的信中透露："人民文学出版社，1978年出版我的《诗选》，近将决定出增订本，加些新材料，将从《集外诗集》中选进一些，正拟着手从事重新编辑。"②"我的《诗选》再版本一九七八年问世，至今已有七年多了，这几年间，我先后又出版了《今昔吟》、《落照红》、《臧克家集外诗集》三本诗集。这几本诗集里的作品，有的是新作，有的是旧作。最早的发表于一九二九年，有些则是近二三年来写的。按它们达到的艺术水平，加入到《诗选》里去是无愧色的。"③ 1985年3月18日，《臧克家诗选》在诗人的妻子和助手的帮助下交稿。1986年2月，《臧克家诗选》由人民文学出版社出版了

---

① 艾青：《致王载源》，《艾青全集》（第4卷），花山文艺出版社1991年版，第694页。
② 臧克家：《致文大家》，《臧克家全集》（第11卷），时代文艺出版社2002年版，第516页。
③ 臧克家：《五十五年一卷诗——〈臧克家诗选〉增订本小序》，《臧克家诗选》，人民文学出版社1986年版，第2页。

三版本。此版本具有"定本"价值,它是臧克家生前最后一次校订本,选录诗作共计218首。"定本"《臧克家诗选》在版本史上具有重要的意义,它全面地总结了诗人一生的创作。在编选过程中,诗人的好友刘增人、冯光廉、吴家瑾等人给出了一些建议。臧克家参考友人的建议,仔细斟酌,最后做出编选决定。这一版本的《臧克家诗选》分为五辑,时段分别为:自1929年至1937年"七七"前夕、抗战八年、自1945年9月抗战胜利至全国解放、自1949年10月中华人民共和国成立至1963年、自1975年9月至1984年。由于意识形态的原因,诗人在前两版诗选中对部分诗歌做了意识形态化修改,而这次对它们又进行了历史还原,按诗人自己的说法是"基本上恢复了原样"[①]。臧克家对此次诗选的编选十分慎重。他从已结集和未结集(后统收入《臧克家集外诗集》,由陕西人民出版社出版)的作品中仔细筛选,根据作品内容和艺术成就对每本诗集的入选篇数进行了合理安排。例如从诗集《一个新星》、《春风集》、《凯旋》里选录的诗歌数量较少。这3部诗集创作于中华人民共和国成立后至"文化大革命"前,收录的作品大都是时代的产物,歌颂苏联、歌颂中华人民共和国成立后的新气象等,具有很强的政治时效性。臧克家在为定本《臧克家诗选》筛选篇目时,对这部分诗歌表现得很谨慎。这也从侧面反映出新时代环境下的臧克家对新时期诗歌的一种理解和把握。

四、序跋与诗选版本

在两本诗选中,作为副文本的序跋随着选本版本的变化,也发生了文本变异。尤其是臧克家,他对《臧克家诗选》众版本的序跋进行了不同程度的修改。这种修改策略和言说方式,折射出诗人在不同时代语境下"说"与"被说"的复杂性与矛盾性。

《臧克家诗选》经历了4个版本的变迁。在4个不同的版本中,臧克家分别撰写了4篇不同的序跋:1954年初版本《后记》、1956年增订本《序》、1978年再版本《序》以及1986年三版定本中的《五十五年一卷诗——〈诗选〉增订本小序》。这4篇序跋从内容上来看,反映了臧克家在思想上的不断进步,鲜明地表达了诗人紧跟时代步伐的激进姿态。在《臧克家诗选》初版《后记》中,诗人指出:"这本集子里的作品,整个说来,暴露黑暗的多,正面歌颂的少;同情人民疾苦的多,鼓动人民斗争的少。从这里可以看出生活限制对于一个从事写作的人关系是多么重大!"[②] 从这些言辞之中

---

① 臧克家:《五十五年一卷诗——〈臧克家诗选〉增订本小序》,《臧克家诗选》,人民文学出版社1986年版,第3页。
② 臧克家:《后记》,《臧克家诗选》,作家出版社1954年版,第112页。

可以看出，诗人对自己的总体创作情况进行了反思，表达出一定的愧疚之情；同时，也表达了诗人对当时正在开展的"思想改造"运动的某种表态，思考"今后该怎样去生活、怎样去创作"①。1956年增订本的《序》是对初版《后记》的修改，诗人这种"愧疚"之情更加强烈，带有一种自我批判和检讨的性质。诗人对其诗选中作品思想性和时代感的不足进行了深刻反思，他认为"由于自身存在着小资产阶级的思想情感，加以环境的限制，对于伟大现实生活的深入、认识，都是不足的"②。这种表白，与中华人民共和国成立初期一批知识分子的自我检讨如出一辙，表达出诗人决心脱离"旧阶级"、旧思想、旧情感的态度。臧克家时刻在政治上不断自省和"进步"的姿态，使他在中华人民共和国成立后的多次政治运动中始终未受到太大的冲击。相较于《人民文学》和《文艺报》主编的频繁更换，臧克家一直担任着"十七年"时期《诗刊》的主编。1978年4月，臧克家又为诗选写了再版《序》。这是一篇在崭新的时代环境下撰写的序言。此时，"文化大革命"刚结束不久，臧克家仍然保持着一颗警惕之心。他在再版序言中仍然对某些作品思想性的薄弱进行了自我批评。在1986年的定本序言中，臧克家以"五十五年一卷诗"为题目，表达了对自己一生创作的总结，以及对这个选本的认可。诗人在此版序言中阐述了编选过程，以及对作品的去取标准——主要在于艺术水平的高低，并且在思想内容方面要能代表各个时期的情况，其中某些入选作品也有诗人个人偏爱的原因。序言中没有了自我检讨和批评的内容，同时，诗人还提到将前几版中修改的诗作恢复成了原样。从这些内容可以看出，诗人对20世纪80年代的社会文化环境不再那么敏感。从《臧克家诗选》初版"后记"到1986年版的定本"小序"，可以窥探出4篇序跋的陈述语气发生的微妙变化：从初版"后记"的反思到1956年增订本"序"的自我批判和严厉检讨，再到1978版"序"的愧疚之情，最后到1986年版"小序"中无所顾忌的坦白。臧克家这一路的心理历程，折射出了不同时代语境对诗人笔触的制约。诗人在"说"与"不说"中左支右绌，小心谨慎地紧跟着时代的步伐。

在《艾青诗选》的4个版本中，艾青为1979年版的《艾青诗选》撰写了《自序》。这篇自序后来被艾青命名为"在汽笛的长鸣声中"，发表于《读书》1979年第1期。1984年版《艾青诗选》书前有一篇艾青写的长文《我的创作生涯》。另外两个版本均无诗人的序跋。在1979年版的自序中，艾青不仅回顾了他的人生经历，阐述了新诗创作的诗学理论，而且为他的诗作被"文痞"姚文元歪曲进行了洗白。艾青平反后不久，他的诗选就得到重新出版的机会。所以，《自序》也流露了喜悦之情："如今，

---

① 臧克家：《后记》，《臧克家诗选》，作家出版社1954年版，第113页。
② 臧克家：《序》，《臧克家诗选》，人民文学出版社1956年版，第3页。

时代的洪流把我卷带到一个新的充满阳光的港口,在汽笛的长鸣声中,我的生命开始了新的航程。"① 艾青平反后的复杂心情在这篇自序中得到了表达。而在1984年版《艾青诗选》书前《我的创作生涯》一文中,艾青主要对自己的创作经历进行了详细回顾。这两篇序言因创作于不同的历史时期,所以在内容上有很大的不同。在1979年版自序中,诗人应和了新时期初文坛拨乱反正的文化环境;而在1984年版的书前长文中只对自己一生的创作经历进行了回顾,这似乎与新环境下诗人的晚年心态有关。

  序跋作为最重要的"副文本",与正文本之间具有较强的互文性关系。一部作品不同版本的序跋的变化,也是研究作品文本变异的重要内容。两本诗选众版本的序跋写作,不仅与其正文本内容形成呼应,给读者带来阅读期待,而且由于这些序跋的言说方式深受不同历史时期国家主流意识形态的影响,也鲜明地展现出了两本诗选版本变迁的内在机理。

(作者单位:长沙理工大学文学与新闻传播学院)

---

  ① 艾青:《自序》,《艾青诗选》,人民文学出版社1979年版,第21页。

| 文学档案 |

新发现张恨水、白薇等十封书信释读
——兼谈抗战时期的保障作家生活运动

张智勇

近日,笔者在中国第二历史档案馆档案文献中,新发现张恨水、白薇等在20世纪40年代重庆时期的一组集外书信手稿。这批书信全部与白薇在重庆期间的几次接受资助有关。其中,张恨水2封,白薇5封,华林2封,冯乃超和叶以群合著1封,总计10封。经查,《张恨水全集》(北岳文艺出版社2019年版)、《张恨水年谱》(谢家顺著,安徽文艺出版社2014年版)、《白薇评传》(白舒荣、何由著,湖南人民出版社1983年版)、《白薇年谱(上)(1894-1944)》(李长钦著,《湘南学院学报》2012年第4期)、《白薇文集》(湖南人民出版社2014年版)等均未收录或提及此组书信。除有助于张恨水、白薇等作家本体研究之外,这些书信同时具有反映抗战时期后方作家生活状态、保障作家生活运动以及"文协"和"文奖会"相关工作的史料价值。

一

抗日战争全面爆发后,从沦陷的北平逃出并相继辗转于广州、武汉、桂林的白薇,最终于1940年来到当时的国民政府陪都及大后方政治文化中心重庆,并一度定居在了当时的中华全国文艺界抗敌协会(下文简称"文协")所在地南温泉。根据《白薇评传》提供的信息,此时的白薇拒绝了曾经的恋人杨骚的回转①。因而,身处南温泉的她孑然一身,又一度没有固定工作,在人口激增、物价飞涨的重庆艰难求生。雪上加霜的是,这位身体一向不太健康的女作家此时仍然没能摆脱各种疾病的侵扰。这让自

---

① 白舒荣、何由:《白薇评传》,湖南人民出版社1983年版,第178-184页。

尊心强，不愿吐露自己境况而有求于他人的白薇更加陷入绝境，不得不对外提出救助的请求。从曾经的"文艺奖助金去年多少友人叫我去领，我虽苦贫仍不愿要"，到此刻的"今逢此灾难，只得请你和各位理事先生商量给我千元医药费，我病愈后，要我还以什么条件都可"（均引自下文白薇致姚蓬子信），此中的辛酸无奈或许只有白薇本人才可以领会。

相比之下，稍早来到重庆的张恨水的景况要好一些。尽管同样要面对通货膨胀下的物价压力，但张恨水因为担任《新民报》的主笔，除薪水外，每月可从报社领取几乎免费的平价米，这使他得以养家糊口并继续写作①。在市区房屋紧张且面临轰炸威胁的情况下，张恨水比白薇更早地选择了离市区18千米的南温泉一带定居。二人的邻居身份也为本文所述事件提供了前提。

本文所收的前8封信件均与1941年身患猩红热而病重的白薇申请救助一事有关②。其余两信则与白薇此后的另外两次受助相关。现根据写作时间顺序将相关书信整理如下并作注解（无法辨识的字体暂用括号代替，予以空置）。

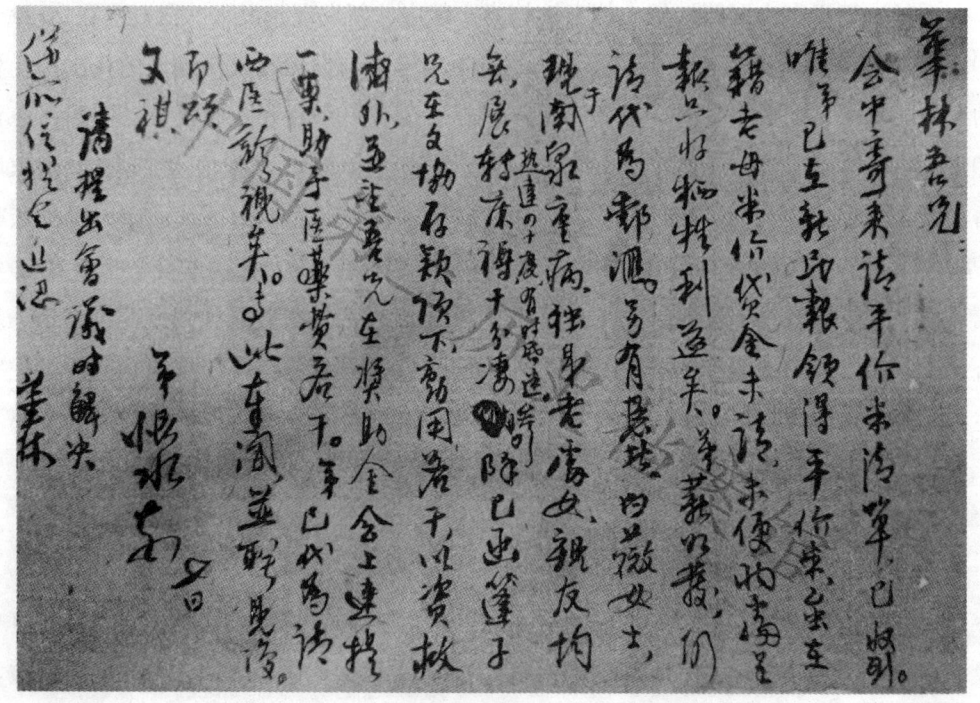

中国第二历史档案馆藏张恨水致华林信手稿影印件

---

① 张恨水：《张恨水自述》，河南人民出版社2006年版，第125页。
② 此八封信均来源于《中央文艺奖助金管理委员会核发奖助金案》，中国第二历史档案馆藏，全宗号：七一一（4），案卷号：365，第172-185页。下文不再一一注释。

—— 新发现张恨水、白薇等十封书信释读 ——

1. 张恨水致华林（1941 年 8 月 7 日）

华林吾兄：

会中寄来请平价米清单，已收到。唯弟已在新民报领得平价米，虽东籍老母米价贷金未请，未便向文协呈报，只好牺牲利益矣。弟发以后，仍请代为邮汇。另有恳请，白薇女士，现于南温泉重病，热达四十度，有时昏迷。独身老处女，亲友均无，展转床褥，十分凄惨。除已函蓬子兄在文协存款项下，动用若干，以资救济外，并望吾兄在奖助金会上速提一案，助予医药费若干。弟已代为请西医诊视矣。专此奉闻，并盼见复。即颂

文祺

弟恨水（　）七日

（按：该信末附字："请提出会议时解决并前信提会追认　华林"）

2. 华林致吴云峰（1941 年 8 月 8 日）

云峰先生赐鉴：

今接南温泉张恨水先生来函特为白薇女士请求补助据云白薇女士现在南泉病重独身老处女亲友均无展转床褥热度达四十度有时昏迷十分凄苦应代请补助些款项

文祺

弟　华林　启　八月八日

3. 张恨水致华林（1941 年 8 月 19 日）

华林兄：

寄来收条一纸，乞转交。前托代为白薇女士设法一事，未知有办法否？兹据医生告知，彼系猩红热，医药需钱极多。现彼迳托人转弟，向文协方面贷款。弟于会中毫无接洽，曾函蓬子兄，久未见示复，望兄便向文协主持人一言，并望直接函告黄女士，兄所知情形。以免白薇疑弟未予转求。她住南温泉民间第一村六号，即颂

日祺

弟恨水　上　十九

4. 华林致吴云峰（未署日期）

云峰先生：

今接恨水先生来信请速发款给白薇为盼来信回复再转蓬子为（　）（　）颂
文祺

弟　华林

　　综合以上几信可以看出此事经过。白薇于1941年7月31日起患病高烧，数日后经同住南温泉一带的近邻友人张恨水延请的西医诊断为猩红热。由于治疗此病耗费巨大，且此时大后方物价飞涨，重病孤苦的白薇无力承担，故托张恨水代向"文协"及文艺奖助金管理委员会（下文简称"文奖会"）等组织求助，希望得到经济帮扶以渡过难关。为此，张恨水一方面函告"文协"常务理事姚蓬子，希望动用"文协"的部分经费予以救急，另一方面则致信"文协"另一常务理事兼"文奖会"委员华林，商请其在"文奖会"上提案，为白薇申请救助金，试图两方面同时努力，以兹救助。实际上，无论是华林还是姚蓬子，都具有"文协"常务理事和"文奖会"委员的双重身份，但由于"文协"经费有限①，只能做出面协调的工作，最终在经济方面的求助对象仍然是"文奖会"。而华林在接到张恨水的求助信后，也在第一时间函商经办"文奖会"具体事务的该会秘书吴云峰予以迅速拨款，并最终在会上将此事立案通过。

　　值得一提的是，白薇之所以请求张恨水代为援助，除去二人的友邻关系，还与张恨水在"文协"和"文奖会"的身份有关。1938年3月"文协"在武汉成立时，张恨水被选为第一届理事。而就在上述通信前不久的1941年3月第三届文协理事选举中，张恨水当选为候补理事，不久又再次递补为正式理事②。他尽管未在"文协"总会直接任职，但因与躲避轰炸而迁来南温泉办公的"文协"作过邻居，与实际负责"文协"事务的老舍也有私交。这些都使白薇有理由相信张恨水与"文协"之间存在着一定的关系和往来而可以成为求助的对象。但张恨水在上述8月19日致华林一信中，明确表示其与"文协"联系并不多，近期甚至"于会中毫无接洽"，也因此无法直接按照白薇的意愿行事，并希望"文协"与白薇直接联系，以证明自己确实在帮助她，免其误会。而在另一方面，张恨水同时是"文奖会"文艺组的成员③，也正因如此，张恨水的两封书信均为其写给该会委员华林的。而张恨水的这一身份以及"文奖会"本身的职能与性质，也使这一代为白薇求助的尝试最终奏效。

---

　　①　"现在'文协'很穷，每月收入只有一千五百元，都是政府补助的，计有政治部教育部中宣部，数目多少不等。"老舍：《"九九"茶会上的讲话》，《老舍全集》（第18卷），人民文学出版社1999年版，第238页。
　　②　《文艺简讯》，《新蜀报》1941年4月2日。
　　③　《中央文艺奖助金管理委员会委员名单》，中国第二历史档案馆藏，全宗号：七一一（4），案卷号：80，第5-7页。

在张恨水为白薇同"文协"及"文奖会"打通关节后,白薇得以直接与后者进行联系,以下4封信均为此类通信。其中,前2封信写给姚蓬子进行相关求助细节上的沟通,第3封信写给"文奖会"秘书吴云峰履行公务手续,最后1封则是在病愈后向"文奖会"全体委员表示感谢。

5. 白薇致姚蓬子(1941年8月21日)

蓬子兄:(来信写白薇,不要加黄字,因我没有那样的图章,或写黄鹂)

　　昨读来信,你自己带病为我设法医药费,感极!病后请珍重。勿使再发。

　　梅林款未寄到,缓日当可到也。我上月卅一号起病,高热不省人事,后知日喝卅多杯开水,无汗也,不小解,烧得像个火球,中医慌了,投凉药,我不许他如此凉,他定要这样以逐热。服药后,全体冰凉,人如惨白,心不甚跳,危乎其危。再找他来,诊为湿热深侵,成湿热毒症,将发赤痧,西医名猩红热云。投以发药,果赤痧满身。时请恨水先生来,他叫来西医,一诊,果猩红热。西医自称,他备有一切药料,可无虑,打针服药八天,赤痧果退,但人犹怪烧,病潜力仍大,医生才说,他无特效药,不能净治此病。我乃托杨邨人,为我支薪,贷款,于警报频繁中,他为我买了抗猩红热血清来,注身后,第一批赤痧脱皮,第二批大颗赤斑又出满全身,奇烧极苦,头、脸头、肩、背,赤斑都化成一颗颗的脓泡,脓多钉进皮肉里,每天要用外科手术取出,医生因无药,急煞,我托张友松先生买血清来,未多交他钱,药至今未送来。最近三天又是高热不消,发出第三批大赤痧,医生至为着急,盼友松先生药能快买来,因这病势太凶猛,特效药全无,治不了的,只怕脓疱生在要害,必须开刀,那就危险之至。故极盼张友松先生代买之血清,能快送下。否则,危期难突破。且怕化脓引起败血症,治疗更难。

　　今请你设法二百元,交张友松先生,买针药二管,(　)药十(　)(我已交他五十元)共须二百三四十元左右,速派人将药送下为祷,病愈当为重谢也。西医连药带出诊与手术约九百元,往后还得继续化。文艺奖助金去年多少友人叫我去领,我虽苦贫仍不愿要。今逢此灾难,只得请你和各位理事先生商量给我千元医药费,我病愈后,要我还以什么条件都可。因西医处再不交钱,我很不好意思,医生也不大负责了。祝好!

白薇　八,廿一

　　张友松:重庆民生路186号(劝公邮局斜对面)大江印务局,药方他那全都有。

6. 白薇致姚蓬子（1941年8月27日）

蓬子兄：

　　昨接你廿四号的信，说文奖助金五百元已交梅林付邮，则廿五日我的医生前来取款买药，当落了空。

　　医生一套江湖气，满口答应治此病的药，一切全有。但他只用各种杀菌药，乱用到第八天，见病势越猖狂，始云特效药一无所有，要我去买，买了不够，则坐视不医，再三再四猖狂，我才逼着他开方买药，待再买一批药到，则全身脓泡化脓，危险已极，苦痛欲自焚死。我催他负责买药，他但笑笑，因他并未收到我的钱也。

　　由兄等热心帮忙，如今问题不在愁医药费，苦的是钱来到手，医生不给我买药，只乱七八糟用些药，使我胃坏，廿七天来，粒米不能进口，而病总不见愈。如此延长，十分危险。

　　今望兄再为我请求文奖助金五百元，全部交张友松先生，请他买药，他手上有各种药方，已买一批送来，也未交他钱。此事万望办到，越快越好，我高热中写信殊不容易，望兄多多帮忙，救我救我！祝痊安！

白薇　八，廿七早

7. 白薇致吴云峰（1941年9月4日）

云峰先生：

　　我这次猛患猩红热，猖狂地发到第四次，病势险极，张恨水先生见我惨贫孤苦，为我请求文艺奖助金作医药费。承贵会允许，前已交蓬子五百元，为我寄来。今因医院费用逾千元，贵重药品，又全是自己另买，医药费约有二千元，我无法得此巨费，只得再向贵会请求五百元（共千元），据华林先生来信，会中已通过再给我五百，要我请您将款直寄下，您收到信后，望将此款速寄下为感。祝

　　秋安！

九，四　白薇于病中

8. 白薇致文艺奖助金管理委员会及各位委员（1941年11月7日）

文艺奖助金管理委员会诸位委员：

　　今年八月间，薇患猩红热，孤贫病重，命濒危险。承恨水先生为我设法，向贵会请得医药费千元，已全数收到付给医院。这次厚蒙贵会如此帮助，衷心万分感激！更谢谢各位委员大大帮忙！待复元后，无论如何，总想努力写点东西，以

答奖助之盛意。

唯物价总激涨，惊人奇昂，我创作的热情，早给日常生活压得粉碎。以热想执笔的手，每天烧得三顿饭，洗了衣服，打扫房屋之余，就几乎再没有执笔的时间，且文思给劳作打散，体力被庸事弄疲，文章欲产生，再再困难。这种痛苦，像镣铐久加在心身，摆脱不能，忍下又叫人精神上要发癫，发狂！长年生活在如此困穷，让琐事来粉碎创作的热情之中，希望转好而压力越重，使人刻刻在活不了的苦痛中喘息。这种生活怎能写出文章来以答厚意呵！厚蒙援助的感激中，又惶惧着将来无以尽力奈何？

物价的激涨实在压死人！贫穷的文人尤其遭灾，如不为生活苦的高压，我不会那样病得惨。因生活压迫创作的，我想还有许多人，则贵会将助不胜助。贵会而欲奖助文艺，必须集中笔杆的力量，打平物价，打醒操纵物价的分子才行。

今将收据填下寄上，请查收。祝

公安！

白薇　上　十一月七日

而档案所存的"文奖会"第十三次委员会会议记录也再次证明了上述资助流程："五、华委员林为作家白薇女士患猩红热甚剧无力就医请补助医药费案。决议：准发特种助金一千元。"[1] 根据《文艺奖助金管理委员会发给文艺作家贷助金办法》，该会对于作家的扶助通常有三种形式——助金、贷金及后续增加的特种助金，并规定了各自的申请标准。

> 凡为完成某种文艺作品而无力购置材料甚至不能维持生活者得由本会酌予助金
> 凡有上项同样情形但所需资助款项能约期归还者得有本会酌予贷金
> 凡文艺作家有何特殊遭遇得由本会酌予特种助金[2]

而白薇在此处获得的不是该会一般的助金，而是特种助金，因为白薇此时病重危机，符合申请特种助金的条件。

---

[1]《中央文艺奖助金管理委员会会议记录》，中国第二历史档案馆藏，全宗号：七一一（4），案卷号：358，第56-57页。

[2]《中央文艺奖助金管理委员会组织大纲及办事细则等》，中国第二历史档案馆藏，全宗号：七一一（4），案卷号：355，第18页。

二

在厘清了白薇此次受助经过后,还需要提及上文各信中所多次谈及的"文奖会",以及该会与"文协"的关系。1940年春,应文艺界人士的呼吁,由国民党中央社会部牵头并联合宣传部、教育部、国民政府军事委员会政治部、赈济委员会、三民主义青年团中央团部等6家党政机关部门,商议组成文艺奖助金管理委员会(即"文奖会")。该会成立后,前期的主要工作就是以奖助贷金等各种形式救济文艺界人士,保障其生活和写作。根据该会章程,委员会成员除上述部门各派一名代表外,同时聘请文艺界人士11至15人组成。由于此时文艺界的核心是同时得到官方和民间文艺界承认的"文协",而"文奖会"的成立又与此前"文协"保障作家生活的呼吁密不可分,因此在"文奖会"第一届委员会的15名文艺界委员中,正在任期内的"文协"第二届常务理事①就占据了8个席位,分别是张道藩、郭沫若、老舍、胡风、姚蓬子、华林、王平陵、阳翰笙。特别是实际负责"文协"总会事务的老舍还当选为"文奖会"3个常务委员之一②。正因如此,尽管"文奖会"由政府机关直属,但同时又与"文协"这样影响广泛的民间文艺界团体关系密切,因此并非完全体现官方意志。在这种党政机关与民间文艺界的合作下,这一制度一度发挥了相当的效力,特别是在救济困难作家方面。本文所述的作家白薇的受助经历即为一例。而这是符合该会在最初设立时以保障作家为己任的初衷的。

但是,"文奖会"此种救助体制并不能从根本上改变文艺界人士的艰难处境及其对时局的悲观情绪。在上述白薇的几封长信中,除去介绍自己病情并借以求助的部分,真正值得注意并且具备更多内涵的是最后一封写给"文奖会"的感谢信。作为感谢信,此信的特别之处在于,其采取了先扬后抑的行文逻辑。在对自己得到的及时救助表示感谢后,白薇笔锋一转,改为陈述病愈后琐碎的日常生活及其对创作的影响,并进而呼吁"文奖会"号召文坛动用"笔杆子"的力量打压物价及操控物价的不法分子。这说明即便渡过此次危难,文艺工作者因战争和物价激增所处的艰难环境以及由此产生的悲观情绪并没有太多改变。"文奖会"虽附属于政府机关,但毕竟只是文化部门,根本没有能力也没有义务承担起如白薇所期望的打平物价的责任。而白薇这种病急乱投医的表现,只能反映出文艺界人士面对战时大后方艰难环境的无奈与迷茫。

---

① 《文抗协会选出常务理事》,《新华日报》1939年4月16日。
② 《中央文艺奖助金管理委员会委员名单》,中国第二历史档案馆藏,全宗号:七一一(4),案卷号:80,第3-4页。

日后的事态进一步向白薇担忧的方向发展。不但作家们的艰难处境没能因为"文奖会"的帮扶而有根本的解决，且随着时局的发展，政府此种资助作家机制的效力乃至性质本身反而受到了质疑，这在两年后"文奖会"再次资助白薇时后者的回应上得到了证明。在阳翰笙等人的帮助下，此时的白薇已经在郭沫若主管下的"文化工作委员会"挂职①，但贫病的情况并没有根本改变。稍有不同的是，这次不再是由白薇主动申请，而是第二届"文奖会"委员孙伏园听闻白薇的近况后，于该会第21次会议上主动提案对其进行资助并获通过："孙委员伏园提：近闻白薇女士景况困苦复患疾病，拟请由会酌给助金案。决议：酌给助金壹仟元。"② 而白薇在得知此消息后的反应却有些出人意料。她给"文奖会"写了这样一封回信：

9. 白薇致文艺奖助金管理委员会（1943年6月10日）

文艺奖助金管理会各委员先生：

　　日前我由城托病下乡，在乡下正困于病痛中，奉读贵会大函蒙先生们关心我的病并拟助我医药费千元，读信之后不胜感激也不胜惭愧，不知怎样答复才好。

　　抗战以来我未能也无由对国家民族贡献微力，只是贫病交加，空抱爱国热忱。而忍痛着生活压迫，终至于拿锄头种土地，来延续生命，这样的生命已经不值价。一个农女兼女佣一样的身份，已与民族国家的花朵的文艺绝缘的身份是否应该接受国家的文艺奖助金来作病费？这我不得不考虑也请先生们代我考虑！

　　如果还认我是文艺圈中的一员，我必须能写出文艺作品来。而我必须要那样的生活！多见，多闻，多和人群社会相处，不愁吃饭；说到根本问题是从解放妇女中，把我解放出来在经济与政治地位上得与同等学识修养得男子平等，这才是最彻底的办法。

　　要不从根本解决，只援助于病绵绵穷惨惨的危急之秋，贵会算尽了仁慈，然对于本人的文艺生涯仍悲惨又危险万分！假使屡病屡救，会里人多，那又救不胜救。多病的我总不能全靠救助维持，一个被救助者的心又是多末难为情！

　　因此我考虑又考虑，从困难方面说，我近来仍带着病的痛楚，甚至在每步必痛中，自己烧饭，杂作，自潦，越劳累病越拖重，我自然乐于接受千元助金；从我自己毫无贡献，前途也危险万分说，这颗心又怎敢接受那奖助文艺人的千金呵！

---

① 李长钦：《白薇年谱（1894-1944）》（上），《湘南学院学报》2012年第4期。
② 《中央文艺奖助金管理委员会会议记录》，中国第二历史档案馆藏，全宗号：七一一（4），案卷号：358，第106页。

我全部的意思如此，如何办，请先生们代我决定。如发给我千元，请交任钧兄代领。我现在能稍走动，只有三处病痛。祝安！

白薇　谨复　六月十日①

从此信中可看出白薇的矛盾心理。她一方面因生活困境和疾病问题确实需要救助且最终接受了，另一方面却因为自己作家身份在战时环境下的不断泯灭，而自觉与专门针对文艺界人士的"文奖会"资助有所距离。此时的白薇已经完全没有了两年前那封感谢信中希望在文艺创作上有所建树的表态和决心。她更多地继那封信后半部分的思路进一步表达了希望能从根本上解决文艺界人士困境的希冀，且此次表达得更为直接袒露、不留情面，使得这封本应表达感谢的信件读来让人不那么舒服。白薇提出的保障作家职业运转和解放妇女的请求早已超出了"文奖会"的能力和范畴，但也正因如此，可以看出她对政府官方以"文奖会"为代表的战时作家救助体制、政策及其实效的失望。

无论如何，白薇的确没有因为这连续的补助而走出困境。同年11月，冯乃超和叶以群代表"文协"再次向"文奖会"代病患复发的白薇求助。

10. 冯乃超、叶以群致文艺奖助金管理委员会（1943年11月24日）

敬启者：

白薇女士乡居至苦，欲写作则穷疾纠缠，月收入有限，医药费无出，近日旧病复发，医师嘱其入院细查，此项住院费，朋友间不易筹措，固特函请贵会的准予补助为荷。

此致

文艺奖助金保管委员会

冯乃超　叶以群②

而此时已由社会部转为中宣部文化运动委员会管辖的"文奖会"再次核准白薇助

---

① 《中央文艺奖助金管理委员会核发奖助金案》，中国第二历史档案馆藏，全宗号：七一一（4），案卷号：381，第80—82页。

② 《中央文艺奖助金管理委员会核发奖助金案》，中国第二历史档案馆藏，全宗号：七一一（4），案卷号：381，第143页。

金 3000 元①。

三

"文协"驻会干事梅林曾在日记中对白薇在重庆的生活片段有些许记载。可将此与上述信件相结合,来观察白薇当时的处境和心态。

一月十九日　星期一　阴

白薇有一个包袱,珍贵异常,倘有警报,托代为照顾;我想那里面大概是一些值钱的东西罢?不然是一些纪念品罢?今天她打开这个珍贵的包袱了,拿出一叠未修正的剧本原稿,和一叠由她自己设计印的道林纸的稿纸。她以一种母亲似的慈爱抚摸着它们,细声说:"人家珍贵的是首饰,化妆品,时装;我呢?只有这点稿子和稿纸。"她的声带是柔静的肃穆的,脸色似笑非笑:"这是可悲的,但我的命运就是如此,此外还有什么呢?"

一月二十二日　星期四

夜深了,白薇还在邻室走来走去,不断的咳嗽着,有时似乎在开热水瓶,有时似乎在磨墨,而有时似乎走到厨房下去煎药。夜是深沉的,冷寂的,她的每一动作的声音都似乎带有凄凉味。一个女作家,从封建的幽灵塔中走出来,在广垠的人生底旅途上,她曾经在凄风苦雨的黑夜里独行,她曾经在惑人的阳光下振臂向天宇高歌,她曾经在万花怒放的春天欢笑舞踊,她曾经为了"正义感",为了"利他主义",献出她的鲜血和皱纹;而现在,在众人熟睡的深夜,她咳嗽着走进厨房煎药……敏隔着墙对她说:"大姐,夜深了,你早点休息罢。"过了一些时候,听她静静地答复:"唔,还有点事情要做呢。"敏不能说第二句②。

八月三日　星期二

收到白薇的一首长诗《陆司机》和信。她又生病了。斑疹伤寒,刚从医院出

---

① "第廿四次委员会议经核准……白薇助金三〇〇〇元。"《中央文艺奖助金管理委员会工作概况报告》,中国第二历史档案馆藏,全宗号:七一一(4),案卷号:359,第78页。
② 以上两则日记写于1942年,转引自段从学:《梅林的抗战文坛日记》(上),《新文学史料》2018年第2期。

来，现在住在乡下休养①。

能够看出，已经年近50的白薇，此时的景况的确如其在申请救助信中所言般凄苦，贫、病、孤、老等种种痛苦都缠绕着她。但最让她绝望的或许还不是这些，而是所处环境致其写作权力和作家身份的丧失。正如梅林在日记中所言，白薇十分珍惜和看重自己的作家身份，而此时的她无论是客观处境还是主观心态都已与"作家"的称号名不副实，这才是最让她绝望和悲观的。正因为此，"文奖会"屡次三番的帮助并不可能从根本上改善她的处境，她对这种帮扶的态度也就自然由感激、乐观而逐渐麻木虚无了。她写给"文奖会"的回信也正是这种心态的产物。

白薇的案例也可以作为抗战期间文艺界与政府间关系转变的一个典型。由社会部等国民政府党政机关实际承担运转的"文奖会"相关奖助政策，本意是借扶持作家文人以利抗战，并借保障作家生活笼络其思想及其立场。实际上，尽管部分作家直接受益，但由于通货膨胀等根本问题难以解决，写作环境的破坏导致生存权和写作权日渐丧失，仍然将作家赶向了政府的反面。这也就是"文协"等后方文艺界人士由与政府机关合作逐渐转为质疑乃至批评政府的原因，尽管这种对立和批评在抗战末期才表现得更加明显。正如段从学在《"文协"与抗战时期文艺运动》中所言，"'文协'最初提出保障作家生活问题，最重要的举措是要求有关党政部门予以协助和支持。三年后，问题不变，有关党政部门却成了斗争对象"②。无独有偶，到了1944年，白薇再次得到资助时，资助人已不再是已归属中宣部文化运动委员会管辖且官方色彩日益浓厚的"文奖会"，而是向社会公开发起筹募援助贫病作家基金运动的、日益"左"倾的"文协"自身③。正是这种救助作家主体及其经费来源的变化，反映出以"文协"为代表的文艺界与国民政府日远，而距左翼运动日近的动态。

(作者单位：南京大学中国新文学研究中心)

---

① 此则日记写于1943年，转引自段从学：《梅林的抗战文坛日记》（下），《新文学史料》2018年第3期。

② 段从学：《"文协"与抗战时期文艺运动》，北京大学出版社2012年版，第211页。

③ "文协发起之援助贫病作家运动，现已收到捐款多起，昨日开会决定立即分配，先发给王鲁彦一万五千元，艾芜一万元，张天翼一万元，白薇五千元。"《救济贫病作家，文协收到捐款即予分发》，《大公报》1944年7月31日。根据《白薇评传》记载，白薇没有接受此项捐助，表示不愿意"无功受禄"。白舒荣、何由：《白薇评传》，湖南人民出版社1983年版，第193页。

民国文学研究

近现代知识分子转型浪潮中的胡适

傅其林　冯芙蓉

鸦片战争之后，中国国门洞开。在遭受西方经济入侵和政治殖民的同时，西方思想文化的大量涌入也使得传统士人遭受了精神阵痛。在外在因素的刺激和士人的主动抉择下，知识分子群体实现了较为明显的转型，这一嬗变直接导致了近现代中国文化和文学生态的变迁。

一、促成近现代知识分子转型的因素

知识分子转型是中国现代化进程中的题中之义。从本质上来说，知识分子转型是近代生产方式和生产关系的变革在文化领域的一大重要反映。作为文化重要组成部分之一的知识分子在面对复杂的国内外政治环境和西方列强入侵的社会现实时，在救亡和启蒙的社会心理驱动下，不得不求新求变。在猛烈抨击以儒家思想为代表的旧道德和旧文化的同时，近现代知识分子积极地输入学理并启蒙大众。在这一过程中，其自身也经历了一系列的嬗变，胡适便是这一批处于转型状态的知识分子的典型代表。

科学、民主、进化论和实验主义等新思想的传入是促成近现代知识分子转型的重要因素。在新文化运动期间，科学从一般性的科学技术上升为人的内在理性精神和认识社会、自然和人生的一种科学方法，被尊称为"赛先生"。胡适在《科学的人生观》一文中，更是将科学精神作为人生观的指导。他提出"'科学的人生观'有两个意思：第一，拿科学做人生观的基础；第二，拿科学的态度、精神、方法，做我们生活的态度、生活的方法"①，并提出了"怀疑"、"事实"、"证据"、"真理"等4个解决人生

---

① 胡适：《容忍与自由》，长江文艺出版社2016年版，第195页。

的科学方法和科学精神。民主思想也被新文化运动时期的启蒙思想家泛化成自由独立、社会平等和个性解放等普遍价值观,这使得民主从单纯的政治实现工具转变成具有启发理性功能的现代价值观。胡适在《自由主义》一文中提出了自由主义的四重内涵:"第一个意义是自由,第二个意义是民主,第三个意义是容忍——容忍反对党,第四个意义是和平的渐进的改革。"① 胡适认为东方自由主义没有抓住政治自由的特殊重要性,因而没有走上建设民主政治的道路,从而也不能保障人民的基本自由;同时,他也高度重视代议制、成文宪法、无记名投票等重要的民主制度。从严复编译《天演论》开始,"物竞天择,适者生存"的生物进化论在中国逐渐转变为社会进化论思想,刺激着中国人的救亡和启蒙心理。青少年时期的胡适在进化论思想的影响下于 1905 年改名为"胡适",表字适之。胡适在留学美国哥伦比亚大学时曾受教于实验主义代表人物杜威教授,直接受到了实验主义的影响并将其作为自己几乎终生信奉的科学的治学方法。实验主义思想起源于皮尔士和詹姆斯的实用主义(Pragmatism)哲学,杜威将实用主义改为实验主义(Experimentalism)。实验主义是一种思考的方法和科学的价值观,在方法论上强调历史的态度,特别注重实际的效果。胡适曾撰写《进化论与存疑主义》、《杜威先生与中国》、《杜威论思想》、《问题与主义》等文章,介绍进化论和实验主义思想。胡适在《介绍我自己的思想》一文中说:"我的思想受两个人的影响最大:一个是赫胥黎,一个是杜威先生。赫胥黎教我怎样怀疑,教我不信任一切没有充分证据的东西。杜威先生教我怎样思想,教我处处顾到思想的结果。"② 在民主与科学、进化论与实验主义等西方新思想的影响下,胡适在对比中看到了儒家思想的陈腐与保守,并逐渐对传统文化产生逆反心理;在积极吸收西方新思想的同时,他渐渐地走上了一条与传统知识分子背道而驰的现代化道路,成为了新式知识分子的典型代表与领路人。

近现代文化机构的建立、文化空间的扩展与稿酬制度的逐步完善为近现代知识分子转型奠定了物质基础。近现代文化机构的建立和逐步扩展使知识分子拥有了表达思想和进行公共交往的文化空间,这改变了传统的交往方式,促成了知识分子转型。与传统知识分子依靠地缘、血缘和学缘等因素进行交往不同,近现代知识分子形成了依靠都市公共空间和文化网络进行公共交往的模式,交往的公共性、社群性增强,逐渐形成了以业缘为基础的交往形式。根据《胡适澄衷学堂日记》中的记载,胡适曾主动发起、参与了诸如阅书社、益集会、理化研究会、自治会、讲书会、算术研究会等诸多学生社团,具有较强的社会活动能力。学生社团的发起和运行为学生提供了交流思

---

① 胡适:《容忍与自由》,长江文艺出版社 2016 年版,第 262 页。
② 胡适:《再造文明 胡适随笔》,北京大学出版社 2009 年版,第 212 页。

想、自治互助、研究学理的重要文化空间,为公共交往奠定了良好的制度基础。胡适曾主编、创办和发表文章于《竞业旬报》、《安徽白话报》、《留美学生年报》、《留美学生季刊》、《新青年》、《努力周报》、《国学季刊》、《新月》等报纸和杂志;他的诸多哲学和文学著作由上海商务印书馆、上海亚东图书馆和上海新月书店等出版机构出版。这些文化机构既是胡适"输入学理"的通道,也是他通过公共文化空间与其他知识分子进行专业和职业沟通的重要保证,积极地推动着近现代知识分子群体的集结和整合。当然,对于以胡适为代表的新文化运动同人来说,最重要的公共交往空间应当是蔡元培主导下"兼容并包,思想自由"的北京大学。对胡适而言,北大较为宽松与自由的空气为其输入学理、整理国故、再造文明的学术思想和实践提供了良好的文化空间。更为重要的是,北大为胡适和《新青年》同人提供了一个自由的公共交往空间,在北大这一场域内的学术争鸣为近现代知识分子群体转型提供了有益的思想质料。除了文化机构的建立和文化空间的扩展以外,近现代稿酬制度的建立和完善也是促进知识分子转型的重要因素之一。近现代稿酬制度的建立起源于《申报》于1878年4月刊登的一则启事,《新民丛报》第十九号刊登的《新小说社征文启》更是直接列举了不同类型、等级的稿件和所对应的稿酬,这是近代稿酬制度初步形成的标志。稿酬制度的建立为知识分子群体转型奠定了经济基础,促进了知识分子群体职业选择的多样化和自由独立思想的兴起。以胡适为代表的一批新式知识分子大多受益于逐步建立和完善的稿酬制度。

科举制度的废除、近现代教育体系的建立与完善、留学生群体的兴起是促成近现代知识分子群体转型的又一重要客观因素。1905年9月,清政府正式下诏废除科举制。从第二年起,所有乡试、会试、省考一律停止。自此以后,"学而优则仕"的传统观念和儒家经典的正统地位都受到了猛烈的冲击。科举制的废除阻断了知识分子群体读书进仕的道路,对传统士绅阶层的心理造成了沉重打击,但同时也促成了知识分子出路的多样化。胡适在《九年的家乡教育》一文中谈到了废八股对自己造成的影响:"那时正是废八股时文的时代,科举制度本身也动摇了。二哥三哥在上海受了时代思潮的影响,所以不要我'开笔'做八股文,也不要我学做策论经义。他们只要先生给我讲书,教我读书。"① 新式学堂最初由传教士在沿海各口岸兴建,科举制度的废除在客观上促进了新式学堂的发展和近现代教育体系的完善。新式学堂在输入西方新思潮、动摇儒家思想正统地位和改变近现代教育体系等方面发挥着积极的作用,客观上促进了近现代知识分子转型。在《四十自述》当中,胡适记录了自己在上海求学的经历:"我在上海住了六年(一九〇四——一九一〇),换了四个学校(梅溪学堂,澄衷学

---

① 胡适:《胡适的绩溪》,三联书店出版有限公司2016年版,第20页。

堂，中国公学，中国新公学），这是我一生的第二个阶段。"① 胡适在上海接受的较为系统的新式教育极大地扩展了他的眼界和视野，在一定程度上动摇了传统经学和旧伦理在其思想中的正统地位，同时也为他赴美留学打下了良好的基础。中国近代的留学生始于第一次鸦片战争后，有4次高峰，分别是：洋务运动前后的留学欧美、戊戌变法到辛亥革命时期的留日热、清末民初留美高潮、"五四"时期留法勤工俭学。留学生群体是近现代知识分子群体的一个重要组成部分；留学生群体的发展过程，也是近现代新式知识分子群体的构建过程；留学生群体的产生、发展和壮大与新式知识分子互为表里，互相促进。胡适在考取官费出洋后赴美留学，先后在康奈尔大学和哥伦比亚大学求学。他在写给好友的信中谈到了留学的益处："以弟一人之私见言之，则留学之大益，在于开阔心胸，振作精神。"② 赴美留学使胡适直接受到了杜威实验主义的影响，亲身经历了美国的文化和文明，这对于新文化运动和新文学运动的开展无疑有着积极的推动作用。科举制度的废除、近代教育体系的完善和留学生群体的兴起一方面标志着儒家思想的解体和传统知识分子的精神阵痛与思想混乱，但在另一方面，这些因素也积极地促成了新式知识分子的形成，这对于近现代的文化转型和文明再造有着极大的影响。

  启蒙与救亡的社会心理是促成近现代知识分子转型的重要内在因素。鸦片战争后，面对西方的政治殖民、经济和军事入侵，启蒙和救亡成为了近代中国的两大议题。中国近代的历史是启蒙与救亡相交织的历史，二者都是实现国家独立和民族解放的必要手段。为了实现启蒙，中国近现代知识分子在通过学习外国语言、翻译外国书籍、设立新式学堂和派遣留学生等途径学习和输入西方文明的同时，对中国传统文化呈现出逆反心理。对传统文化的逆反为西方文明的传播和接受创造了良好的土壤，而以向西方学习为主的启蒙则最终指向了富国强兵的救亡目的。启蒙与救亡的双向运动共同培育了近现代知识分子的文化人格。对留学美国的胡适而言，启蒙与救亡一直是他所关心的重要议题。在写给许怡荪的第20封信中，胡适谈到了自己选科标准中的救亡意图："今日所急者，在于尽一分实力于国人，使国人受一分效力，享一分福，'文学救国'，今非其时，故不欲为。"③ 此外，胡适特别注重教育在启蒙中所发挥的作用："故适以为今日造因之计，首在造人；造人之计，端赖教育。适今别无所望，但求他日归来，得以一张苦口，一支秃笔，从事于社会教育，以为百年树人之计，如是而

---

① 胡适：《胡适澄衷学堂日记》，文汇出版社2017年版，第221页。
② 胡适：《胡适许怡荪通信集》，上海人民大学出版社2017年版，第33页。
③ 胡适：《胡适许怡荪通信集》，上海人民大学出版社2017年版，第17页。

已。"① 除教育外，胡适认为整理国故和评判旧学也是启蒙的题中之义。他在《新思潮的意义》一文中提出了新思潮的精神、手段、将来的趋势和对于旧文化的态度。胡适所主张的"评判的态度"是对尼采"重估一切价值"的发挥，而研究问题和输入学理这两种手段本身就带着启蒙的意味。总而言之，受历史和政治大环境的影响，启蒙与救亡一直是近现代中国的主旋律，这种主旋律进而演变为一种普遍的社会文化心理，是推动近现代知识分子转型的重要内在因素。

近现代知识分子的转型是中国现代化进程中的重要一环。新思想的传入、文化机构的建立与完善、教育体系的现代化、启蒙与救亡的社会心理等诸多因素集结成知识分子转型的重要推动力量，同样也是构成新式知识分子理想人格的重要内容质料。

二、新式知识分子的理想人格：充满活力的人

近现代资本主义生产方式的产生推动着生产关系的革新，伴随着旧的封建体系和封建伦理的崩溃，旧的知识分子人格图景被否定，新式知识分子的理想人格也被逐步提出。转型之后的知识分子在部分保留传统价值观和人生取向的同时，在知识结构、出路、伦理价值取向等方面都和传统士人存在着较为明显的区别。这些区别呈现了新式知识分子的本质特征，那便是"充满活力的人"②。

充满活力的新式知识分子的第一大典型特征是"人和命运的辩证法成为了充满活力的人的概念的核心范畴"③。对新式知识分子而言，决定他们命运的不再是宗法制中的出身，而是个人的自由选择，这是现代伦理的本质属性。这种选择的自由性和人与命运的辩证法主要体现为新式知识分子的出路和伦理价值选择的多样化。与传统士人相比，近现代知识分子的出路更为多样，他们能更为深入地参与社会公共事业，其视野和胸怀也因此更为广阔。传统士人在"学而优则仕"、"达则兼济天下，穷则独善其身"和修身、齐家、治国、平天下等传统儒家思想的影响下，总是将读书进仕作为第一出路。随着科举制度的废除，士人通过读书应举从而入仕的道路被阻塞，一大批读书人的生计成了问题；同时，在西方新思潮和发达的物质文明的影响下，部分知识分子开始积极参与社会公共事业，或办报，或任教职，或成为专职作家，甚至有部分知识分子转型成为企业家。作为近现代新式知识分子的典型代表，胡适的出路和职业选择也在一定程度上具有典型性。他曾三度执教于北京大学，担任《新青年》轮值编辑

---

① 胡适：《胡适许怡荪通信集》，上海人民大学出版社 2017 年版，第 53 页。
② Agnes Heller, *Renaissance Man*, London: Routledge and Kegan Paul, 1978, p. 8.
③ Agnes Heller, *Renaissance Man*, London: Routledge and Kegan Paul, 1978, p. 9.

并开办、编辑多份报纸,在抗日战争期间曾任中华民国驻美全权大使,积极争取美国对中国抗日的同情和支持。胡适分别于 1917—1926 年、1930—1937 年、1946—1948 年三度执教北京大学。可以说,北大是胡适自我成就的重要文化机构,而胡适也是推动北大"中兴"的重要功臣。新到北大的胡适深得北大校长蔡元培的信任,"并被委派以各种学术和管理职务,成为蔡元培倚重的改革北大的得力助手"①。在蔡元培的协助下,胡适通过设置新的管理机构、支持报刊与出版事业、改良学制、引进人才和改建基础设施等方式实行改革。胡适初入校时便向校方建议,组建各门教授会,各门设研究所。胡适在北大报刊和学术出版事业的发展上也做出了较大的贡献。在胡适的建议下,《北大日刊》于 1917 年创刊。此外,在胡适曾参与的 1922 年的编辑部会议上,做出了废止《北京大学月刊》,另出《国学季刊》、《文艺季刊》、《自然科学季刊》、《社会科学季刊》的决定,其中《国学季刊》由胡适负责。在出任北京大学出版委员会委员长之后,胡适积极筹划北大的学术出版,并于 1922 年召集出版委员会讨论并设计、出版了三种丛书——《北京大学丛书》(英文类)、《北京大学国故丛书》、《北京大学国故小丛书》。在胡适看来,出版这些丛书将会为将来开无数法门。在学制改良方面,胡适提出的废除年级制、采取"选科制"的建议被采纳;另外,胡适建议的预科举办"实验班"、本科毕业经过一次外国语特别考试和招收女学生等措施都在不同程度上得到了认同和推行。此外,胡适还为北大积极引进钢和泰(Alexander von Staël-Holstein)、李四光、陈衡哲等海内外学者,扩充了北大的师资队伍,壮大了北大的师资力量。在任教北大期间,胡适也十分重视基础设施建设,组织募捐以兴建图书馆、大讲堂和宿舍等建筑,推动了北大的现代化进程。在大众传媒方面,除担任《新青年》轮值编辑之外,胡适还主编和创刊了《竞业旬报》、《努力周报》、《国学季刊》、《独立评论》等刊物,积极地影响舆论、输入学理,进行大众启蒙事业。抗日战争爆发时,原本打定主意 20 年不谈政治的胡适为了国家利益担任中华民国驻美全权大使,为救亡而奔走北美。胡适一生的职业选择横跨学界、政界和传媒界,具有广泛的社会参与度和灵活性,这一反传统知识分子单一化、模式化的职业选择,体现了近现代知识分子灵活多样的职业选择。除出路不同之外,新旧知识分子在伦理价值选择方面同样存在着较大的差异。与传统士人一味尊崇"君君、臣臣、父父、子子"和"君为臣纲,父为子纲,夫为妻纲"的传统长者本位、皇权本位的旧伦理不同,近现代新式知识分子在父子关系、夫妻关系、妇女问题和贞洁问题等多个方面都有了更为符合人性的价值选择,闪耀着人文主义的光辉。在《我的儿子》一文中,胡适提出了"父母于子女无恩"的观点,并强调教育孩子的目标是培养"堂堂正正的人",而不是培养虚

---

① 邹新明:《胡适与北京大学》,北京大学出版社 2018 年版,第 5 页。

伪的"孝子"。在这里,胡适将人本身放在第一位,将培育一个完整的人、一个堂堂正正的人放在虚伪的"孝道"之前,打破了以父母为本位的旧道德和旧伦理,改变了父母作为"施恩者"的地位。在《易卜生主义》一文中,胡适指出易卜生在《娜拉》中描绘了家庭的四大恶德,认为在这样的家庭环境中,娜拉只能是她丈夫的"玩意儿",而缺乏作为一个人的个性和价值。在他看来,只有让个人负责任、具有自由意志的家庭环境才能培育出具有独立意识和自我价值的现代女性,而只有觉醒的女性才不会成为家庭和他人意志的附庸,才能真正闪耀出自身生而为人的生命光辉。在妇女问题上,胡适十分注重妇女作为一个人的价值和自立的精神。在《美国的妇人——在北京女子师范学校演讲》一文中,胡适强调美国女性的独特之处就在于她们"超越贤妻良母"的人生观。所谓"超越贤妻良母",即女性拥有作为一个堂堂的人所具有的责任、所献身的事业和自立的人生观。在胡适看来,"'自立'的意义,只是要发展个人的才性,可以不依赖于别人,自身能独立生活,自己能替社会做事"①。胡适认为中国的女性仍具有较强的依赖观念,缺乏作为一个人的独立意识和对个人价值的自觉,因此胡适呼吁培养女性的自立观念。在贞洁问题上,胡适等一批现代启蒙思想家一改理学家"存天理,灭人欲"、"饿死事小,失节事大"的"吃人"伦理,提出了建立在人本和爱情基础上的新贞洁观。在《贞操问题》一文中,胡适猛烈抨击了替未婚夫守节和殉夫的风俗,认为这是残害生命、违背个人意志、缺乏爱情基础的陋习,并进一步提出一个"人"对另一个"人"的双向贞操观。胡适的新伦理是对旧伦理的根本反动,是建立在人本主义基础上的、尊重人的价值和尊严的新道德,即便在今天也仍旧具有极大的启发性和指导意义。然而,作为在旧社会的阴影下生长起来的一代,胡适在对新伦理的知与行之间不可避免地存在着一定的偏差。夏志清在《胡适杂忆》的序文中写道:"胡适在原则上是反宋明理学的,虽然在日常生活上还遵守'非礼勿动'的原则。"② 这种矛盾是时代的必然,是胡适逃避不了的命运。然而,胡适一代的启蒙思想家毕竟提出了诸多具有启发性的新的伦理观念,这些观念也正是构成其独特性的要素之一。

充满活力的新式知识分子的第二大典型特征是"多才多艺或者说多向度"③。这一人的多向度发展立足于一定的经济基础,那便是资本主义生产方式的产生及其仍处于较低水平这一客观条件。新的生产方式打破了旧有体系对个人发展的束缚,士人开始

---

① 胡适:《美国的妇人》,《新青年的理想国——一百年来影响了中国的先生们》,中国书店出版社2013年版,第87页。
② 唐德刚:《胡适杂忆》,华东师范大学出版社1999年版,第1页。
③ Agnes Heller, *Renaissance Man*, London: Routledge and Kegan Paul, 1978, p.9.

释放出活力，积极探索人的可能性和多样性。与此同时，由于资本主义生产方式发展的较低水平，劳动分工产生了却并未过分细化，人的异化因此处于较低水平。就新式知识分子而言，这种全面发展体现为知识结构的丰富和多元化。受科举制废除的影响，士人依靠读经进取的道路被阻塞。在这种背景下，传统士人为了求生存，其知识结构不得不由正规化的传统教育加上非正规化的西学教育转变为非正规化的传统教育加上正规化的西学教育。胡适的教育体系在新式知识分子的教育经历中具有典型性。在《九年的家乡教育》一文中，胡适记载了自己童年时期在家乡私塾接受的非正规化、非系统性的旧教育。胡适童年读过的旧学书籍数量比较有限。据他记载，他读的第一、二本书都是他父亲编的四言韵文——《学为人诗》、《原学》，第三本书是《律诗六抄》，第四本书以下，除了《诗经》，就都是诸子散文。除读儒家经典之外，胡适童年时期也阅读了数量较大的白话"小说"（包括弹词、传记、白话小说在内），主要有《水浒传》、《红楼梦》、《儒林外史》、《聊斋志异》、《琵琶记》、《双珠凤》等作品。在胡适看来，他所阅读的白话小说使他"在不知不觉之间得到了不少白话散文的训练，在十几年后于我很有用处"①。除了在家乡接受的非正规化的旧学教育之外，胡适在青少年和成年之后还自学、研究了一定数量的儒家经典和旧学书籍。在写给好友许怡荪的信中，胡适表达了对"读经"的重视和诸多"读经"心得。如在第15封信中，胡适谈到了读"经"对文学写作的重要意义；在第16封信中，胡适表达了对自己旧学根基过浅的担忧和读经对于中西文化交流的重要性。相比于胡适非正规化的传统教育，其西学教育则是系统的、正规的。胡适在上海接受了6年的新学教育；留学美国时，他曾先后在康奈尔大学和哥伦比亚大学接受正规的大学教育。胡适起初在康奈尔大学学农学，后根据"性之所近，力之所能"的原则转到文学院，进行了较为系统的哲学和文学研究。非正规化的传统教育加上正规化的西学教育是新式知识分子相较于传统知识分子最为基本的特质，这也是导致新式知识分子眼界、胸怀和出路不同的重要原因之一。

在新思想的影响下，在启蒙与救亡的时代命题的驱策下，胡适一代的新式知识分子在阵痛中实现了自身的转变。正规化的西式教育是构成新式知识分子特质的基础，对旧伦理的无情抨击和对新伦理的提倡是新式知识分子进行大众启蒙和社会改造的题中之义，而多元化的出路更是让新式知识分子能够更为深入地渗透到社会生活的方方面面，在各个领域发光发热。

---

① 胡适：《胡适的绩溪》，三联书店出版有限公司2016年版，第18页。

三、知识分子转型和文化与文学生态的嬗变

转型后的新式知识分子与传统士人存在着较为明显的区别。在这些特质的影响下，当新式知识分子参与社会公共事业和文化事业的时候必然会对近现代中国的文化和文学生态产生一定程度的影响，从而重塑近现代的社会形态。

以胡适为代表的新式知识分子推动了新文化运动的深入开展。新式知识分子在实现自身转型之后，以西方物质和精神文明为准绳、以报纸杂志为依托，通过译文和撰稿等形式推动新文化运动的深入开展，以期实现改造旧道德、实现社会启蒙的目的。胡适便是其中的佼佼者。首先，胡适为处于僵局的新文化运动找到了文学革命这一具有可操作性的突破口。在提倡白话文之前，《新青年》就已经开始提倡不具有可操作性的伦理道德革命，直到胡适找到了以白话文取代文言文为核心的"新文学运动"，才真正推动了新文化运动的持续开展。胡适于1917年1月发表于《新青年》的《文学改良刍议》一文中，首次提出了文学改良的"八事"。随后，陈独秀发表了《文学革命论》，提出了文学革命的"三大主义"。在胡适和陈独秀的共同努力下，浩浩荡荡的新文学运动开展了起来。其次，以胡适和陈独秀为核心的《新青年》同人促成了《新青年》杂志由"沉寂"而"复活"。在搬往北京之前，《新青年》由上海益群书店的陈子沛和陈子寿兄弟出版发行，这时的《新青年》还是一份具有商业性质、以安徽人为主体的地方刊物。《新青年》在北京通过同人刊物的形式实现了复活。1918年1月恢复出版的《新青年》四卷一号开始全面尝试白话文和新式标点，实现了由陈独秀一人主编的、按稿计酬的普通杂志，向陈独秀、钱玄同、刘半农、陶孟和、沈尹默、胡适轮值编辑的同人刊物的转型"复活"，直接开启了以推广和普及白话文为第一目标的新文化运动。最后，胡适提出和助推了《新青年》不谈政治、专谈文艺问题的主张，在一定程度上保全了《新青年》，保障了新文化运动的开展。胡适在《中国新文学大系·建设理论集·导言》中提到了《新青年》复活后的两大任务。"民国七年一月《新青年》复活之后，我们决心做两件事：一是不作古文，专用白话作文；一是翻译西洋近代和现代的文学名著。"① 在1922年的《努力周报》中，胡适谈到了自己先前不谈政治的原因："我们当日不谈政治，正是要想从思想文艺方面替中国政治建设一

---

① 胡适：《中国新文学大系·建设理论集·导言》，上海良友图书印刷公司1935年版，第25页。

个非政治的基础。"① 在胡适的主张下,《新青年》同人基本达成了不谈政治、专心于文学革命和白话文运动的主张,这极大地推动了新文化运动的开展。以胡适为代表的新式知识分子在推动新文化运动的同时,进一步实现了自身的发展和完善,新式知识分子和新文化运动之间实现了积极的双向互动。

  以胡适为代表的近现代新式知识分子的文学主张和文学创作促进了近现代文学生态的嬗变。作为新文化运动和新文学运动的代表人物,胡适凭借自身的文学主张和文学创作实践推动了白话文学,尤其是新诗的产生和发展,是近代新诗的重要奠基人之一。胡适的文学主张可以概括为白话文学观、历史的文学观、人的文学观和文体解放观(以《文学改良刍议》中的"八事"为代表)。胡适在《中国新文学运动小史》一文中提出了文学革命的两大目标,一是创造活的文学,一是创造人的文学。其中,活的文学便指向了语言文字方面的革新。在胡适看来,"那种所谓'宇宙古今之至美'的古文学是一种僵死了的残骸"②,这种僵死了的文字是造不出新文学的;而"那种所谓'引车卖浆之徒'的俗话是有文学价值的活语言,是能够产生有价值有生命的文学的,并且早已产生出无数人爱读的文学杰作来了"③。在胡适看来,国语和文学之间是一种辩证的关系,因为只有有了国语的文学,才会有文学的国语;而当有了文学的国语之时,我们的国语才会是真正的国语。在这里,胡适颇具创造性地看见了文学的语言对一种民族通用语的表达能力的扩展和深化。在《大众语在哪儿》这篇文章中,胡适分析了大众语和白话的关系,提出大众语并不是白话之外的一种新的语言,而只是白话的一种具体的运用方法,能采用"同情"的心态将白话做到最大多数人能懂的本领就是大众语。在《建设的文学革命论》一文中,胡适进一步提出创造新文学的三大步骤——一是工具,二是方法,三是创造,其中前两步是预备,后一步才是真正创造新文学。白话是创造新文学的工具,而为了掌握这种工具就不得不"多读模范的白话文学"和"用白话作各种文学"④。创作新文学的方法包括搜集材料的方法、结构的方法和描写的方法等三个方面,要掌握好这三种方法,必须注重实地的观察和个人的经验并借鉴西洋文学的方法,只有如此才能创造出新的白话文学。当然,胡适也运用历史的眼光,客观公正地分析了白话文运动得以在近代中国开展的历史条件。这些条件包括两方面内容:一方面是文化的因素,包括一千年的白话文学作品的流传、"官

---

  ① 胡适:《胡适文集3》,北京大学出版社1998年版,第369页。
  ② 胡适:《容忍与自由》,长江文艺出版社2016年版,第87页。
  ③ 胡适:《容忍与自由》,长江文艺出版社2016年版,第87页。
  ④ 胡适:《容忍与自由》,长江文艺出版社2016年版,第40页。

话"在全国大部分地区的推行和欧洲近代白话文学产生的历史的启发；另一方面是政治的原因，包括科举制度、专制制度的废除与中华民国的成立。胡适对白话文的积极倡导逐步推动了白话文在教育和文学领域中的合法性的确证，为白话成为官方正统的教育语言和新文学中的专用语言做出了积极的贡献。鲁迅、周作人、徐志摩等一大批作家更是直接将白话运用于文学写作当中，实现了新文学在语言文字这一物质外壳上的革新。在实验主义的影响下，胡适注重用历史的眼光去看待文学现象和文学事件。在《历史的文学观念论》一文中，胡适提出了"一代有一代之文学"的观念。但是，他并没有完全割裂不同代之间的文学，而是辩证地看到了此时代和彼时代的文学之间存在的承前启后的关系；尽管如此，如果放弃此时代的文学的特征，而一味地抄袭前代的文学，就不能创造出具有生命力的新文学。胡适进一步将这种历史的眼光放置到白话文学的发展上去，并认为白话之文学种子潜伏于唐人之小诗短词之中，宋朝的语录体和诗词当中也存在着大量的白话，元代之戏曲至明清之小说是白话文学发展的繁盛期，并由此得出了"故白话之文学，自宋以来，虽见摒于古文家，而终一线相承，至今不绝"① 的结论。因为白话文的发展是历史的必然，因此将白话文作为近代的文学正宗就是顺应历史发展的正确做法，不应当禁绝。胡适历史的文学观的最终落脚点还是在于为白话文确立合法性。除了重视文学语言和形式的革新之外，胡适也极为重视新文学的内容要素，提出了"人的文学"的口号。胡适在《文学改良刍议》一文中提出了许多关于文学内容方面的革新，比如"不作无病之呻吟"、"不作言之无物的文字"等。不过，这一时期的提倡还都只是在悬空地谈文学的内容，而缺乏具体的、具有可操作性的要素。在《新文学运动小史》一文中，胡适改变了之前空泛的提倡，开始倡导用易卜生的"健全的个人主义"作为新文学的内容要素，并引用周作人《人的文学》这篇文章来补充和证明自己的观点。胡适十分赞同周作人提出的一种既利他又利己的"个人主义的人间本位主义"，认为这是"一篇最平实伟大的宣言"②。胡适的文学写作实践主要集中在诗歌创作上，"1917 年，他发表了《白话诗八首》、《白话词》四首，宣告了一种新的诗体的诞生。1920 年 3 月，他将白话诗结成一集，取名《尝试集》，一时震动文坛"③。《尝试集》中的新诗虽然残留了古诗的影子，但是这些诗能做到用现代的白话比较明晰清楚地表达自己的思想和感情，不用古语，破除陈腐，担得起白话新诗的奠基之作的称号。作为新文学运动的急先锋，胡适从文学主张和文

---

① 胡适：《再造文明 胡适随笔》，北京大学出版社 2009 年版，第 81-82 页。
② 胡适：《容忍与自由》，长江文艺出版社 2016 年版，第 104 页。
③ 孙郁：《鲁迅与胡适：影响 20 世纪中国文化的两位智者》，辽宁人民出版社 2000 年版，第 485 页。

学创作实践两方面入手，实现了文体的解放，创造了新文学的种子。虽然其主张和写作中不乏不成熟的地方，但其开创之功不可否认，其对近现代文学生态的影响也是重大而深远的。

以胡适为代表的新式知识分子在近现代历史上是具有特殊性的存在：一方面，他们是从旧的文化和伦理中成长起来的士人，难以避免传统文化在他们身上打下的烙印；另一方面，他们在成长过程中又受到了西方器物、制度和思想文明的冲击。在这种新旧思想的对照和抉择下，在新的文化机构和文化空间的影响下，在救亡和启蒙的内在心理因素的驱动下，这一代知识分子顺势而为，变成了具有活力的新式知识分子。转型后的新式知识分子成为了西方思想在中国的代言人，积极地活动于大学、政府和社会组织等多个空间，持续地启蒙大众，不断地为救亡事业奔走。在胡适这一代知识分子的不懈努力下，中国近代的文化和文学生态都有了明显且重大的改变。受限于时代条件，近现代知识分子的部分主张在某种程度上存在偏颇，但是，他们的诸多思想仍然在当代闪耀着思想的光辉，仍然在一定程度上具有启发性和实践的指导意义。

（作者单位：四川大学文学与新闻学院）

民国文学研究

"诗"与"俗"如何化合?[①]
——从上海剧艺社看现实题材剧目的文化品格

穆海亮

以通常意义上的题材类型计,话剧大致可分作现实剧、古装剧和翻(改)译剧。由于话剧是典型的现代市民艺术,而现实剧直接表现市民生活,因而必然在其中占据重要位置。以孤岛剧坛中流砥柱及战后剧运中坚上海剧艺社("上剧",1938—1941,1946—1948)为例,在其演出的68个剧目中,古装剧14部,翻(改)译剧28部,现实剧则有26部。表面看来,现实剧似乎并无数量优势,但三者之中,经时间检验成为经典剧目的,现实剧比例更高;而且大多数翻(改)译剧在经过人物、情境诸方面的中国化改造后,艺术风貌其实与现实剧十分接近。"上剧"演过的《上海屋檐下》、《愁城记》、《北京人》、《夜上海》、《女子公寓》、《花溅泪》、《这不过是春天》、《芳草天涯》、《戏剧春秋》等均已载入话剧史册,根据巴金原著改编的《家》在孤岛创下181场的演出纪录,战后连演141场的《升官图》更是罕见的杰作。这些剧目描摹市民阶层的凡情琐事和生存状态,寄托其价值观念与理想追求,以充满诗意的世俗关怀勾画现代市民的精神图谱。

李健吾和夏衍都以"诗与俗的化合"来评价于伶剧作。这里的"诗",是生活的诗、心灵的诗,也是政治抒情诗;这里的"俗",是题材的世俗、叙事的通俗,也是风格的浅俗。于伶是"上剧"主事者,他的剧作在很大程度上形塑着"上剧"的风格,因而"诗与俗的化合"其实也是对"上剧"现实剧整体风格的概括。这一风格,是包括于伶、夏衍、吴天、曹禺、李健吾、丁西林、张俊祥、石华父、陈西禾、洪谟、

[①] 本文系国家社科基金重大项目"数字媒介时代的文艺批评研究"(19ZDA270)的阶段性成果。

陈白尘等在内的剧作家共同缔造的。进一步说，鉴于"上剧"在中国话剧史上的典型意义，我们就有可能透过"上剧"考察现实题材话剧共同的文化品格。现实剧数量众多，立意指向有别，艺术水准各异，剧场效果各有高下，社会影响存在差异，而决定其时代价值、经典意义、市场效益、艺术成就的，归根结底是对"诗"与"俗"的把握、协调、融汇的方式、技巧及效果如何。

那么，"诗与俗的化合"为什么会成为现实剧一致的审美倾向？"诗"与"俗"究竟如何化合？"诗"与"俗"化合的可能性、意义及限度何在？"诗与俗的化合"从哪些方面影响了现代话剧审美形态的建构呢？下面，我们就以典型剧作家为切入点，窥其一斑。

一、于伶：诗与俗化合的可能性及其限度

"诗与俗的化合"因夏衍的《于伶小论》而名扬天下，最初却源于李健吾的精彩表述：

> 不怕俗浅，而且，有甚于此，从俗浅之中提炼惊心动魄的气韵，我们必须承认，是于伶先生敏感的灵魂的非常的成就。他懂得日常生活，熟悉他的材料，人情地熟悉。也就是这种奇特的聚拢，诗和俗的化合，让我们不时感到一种亲切的情趣，为一般中小产阶级所钟爱①。

在李健吾看来，于伶善以浓郁的诗意和强烈的抒情色彩灌注于习见常闻的俗事，从日常生活中提炼"惊心动魄的气韵"，以对熟悉的人物及事件充满感情和趣味的描述，赢得市民观众的认可。

李健吾描述的是孤岛时期的"于伶"，而非抗战之前的"尤兢"；但"于伶"毕竟是"尤兢"的延续，不可能一刀两断。抛开早期独幕剧不谈，从第一部大戏《夜光杯》开始，于伶"俗"的一面就已经显现。取材于颇具传奇色彩的"新刺虎"，本身就有迎合观众的考虑，该剧因故事的离奇与媚俗而沦为并不流畅的情节剧；再加上左翼的锤炼早已使于伶养成了急于呼喊和发泄的惯习，政治的呐喊排挤了诗韵的营造，该剧"俗而无诗"的情形由是形成。《女子公寓》、《花溅泪》、《夜上海》的出现标志着于伶的转变，"诗与俗的化合"开始崭露头角。此时的"俗"，已由情节的媚俗转变

---

① 李健吾：《〈夜上海〉和〈沉渊〉》，《上海剧艺社公演〈夜上海〉特刊》1939年8月，第4页。

———— "诗"与"俗"如何化合? ————

为题材本身的世俗,于伶自身的诗性也渐次显露,《花溅泪》连剧名都染上了杜工部式的家国情思,《夜上海》被誉为于伶创作中"一座出色的里程碑"①。"于伶在他的创作的道路上,发现了以艺术形象来代替概念化的表现手段,从主观的夸大走向传达客观中的真理,这正是他把创作方法的基点开始转化到现实主义这条路上来的证明。"② 不过,历史的惯性很难轻易克服,《女子公寓》等剧在一定程度上仍然继承了"尤兢"剧作的特点,性急的呼喊、激情的宣泄经常出现,尤其是当这种激情被职业剧团的营业需求所裹挟的时候,于伶剧作的内在断裂就充分显露了——情理失衡、结构松散、噱头穿插、人物概念化、剧情枝繁叶茂而缺乏剪裁,是人们公认的弊病。此时的于伶,"诗"与"俗"并未实现彻底的"化合",或许称之为"杂合"更为妥帖。

"诗与俗的化合"的初显,与其说是于伶战士和诗人的双重身份所致,毋宁说是孤岛的特殊情势成就了于伶;与其说是于伶在艺术创造方面的有意追求,不如说是外在形势逼迫下的无奈选择。如果没有孤岛,浸淫左翼日久的于伶很可能还停留在早期活报剧、宣传剧或《夜光杯》那样"恋爱加国防"的情节剧状态。正因孤岛的种种限制,他的写作不能再像以前那样急切、赤裸地呼喊口号,而变得含蓄蕴藉、深沉平和了,他内在的诗人气质也由此被激发出来。于伶有几句话广为人知:"《花溅泪》的所以如此取材,这样落笔,无非是为了此时此地的演出环境"③;"要说的话实在太多,同时此地此刻能说的话又实在太少"④。这经常被视为孤岛创作不自由的体现,似乎把金石音写得比较模糊、把丁香写成"概念的浮雕"都是环境所迫。其实恰恰相反,这种"压迫"对于伶并非坏事,如果不是为了"此时此地的演出环境",于伶很可能继续沿着早期宣传剧的路子走下去,金石音和丁香们免不了要站出来发表一番抗战救国的高谈阔论了。外在的束缚反而激发出于伶内在的诗情,这不能不说是个反常的收获。

同时,正因为于伶是为职业剧团写作,在市场的召唤下,其世俗气息被彻底激活。他懂得上海观众的喜好,了解孤岛民众的心理。他深知,如将此前闹得沸沸扬扬的"女子公寓事件"搬上舞台,可以满足观众的猎奇心理,描写舞女能够吸引普通市民的眼球,而在"表现上海"的旗号下,又能赢得文化界的青睐。当时就有人称赞《花溅泪》至少有三层意义:一是"舞女姊妹们看了之后,可以认清到自己生活的危机";二是"使一般老是混在舞场里的有闲阶级的人们,得到一个良好的教训而致惭愧";三是"其他的观众们,能够因此了解到舞女问题是一个很严重的妇女问题,也就是社

---

① 应服群、朱端钧、吴人:《关于〈夜上海〉》,《中美日报·电影与戏剧》1939年8月13日。
② 天佐等:《论于伶的〈夜上海〉》,《大晚报·剪影》1939年8月21日。
③ 于伶:《感谢以外的多余话——关于〈花溅泪〉演出》,《文汇报·世纪风》1939年2月7日。
④ 于伶:《再给SY——临时再版题记》,《花溅泪》,现代戏剧出版社1940年版,第3页。

会问题"①。其实这段话恰好可以反过来理解,舞女题材搬上舞台,各阶层观众"各取所需",卖座自然就好。于伶对此有着清醒的认识。他说:"在戏剧事业的基础之建立的做法上,演出不能不营业化,从以剧养剧到以剧建剧",所以,"在我写作的过程中,是尽可能地'为营业,为一般的观众着想了'"②。正是为了营业的考虑,于伶虽然写的是小市民,但并非普通意义上的小市民,女子公寓的房客、舞女都是特殊阶层的人物,其实与真正的日常生活还有一定距离。他也始终未能摆脱情节剧的影响。《女子公寓》中赵松韵与刘岱望的重逢、《花溅泪》中米米的自杀未遂、《夜上海》中梅岭春一家的离而复合,都带有明显的人为编织的佳构剧痕迹。这给于伶剧作带来三重困惑:一是"诗"与"俗"无法始终实现"化合",二者互相平行、分立甚至撕裂的情形并不罕见;二是诸如《花溅泪》之类的剧作,尽管可以迎合一时一地的观众,但时过境迁之后重现舞台的可能性不大;三是即便单纯为了营业而采取世俗策略,也不一定天遂人愿,于伶曾试图以"象征的、讽刺的音乐歌舞喜剧"③《女儿国》挽回颓势,但效果并不理想。

于伶剧作之"诗与俗的化合",直到他离开孤岛抵达大后方,才实现了较为和谐的状态。《长夜行》和作为《夜上海》续集的《杏花春雨江南》虽还偶有孤岛时期"涉笔成趣"的影子,但已经基本实现了世俗题材、浅俗风格与诗性意蕴的圆融结合。从《夜光杯》到《女子公寓》、《花溅泪》、《夜上海》,再到《长夜行》、《杏花春雨江南》,正体现着"诗"与"俗"逐渐"化合"的发展过程。《长夜行》的出现标志着于伶真正达到了自己的艺术巅峰。而该剧对小市民生活的精心刻画、对知识分子心灵的准确描摹,以及细腻微妙的情绪、含而不露的语言,无论从哪个角度看,都越发接近于伶的挚友——夏衍。

二、夏衍:政治抒情诗的世俗化呈现

于伶剧作因诗与俗的不协调而导致的艺术裂痕,在夏衍那些最好的剧作中得到了弥补。告别了《赛金花》式的讽喻之后,夏衍将全部精力转移到描写小市民和城市知识分子上来。同样取材于市民生活,于伶往往展现非凡情境下的突转,夏衍侧重挖掘日常生活中的现实诗意与心灵激荡;同样描写世俗人事,夏衍要比于伶理智得多,情理失衡的现象基本没有发生,于伶式的枝繁叶茂在夏衍笔下整饬得井然有序;夏衍也

---

① 文飘:《〈花溅泪〉观后感》,《大英夜报·海燕》1939 年 2 月 14 日。
② 于伶:《由〈女儿国〉谈起——雪中废话》,《女儿国》,国民书店 1940 年版,第 15、16 页。
③ 东郭:《评〈女儿国〉》,《大晚报·剪影》1940 年 2 月 12 日。

——"诗"与"俗"如何化合？——

不像于伶那样急切地宣泄政治意识，他剧中的政治或渗入人物的性格和心灵，或成为人物活动的远景。"诗与俗的化合"，恰恰在夏衍剧中臻于完善。

孤岛剧坛对"表现上海"的渴求，在夏衍这样一个远在香港和大后方的作家笔下实现了。战前创作的《上海屋檐下》和写于桂林的《愁城记》，都是"上剧"首演成功的剧目。夏衍把视角对准了中下层知识分子和市井细民，没有惊心动魄的重大事件，没有刻骨铭心的生死考验，有的只是普通弄堂五户人家平淡如水的生活场景，或年轻夫妻共筑爱巢的希望与失落。即使剧中最能凸显所谓"戏剧性"的场面，也被夏衍悄无声息地置于幕后。平淡、含蓄、洗练、回味无穷，这就是典型的夏衍风格。夏衍力争在每一个生活场景的自然状态中，写出每一个人物的真实感受，于是剧中直接的宣教越来越少，微妙的暗示越来越多。人物一举手一投足，折射的是丰富的情感涟漪，是心灵世界的流露，是生活本质的外化。夏衍笔下的人物总是呈现为灰色调，"因为生活本质（一些渺小的人物的生活）是灰色的"①。有人对此不满足，希望作者能够使黄家楣等人的性格再积极一些，使剧作变暴露为指引②；有人希望剧中人物关系、善恶对立更鲜明一些，不能像《愁城记》那样，反面人物也难以激起人们的愤怒③。其实，这正是夏衍的风格。他想写的是一个个的人，而不是各式各样贴了标签的类型。所以，一旦人物在笔下形成，夏衍就任由人物根据自身性格自由发展，而不是根据作家的好恶妄加约束。夏衍说："我有这么一个经验，就是：最初是'作者写角色'，后来，当角色的性格已经形成了之后，角色就会逼着作者按照他的性格去发展，要勉强是很难的，勉强了就不真实。"④ 真正的诗意一定是从真实、自然中产生，从人物的心灵流泻出来的。

灰色并不意味着作家没有倾向。夏衍以含泪的微笑同情着笔下的人物，又总是充满温情地指出他们的弱点，期望他们能够与时代同步前进。为此，剧中常有一个相对超然的人物，如《上海屋檐下》的赵振宇、《愁城记》的李彦云、《芳草天涯》的孟文秀，以冷静、达观、睿智的态度审视着自己的伙伴们，有时还为他们指出前进道路。很显然，这类人物是在代剧作家发声。当时就有人这样评价孟文秀："在《芳草天涯》中，无疑的是作者把他当作自己的代言人的。因为故事的发展，终是由他来批评，压制，排解和指示的。他，可以说是在这剧中，唯一的超然的人物了。"⑤ 夏衍喜欢这种

---

① 沈仪：《我怎样看〈夜上海〉》，《剧场艺术》第 10 期，1939 年 8 月 20 日。
② 章玉卿：《〈上海屋檐下〉观后》，《申报》1940 年 7 月 19 日。
③ 盛庆琜：《〈愁城记〉观后》，《中美日报·艺林》1941 年 6 月 24 日。
④ 夏衍：《谈〈上海屋檐下〉的创作》，《上海屋檐下》，中国戏剧出版社 1981 年版，第 91-92 页。
⑤ 孝英：《论〈芳草天涯〉中的人物孟文秀》，《大晚报·艺坛》1948 年 2 月 8 日。

人,但他又始终充满自省精神,即使对这样的人物,他也时不时报以善意的嘲笑。赵振宇的乐观幽默、安贫乐道经常令人忍俊不禁,但他那种比上不足比下有余、甚至偶尔还有些自欺欺人的精神胜利法,经常在不经意间流露出来,点染着淡淡的苦涩,可笑亦可怜。夏衍这样描述他对剧中人物的感情:"我谴责自己,我谴责同时代的知识分子,但是,亲爱的读者,在叙述人生的这些愚蠢和悲愁时,我是带着眼泪的。"① 这一相对超脱的抒情主体,显示了夏衍和于伶的不同。同样描写小市民,于伶是情感型的,往往浸入人物的情感世界,能够入乎其内而无法出乎其外:一部《夜上海》,于伶的感受几乎与梅萼辉合而为一;一部《长夜行》,让人分不清何处是俞味辛的愁绪,哪里是于伶的伤怀。而李彦云和孟文秀的出场,总让人感觉夏衍在充满智慧地审视他的人物,报以深沉的同情和含泪的嘲讽。相对于于伶的情理失衡,夏衍的抒情更加自然妥帖,也更富有诗意。

夏衍剧作虽则平淡,却"从小人物的生活中反映出一个即将来临的伟大的时代"②。在葆珍与小伙伴清脆的歌声中,匡复重返社会,继续革命事业,屋外的黄梅天气透出了一丝晴意;赵婉贞和林孟平走出自己的小天地,实现了将个人命运与民族、国家相连的宏大主题。即使是夏衍唯一的恋爱题材剧作《芳草天涯》,最终的结果也是尚志恢、孟小云、石咏芬放下私情去接受磨炼,"人还在挣扎,人还在磨炼,东方已经升起了一朵红云,这仿佛告诉上路的人,等待着他们的将是一个爽朗的晴天"③。夏衍就是如此奇妙地将浓浓的抒情诗意与淡淡的政治色彩融于一体,所谓"沁人心脾的政治抒情诗"④,就在这世俗的题材、浅俗的格调、淡抹宜人的情境中孕育而生了。在这里,直接展示在近景的是人物的生活,折射的是人物的心灵,而政治或内化于人物的活动,或已经成为一种远景,营造时代的氛围。但是,远景绝非可有可无,在很大程度上它正是夏衍剧作的旨归,也是营造意境的必需。就像一幅水墨画,如果没有淡淡的远山和薄薄的云雾,近处的苍松翠柏和独钓蓑翁也将索然无味。作为职业革命家的夏衍丝毫不会放弃对政治诉求的表达,但他这种宁静淡远的表达方式,比任何急切的呼喊都更加深沉,更有穿透力。政治抒情诗的世俗化呈现,是夏衍剧作的独特风姿。

当夏衍剧作缺少了于伶那样的"趣"和"刺"之后,似乎要面临营业上的潜在风险。但《上海屋檐下》连演两轮、累计达54场的成绩以及舆论的一致好评,说明剧目能否为更多观众所接受,并不取决于口号的强弱或"趣"、"刺"的多寡,观众更希

---

① 夏衍:《前记》,《芳草天涯》,美学出版社1945年版,第10页。
② 夏衍:《谈〈上海屋檐下〉的创作》,《上海屋檐下》,中国戏剧出版社1981年版,第89页。
③ 夏衍:《芳草天涯》,美学出版社1945年版,第143页。
④ 唐弢:《沁人心脾的政治抒情诗》,《夏衍剧作集》(1),中国戏剧出版社1984年版,第1页。

望看到对自身生存处境与心灵世界的真切描摹。在"俗"与"诗"之间,"诗"显然更具持久的感染力,而化俗为诗、挖掘俗中之诗则更为普通观众所欢迎。

三、吴天:成也世俗,败也世俗

诗与俗的遇合并不总像在夏衍剧作中那样和谐,二者发生分立甚至分裂的情形屡见不鲜。"上剧"的有些现实剧并未在艺术品格、舆论评价与市场卖座之间达成均衡的统一,或是虽着力于世俗价值,却在一定程度上失却了诗性品格;或是世俗定位与诗性追求的对接出现隔阂。在这方面,吴天的创作具有代表性。吴天为"上剧"创作的剧本,除《被压迫的》是独幕短剧外,《海恋》和《家》等大型剧目都因世俗化的策略而在市场上获得成功,却终究由于诗意的匮乏而未能成为真正的经典。

《海恋》讲述了马来亚一个华侨家庭的纠纷,其中穿插着沙来由于小人挑拨激起的嫉妒而杀死妻子克蒂亚,并因为种族仇恨不允许妹妹美娜与华侨李学铭相爱而杀死美娜的故事。对普通观众而言,该剧的阴谋、凶杀、复仇、种族仇恨以及南洋华侨抗战救国的时代背景,很能带来直接的刺激;更何况,为了保证营业,吴天还特意在"俗"的方面动了一番心思:"为了这剧本是在职业剧团里上演,我不得不顾虑到观众,所以使得情节曲折一点,场面也比较热闹(如跳舞,唱歌等),连布景,也有了三个。"① 因此,该剧能够取得连演47场的票房佳绩并不意外,连向来目光如炬的李健吾都看走了眼,称赞该剧为"一年来创作剧本最高收获之一"②。然而,情节过于巧合、故事发展雷同、人物性格失真,是该剧的明显缺陷。推动情节发展的人物大都是激情的符号,沙来一受挑唆就接连杀死妻子和妹妹,已完全不像一个"人"的所为;李亚发的阴谋有无数次被当众戳穿的机会,都被作者有意放过;沙来对妻子的误会原本可以轻而易举地解释清楚,作者却一而再再而三地使之延宕,让这误会的雪球越滚越大,以保证沙来最后的疯狂举动如期出现在舞台上。历史终究是有选择的,这类仅以骇人情节刺激人而无性格内涵和诗性意蕴的剧作,即使可以在当年火爆一时,最终也会因为经不起美学批评而只留下历史价值。吴天当年就"断定这部《海恋》是拙劣之作"③,如今看来,并非完全是自谦之词。

《家》当年创造的市场奇迹,至今为人们津津乐道。可以说,这是由原作、改本、剧社、观众、舆论之间的合力互动共同造就的。首先,《家》的编演初衷带有直接的

---

① 吴天:《〈海恋〉的初稿和改作》,《中美日报·艺林》1940年5月30日。
② 李健吾:《海恋》,《神州日报·神皋杂俎》1940年5月31日。
③ 吴天:《又是秋天——改完了〈海恋〉致友人书》,《小剧场》第4期,1940年12月16日。

功利性。"上剧"决定搬演《家》，首要考虑就是以名著效应确保卖座。吴天对此直言不讳。他知道，巴金原作的巨大魅力是吸引观众的最佳资本，一旦搬上舞台，"定可获得大量观众"①。其次，《家》的题材自带世俗魅力。大家庭的破败、新与旧的较量、爱与恨的交织、美好爱情的破灭、美丽生命的陨落，剧中表现的这一幕幕虽是20多年前的事情，却仍在孤岛普遍发生着，故而极能引起市民观众的共鸣。即使改编者让"我们看到的只是一个大家庭的故事的介绍，而没有能从这里充分地看到新与旧的势力的冲突的斗争"②，也丝毫不影响观众对剧中平凡人物的喜怒哀乐挂怀于心。仅是一个天真无邪的鸣凤之死，就足以令人唏嘘不已。其三，吴天的改编采取了剧场性的策略。吴天虽非一个才华横溢的作家，但他对舞台规律稔熟，深谙剧场三昧。情节的紧张有致、场面的冷热相济、个别抒情场景的渲染以及辞岁贺寿放焰火之类的噱头，使上海观众乐此不疲。吴天对剧中人物的处理也易于讨好各个阶层：对旧势力的反抗和对光明的向往，很适合一般青年知识分子的胃口；而对封建旧势力的宽容态度，如对高老太爷的批判乏力，以及对觉新的过分同情等等，又能取得思想保守观众的理解。其四，《家》的宣传不遗余力，花样百出。先在报刊上公开征集关于原著小说的改编意见，使该剧未演先红；然后为了巴金原著改编权与绿宝剧场展开口水战，几个回合的唇枪舌剑吊足了观众胃口；演出期间推出有奖竞猜，并在各大报刊及自己主办的《剧艺》周刊上不断发表编导演的创作心得，吸引各方眼球。这些举措激起了舆论、媒体和观众的极大热情，关于《家》的评介连篇累牍，甚至小道消息、花边新闻满天飞。在这种情况下，即使《家》的剧本有这样那样的缺点，即使导演"魄力不够"，演员"没有谁达到真正如何成功的境地"③，却火爆异常，连续重演。

《家》的票房大卖彰显出话剧世俗属性的必要性，也印证了李健吾论断的深刻性——"世俗的一时的胜利，不一定就是艺术的永久的价值"④。吴天的《家》虽然取得了"世俗的一时的胜利"，但在长时段戏剧史上，其艺术品格却难与曹禺同名剧作同日而语，尽管它比曹本问世更早、卖座更佳。这一点，话剧界早有定论。吴天的改编在剧情方面更"忠实"于原著，但缺点很明显：整体改编中规中矩，缺乏积极创造；企图将尽量多的情节容纳进来，导致很多场面都未充分展开；人物形象不够出彩，原作色泽饱满的瑞珏、梅等都被大大弱化，觉新的作揖主义软弱得近乎可憎，觉慧的反抗则直露草率，缺乏可爱的气息；气氛的营造不到位，尤其是高潮的处理显得平淡；

---

① 吴天：《关于〈家〉的改编》，《正言报·剧艺》1940年11月2日。
② 李明：《〈家〉观后感》，《剧场新闻》第10、11、12期合刊，1941年2月10日。
③ 金陵、铁流：《〈家〉的剧本、导演和演员》，《小剧场》第6期，1941年1月30日。
④ 李健吾：《风流债·跋》，世界书局1944年版，第3页（"跋"单独起页）。

语言相对单调，缺乏情感、个性和诗意。究其原因，除了改编者自身的才华所限之外，"模仿多于体验"① 也是重要因素。而曹禺的改编不求亦步亦趋，却在内在精神层面呼应乃至深化了原作的意蕴，尤其是他以非凡的语言才华将自身情感投入其中，沁人心脾的意味、神采飞扬的诗情令人拍案叫绝。于是，在今天的话剧舞台乃至话剧史上，吴天的《家》已少为人知，而曹禺的《家》随着时间的推移而声名愈盛。如果说吴天的《家》在孤岛极一时之盛是一次彻底世俗化的胜利，那么，曹禺的《家》则是以饱满的诗情和丰厚的人文意蕴赢得了话剧史上的卓越地位。

四、悲剧和喜剧的失落：诗与俗的错位对话剧审美形态的影响

以夏衍、于伶剧作为代表的现实主义正剧，是"上剧"现实剧的主流，也最能体现"诗与俗的化合"之风格；而悲剧和喜剧则数量偏少，艺术呈现参差不齐，因而留下的经典相对匮乏。极少数以悲剧样态出场的作品最终沦为情节剧，追求趣味的世态喜剧往往与现实相隔膜，一味混闹的"伪闹剧"则在艺术和营业上均告失败。个中原因比较复杂，而诗与俗的兴衰消长、聚散离合对剧作审美形态与艺术品格的影响，是不容忽视的因素之一。

除吴天的《海恋》外，陈西禾的《沉渊》是"上剧"现实剧中绝无仅有的近似悲剧之作。《沉渊》以回溯方式描写两代人 17 年的恩怨，情节、结构、人物关系都与《雷雨》相像。资本家赵笙斋通过谋财害命获得巨额资产，背上了比周朴园还要沉重的精神负担；继室梅采雯有着繁漪一样激烈的性格，无意中对自己的亲弟弟方思源产生了爱情，与丈夫前妻之女赵芝成为情敌。在这样的氛围中，阴谋步步展开，罪恶接连发生。该剧畸形的情感纠葛显示出招徕观众的世俗化努力，但其对悲剧诗意的开掘显然力不从心，实在难以抵达真正悲剧的境界。其一，情节进展与主要人物的刻画都比较粗疏。梅采雯在倪砚卿三言两语的鼓动下，就做出杀人害命的决定，她仅把繁漪复杂性格中狂热的一面强化到了极致；赵芝作为剧中理想人物的典型，作者想以她的出走为这黑暗王国带来光明，但赵芝恰恰是全剧最没有光彩的角色，她似乎仅仅是为了代表作者发表剧末那段向往光明的"化装演讲"而出场，"全剧中只有她的'语言'，而找不出她的'行动'"②。其二，事件的发生完全是由于卑鄙小人的拙劣勾当，如果不是倪砚卿从中作梗，悲剧完全可以避免。在真正的悲剧中，如莎士比亚的《奥赛罗》，哪怕是伊阿古这样的"恶人"也有一股令人敬畏的力量，而倪砚卿这样的

---

① 幼明：《评〈家〉：关于剧本》，《神州日报·神皋杂俎》1941 年 2 月 1 日。
② 司徒珂：《评〈沉渊〉》，《中国公论》第 4 卷第 2 期，1940 年 11 月。

小人，只不过是小人罢了。其三，剧中的牺牲者方思源、赵蕃都是在毫无意识的不作为情况下被害的，从中看不到什么正面的价值。"名副其实的悲剧意识不仅仅是对苦难与死亡、流逝与毁灭的沉思。要让这类事情成为悲剧，人必须行动。只有当人通过他的行动深深地卷入注定要毁灭他的悲剧之中，才会有悲剧。"① 因此，《沉渊》与其说是"悲剧"，不如说是"惨剧"，或是残酷的"情节剧"。

在喜剧并不丰富的现实剧舞台上，石华父《职业妇女》、张骏祥《小城故事》、丁西林《妙峰山》这些接近于西方世态喜剧的作品自有其价值。《职业妇女》取材于引起广泛关注的邮政局排斥已婚妇女事件，貌美机智的张凤来巧设妙计，令局长大出洋相。《小城故事》中，夫妻联手欺骗，父子同争一妇，交际花出身的女主角一开始两相撩拨、巧于周旋，到最后弄巧成拙，竹篮打水一场空。《妙峰山》中，大学教授占山为王、抗敌保民，谈笑间化险为夷，并赢得美人心。这样的人物和故事，颇能激起孤岛观众的欣赏兴趣。然而，这些剧目并未收获期待中的口碑。《职业妇女》虽气氛轻快、动作活泼，但只是浮光掠影地反映社会热点，缺少尖锐的讽刺和深刻的开掘，人物性格单薄浅淡，结尾处邮政局长的突发性转变也不太可信。《妙峰山》设置了抗战救国的背景，可丁西林对此显然并不熟悉，他特有的幽默情调与现实政治强扭在一起，并不协调；而且妙峰山那世外桃源式的情境明显带有乌托邦色彩，与抗战现实存在错位。《小城故事》里的人物像穿着中国衣服的外国人，"它所突击的只是'形象'，却没有突击'现实'"②。这就出现一个显而易见的问题：虽然剧作表面看来是在表现中国人的世俗生活，但其实并未根植于中国现实土壤中，剧中人物骨子里的气质、思维与情感表达方式都与普通中国人格格不入，整体风格游离于本土语境之外，带有较明显的西洋风味。换而言之，它们题材虽"俗"，但这里的"俗"不是源于中国现实社会的自然之"俗"，而是这批留洋剧作家不自觉的"洋味儿"所带来的人为之"俗"，故而对现实生活只有表面的呈现而无深刻的勘研，更缺乏对现代中国市民特定心灵世界的精微刻画，中表西里的审美格调令这些剧目的"在地性"人学意蕴打了折扣。

如果说世态喜剧与中国现实的隔膜，终究与西方喜剧样式在中国水土不服有关，故而尚能得到观众理解的话；那么，《枉费心机》、《黄金万两》等以"闹猛"的插科打诨为主的"伪闹剧"，就让观众无法原谅了。闹剧原本有它的特点："它的人物和对话仅仅以情境为转移，而且它的情境是最夸张的、最不可能发生的情境"；"为了突出

---

① [德]雅斯贝尔斯：《存在与超越》，余灵灵、徐信华译，上海三联书店1988年版，第93页。
② 金陵、莫野：《〈小城故事〉》，《中美日报·艺林》1940年9月7日。

———"诗"与"俗"如何化合?———

情境,牺牲了对人物性格的描写"①。如果剧作明确以此为追求,也未尝不是一种值得肯定的选择;然而,如果故意做出严肃喜剧的样子,结果却由于艺术的低劣而流于闹剧的行列,就难免弄巧成拙,搞成四不像的"伪闹剧"。《枉费心机》故意设置了反汉奸的背景,可牵强附会的剧情、矫揉造作的人物、啰唆无味的台词,几令观众难忍。《黄金万两》在通货膨胀不可控制、黄金价格一日三涨的情况下,还以"黄金万两"做幌子来戏说无聊的财产风波,从头到尾只用巧合伎俩,"真的碰假的,死的碰活的",毫无意义。此类作品从根本上是"俗"的,不过这个"俗"不是坦白诚恳的,而是欲遮还羞的,是欲作"雅"状而不得的"俗",因而就沦为尴尬搞笑的无聊之作,有了媚俗之嫌。观众的眼睛是雪亮的,《枉费心机》只演了11场便仓促收场,《黄金万两》即使打着电影明星韩非"回娘家"的旗号,也无法挽回卖座的颓势。这样的闹剧,俗则俗矣,然而诗意全无,与真正的喜剧距离很远。

五、余论

综观"上剧"全部剧目,可以发现一个明显趋向:古装剧大多向悲剧靠拢,翻(改)译剧中喜剧数量占优,现实剧最普遍的审美形态则是正剧。正剧在现实剧中的优势地位,一方面是由于重在表现市民世俗生活的现实剧与代表"市民文化的自觉"的正剧之间,有着天然的关联,"正剧这个剧种的基本目的,是表现'人的天职'……在表现'人的天职'时,正剧比悲剧或喜剧更接近于现实生活"②;另一方面,现实剧以写实原则正面揭示生活的平凡、琐屑或反常,客观上为"诗与俗的化合"提供了更直接的契机。而且,正因为正剧并不满足于对生活表面的描摹,更要揭示"隐藏在帷幕后面的深刻的现实"③,现实剧的世俗题材也就更加依赖对诗性意蕴的深层开掘。最典型的当属夏衍,自《上海屋檐下》起,夏衍剧作无一例外都是现实主义正剧,这是他矢志不渝地取材市民社会、关注现实人生、刻画世俗人物的结果。悲喜交融、化俗为美、注重个性、追求诗意,这是夏衍剧作的气质,也是典型的正剧风格。

精细描摹市民生活的现实剧多为正剧,并不意味着,话剧的艺术价值与其题材选择及审美形态之间存在直接对应甚至机械决定的关系。一方面,如果正剧满足于对世俗生活亦步亦趋的表面再现,而无法抵达深刻揭示市民阶层之心灵空间和现代社会之

---

① [英]阿·尼柯尔:《西欧戏剧理论》,徐士瑚译,中国戏剧出版社1985年版,第277页。
② [英]阿·尼柯尔:《西欧戏剧理论》,徐士瑚译,中国戏剧出版社1985年版,第315、317页。
③ [法]柏格森:《笑——论滑稽的意义》,徐继曾译,中国戏剧出版社1980年版,第96页。

精神本质的诗意高度，也就无法成为真正的经典，吴天《家》的遗憾正在于此；另一方面，如果悲剧或喜剧能够在表现世俗生活的基础上，触及对人类精神困惑或荒谬处境的终极叩问，同样可能成为诗意盎然的杰作。"上剧"战后重建时期最受欢迎的《升官图》，是一出被称为"匕首"和"照妖镜"[①]的绝妙喜剧，它最直接、最不留情面地将社会的一切虚假面纱撕得粉碎，最深刻、最鞭辟入里地剖析了现代中国的种种痼疾，从而达到了直面人性污浊、解剖国民劣根性的深度。剧作家以高高在上的姿态，含笑带血地俯视着这些社会蛀虫们跳梁小丑似的做着最后的挣扎，观众则以放声大笑尽情释放着压抑已久的愤懑不平，剧作浓厚的诗意就在这笑声中油然而生了。《升官图》完美实现了演剧的世俗价值与艺术的经典诗意之间的有机化合，并因此摘取了中国现代政治讽刺诗的桂冠。世俗性是话剧与生俱来的基本属性，也是它赢得演剧市场的必要条件，而决定话剧艺术恒久价值的终究是它的诗性，最高形式的艺术总是充满诗意的，正剧如此，悲剧、喜剧也不例外。

（作者单位：陕西师范大学新闻与传播学院）

[①] 欧阳山尊：《〈升官图〉告诉了我们什么》，《文汇报》1946年4月30日。

民国文学研究

从"共建"到"共生":论抗战时期南京文学[①]

曾祥金

20世纪八九十年代以来,抗战时期沦陷区文学成为现代文学研究界的一大学术增长点,其中抗战时期东北和上海的文学研究更是成为学术热点。以城市而论,抗战时期北平和上海文学都有相关学术专著面世[②],而同时期南京文学受到的关注则比较少。事实上,南京作为汪伪政权的首都,在抗战时期吸引了大批作家前往,他们在南京创作了大量作品,这些作品是不应该被忽视的。再加上彼时南京所处的特殊环境,使抗战时期的南京文学具有了一些不一样的特质,这就为研究者的相关解读和阐释提供了较大的空间。

这一时期的南京文学无论是从质还是从量上看都值得引起关注。就报纸副刊来说,《南京新报》(后改名为《民国日报》)、《时代晚报》、《南京晚报》、《中报》、《民报》、《士兵画报》、《中心日报》、《京报》(后改名为《京报晚刊》)、《中国日报》都有文艺副刊刊登文学作品,其中,《南京新报》(《民国日报》)、《中报》、《时代晚报》、《京报》(《京报晚刊》)四报副刊最为重要[③]。《中报》的"中流"、"游艺"副刊以趣味为中心,大量刊发何海鸣、徐凌霄、徐一士、纪果庵、陈大悲等人的掌故随

[①] 本文系四川省教育厅人文社会科学(郭沫若研究)项目"抗战时期郭沫若文化政治实践研究"的成果。

[②] 如张泉《沦陷时期北京文学八年》、李相银《上海沦陷时期文学期刊研究》、王鹏飞《孤岛时期上海文学期刊研究》。

[③] 笔者曾系统阅读《南京新报》(《民国日报》)、《中报》、《时代晚报》、《京报》(《京报晚刊》)这四大报纸的副刊,收集了不少有用的材料,但因本文篇幅所限,未能将它们纳入其中。

笔和陈寥士、王西神、龙榆生等人的旧体诗词,张资平的中篇小说《烟波江上》①也在上面连载,成为抗战时期南京具有代表性的报纸副刊。《时代晚报》的"明灯"副刊从1940年起连载何海鸣的《二十五年北居回忆录》。此回忆录长达20多万字,详细记录了作为鸳鸯蝴蝶派作家和政客幕僚的何海鸣在天津、青岛、大连等地20多年的生活,具备一定的文史价值。《时代晚报》编者特意撰文称赞道:"何海鸣先生为本刊特撰二十五年北居回忆录,刊载之后,风诵一时,誉为富有价值之革命史料。"②《京报》及《京报晚刊》在连载王度庐长篇武侠小说的同时,还推出了江上风、东野平、王予等颇有成就的作家,可谓功劳匪浅。

就文艺期刊而言,据统计,抗战时期南京有50多种纯文艺与含文艺的刊物,在华中沦陷区比除上海和南京以外其他城市同类杂志的总和还要多,在全国沦陷区也仅次于北京和上海的数量。其中,比较有影响力的有《同声月刊》、《国艺》、《作家》、《艺潮》、《新流》、《人间味》、《野草》、《文艺两周报》、《文编》、《作品》、《华东文学会丛刊》、《文艺者》、《苦竹》、《求是》、《中国诗刊》等。日伪当局对文艺实行严厉的统制政策,对作为汪伪政府首都的南京更是如此,《国艺》和《作家》里的文章向我们展示了日伪当局如何通过文学宣扬"和平"以及"中日亲善"的思想。《新流》和《艺潮》同人都是对文学抱有敬畏之心的作者,他们代表了抗战时期南京文坛的新进作家。两个刊物合力推出了一位以善于描绘底层和乡村生活而著称的长风。长风的长篇小说《沦落》和短篇小说集《底下层》都是不可多得的现实主义力作。《同声月刊》的存在为抗战时期的南京文坛增添了不少亮点,在保存诗词史料和推动词学发展方面都做出了不可磨灭的贡献,也是这一时期南京旧体诗词回潮的代表性刊物。抗战时期,北平和上海也出现了一些诗词专刊,但其影响力都不能与《同声月刊》相提并论。这其中的功劳大半应归于龙榆生。龙氏以一人之力办刊,从《词学季刊》到《同声月刊》,最终成为一代词学大家③。《人间味》和《求是》则代表了这一时期掌故随

---

① 《烟波江上》连载于《中报》,从1942年6月1日开始,到1942年9月14日结束。张资平的这部中篇小说此前没有被学界发现和提及。《烟波江上》主要描写武汉大革命时期革命青年一步步走向幻灭的过程,真正的革命者被革命所吞没,投机分子却最终大获其利。(这让人想起茅盾的"蚀"三部曲。)
② 《一帧旧影》,《时代晚报》1940年11月4日。
③ 需要指出的是,龙榆生并非如有学者所说的"徘徊在文化与政治之间"。1940年,龙榆生相继发表《由纪念孔子想到我们从事和平运动者的责任》和《怎样促成全面和平的实现》。前者是龙榆生响应汪精卫尊孔号召写的,文章宣称如果一个人是真切了解孔子的话,就更应该负起责任来,从事和平建国的工作,才不负先贤立圣之旨。后者则为从事和平运动者建言献策,认为他们现在最重要的任务是保种保民,并对住在上海租界不愿落水的知识分子予以训诫。类似的言论就是龙榆生的污点证据。

笔的复兴，纪果庵在南京异军突起，成为沦陷区的一流散文作家，目前关于他的相关研究和资料整理工作还处于起步阶段①。此外，张资平、陈大悲、陶晶孙、章克标、胡兰成、路易士、龚持平、何海鸣、陈学稼、李斐殊、汪精卫、梁鸿志、陈寥士、李宣倜等新旧作家的存在更是丰富了抗战时期南京文坛的创作实绩，使得这一时期的南京文学并非无话可谈。

一、"共建"姿态：管制·容忍·放任

日本殖民主义者从一开始就选择了以华制华的策略，从伪南京市自治委员会到伪维新政府，再到汪伪政府，日本当局希望找到一个合适的代理人来执行他们的殖民政策。具体到文学上，日本采取的是与汪伪政府宣传部门"共建"的方法。他们迫切需要文学作品来宣传思想、粉饰太平，进而达到文化殖民的目的。因时间仓促，再加上中国幅员辽阔，他们无法像对待中国台湾和朝鲜一样对待中国大陆。基于此，日伪当局对南京沦陷区的文学作品进行了分类处理，凡是涉及反对日本殖民统治的文字，予以严厉的管制；对一些暗含软性抵抗的作品，日伪当局出于疏忽或者不懂其中含义，而采取了容忍的姿态；此外，诸如通俗文学、身边文学、戏曲影视等无关痛痒的文章，日伪当局往往采取一种放任"自由"的态度。于是，抗战时期的南京文学呈现出一种混杂的状态，它就像一个精神复合体，里面既有殖民文学也有抵抗文学，既有传统的旧体诗词也有"摩登"的话剧电影。

日本当局通过伪政权来统制南京的新闻舆论，大办各种宣传"亲日"、"和平"等汉奸言论的报刊。1938年6月，伪维新政府成立宣传局，由孔宪铿任局长。1940年3月30日，汪伪政府在南京成立，汪精卫在伪行政院下设宣传部，由林柏生任部长。日伪当局在不断加强殖民宣传的同时，严厉查禁一切抗日宣传。1940年10月1日，汪伪行政院颁布《全国重要都市新闻检查暂行办法》，规定"凡新闻纸及通讯社所刊布之一切稿件，除宣传部认为不必检查者可免检查外，均得施行检查"，其目的是"为防止破坏和平反共建国国策之一切反动宣传"②。1941年1月24日，汪伪政府又颁布《出版法》，规定在日伪区出版的所有报刊，均由汪伪宣传部管理，须先行申请登记，经伪宣传部批准后方可出版③。此外，汪伪宣传部门还把外地报刊进入南京的渠道一

---

① 学者黄恽在纪果庵资料整理方面用力甚勤。
② 《全国重要都市新闻检查暂行办法》，汪伪行政院档案，中国第二历史档案馆藏，全宗号：2003，案卷号：2087。
③ 《出版法》，汪伪行政院档案，中国第二历史档案馆藏，全宗号：2003，案卷号：2087。

律封锁。在这样的大背景下，凡是含有抗日和反对伪政府统治的文学都被严厉管制，因而抗战时期南京文坛上基本没有类似20世纪30年代东北沦陷区和上海"孤岛"时期那样直接的抗日文学存在。抗战文学受到严厉管制，缺乏发展的空间，取而代之的是"和平文学"和大东亚文学的大量生产。这些官方统制文学的生产目的在于为政治服务，它们没有太多的文学性可言，读者对它们也缺乏兴趣。这在很大程度上限制了抗战时期南京文学的发展。

对于暗含软性抵抗的文学作品，日本殖民统治者采取了容忍的姿态。这其中的原因是多方面的。其一，在抗战前期，日本侵略者的重心显然是在军事上，对已经占领的地区实行以华治华的策略，这就注定了他们不可能在文化上做到全面管控；太平洋战争爆发后，日本人更是多线作战，在战场上疲于奔命，无暇对沦陷区做进一步的文化统制。其二，在中国的日本军国主义者缺乏一种首尾一贯的思想或政策。日本作家武田泰淳在私下的信件里就说："日本人的一些主张是毫无意义的、荒谬的，在交战地区没有任何人予以注意。而且，日本方面的所作所为，尽管表面上轰轰烈烈，但思想贫乏，几乎等于零。"[1] 这使抗战时期南京文坛处于间歇性的"无政府状态"，产生了一批超出日本人管控的文学作品。其三，这些文学作品并没有直接抵抗日本人的意图，而是通过旧体诗词或掌故等形式隐晦地表达写作者内心的反抗或不合作。中国的旧体诗词自有它的一套机制。古语的复活、典故的挪用、传统文类的重新使用等，都是这套机制的具体体现。我们可以称之为符码，日本人大多不能理解其中的深意，自然也就无法解码。抗战时期南京文人对于陆游、苏轼、杜甫等人的吟咏和祭奠，有不少即含有隐晦抵抗的意思，这种现象值得进行探讨。

抗战时期南京文坛出现了一批以写作为职业的作家，这样的商业写作在20世纪二三十年代的南京很少出现，在同时期的东北和北平沦陷区也不多见。他们既不写殖民也不写抵抗，而是以市场为导向，占据某个报刊作为阵地，通过向读者兜售文字来养活自己。身边文学就是这些职业作家写作的一个重要文类。它往往只是作家们的一些生活片段或者不痛不痒的个人感悟，甚至于不少人把自己的日记登诸报刊以赚取稿费。比如江上风就在《京报》连载他的《回乡日记》、《东归日记》和"樽边小忆"系列（包括《我的服装》、《我的读书》、《我的消遣》、《我的童年》、《我的足迹》、《我的癖好》、《我的收藏》、《我和戏剧》、《我与卷烟》、《我的写稿》、《我的睡眠》等），王予则在《京报晚刊》连载他的《荷花散记》。这些文字对于我们了解抗战时期南京的社会状况和市民生活有较大的帮助，构筑了一部特殊语境下的南京微观史。作为传

---

[1] 转引自［美］耿德华：《被冷落的缪斯——中国沦陷区文学史（1937—1945）》，张泉译，新星出版社2006年版，第12页。

播媒介的报刊也支持这类身边文学的发展，《京报》编辑林涵之在《编辑随笔》里写道："本版是欢迎一种无关大体的小品文，凡属有关治国平天下的话，很少想在这里登载"，"希望此后来稿少谈国事，少谈恋爱，更勿含有说教的意味"①。除了身边文学，通俗小说和戏曲电影在这时候也开始繁荣起来。它们多秉持与政治无关的态度，将重心放在娱乐上。日伪当局对这些文类采取了放任的姿态，使得它们在彼时的南京大行其道。

二、全面殖民与多重抵抗

日军在攻占南京后，开始对南京城的老百姓实行文化殖民与思想奴化。日本五相会议制定的《从内部指导中国政权的大纲》明确要求加强对日占区中国人民的思想统制——"对于抗日思想泛滥的现状，必须一面以武力为后盾，打开局面，一面提高国民经济收揽人心，恢复东方文化，确立指导精神，恩威并施，以促进一般汉民族的自发的合作"。具体到思想文化方面，则是"尊重汉民族固有文化，特别尊重日华共通的文化，恢复东方精神文明，彻底禁止抗日言论，促进日华合作"②。在这种文化殖民策略的指引下，汪伪政府相继发起鼓吹"和平反共建国"的"和平文学"和集合东亚力量反抗欧美入侵的大东亚文学。应该说，与同时期的北平和上海相比，作为汪伪政权统治中心的南京的文化统制最为严厉，文学殖民也最是无孔不入。在这样全面殖民的语境下，抗战时期南京文艺期刊大部分直接为日伪当局的殖民统治服务。其中，作为伪中国文艺协会会刊的《国艺》以建设东亚新文艺为目标，致力于宣扬"和平文学"，在编辑过程中采取直接刊发政治性文章、举办征文活动等办法为日伪当局的文化统制服务。另一些期刊则有两副面孔，它们表面上打着纯文艺期刊的旗号，背后却自有其政治诉求。比如《作家》杂志虽然有文学独立性的追求，但在汪伪政府的高压统治下，它不得不在文学和政治之间徘徊，并最终走向了迎合官方意志的歧途。

这时候的南京出现了不少为"和平文学"和大东亚文学助力的机构，其中一个就是伪中日文化协会。该协会成立于1940年12月8日，理事长为褚民谊。伪中日文化协会号称"以沟通中日两国之文化，融洽双方朝野人士之感情，并发扬东方文明，以期达到善邻友好之目的为宗旨"③，其实质是日伪当局实行文化殖民的工具。它下设总

---

① 涵之：《编辑随笔》，《京报》1940年8月23日。
② 复旦大学历史系编：《日本帝国主义对华侵略史料选编》，上海人民出版社1975年版，第272-273页。
③ 《中日文化协会纪事》，《中日文化》1941年第1卷第1期，第134页。

务组、学术组、出版组、游艺组和观光组,主要事务为文艺学术讲座的设置与举办、各种著作翻译刊物的发行、图书馆博物馆美术馆的设立、音乐戏剧美术电影的互相介绍与研究,以及东亚文化的共同研究与宣传。笔者找到了游艺组戏剧股1942年的部分活动记录:"一月廿五日下午二时,本会为欢迎名誉理事长重光大使及德意二国大使,在和平堂表演京昆戏剧。本股同仁,将平时心得之作,搬演于红地毯上;四月一日,本会为庆祝国府还都二周年纪念,举办戏剧音乐体育游艺大会,并请友邦柔道名家表演,及友邦军乐队,演奏军乐;四月廿二日,为东亚文艺复兴运动周,本股举办昆剧表演。"① 由此亦可知所谓的"中日文化协会"成立之目的正在于为日伪的殖民统治装点门面,出谋划策。

第三届大东亚文学者大会在南京召开,它是日本当政者对南京进行文学殖民的一次重要活动。早在此次会议举办之前,汪伪政府就开始为它制造舆论攻势。作家龚持平接受采访说:"唯有此次大东亚战争,方能使大东亚共荣圈内各民族由英美之桎梏中解放;唯有完成大东亚战争,方能击灭英美之侵略文化,始能复兴东方文化,发展各民族固有文化。本年已临决战关头,文学者亦应确立斗争态势,与军事共同迈进。此次大会所以在中国举行之意义,应深予理解也。"② 1944年11月12日,第三届大东亚文学者大会在南京揭幕,有中国、日本、伪满洲国的62名代表出席,作家钱稻孙、陶晶孙、章克标、龚持平、陈寥士、周越然、赵荫棠、潘予且、傅彦长、何海鸣、龙沐勋、爵青、古丁、梅娘等均在其列。会议主要围绕四个议题进行:(一)如何以小说诗歌戏曲等激励民众,昂扬战意,以争取东亚之解放;(二)如何复兴东亚固有文化与精神,如何创造新东亚之文化与精神;(三)如何积极实行大东亚宣言第三项有关文化各事项;(四)如何提高东亚诸民族之文化水准与民族意识。周佛海作为代行政院长发表讲话,宣称东亚各民族受英美凌虐,精神、物质两受其害,文化水准也因此低落,因而"一定要有代之而起的适于东亚共存共荣的思想,适于东亚民族现实生活的文化,以为复兴东亚的基础",并指出单单保存东方固有文化是不够的,"我们要进一步做创造的工作,我们要求东亚文艺复兴"③。与会代表也纷纷提出诸如"结成东亚文学者联盟"、"发行大东亚文化刊物"、"设置大东亚文学奖金"、"与艺术界合作"等方案。在南京召开的第三届大东亚文学者大会更像是日本与汪伪文艺界人士的一次

---

① 《本会艺术组各股工作报告》,见中日文化协会编:《中日文化协会两周年纪念特刊》,1942年内部发行,南京图书馆藏,第92页。

② 《东亚文学者大会 定期在南京举行 各作家发表感想》,《中报》1944年9月19日。

③ 《从东方旧有文化中提炼精华 建设新的东方文化 周代院长于大东亚文学者会席上训词》,《中报》1944年11月13日。

与文学殖民有关的合谋①。

有殖民的地方就有抵抗,抗战时期南京文坛也出现了一些现实主义作品。这些作品虽然在质和量上都无法与同时期东北和上海的同类作品相比,更没有类似之后马华文学中的"政治抵抗诗学"②产生,但它们自有其存在的价值。这些作品往往是由青年作家所写,文笔一般还比较稚嫩。整体来说,它们的文学史价值大于文学价值,史料价值大于文学价值。在殖民文学大行其道的时代,这些青年拿起手中的笔,将视线转向底层民众,以写实的笔法暴露社会的黑暗与不公。它们的面世并不那么容易,而是经过了编辑们的巧妙斗争与策略上的"改头换面"。这批作品在数量上并不算多,但它们是"五四"现实主义文学在南京的延续,它们的存在证明了以写实和批判为核心的现实主义文学的巨大生命力。以《新流》杂志为例,这是伪中央大学学生创办的一个以青年作家为主的文艺刊物,它提倡现实主义的文学作品,主张运用文学的力量来改造文化乃至社会。《新流》的这种姿态自然受到汪伪政府的关注,它的出版也变得一波三折,中间还经历了更换主编事件。从第2期起,《新流》邀请时任伪苏淮特别区行政公署宣传处处长郎依山当顾问,为杂志的发行保驾护航。这自然是编辑们的一种策略③,也体现了异态时空下现实主义文学存在的艰难。

与致力于描写底层民众、暴露社会黑暗的新文学作品不同,部分旧体诗词和掌故呈现出一种软性抵抗的特征。这些写作者往往不敢与日伪当局的殖民政策发生直接对抗或冲突,而是通过书写历史人物和守望古典文化来达到其目的。抗战时期部分南京文人所坚持的旧体诗词写作,本身就是一种守望古典、守护传统文化的行为。每逢苏轼、陆游、袁枚、杜茶村等人的诞辰或忌日,这些文人们往往会聚在一起做一些纪念活动,并赋诗留念。类似的聚会雅集既是在传承古典的、诗意的生活方式,也在祭奠先贤的同时,对外来文化(日本文化)表达一定的抗拒,在某种意义上具有隐晦抵抗的特征。比如1941年,南京的一批文人在陆游生日当天组织了一个纪念活动,并纷纷撰写诗词表达内心感触。林葆恒的《汉宫春》写道:"羽箭雕弓,记锦江裘马,驱使

---

① 有研究者对第三届大东亚文学者大会提出不同的解读,比如学者刘晓燕认为"(第三届)'大东亚文学者大会'名义上是文学会议,然而作为战时文化体制中的一环,大会本身充满着政治意味,更像是一个角力场,各方的政治意图在此汇集、交锋。日本意图以大会收编各地文学者,以'大东亚共荣'强制规范文学和思想,从而协力战争,然而各占领区亦围绕大会表达自身政治立场和要求"。参见刘晓燕:《文学与政治的博弈——"大东亚文学者大会"在南京》,《中国现代文学研究丛刊》2014年第1期。

② 许文荣:《南方喧哗:马华文学的政治抵抗诗学》,马来西亚南方学院出版社2004年版,第1页。

③ 郎依山的出现虽然一定程度上代表了政治对文学的干涉,但他的存在并没有改变《新流》同人的编辑宗旨。

青春。回思尔时意气,压尽群伦,年华老去,向镜湖做个闲人。惆怅甚,桥波绿处,沈园黯自销魂。谁料月泉社侣,趁好天良夜,还礼吟身。千年重逢揽揆,如接清风。兰亭禹庙,叹今日犹溷兵尘。休更说,中原北定,感时一样沾巾。"① 林葆恒与他的"月泉社侣"在天气晴好的日子里纪念陆游这位爱国诗人,想起陆游北定中原的伟大志向,再回望彼时山河破碎的景象,与陆游的境遇是何等的相似,不由得"感时一样沾巾"。同样的悲凉情绪也表现在吴庠的《木兰花慢·放翁生日》里——"万千南渡恨,供酒鲊,谱神弦。……试看山河半壁,料应流涕尊前"②。掌故方面可以以何海鸣为例,他在《中报》上发表了一系列谈论历史人物与事件的掌故,诸如《关于项羽》、《与项羽同性格者——崇祯帝》、《石季龙与康熙帝》、《辛弃疾的〈泣血录〉》、《明季一怪人:沈君庸》、《明末奇女子:刘淑》等。何海鸣笔下的这些人物既有帝王将相,也有布衣平民。他之所以写下这些文字,是要人们重新关注中国的历史和文化,进而达到隐晦抵抗的目的③。另外,作为辛亥革命亲历者的何海鸣还写了《辛亥武汉首义实录》、《武昌三武》、《辛亥的民族革命》、《癸丑党人东渡记》等文章来回忆这段中国近代史上荡气回肠的时刻。其对辛亥革命的书写是为了让人们记住这个关键节点和为这个节点做出伟大贡献的人物。

三、文学复古与畸形"摩登"

新文化运动以来,以胡适等人为代表的文化激进主义成为主流,主张全盘西化,抛弃文言文和传统道德。这时候的南京却自有另一番景象,以吴宓、梅光迪、胡先骕等人为代表的学衡派信奉白璧德的新人文主义,相继创办《史地学报》、《文哲学报》、《学衡》、《国风》、《东南论衡》,坚持旧体诗词写作,展现出一种固守传统文化和传统道德的姿态。抗战时期,南京文坛出现了一次更大的复古思潮。彼时南京出现了一批专登旧体诗词的期刊,旧体诗词不再处于报刊的补白处,而是占据中心位置,这是此前比较少见的。《同声月刊》、《中国诗刊》、《学海》、《民意》、《国艺》等都是这样的刊物。这一时期南京的旧体诗词创作群体与此前相比有较大差异。20世纪二三十年代南京城写作旧体诗词的,主要是东大—中央大学师生以及学衡派同人。全面抗战爆发后,南京的旧体诗词创作群体在人数上大大增加,四面八方的诗人们汇聚南京城,其中既有以梁鸿志、李宣倜、陈道量等为代表的闽派诗群,也有汪精卫、龙榆生等诗词

---

① 林葆恒:《汉宫春·放翁生日》,《同声月刊》1941年第1卷第5期,第149页。
② 吴庠:《木兰花慢·放翁生日》,《同声月刊》1941年第1卷第5期,第147页。
③ 需要注意的是,何海鸣在这时也写了为数不少的鼓吹和平的文字,需要一分为二地看待他。

名家，甚至还有为数不少的前清遗老。他们一改学衡派诸人的"昌明国粹、融化新知"为"专倡国故、不谈新知"。这使沦陷时期南京文坛的旧体诗词创作达到一个"鼎盛"时期，与同时期的北平、上海相比亦是不遑多让。这在白话新文学早已统治文坛的20世纪30年代末40年代初颇堪玩味。

1938年，梁鸿志在南京组织伪维新政府，网罗了一批幕僚在其任职的行政院担任秘书等职位。这些人多为闽派诗人，此后就围绕着梁鸿志进行各种诗词唱和活动。学者张元卿称他们为梁鸿志幕府诗群。这个诗群的主要成员有吴用威、李宣倜、刘骧业、陈寥士、黄懋谦、江古怀、陈世镕、黄孝绰、黄近宸、朱景迈、曹熙宇、潘其璇、黄溥、黄劼之等。他们发表诗歌的主要阵地是《国艺》。《国艺》创刊于1940年1月，1942年4月终刊，属伪中国文艺协会的会刊。刊物主编为陈寥士，陈方恪、朱重绿、屠焕衡为该刊编辑①。《国艺》的"采风新录"栏目专门刊登旧体诗词，且大量刊发闽派诗人群作品，创刊号上就有梁鸿志、李宣倜、陈寥士、黄劼之等人的十余首诗歌。《民意》创刊于1940年6月，1943年1月终刊，它的"近人诗词"栏目较多刊登江亢虎、任援道、潘其璇、廉建中、陈伊迥、晏百勉、马念祖、林霜杰等人的诗词。1940年4月，著名词学家龙榆生来到南京，任伪立法院立法委员兼陈公博秘书，后在汪精卫的支持下创办《同声月刊》。《同声月刊》延续了《词学季刊》的办刊风格，成为抗战时期南京的重要刊物。该刊设有"今诗苑"、"今词林"，主要刊登汪伪政府内部诗人的旧体诗词，主要作者有汪精卫、梁鸿志、李宣龚、江亢虎、王揖唐、陈曾寿、赵尊岳、陈方恪、陈寥士、林葆恒、杨无恙等。《中国诗刊》创刊于1942年10月，1942年12月终刊，共出3期。该刊是陈寥士创办的专门刊登旧体诗歌的刊物，刊载了大量汪精卫、李宣倜、李拔可、陈寥士、王西神、寥恩焘、江亢虎、陈啸湖、林鸣秋、陈柱尊、朱右白等人的诗歌。《学海》创刊于1944年7月，1945年3月终刊。李释戡为社长，钱仲联为主编。李氏在"发刊辞"里说："第人成一书。讵易语皆精当。白首穷研。往往不竟其功。即博洽有成矣。丧乱困乏湮灭不传者。何可胜道。使各摅心得。汇刊流布。则事易集而无虞散佚。岂不善钦。此学海月刊所由作也。"② 由此可见，《学海》创刊的主要目的是保存文献，但该刊同时设有"附录"栏目刊登近人诗文，主要作者有李宣倜、梁鸿志、钱仲联、夏敬观、冒孝鲁、陈病树、冒鹤亭、钱默存、陈曾寿等。

抗战时期南京文人还热衷于雅集和结社，他们似乎想通过这样的活动来建立一个精神共同体。这个共同体就像一个世外桃源，他们在里面进行诗酒唱和，过着一种想

---

① 从第1卷第5/6合期起，编辑改为钟任寿、朱重绿、曹惘怅。
② 李释戡：《学海月刊发刊辞》，《学海》1944年创刊号，第1页。

象中的古典生活。彼时南京文人雅集的地点主要在行政院西园、玄武湖、鸡鸣寺、清凉山等地。其中，西园雅集和桥西草堂雅集比较重要。西园雅集以梁鸿志为中心，地点在今天的南京总统府西花园。1939年农历三月初三，梁鸿志与李宣倜、陈道量、陈方恪、吴用威、张次溪、曹靖节等人在伪维新政府行政院西园雅集。同年九月初九重阳节，梁鸿志约集吴用威、江古怀、李宣倜、陈世镕、陈道量、黄孝纾等在西园雅集，众人纷纷赋诗，并结集成《乙卯重九禊集诗》。梁鸿志在《〈乙卯重九禊集诗〉序》里写道："余守官金陵忽焉二稔，春秋佳日宜若可以登山临水矣，而薄书宾客间之使无宁晷。今年重九集同官之能诗者饮于西园之不系舟，毕一日之乐。"① 桥西草堂雅集则以李宣倜为中心，主要参与人员有龙沐勋、陈柱尊、潘其璇、陈道量、陈啸湖、曹靖陶、何岂斋、张次溪、钱仲联、郭枫谷等。据《陈方恪年谱》记载："两日后（1942年10月18日）即为重阳节，李释戡在桥西草堂邀集，先生和陈伯冶、钱萼孙等二十余人参加，众人皆有诗，惟先生未作。"②

当这些诗人、词客沉浸在古典想象的同时，另外一批南京文人则致力于都市文化的"建构"。抗战时期南京文坛也显露出"摩登"的一面，只不过彼时的"摩登"带有浓烈的末日气息，歌舞升平与亡国之恨并存，呈现出一派畸形"摩登"的景象。战乱时代下的南京市民一时看不到胜利的希望，又背负着殖民耻辱和身份认同的双重危机，只能埋首于声色犬马之中，当权者们更是得过且过，不知"末日"何时到来，由此带来市民文化的兴盛。报纸副刊最能体现这种市民文化的畸形繁荣。《中报》"中流"副刊的编者在《开场白》中明确指出："副刊也者，别于正刊而言。正刊里的东西，如政治、经济、体育等一类的新闻或记载，当然都带一些严肃性；但在副刊则不然，严肃一点的文字，既已划入正刊，副刊的作品，当然是相当的轻松风趣。办公室里供人休憩的沙发，餐馆里饭后的水果咖啡，正象征了副刊的性质。'扁舟一叶，容与中流'的悠闲恬适，更是我们准备给予读者的贡献。"③ 因而，该副刊最需要的是各地掌故、名人逸事、艺苑珍闻，以及其他一切富于兴趣而不太空泛的稿件。《中报》的另外一大副刊"游艺"则由自称玩世不恭的老滕主持，老滕宣称"游艺"副刊是寻开心的地方，是一种生活的艺术，凡是好玩的东西，如电影、戏剧、歌舞、着棋、笑话，以及各种杂耍，只要不十分趋于下流，都在它的范围里面。抗战时期南京其他报纸副刊的风格也受到《中报》的影响，追求趣味性，有市民化的倾向。其中，《京报》以及《京报晚刊》成为通俗小说发表的重要阵地，它们先后连载王度庐的长篇武侠小说

---

① 梁鸿志：《〈乙卯重九禊集诗〉序》，《国艺》1940年创刊号，第2页。
② 潘益民、潘蕤：《陈方恪年谱》，江西人民出版社2007年版，第156页。
③ 严蕴：《开场白》，《中报》1940年3月30日。

《风雨双龙剑》、《彩凤银蛇传》、《纤纤剑》、《舞剑挥花录》、《大漠双鸳谱》、《春明小侠》、《琼楼双剑记》①。此时的王度庐尚在青岛，他的武侠小说频繁出现在南京的《京报》上，一方面可能是出于他与报纸编者的私人关系，另一方面也说明了抗战时期南京读者对通俗小说有强烈的需求。

此时，除了通俗文学的大量出现，还有戏剧电影的繁荣。抗战时期南京的戏剧电影也曾一度兴盛。资料显示，"1938年伪'督办南京市政公署'登记南京全市娱乐公共场所就达19个，其中京戏院3家，古装戏院8家，电影院3家，清唱茶社4家，游艺场1家；登记各种艺员230人"②。民间自发成立的戏曲研究社团也非常活跃，比如融融国剧研究社，它成立于1941年7月，当时共有会员47人，其中男44人，女3人；年龄在15～20岁者2人，21～30岁者23人，31～40岁者11人，41～50岁者11人③。由此可知，当时南京的京剧爱好者覆盖多个年龄层，男女兼有。《时代晚报》"戏剧"副刊大量刊载梨园故实和剧评文章，很受读者欢迎，成为《时代晚报》存在时间最长、最有特色的副刊。犀利的剧评文字是《时代晚报》"戏剧"副刊的一大特色。为了实现这一办刊宗旨，编者拉来了黑白分明、不专于颂圣的剧评家徐凌霄，开办《凌霄汉阁剧谈》专栏。徐凌霄也不负所托，相继写出《谭派专制，阻塞人才各途之发展，掩没谭氏之本真》、《"为演剧而演剧"方能出名伶》等文章。这些文章一看题目就知道是火药味十足的言论，写作者对于彼时的剧坛可谓爱之深，责之切。

《中报》"游艺"副刊将视线转向了美国的好莱坞，致力于与电影业的最前沿接轨，让国人了解电影业的最新动态。在这里，我们可以看到1939年好莱坞影皇影后的排名结果——新影皇为卡拉克盖博、新影后为蓓蒂黛维丝，我们也能知晓好莱坞电影的从业者中谁赚钱最多——"美国财政部于今年一月发布一九三九年度收入最多的十位美国公民，其中电影从业竟占了一半。那是：（一）考尔白，收入美金三〇一·九四四元；（二）华纳伯士达，收入美金二七九·八〇七元；（三）□□□，公司经理兼制片家，收入美金二六五·〇〇〇元；（四）平克劳斯贝，收入美金二六〇·〇〇〇元；（五）史白洛斯施葛雷，著名影院经理人，收入美金二五四·〇〇〇元"④。此外，《好莱坞明星出身之一般》、《秀兰邓波儿十一岁了》、《接吻与胡须：好莱坞女星

---

① 这些小说中有一些并未结集出版，后由学者张元卿首先发现并告知王度庐后人，并促成其出版。
② 转引自管尔东：《抗战时期沦陷区的戏曲研究——以平、津、沪、宁地区为主要范例》，南京师范大学硕士学位论文，2006年，第13页。
③ 《汪伪南京市社运会呈报京光国剧研究社、国风音乐戏曲学会、亚光美术研究社筹备员略历表》，中国第二历史档案馆藏，全宗号：213，案卷号：1283。
④ 《考尔白去年赚钱最多》，《中报》1940年5月4日。

不喜欢胡须的占多数》、《战争在好莱坞》、《我国艺人在好莱坞》、《我不是荡妇：好莱坞影星梅惠丝自述》、《记鬼才卓别林》等报道，都充分说明了彼时南京市民对于娱乐生活的"追求"。

四、结语

　　20世纪二三十年代的南京文学以东大—中央大学的师生创作和国民党的政治性文学为主，抗战后的南京文坛与此前相比有了很多改变。在这个特殊的场域里，殖民文学曾经大行其道，但它们既缺乏文学价值，又不能引起读者的阅读兴趣，注定是失败的。与之成鲜明对比的是，这一时期的青年作家们秉持"五四"现实主义文学作风，用自己的笔忠实地记录时代、暴露丑恶，力图通过文学的力量来改造文化和社会。他们的呐喊虽然是微弱的，但他们写出的这些作品自有其史的价值。这些文字的出现说明无论在文化统制多么严厉的地方，反抗的能量总是存在的。此外，抗战时期南京文学的复古思潮更进一步，其创作群体与20世纪二三十年代大为不同，汪精卫、龙榆生、梁鸿志、陈方恪、李宣倜等一大批人的涌入使南京出现了一次规模更大的旧体诗词回潮。同时，抗战时期南京文学还有"摩登"的一面，其中戏剧和电影受到前所未有的欢迎，但它们更像是乱世里的精神鸦片，在末日将临的境况下载歌载舞，呈现出一派畸形狂欢景象。抗战时期的南京文学就像一个诞生在特殊时空里的多元"共生"的精神产物，随着抗战胜利、南京收复，又是另外一副模样了。

（作者单位：西安交通大学人文社会科学学院）

民国文学研究

"画梦"与寻梦：何其芳与延安文艺教育①

翟二猛

何其芳作为勾连20世纪30年代文学、延安文艺与当代文学发展的重要作家，其人生道路转向、个体痛苦与彷徨，都堪称现代知识分子道路问题的典型。他抱着艺术至上和文学救国的略嫌矛盾的理想而开启文学生涯，从个人色彩的独语，逐渐梦醒而要把社会摇醒，进而在抗战召唤下"不断地进步"②，何其芳的创作、思想乃至自我认知都出现了不同程度的反差与错位。在阐释其反差与错位时，学界曾出现"何其芳现象"这样一个时髦而又轻佻的概念。它具体指涉抗战以来一些作家"政治进步、艺术退步"，将作家复杂具体的生命历程及其思想和艺术探寻归结为若干互相分离或错位的断点，进而在"扼腕叹息"中归于时空空白。这是尤为需要警惕的。上述这类批评自20世纪30年代末便已出现，但何其芳生前从来不予认可。或者说，在何其芳看来，其创作有一以贯之的精神内核，只有一个何其芳，并不存在突转。

不论是革命话语还是解构革命，都不足以解释：何其芳何以从个人主义的独语者成为集体主义的合唱者，成了"革命"的延安文艺代表作家；他何以在合唱中将文艺活动的重心转向了文学教学、学术研究，成了毛泽东文艺思想的布道者。本文试图以延安文艺教育为线索，探究时代要求和革命话语如何渗入何其芳的创作中并促成所谓"进步退步"悬案的发生；同时，基于何其芳的生命轨迹和个人言说，结合时代变迁，还原"一个何其芳"的内在逻辑。

---

① 本文系国家社科基金青年项目"延安时期的文艺教育研究（1936-1949）"（17CZW047）、重庆市博士后研究特别资助项目"延安时期的文艺教育史论（1936-1949）"的阶段性研究成果。

② 何其芳：《给艾青先生的一封信》，易明善、陆文璧、潘显一编：《何其芳研究专集》，四川文艺出版社1986年版，第174页。

一、文学旧梦：前期何其芳的"画梦"之旅

何其芳是一个耕读传家的地主家庭的承重孙，初名"永芳"，寄托着家人的厚望。受家庭熏陶，何其芳幼年打下了坚实的国学根基，也开发了敏感而孤独的感知能力。高小国文老师非常欣赏其才华，建议他改名"其芳"。这一改，仿佛触动了何其芳的命运玄关，从意义确定变得充满疑惑。

当何其芳还是"封建家庭里的小孩子的时候，就在那些迟迟的日影爬过墙壁，孤独的夜鸟飞鸣在天空的私塾的日子里"①，文学走进何其芳那充满伦理威压的生活里。文学"好像在无边的黑暗里闪耀着惨白的光辉的灯火"②，照耀他寻找内心的光明，要"终身从事文学"③。但这只是种孤芳自赏的生活道路和文学情趣，视界略显狭小，而且他不能"辨别那些封建社会的文学的有害方面"。这"有害方面"便是何其芳文学里难有时代印迹却耽于自我狭小的世界，不断在自我疗伤式的吟哦中描画出一种"黑暗里闪耀着灯火"的空幻影像。他日后在自我幻象里出出进进，往往要靠人生挫折与社会动荡等刺激才从幻象里走出。

何其芳在万县中学读书期间经历了平生第一次较大的打击。在抗议英军炮轰万县县城的学潮中，因言辞激烈，何其芳被学校当局开除，开始积聚对黑暗世界的反抗力量。何其芳走向延安，便可从这段经历找到一些线索。转学重庆治平中学后，何其芳接触到安徒生童话，从而"更走近了文学"④，接触到"五四"新文学和西方现代主义诗歌。其文学兴趣同时融合了新诗和中国古典诗歌：新诗给他以现代思想启蒙，供养他不可遏制的探索欲望；而古典诗歌滋养他孤独、忧郁、敏感的心灵。何其芳一直试图融会中西诗学，通过具体可感的意象表现情思。但他沉浸于"制作一些娱悦自己的玩具"⑤，毫无跳出幻象去寻求意义的主体意识。在这"迷离的道路"⑥里，他精心

---

① 何其芳：《〈夜歌〉后记二》，易明善、陆文璧、潘显一编：《何其芳研究专集》，四川文艺出版社1986年版，第249-250页。
② 何其芳：《〈夜歌〉后记二》，易明善、陆文璧、潘显一编：《何其芳研究专集》，四川文艺出版社1986年版，第250页。
③ 何其芳：《写诗的经过》，易明善、陆文璧、潘显一编：《何其芳研究专集》，四川文艺出版社1986年版，第181页。
④ 何其芳：《写诗的经过》，易明善、陆文璧、潘显一编：《何其芳研究专集》，四川文艺出版社1986年版，第179页。
⑤ 何其芳：《梦中道路》，易明善、陆文璧、潘显一编：《何其芳研究专集》，四川文艺出版社1986年版，第164页。
⑥ 何其芳：《梦中道路》，易明善、陆文璧、潘显一编：《何其芳研究专集》，四川文艺出版社1986年版，第166页。

描画着苦涩和矛盾的梦境。都市的光怪陆离给他以浪漫情怀,他思绪万千而常常无处安放,因此得了"大海茫茫"①的评价。他开始"象第一次坠入恋爱的人那样沉醉于写诗"②,却很快陷入自我否定,烧掉了习作。其茫然无措、被动捡拾人生果实的情境可见一斑。

可见,前期何其芳有青年特有的内心躁动与慌乱,缺乏理性思维能力。这导致何其芳诗歌创作缺乏持之以恒的诗学理念,被动地跟随自我情绪和社会情绪的流动,而缺乏跳出情绪反制的意识和能力。他有异常敏锐的感知能力,却常常放任感观信马由缰,满足于从狭小生活中捕捉些许色彩和图案,使自己陷于"一种根本的混乱或不能驾驭文字的仓皇"③。因而,何其芳诗歌主题相对浅薄,缺乏表现生活内容的广度,同时主体意识与美学自觉意识较为薄弱,未能形成一定风格。这为日后的"转向"埋下了伏笔。

后来,何其芳与卞之琳、李广田因《汉园集》引来文坛瞩目。诗友劝勉和经验累积,使何其芳意识到自己很难"自觉地创造"④。他取得了一定成绩,自我怀疑却在加深,任由忧郁、感伤的情绪滋长。作为"一个书斋里的悲观论者",这既是对现实人生的厌弃和逃避,也是对世纪末颓废思绪的认同⑤。《预言》、《罗衫怨》等便创作于此心境下。他比较笃定的是文学事业本身——"艺术是无情的,它要求的挑选的不仅是忠贞。在这中间一定有许多悲剧,一定有许多人象具有征服世界的野心的英雄终于失败了,终于孤独地死在圣赫勒拿岛上"⑥。这谶语般地预告着何其芳艺术道路的悲剧性。悲剧根源于其创作主体意识薄弱,颇多被动性。比如,何其芳的创作起于诗歌,当他偶得的《独语》"经朱企霞看后,不胜惊喜,以为他的散文比诗更好,建议他以后多写散文",何其芳便"陆续写了不少抒情散文"⑦,这就是轰动文坛的《画梦录》。何其芳创作的犹疑与偶然性可见一斑。

《画梦录》获奖映衬着的是民族苦难日深。三年中学教员生涯,何其芳于奔波中

---

① 方敬、何频伽:《何其芳散记》,四川教育出版社1990年版,第68-69页。
② 何其芳:《写诗的经过》,易明善、陆文璧、潘显一编:《何其芳研究专集》,四川文艺出版社1986年版,第180页。
③ 何其芳:《梦中道路》,易明善、陆文璧、潘显一编:《何其芳研究专集》,四川文艺出版社1986年版,第165页。
④ 何其芳:《〈燕泥集〉后话》,易明善、陆文璧、潘显一编:《何其芳研究专集》,四川文艺出版社1986年版,第222页。
⑤ 何其芳:《我和散文——〈还乡杂记〉代序》,易明善、陆文璧、潘显一编:《何其芳研究专集》,四川文艺出版社1986年版,第237页。
⑥ 何其芳:《〈燕泥集〉后话》,易明善、陆文璧、潘显一编:《何其芳研究专集》,四川文艺出版社1986年版,第222页。
⑦ 蒋勤国:《何其芳传略》,《新文学史料》1987年第2期。

见到了人间的黑暗、粗暴、苦难与杂乱,看见"无数的人都辗转于饥寒死亡之中"①。这些生活外力尤其是抗战的爆发使何其芳意识到,当现实的"无情的鞭子打到背上的时候应当从梦里惊醒起来,看清它从哪里来的,并愤怒的勇敢的开始反抗"②。过去孤独地编织文学旧梦是逃避现实,"也正是鸦片烟"③。何其芳因此厌弃"自己的精致"④,希望"使自己的歌唱变成鞭子还击到这不合理的社会的背上"⑤。他对自己有了新的身份期待,"从个人的立场来非难旧社会",他"所爱好的文学也就变换为非难旧社会的文学了"⑥。于是,何其芳开始用文学展演苦难、解剖现实,陆续有了《还乡杂记》、《刻意集》等,多了质朴的气息,生活的味道变浓了,情感粗起来了。他还计划写一部再现社会现实苦难的长篇小说,以容纳"对于各种问题的见解",纾解"精神上的郁结"⑦。

不过,何其芳对自己的创作"专长"与不足并不自知。他长于描画自我精神世界的梦境和微妙感觉,再现广阔社会和现实苦难时却异常吃力。《还乡杂记》等不少篇什在表现苦难时比较粗疏,而他的长篇小说计划始终未能完成。有一点是被"进步退步"论所掩盖了的,即所谓"政治进步"的革命文学和革命战争本身所"需要"的文学恰恰是何其芳所不擅长的。这是主体条件与客观需要的错位,也是自我认知与实际情况的错位。这双重错位注定了何其芳在艺术追求上的痛苦,何其芳自己和批评者对其艺术创作都难言满意。

时不我待,全面抗战的爆发明显加速了何其芳的思想转变进程。何其芳在山东莱阳师范教书时已有明显的"忧愤情怀"⑧。当他到达成都时,抗战形势已非常严峻。他与卞之琳等人合办宣传抗战的《工作》。何其芳开始尝试以文章为手术刀去救正社会

---

① 何其芳:《我和散文——〈还乡杂记〉代序》,易明善、陆文璧、潘显一编:《何其芳研究专集》,四川文艺出版社1986年版,第239页。
② 何其芳:《刻意集·序》,易明善、陆文璧、潘显一编:《何其芳研究专集》,四川文艺出版社1986年版,第230页。
③ 何其芳:《〈夜歌〉后记二》,易明善、陆文璧、潘显一编:《何其芳研究专集》,四川文艺出版社1986年版,第250页。
④ 何其芳:《梦中道路》,易明善、陆文璧、潘显一编:《何其芳研究专集》,四川文艺出版社1986年版,第165-166页。
⑤ 何其芳:《刻意集·序》,易明善、陆文璧、潘显一编:《何其芳研究专集》,四川文艺出版社1986年版,第230页。
⑥ 何其芳:《〈夜歌〉后记二》,易明善、陆文璧、潘显一编:《何其芳研究专集》,四川文艺出版社1986年版,第250页。
⑦ 蒋勤国:《何其芳传略》,《新文学史料》1987年第2期。
⑧ 卞之琳:《何其芳与〈工作〉》,易明善、陆文璧、潘显一编:《何其芳研究专集》,四川文艺出版社1986年版,第48-49页。

弊病，写下《论工作》、《论救救孩子》、《论本位文化》、《坐人力车有感》等杂文及诗歌《成都，让我把你摇醒》。卞之琳指出，何其芳的"文风从他的《还乡杂记》开始的渐变来了一个初步的突变。与思想内容相符，他的笔头显得开朗、尖锐、雄辩"①。可以说，此时何其芳的思想与到延安初期已大体相近。何其芳此时的杂文创作以及日后奔赴延安、再赴抗战前线，大体近于"文学救国"。

这也反映在他的教学工作上。他主张学生教育必须适应抗战的要求。他革新了中学国文的教学内容，"主要给大家讲讲现代作家的作品，而且应该多多接触与时事有关的文章"②。为此，他积极探索新教法，专门编选新教材，收入鲁迅、巴金、夏衍、罗曼·罗兰、高尔基、马克·吐温等人的一些富有战斗性的作品。这为日后在延安的文艺教育奠定了坚实的基础。他富有革新气息的国文课堂深受学生欢迎。不过，当一些学生提出要阅读和讲授《画梦录》时，何其芳明确予以拒绝，因为"现在已不是'画梦'的年代"③。

抗战促使何其芳终结了"画梦"之旅。他没有去昆明的书斋里，而是选择了延安的窑洞，并希望经延安"到前线去"，和士兵们一起生活、战斗，"而且把他们的故事写出来"，以期减少"画梦"之旅的惭愧④。

二、社会新人：文学教员的真诚歌唱

经由沙汀联系，在四川地下党负责人车耀先的安排下，何其芳、沙汀和卞之琳一行人从成都出发，于1938年8月底到达延安。临近延安时，人们一改沉闷气氛，始以"同志"相称，一起唱高亢的抗战歌曲⑤。这前所未有的新奇体验、扑面而来的革命热情，使何其芳被压抑的青春气息重新焕发。他满带着希望和新奇观察并感受着一切：一群群青春洋溢、精神昂扬、穿着制服的青年，整座城都弥散着亲切、热烈、活泼、团结的氛围。于是，何其芳向前来探望的周恩来提出的第一个要求便是穿上延安干部的灰布制服。何其芳脱掉显得迂腐破旧的长衫，穿上崭新神气的干部制服，仿佛成为社会新人一样，异常兴奋。这一充满仪式感的细节，似乎昭示着何其芳抛弃过去，也

---

① 卞之琳：《何其芳与〈工作〉》，易明善、陆文璧、潘显一编：《何其芳研究专集》，四川文艺出版社1986年版，第47页。
② 卓如：《青春何其芳：为少男少女歌唱》，北岳文艺出版社2007年版，第211页。
③ 卓如：《青春何其芳：为少男少女歌唱》，北岳文艺出版社2007年版，第212页。
④ 何其芳：《一个平常的故事》，易明善、陆文璧、潘显一编：《何其芳研究专集》，四川文艺出版社1986年版，第149-150页。
⑤ 何其芳：《从成都到延安》，《文艺阵地》第二卷第三期，1938年11月16日。

在预演着他的"政治进步"。

需指出,何其芳的"进步"有颇多偶然性和被动意味。何其芳奔赴延安本身更像是一种权宜之计,延安并非他的目的地,而且他还保留了成都的中学教员职位以作退路①。他的所谓"政治进步"也并非"何其芳现象"所描述的那么坚决彻底,后来的"进步"与"退步"间的反差也没有那么悬殊。奔赴延安前后,何其芳的思想、情感并未产生泾渭分明的变化。何其芳"并不是一个强于思索和反抗的人"②,思想言行都相对被动。环境的变化、外界的肯定、组织的接纳,有时比他自己的努力与坚持显得更重要。他在创作上固然取得过令人瞩目的成绩,有擅长和坚持的文艺观念,制定过创作计划,但因其主体意愿薄弱和生活经验狭隘,总会"轻易"改弦更张。毛泽东日后评价何其芳灵活性多于原则性③,大抵如此。1938年9月,何其芳第一次见到毛泽东,表示"想写延安"。毛泽东半幽默半客套地说"延安有什么可写的呢",但紧接着又严肃地说"也有一点点可写的"④。显然,后面这句才是关键,可以视作毛泽东给文学工作者出的资格准入考试题。何其芳等人不久后再次坦陈想"到前方去,到华北八路军活动的地区,去搜集材料,写报告文学",毛泽东鼓励他们道:"文艺工作者应该到前方去。"⑤ 这两次谈话给何其芳以很大鼓舞,"他感慨而且感动"⑥,决定留在延安。

此时,革命战争已向中国共产党提出"革命需要文艺教育"的历史课题。为满足革命战争对文艺干部的需要,中共创办鲁迅艺术学院并以其为精神堡垒,自上而下地建构党的文艺教育。延安知识青年和文艺工作者自然要纳入这一工程体系。1938年6月,延安鲁艺新增文学系⑦。因教员短缺,延安鲁艺发布鲁字第二十八号公告⑧,聘请何其芳担任文学教员。社会新人何其芳"爽快地承允了"⑨ 组织安排的第一个身份。

---

① 蒋勤国:《何其芳传略》,《新文学史料》1987年第2期。
② 何其芳:《一个平常的故事》,易明善、陆文璧、潘显一编:《何其芳研究专集》,四川文艺出版社1986年版,第141页。
③ 何其芳:《毛泽东之歌》,牟决鸣选编:《何其芳诗文掇英》,东方出版社2004年版,第144页。
④ 何其芳:《毛泽东之歌》,牟决鸣选编:《何其芳诗文掇英》,东方出版社2004年版,第116页。
⑤ 何其芳:《毛泽东之歌》,牟决鸣选编:《何其芳诗文掇英》,东方出版社2004年版,第117页。
⑥ 蒋勤国:《何其芳传略》,《新文学史料》1987年第2期。
⑦ 1938年6月11日,鲁艺公布《鲁艺第二期教育计划草案》,增设文学系。见谷音、石振铎合编:《鲁迅文艺学院文献》,沈阳音乐学院《东北现代音乐史》编委会,1986年,第7-18页。
⑧ 谷音、石振铎合编:《鲁迅文艺学院文献》,沈阳音乐学院《东北现代音乐史》编委会,1986年,第101页。
⑨ 沙汀:《追忆其芳》,易明善、陆文璧、潘显一编:《何其芳研究专集》,四川文艺出版社1986年版,第19页。

何其芳本就有志做"于抗战有力的工作"①，因而快速适应了延安新角色。

初任文学教员时恰逢秋收时节，鲁艺师生到延安郊外参加秋收。这既是生产劳动，也是鲁艺文学系的创作实习课。作为文学教员的何其芳也上了生动的一课，他真切地感到延安就是他曾想象的"一个好的社会，好的地方"②。他仿佛寻到梦中的精神家园，"生活有了很重要的支柱"，自我身份期待有了明确归处。他体悟了"活着是为了什么"，"认识了个人的幸福的位置"，"个人的问题和苦痛在开始消失"③。何其芳体验着延安新生活的甜蜜，酿着社会新人梦。他"对工作的认真负责，很快在'鲁艺'赢得了同志们普遍的赞扬，因而不久就由院部的党组织接受他入了党"④。后来，何其芳接任延安鲁艺文学系主任，但并未放松教学。他非常注意发掘学员的创作才能，对于学员的习作，不论长短、优劣，都认真批阅、写出评语、给出建议。"他每天带着同学的稿子上山，又把看过的稿子和评语带下山。他总是斜披一件棉袄，迈着急促的步子，不知疲倦地和每一个同学谈创作、谈学习、谈生活、谈理想。"⑤

何其芳还在延安各地参观访问，感到延安的空气是"自由的"、"宽大的"、"快活的"，"包括着不断的进步"，人们"生活太快乐"⑥。何其芳以全部激情写下《我歌唱延安》，交出"一点点可写的"第一份考卷。第二天，何其芳正式加入中国共产党。沙汀认为，此时何其芳"在当日的大是大非问题上旗帜鲜明，响亮地喊出了一代进步青年的心声"，这是何其芳在"政治思想上和创作道路上的一个飞跃"⑦。虽有抬高之嫌，但多年老友这种追忆更多是基于对何其芳真诚品格的了解。何其芳忠于内心，忠于情感，忠于生活。他"始终是一个容不得半点虚假和谎骗的革命文学家，他的作品，是他个人的真实写照，也是当代知识分子自我思想斗争历程的真实反映"⑧。他往日用梦呓般的独语，描画略显颓芜的旧梦，而后每每陷入歉疚乃至毁弃文稿；当生活发生变故，他才会一边保留退路，一边来到延安寻找梦中的光明。

何其芳真诚而又矛盾的特质，在兼具"共产党员"和"文学教员"两个身份后体现得愈加明显。何其芳有要做青年榜样的道德自律，并将其与歌唱热情、认真精神一

---

① 何其芳：《论工作》，蓝棣之主编：《何其芳全集·2》，河北人民出版社2000年版，第5页。
② 何其芳：《我歌唱延安》，《文艺战线》（创刊号）1939年2月16日。
③ 何其芳：《论快乐》，蓝棣之主编：《何其芳全集·2》，河北人民出版社2000年版，第85页。
④ 沙汀：《追忆其芳》，易明善、陆文璧、潘显一编：《何其芳研究专集》，四川文艺出版社1986年版，第19页。
⑤ 岳瑟：《鲁艺漫忆》，《中国作家》1990年第6期。
⑥ 何其芳：《我歌唱延安》，《文艺战线》（创刊号）1939年2月16日。
⑦ 沙汀：《追忆其芳》，易明善、陆文璧、潘显一编：《何其芳研究专集》，四川文艺出版社1986年版，第20页。
⑧ 岳瑟：《鲁艺漫忆》，《中国作家》1990年第6期。

道投注于文学教学中。不过,因生活经验和文学视野的制约,何其芳的教学与创作探索不仅很可能溢出党的文艺教育的需要,而且与其写士兵故事的初衷相龃龉。若不经他人提醒和劝诫,何其芳就会在这种偏差和错位上走得更远。他需要努力调适与党的文艺教育要求间的平衡。

何其芳到延安鲁艺时,这里已有学习中央领导的讲话、报告、文章的风气①。受其影响,何其芳开始了对中央领导的学习。入党后第二天,何其芳与沙汀一起带领文学系第一期学员到晋西北和冀中抗日根据地实习。何其芳满怀期待地在前线"忙着访问军队干部,搜集写作材料,他的小笔记本上常常记得满满的"②。但他并未见到想象中的军队大胜、群众欢欣鼓舞,反而经历了敌人"几乎不能停下来的'扫荡'"③。何其芳还在被迫转移急行军时受了伤。被前线艰苦的生活泼了冷水,也未写出满意的报告文学,何其芳陷入较长时间的羞愧、自卑、苦闷和挣扎,也意识到要加强对中央精神的学习,加强对革命战争的研究。当然,这种基于自身经验的体悟难免片面、浅薄。随着日常工作经验的累积,他的学习经过了一个从被动到主动、从挣扎抗拒到心悦诚服的接受的渐变。这一过程恰恰暗含其内在变化,即在何其芳的文学教学和创作中,其原本的文艺观念不断被压缩,延安文艺教育的要求逐步占据主导。

1940年,何其芳接任文学系主任后不久,与公木一起开设了民间文学课,以有助于建立"新鲜活泼的、为中国老百姓所喜闻乐见的中国作风和中国气派"④。尽管何其芳仍处于剧烈的自我斗争当中,但他仍然迈出了向党的文艺教育靠拢的坚实一步。他花了相当精力搜集整理符合"党的文学"要求的民间文学作品,同时边研究边教学,以致成为一名延安文艺教育语境下的民间文学家。1945年,何其芳主持编纂了《陕北民歌选》。因其编选之科学、方法之严谨、体例之完整、材料之完备,《陕北民歌选》至今仍是民间文学采集整理的经典范本。

除坚守延安鲁艺文学系教职和少量创作外,何其芳还会以其他多种途径参与延安文艺教育,拓展文学教学的课堂。这些经验至今仍有现实意义。其一是兼职到其他文艺训练班、文艺院校做报告和授课。何其芳在星期文艺学园第一届第二学期讲授诗与散文,在"部艺"主讲文学创作。其二是热心辅导文学青年创作。如延安鲁艺文学系学员自发组织路社,经常举行文学问题座谈会,何其芳会抽时间参加,分享创作经验

---

① 何其芳:《毛泽东之歌》,牟决鸣选编:《何其芳诗文掇英》,东方出版社2004年版,第121页。
② 蒋勤国:《何其芳传略》,《新文学史料》1987年第2期。
③ 何其芳:《毛泽东之歌》,牟决鸣选编:《何其芳诗文掇英》,东方出版社2004年版,第118-119页。
④ 人民教育出版社编:《毛泽东同志论教育工作》,人民教育出版社2000年版,第43页。

和文学主张。对于路社社刊《路》这份略显稚嫩的墙报,何其芳倾注了不少心血,不仅帮助修改稿件、设计编排版式,甚至还就墙报的抄写提出意见。其三是参加延安鲁艺的文艺沙龙。文学系的文艺沙龙活动主要是诗歌朗诵,小范围活动几乎每个周末都有,何其芳是其中的核心人物。他的朗诵"声情交融,自然亲切,没有一点花架子"①,因而成为最受欢迎的诗歌朗诵者之一。"当时,文学系的一部分学生,深为何其芳的诗歌艺术和精神魅力所吸引,在他周围形成了一个'小圈子'",构成一个"有志于追随他们所喜欢的老师,进行文学创作和研究的小团体"②。这样的师生互动,远比一般文学课堂更能撒播下文学种子。其四是工作之余,何其芳常到延河边漫步。那时延河是延安人"生活中不可缺少的伴侣"③。年轻伙伴们在劳作、学习之余,在黄昏的延河边畅谈文学、理想、人生,一些人还载歌载舞。何其芳为这种场景打动,真诚地唱出《我为少男少女们歌唱》。何其芳也是漫步时师生畅谈的发起者,常常利用在延河边漫步的机会"找学生个别谈话,交流思想"④,往往能起到春风化雨、润物无声的效果。其五是亲自组织文学社团。1941年底,何其芳与严文井、陈荒煤、周立波组建了草叶社,并公开出版社刊《草叶》,以作为鲁艺师生探讨文学问题、发表文学作品的平台。

  以上只是何其芳参与延安文艺教育的剪影,却足以见出他是一个以真诚为核心人格的优秀文学教员,还可以发现真诚背后何其芳在个人趣味与延安文艺教育间的错位和挣扎。长期陷于自我剧烈斗争的何其芳身处延安鲁艺这一延安文艺教育的精神堡垒之中,讲授文学创作等重要课程又兼任文学系主任,可以说,何其芳的言行、思想和创作上的变化,是延安文艺的重要风向标。

三、写作迷途与改造自新:从虔诚学员到布道者

  1938年11月到1939年4月,何其芳与沙汀带领延安鲁艺文学系第一期学员在华北抗日前线实习,这是非常难得的个体追求与时代要求同频的经历。但这次经历带给何其芳的,更多是沉重的挫败感、自卑感和无尽的羞愧悔恨。据岳瑟回忆,这次实习到了后期,鲁艺学员间已弥漫着抱怨、不安的情绪,何其芳和沙汀对此也满是无奈⑤。因伤手术后,何其芳"旧的感情开始抬头,挂包里的笔记本上客观的记录渐渐变为个

---

① 岳瑟:《鲁艺漫忆》,《中国作家》1990年第6期。
② 王培元:《延安鲁艺风云录》,广西师范大学出版社2004年版,第50-51页。
③ 冯牧:《我的三个故乡》,中国华侨出版社1994年版,第31页。
④ 王培元:《延安鲁艺风云录》,广西师范大学出版社2004年版,第54页。
⑤ 岳瑟:《鲁艺漫忆》,《中国作家》1990年第6期。

人情绪与感情的书写。他悲哀地感到自己虽然有好的愿望，但仍和军队，和新的生活有着隔膜，最后竟至于觉得自己在前方是一个'没有用处的人'"①。这种自卑与愧疚使何其芳陷入写作的迷途。

一方面，他开始质疑自己的思想和创作。他曾豪言若"有机会去做更切实，更有效，更有利于抗战的事情，放弃文学工作并不是惋惜的"②。但他走出书斋后，在前线不仅在实际工作上无甚作为，而且在文学创作上也几无成绩。过去的文学带给他"许多累赘"③，他在文学旧梦里养成的观察、思考、创作的习惯，并不能帮他有效把捉革命战争现实，不能满足时代语境和延安文艺教育的需要。他的"成功经验"在这些生活面前失效了。在此前后，何其芳还招致艾青、中国青年社等的批判。他深感委屈、不忿和茫然：他既觉得《画梦录》是可怜的小书和愉悦自己的玩具，又坚信它和延安道路相通④；他既为其文学旧梦里柔婉的太息感到厌烦与羞愧，又不知哪些"应该抛弃"、"用什么来代替它们"⑤。为纾解苦闷，何其芳或抄写抗战前旧作⑥，或创作新诗篇。相较而言，这些诗歌似乎更能安放他敏感、自卑而孤独的心灵。但直到晚年，何其芳都未能消解这些情绪。

另一方面，何其芳"多次谴责自己从冀中仓促离开前线，说那是永远不可原谅的'可羞的退却'"⑦，一直懊悔不已⑧。在羞愧、自责中，何其芳意识到"还没有在思想上与在生活上真正和劳动人民打成一片"，他"过去的生活、知识、能力、经验，都实在太狭隘了"，需要"检讨与改造自己"，"从思想上武装自己"⑨。从此，何其芳日益表现出其思想和行为的双重性和分裂特质。他写各种内容与情感倾向的诗歌、散文和报告文学，有专注小我吟哦的《夜歌》，表现前线生活的《老百姓和军队》、《七

---

① 蒋勤国：《何其芳传略》，《新文学史料》1987年第2期。
② 何其芳：《论工作》，蓝棣之主编：《何其芳全集·2》，河北人民出版社2000年版，第7页。
③ 何其芳：《〈夜歌〉初版后记》，易明善、陆文璧、潘显一编：《何其芳研究专集》，四川文艺出版社1986年版，第245页。
④ 何其芳：《一个平常的故事》，易明善、陆文璧、潘显一编：《何其芳研究专集》，四川文艺出版社1986年版，第140页。
⑤ 何其芳：《〈夜歌〉初版后记》，易明善、陆文璧、潘显一编：《何其芳研究专集》，四川文艺出版社1986年版，第244页。
⑥ 据沙汀回忆，他曾经阅读过何其芳的手抄本诗歌，字迹又小又极工整。显然，何其芳抄写这些诗歌时非常用心。在战争环境的映衬下，何其芳的孤独、苦恼更加鲜明。参见沙汀：《追忆其芳》，易明善、陆文璧、潘显一编：《何其芳研究专集》，四川文艺出版社1986年版，第21页。
⑦ 岳瑟：《鲁艺漫忆》，《中国作家》1990年第6期。
⑧ 其《忆昔（十二）》满是自责："从戎投笔应经久，持盾还乡绝可怜。烈火高烧惊旷宇，奈何我独告西旋。"见蓝棣之编：《何其芳诗全编》，浙江文艺出版社1995年版，第338页。
⑨ 何其芳：《〈夜歌〉初版后记》，易明善、陆文璧、潘显一编：《何其芳研究专集》，四川文艺出版社1986年版，第244页。

一五团和大青山》、《一个太原的小学生》、《饥饿》、《一个泥水匠的故事》、《北中国在燃烧》片段等,表现延安生活的《论快乐》、《我为少男少女们歌唱》、《生活是多么广阔》、《虽说我们不能飞》等。我们可从中发现何其芳的局促、紧张、犹疑和分裂。这里既有他的骄傲和执着、真诚和坦率、热情和快乐,也有他的痛苦和踟蹰、忐忑和不安、自卑和忏悔。这些情绪都交汇于一个渴望真正新生的歌唱者何其芳。

如前所述,何其芳的情感、思想和创作都并不能完全自主,"充满了偶然"①。他奔赴延安和前线的革命热情并未扎根革命战争现实,含有太多幼稚、狂热和不切实际的幻想,导致他长期负载着沉重的旧我包袱。何其芳断定《夜歌》"消极的成分多于积极的成分",却将其作为对"参加革命以后就写不出东西来了的错误看法的一个回答"②,足见他对自己旧梦的顽固坚持及其背后的挣扎与抗拒。这其实是他为求得接纳而袒露自我最隐秘的情感。不论是为少男少女们高唱,还是午夜梦回般地低吟,都见出他渴望组织的接纳。正因这种渴望,当《我为少男少女们歌唱》引来众多知识青年共鸣和争相传录时,何其芳反而忧虑不安,担心诗歌给青年造成误导。何其芳所擅长和熟悉的写作已成为他跻身革命文艺工作者的障碍。他渴求这种身份而不得时,便陷入写作迷途,乃至放弃写作。何其芳或许没有想到,因其在延安文艺教育体系中的特殊地位,延安的抒情诗创作也一度陷入沉寂。

可见,因与革命战争现实的隔阂与错位,何其芳虽长期以文学教员身份参与延安文艺进程,但他自己却陷于精神困顿。何其芳的文学教员身份因此变得模糊与犹疑,反而需要更系统、更科学的理论说服和更强有力的政治劝诫。何其芳需要化身延安文艺教育学员才有可能消除其困顿。他在文艺问题上的反复、茫然,并非当时延安文艺界的个案。如1941年《轻骑队》创刊和《野百合花》等旨在暴露的创作热潮,引起了中央领导和前线将士的警惕。为此,中央领导密集约见延安文艺界人士,了解思想动态,搜集相关材料。其中,毛泽东于1942年4月中旬约请延安鲁艺文学系和戏剧系的几位党员教员集体谈话。毛泽东严肃地批评了鲁艺教员的委屈情绪,认为这是"教育没有受够"③。这种委屈情绪从根本上反映了他们工作态度可疑,还残存着小资产阶级的落后思想,没有与工农大众同心同德。这对何其芳而言无疑切中肯綮,既指出他在前线未能写出满意作品的根源,又点明他需要再教育的特性。不过,事隔多年之后,

---

① 何其芳:《我和散文——〈还乡杂记〉代序》,易明善、陆文璧、潘显一编:《何其芳研究专集》,四川文艺出版社1986年版,第233页。
② 何其芳:《〈夜歌〉后记二》,易明善、陆文璧、潘显一编:《何其芳研究专集》,四川文艺出版社1986年版,第250页。
③ 何其芳:《毛泽东之歌》,牟决鸣选编:《何其芳诗文掇英》,东方出版社2004年版,第131页。

何其芳才逐渐领悟到批评的指向和深意①。这领悟的过程,正是何其芳作为党的文艺教育虔诚学员的成长历程。

直接促成何其芳成为虔诚学员的是延安文艺座谈会。经过深思熟虑和精心准备,中共中央决定"以毛泽东、秦邦宪、凯丰的名义召集延安文艺界座谈会"②。从语境上看,延安文艺座谈会正式确认了"革命战争需要文艺(教育)"的总要求,文艺问题只能放置在革命战争的语境内展开讨论。从议题上看,从筹备到正式召开,议题的设定与调整透露出诸多历史深意。其一,由"立场问题"和"态度问题"昭示出,中共意在更大范围内确立"党的文学"原则。这就牵引出在整个解放区开展和加强党的文艺教育的课题。其二,明确文艺问题的讨论是在革命战争语境内,以革命(政治)话语消解作家(知识分子)话语的权威,树立新的话语规范。对于像何其芳一样的作家来说,这次文艺座谈会深刻地改变了其职业选择和人生走向。其中,对何其芳触动最大的是毛泽东、朱德的讲话。毛泽东在"讲话中谈他自己参加革命以后,改变了资产阶级和小资产阶级的思想感情的一段话,感动了何其芳,他在发言中表示:小资产阶级知识分子的灵魂是不干净的,他们自私自利、怯懦、脆弱、动摇;听了毛主席的教诲,我感到自己迫切需要改造"③。会议最后一天,在辩论作家的思想情感是否需要转变时,朱德发言说不但要转变,而且要投降,"投降共产党","投降无产阶级"。朱德的话感动和教育了何其芳,给了他"一个永远不可磨灭的印象",使他"以很大的认识与决心去甘愿向无产阶级缴械",使他"在以后的整风过程中减少了很多矛盾与苦恼"④。

延安鲁艺的整风学习系统而深入。师生们除了邀请毛泽东亲自宣讲座谈会精神,还专门组建整风委员会,整理出 22 份整风文件,编印出《复习文件参考大纲》,分步骤、有计划地整顿学风、党风、文风,并组织座谈会、讨论会⑤、考试⑥等予以研究和总结。鲁艺师生要"进行个人全面反省",并写出"反省笔记"⑦。何其芳参编的鲁艺校刊《草叶》也进行了自我清算与整改⑧,力图将《草叶》打造为面向工农大众的文艺教育阵地。在组织教导下,何其芳很快交出个人省思"考卷"。从 1942 年 8 月到

---

① 何其芳:《毛泽东之歌》,牟决鸣选编:《何其芳诗文掇英》,东方出版社 2004 年版,第 131 页。
② 中共中央文献研究室编:《毛泽东年谱》,人民出版社、中央文献出版社 1993 年版,第 374 页。
③ 王培元:《延安鲁艺风云录》,广西师范大学出版社 2004 年版,第 266 页。
④ 何其芳:《朱总司令的话》,蓝棣之主编:《何其芳全集·2》,河北人民出版社 2000 年版,第 222-223 页。
⑤ 黄钢:《平静早已过去了!——延安鲁艺整顿学风的辩论》,《解放日报》1942 年 8 月 4 日。
⑥ 《联系实际掌握文件精神 鲁艺全院展开热烈辩论》,《解放日报》1942 年 8 月 4 日。
⑦ 《联系实际掌握文件精神 鲁艺全院展开热烈辩论》,《解放日报》1942 年 8 月 4 日。
⑧ 《给读者们》,《草叶》第五期,1942 年 7 月 1 日。

―― "画梦"与寻梦：何其芳与延安文艺教育 ――

1943年4月，他陆续写出《杂记三则》、《论文学教育》、《改造自己，改造艺术》等。

他首先在《杂记三则》中从多方面否定自己的创作：一是强调要做到文艺为工农兵服务，就必须抛弃主观主义的创作，就要理解"我们所为的对象，看看题目需要一些什么，能够接受一些什么"；二是指出自己不与工农兵结合的趣味"是一种变态的东西"；三是点出语言的病态，过去"害欧化病很深"，"真实的生活也不需要花花绿绿的粉饰"。至此，一直令何其芳懊悔不已的写作迷途问题，经党的文艺教育点拨便迎刃而解。何其芳还发现中国民间文学所蕴涵的大众化价值，因而有志于将其"算入我们的财产单内"①。从该文出发，何其芳果真成长为一位民间文学家。

何其芳在《论文学教育》里否定了自己在文学教育上的坚持与努力。他承认"教育的目的必须明确而具体地符合政治的要求。……艺术教育和其它一切革命活动一样，必须从实际出发，而且要回到实际去解决问题，发生作用"。他认为过去在文学创作课上坚持"写熟悉的题材、说心里的话"，因没有斗争经验和正确的理论知识，实际上是仅凭主观热情"空谈文化、艺术"、"空谈培养人材"，负载着"小资产阶级的思想意识的鬼魂"②。

何其芳通过《改造自己，改造艺术》对自己进行了全盘否定。他认为自己"实际除了执笔为文以外，其他所知所能真少得很"，而且"在许多方面还要从头学起，先受教育"③，育人资格自然成疑。他"整风以后才猛然惊醒"，才知道自己"一半是无产阶级，还有一半甚至一多半是小资产阶级；才知道一个共产主义者，只是读过一些书本，缺乏生产斗争知识与阶级斗争知识，是很可羞耻的事情；才知道自己急需改造"，而作家的自我改造"更需要多努力一些"④。至此，何其芳遮蔽起文学教员身份，成了彻头彻尾的文艺教育学员。他以做社会新人为终极目标，"当务之急是从学习理论和参加实际斗争来彻底改造自己的思想情感"，写诗在他的"工作日程上就被挤掉了"⑤。

排除创作这一改造自新的"障碍"后，何其芳将工作重心转向党所需要的实际工作，进而成为一名毛泽东文艺思想的布道者。如果从"进步退步"论出发，这大概是

---

① 何其芳：《杂记三则》，《草叶》第六期1942年9月15日。
② 何其芳《论文学教育》，谷音、石振铎合编：《鲁迅文艺学院文献》，沈阳音乐学院《东北现代音乐史》编委会，1986年，第158页。
③ 何其芳：《改造自己，改造艺术》，谷音、石振铎合编：《鲁迅文艺学院文献》，沈阳音乐学院《东北现代音乐史》编委会，1986年，第175页。
④ 何其芳：《改造自己，改造艺术》，谷音、石振铎合编：《鲁迅文艺学院文献》，沈阳音乐学院《东北现代音乐史》编委会，1986年，第175页。
⑤ 何其芳：《夜歌和白天的歌·重印题记》，易明善、陆文璧、潘显一编：《何其芳研究专集》，四川文艺出版社1986年版，第252页。

何其芳的另一种写作迷途。何其芳却认为,"有许多比写诗更重要的事情要去做,而其中最主要的是从一些具体问题与具体工作去学习理论,检讨与改造自己"①。1944年4月至1945年1月,何其芳奉令调往重庆工作,一面管理《新华日报》副刊,一面调查重庆文艺工作情况。他与刘白羽一同起草调查报告,建议中共中央在重庆文艺界开展整风运动。1945年8月至1947年3月,何其芳再赴重庆做文艺界的统一战线工作,宣传毛泽东《在延安文艺座谈会上的讲话》精神,介绍延安文艺经验。此外,何其芳先后在晋绥中央城工部工作,担任朱德秘书,在河北平山县参加土改和整党工作。经过这些实际事务的锤炼和自我改造,何其芳终于被组织接纳为中共中央马列学院国文教员,具备了教育人的资格。1953年2月,何其芳调往文学研究所,投身学术研究与管理、刊物编辑等工作,继续践行延安文艺座谈会精神,为新中国汇集和培育了大量学术人才。

作为延安文艺布道者,何其芳还积极参与文艺批评实践。此间,何其芳陆续写出了21篇文学论文,结集为《关于现实主义》。这里有延安文艺界如何践行毛泽东文艺思想的经验推介,有对自己过去文艺思想的检讨和创作谈,也有对国统区部分文艺作品和文艺理论的批判。

四、结语

何其芳曾坦陈,写理论批评文章是出于实际工作和宣传毛泽东文艺思想的需要,但他"写文章时希图有自己的见解"并有所发挥,"结果就写出了一些有错误观点的文章"②。所谓"错误观点",便是何其芳溢出毛泽东文艺思想的核心部分,也是维系"一个何其芳"的关键。何其芳的文学思想有相当一部分是从毛泽东文艺思想发展而来,但后者并不能完全覆盖前者。何其芳担任中学教员时已认识到,脱离人生、时代和群众的作品难称伟大③,这是其能够接受毛泽东文艺思想的前提。从根本上讲,何其芳文学有利于抗战的济世情怀与毛泽东视文艺为革命必要手段的观点,内在逻辑上是一致的。延安文艺座谈会开诚布公地讨论了延安文艺界的问题,并旗帜鲜明地指出了救正这些问题的"工农兵方向",恰如"久旱逢甘霖"一般解决了陷于写作迷途的何其芳的诸多困惑。

---

① 何其芳:《〈夜歌〉初版后记》,易明善、陆文璧、潘显一编:《何其芳研究专集》,四川文艺出版社1986年版,第244页。
② 董志新整理校订:《何其芳论红楼梦》,白山出版社2009年版,第225页。
③ 何其芳:《论工作》,蓝棣之主编:《何其芳全集·2》,河北人民出版社2000年版,第7页。

不过,"何其芳现象"忽视了何其芳的自主性努力,也掩盖了他的内心挣扎。何其芳公开申辩自己是迟钝而顽固的人,任何道理都要经过其"思索,理解,承认"才相信①。他也曾告诫年轻人"头脑不可以只是让别人的思想跑马,一切见解都应通过我们自己的思考,而且对于作品必须有自己的心得和体会,自己的真知灼见"②。显然,何其芳接受延安文艺教育教化并主动担当延安文艺布道者,是他深思熟虑后的主动选择。他在阐述和运用《在延安文艺座谈会上的讲话》时,往往有自己的研究、思考、发挥和发展。何其芳一面能积极宣传党的文艺理论,批判各种文艺现象;一面又能在理论上探索现代格律诗,坚持学术研究,发掘文学遗产,表现出一般布道者所不具备的创造性。他认为毛泽东观察、分析和解决文艺问题不是从"已成的理论出发,而是从实际出发,从客观存在的事实出发"③。他以同样的态度对待毛泽东文艺思想,在继承的基础上,从新情况出发加以发挥。何其芳的发挥主要有两点:其一是在文艺为政治服务问题上,将为政治服务的内容理解得更宽泛,而且认为文艺的社会功能不单是"为政治服务";其二是强调文艺的审美功能,认为"这种对于自然界和社会生活的美的集中的表现,这种高度的思想性和艺术性的统一,这种优美的内容和形式的统一,就产生了文学艺术所特有的美感教育作用,这种美感教育作用不但和广大人民的文化生活有关,而且对于文学的发展具有重要的意义"④。

综上,从文学教员到学员再到布道者,何其芳在延安时期固然发生了多重身份的转换,他的创作也一度走入迷途,但支撑他从事文学教学、文学批评和文学创作的基本内核并未发生质的改变,有其内在的一致性和连贯性,延安文艺座谈会则为他注入新的生机与活力。所谓"何其芳现象",更多是主客观境遇转换之后所产生的主体创作与思考的错位与差异,不能单纯用"进步与否"的标准视之。

(作者单位:西南大学文学院)

---

① 何其芳:《给艾青先生的一封信》,易明善、陆文璧、潘显一编:《何其芳研究专集》,四川文艺出版社1986年版,第168页。
② 何其芳:《何其芳文集·5》,人民文学出版社1983年版,第473页。
③ 何其芳:《何其芳文集·6》,人民文学出版社1983年版,第225页。
④ 北京师范大学中文系文艺理论教研室编:《文学理论学习参考资料》(上),春风文艺出版社1981年版,第358页。

民国文学研究

民族共同体的另一种想象
——论萧红香港时期的小说"重写"问题

安 静

萧红于1940年1月17日抵达香港，1942年1月22日病逝于香港。在香港的两年时间中，她创作了长篇小说《呼兰河传》、《马伯乐》，短篇小说《北中国》、《后花园》、《小城三月》，哑剧《民族魂鲁迅》以及4篇散文。已有论者关注到萧红在香港的文学创作中的"重写"问题，有论者分析其短篇小说中的人物"重写"①，也有论者将萧红在香港创作熟悉的题材、人物和主题的情况称之为"反刍"②。萧红对旧文的重新书写或是对同一个人物的故事进行接续、补充、重编，或是对同一主题故事的重新组织、编排。基于此，本文借用已有的"重写"一词来指称萧红在香港的旧文重作问题。已有的相关研究只关注到萧红在香港创作中的部分"重写"问题，尚未有人注意到萧红在香港时的小说创作全部涉及旧文"重写"，甚至散文中也不乏"重写"。萧红开启一系列旧文的"重写"，内中所涉显然含有对往昔创作的重新涤荡、反思和重审意味。现有的萧红研究中所忽略和未曾深入讨论的问题也在于此：萧红何以在香港开启一系列"重写"？"重写"中如何重构原有的创作？重构之处代表萧红怎样的思想延进理路？香港场域的特殊性对萧红的"重写"有无投射？形式上的"重写"代表着萧红怎样的思想性？本文将围绕这些问题展开讨论。

一、旧文"重写"：反思、重审、新变

萧红到达香港以后创作的全部小说都涉及对旧文不同程度的"重写"。为方便参

---

① 林幸谦、郭淑梅：《短篇题材的重写：萧红居港期间的小说创作》，《学术月刊》2011年第7期。
② 张谦芬：《论萧红香港时期的创作反刍》，《社会科学》2017年第7期。

照旧文和"重写"之文的对应,本文将所涉篇目和创作时间列表如下:

香港时期"重写"的小说	所涉旧文
《呼兰河传》(第六章)	《家族以外的人》(1936年) 《王四的故事》(1936年)
《呼兰河传》(第七章)	《后花园》(1940年)
《小城三月》	《叶子》(1933年)
《北中国》	《镀金的学说》(1934年)
《马伯乐》	《三个无聊的人》(1935年) 《无题》(1938年) 《逃难》(1939年)

除了上表所列小说的"重写"以外,萧红在香港创作的部分散文也涉及对旧文的"重写"[1]。从"重写"的逻辑来看,重新书写旧文的前提是对旧文的重审、反思,于反思中进行重新建构,所以"重写"之处如同一个投射点,成为反射其思想新变的所在。钱理群认为"40年代特殊的反抗日本侵略的战争环境,所带来的作家生存状态、生活方式、生命体验、心理、情感方式……的深刻变化,并最终导致了写作观念、形式的深刻变化"[2]。萧红的"重写"所代表的思想新变或许也可以宏观笼统地被视作战争带来的写作观念和写作形式的变化,但要追究其更细节的思想新变细部,还需深入到萧红生活、创作、迁徙等具体情境中去。

毋庸置疑,萧红经由反思/重审/重构的思想动力,继而进行一系列"重写",这种情形与战争有紧密关系。爬梳萧红的生活经历与文本创作之间的关联,战争确乎引起了萧红诸多反思。1937年,"八一三"事变爆发,生活于上海的萧红写了直述战争的《天空的点缀》、《失眠之夜》与《火线外》等文,又在该年11月写了反思自己学生时期在东北参与的爱国护路运动的文章《一条铁路底完成》和《一九二九年底愚昧》。其中,回望自己参与的学生运动的这两篇文章尤具反思性。前文讲述1928年哈尔滨学生游行示威反抗日本修建吉敦铁路,由于学生游行被政府枪声打乱,学生的游行目的从反日本帝国主义、反修路戏剧性地转向反县政府、反警察。后文讲述1929年学生举行"佩花大会",为中东路战争中阵亡的将士遗属和灾民募捐。对自己曾热情

---

[1] 如《大地的女儿》系对《〈大地的女儿〉与〈动乱时代〉》(1938年)的"重写",《给流亡异地的东北同胞书》系对《寄东北流亡者》(1938年)的"重写"。
[2] 赵园、洪子诚、钱理群等:《20世纪40至70年代文学研究:问题与方法》,《中国现代文学研究丛刊》2004年第4期。

参与过的学生运动,萧红在文中以"愚昧"、"混蛋"评价之①,可见萧红颇具反思意味。值得注意的是,这两篇文章都写于"八一三"事变爆发之后。"八一三"事变之后同样有一系列学生运动,在"当下"的学生运动中反观自己参与过的学生运动,萧红不再服膺曾经参与学生运动时的价值向度,否定并批判性地进行了反思,这应被视为战后萧红反思性思想的一个起点。

萧红在战争爆发后还有一些反思性的言说,这些言说也是萧红战后反思、重审、重构旧作的具体思想体现。萧红的反思性言说形诸文字记录的主要有两处,一为《七月》同人座谈会上的发言,一为同期与聂绀弩的交谈。《七月》同人在抗战爆发后举办过三次战时文艺座谈会,先后讨论抗战时期的文学活动、文学新形式问题、文学如何表现抗战现实生活、作家的态度等问题,其中两次座谈会萧红均有发言且不乏新见。与两次座谈会大约同一时期的1938年的二三月间,萧红在与聂绀弩的一次对话中也谈论过文学问题。将萧红此期的这些言说和观点整合起来,可见其思考大致有几个向度:首先,充分肯定作家的主体性。萧红认为作家对战争生活的选材、形式与视野决定了作家的书写形式,战时生活渗透在每个人的日常生活中,房东姨娘躲警报、担心儿子的心理也是战时生活现象。其次,作家的书写不能局限于阶级或者战争,要有更广阔的视野和追求。"作家属于人类,作家写作的出发点是对着人类的愚昧。"② 再次,重视情感在作家与书写对象间的相感相通性。"作者的题材要与作者的情感熟习起来,或者跟作者起着一种思恋的情绪。"③ 另外,萧红还将自己与启蒙知识分子从高处悲悯人物的视野做区分——"我觉得我不配悲悯他们,恐怕他们倒应该悲悯我"④。在与聂绀弩的对谈中,聂绀弩认为萧红书写的人物有从个体到集体的演进路径,个体是自然的奴隶,而当他们汇聚为集体式的、群体的,则成为代表中国民族革命的集体英雄,但萧红的缺点也正在于无法处理个体和集体之间的关联。对聂绀弩的解读和追问,萧红未置可否,但也正是在萧红将该问题的悬置中,表露出萧红对个体/集体书写的偏向。通观萧红的这些言说,大致可整合出战后她对集体/个人、知识分子式启蒙视角/人物情感共情视野、阶级/人类等问题的侧重。萧红将这些反思均投射进创作实践中。此期

---

① 萧红在《一九二九年底愚昧》一文中概括自己参与的"佩花大会"时写道:"正在那时候,就是佩花大会上我们同组那个大个的,鼻子有点发歪的男同学还给我来一封信,说我勇敢,说我可钦佩,这样的女子他从来没有见过。而后是要和我交朋友。那时候我想不出什么理由来,现在想,他和我原来是一样混蛋。"见萧红:《一九二九年底愚昧》,《七月》1937年12月16日。
② 《现时文艺活动与〈七月〉——座谈会记录》,《七月》1938年6月1日。
③ 《现时文艺活动与〈七月〉——座谈会记录》,《七月》1938年6月1日。
④ 聂绀弩:《回忆我和萧红的一次对话》,《萧红全集》(诗歌戏剧书信卷),北京燕山出版社2014年版,第255页。

所作的《黄河》、《汾河的圆月》、《孩子的演讲》、《朦胧的期待》、《旷野的呼喊》和香港时期的《北中国》、《马伯乐》等作品中，均敞现着战争中"躲警报姨娘担心儿子"式的日常生活，敞现着个体式的而非群体式的、引起情感共鸣的人物而非被启蒙视野笼罩的愚民愚众。

香港作为远离战争与文艺中心的场域，为萧红提供了进一步反思和言说的空间。1940年5月11日，萧红与端木蕻良参加岭南大学艺文社的文艺座谈会时，萧红认为在抗战时，"我们的文艺作品，应该比之普通人的常识更为深刻，抗战也有缺点，但我们要用文学把它的缺点纠正。文学除了纠正现实之外，还要改进现实"①。对"抗战缺点"纠偏和"文学改进现实"的观念不仅体现在以上所述萧红的反思中，也与萧红对"五四"的反思有紧密关系。尤为重要的是，萧红对"五四"的反思也颇为明显地嵌套进萧红旧作与新作的"重写"之处。萧红于1941年5月5日发表了散文《骨架与灵魂》，言辞较为激烈地反思"五四"与当下，并将当下的"我们"视为新"五四"式的，萧红以"灵魂/骨架"为拟，对照"当下/二十多年前"以及"我们/前人"，认为"我们""在拜了二十多年'五四'以后再'照演'一遍"，"而死的偶像又拜活了，把那在墓地里睡了多年的骨架，又装起灵魂来"②。萧红用几组对照关系呈示出对"五四"的多重反思。结合当时的语境，萧红对"五四"的反思并非独异存在。抗战爆发后，知识分子群体对"五四"曾有过不同向度的重审与反思③，但对于萧红而言，对"五四"的反思还需在其具象的"重写"中进一步廓清。

《北中国》中的"耿大先生"是对《镀金的学说》中"我伯父"的重构。《镀金的学说》中，"伯父"是出外留学、去过北京读书的新式知识分子，却因女孩会扰乱男女秩序而阻碍"我"入学。《北中国》中，耿大先生民国元年时就出外留学，思想算是"革命的"、"维新的"。他将儿子和女儿都送进小学教堂，不迷信，不拜神佛，坚信科学。耿大先生信奉的"科学"、"民主"、"革命"俨然是"五四"的核心精神。他的客厅里挂着拿破仑、威尔逊等人的画像，可见他是个典型的、受过"五四"思想浸染的知识分子。但他这些"五四"式的精神镜像在抗日战争爆发以后被全面消融，其客厅画像因为怕被殖民者挑剔而换上孔夫子，他将自己的思想转变归因于战争的发

---

① 杨玉峰：《肖红和端木蕻良在香港岭南大学的一次文艺座谈》，《艺文专刊》1940年5月29日。
② 萧红：《骨架与灵魂》，《华商报》1941年5月5日。
③ 贺桂梅：《革命与"乡愁"——〈红旗谱〉与"民族形式"建构》，《文艺争鸣》2011年第4期。

生——"这是日本人来了之后,才改变的思想"①。战争破坏了他的家庭,消解了他的精神镜像。他从一个有新式思想的先进知识分子沦为反复为打仗的儿子寄信的疯癫老人。一封永无可能寄出的家书成为耿大先生作为前"五四"式知识分子在战争中被消亡家园、销蚀精神、瓦解信仰的象征。虽然该作中纳入了皖南事变的内战背景②,但全篇的书写重心显然是耿大先生这个"五四"式知识分子的命运悲歌。在这个意义上,《北中国》不只是一个"救亡压倒启蒙"的故事,而与萧红对战争中人之命运、"五四"式知识分子与时代的疏离等思考紧密相关。与此类似的还有《小城三月》对早期《叶子》的"重写",其中融进了对启蒙式知识分子家庭空谈自由、解放、平等等"五四"概念而忽略真实人性的嘲讽。

要之,萧红在香港的小说"重写"实践中呈现出诸多反思。这些思想始于对战争的反思,呈现在具体的文本中,对"五四"的反思也颇为明晰。萧红对"五四"的反思至少体现着几个层面上的思想性:其一,小说"重写"中的诸多人物经历了"五四"思想启蒙,但萧红的视野与传统的启蒙视野判然不同,萧红着意呈现的是人本身的诸多困境;其二,对"五四"的科学、民主、自由等概念未能下沉进大众日常生活进行"纠偏",她认为"五四"的启蒙是不彻底的,初到香港即在演讲中讨论文艺如何"纠正现实、改进现实",这种言说恐怕与其所认知的"五四"的不彻底性、"五四"思想和大众的隔膜性也有极大的关联;其三,如何在"当下"重审传统中国文化,如何在易代之际选择、重建、处理传统中国文化的因子,也是萧红在"重写"中所涉及的思想新变所在。小说"重写"不止实践着萧红的这些反思,同样也在香港场域中吸纳香港的思想、运动、论争的因子,进一步扩大了萧红的思想容量。

二、香港作为场域:论争、运动、影响

要讨论萧红的小说"重写"问题,还需注意萧红从重庆至香港的空间迁徙中的意义开掘,因为萧红是从战火纷扰的重庆转向战事稍缓的香港时才开启这一系列"重写"的。这也使探寻萧红"重写"问题还需要关注空间迁徙和香港场域方面的影响。

萧红于1940年2月5日参加了"文协"香港分会举办的聚餐会,在会上萧红报告

---

① 萧红:《北中国》,初刊于《星岛日报》1941年4月14日至4月29日。本文选自萧红:《萧红全集》(小说卷三),北京燕山出版社2014年版,第58页。

② 《北中国》中提及耿大先生的儿子之死时写道:"咱们的孩子被中国人打死了。"这其中有对皖南事变的影射。见萧红:《北中国》,《萧红全集》(小说卷三),北京燕山出版社2014年版,第67页。

―― 民族共同体的另一种想象 ――

了重庆文化食粮恐慌的情形,希望留港文化人能够加紧供应工作。从"文化食粮恐慌"的措辞可以猜测,萧红对于战时重庆的文化创作及其战时文化环境都不无指陈,这种"食粮恐慌"看似也存在于1940年的香港文坛。林焕平在《一年来的理论活动》一文中即认为1940年的"香港也大闹精神食粮恐慌"①,但结合史料,还原进历史现场中却是另一种景象。抗战爆发以后,香港文坛可谓众声喧哗,"左翼、右翼、汪派、军阀如桂系、民主人士,纷纷在港办报,而左右派更是形成两大阵营,在这弹丸之地展开外表若无其事,内则惊心动魄的斗争"②。香港看似平静,实际上有着多声部的争执:从1937年至1939年,香港文坛就文艺大众化问题做过大范围的讨论③;1938年,抗战诗歌如何大众化成为"形式/内容"之争的重要讨论内容④;至1940年,香港文坛掀起的最为激烈的论争为"伪风花雪月"论争。此时,萧红置身香港,无论是直接还是间接,萧红的创作都未能脱离出该论争的引力范围。

萧红在香港发表的第一篇作品为《后花园》,该作连载于1940年4月的香港《大公报》文艺副刊上⑤。杨刚时任《大公报》副刊主编,于1940年10月1日在香港《文艺青年》杂志发表了《反新式风花雪月——对香港文艺青年的一个挑战》,不点名地对"一个青年副刊"上许多青年们创作的文章指摘道:"多半的人中了怀乡病的,想着故乡,跟着一个故乡的题目,或是含了怀乡意味的题目,很自然地流畅地就来了叹息,思慕和悲哀。在这里,故乡的柳丝,故乡的蝉儿,或者,故乡落日的余晖和微风全应景而至。"杨刚对这种感伤虚无的"自我"和空泛避世式的"故乡"书写的辩

---

① 林焕平:《一年来的理论活动》,《立报》1941年1月2日。
② 卢玮銮:《香港文纵:内地作家南来及其文化活动》,香港华汉文化事业公司1987年版,第41页。
③ 相关文章如:《大众日报》文艺周刊编辑部:《抗战时期中需要什么文艺?》,《大众日报》1937年9月2日;杜埃:《旧形式运用问题的实践》,《大众日报》1938年3月20日;周行:《我们需要展开一个抗战文以运动》,《文艺阵地》1938年4月创刊号;陈残云:《动的内容与动的形式》,《立报》1938年8月3日;洁孺:《论作家的写作范围——关于抗战文艺和永久的主题》,《大众日报》1939年5月8日、9日等。见黄树森、黄继持、卢玮銮编:《早期香港新文学资料选》,香港天地图书公司1998年版。
④ 相关文章如:楚青:《诗歌大众化与诗歌朗诵》,《大众日报》1938年7月20日;丁菲:《朗诵诗与民歌——关于旧形式的利用》,《大众日报》1938年11月26日;孙毓棠:《谈抗战诗》,《大公报》(香港)1939年6月14日;锡金:《诗歌的技术偏至论者的困惑》,《文艺阵地》1939年9月1日;穆木天:《关于抗战诗歌运动》,《文艺阵地》1939年12月1日;黄药眠:《中国诗歌运动》,《大公报》(香港)1940年5月8日、9日;洁孺:《论作家的写作范围——关于抗战文艺和永久的主题》,《大众日报》1939年5月8日、9日。见黄树森、黄继持、卢玮銮编:《早期香港新文学资料选》,香港天地图书公司1998年版。
⑤ 萧红:《后花园》,连载于香港《大公报》1940年4月10日至25日的副刊"文艺"与"学生界"上。

难很快在香港文坛激起了关注,黄绳、林焕平、许地山、胡春冰、洁孺、戴望舒、乔木、李汉人、娜马、陈畸等人先后加入到这场文学论争中①。环诸"伪风花雪月"论争中的众多立场与观点,如果说杨刚所说的"伪风花雪月"并未直接指向对萧红、端木蕻良的"怀乡"、"抒情"式的创作的辩难,那么,陈畸则将对象直指东北作家。他说:"我们可以说热情的积极的怀乡作品在若干东北作家手下就常常看见。对于他们的沦亡的故乡,我们的广大而丰饶的满洲,他们写下许多怀念的作品,甚至极流行的'救亡歌曲'里面,有些关于东北的制作,也具有浓厚的乡恋。"② 梳理堪称东北作家代表的萧红和端木蕻良于此期所创作的作品,萧红在继《后花园》之后发表了《呼兰河传》、《北中国》、《小城三月》等一系列"重写"故乡的小说,端木蕻良则在到港以后于《大公报》副刊发表了旧作《新都花絮》,创作了《忧郁的城》、《科尔沁前史》,出版了中篇小说集《江南风景》等作。与此同时,萧红此期尚有10个短篇的写作计划,其中的《还乡人》、《采菱船》、《珠子姐》等作品都不无故乡的影子③。毫无疑问,萧红和端木蕻良这些已完成和未完成的作品均与"伪风花雪月"论争的核心问题有关。

概览介入到"伪风花雪月"论争中的众多声音,这场论争不乏被理解成党派在港争夺势力的论争④。以参与论战者的派系而言,确乎透露出不同党派在文学场中争夺力量、政治博弈的特质,但如果全然将这场"伪风花雪月"之争视为在港党派的文化力量争夺,便遮蔽掉了该论争中的核心问题,即对"故乡"、"抒情"等内容的书写是否"合法"以及评判这种合法性的背后的宰制性规约意识,也即,在抗战文艺大潮中,故乡/故土/故人等抒情的书写方式是否具有情感上、内容上、方法上的正当性的问题。通观1940年至1941年香港文坛的诸种讨论,大多数争论均涉及对作家创作形式、创作内容、创作观念的讨论。事实上,这些论争背后可作为创作"标准"的意识

---

① 相关文章如:陈杰:《关于……反新式风花雪月》,《文艺青年》1940年11月1日;汉华:《"反新式风花雪月"的我见》,《文艺青年》1940年11月1日;胡春冰《关于新式风花雪月的论争》,《国民日报》1940年11月8日;娜马:《关于新风花雪月》,《南华日报》1940年11月18日。这些文章详见黄树森、黄继持、卢玮銮编《早期香港新文学资料选》,香港天地图书公司1998年版。另外,香港《大公报》也刊发了多篇论争文章,如黄绳:《论"新式风花雪月"》,《大公报》1940年11月13日;许地山:《论"反新式风花雪月"》,《大公报》1940年11月14日;林焕平:《作为一般倾向的新式风花雪月》,《大公报》1940年11月16日;乔木:《题材·方法·倾向·态度——关于新式风花雪月的论争》,《大公报》1940年11月20日。

② 陈畸:《谈谈几个问题》,《大公报》(香港)1940年11月18日。

③ 萧红的该书写计划系端木蕻良的回忆,详见曹革成:《我的婶婶萧红》,时代文艺出版社2005年版,第169页。

④ 曹革成认为"因为这场争论,表面是如何正确对待怀乡问题,实质涉及与国民党在港势力争夺香港文化阵地和领导权的一场斗争"。见曹革成:《我的婶婶萧红》,时代文艺出版社2005年版,第168页。

形态话语的"合法性"在40年代初也亟待落实,文学形态的合法性与更为宏大的意识形态话语的合法性交互存在,即两重合法性同时存在于香港的文化场域中。这种极具张力的多重复杂性也即汪晖所认为的1939年至1941年延安、重庆、桂林、香港等地"民族形式"论争的复杂性①。在这样的复杂语境中,萧红已完成的作品、正在创作的作品以及未完成的作品何以均以"故乡"、"抒情"为主旨进行建构则颇具深意。萧红似乎在建构并不具有内容"合法性"、情感"正当性"、方法"规范性"的一系列文本。本文以为,萧红借助这一系列作品,意图建构的恰是与时代大流殊途但同归的对于民族共同体的另一种"想象"。萧红此期更为细节的生活与创作均能为该论点增缺补遗。

此期诸多讨论中均将"民族"问题视为核心问题,"民族"必然涉及"公民"、"国民"等关乎"一国之民"的构想,从"人"至"国"的构想理路叠合在战后的民族/建国构想中。如前所述,战争爆发后,萧红已阐明过她对人物、民族等问题的思考,及至抵达香港以后,香港语境下的"国民"构想有了更为具体的运动,萧红全力支持并参与其中,该运动即"人权运动"。香港的"人权运动"由周鲸文发起,"人权运动"与民族解放、国家建设、民主社会、自由主权等内容紧密关联②。萧红、端木蕻良于1940年10月结识周鲸文,均成为周鲸文主编的《时代批评》的撰稿人。史沫特莱到达香港后,萧红还将其介绍给周鲸文,大力支持"人权运动"。为了扩大"人权运动"的影响,1941年5月16日,周鲸文主编的《时代批评》第71期上发布"人权运动"征文广告,吸引社会各界广泛参与人权运动。1941年6月16日,《时代批评》第73、74期合刊推出"人权运动专号",该号中的"人权运动题名录"上,有茅盾、周鲸文、陈瀚笙、张友渔、孙钿、韬奋、于毅夫、端木蕻良等人的签名,萧红的签名也在列。但值得注意的是,萧红对人权问题的关注并非始于"人权运动"。早在结识周鲸文之前,萧红已在创作中涉及了对人权问题的思考。如,1940年7月在哑剧《民族魂鲁迅》的剧本第三幕中,萧红所选取的鲁迅经历颇有意味:"一九三零年的二月,鲁迅先生加入自由大同盟。一九三三年的一月,鲁迅先生加入民权保障大同盟。同年五月十三日,鲁迅先生亲至德国领事馆为法西斯蒂暴行递抗议书。'九一八'和'一二八'的时候,鲁迅先生写了《伪自由书》,坚决的指出了中国的命运。"③ 萧红在选材时必然有着对庞杂的鲁迅个人历史的全新考量,选择与"人权"问题共通的材

---

① 汪晖:《现代中国思想的兴起》(下卷)(第二部),生活・读书・新知三联书店2015年版,第1494页。
② 周鲸文:《人权运动纲领》,《论人权运动》,合新出版公司1941年版。
③ 萧红:《民族魂鲁迅》,《大公报》(香港)1940年10月21日至31日。

料彰显出萧红对人权、民族问题早有关切。所以,在香港积极参与"人权运动"进一步说明了萧红对人权相关问题的认同。

萧红在诸多书写故乡/故人、极具抒情性的小说"重写"中均融入了对人权问题的思考。《小城三月》是对《叶子》的重新书写。同样是陈述爱而不得的故事,《叶子》将"叶子"和表哥"莺哥"的爱恋悲剧置于贫富差异的二元对立关系下,而《小城三月》则借"翠姨"和"我表哥"的爱恋与悲剧,既反讽"我"家的"五四"式启蒙、平等、自由等观念的名不符实,也为翠姨争取"人权"不得作了悲剧性的抒写。翠姨美丽、聪明却不识字,是知识分子视野中应该被启蒙的对象。"我"家的父亲参与维新,子女均受新式教育,言谈中常探讨男女平等、婚姻自由等"时髦"概念。翠姨对这些概念产生了切实的向往,继而争取读书的权利、反抗婚姻、向表哥表露爱意。她的这些主体自觉并非被家中的知识分子启蒙而来,而是从内在情感、个人存在意识中激发的。但翠姨的悲剧正在于她自觉的主体性在该新式家庭中无法找到呼应和对接。她被悬置、被拒绝,最终一死以证自己的固执的存在。她的死亡却引起启蒙话语操持者们的迷茫——"他不知翠姨为什么死,大家也都心中纳闷"①。萧红在该文的"重写"之处既探讨"五四"启蒙的不彻底,也探寻在启蒙时代未曾被体悟的"人权"问题。与此相似的意义主题也体现在《后花园》中冯二成子和《呼兰河传》中冯歪嘴子的"重写"脉络中。

从"伪风花雪月"论争和"人权运动"可大致一窥萧红置身的香港场域的多元复杂性。这些论争、运动中的核心观念与萧红此期的小说"重写"之处形成了极富意味的对照和呼应。萧红在这些作品中着墨甚多的故乡、人权等内容事实上均是民族的细部问题,但萧红在小说"重写"中不仅局限于对故乡、人权等向度的思考,还在文本中嵌入了伦理、情感、自然、文化、传统、地域等多种质素,进一步建构起她对民族共同体的"想象"。

三、共同体"想象":情感、伦理、地域

萧红素来关切民族问题,对"九一八"的认知和书写可作为一个切入点来讨论她的民族关切,这也是一个颇具典型性的参照点。1931年,"九一八"事变爆发,"九一八"成为政权危机和民族危机的"危急时刻"。端木蕻良便将"九一八"视为新中国命运和时代的重要时刻。他认为"想表现新中国的命运和时代的划分,不追溯五四五

---

① 萧红:《小城三月》,《时代文学》1941年7月1日。

卅怎能说得完全呢？结果比如说我吧，没办法，只有抱住九一八的粗腿不放，没办法"①。萧红民族主义意识的激发点同样也是"九一八"。"九一八"事变爆发后，萧红离开东北，此后数度在"九一八"纪念日撰文表达其对民族和建国等问题的思考②。如，1936 年萧红书写"九一八"引起民族主义意识的觉醒道："他们所具有的：还是一颗热烈的共同的复仇心，一腔慷慨激昂为民族求生存而奋斗的壮志！"③ 1938 年，萧红以"沦落在异地的东北同胞们"作为对象，呼告"拥护这个抗战和加强这个抗战，向前走去！"④ 及至到了香港，在港文化人对"九一八"的纪念绝非仅限于对民族"危急时刻"的追忆，而与民族、建国、反法西斯等更为广阔的主题相通。萧红在1941 年"九一八"纪念中发表了《给流亡异地的东北同胞书》，该文发表在端木蕻良主编的《时代文学》1941 年第四卷。需要注意的是，该卷还被命名为"九一八十周年纪念专号"，并以"收复失地专号"为副标题。该卷内容主旨也直指"九一八"和"收复失地"⑤。无独有偶，周鲸文主编的《时代批评》也同时推出了《"九一八"十周年纪念》专号，并且也将该号命名为"收复失地专号"。该期登载了《旅港东北人士"九一八"十周年宣言》，有周鲸文、端木蕻良、萧红等 374 人的签名。"九一八"十周年纪念当日，即 1941 年 9 月 18 日，周鲸文、张廷枢、端木蕻良、何镜华、于毅夫等人在港发表了中、英文《关于日本侵华十周年之宣言》。该宣言陈述日本侵占东北十年里东北民众的牺牲与努力，力主结成一个全世界反法西斯的联合战线，并要求将满洲归还中国。宣言末尾有周鲸文、端木蕻良等 349 人的签名，萧红亦有签名。签名无疑是作家表明立场和态度的重要证据。萧红先后在几次重要宣言中的签名亦充分表明了萧红的自身立场。萧红对"九一八"有着一以贯之的关切，以几次重要签名为据，足以表征萧红对独立、解放等民族认同问题的关切与认同。

安东尼·史密斯认为民族认同中的重要质素是领土依恋，对于某一块具体领土及领土内的某些地点的依恋之情，使"族群成员经历了漫长的流亡生活，祖地这个神圣中心还是吸引或激励着他们从远方回归。因此，即使一个族群已经离开它的祖地很久，它依然可以凭借一种强烈的乡愁与精神依恋存续下来"⑥。领土依恋所产生的民族向心

---

① 端木蕻良：《端木蕻良文集》（第八卷）（下），北京出版社 1998 年版，第 11 页。
② 为纪念"九一八"，1936 年，萧红写了《长白山的血迹》，发表于《大沪晚报》1936 年 9 月 18 日；1938 年，萧红写了《寄东北流亡者》，发表于《大公报》（汉口）1938 年 9 月 18；1941 年，萧红写了《"九一八"致弟弟书》，发表于《大公报》（香港）1941 年 9 月 20 日。
③ 萧红：《长白山的血迹》，《大沪晚报》1936 年 9 月 18 日。
④ 萧红：《寄东北流亡者》，《大公报》（汉口）1938 年 9 月 18 日。
⑤ 该刊内容有"论收复失地"、"沦陷区的现状"、"九一八纪念感言"、"收复失地的一般意见"、"纪念九一八"等，周鲸文、韬奋、茅盾、张有渔、端木蕻良、铁生、东人等人均发表了文章。
⑥ ［英］安东尼·D. 史密斯：《民族认同》，王娟译，译林出版社 2018 年版，第 32 页。

力、情感依恋成为族群情感和民族意识的动员手段。在这个层面上,《时代文学》和《时代批评》分别以"收复失地专号"为题名也不乏对领土依恋意识的彰显。让我们在此意义上反观萧红的创作。萧红在抗战爆发后写过多篇以"故乡"、"家乡"、"家"为主题的作品,如"重写"的《后花园》、《呼兰河传》、《小城三月》和计划中的《还乡人》、《采菱船》、《珠子姐》等作品。这些同样也可被归置进民族共同体的领土依恋范畴中去。萧红不光在这些文章中建构故乡/故土/故人的情感依恋与情感认同谱系,同时在《寄东北流亡者》、《给流亡异地的东北同胞书》、《九一八致弟弟书》等散文"重写"中还建构出家/国一体的情感结构。如在《给流亡异地的东北同胞书》中写道:"家乡多么好呀,土地是宽阔的,粮食是充足的,有顶黄的金子,有顶亮的煤,鸽子在门楼上飞,鸡在柳树下啼着,马群越着原野而来,黄豆像潮水似的在铁道上翻滚。"① 文中的"家乡"与"国家"已然被置于同一认知界面上,这些无疑表征出萧红的家国之思。

  民族认同中除了领土依恋构成重要情感基础之外,其他构成要素还有"家族谱系和推定的血缘纽带、大众动员、方言、习俗和传统"②。萧红在香港的小说"重写"同样有着对这些质素的嵌入。萧红《后花园》中的冯二成子在《呼兰河传》中被"重写"为冯歪嘴子。冯二成子生活昏沉浑噩,因为爱恋邻家的女儿唤起了情感觉醒,情感的激发使他变得清醒,此前混沌的时间感和日常生活都变得清晰起来。小说表面上似乎是在讲述一个"人"由爱的启蒙继而成为真正的人的启蒙的故事,但其丰富的意涵并不止于此。邻家女儿出嫁他人,冯二成子的爱情幻灭,激发了其对生活、生存、人生的多重反思。后他与王寡妇结婚,接着又丧妻、丧子。或许是不忍将冯二成子置于如此孤绝境地,萧红在《呼兰河传》中以冯歪嘴子"重写"了冯二成子,细化了他和王寡妇一起生活的场景,王寡妇病死后,还有两个孩子与他一起生活。通观二文,无论冯二成子还是冯歪嘴子,他们均需要靠家族谱系、情感和亲缘、血缘关系的维系才能唤起其生命自觉和生活韧性,家庭伦理情感成为生活中的重要纽带。《小城三月》、《呼兰河传》中,叙述人"我"与翠姨、有二伯、冯歪嘴子、小团圆媳妇的情感关联无不如此,甚至《马伯乐》中也有相似的建构。《马伯乐》综合"重写"了《三个无聊人》、《无题》、《逃难》等作。马伯乐的生活体现出战争使有序生活撕裂至无序的境况,但纵然如此,马伯乐也始终在家庭和亲情伦理情感中升沉。萧红本想为未写完的《马伯乐》安排一个"光明的结局"③。这个未能完成的构想敞现了一个开放的想象空间,"光明"或许是一种对正常、有序、伦理、家庭的回归,或许是一种认同

---

① 萧红:《给流亡异地的东北同胞书》,《时代文学》1941年9月1日。
② [英]安东尼·D.史密斯:《民族认同》,王娟译,译林出版社2018年版,第19页。
③ 袁大顿:《忆萧红》,彭放编:《百年诞辰忆萧红》,北方文艺出版社2011年版,第342页。

感、归属感、安全感同在的生活可能性之猜想。

除了乡愁与伦理的共情机制,萧红在香港的小说"重写"中还加入了鲜明的东北地域特点。早期创作的《叶子》在被重构为《小城三月》时,加入了大量东北的风景、风貌。《呼兰河传》则在对《家族以外的人》等作品的"重写"中加入了呼兰河的全景式展演,从街道商铺等起始,到民俗、节日、民间、自然风光、方言土语等地方性特质的铺排。这些既与"真实"的呼兰状貌形成同构[1],也与萧红对地方性因素的建构意识相关。柄谷行人所述"风景"作为描述装置由"内面的人"使其"生产"出来,萧红对这些地域性叙事的建构也应被视为萧红的"生产",其中既牵涉她将何者指认和叙述为东北地域的标志,也是其主观选择和建构地域书写的结果。萧红的小说"重写",不仅以民俗、风俗、自然等特征呈现东北地域超时间、超历史的状态,还建构伦理、情感、血缘等情感机制。这些内容均表征着萧红对民族共同体的认知和"想象"。

茅盾认为,萧红曾经在大时代中搏斗过,与黑暗势力做过斗争,对人生有理想,但因为感情困境而在香港"蛰居","被自己的狭小的私生活的圈子所束缚","和广阔的进行着生死搏斗的大天地完全隔绝了"[2]。受此说影响者众多,形成了关于萧红在香港"蛰居"生活、"寂寞"心境、"消极"写作的定见。茅盾在1947年对萧红的理解颇有彼时代的评说视野,但结合萧红在香港所参加的活动和创作实践,可以发现萧红在香港时期参与活动的丰富性,其有意识的小说"重写"外观下涵盖着对文学与时代、民族与人权积极关切的思想意义。萧红的小说"重写"有意转换以往的书写框架和思维脉络,从对战争、"五四"、传统的反思起始,吸纳香港场域中论争、运动的影响,以故乡抒写、情感伦理、东北地域等形式的叙事,在易代之际构建起对民族共同体的另一种"想象"。萧红在香港的思想性被长期遮蔽和忽略,我们只有回到历史深处,结合历史语境、思想新变、文学叙事和文本风格等多重层面的交互作用,廓清她所生活过的香港场域中的历史多元性和个人思想理路,才能为萧红本不该被遮蔽、被忽略的思想性探明意义。

(作者单位:华东师范大学中文系)

---

[1] 《呼兰河传》中所写的呼兰街景如白眉初在《中华民国省区全志第二册:满洲三省志》中所述:"濒呼兰河之左岸无城壁。旧市街有南北大街。街长十里。东西街长八里。十字街西又有新市街。最为殷盛。交通频繁。附近有公园。市内共有商家四百户。官署有镇守使署、地方省监察厅、县署、警察所、电话公司、人目三万。"见白眉初:《中华民国省区全志第二册:满洲三省志》,北京师范大学史地系出版,1924年,第620页。

[2] 茅盾:《〈呼兰河传〉序》,《呼兰河传》,上海寰星书店1947年版。

民国文学研究

接受历史、个体心境与当下论战的复杂纠葛
——重回20世纪30年代鲁迅与朱光潜的"静穆"之争

汪静波

有关20世纪30年代鲁迅与朱光潜针对陶潜"静穆"之说的论争,已为学界所反复述及。据陈国球在《抒情中国论》中的梳理,三种相对主流的论述框架如下:其一,为二人自身的文学理念冲突,鲁迅所代表的海派革命文学与朱光潜所代表的京派"人生艺术化"主张对立;其二,为双方学术实践背后的汉宋之争,鲁迅所代表的汉学之朴学实证与朱光潜所代表的宋明理学之抽象演绎对立;其三,为现代与传统之对话方式不同,鲁迅追求现代的"求真求实"与朱光潜流连古时的"求美求善"对立①。

有别于以上三种理解,在《抒情中国论》中,陈氏提出朱、鲁二人"情感安顿"对立之说,但并未寻找有关史料充分论述,仅作为建构"抒情中国"这一整体理论的背景材料一带而过。此场论争头绪纷繁,诸种缘由兼而有之,实难完全厘定,但若引入"古人"与"古文"在历史长河中的"接受史"的纵向视野,同时充分还原20世纪30年代笔战的历史现场,或许能在纵横交错之际,更为妥善地寻得此场论争的定位,觅得历史文献中对陈国球"情感安顿"说的有力支撑,进一步拓宽鲁迅与朱光潜二人相关"理念冲突"的阐释空间。

一、独特的接受史:朱光潜的顺势因流与鲁迅的应时创制

当下论者,多从鲁迅和朱光潜如何表达自身主张入手,来探讨此场论争的得失。

---

① 参见陈国球:《抒情中国论》,香港三联书店2013年版。

—— 接受历史、个体心境与当下论战的复杂纠葛 ——

然而,若摆置于接受史中考虑,不得不承认的是,不管二人如何"以意逆志",终是建基于钱起之诗与陶渊明的文与人,在进行借题发挥。作为"题"的天然限定,与代代承袭之下作为"典"的论说化力,总是在若隐若现地制约朱、鲁二人的意见表达。如此一来,或许仍应回到"曲终人不见,江上数峰青",与陶潜其人其诗相继千年的解读脉络之中,借以往的诸家论说,来观照鲁迅与朱光潜二人在"接受史"中,究竟有哪些成分是属于言说主体的独家论说,再由此辨析,二人的"话语"与原本的"学理"之间存有多少流变,从而更为明确二人的"言说自我",在他们的整个阐释活动之中,占据了多少份额。

1935年12月,朱光潜的《说"曲终人不见,江上数峰青"——答夏丏尊先生》载于《中学生》。文中这样写道:

> 我常常嘴里在和人说应酬话,心里还在玩味陶渊明或是李长吉的诗句。它们是那么亲切,但同时又那么辽远!钱起的"曲终人不见,江上数峰青"两句对我也是如此,它在我心里往返起伏也足有廿多年了,许多迷梦都醒了过来,只有它还是那么清新可爱……一转眼间我们看到江上青峰,好像又找到另一个可亲的伴侣,另一个可托足的世界,而且它永远是在那里的……我以前读"曲终人不见,江上数峰青",以为它所表现的是一种凄凉寂寞的情感……现在我觉得这是大错。
>
> 就诗人之所以为诗人而论,热烈的欢喜或热烈的愁苦经过诗表现出来以后,都好比黄酒经过长久年代的储藏,失去它的辣性,只剩一味醇朴。……陶潜浑身是"静穆",所以他伟大①。

而同年同月的18至19日,鲁迅作《"题未定"草(六至九)》后,立即于1936年初发表于上海的《海燕》月刊,进行了几为针锋相对的回应:

> 还有一样最能引读者入于迷途的,是"摘句"……看见了朱光潜先生的《说"曲终人不见,江上数峰青"》的文章,推这两句为诗美的极致,我觉得也未免有以割裂为美的小疵。
>
> 要证成"醇朴"或"静穆",这全篇实在是不宜称引的,因为中间的四联,颇近于所谓"衰飒"。但没有上文,末两句便显得含胡,不过这含胡,却也许又是称引者之所谓超妙。现在一看题目,便明白"曲终"者结"鼓瑟","人不见"

---

① 朱光潜:《说"曲终人不见,江上数峰青"——答夏丏尊先生》,《朱光潜全集》(第8卷),中华书局2012年版,第35—39页。

者点"灵"字,"江上数峰青"者做"湘"字,全篇虽不失为唐人的好试帖,但末两句也并不怎么神奇了。况且题上明说是"省试",当然不会有"愤愤不平的样子"。

一落第,在客栈的墙壁上题起诗来,他就不免有些愤愤了,可见那一首《湘灵鼓瑟》,实在是因为题目,又因为省试,所以只好如此圆转活脱。他和屈原,阮籍,李白,杜甫四位,有时都不免是怒目金刚,但就全体而论,他长不到丈六①。

"摘句"一途,在鲁迅的文本之中,以朱光潜对"曲终人不见,江上数峰青"的品评为典型案例。他对此类行为进行了浓墨重彩的批驳。由于鲁迅在20世纪地位日渐抬高,使"摘句"几与"选本"一同,被不甚公道地钉上了数十年来评述"解读"的历史耻辱柱②。然而,若在钱起"曲终人不见,江上数峰青"的诗作接受史中来看,便可发现,"摘句"、"选本"式的解读模式,可谓亘古有自,并非为朱光潜所独有的"割裂全篇"以暴殄天物。而就史书中所载,钱起"曲终人不见,江上数峰青"之句,也未必就像鲁迅说的那样,因做试帖诗,是以须得"圆转活脱",前后照应,从而如此作结。

《旧唐书·钱征传》中关于钱起的记载是这样的:

> 钱征,字蔚章,吴兴人。父起,天宝十年登进士第。起能五言诗。初从乡荐,寄家江湖,尝于客舍月夜独吟,遽闻人吟于庭曰:"曲终人不见,江上数峰青。"起愕然,攝衣视之,无所见矣。以为鬼怪,而志其十字。起就试之年,李暐所试《湘灵鼓瑟诗》题中有"青"字,起即以鬼谣十字为落句,暐深嘉之,称为绝唱。……大历中,与韩翃、李端辈十人,俱以能诗,出入贵游之门,时号"十才子"③。

---

① 鲁迅:《"题未定"草(六至九)》,《鲁迅全集》(第6卷),人民文学出版社2005年版,第436-444页。
② 这或许也因鲁迅为做"时论",表述时难免流露出了一种躁急的偏见。在方孝岳的《中国文学批评·导言》之中,论选本、摘句时言:"选录诗文的人,都各人显出一种鉴别去取的眼光,这正是具体的批评之表现。再者,总集之为批评学,还在诗文评专书发生之先。挚虞可以算得后来批评家的祖师。他一面根据他所分的门类,来选录诗文;一面又穷源溯流,来推求其中的利病。这是我国批评学的正式祖范。所以《隋书·经籍志》推他为总集的创始者,拿他来冠冕后来一切的总集和其他解释评论的书。"方孝岳之言,或许较为公允,鲁迅一味斥选本、摘句只能暴露选者、摘句者的"眼光如豆"、"抹杀全人",或许在某种程度上因逞意气,而致持论过激。将写在杂文之中针对目标论敌的言论,作为一种学术眼光固定下来,并因推重其人而加以推崇此论,或将难免流弊。
③ (后晋)刘昫等:《旧唐书·钱徵传》,《旧唐书》卷一百六十八,列传第一百十八,中华书局2012年版。

—— 接受历史、个体心境与当下论战的复杂纠葛 ——

《旧唐书》成书于后晋开运二年（945），离唐代灭亡时间（907）不远，有关钱起之处与旧朝政治全然无涉，记述该当较为可靠。"鬼怪"之说，究属渺茫，然而"曲终人不见，江上数峰青"并非钱起手作，却为庭院之中的耳拾之言，或堪为信。因唐人作试帖诗时，实则弹性颇大，多有别出心裁而中举之例，并非为作试帖，就非得"圆转活脱，一一照应"不可。换言之，并非如鲁迅所说，为能中举，钱起便须凑出文末两句来与上文呼应。这种如后世八股般一板一眼的规矩，在唐代还并无如许僵硬的桎梏。举例言之，唐人祖咏与钱起相较，约莫年长廿载，其《终南山望余雪》同样是应试诗，就根本没有遵循限韵的规定（五言六韵，共十二句）。即便如此，祖咏仍能凭借《终南山望余雪》这四句绝句，得到了"纳于有司"①的理想结局。此外，就文本特征来看，《省试湘灵鼓瑟》一诗，通篇读来，参差可拟流连光景之作，即便数度直抒"苦"、"凄"、"怨"、"悲"之情，也仍略显肤泛，未有动人心魄之能，而终章二句，骤然间使得意境含蓄清远，余韵不尽，可谓绝唱，前后确不像同出一人手笔。再观钱起为时人高仲武在《中兴间气集》中所推崇的诗句——"牛羊上山小，烟火隔林深"、"鸟道挂疏雨，人家残夕阳"、"长乐钟声花外尽，龙池柳色雨中深"，虽也颇有禅意，带含蓄余韵，但笔端数语均偏具象、偏物象，内中境界与"曲终人不见，江上数峰青"的邈远辽阔，读来自有分别。因此，钱起的《省试湘灵鼓瑟》，全诗未必连贯，末尾二句未必就是钱起所作，是以"摘句"也就未必是在割裂作者的"全文"。

况且，对于钱起之诗，"摘句"式的解读，自古便在所多有。总而观之，对其人诗作的诸种解读，也颇近于朱光潜的"清新可爱"，而少有鲁迅对其诗作的"衰飒"、"不免愤愤"之解。唐代《中兴间气集》将钱起列为上卷之首，而其选取标准便为"体状风雅，理致清新"。明代胡震亨《唐音癸签》中即写："详大历诸家风尚，大抵厌薄开天旧藻，矫入省净一途……命旨贵沈宛有含，写致取淡泠自送，玄水一龡，群醵覆杯，是其调之同。"② 今人马茂元，则在《唐诗选》中论钱起"洗炼之中，颇饶韵味；清词丽句，往往为人所传诵"③。非专业的一般读者，如武侠小说大家查良镛，则以"曲终"二句为"含蓄"之极境，所谓"不懂艺术中含蓄之道者，宜连读本文结尾一百次，然后静思一百天；如仍无效，请读钱起《省试湘灵鼓瑟》诗结句'曲终人不见，江上数峰青'一千遍，然后静思三月"④。

由此视之，古人的同时代人（如钱起的主考官）也在"摘句"而"嘉之"，今天

---

① 参看（宋）计有功撰《唐诗纪事》。祖咏凭《终南山望余雪》四句，便能"纳于有司。或诘之，咏曰：'意尽。'"。
② （明）胡震亨：《唐音癸签》，上海古籍出版社1981年版。
③ 马茂元编：《唐诗选》，上海古籍出版社2017年版，第435页。
④ 金庸：《三十三剑客图》，《侠客行》，广州出版社2009年版，第614页。

的读者们也在"摘句"而"咏之",倒并非只是20世纪30年代"眼光如豆"的后人①要唐突古人,将他弄得"迷离惝恍",好借其声势发布宣扬自己的主张。尽管"品味"常因时代、环境、接受者的性情等发生改变,但如此将钱起诗作的接受史梳理一番,便会发现千年以来,具体的文学作品中总有某处地方,古往今来的"接受"是大致共通的。众多读者,都挺喜欢"曲终人不见,江上数峰青"中的"味道",感受虽各自不一,但细品的"味道"中总有一种"风味",是被众人公认、广泛接受的。这种公认的"风味",在鲁迅的"末两句不怎么神奇,只是圆转活脱"与朱光潜的"清新佳妙"这两种说法中,后者与这种相对公认的钱起"风味"更为接近。

时至今日,常人对钱起或已不甚熟悉,陶潜却已成"抒情美典",内化于全体国人——无论饱学宿儒还是蒙童老妪——的知识系统乃至心理结构中,浸浸然有一席之地,即便贩夫走卒,也能对此略谈一二。对于如此一位田园诗人,较之鲁迅的"金刚怒目"说,也同样是朱光潜的"静穆"之语,更加接近文学史、学术史,乃至社会文化史所广泛接受的"美典",更加接近《陶渊明集》中百八十余诗篇的"风味"。

清人况周颐在《蕙风词话》中写道:"词有穆之一境,静而兼厚、重、大也。"虽是论词,转而论诗亦未为不可。千百年来,述及陶诗静中自寓旷远境界、淡中自有丰厚滋味者,已然不计其数。仅略举数例:

宋人苏轼对陶潜极尽赞誉之辞,称其"外枯而中膏,似淡而实美"、"质而实绮,癯而实腴"。杨万里则在《诚斋诗话》中说:"五言古诗句雅淡而味深长者,陶渊明、柳子厚也"。元好问在《论诗绝句》中赞道:"一语天然万古新,豪华落尽见真淳。南窗白日羲皇上,未害渊明是晋人。"陶潜的"散淡"、"味深"、"真淳",已然成为诸人深描于头脑中的烙印,挥之不去。同为魏晋南北朝人的钟嵘的《诗品》便已定下了此种阐释基调:"(陶潜)文体省净,殆无长语。笃意真古,辞兴婉惬。每观其文,想其人德。世叹其质直。……风华清靡,岂直为田家语邪!古今隐逸诗人之宗也。"② 朱光潜对陶潜"静穆"、"醇朴"的解读,其实是顺沿此条路径而下,没有多少自己别出心裁的发挥,或者说,他的"发挥",相对更加接近陶潜诗文以及传统的经典解读。

但需要注意的是,同为南北朝人的萧统的《陶渊明集序》,便在"旷真"之外,隐约指出了另一条解读陶诗之路,所谓"语时事则指而可想,论怀抱则旷而且真"。既是"语时事",便是鲁迅所说的"于世态还是关心的",豪情也便油然而生。这一脉阐发,后人多赞之为鲁迅的"别具慧眼",是"极具现代性的别样解读",然而,这却并非由"现代"的鲁迅所独创,宋、明、清时皆有类似声调。

---

① 鲁迅笔下的朱光潜。
② (南朝梁)钟嵘著,杨焄译注:《诗品译注》,上海三联书店2018年版,第99页。

―― 接受历史、个体心境与当下论战的复杂纠葛 ――

渊明所说者庄、老,然辞却简古。……陶渊明诗,人皆说是平淡,据某看他自豪放,但豪放得来不觉耳。其露出本相者,是《咏荆轲》一篇,平淡底人,如何说得这样言语出来①?

古今尊陶,统归平淡;以平淡概陶,陶不得见也。析之以炼字炼章,字字奇奥,分合隐现,险峭多端,斯陶之手眼出矣。钟嵘品陶,徒曰隐逸之宗;以隐逸蔽陶,陶又不得见也。析之以忧时念乱,思扶晋衰,思抗晋禅,经济热肠,语藏本末,涌若海立,屹若剑飞,斯陶之心胆出矣②。

陶潜诗喜说荆轲,想见停云发浩歌。吟到恩仇心事涌,江湖侠骨恐无多③。

如此视之,鲁迅的解读,就与"现代"方才注重"求真求实",而"古代"只要"求美求善"的论调,关联并不太大了。因为即便古人,也在面上"求真求实"地谈着"平淡"、"隐逸"对陶诗的遮蔽,实际却是身在狱中发抒己心地讲,唯有见到陶公"语藏"的"热肠",才是陶之"心胆出矣"——这种说法,在明代黄文焕处便已有之。此外,谈说陶诗的"豪放",也于朱熹、龚自珍等处早便可见,但用到"金刚怒目"这么重的词,或许在鲁迅之前,未有旁人先行掘出。不过,在古人的论述中,谈论陶潜"豪放"一说时,并未发现有格外重视《读山海经》中"猛志固常在"者,鲁迅自己却在1903年翻译凡尔纳的《月界旅行》之际,便直接引此陶诗进入译文④,并在20世纪20年代的杂文《春末闲谈》中谈及细腰蜂处,同样随手便引用了过来,写着即便反抗者的头颅都被割去,也仍要"刑天舞干戚,猛志固常在",好继续战斗⑤。"金刚怒目"这样一个格外意气激荡的说法,以及对"刑天舞干戚,猛志固常在"的特别重视,相对而言,就属于鲁迅自己较为独特的解读,不能算作已有解读体系中的旧例因袭,而更偏重于鲁迅进一步的发挥己意。

概而言之,无论是对钱起诗句"清新佳妙"的解读,还是对陶潜其诗"醇朴"与其人"静穆"的理解,朱光潜都与那些"几成定评"、在学理层面顺流而下的"接受史"更为贴近。这绝非是说朱光潜就是在进行单纯的"学理探讨",内中没有"言说己意"的成分,但就整体接受来看,朱光潜的"己意",抒发之时似更多是一种"贴

---

① (宋)朱熹:《朱子语类》,中华书局1986年版。
② (明)黄文焕:《陶诗析义自序》,《靖节先生集》,商务印书馆1956年版,第26-27页。
③ (清)龚自珍:《杂诗(一二九)》,《龚自珍己亥杂诗译注》,刘逸生注,中华书局2019年版,第183页。
④ [法]凡尔纳:《月界旅行》,鲁迅译,《鲁迅大全集》(第11卷),长江文艺出版社2011年版,第12页。
⑤ 鲁迅:《春末闲谈》,《鲁迅全集》(第一卷),人民文学出版社2005年版,第218页。

近",而鲁迅则相对更多几分"扭转",细细品味,其中战意,便显得格外浓烈些许。

二、隐晦的"情动"处:朱光潜的无意冒犯与鲁迅的一触而发

如此"战意",究竟从何而来?有关朱、鲁二人的主张相歧、性情冲突、派别对立等说,前人研究已颇为深入。不妨搁置自20世纪20年代起已若隐若现又一以贯之的"冲突",先着意关注,究竟在1935年至1936年间,是什么"直接因子",使鲁迅、朱光潜二人产生了强烈的情感对冲,从而导致了这一场论争的直接生成?如按文章写作与发表时间前后将相关文本连缀编排,或许能够发现,双方在不经意间产生了"情感安顿"的重大分歧,在有意无意间借了同一古人酒杯,各自浇筑了心中不同块垒;又本从各抒己见发端,却终至蛮触相争的境地。

1935年11月,鲁迅得到了萧三的信件。作为与苏维埃的沟通者,萧三所给予的信中,要求在组织方面——取消左联,发宣言解散它①。辛苦操持,自1930年起,即本着"但愿有英俊出于中国之心,终于未死"②的鲁迅,此次收到指示左联解散之信件后,感知到左联即将风流云散,当有己方仍是势单力孤的忧虑。20世纪30年代文网密罗,同仁生存本已极艰,能够集起一批人,做一点事,尽管素有"工头的鞭打"、"哑子吃黄连"之苦,却总算还有一批青年在忠心追随,有志同道合之士的一方天地。共产国际的指示一来,挣得的一些微末成绩也即成流风无影,鲁迅的孤寂悲凉,或为可想而知。

1935年12月5日,鲁迅写下3首旧诗。其中透出的浓烈心绪意调,值得反复品读③。就在当日,鲁迅抄下钱起《省试湘灵鼓瑟》全诗,赠予冯仲足。冯仲足也即冯

---

① 1935年11月,鲁迅得共产国际信,"信中首先肯定'左联'成立以来所取得的成就,同时也指出'左联'向来所有的关门主义——宗派主义倾向。要求左联的工作'要有一个大的转变',认为在组织方面——取消左联,发宣言解散它。鲁迅博物馆鲁迅研究室:《鲁迅年谱》(第4卷),人民文学出版社1981年版,第281-282页。

② 见1930年3月27日鲁迅致章廷谦信,但此中心绪复杂。"梯子之论,是极确的,对于此一节,我也曾熟虑,倘使后起诸公,真能由此爬得较高,则我之被踏,又何足惜。中国之可作梯子者,其实除我之外,也无几了。所以我十年以来,帮未名社,帮狂飙社,帮朝花社,而无不或失败,或受欺,但愿有英俊出于中国之心,终于未死,所以此次又应青年之请,除自由同盟外,又加入左翼作家连盟,于会场中,一览荟萃于上海的革命作家,然而以我看来,皆茄花色,于是不佞势又不得不有作梯子之险,但还怕他们尚未必能爬梯子也。哀哉!"鲁迅:《鲁迅全集》(第十二卷),人民文学出版社2005年版,第227页。

③ 午后为仲足书一横幅:"善鼓云和瑟,尝闻帝子灵。冯夷空自舞,楚客不堪听。苦调凄金石,清音入杳冥。苍梧来怨慕,白芷动芳馨。流水传湘浦,悲风过洞庭。曲终人不见,江上数峰青。钱起《湘灵鼓瑟》 仲足先生教 鲁迅。"鲁迅:《日记二十四 [一九三五年]十二月》,《鲁迅全集》(第16卷),人民文学出版社2005年版,第565页,第569页注3、注4。

—— 接受历史、个体心境与当下论战的复杂纠葛 ——

宾符,其人本在《东方杂志》工作,因周建人介绍而与鲁迅相识。1934年,上海生活书店创办《世界知识》杂志,这是中国出版史上第一个用马克思主义分析形势和普及国际知识的刊物。冯宾符就参加了这个刊物的著译工作。他的译作有《战后苏联印象记》(1945)、斯诺所作《西行漫记》等,当时应也在刊物上绍述了不少苏联马克思主义的发展情形,与鲁迅颇有志同道合处。在20世纪30年代的上海,与有志之士和进步青年共同倡导先进理论、绍介苏联等地进步文艺,当为鲁迅本次题下钱起诗中冯夷之"鼓瑟"、"自舞"等所指。毕竟,诗人做诗时,反复运用的同一意象中灌注的情绪常常相去不远。鲁迅所言之"鼓瑟"意指的"一同做事"、"发出旷野中的声响",与1931年3月,他为松元三郎所作《湘灵歌》中,慨叹长沙事件及柔石等人"鼓完瑶瑟人不闻,太平成象盈秋门"之意,实有一脉相通处①。

结合同日——1935年12月5日,鲁迅前后赠予杨霁云、许寿裳二人所题之诗②可见,除了抄录钱起之诗,鲁迅自己当天的创作,同样是"风号大树中天立,日薄西山四海孤",是"曾惊秋肃临天下,敢遣春温上笔端",是"老归大泽菰蒲尽,梦坠空云齿发寒"。据许寿裳解读同日所作旧诗,称鲁迅当时于诗中表达的心境为"栖身无地,苦斗益坚,于悲凉孤寂中,寓熹微之希望焉"。若将其中表达的孤身应对艰难时局,与"老归大泽菰蒲尽"中所含的无处可归之义对照,再结合鲁迅身处之境与书写语境,便可发现,钱起诗末二句"曲终人不见,江上数峰青",在鲁迅笔下"抄录赠人"的时候,便应当被理解为以古人所书之奏乐者,在乐终之时,竟这样消散无痕,来代指在20世纪30年代,虽有志同道合之士一同工作,虽是极为努力,几乎是"拼命地做",但1931年时,柔石、白莽等人牺牲,已然使鲁迅感到"我失掉了很好的朋友,中国失掉了很好的青年",近日又知左联即将解散,回首往日种种——那些在"苦境"中也是"起劲地做"的时日——一切辛苦到头来竟似白费,一切工作竟似转眼成空烟消云散,解散时就连一份正式的宣言,在数度沟通后竟也未有发表,自有茫茫然不堪回首之慨。

---

① 由《为了忘却的纪念》一文可见,柔石其人、左联五烈士及他们与鲁迅的交往给鲁迅留下了良好印象。柔石硬气,做实事,学德文,肯努力,总是理想地"相信着人们是好的"。鲁迅与之一起设立了朝花社,一同来扶植一些刚健质朴的文艺。如此"鼓瑟"之举,以及柔石的牺牲,在当时无声无息,在报刊上"只有一点隐约其辞的文章",与鲁迅自《摩罗诗力说》中便惯常使用的"秋肃"意象相结合,正是"鼓完瑶瑟人不闻,太平成象盈秋门"。此诗当可作如是解。
② 为杨霁云书一直幅:"风号大树中天立,日薄西山四海孤。短策且随时旦莫,不堪回首望菰蒲。亥年之冬录应 霁云先生教 鲁迅。"联文为:"望崦嵫而勿迫,恐鹈鴃之先鸣。亥年残秋录应《亥年残秋偶作》"为季市书一小幅:"曾惊秋肃临天下,敢遣春温上笔端……老归大泽菰蒲尽,梦坠空云齿发寒……"参见鲁迅:《日记二十四[一九三五年]十二月》,《鲁迅全集》(第16卷),人民文学出版社2005年版,第565页,第569页注3、注4。

由此观照，鲁迅寄寓于"曲终人不见，江上数峰青"中的心境，实是悲愤沉重，在写下赠人时，当然就于"凄凉寂寞"的情感多有表现。这样的表述，与朱光潜笔下这两句诗的"清新可爱"、"归依愉悦"等，便有全然不同的情绪意蕴。更有甚者，若评价这两句诗是"凄凉寂寞"，还会被朱光潜说成是"没有见到它的佳妙"。由此，二者对钱起所作同一诗句的解读，在当时场域结合自身生活实际，已产生了截然对立的情感对冲。

这样一来，虽然鲁迅所写下的"曲终人不见，江上数峰青"，是于冯仲足的私下馈赠，是所谓"私人领域"的情感流通，估计并未被朱光潜所见到；但朱光潜的《"曲终人不见，江上数峰青"——答夏丏尊先生》，虽在20世纪30年代大概并非特地针对"鲁迅"其人而写——毕竟朱光潜对陶诗"雅趣"以及"曲终"二句呈现出的"辽远"之境的嗜好，自20世纪20年代写下《给青年人的十二封信》始便已一以贯之——却着着实实地落在了鲁迅眼里，难免使得鲁迅大光其火。这或许可称"旧仇"之上，又添"新恨"——除开朱光潜的"京派"身份以外，与鲁迅直接有所关联的"文谈"，他在20世纪20年代始便已写过不少了。如1926年11月，他在评价《雨天的书》时谈道，周作人的文章"只是冷"，而鲁迅的文章却是"冷而酷"。对鲁迅翻译的厨川白村《出了象牙塔》、《走向十字街头》等作，朱光潜也发表了一番议论，写道：

> 日本厨川白村两部书命名大可玩味，玩味之余，不免发生一种反感。……可是十字街头的叫嚣，十字街头的尘粪，十字街头的挤眉弄眼，都处处引诱你汩没自我。……所以站在十字街头的人们——尤其是你我们青年——要时时戒备十字街头的危险，要时时回首瞻顾象牙之塔①。

朱光潜在20世纪20年代的这些言说，均是直接针对鲁迅的创作与译介实绩而发，当曾进入鲁迅的视域之中。其实，1935年的这次"答夏丏尊先生"，朱光潜或许并未有"直接和鲁迅对话"的意思，而是在自顾自谈论"曲终人不见，江上数峰青"与品味陶诗——毕竟鲁迅私下送给冯仲足的题字，不容易被朱光潜这样的外人看到——但朱光潜的"解读"，一旦落入鲁迅眼里，却成为对他在钱起诗中寄托的情感的"冒犯"与"倒转"，若再回想起20世纪20年代朱光潜对自己的议说，就定须好好回应一番了。朱光潜在解读钱起诗作时，既如此进行摘句细品，品出清新可爱的诗句妙境，又极力称颂陶潜与之相通的"静穆"，鲁迅便自然会致力于挖掘其"金刚怒目"一面。

---

① 朱光潜：《谈十字街头》，《朱光潜全集》（第1卷），安徽教育出版社1987年版，第23页。

—— 接受历史、个体心境与当下论战的复杂纠葛 ——

若试图领会鲁迅所理解的"静穆",最为典型者,乃为《野草·题辞》中的"天地有如此静穆,我不能大笑而且歌唱"。1935年12月10日,国民党政府通令"切实保障正当舆论"①,如此一来,"近来稍稍直说的报章,天窗满纸,华北虽然脱体,华南却仍旧钳口可知"②。在这样的时局下,鲁迅势必意欲借由主体行动,来打破这一闷室生机之静穆,也即"金刚怒目"之指向。而朱光潜则喜阿波罗般的日神精神,要显出"低眉顺目,如作甜蜜梦"之状,在鲁迅看来与时局全然格格不入。"曾惊秋肃临天下,敢遣春温上笔端",鲁迅所题,与朱光潜所论,虽为钱起同一诗句,虽为陶潜同一美典,但鲁迅意在表达其勉力对抗"秋肃"时局,即便有志同仁悄然烟散,也仍以孤身挺立,汲汲于寻觅"春温"之现实意志,却在朱光潜笔下,成为将"春温"罩于"秋肃"之外,把"秋肃"直接理解为清新可爱之"春温",造一永恒长存之不醒酣梦,以此来"见其佳妙"。如此,产生论争自是无可避免。

早至1907年写下《摩罗诗力说》时,鲁迅便道:"人有读古国文化史者,循代而下,至于卷末,必凄以有所觉,如脱春温而入于秋肃,勾萌绝朕,枯槁在前,吾无以名,姑谓之萧条而止。"③ 对古国文化的品读,鲁迅致力于寻求脉络,直面"史"之鲜活流动,对前后境遇时势进行把握,由此观时势之变,明得失之迹;而朱光潜却着意于与"美"偶遇,寻觅其中恒定之处,纳入自身"心境"之中反复品味,由此作自身"气性"之涵养与融通。二人对诗句的情感安顿产生如此巨大分歧,也就不难理解。自1931年起,鲁迅所经历者即为眼见周遭青年与友人一一罹难,从左联五烈士至杨杏佛,再至丁玲④、瞿秋白等,实可称之为身受当下历史的"至于卷末,必凄以有所觉,如脱春温而入于秋肃……萧条而止"。自眼见青年之血后,鲁迅所欲实为发扬这些"并非浑身静穆"的生命,以肉身磕绊而出的模糊血色,以肉身擦拭而出的触目痕迹之伟大。自20世纪20年代起,他便长自怅恨:

  文章总是墨写的,血写的倒不过是血迹。它比文章自然更惊心动魄,更直截分明,然而容易变色,容易消漠。这一点,就要任凭文学逞能,如同冢中的白骨,往古来今,总要以它的永久来傲视少女颊上的轻红似的。……这些都应该和时光一同消逝,假使会比血迹永远鲜活,也只足证明文人是侥幸者,是乖角儿⑤。

---

① 鲁迅:《鲁迅全集》(第13卷),人民文学出版社2005年版,第604页注1。
② 鲁迅:《鲁迅全集》(第13卷),人民文学出版社2005年版,第613页。
③ 鲁迅:《摩罗诗力说》,《鲁迅全集》(第1卷),人民文学出版社2005年版,第66页。
④ 虽其后证实丁玲并未身亡,但当时鲁迅得知消息后颇为哀恸,写下《悼丁君》一诗,称之为"可怜无女耀高丘"。
⑤ 鲁迅:《怎么写》,《鲁迅全集》(第4卷),人民文学出版社2005年版,第16-20页。

《题未定草》就这样秉承了多重心绪的交织，发表在了《海燕》之上。任何文章的"定稿"，一经公开发露，均为在多重力量的"作用"与"角力"之下，得而能成综合的产出。时局的松紧、作者的胸臆、刊物的宗旨、言说的对象、预期的受众，均会在有意无意间对言说内容产生潜在的制约与影响。鲁迅既是在私下题诗之后，又受朱光潜文章"品诗"的情感激发，从而驳斥并表达自身的主张；也是在创办刊物之后，意欲支撑新生期刊，并告慰那些一同奔走的、明知随时有"以血作书"的危险也仍在"做点实事"的青年人的赤诚的心。《海燕》虽仅两期，便以夭折作终，但涉及同仁不在少数。就鲁迅日记中所载，1936年1月19日晚，为庆祝第一期《海燕》售罄，即邀约共11人赴宴。纵观《海燕》，其间所围绕鲁迅产生的群体性关联，一为"左联"关系——如胡风、聂绀弩等；一为尚未涉左联的"师生"关系，如萧军、萧红等——但由此可见，这势必是一本有立场、有旗帜、有群意的刊物。虽然初战告捷，但此刊在1月"庆功"之后，同年2月便告终止了。其后，朱光潜也未再在公开场合对"静穆"之争做出回应，仅在1941年与金绍先谈及此事，并写下了一些陶渊明的研究文章。"静穆"一说之争，看似随《海燕》刊物的告终，也即戛然而止，然而若细究当时其他文章，便会发现，隐约也有此论争的曲折回响。

三、争夺的话语权：双方"搬古书战法"的兼而用之

陶潜"静穆"之争，在20世纪30年代，看似不过是朱、鲁二人间的潮流涌动。但实际上，周作人也对这一论争进行了曲折表态。1936年2月4日，周作人写下《谈错字》，于1936年2月10日刊于《北平晨报》，其中这样分辨道：

> 在这里，我们自然地联想起古时的一件公案来，这就是陶诗里的刑天舞干戚案。陶渊明《读山海经》诗第十首前四句云：精卫衔微木，将以填沧海，形夭无千岁，猛志固常在。……但通行本多改第三句为"刑天舞干戚"……但是，《山海经》里有是一件事，陶诗里有没有又是别一件事，未便混为一谈……我还是赞成原本的无千岁，要改也应注曰疑当作云云，总不该奋笔直改如塾师之批课艺也①。

---

① 周作人：《谈错字》，《周作人散文全集》（第7卷），广西师范大学出版社2009年版，第114-115页。

—— 接受历史、个体心境与当下论战的复杂纠葛 ——

看来,这仿佛是周作人几已滤尽人间烟火气的学理探讨。唯有文末的"奋笔直改如塾师之批课艺",流露出些许作者的情感色彩。对此"言说",鲁迅看似并无反应,只在同年3月为白莽遗作《孩儿塔》诗集作序时,又一次谈论及"静穆"道:

> 一切所谓圆熟简练,静穆幽远之作,都无须来作比方,因为这诗属于别一世界。
> 那一世界里有许多许多人,白莽也是他们的亡友。单是这一点,我想,就足够保证这本集子的存在了,又何需我的序文之类①。

这样一来,三方的文意纠葛,或许可堪进一步细细玩味。某种意义上,钱起之诗与陶潜其人,在朱光潜而言,虽然也有借之谈论自身主张的需求,但主要是作为自身心绪的"抒情美典"来进行把握的——旨在塑造与己心相通、值得反复品味的自足抒情境界,而将之传播开去,是之后才要考虑的事。而鲁迅在朱光潜将此作为抒情美典运用时,其实在赠送友人的题诗中,也是同样在借"曲终"二句这一"酒杯"来抒发自身情感,浇筑心中块垒,将之结合《省试湘灵鼓瑟》先前四句之"衰飒",纳为另一层面(情感)的"凄凉寂寞"之抒情美典。

但在发表于《海燕》的杂文中,为攻辩对方之"境由心造",鲁迅却以看似"实证"的手法,做出了"辨章学术,考镜源流"的样子,来论述钱起这诗不过是一篇省试试帖,以致注重前后照应,因而"圆转活脱"。作论时,更着重强调的是作为读者的"我"所理解的才是作者的本意,而并不着眼于其与己有所共鸣的时下意蕴。在鲁迅看来,如此论述方式,当为称赏曹聚仁时所言"轰毁旧营垒的利器"的"搬古书战法"② 之同调。在此,"求实"之考据,已成为辩论时加固己方立场、削弱对方论述之途径。

而与之相类,其弟周作人对这一"静穆"之论,也进行了自身观点一曲三折的隐晦叙说。双方立场尽管对立,但考辨其回应路径,实与鲁迅有相通之处。周作人的文章,看似是与他当时写下的其他文章一脉相通的"钞古书",不过是在进行一些考据的字句之辨,但实是以此来曲折地表达自己的立场。鲁迅既直指朱光潜解读古诗的"摘句"之误,是近乎"说梦",那周作人便依据对陶集版本字句之异的辨析,从根柢上以古人曾纮便是无据篡改陶诗底本——鲁迅常提的"刑天舞干戚,猛志固常在"这

---

① 鲁迅:《白莽作〈孩儿塔〉序》,《鲁迅全集》(第4卷),人民文学出版社2005年版,第16-20页。
② 鲁迅:《从"别字"说开去》,《鲁迅全集》(第6卷),人民文学出版社2005年版,第290页。

句诗压根就不存在——来否定陶潜本人具有"刑天舞干戚，猛志固常在"的金刚怒目之势。毕竟所谓"猛志"，若只体现在精卫填海的持之以恒，那与"刑天舞干戚"而使阔人的天下难得太平的气势相较而言，便着实远远不如。在特定场域之内，看似纯为学术意见的发露，也实有当下所指。

不妨细究古籍，一探周作人所说的学术上的"篡改"，究竟是否确有其事；再探这一"篡改"的版本，究竟确为鲁迅心头一以贯之、深切悦纳的陶潜诗句，还是鲁迅明知为不可取信的"异文"，却为论战所需，从而曲为己说。将鲁迅毕生有所记载，曾经购置赠送的陶集版本列举如下：

1914.11.28 下午至有正局买汤注陶诗石印本一册，银二角。
1915.01.06 豫约景宋本《陶渊明集》二部四元。
1915.01.10 至文明书局买……石印宋本《陶渊明诗》一册，五角。
1915.01.16 下午至留黎厂官书局买仿苏写《陶渊明集》一部三册，直四元。
1915.02.21 至书肆买……袖珍本《陶渊明集》一部二本，共银十元。
1915.04.27 收西泠印社所寄仿宋《陶渊明集》一部四册。
1915.05.18 晚往许季市寓还中州及关中《金石记》，并以景宋本《陶渊明集》赠之。
1915.05.29（夜）重订小本《陶渊明集》四本。
1915.06.05 寄二弟书籍一包：小本《陶渊明集》一部二本，《广弘明集》一部十本。
1924.06.13 在商务馆买《潜夫论》、《蔡中郎集》、《陶渊明集》、《六臣注文注［选］》各一部，共三十六本，泉十元四角。
1926.02.20 买小本《陶集》、石印《史通通释》各一，共二元二角。
1926.11.10 在商务印书馆买《资治通鉴考异》、《笺注陶渊明集》各一部。
1931.05.30 赠增田涉君《四库［部］丛刊》本《陶渊明集》一部二本。
1934.01.06 下午往中国通艺馆买《陶靖节集》一部四本，《洛阳伽蓝记钩沉》一部二本，共全二元二角①。

从日记中购书情况可见，在各版本的陶集之中，最早进入归国后的鲁迅视域，或说被其主动纳入阅读视野的版本，为汤汉注陶诗。据田晓菲《尘几录》所言，"汤汉本有两大特点。一，在所有现存南宋版本中收录异文最少，而且似乎用了曾集本为底

---

① 鲁迅：《鲁迅全集》（第15卷），人民文学出版社2005年版，第169、172、173、516、610、645页。鲁迅：《鲁迅全集》（第16卷），人民文学出版社2005年版，第254、427页。

——接受历史、个体心境与当下论战的复杂纠葛——

本,凡是曾集本与苏写本有抵牾处,汤本例从曾本;二,有简短的小字评注,主要阐发诗人本意,间有词语释义。汤汉的主旨是强调陶渊明忠于晋室,不事新朝,陶诗全被视为政治语言。汤汉评注代表了南宋时人对陶渊明的解读,对后代产生很大影响"①。

这两点均值得注意。第一,尽管"汤本例从曾本",但在《读山海经(其十)》诗句"刑天舞干戚"与"形夭无千岁"之异文选择中,汤汉却从曾纮之说将五字直改为"刑天舞干戚",而未从曾集刻本之持旧说。据汤汉笺注四部丛刊景宋巾箱本,汤汉在此诗后一并附注了曾纮改诗之论,阐明诗句五字尽皆修改之所本(字形相近),直引至"因思宋宣献言:'校书如拂几上尘,旋拂旋生。'岂欺我哉"一语方止②。也即在1903年翻译后,日记中列举的鲁迅所读《陶集》各版本乃至最初版本,仍多有持"刑天舞干戚"之见者。第二,汤汉主张发掘陶诗中慷慨悲愤之意,于《陶靖节先生诗注序》中强调"每寄情于首阳、易水之间,又以荆轲继二疏、三良而发咏,所谓'抚己有深怀,履运增慨然',读之亦可以深悲其志也",注疏时多将陶诗视为政治语言,多言及"相招以事新朝"、"易代"之语,尤其有关《述酒》一诗,认为系刘裕篡位、晋宋易代而作,在序中评道:"(陶潜)平生危行孙言,至《述酒》之作始直吐忠愤……余偶窥见其指,因加笺释以表暴其心事。"鲁迅于1926年所购《笺注陶渊明集》中,李公焕也进一步将《述酒》作为政治诗进行解读并加以阐发,这或许对鲁迅的理解中格外着重"金刚怒目"的陶潜,本身就有着潜移默化的影响。

然而,曾纮改诗,以及汤汉注本中把曾集本(底本)中的"形夭无千岁"直接改成曾纮本中的"刑天舞干戚",确是不符古典文献学的治学之道。这一点周作人说得确实不错——应当标注出异文,但如无足够的、确凿的依据,决计不可轻易改动底本。但这一曾纮"改动后的诗",在鲁迅的心中却并非"改动",而就是"原诗"、"原貌"。就目前所存材料来看,1903年鲁迅翻译之时,身在日本,手头未必能有陶集可供查找,就已将西人凡尔纳的作品凭记忆翻作了"刑天舞干戚"。而能够查找到的、在《鲁迅日记》中有所记载的、鲁迅购置的第一本陶集中,内中诗句也仍然是"刑天舞干戚"。在鲁迅一面,估计确实认为"刑天舞干戚"就是原诗,反映的是陶潜"原人",也并非为刻意强调陶潜的"金刚怒目"而强为之说。

无论鲁迅还是周作人,尽管意见完全不同,但意欲言说的都是"今世"——鲁迅想表达的,是对歌咏"静穆"的反感,也认为朱光潜把"曲终人不见,江上数峰青"

---

① 田晓菲:《尘几录:陶渊明与手抄本文化研究》,中华书局2007年版,第215-216页。
② 此套四部丛刊由商务印书馆初编初印于1922年,并非鲁迅于1914年阅读的原始版本,但其中汤汉笺注仍可供参考。

解读为"清新佳妙"深深触犯到了他的情感,冒犯了他和左联一众青年同仁所做的努力。周作人想表达的,是鲁迅的"宏文"看似言之凿凿,但若真的要用学理的目光来探讨"全文"和"全人",那这种说法从根柢上就全然不对。陶渊明的"原人",从来未写过"刑天舞干戚,猛志固常在"这句诗。原诗不过是在写精卫的"形夭无千岁",建基于"刑天舞干戚"上的任何来自鲁迅的发挥,其实全都靠不住。但二人明明要谈的都是有关今世的"时论",文章中谈的却都是"学理"——谈的都是"我更加贴近古人"的"原貌"、"原意"——都用的是"搬古书战法"。在同样的旧事与文典之中,鲁迅与朱光潜均发现了与己共鸣的当下意义,但究竟这份"共鸣"何在,所引向的指涉却各有异。打笔仗时,三方均试图阐明自身在学理上更贴近古人,借此来取得自家立场令读者信服的"胜利"。

结　语

今日平心静气究去,在学理层面似乎朱光潜、周作人二人说的"清新佳妙"、"静穆"、"不可篡改底本"更"对"一些——但学术上的探讨,似乎不该为"时论"张本,毕竟学术终究与时局存在距离,在学术上错,未必便是在主张上错了。若眼见青年辗转反侧,呻吟号呼,众人却深受"闲适"感召,无动于衷地去纵情谈说"静穆",总令人觉得略为可怖——在20世纪30年代的语境之下,即便在肯定朱光潜、周作人的"学理"的同时,或许时人也总更愿意肯定鲁迅的时下"主张"。但时至今日,硝烟已然沉潜,若只因鲁迅地位的崇高而使其言在学理上也"一言九鼎"、"永远正确",也非学术幸事。惜乎"学术"与时下"主张"的纠葛,似乎并未得能稍作分解,反而愈缠愈紧,毕竟学术之确,未必便能保障主张之确,而主张之确,也未必便能保障学理上未有讹误,不如将二者稍作区隔,以求在"相骂相打"的激烈争论之余,也仍存有平心静气的一方清谈天地。从长远来看,有更为丰裕的"清谈",才能为更热烈的"论争"存下更为丰富、少被扭曲的鉴镜以供观取。

(作者单位:华东师范大学中文系)

民国文学研究

再现与重构：茅盾早期小说中的"时代性"问题再讨论

殷鹏飞

在讨论茅盾的文学创作时，研究界更倾向于以一种"反映论"的思维去考察茅盾小说与其亲历的中国近代史之间的关系。不少研究者都认为茅盾小说是"客观的"，他的小说似乎成了反映时代的镜子。正是在这样的思维下，茅盾小说的"时代性"和"时代女性"就成了一个一直绕不过去的话题。在20世纪80年代以来的绝大多数的研究中，"时代性"、"现实性"所侧重强调的是茅盾小说所反映的历史之"真"。然不论是"史诗追求"的"时代性"，还是"汇成一面时代的镜子"的"现实性"的论断，尽管在当时起到了摆脱了阶级史观施加于文学研究的负面影响，但无形中又陷入了另一种本质主义的解读当中。在历史的惯性作用下，20世纪80年代"去政治化"的解读无形中抹擦了原本丰富生动的历史细节。事过境迁，"去政治化"解读原本所具有的政治动能已消解殆尽，并且在今天的文学史叙述中渐渐沦为了另一种政治正确。因此，在今天的语境下，需要我们重新擦亮"现实性"、"时代性"评价背后的历史性和政治性，从而将研究和研究对象固定在特定的历史脉络中，使这样的文学史叙述不至于沦为一种"漂浮的能指"。

实际上，茅盾小说对历史的再现并不是流水账式的史料长编，而是茅盾以他的"革命之眼"观察到的情形，并以一定立场对历史进行重新编排、叙述而产生的文学作品。同样，其小说的"时代性"本身也不是超然的、理性的、客观的。在1930年前后，茅盾小说的"时代性"甚至成为了问题本身，被批评界反复地讨论乃至争论着。茅盾小说对革命史文学化的叙述以及评论界对于"时代性"的分歧，恰如德勒兹所言,"表述行为本身又是历史的,政治的和社会的"①。所以,茅盾早期小说应该放置于20世纪20年代中后期的政治文化中进行重新审视:茅盾小说"历史/文学"产生的张力所折射的恰恰是其小说的政治性,而对于茅盾小说"时代性"的不同理解所折射的是不同意识形态对"革命"与"文学"关系的不同理解。也恰是在论争中,茅盾调整着自我对"时代性"的理解,最终构成了"茅盾传统"当中的"史诗"特色。

一、"两个钱杏邨":"表现时代色彩"与"把握时代精神"

在众多关于"革命文学"的研究中,钱杏邨与茅盾论争的过程往往被叙述为钱"'左'倾幼稚"地攻击茅盾,而茅盾不得不写作《从牯岭到东京》进行澄清并反击。这样的解读很大程度上是受到伏志英《茅盾评传》的误导,《茅盾评传》中所收入的钱杏邨《茅盾与现实》省略了钱杏邨文末所加的"附记",同时,《茅盾与现实》实际上是钱将自己最初对于茅盾《蚀》的评论进行大幅度修改后的产物,原文意思已经发生了很大变化,而研究者不加分辨地认为《茅盾与现实》就是钱杏邨对茅盾《蚀》的最初反应。对此,赵珥已有论文对钱杏邨的修改以及钱杏邨和茅盾的争论的前因后果做了非常详尽的叙述。赵文认为,"即使不能完全断定钱氏修改的压力是来自于茅盾在《从牯岭到东京》中的反唇相讥和发表之后创造社集体批判的压力所致,那么,也应是主要的原因所在"②。在茅盾发表《从牯岭到东京》之前,钱杏邨关于《幻灭》、《动摇》、《追求》的评论对茅盾的写作不无赞赏和鼓励;而在茅盾发表《从牯岭到东京》之后,钱杏邨在《茅盾与现实》中对收入的3篇评论做了修改,改变了先前"小骂大帮忙"的评论策略,逻辑、价值、态度都发生了巨大的翻转。本节力图从整体性的角度对《茅盾与现实》所涉及文本的修改情况和时间进度进行全面把握,再从政治化的视角讨论钱杏邨这一变化的核心动因。本节所要讨论的重点是钱杏邨对"时代"及现实主义创作手法的理解在1930年前后发生的变化以及变化背后的政治动因。

钱杏邨最初对《幻灭》的评价是相当肯定的,甚至将《幻灭》与当时左翼文学的标杆蒋光慈的创作等量齐观——"在最近的中国文坛上有一种可喜的现象,就是很多的作家认清了文学的社会的使命,在创作中把整个的时代色彩表现了出来"③。而在《茅盾与现实》中,他把"时代色彩"改成"时代精神"④,同时又删除了原文中为有

---

① [法] 德勒兹:《什么是哲学》,湖南文艺出版社2007年版,第93页。
② 赵珥:《〈从牯岭到东京〉的发表及钱杏邨态度的变化——〈〈幻灭〉(书评)〉〈〈动摇〉(评论)〉和〈茅盾与现实〉对勘》,《中国现代文学研究丛刊》2005年第6期。
③ 钱杏邨:《"幻灭"》,《太阳月刊》1928年第3期。
④ 钱杏邨:《茅盾与现实》,伏志英:《茅盾评传》,现代书局1931年版,第161页。

缺陷作品进行辩护的话语——"所以,我们在目前希求于创作家的,不只是要他们的技巧怎样工整,而是创作的适合时代。技巧幼稚,是不难修养的;思想落伍,却永没有方法赶上"①。根据上下文,此段的意义发生了偏转,由基本赞扬与提出一些意见转向了否定。因为在钱杏邨的话语系统里,"时代精神"显然是带有褒义性质的词,而"时代色彩"则偏于中性。如在对蒋光慈《野祭》的评论中,钱杏邨毫不吝啬对这本小说的溢美之词,其着眼点就是蒋的小说突出了"时代精神"——"这一部具有时代性的恋爱小说","作者的创作,严格来说,在技巧方面没有怎样大的成功,但每一本书都有他的时代地位,从新梦起,除开纪念碑一部,都是富于时代精神的描写,这是事实可以替我们证明","这能代表时代的恋爱小说,这是中国文坛上的第一部"②。而蒋光慈对《野祭》的评论与对《幻灭》的评论,前后相差仅仅1个月。因此,他对于"时代精神"的理解应当是一贯和连续的。如此一改,茅盾的《幻灭》就由能跟上"时代"创作的步伐,到落后于"时代"创作的步伐。两字之易体现出钱杏邨的态度发生了明显的翻转。

　　与从"时代精神"到"时代色彩"的修改相对应的,是钱杏邨对现实主义创作理解的变化。在《茅盾与现实》中,钱杏邨将原文中所有的"表现"改为"描写",其着眼点在于"表现"与"描写"背后的两种现实主义观念的不同。茅盾在《从牯岭到东京》当中一再强调"《幻灭》等三篇只是对时代的描写,是想能够如何忠实便怎样忠实的时代描写"③,钱杏邨的改动显然是依循茅盾对自己创作的理解。如果说起始阶段对于茅盾现实观的批评还只是基于革命同志间的善意的提醒,希望他改变的是"抛去写实主义的技巧"④,而在改动后的《茅盾与现实》中则将"写实主义"与茅盾的政治立场挂钩:将"这部创作的立场是错误的"⑤改为"这部创作的立场不是无产阶级的"⑥;将"我们是要更进一步希望他根本抛弃他现实主义的立场"⑦改为"根本抛弃他自己现在的立场了"⑧;文末更是将原有保留性的评论——"作者是一个长于恋爱心理描写的作家,对于革命没有深切的把握"⑨,改为否定性的评论——"对于革命只

---

① 钱杏邨:《"幻灭"》,《太阳月刊》1928年第3期,1928年3月。
② 钱杏邨:《"野祭"》,《太阳月刊》1928年第2期,1928年2月。
③ 茅盾:《从牯岭到东京》,《小说月报》第19卷第10期,1928年10月。
④ 钱杏邨:《"追求"——一封信》,《泰东月刊》第2卷第4期,1928年12月。
⑤ 钱杏邨:《"追求"——一封信》,《泰东月刊》第2卷第4期,1928年12月。
⑥ 钱杏邨:《茅盾与现实》,伏志英:《茅盾评传》,现代书局1931年版,第189页。
⑦ 钱杏邨:《"追求"——一封信》,《泰东月刊》第2卷第4期,1928年12月。
⑧ 钱杏邨:《茅盾与现实》,伏志英:《茅盾评传》,现代书局1931年版,第189页。
⑨ 钱杏邨:《"追求"——一封信》,《泰东月刊》第2卷第4期,1928年12月。

把握得幻灭与动摇"①。在对《动摇》的评论中，钱杏邨则将"机会主义者"改为"投机分子"。"机会主义者"显然源自"八七"会议。"机会主义"是针对陈独秀放弃无产阶级领导权的做法而产生的语词——"党的指导有机会主义的错误，其基础在于不了解中国革命的性质，不了解各阶级在每一阶段里的作用，以及共产党的作用"②。"机会主义者"的针对对象在党内。而"投机分子"显然是茅盾为"小资产阶级的市民文学"进行辩护后针对"小资产阶级的立场"而进行的改动，所以"投机"的判定则是针对小资产阶级的动摇性和依附性。诚如傅克兴对茅盾的批判，"这个阶级在阶级社会里没有独立存在的可能，或附属于资产阶级的时候，它是反革命，下降为无产阶级的时代，才成为革命战线里的一员"③。可见，钱杏邨的改动其实与中共整体政策的调整有着息息相关的联系，而文学作为一种审美意识形态也必随着意识形态的反复而发生变动。

那么，势必要问：是什么样的力量让钱杏邨态度有了翻转，致使在对相同作品的评价中出现了"两个钱杏邨"现象？又是怎样的文学观念让钱杏邨将"现实主义"这一创作手法与"无产阶级"的政治立场进行挂钩的呢？最早体现钱杏邨对茅盾态度变化的文本是1929年4月发表在《海风周报》14、15期合刊上的《〈幻灭〉〈动摇〉时代的推动论》一文。钱杏邨写作此文之前，在其对茅盾曾经大加推崇的作家顾仲起的评论中，已经可以窥见钱杏邨态度的转变。1929年3月《海风周报》上《关于顾仲起》对《生活的血迹》的评论与修改后的《茅盾与现实》在对"时代色彩"和"描写"手法的评价上如出一辙："不过，我已经感到不满的，是他的取材及描写，仍然不外乎个人生活的纪录，仍然有自叙传的倾向。而不能取材于广大的群众，或者对于时代更有关切的题材。他所表现的，可以说完全是革命失败后不彻底的革命的小资产阶级生活形态的反映。然而，我虽有这样的不满，但他的创作的时代色彩，以及时代意识，我们是不能否认的。"④ 如果我们从"影响"的角度去看钱杏邨的改变，李初梨《怎样地建设革命文学》一文至关重要。李在文中对"文学"重新进行了定义："文学，与其说它是自我表现，毋宁说它是生活意志的要求。文学，与其说它是社会生活的表现，毋宁说它是阶级的实践。""因为无论什么文学，从它自身说来，有它的阶级背景，从社会上看来，有它的阶级的实践的任务。""文学是意德沃罗基的一种，所

---

① 钱杏邨：《茅盾与现实》，伏志英：《茅盾评传》，现代书局1931年版，第196页。
② 《中国共产中共中央委员会告全党党员书》，中央档案馆编：《中共中央文件选集（3）》（1927），中共中央党校出版社1989年版，第255页。
③ 克兴（傅克兴）：《小资产阶级文艺理论之谬误——评茅盾君底〈从牯岭到东京〉》，《创造月刊》第2卷第5期，1928年12月10日。
④ 钱杏邨：《关于顾仲起》，《海风周报》1929年第10期，1929年3月10日。

以文学的社会任务，在他的组织能力。"① 而从钱杏邨《茅盾与现实》的改写来看，很明显受到了此文的影响，降低了对"表现时代色彩"和"描写"手法的评价，强调了与"意德沃罗基"相关联的"时代精神"和更加鲜明的"无产阶级立场"。当然，钱杏邨对于茅盾批判的升级并不能仅仅理解为某种理论的影响，更重要的可能是左翼党团力量影响下形成的"影响的焦虑"。夏衍在回忆自己的这段经历时很鲜明地表明自己当时的态度是受到组织影响的，所以，即便是在"仔细读了茅盾的文章之后，对于他对小资产阶级知识分子的看法是有同感的"，但夏衍的立场"无可讳言，由于思想作风上和组织原则上，我是站在创造社、太阳社一边的"②。从钱杏邨两个版本的修改的时间线上看，彼时对于茅盾的批判的声调也在不断地升高，对于茅盾的"小资产阶级文学"的态度已经从最初的"小资产阶级文艺理论之谬误"③ 式的善意提醒升格到了与叛徒一般的敌我矛盾。左翼批评家将茅盾的《从牯岭到东京》视为"一个政见的发表"④ 或"沉痛的自白"⑤，甚至升格到了"与资产阶级的走狗陈公博、施存统、谭平山等同一口吻"⑥ 的地步。正是在这种政治文化的氛围下，钱杏邨也必和党内同志一样视茅盾为寇雠，也就出现了"两个钱杏邨"现象，而对小说创作所应该具备的"时代性"的理解也随之发生了变化，从最初的描摹性质的"描写时代色彩"转向了再造和重塑性质的"把握时代精神"。

综上，1927 年"大革命"失败之后，正是在中共不断激化的"左"倾政策之下，受党团组织影响的文学团体也相应调整了自己的审美取向，政治以文学化的形式表现出来。正是在这种情况之下，政治的反复也造成了文学审美的变动，也就形成了"两个钱杏邨"的矛盾。

二、"时代性"与"非时代性"
——以对《野蔷薇》的评论为中心

1929 年，茅盾《野蔷薇》甫一出版，批评界对于其"时代性"色彩就出现了两种

---

① 李初梨：《怎样地建设革命文学》，《文化批判》第 2 号，1928 年 2 月 15 日。
② 夏衍：《懒寻旧梦录》（增订本），中华书局 2016 年版，第 93 页。
③ 克兴（傅克兴）：《小资产阶级理论之谬误——评茅盾君底〈从牯岭到东京〉》，《创造月刊》第 2 卷第 5 期，1928 年 12 月。
④ 李初梨：《对于所谓"小资产阶级革命文学的抬头"，普罗列塔利亚文学应当如何防卫自己？——文学运动的新阶段》，《创造月刊》第 2 卷第 6 期，1929 年 1 月。
⑤ 钱杏邨：《从东京回到武汉》，《文艺批评集》，神州国光社 1930 年版，第 123 页。
⑥ 得钊：《一年来中国文学述评》，《列宁青年》第一卷第 11 期，1929 年 3 月。

截然相反的评价。一种认为茅盾表现了"时代",认为《野蔷薇》的"时代性"过重。"小说为时代的产物,以时代作为背景,本是不可免除的并且也是必备的事实。但应当记得时代只能做背景,不能做主体。凡以时代为主体的文学,在当时固能风行一时,但时过景迁,便会变为古董,而无存在活跃的余地了。"①"总之,这几篇中的主人翁,都无非是把现社会的一般女性的性格,具体地从某一部分表现出来,对于时代的精神,更无微而不显露于笔端。"② 而另一种则批评茅盾创作"非时代性"太重,已经远远落后于时代的步伐。"这一点我实在替作者危险。思想愈向下沉,作品将更离时代远,甚而至于和时代相背驰。"③ 茅盾在《野蔷薇》中所描写的,"只是追不上时代的车轮的脚色,只是担负不起新的时代的创造者或推进者的责任的证明,只是为时代所丢弃的没落阶级的象征,他们是没有前途,没有希望,只有毁灭"④。这两种截然相反的评价,并不仅仅是对茅盾小说本身的肯定或否定评价,更是因为不同的意识形态立场对"时代性"以及《野蔷薇》所表现"时代性"背后的意识形态的肯定与否定。

茅盾在《野蔷薇》前言部分直言不讳地点出了5篇短篇小说的题旨。这5篇小说不仅仅是表现各阶级的"意识形态"的,同时也力求反映时代的"重大问题"。

> 这里的五篇小说都穿了"恋爱"的外衣。作者是想在各人的恋爱行动中透露出各人的阶级的"意识形态"。这是个难以奏功的企图。但公允的读者或者总能够觉得恋爱描写的背后是有一些重大的问题罢⑤。

可见,茅盾本身是有意识地在小说中表现"时代性"。在茅盾看来,自己的这种"时代性"是纯然的写实,这一看法与其早年所接受的自然主义的理论密切相关。尽管,他的《蚀》三部曲备受批判,但是在《野蔷薇》的前言部分,他依然不放弃为其表现的"现实性"和"时代性"进行辩护,认为不论现实多么令人不堪,也不要造出一个幻影,而应该尽力按照本来面目来描摹现实,作家所能做的是从"现实的丑恶"中把握"时代性"。

---

① 顾仲彝:《野蔷薇》,伏志英编:《茅盾评传》,现代书局1931年版,第113-114页。
② 绛秋:《时代精神与茅盾的创作——评〈野蔷薇〉》,伏志英编:《茅盾评传》,现代书局1931年版,第125页。
③ 祝秀侠:《茅盾的〈一个女性〉》,伏志英编:《茅盾评传》,现代书局1931年版,第134页。
④ 钱杏邨:《茅盾与现实》,伏志英编:《茅盾评传》,现代书局1931年版,第213页。
⑤ 茅盾:《写在〈野蔷薇〉前面》,《茅盾全集》(9),人民文学出版社1985年版,第524页。

―― 再现与重构：茅盾早期小说中的"时代性"问题再讨论 ――

真的勇者是敢于凝视现实的，是从现实的丑感中体认出将来的必然，是并没把它当作预约券而后始信赖。真的有效的工作是要使人们透视过现实的丑恶而自己去认识人类伟大的将来，从而发生信赖①。

因此，茅盾小说的"时代性"和"现实性"更像是兰克史学所提倡的"如其所是"般写作。所以，顾仲彝才会批评《野蔷薇》的"时代性过重"。这种"时代性过重"的批评背后是对文学带有的理想性价值的标举，认为文学所创造的"理想世界"的超越性远比其摹写现实的"真实性"来得重要。顾所秉持的恰是文学研究会"为人生"的主张——"将文艺当作高兴时的游戏或失意时的消遣的时候，现在已经过去了。我们相信文学是一种工作，而且又是于人生很切要的一种工作"，而"茅盾君觉得什么都是失望，什么都是幻灭，咒人群为蛆虫，口口声声要报复"②。在顾看来，茅盾的小说所表现的情绪是相当负面的，显然与文学研究会所提倡的"为人生"的主张背道而驰，茅盾的小说的灰暗情绪不仅无助于指导人生，相反还会引起青年们的效法。所以，顾文最后才会说："文艺为领导青年们向上的明灯，我至诚的希望一般的青年所崇拜的茅盾君能以后'慎重将事'。"③ 而绛秋对于茅盾的肯定也是基于时代性背后的"真实性"。绛秋同绝大多数批评家一样，将《野蔷薇》置于《蚀》创作的延长线上来表现社会的"真实"，认为"如果说三部曲的描写是现社会的整个形容时，那末，这几篇却是社会的每一个原子的暴露了"④。但绛秋的评论较之于顾，进一步意识到茅盾"真实性"背后的小资产阶级的立场。他说："不过，中国之应需乎新兴文学与否，是另外的一个问题，但在小布尔乔亚氾的濒于动摇而未及崩溃的当代，社会上一般的意识形态，我想我们还应有抓住而变现起来的必要。"正因为如此，对于左翼作家对茅盾的"小资产阶级意识形态"、"不能摆脱布尔乔亚的根性，不足以表现时代的精神"的批评，绛秋才会不以为然道："我以为这种批判，其动机完全出于批评者的对于我们时代的怀疑；至少，也许是站在未来的时代而估量当代作品的价值。"⑤ 综上，尽管顾仲彝和绛秋对于茅盾小说的"时代性"、"现实性"特色评价迥异，但他们对于"时代性"、"现实性"所对应的历史之"真"的表现却没有异议。换而言之，他们将茅盾的

---

① 茅盾：《写在〈野蔷薇〉前面》，《茅盾全集》（9），人民文学出版社1985年版，第523页。
② 《文学研究会宣言》，《小说月报》第十二卷第一期，1921年1月10日。
③ 顾仲彝：《野蔷薇》，《新月》第二卷第六、七期合刊，1929年9月10日。
④ 绛秋：《时代精神与茅盾的创作——评〈野蔷薇〉》，《万人杂志》第二卷第四、五期，1931年2月。
⑤ 绛秋：《时代精神与茅盾的创作——评〈野蔷薇〉》，《万人杂志》第二卷第四、五期，1931年2月。

小说看作映照时代的一面镜子,他们对文学"时代性"、"现实性"的理解显然与茅盾在新文学发轫时对于写实精神的介绍相一致。

> 见什么些什么,不想在丑恶的东西上面加套子,这是他们共通的精神。我觉得这一点不但毫无可厌,并且有恒久的价值;不论将来艺术界要有多少心说出来,这一点终该被敬视的①。

而认为茅盾小说充满了"非时代性"的左翼作家并非没有看到茅盾小说反映时代之"真",而是因其左翼的政治立场,他们认为"时代性"并非时代之"真",而是"再造"和"重构"现实,以表现新兴阶级必将胜利的时代本质。钱杏邨对于"新写实主义"创作的介绍,开宗明义地点出了与茅盾所秉承的"旧写实主义"的区隔:"新写实主义作家他们必然的是克服了资产阶级写实主义的自然科学的写实主义","新写实主义的取材是舍弃了对于无产阶级解放的无用的偶然的东西,而采取其必要的,必然的东西"②。正因如此,徐杰才会认为茅盾的《野蔷薇》"暴露了作者的思想带了许多虚无主义的倾向,到头只是一个虚无的结局",进而指出"文学的任务,不但表现人生,他还有创造人生的一面"③。所以,在左翼作家看来,"时代性"不止描摹灰色的现实,更要从现实中择取光明面。因此,他们才会对茅盾《野蔷薇》的灰色基调不屑一顾道:"思想愈向下沉,作品将更离时代远,甚而至于会和时代相背驰。我们不需要无时代性的文学。"④

两者对于有无"时代性"的判断,表面上是对于艺术理论接受的差异,而实际上是因政治立场而产生的对于"现实"、"时代"的判断发生了差异。诚如詹姆逊在《政治无意识》中对于历史叙述背后隐含的政治性的揭露,"历史不是文本,不是叙事,无论宏大叙事与否,作为缺场的原因,它只能以文本的形式接近我们,我们对历史和现实本身的接触必然要通过它的事先文本化,即它在政治无意识中的叙事化"⑤。而对于茅盾小说"时代性"、"现实性"存在与否的判断则必然与"政治性"息息相关。左翼作家对于"本质"的强调和对于现实的重构显然与左翼文学的一种将过去、现在与

---

① 郎损(沈雁冰):《"左拉主义"的危险性》,《时事新报·文学旬刊》第五十期,1922年9月20日。
② 钱杏邨:《从东京回到武汉》,伏志英:《茅盾评传》,现代书局1931年版,第311页。
③ 徐杰:《一个女性》,《海风周报》第十三期,1929年3月23日。
④ 祝秀霞:《茅盾的〈一个女性〉》,《海风周报》第六、七期合刊,1929年6月10日。
⑤ [美]詹姆逊:《政治无意识》,王逢振主编,陈永国译,中国社会科学出版社1999年版,第26页。

未来相连接的"整体性"的追求相关。恰如卢卡奇对左拉自然主义的事无巨细式的细节描写的批评,"左拉的作品中,生活几乎是毫无层次地发展着,只要他认为这在社会意义上是正常的。于是,人们所有的生活表现都是社会环境的正常产物"①。而左翼作家对于茅盾的批评几乎与卢卡奇对左拉的批评如出一辙。"当然,我们有曝露这种黑暗和丑恶的必要,可是仅仅这样还是大大地不够啊。我们仍然会被这种黑暗和丑恶同化,而失去反抗性,我们仍然会永无达到光明美好的境地的一日。"② 而这种批评的同构性折射了在马克思主义指导下的"新写实"与"五四"受西方资本主义影响表现人生、描写人生的"旧写实"之间的对立。同样,因不同的政治立场,对于"时代性"的理解也表现出迥异的态度。左翼作家所强调的是,"时代性"是以一种"未来性"来构造当下。高尔基曾高度概括了这种创作:

  我们不仅要知道两种现实——过去的现实和现在的现实,也就是我们在某种程度上参加创造的某种现实。我们还必须知道第三种现实——未来的现实。我说出这些关于第三种现实的话,不是为了卖弄聪明,完全不是的。我觉得这些话是坚决的号令,是时代的革命的命令③。

而以自然主义作为底色的作家显然不能接受这种带有"未来性"的写作。这典型地体现在绛秋和茅盾对左翼作家的反批评中——"假如批评者具着未来的时代的眼光以估量当代作品的价值,抑或抱着预言者的态度以批判作家之没落;这种臆测,实际上未必见得怎样可靠,而其失败之点,无疑地是因失落时代精神所致"④。而茅盾更是将左翼作家所提倡的这种"未来性"的写作斥之为"在病态中泄露一线生机"⑤。

可见,正是基于各自意识形态的立场不同,双方对"时代性"、"现实性"的理解形成了巨大的偏差。这种偏差形成了对包含《野蔷薇》在内的茅盾早期小说的近乎两极化的评价。这种近乎南辕北辙的评价显然与1927年"清党"以后剧烈的政治变化息息相关。文坛对茅盾《野蔷薇》"时代性"、"现实性"的理解差异也开启了20世纪30年代文学审美的变动。这种差异性诚如有论者所概括的那样,是"政治"与"审

---

 ① 中国社科院外国文学研究所编:《叙述与描写——为讨论自然主义和形式主义而作》,《卢卡奇文学论文集》(一),中国社会科学出版社1980年版,第51页。
 ② 贺玉波:《茅盾创作的考察》,《读书月刊》第二卷第一期,1931年4月10日。
 ③ 中国社科院文学所苏联文学组编:《苏联作家论社会主义现实主义》,人民文学出版社1960年版,第19页。
 ④ 绛秋:《时代精神与茅盾的创作——评〈野蔷薇〉》,《万人杂志》第二卷第四、五期,1931年2月。
 ⑤ 茅盾:《读〈倪焕之〉》,《文学周报》第八卷第二十号,1929年5月20日。

美"之间的拉锯。

文体是服从于表达政治还是遵守文体规范？题材应来自于政治想象，还是依托于实际体验过的生活？是直抒胸臆还是冷静展现？是宣泄还是节制情感？这些问题之所以被提出，并引起辩难，就是因为文学之美的发展受到了两个方面力量的左右。一方面，政治力图将文学作为自己形象化的"留声机"；另一方面，文学的审美自主性也在力图将受到政治影响的文学拉回美的轨道①。

同时，这也必是新旧政治所对应的不同文学之间的拉锯所形成的张力。

三、重塑"时代"："领导权"问题与《虹》当中的"五卅"叙述

如前所述，左翼的文化政治随着政治的翻转而产生变动，此时多元的政治取向也形成了多种文化审美取向，也就形成了对"时代"的不同理解。在《虹》当中，茅盾显然在论争中汲取了经验，开始以"领导权"问题形塑所身处的这个"时代"，而他选择的时刻恰是国民革命中中共表现最为突出一次群众运动——"五卅"。这次，茅盾不再如其所是地"描写"，而是以突出中共"领导权"的方式重塑中共曾几何时的"关键时刻"。随着茅盾关于"领导权"问题的认识逐渐清晰，小说中对"运动"的描写开始出现各种政治力量之间互相对抗的情节，左翼"领导权"的确立也必在这种对抗之中才能得以凸显。近年来，随着茅盾研究"再政治化"和"再历史化"的趋势，已经有一些研究者注意到"运动"描写中的对抗性色彩，以及对抗性色彩背后的政治意蕴。如妥佳宁《作为〈子夜〉"左翼"创作视野的黄色工会》一文中点出了"黄色工会"与国民党"改组派"之间的关联，提出要在汪蒋之争以及国共之争的脉络下展开对工人运动的解读。这种看法显然与"领导权"角度的思考不谋而合。1931年，茅盾在担任"左联"行政书记时期，曾在《文学导报》上发表《中国的苏维埃革命与普罗文学之建设》一文。在这篇文章中，茅盾已经非常清晰地将"领导权"问题看作左翼文化政治建构的核心问题。他在文章中鲜明地提出，只有将普罗文学放在各阶级和各党派的冲突和斗争中，才能呈现出它在社会整体文化中的领导地位。

---

① 李玮：《政治文化语境下的文体矫正——论中国二十世纪三十年代的审美演进》，人民出版社2011年版，第233页。

―― 再现与重构：茅盾早期小说中的"时代性"问题再讨论 ――

我们要指出无产阶级领导力量之薄弱怎样的危害苏维埃基础之稳固；是的，我们不但描写赤与白的肉搏，我们也要辩证法地表现出苏区内部的肃左倾和右倾机会主义，肃清土豪劣绅、取消派、富农分子联合的势力，克服农民的落后的封建意识，加强无产阶级领导，建设经济的政治的文化的组织，――在一切这些对外对内的斗争上，建立我们作品的题材①。

一方面，茅盾"自承"这篇文章的写作与《子夜》的创作存在某种内在的关联性；另一方面，这篇文章的写作何尝不能理解为其对既往小说创作经验的一次总结。所以，本节拟在"领导权"的视野下展开对《蚀》、《虹》之间的对比，进而找出《虹》与《子夜》在"领导权"问题上存在的理论的连贯性。

关于"领导权"或"领袖权"问题，1976 年发表在《新左翼评论》上的《安东尼奥·葛兰西的二律背反》（"The Antinomies of Antonio Gramsci"）一文中，佩里·安德森进行了详尽的考据。他认为"领导权"最早基于普列汉诺夫提出的"主导权"问题，经由阿克雪理罗德、马尔托夫、列宁等人的生发，最终"领袖权"的口号被运用到国际无产阶级政治运动中。在佩里·安德森看来，因为葛兰西的俄文程度并没有达到直接阅读的水平，因此其有关"领袖权"问题的知识起点很可能是从共产国际第四次代表大会上得来的。值得注意的是，作为中国代表的瞿秋白也参加了这次会议。在"五卅运动"前后，瞿秋白对"领导权"问题的思考日渐成熟。在《国民会议与五卅运动》一文中，瞿秋白更是直接意识到"'五卅'中资产阶级与无产阶级互争领袖权"的问题。在 1927 年中共"五大"上发表的《中国革命中之争论问题第三国际还是第零国际――中国革命中之孟雪维克主义》更是分别将"谁能领导革命"和"如何去争领导"的问题分别视为中国革命的战术和策略问题。在茅盾早期小说关于"运动"的描写中，"领袖权"问题的呈现也随着创作的时间顺序表现出从表述模糊到清晰明确的特点，从某种程度上也投射了茅盾的思想变化。茅盾的这一思想变化折射了 20 世纪 20 年代中后期不断走向激进和排他的政治文化。

首先，茅盾早期小说牵涉社会运动的情节中隐伏着一条"从学生运动到运动学生"的线索，这是一条清晰的寻求"集权"的脉络。在《蚀》三部曲中，静女士"自从去年在省里的女校闹了风潮后，便很消极，她看见许多同学渐渐地丢开了闹风潮的正目的，却和'社会上'那些仗义声援的漂亮儿人去交际――恋爱"②。对于学生们

---

① 施华洛（沈雁冰）：《中国的苏维埃革命与普罗文学之建设》，《文学导报》第一卷第 8 期，1931 年 10 月 15 日。

② 茅盾：《蚀》，《茅盾全集》（1），人民文学出版社 1984 年版，第 7-8 页。

的飞行集会，茅盾更是讽刺他们的盲动道："这些运动，我们是反对的；空口说白话，有什么意思，徒然使西牢里多几个犯人！"① 缺乏"主义"和党团引领的运动最终变成了一些浮泛的标语和轻佻的口号。这种松散的动员使原本为解决人生问题而发动的一系列运动最终成为了问题本身，进而形成了主人公"新的烦闷"。在1929年创作的小说《虹》中鲜明地出现了党团组织的影子。当梅女士想根据自己的意愿行动时，她会想到"到底纪律是神圣的"！也是在寻求"集权"的脉络中，"运动"中领导权的有无和强弱往往对应的是运动所产生的实际力量的大小，如在《幻灭》中静女士对于"五四"式的学生运动感到厌倦后，给她带来"新的希望，新的安慰，新的憧憬"②的则是党团所组织的学生运动的模式。但是，因为党团松散的组织，"领导权"仅仅流于一种统一的程式化的标语、口号。在这种"招牌虽换，货色照旧"的政治境况下，无聊和烦闷再次袭来，包围了静女士：

  一篇照例的文章，一次照例的街头宣讲，都不过凑合现成的标语和口号罢了。她想起外边人讥讽政治工作人员为"卖膏药"；会十八句的江湖诀，可以做一个走方郎中卖膏药，能够颠倒运用现成的标语和口号，便可以当一个政治工作人员③。

也正是在这种一次又一次的革命的幻灭中，主人公感到了人生的无常和自己的渺小。在现代性的观念支配下，主人公并没有安于自己的渺小，而是不断寻求对抗人生的无常，渴求一种全面性解决社会问题、自我问题的指向，于是进一步寻求"集权"，力图以一种单一化的力量支配自我的行为。在茅盾1929年创作的短篇小说《色盲》中，对林白霜在"大革命"失败后的心理描写典型地体现了对全面性解决当时问题的渴望。

  在巨浪中滚着的徘徊无定的心情，从前何尝没有；只不过被强猛的光线一般的环境所罩，仅能蛰伏在心的深处罢了。不但蛰伏，并且像是已经死了。然而一旦外力既去，它就很明白地显现出来，并且加倍有力，不但有力，并且又渗杂了苦闷颓丧的气味。现在我看见前面只是一片灰黑。自然我知道那灰黑里就有红黄白的色彩，很尖锐地对立着，然而映在我的眼前，只是灰黑。筠秋，最使我痛苦

---

① 茅盾：《蚀》，《茅盾全集》（1），人民文学出版社1984年版，第19页。
② 茅盾：《蚀》，《茅盾全集》（1），人民文学出版社1984年版，第65页。
③ 茅盾：《蚀》，《茅盾全集》（1），人民文学出版社1984年版，第69页。

的，就是我这自己不愿意的精神上的色盲①！

所谓"精神上的色盲"，指的是难以找寻出路而产生的苦闷。而"徘徊无定的心情"只要被"强猛的光线一般的环境所罩，仅能蛰伏在心的深处罢了"。"像是已经死了"折射出大时代中一个"主义"引领下对于某种确定性的追求，而当"外力既去"，"苦闷颓丧"就会显现出来。小说《色盲》的结尾相当耐人寻味。林霜白不再依靠自己的理性力量看清楚前路，不再拒绝做"精神上的色盲"。相反，他愿意做"色盲"，安于被"主义"安排、被"政党"规训的命运，来消解自身的彷徨和迷茫。

> 林白霜很潇洒地倚在窗栏上，骋目于广大的空间。在落日的辉煌的映照下，他看见一切景物都带着希望的赤色，正和他的兴奋而坚定的情绪很适合。愉快的想像的泡沫，从他全身的血液泛出来，直到把他深浸着。
>
> 他轻轻地揉一下眼皮，回过脸来看房里。那边墙上的一幅中国大地图反射出鲜血一般的光彩，将满房的陈设都洒满了绯红的斑点。
>
> "哈，这——即使不过是色盲，但已经和我从前的色盲不同了；况且，一个颜色的色盲总比三个颜色的色盲要好了许多罢！"②

"希望的赤色"、"中国大地图反射出鲜血一般的光彩"、"一个颜色的色盲"都暗示着主人公的左转。单一"主义"所形成的未来性想象驱散了彷徨，也驱策林白霜再次投入到"运动"中，进而参与改写国家和个人命运的进程。一方面，"一个颜色的色盲"驱策个体以原子化的形式参与到组织中，以组织的形式参与社会改造，提供了个人所不具备的、对于各种社会问题的解决力；另一方面，"一个颜色"对于将来世界的应许也使青年得以从"烦闷"和"看不清"的困惑中走出，不再封闭在个人的小世界中，以一种"迷信可存"的态度对待人生与社会的问题。

综上，从《蚀》到《色盲》的"运动"叙事渐次呈现出对"被领导"的渴望和对"集权"的向往。而这种心态与1912年中华民国成立至"五四"后的整体政治文化息息相关。从共和危机到国民革命，整体性的社会危机和国家能力的孱弱，使知识分子们力图全盘性地解决社会中存在的问题。不论是"中西文化问题"还是"科学与人生观"的论战，乃至于20世纪30年代的"中国社会史"论战都是在回答"中国向何处去"这一历史命题。知识分子无一不从各自的学科角度寻求中国社会问题的一揽

---

① 茅盾：《色盲》，《茅盾全集》（8），人民文学出版社1985年版，第107页。
② 茅盾：《色盲》，《茅盾全集》（8），人民文学出版社1985年版，第144页。

子解决方案,这种心态恰恰为"主义"时代的来临提供了契机。而茅盾早期小说中渐次出现的对"被领导"、"被驱策"的渴望也源于此种心理结构。"大革命"失败后,茅盾对未来走向的迷茫和对摆脱迷茫的渴望驱策着他寻求解脱纾困之道。虽然茅盾始终以"党外人士"的面目出现,但他又自觉地与中共文艺政策相配合,参与左翼文化政治的建构、与国民党争夺文化领导权等一系列富有政治意味的文化活动。这与他小说中透露的、"做一个颜色的色盲"的心态有着很大的关联性。

《虹》中的"政党的意识"较之于《蚀》,则更为激化。茅盾将"五卅"运动置于党派和派系的斗争中进行描写,从而凸显出无产阶级对于整个运动的领导权。如前所述,在小说《虹》对"五卅"运动的描写中,梅女士对于各种男性形象的好恶本身就带有政治意味。而放在"领导权"的视野下,梅女士对于梁刚夫具有排他性的爱慕,其实也暗合了20世纪20年代文化政治中带有排他性色彩的各个政党之间的"领导权"之争。所以,不论是梅行素对于李无忌"醒狮派"的回击,还是对于国民党军官徐自强在"运动"中袖手旁观的冷嘲,无疑都凸显了中国共产党在整个"五卅"中的领导地位。其实,早在1926年,瞿秋白就已经在"资产阶级与无产阶级互争领袖权"的思维下展开了对"五卅"运动意义的定位。

> 五卅运动的意义,正在于中国工人开始执行他的历史使命——领袖国民革命以及解放中国民族和自己。中国的国民革命从五卅开始了!……所以五卅运动的第四点特性,是在经验上证明国民革命中资产阶级的妥协性和小资产阶级的犹豫畏怯,足以破坏联合战线而使革命运动失败,同时,也就证明无产阶级在国民革命中取得指导权之必要①。

尽管并无材料证明茅盾曾与瞿秋白讨论过"领导权"问题,或对"领袖权"有过深入的研究,但不言而喻的是,因为20世纪20年代末国共之间尖锐的斗争,中国革命的"领导权"问题,或者说立场问题,成为了当时每个革命者所要面对的核心议题。茅盾这种对"领导权"的表现从某种程度上来说也是20世纪20年代的政治文化在小说中的投影。

另外,除了外部的党争,在"领导权"视野下,也可以从小说中清理出一个左翼内部的派性斗争的脉络,这体现在梁刚夫周围3位女性秋敏、黄因明、梅行素之间的关系上。秋敏是梁刚夫的情人,是领导整个妇女会的"总务",却德不配位,将妇女

---

① 瞿秋白:《国民会议与五卅运动》,《瞿秋白文集(政治理论编)》(第三卷),人民出版社2014年版,第423—429页。

会的工作弄得一团糟。黄因明,和梅行素一道从四川辗转到上海进行政治运动,但在"五卅"运动的组织过程中却表现出了软弱和妥协,梅行素最终与其分道扬镳。正是政治观念的分歧让梅女士认为,不管是秋敏还是黄因明都与梁刚夫存在着思想上的隔膜——"不但秋敏,即便是黄因明,似乎也不曾抓住这位冷静的青年"①,而只有她和梁刚夫是相契的。所以,在小说最后的"五卅"街头示威的关键时刻,秋敏和黄因明都从文本当中消失了,和梁刚夫一同出现在南京路的只有梅行素。

不论是在党派还是派性之间,茅盾在小说中刻意凸显了梅行素敏捷的行动力和疾恶如仇的性格。梅行素几乎对梁刚夫以外的所有人都表现出某种轻蔑。面对帝国主义的走狗们,在她心中"更有些狞恶的冷笑和憎恶的烈火"②;面对黄因明的无抵抗,她"私蓄着非议"③;面对已成为国民党军官的徐自强,梅发出的是"一阵惊人的冷笑——是那样的毛骨悚然"④。梅行素这种美杜莎式的、带有破坏力的性格显然不是刘剑梅所说的女性"主体性"的觉醒,而是出于对革命"领导权"的争夺而引发的对抗的力量,使她在面对异己的力量时表现得更像一名横眉冷对的革命战士。也恰是对革命"领导权"的服膺,梅行素在面对梁刚夫时才会一改原先的破坏力,更多地表现出女性多愁善感的特质。茅盾在20世纪80年代撰写回忆录时称,《虹》对梅行素"思想情绪的复杂性和矛盾性"的塑造,反映的就是"写《虹》的当时的思想情绪"⑤。在《虹》的创作谈中,茅盾直言"但虹一样的希望太使人伤心"⑥。小说中梅行素对"领导者"梁刚夫的爱而不可得和对异己的拒斥所形成的张力构成了"思想情绪的复杂性和矛盾性"。

综上,在《虹》的创作过程中,尤其是在对"五卅"的描写中,茅盾已经意识到了"领导权"问题的存在,这显然与20世纪20年代"多党竞革"的政治文化和对"大革命"失败原因的重新思考有着密切的关联。正是在这种对"领导权"问题的连贯性思考当中,小说对"五卅"时代性的展开不再是一种"描写",而是一种"表现"。正是在这种有意乃至刻意的表现中,《子夜》式的独特的审美政治形成了。

结 语

在今天的文学史叙述中,茅盾的"时代性"、"史诗性"已经被公认为其小说无可

---

① 茅盾:《虹》,《茅盾全集》(2),人民文学出版社1984年版,第226页。
② 茅盾:《虹》,《茅盾全集》(2),人民文学出版社1984年版,第259页。
③ 茅盾:《虹》,《茅盾全集》(2),人民文学出版社1984年版,第259页。
④ 茅盾:《虹》,《茅盾全集》(2),人民文学出版社1984年版,第267页。
⑤ M. D.(沈雁冰):《虹》,《小说月报》第二十卷第三号,1929年3月10日。
⑥ M. D.(沈雁冰):《虹》,《小说月报》第二十卷第三号,1929年3月10日。

争议的特点，但在其小说刚刚发表的彼时，"时代"本身却成了一个巨大的问题。这不仅仅涉及"描写"与"表现"两种艺术创作手法的分野，同时也是无产阶级意识形态具有的"未来性"特点颠覆文学原有的"写实"观念和强调文学虚构特点的产物。而茅盾在此影响下渐渐摆脱了原有的"描写"式写作，而转向突出中共领导权的方式，重塑了时代。

（作者单位：清华大学人文学院中文系）

民国文学研究

《反攻》杂志与东北作家群的流脉问题

冯 芽

20世纪30年代中期,流徙上海的东北作家群经由鲁迅、茅盾等左翼文学家的发现,蜚声文坛。《八月的乡村》、《生死场》等作品成为抗日文学的先声和旗帜。1936年《东北作家近作集》出版,标志着东北作家群体的形成。1937年全面抗战爆发,在上海等地的东北作家再次流亡武汉、重庆、延安等地,并从书写东北沦陷区转为与全国作家一起表现战时中国。面对新的时代要求和文艺潮流,他们的创作走向以及如何寻找自身在抗战文学中的位置等问题,值得探究。既往的文学史叙述多从萧军、萧红、端木蕻良等已成名的东北作家在全面抗战后的人员分化及创作转变出发,判断此时东北作家群已经失去了上海成名时期的先锋性和群体性,并以此认定东北作家群在1937年之后逐渐解体。事实上,上述路径仅勾勒了东北作家群形成和发展的一个面向。换言之,进入文学史并被评价为成就最突出的部分东北作家能否涵盖东北作家群整体,部分个体作家的发展脉络是否就是抗战后新阶段的东北作家群体的主流,仍然有待辨析。

1938年,由东北人士创办并以发表东北作家作品为主的刊物《反攻》,为把握东北作家群的发展流脉提供了新的视域和文本材料。相对于全面抗战后分散于大后方、且创作逐渐个体化的萧军、萧红、端木蕻良等东北作家来说,具有"总体性"和"自觉性"的《反攻》作家群,一定程度上更能代表新历史阶段东北作家群体的特质、意义和发展轨迹。因此,本文以《反攻》杂志为线索,通过梳理该刊的作者群体和文学创作,考察抗战全面爆发后东北流亡文学的发展样态,重审东北作家群的历史脉络。

一、东北作家群的形成与发展

1935年,流亡上海的东北青年萧军、萧红,以小说《八月的乡村》和《生死场》

轰动上海文坛,并迅速成为抗战文学和左翼文学的典范。正如当时论者所指认的,他们以"新的题材,新的人物,新的背景"①,带来了真实的沦陷区东北之声,开创了来自东北、书写抗战的文学新风尚,引发了关内读者对东北的关注,召唤起抗战时代的民族共情,由此,"东北作家"的称号开始广为人知。"二萧"的成名,激励了陆续徙居上海的其他东北作家,也培养了阅读东北文学的读者。当时的两则文坛消息,印证了这一点:

> 文坛的大门好像已没有先前那样关得紧了。一些用新鲜笔调写最现实材料的作品的年青人,并没有经过鼓吹,就异军突起地出现于文坛上了……
> 尤其可喜的,我们在文坛上发现了几个从东北来的新作家,东北是给人抢去了的土地,一个失去家的人,他对于救国的热情更殷切的……
> 在萧军和萧红之后,又给我发现二位来自东北的作家,一位是女作家白朗,一位是男诗人亚丁。他们在《文学界》都有着洋溢着时代感的作品发表②。

> 田军(即萧军)和萧红是夫妇俩,都是从东北来的青年作家。因为他们大都是目击了那种如火如荼,可歌可泣的事实的,所以他们的作品竟如此动人。
> 在不久以前,在"国防文学"的呼声由口号进向实践阶段的时候,《文学》上发表了一篇署名舒群的小说,题为《没有祖国的孩子》……这以后他的作品陆续发表了许多,差不多成为国防文学的最好的实践者。——原来舒群也是来自东北,身受了亡国惨痛的青年。
> 和舒群同时出现在文坛上的,还有一位罗烽,也是从东北来的③。

可见,经由从萧军、萧红到白朗、亚丁、舒群、罗烽的连带关系,读者在接受了"二萧"的同时也关注到其他的"东北作家"。此外,东北作家作品的集中发表与集体性的文学活动,也促进了东北作家群体的形成。因为同和萧军、萧红在《中流》、《海燕》、《文学》、《文学界》、《作家》、《光明》等进步刊物上发表作品,舒群、罗烽、白朗、孙陵等人进入东北作家的序列。1936年9月,专门和独立的东北作家作品集

---

① 乔木:《八月的乡村》,张中良主编:《1931—1945年东北抗日文学大系》(第五卷评论),黑龙江大学出版社2017年版,第50-51页。原刊于《时事新报·每周文学》1936年2月25日第23期,第四版。
② 白梦:《大批新作家来自东北》,《社会日报》1936年8月29日,第三版。
③ 曹丘:《从东北来的四位作家 萧军·萧红之后又有白朗·亚丁》,《铁报》1936年7月25日,第二版。

——《反攻》杂志与东北作家群的流脉问题——

《东北作家近作集》出版,收录了当时影响较大的舒群、罗烽、白朗、李辉英、穆木天等8位东北作家的创作。东北作家们在上海文坛以群体的形象登场,并产生了群体性影响。1937年,齐聚上海的东北作家编辑了"夜哨丛书",出版了金剑啸的遗作《兴安岭的风雪》,萧红、白朗、金人等人撰写了回忆文章。除了因对共同友人的怀念之情而汇聚之外,金剑啸及《兴安岭的风雪》所表征的无畏牺牲的斗争精神,强化了逃亡关内的东北人的责任感和身份自觉。1937年初,萧军、罗烽、舒群三人合办期刊《报告》,"内容专注重散文,小说,报告文学,地方通讯,尤以保持浓厚的东北地方色彩为主"①,萧红《永久的憧憬和追求》、孙陵《岁暮:长春风情》、林珏《是谁释放了他们》等作在该刊上发表。上述团体性的文学事件,强化了东北作家的概念和作品风格,拓展了东北作家的范围和影响,标志着他们完成了从个体到群体的成名过程。"一群东北作家"、"东北系作家"、"东北作家群"② 的说法相继出现。可见,东北作家群是因抗战流动而产生,并由成员不断汇聚而形成的作家群体和流派。因此,与其在东北作家登上文坛之初就在流派意义上将东北作家群看作固定的团体,毋宁说东北作家群体本身就是流动的、有进有出的、旁逸斜出又不断向前发展的脉系。同时,"东北作家群"一经出现,即成为抗战文学中可供言说的独立概念和具有表征意义的符号,而对于东北文化符码的承继和运用,也应该是界定东北作家群发展流脉的重要维度。

上海爆发"八一三"抗战后,东北作家群随中国文化界撤离上海,在武汉、重庆、香港等地开启新的丛聚和发展阶段。如果仅沿着在上海成名的东北作家群的主要成员萧军、萧红、端木蕻良、舒群、罗烽、白朗、骆宾基等人的个体性文学活动,会发现1937年后,东北作家群不但成员分散各地,而且创作也融入抗战文艺的整体潮流之中。舒群在前线与丁玲结识,后在武汉共同主编《战地》杂志,刊发"赋予战斗性的"、"战地及后方的报告和通讯"③;萧军到成都后,撰写了从临汾到延安的旅行记《侧面》,一边记录个人的情感创伤,一边呈现抗战中的种种乱相;李辉英、罗烽、宋之的、方殷等人加入"中华全国文艺界抗敌协会"组织的"作家战地访问团"去往太

---

① 《东北作家主编的杂志 萧军·萧红 舒群·罗烽》,《通俗文化:政治、经济、科学、工程半月刊》1936年第4卷第10号。

② 顾洪在评论文章中称"国防文学"兴起后上海出现了"一群东北作家",参见顾洪:《拥絮琐记·东北作家》,《社会日报》1936年11月24日,第二版。流金在《舒群:没有祖国的孩子》称"二萧"、舒群、黑丁、李辉英、罗烽等人为"东北系作家",参见《社会日报》1937年4月10日,第三版。日本学者增田涉1938年在《一个日本作家的中国抗战文学观》中为了与"倾向于自由主义的作家"作区分,称新加入西北战地服务团的萧红、端木蕻良等人为"东北作家群"。这也是在高兰、王瑶的论述之前出现的对东北作家群体的命名。参见增田涉:《一个日本作家的中国抗战文学观》,晓奏译,《文艺半月刊》1938年第2卷第4期。

③ 《稿约》,《战地》1938年第1卷第1期。

行山战区,创作了战地文学《火花》、《夜袭》、《战地小诗》,讲述战斗故事;孙陵与臧克家、碧野一同深入鄂北前线,写成报告散文《突围记》,描绘战时的中国风景;萧红在重庆出版了短篇小说集《旷野的呼喊》,端木蕻良出版了新作《风陵渡》、《新都花絮》,二人从各个侧面描摹战时大后方的日常生活及流亡者的精神世界。可见,"东北"不再是东北作家群唯一的书写对象,甚至不是主要的书写对象。这也是一些研究者认为东北作家群分散和解体的主要原因。但是,我们仍然要看到东北作家群发展流脉存在的另一个面向。以上文学现象除了显影东北作家创作视野的扩展和变化外,还显示出他们不再如上海时期那样,基本在同一批刊物上发表作品,或共同组织、参与有助于群体聚合的文学活动。也就是说,东北作家群体性的文学实践及其共同且特质鲜明的创作内容和风格有所减弱。因此,他们较少以群体的面貌出现、产生影响或被读者接受。事实上,这也意味着,一定意义上,他们从群体东北作家回落为个体的东北作家。而延续上海时期所形成的先锋性和群体性的那一部分作家、现象和趋势所汇合成的脉系,或许更能彰显群体意义上的东北作家的特质和意义。

由东北人士主办的刊物《反攻》,提供了东北作家在抗战全面爆发后的群体样态。该刊在抗战后创刊,迅疾肩负起抗战文学开路先锋的使命,成为"勿忘东北"的标志。目前对《反攻》半月刊的研究,仅有以救亡组织宣传刊物为中心的简单介绍,其汇聚东北作家、宣传东北抗战事迹、书写东北文化符码的意义被忽视了。实际上,《反攻》杂志所形成的文学场域及其所表现出来的特征和意义,呈现了东北作家群体演变的流脉之一种。

二、《反攻》杂志概况

《反攻》杂志由流亡内地的东北人士主办,是以发表反映东北、华北问题的作品为主的综合性半月刊,发行时间几乎贯穿了整个全面抗战时期,两周年时已"发行将近二十万份"①,全国各地都有《反攻》的读者,曾在战区和根据地设立多个代销处,影响非常广泛。在此,有必要梳理《反攻》的刊行始末。为了更好地号召、团结东北流亡同胞"打回老家去",也为了宣传关外反攻的东北义勇军的抗战事迹,交流战区和根据地的抗战经验,东北救亡总会(简称"东总")宣传部创办了机关刊物《反攻》半月刊。该杂志1938年2月1日在武汉创刊,每月1日和16日出刊,由生活书店经销,印数为3000份,直到1945年抗战胜利后停刊,共出刊17卷94期。《反攻》初期由于炳然负责,后由"东总"宣传部主任于毅夫任主编。前3卷18期(每卷6

---

① 于毅夫:《〈反攻〉两周年》,《反攻》1940年第8卷第1期。

——《反攻》杂志与东北作家群的流脉问题——

期)在武汉出版,1938年10月武汉沦陷后,它随"东总"迁至重庆。1941年皖南事变后,于毅夫、于炳然等人的中共党员身份暴露,被迫离开重庆,《反攻》在1941年2月发行完10卷1期后临时停刊。同年8月30日,《反攻》在高崇民的领导下复刊。1942年4月,东北救亡总会被撤销,其成员不能再以团体身份公开活动。因此,《反攻》改编为独立的刊物,由王化一、王卓然分别担任发行人和主编,以"反攻杂志社"的名义出版,由高崇民任社长,在经济拮据、稿件匮乏等多重困难下继续坚守阵地。1945年9月18日,《反攻》出刊"胜利号",发表《停刊启事》道:"今者战争胜利,失地收复,反攻任务已告完成,本刊正式宣布停刊。"① 概言之,《反攻》半月刊先后经历了武汉"东总"、重庆"东总"以及"反攻杂志社"三个时期。

《反攻》创刊号的《发刊辞》,表明了其创刊的宗旨和任务:

> 为了促进全面的反攻,为了配合东北和国内的联合反攻,最后,为了号召东北人担负起来"开路先锋"的使命,我们这个《反攻》半月刊是应乎客观的需要而产生了。它的内容是在一般性上,要侧重于政治,军事,经济,文化,各方面关于抗战问题或抗战消息的具体讨论与报告;在特殊性上,它要报道并敦促东北及国内外东北同胞的英勇的抗日斗争。
>
> 如果这个小小的刊物在这狂风暴雨的大时代中,能起到一个"号兵"的作用,那就是我们所欣幸的了②。

作为一份抗战刊物,《反攻》的突出特质在于它集中报道了东北同胞的抗日斗争情形,是一面战斗的"东北人的旗帜"③。同时,抗战的"开路先锋"成为《反攻》同人们的使命和东北流亡者的自我定位。《反攻》刊载的文艺作品也彰显了此种"先锋"和"号兵"意识。穆木天在诗歌《献给流亡的朋友们》中写道:"六年来的艰苦斗争,/使那茫茫的大野中,/开了民族革命战争的第一朵鲜花,/现在,在祖国,/无数的同样的鲜花正要怒放了。/朋友,现在正是我们发挥力量的时候。/我们要使那无数鲜花开得更快一些,/我们要使那无数的鲜花开得更灿烂一些。"④ 高兰的朗诵诗《咱们是第一个失去了家乡》也写道:"咱们是第一个失去了家乡,/咱们就要第一个冲呀!/冲上这神圣的战场,冲到敌人的阵地。"⑤ "第一个失去家乡"、"民族革命的

---

① 《停刊启事》,《反攻》1945年第17卷第5期,"胜利号"。
② 《发刊辞》,《反攻》1938年第1卷第1期,"创刊号"。
③ 于毅夫:《〈反攻〉两周年》,《反攻》1940年第8卷第1期。
④ 穆木天:《献给东北流亡的朋友们》,《反攻》1938年第1卷第3期。
⑤ 高兰:《咱们是第一个失掉了家乡》,《反攻》1938年第1卷第5期。

第一朵花"都表明了东北的抗战起点意义,最先拥有抗战意识和斗争经验的东北流亡者成为开启和影响全民族抗战的重要力量。"第一个冲",使民族革命的"鲜花开得更灿烂",也成为了东北人在抗战新阶段的自我志业。此种"开路先锋"意识也有助于理解东北作家群的身份寻求和自我界定。在抗战全面爆发后,东北作家群汇入了抗战文艺大潮过程中。与其他作家不同,曾经凭借"给上海文坛带来不少的新奇和惊动"①而立足的东北作家们,如何保持独特性成为亟须面对的问题。有研究者认为,"隶属于东北流亡作家群的'流亡者之歌'在大时代的'抗战文艺'的交响乐中被暂时淹没了,作为反日爱国最强音的'东北流亡文学'在这一时期已失去了它一度占据时代潮头的声势"②。这确实是东北作家的现实处境,但从《反攻》的宗旨及其文学内容可知,在历史发生的时刻东北作家就清晰地意识到了这一问题,并重新找到和确认了自身的意义,即从表现沦陷区真实的"左翼先锋"进一步落实为全民族抗战的"开路先锋"。在此意义上,东北作家在上海成名时期竖立起来的"抗战东北"的旗帜在全面抗战时期依然鲜明。

《反攻》内容丰富,设有"半月评论"、"短评"、"社论"、"文艺"、"信箱"、"东北园地"、"东北青年"等栏目。在此,我们通过《稿约》来呈现它的主要内容:"一、东北方面——东北义勇军最近的战况,东北人民的抗日运动,敌寇在东北的各种措施。二、战地方面——报道战地军民与敌伪战斗的实况,及敌伪各种侵略的阴谋。三、论文方面——国内外时事论文及译著。四、文艺方面——抗战意识的小说,散文,杂记,报告,诗歌等。"③《反攻》所载内容基本与征稿原则一致,集中关注国际局势和东北、华北问题,报告伪满敌伪统治及抗日联军战斗情况等。《新华日报》曾称赞《反攻》为"研究东北,华北问题的权威刊物"④。在文艺方面,《反攻》从2卷1期起增添文艺一栏,刊登小说、散文小品、报告通讯、诗歌、戏剧、传记、翻译、歌曲、评论等作品。当时报刊上关于《反攻》的一则消息关注到了此变化——"每期登载东北青年文艺作家之作品数篇,阵容一新"⑤。《反攻》的编者群和作者群以东北作家为主,但不局限于此,还刊登了臧克家、碧野、王亚平、田涛等人的创作,鹿地亘的《我们是怎样离开上海的》、绿川英子《在战斗的中国》均发表于此,小林多喜二、契诃夫、巴普林科等人的著作也多有译介。作为战区刊物,《反攻》刊登了大量战地通

---

① 景宋(许广平):《追忆萧红》,《文艺复兴》1946年第1卷第6期。
② 沈卫威:《东北流亡文学史论》,河南人民出版社1992年版,第28页。
③ 《稿约》,《反攻》1939年第7卷第4期。
④ 《反攻》创刊号目录,参见《新华日报》1938年1月28日,第一版。
⑤ 沅:《反攻半月刊阵容一新》,《自由中国》(汉口)1938年第2期。

―― 《反攻》杂志与东北作家群的流脉问题 ――

讯和根据地特写。《大公报》就曾称《反攻》为"报导游击区实况的半月刊"①。郭仁在《在战区的〈反攻〉》一文中说《反攻》是一份使战区和大后方紧密联系在一起的刊物,战区的人们向《反攻》寄来敌后和火线上的材料,也从该刊得知大后方的消息②。在"东总"被取缔之前,"《反攻》几乎每期都有中国共产党在敌后领导抗日斗争的报道,有时这类文章占一期的三分之一以上,涉及东北抗日联军、八路军、新四军、地方游击队等抗日武装和晋察冀、晋东南、晋西北、鲁西北、鲁南、冀中、冀南、平西、鄂北、太行山、桐柏山、吕梁山等各抗日根据地"③。李辉英的《踏进中条山》、丰原的《待命黄河涯》、黑丁的《我怀念吕梁山》、石光的《长征散记》等都是此类创作的代表。《反攻》所载的战地纪实文学为大后方的人们提供了了解抗日根据地的丰富材料。

更为重要的是,东北作家群以《反攻》为阵地,创作了大量描绘家乡风物、思亲怀人、表达流亡体验的故乡回忆文本,力图以情感的方式动员东北同胞"勿忘东北"、"复土抗战"。从1941年10卷3期起,也就是高崇民领导《反攻》复刊后,为通过书报出版审查,也为了区分并与《新华日报》等战区刊物互补④,《反攻》减少了根据地和游击区的报道,更集中于东北问题。文艺观也从最初广泛地反映"抗战意识的小说,散文,杂记,报告,诗歌"⑤ 转为"凡戏剧诗歌或小说必须以东北风光或东北史学为中心,以能增强东北人复土还乡之情绪及国人怀念东北之心理为原则"⑥,进一步强化了上述创作趋势。诸如舒群《小诗六章》、高兰《大年三十晚上寄母亲》、白黑《故乡的最后一顾》和《我渴念故园》、邹绿芷《风沙的怀念》、丘琴《乡土者》、刘黑枷《风雪的日子里》等作品,均表现故乡主题。在此类创作中,作者通常从流亡者所在地的景物写起,进而引发对于故乡风物和亲人的回忆和思念,结尾表达"复土还乡"的斗志和决心。这既在故乡情怀和祖国抗战之间搭建起关联,也构造起东北作家乡土回忆的叙述模式。以石光的《昭陵的冰雪》为例,文章开篇交代流亡者的身份道:"在南国的冬天,山是青青的,水也悠悠的流。一个远离乡井的东北人,望着青山,望着流水,会幻想山海关外的家园。家园这时正在冰雪中;那坚实的冰,那三尺

---

① 《反攻》第四卷第四期目录,参见《大公报》(重庆)1939年2月1日,第一版。
② 郭仁:《在战区的〈反攻〉》,《反攻》1940年第8卷第1期。
③ 戴茂林:《介绍〈反攻〉半月刊》,《抗日战争研究》1996年第4期。
④ 于毅夫在《周恩来同志与东北救亡总会》一文中提及周恩来和董必武同志对《反攻》杂志的指示:"《反攻》刊出的文章不能向《新华日报》、生活书店看齐,那样会造成困难,对工作不利。因为《反攻》稿件要送国民党中宣部审查,稿子常常被扣,每期出刊都要斗过这一关。"参见于又燕、于海鹰主编:《破晓:于毅夫文集》,黑龙江人民出版社2016年版,第369页。
⑤ 《稿约》,《反攻》1939年第7卷第4期。
⑥ 《本刊征稿简则》,《反攻》1942年第10卷第3期。

多厚银皑皑的雪；冰封了江河，雪弥漫了山野。"接下来，文章展开对故乡风物和亲人的回忆，再以抗战意识收结道："是时候了，新年中我们要回到家园去，和那些待援救的手，紧密的握起来。我们要刷清昭陵冰雪上的罪恶，使冰雪光明。"①《反攻》之所以刊载如此多的故乡文学，"这是希望淡忘家乡的东北青年，因而念想家乡，以振奋精神，努力向前，增强抗战的力量，争取抗战的最后胜利"②。当时的青年作者、读者们也认同了由《反攻》建立起的与东北故乡间的情感联通："它带来了家乡的一草一木一山一水的消息，也带给我们一些惨痛的和兴奋的故事"③；"《反攻》可以望到长城之东，那辽阔富厚的大平原；《反攻》里的语言，带有我熟悉的乡土的音响"④。虽然《反攻》略具模式化和趋同性的乡土创作，未能超越萧军、萧红等人上海时期故乡叙事的典范和限度，但是其地方书写构建起了《反攻》的整体场域，合力塑造了作为故乡的"东北"，既接续了上海时期的东北叙事，也成为20世纪40年代萧红、端木蕻良、骆宾基等东北作家在香港、桂林时期创作《呼兰河传》、《早春》、《初吻》、《幼年》等童年回忆文本的先声和呼应。此外，从《反攻》的故乡叙事出发，一定程度上也可以更新以往仅从萧军、萧红等部分东北作家的创作转变，认定东北作家抗战后在武汉、重庆等地不再创作东北题材的认识。

三、《反攻》与东北作家群的再聚合

对东北作家群在抗战全面爆发后步入了分流和抖落期的判断几乎已成定论，有学者更是认为东北作家群主要依靠人事上的关联，而在鲁迅去世后，"作为一个独立文学流派的意义和价值就逐渐丧失了"⑤。不过，《反攻》半月刊提供了东北作家再聚合的阵地，并在汇合人员、建立组织、刊发纲领的层面上展现了东北作家群在新历史阶段的新特质。

在人员方面，《反攻》的编委和作者群中既有"九一八"事变前后流寓平津地区的于毅夫、于炳然、阎宝航、关吉罡、陈纪滢等东北文化名流和早期东北新文学作家，也有在上海成名的东北作家群中的舒群、罗烽、白朗等成员，还培养了一批新东北作家以及随东北院校内迁的学生作家。因此，《反攻》丛聚了不同地域和代际的东北流亡作家。在此意义上，可以说，正因为《反攻》的存在和作用，东北作家群没有消

---

① 石光：《昭陵的冰雪》，《反攻》1940年第7卷第6期。
② 石光：《〈反攻〉与东北青年》，《反攻》1940年第8卷第1期。
③ 高兰：《反攻》，《编委的纪念》，《反攻》1940年第8卷第1期。
④ 石光：《我和〈反攻〉》，《编委的纪念》，《反攻》1940年第8卷第1期。
⑤ 王富仁：《端木蕻良》，商务印书馆2018年版，第50页。

——《反攻》杂志与东北作家群的流脉问题——

散,反而形成了新的凝聚。其中,舒群、白朗、罗烽、李辉英等人先后来到武汉和重庆,成为《反攻》的编委,并在该刊上发表了一系列作品。他们在《反攻》场域内的文学创作和文学活动,参与进了东北作家的群体性建构。笔者查阅了全部期刊后,将上海时期已经成名的东北作家在《反攻》上的创作情况总结如下:

作家	作品	发表时间	收入作品集、文集、选集情况
穆木天	《献给流亡的朋友们》(诗歌)	1938年1卷3期	未收
	《东北文艺工作者总动员》	1938年1卷4期	未收
	《组织东北同乡通讯网》	1938年2卷3期	未收
李辉英	《春夜曲——战地演剧记》	1938年1卷6期	《军民之间》(报告文学,片段,1938年上海杂志公司,字句略有改动)
	《战地之晨》(报告)	1938年2卷1期	未收
	《出发——济南受刑回忆录》	1939年4卷2期	未收
	《傍晚》(小说)	1939年5卷2期	《火花》(小说集,1940年商务印书馆)
	《游击区小消息》(丘琴、辉英合辑)	1939年7卷1期	未收
	《踏进中条山》(署名辉英)	1939年7卷2期	未收
舒群	《忆战友》(诗歌)	1938年3卷1期	未收
	《战地杂记》(散文)	1938年3卷3期	未收
	《海上》(诗歌)	1939年4卷3期	未收
	《小诗六章》	1940年9卷2期	未收
	《路》(独幕剧)	1941年10卷第2期、第3期连载	未收
白朗	《帽子》	1938年2卷2期	《西行散记》(1941年商务印书馆);《白朗文集》(第3-4卷,1986年春风文艺出版社)
	《一条狗的故事》(小说)	1939年5卷1期	《西行散记》(1941年商务印书馆)
	《她们成长在炮火中》	1939年7卷5期	未收。文章大部分内容与战地访问日记《我们十四个》中8月19日的日记内容重合。
罗烽	《我们十万——这是我的三幕剧〈我们十万〉中的主题歌》(诗歌)	1938年2卷4期	未收
	《门面》(杂文)	1938年4卷1期	未收

255

作家	作品	发表时间	收入作品集、文集、选集情况
罗荪	《纪念今年的五一》	1938年2卷1期	未收
	《写纪念文章——九一八的七周年》	1938年3卷4期	《小雨点》（杂文集，1943年集美书店）
	《新踏踏派》	1939年5卷1期	《小雨点》（杂文集，1943年集美书店）；《罗荪集》（抗战时期黑土作家丛书）
	《职业》	1939年5卷4期	《最后的旗帜》（散文集，1943年当今出版社）
	《他们是健康的》	1936年6卷6期	未收
	《一年来的文艺活动略述》（署名罗衣寒，为孔罗荪笔名）	1940年7卷6期	未收
	《起点和终点》	1942年12卷2/3期合刊	未收
	《九一八与抗战文学》	1943年14卷2/3期合刊	未收

其中，李辉英的《傍晚》和《春夜曲》讲述了抗战戏剧和歌曲进入乡村的情景，真实地记录了如何以老百姓喜闻乐见的方式宣传抗战。舒群的独幕问题剧《路》指出，在战争波及整个中国的情况下，民众一味逃亡是没用的，应该走去往前线战斗的道路。该剧本表现了东北作家对于抗战现实的关切和反思。罗烽的诗歌《我们十万》的副标题为"这是我的三幕剧《我们十万》中的主题歌"。通过歌词内容推断，《我们十万》是罗烽创作的表现东北流亡者的三幕戏剧，十万是当时流亡内地东北人的数量。虽然目前未见此剧的内容和相关记载，却仍为完善作家的创作谱系提供了线索。

此外，萧军、萧红、端木蕻良虽未在《反攻》上发表作品①，但与该刊也有交往和互动。松江在《反攻》上连载的评论文章《谈萧红作品》，在萧红逝世后系统地总结、评价了萧红的整体创作；"东北园地"专栏多次报道作家的行迹，如"上期本栏曾发表萧红女士在北碚埋首写作消息，顷女士与端木蕻良君已于日前飞港闻将主编星

---

① 在于炳然、高崇民等人的回忆性传记中，有萧军、萧红、骆宾基为《反攻》编委的说法。如《欧风亚雨 虎穴龙潭——抗日救国传奇人物于炳然传》中写道："为团结广大作家，壮大《反攻》半月刊的力量，邀请了东北籍的萧军、萧红、骆宾基、师田手、舒群、罗烽、白朗等作家为编委会委员。"《高崇民传》也说："于毅夫主编《反攻》时，肖军、肖红、骆宾基、师田手、石光、关梦觉、姜克夫、李辉英、黑丁、曾克、高兰、杨朔、穆木天、孔罗荪、舒群、罗烽、白朗、韩幽桐等62人都被邀请为编辑委员，可谓人才济济，稿源丰厚。"以上论述均不准确，《反攻》虽然汇聚了大量的东北作家，但是根据原刊查证，该刊多次列出编委名单，不同时期的人员和人数稍有出入，编委最多时为63人（参见《反攻》第8卷第2期所列编委成员名单，除主编于毅夫外的编委为62人），其中确无萧红、萧军、骆宾基，他们也并未在《反攻》上发表任何作品。因此，他们不是该刊的作者群成员。

——《反攻》杂志与东北作家群的流脉问题——

岛日报丛书"①；1940年，萧军和舒群分别从成都和桂林来渝，《反攻》编辑部曾为二人召开欢迎会②；萧军也参加过《反攻》的编委会议。根据《萧军日记》记载，萧军在重庆期间曾应于毅夫之邀参加《反攻》的编委会议。他在1940年4月6日写给王德芬的信中提及与东总的交往——"现在是上午十一点，东北救亡总会十二点请吃饭"。这应该即是"东北园地"栏所记的欢迎会。他在第二天的日记中写道："下午一时三十分去东总参加他们的编委会。"③ 这里萧军提到的"编委会"即为《反攻》杂志的编委会议。通过对萧红、萧军、端木蕻良等东北作家的行踪和创作动态的介绍，以及对萧红的追忆和评价，实际上也在一定程度上将这些作家纳入《反攻》的语境之中，并借助他们的文坛影响，强化了《反攻》汇集东北作家群的整体性和权威性。

已经成名的东北作家扩大了《反攻》的声势和影响，《反攻》培育起来的东北新作家则具有整体性，更能反映《反攻》的文艺内容和创作倾向。高兰、刘黑枷、丘琴、石光、李葳、铁弦、白晓光（马加）、雷加、李落、李雷、施提、金肇野、邹绿芷、白泉、姚奔、白黑、丰原、赵蔚青、王语今、梁彦、影离、尚彩、蓝昕、志新、金敏等大批东北青年作家和流亡学生作家汇聚于《反攻》，他们的创作集中地表现了东北流亡者的现实处境，以及他们在抗战中所面临的具体问题。可见，此阶段的东北流亡文学更加深入地介入了抗战现实。《反攻》是培养东北新作家的摇篮。

与上海时期不同，此时的东北作家群是有组织的集合。"东北救亡总会"即是团结东北流亡同胞的团体，《反攻》半月刊本身也致力于组织东北作家。穆木天的相关论述具有指导意义。在《东北文艺工作者总动员》一文中，他指出："我要特别肯定的，就是我们东北的文艺工作者，尤其是，要去描写东北，表现东北，把东北的伟大的民族解放斗争，生动地，有力地，介绍到国内来。"④ 穆木天的主张在一定程度上影响了《反攻》文艺观的形成。编者表示："穆先生的这一宝贵的意见，实在值得我们重视。为响应穆先生的号召，今后本刊尽量登载描述东北抗日斗争与东北惨状一类的文艺作品。"⑤《组织东北同乡通讯网》一文是穆木天专为《反攻》撰写的文章。他在文中指出，抗战全面爆发后东北流亡者的心态从悲哀转为热情，因此，《反攻》要建立起以东北流亡同胞为中心的发行网和各地东北同乡的通讯网，担负起教育和组织东北流亡同胞的任务。《反攻》在创办之初就有意识地团结东北文艺工作者和东北流亡

---

① 《东北园地》，《反攻》1940年第8卷第2期。
② 《东北园地》，《反攻》1940年第8卷第4期。
③ 萧军：《萧军日记》，《萧军全集》第18卷，华夏出版社2008年版，第261、262页。
④ 穆木天：《东北文艺工作者总动员》，《反攻》1938年第1卷第3期。
⑤ 《编辑室》，《反攻》1938年第1卷第3期。

者。当时的东北青年作家们称"我们站在《反攻》这面战斗的旗子下面奋战着"①,也证实了这一点。

以往我们多认为东北作家群作为独特的文学史现象,更倾向于共时文学界及后续文学史叙述的结果。实际上,东北作家在最初被文坛识别和指认之后,他们就自觉地捕捉、沿用并推进了此种趋势,主动地进行自我建构。评论《他们是健康的》是东北作家群体自觉的一个例证。该文是罗荪1939年9月为纪念"九一八"八周年而作,也是目前所见东北作家第一次系统地对自身创作进行归结并有意识地自我群体化的表述。文中对东北作家群体的源起、成员、创作内容、形成过程、抗战全面爆发后的发展情况、历史意义等重要问题作了清晰而全面地论述。

> 在当时的国际协报和晨光报都有很大地位给文艺副刊,成为当地文艺青年仅有的园地。近年来被国内热烈殷望着的东北作家如:萧军,舒群,萧红,罗烽,白朗,杨朔,纪滢,宇飞,塞克等,和从事翻译的铁弦,金人,都是曾经在这两块文艺园地中耕耘过来的。……
>
> 怀着说不出的情绪,从"荆天棘地"的铁蹄底下,逃回祖国来了。……
>
> 就这样,他们经过了新的事实,新的环境,使他们多懂得了很多。但是有着一种共同的欲念,这欲念就是要别人能够对于东北有一种认识,有一种理解。他们在艰苦的事实底下,试着他们的笔,试着他们的情感,不是苦诉,不是鸣状,而是一种崭新的战斗的意志,而是一种东北三千万人民的不死的心。在弯弯曲曲地表现出来了。
>
> 就这样,在中国的文坛上,产生了一个新的名词:叫作"东北作家"。
> ……
> 过去在笔底下,表现了热烈爱着自己的土地,自己的家乡,自己的伙伴的"东北作家",他们投向了这伟大的争祖国生存的战斗里,更广泛地表现了热烈的爱;对于战士,农民,工人,土地乃至一切战斗者②。

文中东北作家自我命名、追溯和界定,并给予"他们是健康的"③的价值判断,因此,该文具有流派的纲领性质。在此意义上,东北作家们以《反攻》为中心的再聚合是在纲领指导下的主动汇融。综上,东北作家群通过《反攻》半月刊的集团性登

---

① 丘琴:《战斗的旗》,《编委的纪念》,《反攻》1940年第8卷第1期。
② 罗荪:《他们是健康的》,《反攻》1939年第6卷第6期。
③ 罗荪:《他们是健康的》,《反攻》1939年第6卷第6期。

场，融合了不同代际和流散各地的东北作家，在抗战全面爆发后继续宣传东北抗战，也使"勿忘东北"、"复土抗战"的观念深入人心。

四、《反攻》与东北青年

《反攻》半月刊的突出成就还在于与青年的联系。首先，《反攻》培育了大批青年作家，他们成为东北作家群的新生力量。刘黑枷是东北流亡学生作家的代表，1937年进入东北中学高中部，1941年入东北大学中文系读书。在《反攻》上，他发表了多篇故乡回忆散文，表现流亡者曲折的内心世界。其作品通过对故乡的风雪、炊烟等自然景物的描写，以及对亲人和家乡生活的回忆和思念，表达离开乡土的忧郁。他在《风雪的日子里》写道："望着窗外的异地的风雪；这悲酸怎么能抑止呢，已是十年了，十年没有亲到故园的霜雪，没有见到亲人和一切乡人的脸面了。"[①] 东北作家笔下的思乡情感还具有另一层含义，即流亡者们并未停留在低落的情绪之中，这种忧郁的情绪转变为民族意识和奋斗意识——"四千多个日子，这长时间会使一块铁悄悄萧烂，也会使铁磨炼成坚钢"[②]。由此可见，东北作家群及其创作成为抗战中整合、动员"乡愁"最突出和成功的例证之一。

王语今是与《反攻》关系密切的青年作家的典型。他是抗战时期重要的俄苏文学翻译者，其《夏伯阳》、《从暴风雨所诞生的》等译作在《文学月报》等刊物上连载。陈纪滢回忆道："那时代，除了曹靖华的俄国文学翻译外，就是王语今翻的最多了。"[③]《反攻》上的王语今还显露出翻译之外的文学创作才能，他写的人物传记《赵尚志》是《反攻》唯一连载过的长篇。该刊物非常关注义勇军和抗日联军的情况，收录了许多抗日英雄如赵桐、李杜、苗可秀等人的作品和事迹，《赵尚志》是其中之一。王语今描绘了所有反抗压迫人们中的一个"平凡人"赵尚志。王语今作为赵尚志哈尔滨许公纪念中学校的同窗，其作品中正面叙述赵尚志的抗日事迹的笔墨并不多，而是侧重追述其家族历史、成长经历、学生时代以及革命思想的起源，塑造了一位可感可知的东北抗日将领形象。在为人物作传的同时，王语今也花费大量的笔墨描绘了日俄战争以来的东北社会的整体状况。如小说第七节为了更好地呈现东北民众对"九一八"事变的反映，将叙述视角从赵尚志的第三人称转为作者的第一人称，直接展开回忆和评论。《赵尚志》勾勒出赵尚志个人反抗精神以及整个东北抗日精神的来源，起到了在

---

① 刘黑枷：《风雪的日子里》，《反攻》1942年第11卷第4期。
② 刘黑枷：《四千多个日子》，《反攻》1942年第12卷第2、3期合刊。
③ 陈纪滢：《三十年代作家记》，台湾成文出版社有限公司1980年版，第345页。

关内宣传东北抗战精神的作用。

此外,《反攻》的东北作家群在教育东北青年的问题上通力合作。该刊先后设置了"东北青年园地"、"东北青年"、"青年之路"、"信箱"等专栏,关心青年问题。流亡内地的东北青年和学生面临着生活、教育、精神上的多重困境。部分青年或淡忘故乡,仅满足于追求安稳的生活;或是面对非议和困境,陷入精神苦闷之中。"东北青年园地"中一则来信《涪江的涛声——东北青年的呼吁在三台》,呼吁以社会的救济来解决流亡学生的温饱问题。狄人在散文《沙坪漫笔》中指出,东北青年在东北沦陷初期是激烈的青年战士,然而"七七事变"之后,由于对现实的失望而转向消极,希望东北文艺工作者和教育者能够"注意继往开来肩荷千钧责任的一代",并"为他们慎择良师,实行正当的教育方法"①。《反攻》为东北青年表达问题和困境提供了途径,帮助和教育东北青年也是其题中之意。石光在《〈反攻〉与东北青年》一文中表示,"《反攻》负有使东北青年,积极的走上抗战道路的任务",为了使东北青年"勿忘东北",坚持抗战胜利,"我们要为东北青年铲除迷惑,矫正错误,使他们把苦闷踢出,建立快乐向上的人生观"②。

因此,《反攻》刊登了多篇指导东北青年的文章,如夏迪蒙《学业职业事业》、朱法《青年应有的认识和努力》、白泉《东北青年对于胜利前途应有的认识》等。其中,最具代表性的是1939年12月至1941年2月连载的于炳然的《寄东北青年》十信。编辑部希望"在这些书信上,对东北青年的工作,思想将尽量能予以帮助"③。在《寄东北青年》第一封公开信中,于炳然从家乡追忆写起,向青年同乡们解释为什么"打回老家去"才是我们唯一的生路,并不是因为乡土观念,而是因为"我们回老家之路,就是民族解放之路"④。在此,作者也明确阐释了1937年之后全民族抗战与解放东北之间的关系,鼓励流亡异地的东北同胞加入全国抗战的行动之中。第二、第三封信则强调我们处在战斗的时代,并教导年轻人要学会忍耐和理性。第四封信则针对当时出现的关于抗战胜利是恢复到"七七事变"之前的状态而主张牺牲东北的言论,向青年强调"抗战到底"的"底"只能是东北的收复,抗战才算彻底胜利。接下来的几封信,针对青年关心和困惑的具体问题,如学校生活、恋爱、思想等,进行剖析并提出具体的解决办法。最后一封信以"人生意义"呼吁青年们肩负起人类共同的使命和我们特殊的使命。于炳然通过公开信的形式与青年对话,引导、教育、团结东北青年,

---

① 狄人:《沙坪漫笔》,《反攻》1941年第10卷第3期。
② 石光:《〈反攻〉与东北青年》,《反攻》1940年第8卷第1期。
③ 石光:《〈反攻〉与东北青年》,《反攻》1940年第8卷第1期。
④ 于炳然:《寄东北青年》(第一信),《反攻》1939年第7卷第5期。

其情理兼具的方式在青年读者中产生了广泛的影响。当时读者在回信中表达自己的触动道："我的心震动着，久久不止。就好像读了一封十万里外的家书，不，家书也没有这样深刻呵。离开东北八年多了，第一次我读到这样充满了土气味的亲切的文章，我感到说不出的快慰，和说不出的酸痛。"①《反攻》对于东北青年的培养为东北作家群注入了新的活力，同时，经由《反攻》半月刊，东北青年被整合成具有战斗意义的群体，如何教育和组织东北青年也加强了东北作家们的共同体意识。

结 语

《反攻》半月刊聚合了"九一八"事变后流散各地的东北作家，以思乡和抗战为基本主题，坚持"勿忘东北"、"抗战到底"，延续并强化了上海时期所形成的东北作家群的先锋性和旗帜性。由于与东北作家群成员李辉英、舒群、罗烽、白朗等人共同在《反攻》上发表作品，并致力于共同的文学主张和文学活动，一批东北新作家汇聚到东北作家群的旗帜之下，借由已经成名的东北作家的连带关系，并以有组织的、自觉的新形式凝聚起来，扩大了东北作家群的人员范围和影响。1938年后出现的这一专门表现东北的刊物，再次激活了"东北"和"东北流亡文学"的抗战意义。同时，《反攻》为东北作家群抗战后的流脉演变提供了新的理解。《大公报》上1938年的《东北作家近影》、1940年的《东北文艺作家近况》，以及1941年《解放日报》上"九一八"文艺社所列的东北作家名录②，成为通常判断东北作家群成员的重要依据。共时文学界的评价的确从结果的角度展演了东北作家的群体范围，但为什么是这些人，以及东北作家群的拓展过程是怎样的，仍然有待明晰。而汇聚东北作家的《反攻》半月刊提供了内部线索，可以借此重新梳理东北作家群的成员组成和发展流脉。因此，通过《反攻》半月刊，在生成语境中爬梳东北作家群的历史进程，有可能进一步明晰东北作家群的性质和意义。

（作者单位：华东师范大学中文系）

---

① 于炳然：《寄东北青年》（第五信），《反攻》1940年第8卷第3期。
② 冈纪在《东北作家近影》中简介了17位东北作家及其行踪，参见《大公报》（武汉）1938年9月18日，第五版；《东北文艺作家近况》中将东北作家的人数扩大到40人，见《大公报》（重庆）1940年9月18日，第4版；在《为"九一八"十周年致东北四省父老兄弟姊妹并寄各地文艺工作者》上签名的有在延安的18位东北作家，见《解放日报·文艺》1941年9月18日，第4版。

民国文学研究

"买卖"背后的故事
——老舍早期佚作《一号儿买卖》的文学史意义

马晗敏

《一号儿买卖》是老舍早期散佚的一篇短篇小说,在老舍的佚文阐释中具有独特的美学价值和重要的文学史意义①。自从《老舍全集》于2008年由人民文学出版社出版后,学术界对老舍佚文的钩沉辑录、考证辨析就主要集中在老舍抗战及战后十余年的文学实践中,而对老舍早期赴异邦旅行讲学、回国后在齐鲁大学任教等阶段的文学活动关注较少。因此,《一号儿买卖》的发现既可以弥补老舍早期文学创作活动中文献史料不足的缺憾,也可以由此思考老舍早期小说创作的材料来源和主题凝聚等艺术问题。

一、巴黎旅行:《一号儿买卖》的材料来源

1929年6月底,老舍结束了长达5年的伦敦大学东方学院中文讲师的聘期,在法国西海岸登上了欧洲大陆,并在巴黎做了为期约半年的短暂旅行。难得的海外讲学和旅行生活,让老舍深刻体会到当时落后的中华民族与西方资本主义国家之间的差距,所闻所见带给他的是作为弱国子民才会在内心深处感受到的强烈文化落差。因此,他开始在创作中通过比较中国传统文化与西方文化,来审视当时的中国社会与民众心理,以此批判国民精神的麻木与腐朽。在海外的游历为老舍创作域外题材小说提供了丰富

---

① 《一号儿买卖》全文约4000字,最初发表于1930年7月12日、14日北平的《新晨报副刊》第659号和第661号上。辑佚小说参见郭国昌、吴婧雯:《从〈二马〉生发出来的故事——老舍小说佚作〈一号儿买卖〉的意义》,《中国现代文学研究丛刊》2021年第3期。

——"买卖"背后的故事——

的材料,《二马》和《一号儿买卖》等小说的创作均是以此番经历作为材料基础。《二马》是老舍在伦敦大学东方学院教书回国之前创作的最后一部长篇小说,也是老舍早期的一部"未完成"的长篇小说。关于《二马》的创作情况,老舍在《我怎样写〈二马〉》中有所交代:

  我应在一九二九年六月离开英国,在动身以前必须把这本书写完寄出去,以免心中老存着块病。时候到了,我只写了那么多,马威逃走以后的事无论如何也赶不出来了,于是一狠心,就把腰眼儿当作了尾巴,硬行结束①。

根据老舍所言,他只完成了小说《二马》的前半部分,至于"《二马》的后半"②部分,他曾经产生过续写的想法,但终未成篇。个中思考,老舍曾自述如下:

  离开伦敦,我到大陆上玩了三个月,多半的时间是在巴黎。在巴黎,我很想把马威调过来,以巴黎为背景续成《二马》的后半。只是想了想,可是:凭着几十天的经验而动笔写像巴黎那样复杂的一个城,我没那个胆气。我希望在那里找点事作,找不到;马威只好老在逃亡吧,我既没法在巴黎久住,他还能在那里立住脚么③!

从伦敦到巴黎,尽管短暂的巴黎生活激发了老舍以巴黎为背景续写《二马》的灵感,但冷静、客观的他还是"没那个胆气",创作计划终于未能实施。然而,《二马》的开放式结局却为其中的人物及其命运发展留下了想象的伏笔与可能,也为此后老舍继续创作其他反映海外中国人生活景况的艺术作品提供了必要的契机。回国后,或许是因为老舍依然对《二马》未完成的后半部分心存遗憾,身处北平的他忆及纷繁复杂的巴黎都市生活,选择以短篇小说的艺术形式将《二马》后半部的内容换个面貌表现出来,这就是《一号儿买卖》的出炉。从时间上来看,《一号儿买卖》应是老舍回国后创作的第一篇短篇小说,与之前的《她的失败》、《小铃儿》和《旅行》等作品相比,《一号儿买卖》标志着老舍短篇小说创作走向成熟。它的发现对于考证老舍前期

---

 ① 老舍:《我怎样写〈二马〉》,《老舍文集》(第15卷),人民文学出版社1990年版,第174页。
 ② 老舍:《我怎样写〈小坡的生日〉》,《老舍文集》(第15卷),人民文学出版社1990年版,第178页。
 ③ 老舍:《我怎样写〈小坡的生日〉》,《老舍文集》(第15卷),人民文学出版社1990年版,第178页。

小说创作的材料来源和主题生成等艺术问题具有重要的文学史意义。

二、《一号儿买卖》之于《二马》的传承关系

作为关键词的"买卖"是《一号儿买卖》与《二马》发生关联的中心,二者都是围绕"买卖"展开了对故事的建构。

长篇小说《二马》的故事围绕着"二马"经营古玩店的"买卖"生活展开情节,其中包含了不少"买卖"故事;而短篇小说《一号儿买卖》中的"买卖"则与《二马》中的某些故事存在关联。《二马》中的马则仁和马威父子不远万里从中国来到英国伦敦,在这个和中国完全不同的世界性大都市,开启了有别于20世纪之交中国知识分子赴西方留学体验的现代性旅程。他们父子二人是去继承一份遗产———家中国古玩店铺,在伦敦做"买卖"。老马和马威对经营古玩铺意见不一,马威一心想经营好古玩铺;而安于现状、贪图舒适的老马则想把古玩铺买卖收了,将钱投给在伦敦生意最好的中国饭馆"状元楼"的范掌柜,以扩充饭馆的"买卖",自己便可作为股东坐收红利。但是,由于马则仁在英国电影"上海故事"中扮演了"挂小辫"的中国富商,此事引发了在伦敦的中国留学生的抗议和中国工人的不满,工人们不仅砸了古玩铺,而且打伤了马威。这让担惊受怕的老马整天在家不敢出门,同时坚定了关闭古玩铺的决心,最终老马将古玩铺卖给了范掌柜。这便是《二马》中最大的一桩"买卖"。与此同时,在租房的日子里,马则仁渐渐爱上了房东温都太太并想和她结婚,打算给她买一枚小戒指,手头拮据的他正在为此事发愁时,亚历山大给老马介绍了一桩"找俩外钱儿"的"买卖":在一部影片中"扮演中国的一个富商,并没有多少作派,只要长得体面,站在那儿像个人儿似的就行。演三幕,一次五镑钱"①。正是这桩小"买卖"导致了古玩铺被砸,于是才有了老马与范掌柜做一笔卖出古玩铺的大"买卖"。

有了《二马》中大大小小的"买卖"故事,老舍回国后在《二马》"买卖"故事的基础上构思"一号儿买卖"便显得顺理成章。从创作背景分析,《一号儿买卖》与《二马》都在讲述中国人在异国他乡发生的故事,结合老舍的个人经历,他写完《二马》后离开伦敦在法国巴黎曾作短暂停留,那里的旅行体验让他将巴黎和中国再次联系起来,接续《二马》长篇故事的底色生发出"一号儿买卖"的故事,完成短篇小说《一号儿买卖》便也合情合理。

将两个作品联系起来看,《一号儿买卖》与《二马》在主题表达上存在承续关系。首先,《二马》以其独特的文化视角,通过对中、英两国国民身上所体现出的文化差

---

① 老舍:《二马》,《老舍文集》(第1卷),人民文学出版社1980年版,第580页。

异的比较,蠡测主人公"马则仁、马威和李子荣"以及小说中出现的"傻工人"受到异族歧视的深层次原因——文化、科技落后和人才匮乏,从而引发出对国家和民族积贫积弱根源的探索。老舍把一对土生土长的中国父子放置在西方文化背景下,透过他们尴尬的生存境遇,既展现出中国人对西方先进文化的羡慕与好奇,同时反映出西方人面对中国传统时表现出的傲慢与偏见。作者批判了以马则仁为代表的老一派中国人重官轻商、抱守传统的旧思想;对以马威、李子荣为代表的一代中国青年接受和学习西方伦理文化表达了现代性认同,肯定了理想中的现代国民主体。其次,通过中西方典型人物形象的塑造、跨族群恋爱、新旧老少冲突等情节设置,突出了作品的核心主题。《二马》中的每一个人物在老舍笔下都显得圆满而生动,每个人物都代表着一种社会类型。谈及《二马》的写作动机时,老舍曾说:"是在比较中国人与英国人的不同处,所以一切人差不多都代表着些什么;我不能完全忽略了他们的个性,可是我更注意他们所代表的民族性。"① 在马则仁的身上,我们可以看到"学而优则仕"的重官轻商的中国传统主义,他"是一点不含糊的'老'民族里的一个'老'分子……做买卖他不懂……发财大道是做官"。而作为一个理想主义者②,在强烈的国家观念驱使下,马威认为"只有国家主义才能救中国"。尽管马威思想层面的家国意识强于父亲,然而他却陷入对玛力姑娘的迷恋而无法自拔,早已将爱国责任忘却脑后。伊姑娘(凯萨林)曾劝他道:"只有念书能救国;中国不但短大炮飞艇,也短各样的人材;除了你成了个人材,你不配说什么救国不救国!!"被"点醒"后的马威也终于明白:"最高目的是为国家社会做点事。这个责任比什么都重要!为老中国丧了命,比为一个美女死了,要高上千万倍!为爱情牺牲只是在诗料上增加了一朵小花,为国家死是在中国史上加上极光明的一页。"李子荣既是一个地地道道的实用主义者,也是一个有抱负的爱国青年。他佩服外国人会挣钱的能力,于是一边留学,一边拼命打工挣钱,因为有了钱才能享受美术、音乐、文学这些人类精神上的奢侈品。他希望自己成为财主,拿出钱来办图书馆,办博物院,办美术馆,办新戏园③。李子荣的世界里没有理想与爱情,只有工作与物质,这些足以令他感到快乐,他认为能快乐便是"豪杰"④。但是,李子荣这一模范形象的创造是建立在自我否定基础之上的。他不谈恋爱,甚至不去中国餐馆吃饭,因为他怕吃一顿开了头就非吃不可。生活在现代化的大都市伦敦,李子荣这样秉持克己止欲以获得内心平静的处事方法,反映出的是一种他对中国传统

---

① 老舍:《我怎样写〈二马〉》,《老舍文集》(第15卷),人民文学出版社1990年版,第176页。
② 老舍:《二马》,《老舍文集》(第1卷),人民文学出版社1980年版,第547页。
③ 老舍:《二马》,《老舍文集》(第1卷),人民文学出版社1980年版,第627页。
④ 老舍:《二马》,《老舍文集》(第1卷),人民文学出版社1980年版,第634页。

儒家道德伦理的选择与坚守。《二马》从中英不同伦理文化的比较中，描述中国侨民在受歧视的环境中为了实现目标与理想而挣扎的生活景象，充满了感时忧国的民族主义情怀和国民性批判。但是，这种批判否定当中也并非没有肯定，而是呈现出一种正向性的批判。

《二马》完成后，老舍离开伦敦，途径巴黎前往新加坡，他在《我怎样写〈小坡的生日〉》中自问："为什么我想看看南洋呢？""因为我想找写小说的材料，像康拉德的小说中的那些材料。"① 在法国巴黎短暂停留的日子里，创作《二马》后半部的念头一直萦绕在老舍心头，他感受和体验了华人在"那样复杂的一个城"的生活，他产生了反映另一类中国人在异邦生活的艺术构想，找到了写《一号儿买卖》的"材料"，以此来表达与《二马》相似的思想。换言之，《一号儿买卖》讲述的故事完全可以在《二马》中作为一个片段被叙述出来。

《一号儿买卖》叙述了受西方低俗文化浸染而被纸醉金迷的生活异化的华人留学生寻欢作乐、混迹江湖的生活样态。小说讲述了从中国来到巴黎的丁姓留学生想让"华法楼"餐馆范伙计带他去逛窑子、找妓女，却落入范伙计与大师傅李二、帮灶张三所设计的圈套当中，最终成了"华法楼"餐馆伙计们之间"一号儿买卖"的故事。

《一号儿买卖》的故事发生在法国巴黎，围绕中国餐馆"华法楼"展开。作者塑造了两个主要人物，一个是来自中国上流社会、到巴黎留学的丁姓研究生，另一个是来自中国下层社会、在巴黎的中国餐馆"华法楼"打工的范伙计。自称教授的丁姓留学生，不同于《二马》中马威、李子荣这样的正面留学生形象，跃然纸上的完全是一个崇洋媚外的反面留学生形象。他自称"在北京大学作过教授，内务部署过司长，现在到巴黎大学作研究生，外带着考察法国妓院的组织法，和野鸡的拆白方法。……作过安徽省省长的秘书长"②。丁姓留学生连身上带的小本都记录着"窑子，跳舞场，活地狱，暗门子，人狗配"这些下三烂地方的地址、价码等，实质就是一个一心追求异邦腐化堕落的物质生活的骗子。范伙计既不是马则仁那样的老旧中国人，也不是中国餐馆"状元楼"里守正执业的范掌柜。为了能够在巴黎活下去，他选择性地将西方的生存伦理和中国传统文化的处世方略结合起来。可以说，他是一个既无法摆脱中国传统市民身份，同时能够游刃于巴黎底层社会的老江湖形象。

丁姓留学生所展现出的是一个被动式的人物形象。老舍始终没有让丁姓留学生在

---

① 老舍：《我怎样写〈小坡的生日〉》，《老舍文集》（第15卷），人民文学出版社1990年版，第178页。
② 郭国昌、吴婧雯：《从〈二马〉生发出来的故事——老舍小说佚作〈一号儿买卖〉的意义》，《中国现代文学研究丛刊》2021年第3期。

—— "买卖"背后的故事 ——

小说中现身和说话,他到"华法楼"餐馆吃过几次饭的情形也是通过范伙计间接转述出来的。这样的构思显然是为了强化作家的国民性批判精神。以丁姓留学生为代表的反面"留学老爷",在还未褪去中国传统文化中的劣根陋习时,又被西方现代文明中的低俗病态文化所吸引和控制。这种人把出国留学看作"镀金",以为在巴黎"好像不嫖就对不起祖宗似的"!如果他经历了这些东西,他就心满意足了,"回国好去吹牛腿。坐过洋船,逛过白颜色野鸡,回国准做大官"①。他们丧失了中国"五四"时期新文化青年应有的自尊与自爱,沉迷于腐化堕落的物质生活之中,沦为西方文化的附庸品。老舍对于丁姓留学生的反面形象没有直接抨击,而是通过虚拟性的形象塑造给予了深刻的负向性批判,旨在唤醒和矫正这类"留学老爷"的中国身份,并进行民族自尊的反省。

《一号儿买卖》与《二马》中的一些故事场景呈现、叙述情节材料也存在着文本互涉的现象,这也是它传承《二马》的一个重要方面。《一号儿买卖》与《二马》在分别描述中国饭馆"华法楼"和"小古玩铺"的位置时,采用了将其与所在国著名建筑相毗邻而对比呈现的方式。《一号儿买卖》开头写道:"在巴黎大学后身,藏着个小中国饭馆——华法楼。"②《二马》中第二部分描述古玩铺子时这样写道:"马家的小古玩铺是在圣保罗教堂左边一个小斜胡同里。站在铺子外边,可以看见教堂塔尖的一部分,好像一牙儿西瓜。"③ 低矮渺小的小古玩铺毗邻宏伟的圣保罗大教堂,不起眼的小饭馆隐藏在著名的巴黎大学身后,如此耐人寻味的场景布置暗含着西方现代性的扩张带来现代化大城市的混杂景况,而落后的东方"中国"元素已进入西方内部结构。这样的场景呈现为小说的情节发展和主题表达做了铺垫,作者创作时处理细节的功力可见一斑。同时,《一号儿买卖》中的一些情节素材也源自《二马》。例如,范伙计看了丁姓留学生随身小本上记载的窑子、跳舞场等信息,便说:

> 丁教授!你这本儿上,怎么没有一个博物院,美术馆,和古迹名胜呢?先生看,咱是个粗人,可也到博物院什么的去过些次;懂不懂的,多少看点好东西,开开眼!按说你这当教授的文明人,怎一点不关心这些好东西呢④?

---

① 郭国昌、吴婧雯:《从〈二马〉生发出来的故事——老舍小说佚作〈一号儿买卖〉的意义》,《中国现代文学研究丛刊》2021年第3期。
② 老舍:《我怎样写〈小坡的生日〉》,《老舍文集》(第15卷),人民文学出版社1990年版,第178页。
③ 老舍:《二马》,《老舍文集》(第1卷),人民文学出版社1980年版,第449页。
④ 郭国昌、吴婧雯:《从〈二马〉生发出来的故事——老舍小说佚作〈一号儿买卖〉的意义》,《中国现代文学研究丛刊》2021年第3期。

这些代表现代西方先进文化的素材正是来自《二马》中爱国留学生马威、李子荣学习和追求的内容，而在这里却由范伙计这样一个"粗人"说给丁姓留学生听，其中流露出的调侃、讽刺意味耐人琢磨。

三、老舍短篇小说创作走向成熟的标志之作

老舍创作的短篇小说数量众多，学术界通常认为《月牙儿》、《断魂枪》等作品是老舍短篇小说创作走向成熟的标志。然而，《一号儿买卖》的发现打破了这一固有看法，为我们重新认识老舍短篇小说的创作艺术提供了新的探索视角。

老舍的创作中存在着一种独特现象，即作家因生活环境变化或创作思路调整，将写长篇小说的材料用于写短篇小说。他在创作中意识到短篇小说比长篇更难写，原因在于短篇小说字数虽少，结构却更严谨精简，故事情节也不宜多而累赘，会显得拖沓。老舍主张短篇小说创作应当从积累的创作长篇小说的众多材料中精选最能吸引读者的事件，展现作家的思想精髓和艺术才华。一旦占有了丰富的创作材料，作家就能"从容选择"，"易于调动"。1940年，老舍在《三年写作自述》中谈到自己的创作经验："依我的十多年写小说的一点经验来说，我认为写小说最保险的方法是知道了全海，再写一岛。"① 短篇小说代表作《月牙儿》就脱胎于长篇小说《大明湖》。它本身是《大明湖》中最精炼的一段，《大明湖》被烧后，老舍难以忘却"这一段"，于是将"这一段"写成了《月牙儿》，"楞愿要《月牙儿》而不要《大明湖》了"②。短篇小说《断魂枪》也是老舍本想写的《二拳师》中的一小部分。他曾说：

> 在《断魂枪》里，我表现了三个人，一桩事。这三个人与这一桩事是我由一大堆材料中选出来的，他们的一切都在我心中想过了许多回，所以他们都能立得住。那件事是我所要在长篇中变现的许多事实中之一，所以它很利落。拿这么一件小小的事，联系上三个人，所以全篇是从从容容的，不多不少正合适。这样，材料受了损失，而艺术占了便宜；五千字也许比十万字更好。文艺并非肥猪，块儿越大越好③。

---

① 老舍：《三年写作自述》，《老舍文集》（第15卷），人民文学出版社1990年版，第431页。
② 老舍：《我怎样写短篇小说》，《老舍文集》（第15卷），人民文学出版社1990年版，第198页。
③ 老舍：《我怎样写短篇小说》，《老舍文集》（第15卷），人民文学出版社1990年版，第198页。

"买卖"背后的故事

发表于 1935 年的《月牙儿》和《断魂枪》均是将写长篇小说的材料浓缩、剔拔后而作的,符合老舍小说创作"知道了全海,再写一岛"的创作标准,也实现了"材料受了损失,而艺术占了便宜"的艺术效果。

从《一号儿买卖》与《二马》的传承关系可以看出,《一号儿买卖》就是老舍将创作长篇小说的材料加以萃取后,重新构思来创作短篇小说的艺术起点。老舍的短篇小说具有强烈的故事性。在《怎样写小说》中,老舍说:"在大多数的小说里都有一个故事,所以我们想要写小说,似乎也该先找个故事。"①《一号儿买卖》故事的起因是丁姓留学生"找妓女",而留学生"找妓女"的情节在《二马》中也曾出现过。马威约了伊姑娘在状元楼吃饭,马威先到餐馆,遇到了茅姓和曹姓两个中国留学生谈论怎么请求使馆抗议骂中国人的电影,伊姑娘到了餐馆之后,曹姓留学生误认为马威约的伊姑娘是"妓女",便针对马威和伊姑娘说出一些侮辱性的话,还"卖弄"自己找妓女的事。

《一号儿买卖》的故事既可以看作是从《二马》中的这个片段演绎而来,也可以看作是老舍从还没有来得及完成的《二马》的"后半部"中的相关材料中浓缩而来。《二马》中的曹姓留学生形象在《一号儿买卖》中被老舍进一步激活、放大,重新塑造成了丁姓留学生这个人物,连同小说中的其他人物范伙计、李二、张三,构成了骗子故事"一号儿买卖"。无论是人物还是故事,"都不过是我们的参考资料,须由我们调动运用之后才成为小说"②。诚如老舍自己打比方道:

> 今天听到了一个故事,其中的主人翁是一个青年人。可是经我们考虑过后,我们觉得设若主人翁是个老年人,或者就能给这故事以更大的感动力;那么,我们就不妨替它改动一番。以此类推,我们可以任意改变故事或人物的一切③。

在这样一种创作方式下,有了《二马》的基础,在人物形象的构造上,《一号儿买卖》中的每个人物都能"立得住"。故事情节从头至尾层层推进,叙述酣畅淋漓,一气呵成,富有吸引力。寓庄于谐的表现手法充满了双重的讽刺意味:生活在异邦底层的范伙计式"粗人"重人格、讲义气、爱国、爱同胞;而出来"充圣人"的丁姓留学生却被西方病态文化所控制,陷入犬马声色,迷失本性。

老舍短篇小说中的人物一般是二人或三人,人物关系设计依照故事发展或简略或

---

① 老舍:《怎样写小说》,《老舍文集》(第 15 卷),人民文学出版社 1990 年版,第 450 页。
② 老舍:《怎样写小说》,《老舍文集》(第 15 卷),人民文学出版社 1990 年版,第 452 页。
③ 老舍:《怎样写小说》,《老舍文集》(第 15 卷),人民文学出版社 1990 年版,第 452 页。

复杂,《一号儿买卖》也是如此。《一号儿买卖》的成功也根源于独特的人物形象塑造和精巧的人物关系设计。在故事线索较为单纯的情况下,人物自然也不会多。小说中正式出场者只有3个人,没有景物描写,这些都符合老舍短篇小说的写作风格。这也就是老舍所说的"把一两个人物写好,当然是比写二三十个人而没有一个成功的强多了。写一篇小说,假如写者不善描写风景就满可以不写风景"①的创作方法。《一号儿买卖》中的人物形象塑造虽然还未达到典型的高度,但在老舍小说的人物形象系列中也是各具个性的,尤其是丁姓留学生虽未出场,但通过范伙计的"转述",依然鲜明地跃然纸上,仿佛他就站在读者面前。围绕"买卖",这几个栩栩如生的人物在言行举止的互动中,各自的性格和内心世界得到了充分的展示。

老舍认为短篇小说的人物形象的创造也应该"手法简洁","给人物一个精妥的固定不移的面貌体格。在长篇里宜先有个轮廓,而后顺手的以种种行动来使外貌活动起来"②。这样的人物个性才更丰满充实。就此而言,《一号儿买卖》仍以长篇小说的人物构造方法创造短篇小说的人物形象。除了静态描述外,《一号儿买卖》还通过人物行动的对照来表现性格的复杂性和多样性。老舍给范伙计设计的总体形象是:他的法文可与留学生老爷们"比试",官话也能够教广东、福建三四年级的学生,他的肚子里可装"三个汤面,四十枚加大水饺"。即使有这样的"文才和肚量","范伙计终不能被任为驻法公使"。寥寥数语,刻画出范伙计是一个闯江湖的"法国通"。如此形象,通过范伙计的言行表现得更加生动。他在咖啡馆里一边向张三说"买卖"的事,"一边还关注外面的情形:向走路的一个法国老鬼子点了点头;又向电车上卖票的招了招手;跟着向路旁一个肥头的野鸡飞了飞眼;好似巴黎是他一手创造的"③。

《一号儿买卖》中另一个完全由范伙计转述出来的丁姓留学生的不靠谱的骗子形象也被老舍描写得精彩绝伦——"初来巴黎说自己是四川人,现在又是湖北人;大概不久就变成了法国鬼子啦","吃了你的汤面,然后胡说八道,是常有的事"。丁姓留学生的猥琐心理在他第一次上"华法楼"吃饭时就表现了出来,却被范伙计敲了竹杠。尽管丁姓留学生的个人形象看上去正经憨厚,好像乡下"大胖小儿骑鲤鱼"年画上的小儿一样好看,但他一进去先问菜价,"一手紧紧的提着钱包,一手变着手指头细细的算计",结账时"被多算了廿多佛朗"④,斤斤计较的心理活动便从字里行间流露

---

① 老舍:《怎样写小说》,《老舍文集》(第15卷),人民文学出版社1990年版,第450页。
② 老舍:《人物的描写》,《老舍文集》(第15卷),人民文学出版社1990年版,第249页。
③ 郭国昌、吴婧雯:《从〈二马〉生发出来的故事——老舍小说佚作〈一号儿买卖〉的意义》,《中国现代文学研究丛刊》2021年第3期。
④ 郭国昌、吴婧雯:《从〈二马〉生发出来的故事——老舍小说佚作〈一号儿买卖〉的意义》,《中国现代文学研究丛刊》2021年第3期。

而出。

　　透过《一号儿买卖》中人物形象的塑造可以看出，老舍追求的"简洁"不是简略，更不是简单，而是在有限的文字叙述中准确把握人物的心理活动，求得外在形象与内在心理的统一。老舍仅用轻轻几笔便将人物各自的性格展现在读者面前，这不仅体现出老舍创造小说人物"立得住"的永恒追求，也反映出他驾驭文学语言能力的自信。从《二马》到《一号儿买卖》，我们不难感受出老舍在创作中为提高艺术水平而做的努力。在他探索自我发展的进程中，短篇小说取材于长篇、俗中带雅的特质、白话口语的感染力等已然成为他早期创作的标签。而《一号儿买卖》的"都匀之美"恰好证明了作品本身所具有的独特美学价值和重要的文学史意义。

（作者单位：西北师范大学文学院）

民国文学研究

语言、诗化与文体形构
——汪曾祺早期小说创作的文体学意义

许亚龙

汪曾祺小说的语言和形式创新，为他带来了"文体家"的赞誉。对汪曾祺小说的评价，一般认同他1983年的自我认定，即"一个中国式的抒情的人道主义者"①。在这种小说观念中，"人道主义"是具体内容，"中国式的抒情"是言说方式，具有明显的文体指向。然而，这种晚年带有人生总结意味的自我认定，在囊括整体性的同时，不可避免地会遮蔽掉其文体生成过程中的复杂形态。汪曾祺的创作虽成熟于新时期以后，但是其创作的时间起点在20世纪40年代的西南联大。整个20世纪40年代，汪曾祺小说作品的数量虽不多，但占比却很可观，达到了一生小说创作的三分之一②。这一时期是汪曾祺小说观念探索和形成的关键时期。颇为重要的是，语言问题是其反复斟酌之处，文本内外有着丰富的对小说语言的焦虑和考量。语言是小说文本体式的基础，缕析语言问题有助于理解小说从"写什么"到"怎么写"的语言秩序，具有特别的文体意义。那么，汪曾祺早期小说创作为何特别注重小说的"言意之辨"？解决之道如何落定于语言的诗化？诗化进而如何影响了小说的文体形构？本文试图以文体学视阈，结合文本细读和材料考梳，对上述问题进行解答。

---

① 汪曾祺：《我是一个中国人——散步随想》，《首都师范大学学报》（社会科学版）1983年第3期。有书信可印证，见《830411致刘锡诚》，《汪曾祺全集》（12书信卷），人民文学出版社2019年版，第110页。

② 季红真主编《汪曾祺全集》（人民文学出版社2019年版）收录小说共计146篇（含未编年5篇）。1980年"复出"之后，计93篇，占比近60%；1940—1948年，计44篇，占比30%。除却可能的佚文，这大致能够反应不同时期的创作比例。

一、小说的"言意之辨"与语言焦虑

语言是小说文体的基础,然而写作者常常会面临语言不能确切地表达思想和内容的情况,这便是中国文学乃至哲学层面自《周易》开始探讨的"书不尽言,言不尽意",也即"言意之辨"。汪曾祺小说创作伊始,即被这个传统中国的论题所困扰。1941年,汪曾祺在昆明《中央日报》分6期刊载小说《匹夫》。1947年第五卷第二期的《文艺春秋》全文刊载了汪曾祺的另一篇小说《绿猫》。这两篇小说结构奇诡、内容别致,字数均达到了14000余字。对于惜墨如金、用字颇为节制的汪曾祺来说,这一时期仅有《鸡鸭名家》的字数更甚,可见其对这两篇小说着力之深。加之,较短篇幅的还有《葡萄上的轻粉》(1944)和《艺术家》(1947)。这些小说集中体现了此一时期汪曾祺强烈的语言焦虑,具体而言,在于语言实验和形式挑战两个方面。

何为语言实验?即通过小说创作讨论如何在抒情叙述的过程中选择合理的言说方式。可以说,语言操作和意涵表达所引发的言意对立和冲突,是汪曾祺早期这类小说的明显特征。在这类小说中,汪曾祺借助叙事者的声音讨论叙事本身,叙事者"他"认为写小说容易成为"得意无言的家伙","有时又常话到嘴边,咽了下去;说了一半,或因思绪散断,或者觉得看来很要紧的意见原来毫不相干,全无道理,接不下去了"①。譬如,《绿猫》以主人公"栢"写作一本题目为"绿猫"的小说来探讨小说如何表现生活本质。小说引《文心雕龙·物色篇》的"赞曰"为楔子,意在说明作者如何借助观察物象引发情感,进而培养抒情表意的形象思维。有趣的是,"栢"写《绿猫》却"不能深入于生活,平正于字句","结果颓然败阵下来,神色惨然","要写而不能写"②,"言意之辨"的解决办法最终落到了艺术构思之上。

> ……其实一般读者无此细心。大凡作者用心深致处读者即恰恰容易忽略。事极自然,因作者所谓深致,即与作者不大用心时文笔不同。一人尚如此,何况诸读者③?

进而,引大段《文心雕龙·神思篇》强调艺术构思的重要性。正如刘勰所说,艺术构思是"驭文之首术,谋篇之大端"。艺术构思解决"言意之辨"的方式延续到了

---

① 汪曾祺:《短篇小说的本质》,天津《益世报》"文学周刊"第四十三期,1947年5月31日。
② 汪曾祺:《绿猫》,《汪曾祺全集》(1 小说卷),人民文学出版社2019年版,第228、234页。
③ 汪曾祺:《绿猫》,《汪曾祺全集》(1 小说卷),人民文学出版社2019年版,第230页。

汪曾祺创作的全过程，有史料即可证明。陈徒手回忆汪曾祺成名后，"闫肃看了他的新作，打电话夸奖，汪哈哈大笑：'巧思而已，巧思而已。'"① 再如，《葡萄上的轻粉》通篇没有人物，只有言语对话。对话的对象"你"更像是叙述者分裂的自我，核心在讨论如何准确表达自己。因为"'我的语言是一句，我自己是一句。''述说自己是痛苦的。''痛苦的是找不到合适的话。在于辞不达意。'"② 那到底对话结果有没有解决辞不达意，小说没有明说，但从叙述中所见，肯定的一点便是要避免"死于晦涩"。《艺术家》则呼应《葡萄上的轻粉》的语言"忍耐"一说，塑造了叙述者无意间看到一幅壁画而不能忘，画作"得意达于极点"，追寻才得知乃是一个哑巴画家所作，不能说话便只能痴于画画，图画似乎成了解决"言意之辨"的有效方式。这些篇目中为做文章痛苦的叙述者正是现实中汪曾祺的真实映射。20世纪40年代的汪曾祺正是在强烈的语言焦虑中进行着自我书写方式的探寻。通常认为汪曾祺的小说融合了民间口语、文言以及现代白话语，这种融合中的"焦虑"是经历了反复探索的结果。汪曾祺认为劳伦斯的"为我自己"和克罗齐的传达说都颇有道理。然而，通过语言传达自我感知、自我直觉，总没有直接言说来得痛快。在其他很多篇目中，叙述者总是遏制不住直接言说的欲望，评点小说的文本主体。另有反讽戏拟的方式，如《老鲁》里的话外音、《落魄》里末句插科打诨的戏谑方式，告诉读者小说并非现实世界，而只是文章。

所谓形式挑战，即语言实验甚至"语言游戏"带来的对小说叙述形式的挑战。譬如，《匹夫》的人物设定即以第二章"反刍的灵魂"中作者旁白的方式叙述：

> 他，——我忽然觉得"他"字用的太多，得给我们这位主人公一个较为客气的称呼。于是我乃想了一想。我派定他姓荀，得他姓荀了。我居然能随便派定人家姓氏，这不免是太大的恣意。文章千古事，得失寸心知，你似乎没有理由来查问一个写写文章的为甚么拣这么一个姓来送给他灵府间的朋友吧。他就是姓荀了吗！而且，你大概也不反对这个荀字，山鸟自唤名，荀字的鸣声并不难听。唔，你有点鬼聪明，你会撇撇嘴，说我喜欢一个姓荀的女孩子，那实在是令人难以置答的一封信了③。

小说一旦开始了这样的叙述节奏，便定然会导致作者旁白对叙述的干预。事实上，

---

① 陈徒手：《汪曾祺的文革十年》，《人有病 天知否：1949年后中国文坛纪实》，人民文学出版社2000年版，第357页。
② 汪曾祺：《葡萄上的轻粉》，《汪曾祺全集》（1 小说卷），人民文学出版社2019年版，第104页。
③ 汪曾祺：《匹夫》，《汪曾祺全集》（1 小说卷），人民文学出版社2019年版，第51页。

这位姓荀的主人公正是汪曾祺本人。小说写道:"风吹得很有意思,一个久未晤面的朋友称赞过姓荀的一句甚么'动的风,静的风'的诗。"① 而这诗正是汪曾祺同年更早发表的新诗《封泥》里的一句。那么,这篇小说便出现了至少3个叙述主体:荀、诗人(汪曾祺)和叙述者。然而,小说第六章"故事的主人公致作者的信"又在解构这种人物关系,主人公荀致信敬爱的朋友西门鱼(汪曾祺笔名之一)先生,谈论应该在小说中忠实描写自己还是附带夹叙夹议的讽刺。厘清其相对复杂的形式结构,并不难得出这是一篇探讨如何表达自我意识的小说。同样,《绿猫》具有特别的双线结构,小说故事主体叙述"我"去找我的朋友"栢",一起讨论他写的小说"绿猫"。在故事主体之外的文本首尾,分别嵌入两段遐想式的独白,虽然独立于故事主体,但对于小说主题具有提升的作用:叙述者更看重的是高尔基式的表现积极人生态度意涵的小说作品,而非"绿猫"式的悲观的个人化书写。

说到底,汪曾祺早期的这类小说是一种探索式的过渡文体,具有鲜明的习作特征。其独白式的批评性话语并非完全与叙事独立,而是体现出语言叙述过程中的言说"焦虑"。他自称:"年轻时的语言是很浓的,而且很怪。"② 这类小说具有扑朔迷离的文体驳杂性,汪曾祺试图通过写作来探索小说的"言意之辨",建构一种理想化的小说语言秩序,以语言自身的画面感、历史感和意义感来沟通时代思想和文化传统,在个人才能与文学传统之间找寻一条有张力的创新之路。在文白变革依然存在的20世纪40年代语境中,汪曾祺面临的"言意之辨"困惑并非偶然。这也可以证明,新时期汪曾祺对语言的重视并非20世纪80年代"语言热"的附和,而是延续其一贯的对中国式传统论题的独立思考。那么,这种"焦虑"能否找到弥合的方法?意识流写作或许是一条可行的文体探索之路。

二、意识流写作与诗性存在

汪曾祺回忆自己的写作道:"我读了一些萧金妮亚·沃尔芙的作品,读了普鲁斯特小说的片段。我的小说有一个时期明显地受了意识流方法的影响,如《小学校的钟声》、《复仇》。"③ "意识流"作为一种小说技法,在20世纪20年代开始由西方流入中国现代文坛④。通常认为意识流小说注重心理描写,运用语言的流动方式,描摹意

---

① 汪曾祺:《匹夫》,《汪曾祺全集》(1小说卷),人民文学出版社2019年版,第52页。
② 施叔青、汪曾祺:《作为抒情诗的散文化小说——与大陆作家对谈之四》,《上海文学》1988年第4期。
③ 汪曾祺:《自报家门》,《蒲桥集》,作家出版社1992年版,第361页。
④ 吴锡民:《"意识流"流入中国现代文坛论》,《外国文学研究》2002年第4期。

念、梦幻、回忆、潜意识、无意识甚至性心理，带有精神分析的属性。其实，汪曾祺早期意识流写作的篇目远不止这两篇，《悒郁》（1940）、《复仇》（1941）、《待车》（1941）、《序雨》（1944）、《小学校的钟声》（1945）、《复仇》（1946）、《醒来》（1947）都属于意识流小说。这类文体体现出汪曾祺试图借鉴现代主义小说技巧，寻找更加适合自我观念表达的言说方式，从而解决"言意之辨"的语言焦虑，探索的结果便是形成了一种诗性存在的语言表达，意识流写作成了实现诗性存在审美表现的有效方式。

《复仇》是汪曾祺意识流写作中最重要的篇目。1941 和 1946 年，汪曾祺以"复仇"为题写了两篇小说，既然是同题复写，便具有了文本的互文性。两篇《复仇》都具有鲜明的跨文体特质，吸收了诗歌语词的审美方式，体现出浓郁的诗性存在审美取向。小说中，主人公剑客的复仇源于父亲临死时的"复仇"遗嘱："这剑必须饮我底仇人的血！"这句话成了剑客的使命，也成了他生命存在的全部意义。然而，剑客甚至他仇人的生命状态都是诗性的。仇人终日在开掘山中隧道，"到尽头，是一堆长头发，一个人，匍匐，一手錾子，一手锤头，正开凿膝前的方寸"①。仇人不想逃避宿债，祈求凿通这隧道以后再做了结，于是，剑客拿起旁边的一幅斧錾，一起敲击空虚的隧道。那到底复仇的结局为何？小说并未表明。关于短篇小说的诗性气质，陈思和认为"诗性不是技巧，精神性也不是技巧，小说批评领域过多地探讨小说的修辞、技巧、结构等要素时恰恰疏忽了：精神性的因素是无法用定量与技术来达到的。……诗性的小说即使是寥寥数页的篇幅，也应该是大气而无碍，自由自在地呈现它自身的美感"②。小说表层诗性语言的铺陈最终指向的是生命本质的隐喻，剑并不属于剑客，而是剑客属于剑。剑客的一段梦境便是自身诗性存在方式的真实隐喻：

> 他梦见他在哪里，（这可真是一个"哪里"，）在他面前是一面壁直的黑暗，他自己也变细，变细，变长变长，他垂直于那块黑暗，黑暗无穷的高，看也看不尽的高呀！他转一个方向，仍是一样；再转，一样，再转，一样，一样，一样是壁直而平，黑暗。他的梦缺少一面。转，转，转，他挫了下来，像一根长线落在地上。"你稍微圆一点软一点。"于是，黑暗成了一朵莲花，他在一层一层的瓣子里，他多小呀，他找不到自己，他贴着黑的莲花的里壁周游了一次，丁，不时莲花上一颗星，淡绿如磷光，旋起旋灭，余光霭霭，归于寂无。丁，又一声③。

---

① 汪曾祺：《复仇》，《汪曾祺全集》（1 小说卷），人民文学出版社 2019 年版，第 148 页。
② 陈思和：《关于中国现代短篇小说》，《小说评论》2000 年第 1 期。
③ 汪曾祺：《复仇》，《汪曾祺全集》（1 小说卷），人民文学出版社 2019 年版，第 144 页。

—— 语言、诗化与文体形构 ——

小说诗化最易实现的方式是"环境渲染",这段文字可谓写到了极致,在意识流和诗性语言的运用上,充分调动多种意识流技巧,通过意象的浮现、感觉的流动,引发剑客思索存在意义的本能,预兆剑客宿命式的结局。最终,剑客发出了深沉的主体叩问——"这确是一个问题,杀了那个人他干甚么?"① 这么说来,《复仇》以诗性语言叩问个体存在意义的主题无疑承续了鲁迅的小说《过客》,以及冯至的小说《伍子胥》,甚至莎士比亚的悲剧《哈姆雷特》。

同样,《悒郁》作为汪曾祺最初创作的小说之一,是一篇意象唯美的性心理意识流小说。小说描写秋日的清晨,少女银子做得一场"春梦",留下梦未圆的遗憾。这"失晖霭然"的梦便有了某种原罪感,小说写出了她介于扬梦与抑梦之间的隐微心理:她幻想有一匹吃了红心草的白马骑乘;她错觉有人和她对唱起了羞煞赤裸的情歌;她看到地面的一切都在成熟。她冲出了门外,要去林子里哭一会,要看看那匹马。无独有偶,"马"的意象再一次出现是在《序雨》中,依然是性心理的描写:"(他样子从容。)记得四年前常在大雨中各处奔走,且常骑马跑过一条积水大道到市郊湖畔去看水面漂浮的白色蘋花。……雨水流过那个涨的鼓鼓的胸脯上,一缕寒冷由两胸之间的洼里透进身体,但他已经感觉那一流水慢慢变热了。"② 事实上,在现代作家废名的《桥》中,"马"或者"白马"的意象多次出现在主人公的意念中,均是性心理的隐喻。《序雨》的典型之处更在于结尾一段极富诗意的梦境幻象:

"来一个池塘!"不是想游泳,他是要那个光着身子投入水里的感觉。想象一泓净水,月光斜照,他纵身而入,不出一点声音。他就那么游过去,游过去。……像那个在茵梦湖上去采睡莲的人。睡莲……睡莲在他身后开放了,白的瓣子,鹅红的心,在月光下……③

这是一篇描写在昆明"雨季"臆想生平各种与雨季抑或水有关的画面的小说,情节联系较为稀松,小说主体是图像切换式的意识流画面。主人公在无聊的雨季,将自身幻入诗性世界的存在形态,达到了物我两忘的境界。可见,性心理意识流的现代主义写作技法,是汪曾祺最初也是最重要的创作资源之一。

总的来说,汪曾祺的意识流小说一般会设置特定的叙事场景:待车时的车站(《待车》)、雨季有十四面窗子的房间(《序雨》)、仇人正在穿凿的隧道(《复

---

① 汪曾祺:《复仇》,《汪曾祺全集》(1 小说卷),人民文学出版社 2019 年版,第 147 页。
② 汪曾祺:《序雨》,《汪曾祺全集》(1 小说卷),人民文学出版社 2019 年版,第 108 页。
③ 汪曾祺:《序雨》,《汪曾祺全集》(1 小说卷),人民文学出版社 2019 年版,第 112 页。

仇》)、小学校的教室和校园(《小学校的钟声》)、在高黎贡山醒来的一刻(《醒来》)。在这些场景内,虽然时间和空间恒定,但意识可以在心理时空上任意驰骋,叙述者可回忆、可联想、可幻想、可冥想,情感世界可以谐和或冲突,通过人物的心理镜像来抵达存在本身。正如《醒来》描摹出这种生命存在的状态:"一种感兴,一种喜悦,一种纯粹,一种超乎理性和情欲的存在。一种和平。"① 有趣的是,这些场景也映射了汪曾祺一生中颇为重要的生活情境——吸烟。打个比方说,诗性存在的语言表达使得其意识流创作如烟一般缥缈,难以捉摸却又充满美感。

在现代意识流小说写作中,最终旨归为何,可谓各有不同。在汪曾祺的这类小说中,他借助意识流写作,找到了一种"言意之辨"的解决方式——诗性存在。直至弥留之年,汪曾祺仍然说:"我倒喜欢弗吉尼·吴尔芙,喜欢那种如云如水,东一句西一句的,既叫人不好捉摸,又不脱离人世生活的意识流的散文。"② 这不禁呼应了沈从文对小说的定义——"用文字很恰当记录下来的人事","必须把人事和梦两种成分相混合,用语言文字来好好装饰剪裁,处理得极其恰当,才可望成为一个小说"③。意识流与梦自有相通之处。无疑,沈从文1942年的"西南联大国文学会"演讲,必然深刻地影响了汪曾祺。当然,汪曾祺的探索并没有走向绝对的意识表象,恰恰相反,他对意识流有着选择性的接受,即艺术手法上择取借鉴,而审美特质上则回归人的精神层面的诗性存在。

三、抒情诗化小说的文体形构

黄子平在对汪曾祺的研究中梳理出一条文学史线索:"熟悉新文学史的人却注意到了一条中断已久的'史的线索'的接续。这便是从鲁迅的《故乡》、《社戏》,废名的《竹林的故事》,沈从文的《边城》,萧红的《呼兰河传》,师陀的《果园城记》等等作品延续下来的'现代抒情小说'的线索。……《受戒》、《异秉》的发表,犹如地泉之涌出,使鲁迅开辟的现代小说的多种源流(写实、讽刺、抒情)之一脉,得以赓续。"④ 然而,往前回溯,就汪曾祺而言,这条线索的起始并非《受戒》、《异秉》,而是早期以《邂逅集》为代表的创作。汪曾祺早期小说以抒情诗化特质为甚,而且,他

---

① 汪曾祺:《醒来》,《汪曾祺全集》(1小说卷),人民文学出版社2019年版,第192页。
② 汪曾祺:《谈散文》,《汪曾祺全集》(10谈艺卷),人民文学出版社2019年版,第421-422页。
③ 沈从文:《短篇小说》,《沈从文全集》(第16卷),北岳文艺出版社2002年版,第493页。
④ 黄子平:《汪曾祺的意义》,《幸存者的文学》,台湾远流出版事业股份有限公司1991年版,第95-96页。

―― 语言、诗化与文体形构 ――

对抒情诗化小说文体的创作有着自觉的追求。关于短篇小说借鉴其他文类的益处,汪曾祺说:

> 世上尽有从来不看小说的诗人,但一个写短篇小说的人能全然不管前此与当代的诗歌么?一个小说家即使不是彻头彻尾的诗人,至少也是半仙之分,部分的诗人,也许他有时会懊悔他当初为什么不一直推敲韵脚,部署抑扬,飞上枝头变凤凰,什么一念教他拣定现在卑微的工作的?他羡慕戏剧家的规矩,也向往散文作者的自在,甚至跟他相去不远的长篇中篇小说家他也嫉妒①。

在艺术手法上的借鉴和使用并不足以解决问题,真正的小说家还应该以"谪仙人"自居,培养自己的诗人气质,达到"文气合一"的理想境界。

> 小说之离不开诗,更是昭然若揭的。一个小说家才真是个谪仙人,他一念红尘,堕落人间,他不断体验由泥淖至青云之间的挣扎,深知人在凡庸,卑微,罪恶之中不死去者,端因还承认有个天上,相信有许多更好的东西不是一句谎话,人所要的,是诗。一个真正的小说家的气质也是一个诗人②。

事实上,这种艺术与人格"文气合一"的观念早已反映出汪曾祺的小说美学追求,即 20 世纪 80 年代之后他反复强调的"抒情"、"和谐"、"自然"、"优美"、"健康"等审美观念。汪曾祺认为,"我们宁可一个短篇小说像诗,像散文,像戏,什么也不像也行,可是不愿意它太像个小说,那只有注定它的死灭"。这里的"不愿意它太像个小说",是在强调小说的形式和风格要突破因袭的旧的小说(也包括"五四"以来的小说)。进而,他总结道,短篇小说是"一种思索方式,一种情感形态,是人类智慧的一种模样"③。这与伍尔夫认为"一切事物都是恰当的题材;我们可以取材于每一种感情、每一种思想、每一种头脑和心灵的特征;没有任何一种知觉和观念是不适用的"④,自有相通之处。与汪曾祺交往甚密的九叶诗人唐湜认为,汪曾祺"不拘泥于表面的事物,也不满足于表象的现实,却都像行云流水般潇洒自如,给读者以丰富的暗示与言外之意;言近而意远",最终创作的发展道路便走向"一种'神秘的合唱'

---

① 汪曾祺:《短篇小说的本质》,天津《益世报》"文学周刊"第四十三期,1947 年 5 月 31 日。
② 汪曾祺:《短篇小说的本质》,天津《益世报》"文学周刊"第四十三期,1947 年 5 月 31 日。
③ 汪曾祺:《短篇小说的本质》,天津《益世报》"文学周刊"第四十三期,1947 年 5 月 31 日。
④ [英] 伍尔夫:《论现代小说》,翟世镜编选:《伍尔夫研究》,上海文艺出版社 1988 年版,第 530 页。

如《浮士德》最后的终结,一种超越的大和谐","全能溶化人生于一丘一树间"①。这样的观点为贯通地理解汪曾祺的小说提供了一种有益的角度:虽技巧各异,但殊途同归。也即汪曾祺文体探索的意涵最终指向何处,按照唐湜先生的论点,正是"虔诚的纳蕤思",即对美之本身的自我沉湎。在此文体语境之下,汪曾祺抒情诗化小说文体的写作具有"同质异构"和"异质同构"两种文体形构方式。

一则抒情诗化小说文体的"同质异构",指的是以理想的人性为"意义"层面的表现对象,以丰富的构思方式对不同的主题、人物、故事进行组合、转换,使众多的小说文本趋向于生活的"谐趣"以及健康的人情、人性、人事美的审美品格。此类小说有《钓》、《寒夜》、《春天》、《灯下》、《河上》、《前天》、《磨灭》、《驴》、《职业(外一篇)》、《冬天》、《戴车匠》、《年红灯(二)》、《牙疼》、《白松糖浆》、《斑鸠》等篇,占据了早期创作的最大比例。例如,《钓》(1940)的"谐趣"颇有姜太公钓鱼的味道,"本不是为着鱼而来的,何必关心'浮子'的深浅"②。《寒夜》(1941)的基本情节很像艾芜的名篇《山峡中》,不过篇幅和表现更显节制,趣味性更强。《前天》(1946)写坐马车被一辆大卡车撞车逃逸,为幸运的偶然,"我们"笑得简直有点儿疯。《驴》(1947)则是以散文化的笔法,叙述我和小莲喂食大和家的驴的趣事。《白松糖浆》(1948)描写车船途中小商贩逗趣售卖"白松糖浆"咳嗽药的场景。《斑鸠》(1948)描写猎人射杀斑鸠的一个精彩片段。整体来看,这类小说篇幅相对简短,即便如何联系当时的社会现实和人生境遇,都很难将强烈的现实意义与批判精神附会于文本。汪曾祺就是要借此表达市井生活中个人的谐趣、健康的人生态度。

再则抒情诗化小说文体的"异质同构",指小说文本在"意义"层面的表现对象上不尽相同,但语言和叙事层面则依然表现出抒情诗化小说的独特意味,拓展了抒情诗化小说文体进行现实批判的价值向度,成为抒发个人存在意识、现代性惆怅情绪的有效方式。这类文本有《翠子》、《猎猎》、《谁是错的》、《结婚》、《唤车》、《膝行的人》、《三叶虫与剑兰花》等知识分子题材的篇目和《除岁》、《落魄》两个抗战题材篇目。譬如,《猎猎》(1941)中诗情画意的文字间流露出的是旅人"沉重的寂寞"的现代情绪。《谁是错的》(1942)表现"我"说错话后的难堪以及挽回的艰难,有鲁迅《风筝》的韵致。《结婚》(1942)刻画了女学生宁宁复归家庭的心路历程,延续了现代小说对婚姻制度困扰时代新女性的反思。《唤车》(1942)以长镜头式的情状叙写战时车夫收入高于大学教授的吊诡现象。需要特别指出的是,《除岁》(1943)和《落

---

① 唐湜:《虔诚的纳蕤思——谈汪曾祺的小说》,《新意度集》,三联书店1990年版,第124-126页。

② 汪曾祺:《钓》,《汪曾祺全集》(1小说卷),人民文学出版社2019年版,第2页。

魄》（1947）是汪曾祺早期创作中仅有的两篇直接表现抗战现实的小说。《除岁》中，多年才回家的"我"和父亲在除夕的炮声中守岁启瑞，父亲讲述他协助慰劳团、公会做军米等支持抗战的故事。《落魄》也以小人物表现宏大的抗战主题，批判战争环境对"绿杨饭店"老板市侩性格的养成。这两篇小说在主题上可谓溢出了汪曾祺惯常的写作，但文体上依然具有强烈的抒情诗化气质，虽则"异质"，仍是"同构"。此外，就"异质同构"而言，还有另一类描写风物人情的小说，诗化文本的表象背后潜隐着汪曾祺对世道人心的独到观察。这类篇目有《老鲁》、《庙与僧》、《最响的炮仗》、《鸡鸭名家》、《囚犯》、《异秉》、《邂逅》、《锁匠之死》、《卦摊》。比如，《老鲁》（1945）借老鲁的经历讲述军阀时代下层兵士的残酷境遇。《鸡鸭名家》（1947）则用淡淡的戏谑笔触描写养鸭之道恰如为人处世之道。《邂逅》（1948）写乘船偶遇卖唱父女二人，以亲和的文字写出对他们的尊重和同情。这类小说表达的内质，主要是传统民间市民生存方式的重建和对文学人道传统的坚守。

总的来看，在抒情诗化小说的写作中，汪曾祺从意识流写作中退隐并创造了一个全新的诗性文本世界。无论何种形构方式，小说文本都围绕着抒情诗化文体之"意义"来展开。如论者所言，"就总体而论，汪曾祺小说大约可以算得是'非情节'性、'反戏剧性'、无悬念、无高潮的"[①]。这些诗性文本，以抒情诗化为中枢，进而以不同的艺术手法和形构方式来表现审美观念和精神内质，创造出丰富的文本世界，无疑为20世纪80年代汪曾祺的"归来"做了必要的准备。

四、1940之于1980："汪氏"文体的审美旨归

如前所论，汪曾祺早期小说文体之间存在渗透和进阶的关系，其审美精神的形成经历了"言意之辨"的文体探索，创造性地拓展了现代文学的意识流写作和抒情诗化小说文体。汪曾祺说他的有些作品"在记忆里存放三四十年。好几篇作品都是一再重写过的"[②]。这暗示出看似"断裂"的写作背后，汪曾祺小说的连续性。他在早期小说写作中锻炼并养成的文学认知和思想观念，将在新时期的再次书写中经历全新的萃取和凝结。

1983年及以后，汪曾祺多次在文章、演讲、报告、访谈中反复确认自己的身份认知——一个中国式的抒情的人道主义者。如果与1947年《短篇小说的本质》一文对

---

① 李国涛：《汪曾祺小说文体描述》，《文学评论》1987年第4期。
② 汪曾祺：《认识到的和没有认识的自己》，《汪曾祺全集》（9谈艺卷），人民文学出版社2019年版，第487页。

读,则1989年的《思想·语言·结构——短篇小说杂谈》具有了跨时代的互文性。前文中,汪曾祺讨论的是短篇小说创作的技法问题,属于"言意之辨"的言说层面。而后文中,汪曾祺讨论的是短篇小说创作的道义问题,属于"言意之辨"的意义层面。那么,汪曾祺表达的意义层面是什么?即他所强调的小说里最重要的东西:人道主义思想。汪曾祺说:"决定一篇小说的质量的首要标准,是作者有没有思想,思想的深度如何。"他谈及自己,说:"有人问我的思想是什么?我想了想,我大概是一个中国式的抒情的人道主义者。……我很欣赏宋人的两句诗:'顿觉眼前生意满,须知世上苦人多。'这是生活的两个方面。生意满,故可欣慰;苦人多,应该同情。我的写作的目的就是唤起读者对生活的信心,对人的关怀。"① 至此,萦绕在汪曾祺早期小说中的"言义之辨"的语言焦虑,被很好地糅合进了中国式的抒情的人道主义思想中。就是说,"人道主义"是思想内容,"中国式的抒情"是言说方式,小说创作"要有益于世道人心"②。

笔者以典型篇目《受戒》(1980)、《异秉》(1980)、《大淖记事》(1981)、《昙花、鹤和鬼火》(1983)等为例,对汪曾祺的小说文体进行考察,可以看出,20世纪80年代的汪曾祺对早期小说文体探索的延续和整合是以"一个中国式的抒情的人道主义者"为标的,淡化了叙述者的主体意识,吸收了早期意识流写作和抒情诗化小说"诗性存在"的繁复意象和心理描写,从而完成了小说创作文体风格的自我整理。具体来说,文体的承续体现在意象、结构和审美三个方面。

其一,意象层。世俗化的"寺庙"、"和尚"是汪曾祺小说的重要意象,这在前期《老鲁》、《庙与僧》、《复仇》,以及后期《受戒》、《大淖记事》、《仁慧》等寺庙题材的小说中均有所见。意象是意识流表现手法的主要方式。汪曾祺自言:"我的一些颇带土气的作品偶尔也吸取了一点现代派手法。比如《大淖记事》里写巧云被奸污后第二天早上的乱糟糟的,断断续续,飘飘忽忽的思想,就是意识流。"③ 更为典型的是《受戒》的结尾:

> 芦花才吐新穗。紫灰色的芦穗,发着银光,软软的,滑溜溜的,像一串丝线。有的地方结了蒲棒,通红的,像一枝一枝小蜡烛。青浮萍,紫浮萍。长脚蚊子,水蜘蛛。野菱角开着四瓣的小白花。惊起一只青桩(一种水鸟),擦着芦穗,扑

---

① 汪曾祺:《思想·语言·结构——短篇小说杂谈》,《汪曾祺全集》(10谈艺卷),人民文学出版社2019年版,第7页。
② 汪曾祺:《要有益于世道人心》,《人民文学》1982年第5期。
③ 汪曾祺:《我是一个中国人——散步随想》,《首都师范大学学报》(社会科学版)1983年第3期。

———— 语言、诗化与文体形构 ————

鲁鲁鲁飞远了①。

　　这段结尾向来被指认为具有懵懂性意味的意象隐喻。其实，这样繁复的意象流动是汪曾祺早期意识流写作中俯拾皆是的抒情方式。再如，《昙花、鹤和鬼火》则直接以3个意象串联情节。李小龙的昙花开了，鹤飞了，鬼火亮了，他也在这番诗意里慢慢长大了。

　　其二，结构层。以《受戒》为例，小说实则是对1946年《庙与僧》的"复写"。复写去除了旅人"我"对叙事的干扰，扩充了两条叙述线索：一条描写荸荠庵和尚职业化的日常生活，"当和尚"成为一种谋生的职业，描写便自然带有浓烈的世俗气息。一条描写小和尚明海和小英子的懵懂爱情，他们的相遇是一段古典的"才子佳人"式的爱情故事。《受戒》中，汪曾祺特别运用了3副对联词、1段唱导文、3首山歌以表情达意。这一方面是《鸡鸭名家》等篇目借用民歌的延续，另一方面更是他在中华人民共和国成立后深度参与民间文学活动的文学资源显现。又如《异秉》的"复写"，分梳出药店杂役陈相公的叙述线索，结构更为精巧，通过落魄的陈相公模仿由穷继而发达后王二的解手"异秉"，流露出对下层市民的深切同情。

　　其三，审美层。汪曾祺在20世纪80年代多次表达对韩愈"气盛言宜"观念的推崇道："气犹水也，言浮物也。水大，则物之轻重者皆浮。气盛，则言之短长与声之高下皆宜。"他认为韩愈"把'宜'更具体化为'言之短长'与'声之高下'"②。文体平淡如水，和谐流畅，但是在看似平静的水流之下又有急流与旋涡，大概这便是汪曾祺所想要的审美境界。有学者指出，《复仇》"所表达的对于农民生活平定感和生命自足性的认识，在30余年后看，倒很像是对《受戒》、《大淖记事》一类作品的事先疏解"③。以早期小说为参照，《受戒》是一篇共情叙写的风俗画式抒情小说，以冷静客观的笔调处理和尚说脏话、开荤、打牌甚至娶妻、大殿杀猪等种种"犯戒"的世俗化行为和寺院经济问题，对苏北民间寺庙生活的种种逻辑和伦理规则不做刻意的道德式评点，对主人公小明子和小英子充满了浓烈的情感投射，写出了他们最纯真的生命形态，他们的情绪暗示和爱情留白成为永不止息的抒情汁液。《大淖记事》则是一篇乡土白描中蕴藉的民间情爱伦理小说。大淖周边人们的生活和风俗，他们的是非标准、伦理道德观念，与儒家传统完全不同。主人公十一子和巧云的朴素爱情正是大淖人顽

---

　　① 汪曾祺：《受戒》，《汪曾祺短篇小说选》，北京出版社1982年版，第218页。
　　② 汪曾祺：《中国文学的语言问题——在耶鲁和哈佛的演讲》，《汪曾祺小品》，中国人民大学出版社1992年版，第202页。
　　③ 邵宁宁：《汪曾祺小说前后期演变的精神史轨迹》，《文艺争鸣》2005年第3期。

强炽热的生命形式的最佳注脚。正如小说中的反问:"到底是哪里的风气更好一些呢? 难说。"① 这种思考提升了小说的审美格调,具有了人道主义语境下的反思意味。

新时期以来,研究界所谓"汪氏"文体如《受戒》、《大淖记事》等的"异质性",并非其具有超越时代的先锋性,而是在文学断裂的年代里,本该属于文学的审美资源被遗忘,而它们的出现"撇开了几十年统帅一切的政治生活的纠缠,用水洗过了一般清新质朴的语言叙写单纯无邪的青春和古趣盎然的民俗"②。从这个意义上说,汪曾祺的"异质性"恰恰是现代文学抒情诗化传统一脉的正常回归。汪曾祺文学创作理念的根脉始终在20世纪40年代,其后的人生经历和生命体验都被他化入其中。后来,即便汪曾祺尝试改写《聊斋志异》,习作笔记小说,也同样具有抒情诗化小说的审美意味。以此反观他早期小说创作中个人抒情的"小叙事",看似在表现市井中国的人情世俗与小爱小恨,实则背后附着的是,现代进程中以人道主义重塑民族精神的宏大叙事。在这一点上,汪曾祺与沈从文一脉相承。区别在于,沈从文在人物形象的塑造和语言文字的表达上更为直露,而汪曾祺的语言暗示性更强,其文字"留白"之处的"言外之意"需读者思索体悟。

总之,汪曾祺的早期小说创作,语言文白相融,意象清朗而具有诗情画意,吸收了意识流写作的技法,凸显了语言的内涵性,进而将现代汉语表情达意的表意优势发挥到了淋漓尽致的程度,创造出自足的诗性文本世界。同时,汪曾祺用诗化的语言含纳人道主义的精神内质,以"同质异构"、"异质同构"的抒情诗化小说形构方式,对中国式的"言意之辨"论题做出了实践性解答,使文本耐读并经得起细读,创造并最终在新时期熟稔出一种中国式的人道主义抒情诗化小说文体。这便是汪曾祺早期小说创作的文体学意义之所在。

(作者单位:四川大学文学与新闻学院)

---

① 汪曾祺:《大淖记事》,《汪曾祺短篇小说选》,北京出版社1982年版,第276页。
② 黄子平:《汪曾祺的意义》,《幸存者的文学》,台湾远流出版事业股份有限公司1991年版,第94-95页。

民国文学研究

《民国日报·觉悟》的诗歌翻译[①]

李小歌

近年来,对近现代报纸期刊的研究成为一个热点话题。作为"五四"四大副刊之一的《觉悟》[②]已经引起不少学者的关注,然而很少有人专门探讨《觉悟》上的诗歌翻译。从现有资料的初步统计来看,在1920年至1925年间,《觉悟》发表新诗约1839首,翻译诗歌约178首。虽然翻译诗歌所占比重不大,但很全面,涉及诸多外国诗人和诗歌流派的作品。从诗歌成就来看,比起新诗初创期诗人们颇显稚嫩的诗作,翻译诗歌反而更显成熟,其价值不容忽视。本文选取1920年至1925年间《觉悟》上的翻译诗歌作为研究对象,分别从原作、译者、译作三个方面探讨《觉悟》上诗歌翻译的特点及意义。

一、选译视野:开阔与集中

《觉悟》以一种既开阔又集中的视野选译外来诗歌,形成其包罗万象、重点突出的选译特点。

从译介国家来看,《觉悟》对外国诗歌的选译展现出一种世界性眼光,英、法、德、美、俄、印度、日本、波兰、匈牙利、挪威、希腊等国的诗歌都在它的视野范围内。法国的催眠曲、日本的俗歌、希腊的挽歌、匈牙利国歌、波斯歌者的独唱都在

[①] 本文系华中师范大学国家社会科学基金重大招标项目"中国新诗传播接受文献集成、研究及数据库建设(1917—1949)"(16ZDA240)的阶段性成果。

[②] 《觉悟》为《民国日报》副刊,创刊于1919年6月16日,1931年12月31日曾宣布终刊。1945年曾随《民国日报》复刊,1947年停刊。本文参考的《民国日报·觉悟》资料来源于网络文献《全国报刊索引》,上海图书馆(上海科学技术情报研究所)主办,网址:https://www.cnbksy.com。

《觉悟》上留下了印记。《觉悟》译诗的来源很广,但不同国家的诗作所占比重有较大差距。就已有资料统计来看,挪威、波兰、希腊、匈牙利、瑞典、奥地利等国只有一到两篇作品被译介过来;俄国、印度、法国诗歌译介较多;英、日、美、德的诗歌占大多数,其中英国处于遥遥领先的状态,约有40首英诗被译成汉语。造成选译不平衡现象的原因何在?"五四"时期正是翻译外国文学作品的高涨时期。就诗歌翻译而言,《觉悟》对各国诗作的广泛译介部分体现了"五四"时期对俄国文学、日本文学和弱小民族文学的提倡,如沈雁冰翻译的裴都斐《匈牙利国歌》、美子女士译爱罗先珂的《睡歌》、鸣田译的《日本底劳动歌》等。这些作品揭示了社会黑暗和人民的苦难,鼓舞受压迫人民为了自由和解放而团结起来英勇抗争,与"五四"时代精神遥相呼应。《觉悟》在广泛移译各国优秀诗作的同时,将译介重点放在西欧和印度诗歌(泰戈尔的英文创作)上,这与"五四"时期译者的留学经历有关,也与这些国家的文学创作实绩和影响有关。

开阔的选译视野形成了《觉悟》上翻译诗歌思想、艺术多元化的特点。从选译外国诗作上看,《觉悟》翻译了众多不同流派的作品。由三昧翻译的《平和》是英国玄学派诗人乔治·赫伯特的一首宗教诗,表达对上帝的虔诚信仰。蒂斯代尔的《海沙》歌唱爱情,济慈的《鸠》呼唤自由,雪莱的《问月》对月抒怀,都是具有浪漫色彩的作品。象征主义诗歌有福尔的《森之影》、《人生》、《圆舞》、《敬虔》。唯美主义有王尔德的《晨光》、《我心的孤独》。古典主义有海涅的《快乐之春》。神秘主义有布莱克的《梦乡》。流派之外,《觉悟》上既有《第三国际党颂歌》、《匈牙利国歌》、《睡歌》等鼓舞人民奋起反抗与战斗的诗篇,又有《兵底梦》、《战之故事》、《布伦罕姆之战》等反思战争、揭露战争残酷性的诗篇。不同的思想在《觉悟》上都有其言说空间,呈现出众声喧哗的特点。此外,《觉悟》上的翻译诗歌按表现方式的不同可以分为写景诗、抒情诗、叙事诗、哲理诗、议论诗等,按诗歌文体的不同可以分为歌谣体、散文体、自由体、格律体、小诗体,体现出对东西方诗歌诗体形式和表现方法的较为全面的引进。

从选译作家来看,《觉悟》广泛关注世界著名诗人,如英国诗人乔治·赫伯特、华兹华斯、柯勒律治、拜伦、雪莱、济慈、丁尼生、勃朗宁、布莱克、王尔德等;德国诗人艾兴多夫、法尔盖、歌德、海涅、檀曼尔;日本诗人石川啄木、生田春月、武者小路实笃、高群逸枝等;法国诗人保尔·福尔、朱尔·罗曼、雨果;美国诗人朗费罗、莎拉·蒂斯代尔;俄国诗人爱罗先珂、都介涅夫;印度诗人泰戈尔等。《觉悟》对著名诗人的译介客观上呼应了胡适对选译对象的倡导。胡适在《建设的文学革命论》中谈到"五四"时期翻译界的无序状态，认为"现在中国所译的西洋文学书，大概都不得其法，所以收获甚少"，主张"只译名家著作，不译第二流以下的作品"①。这一倡导有助于提高翻译效率和质量，也有利于培养读者纯正的文学趣味，并引导新文学健康成长。在选译的众多著名诗人中，泰戈尔与王尔德尤为突出，成为《觉悟》诗歌翻译的两大亮点。

1920年至1924年，中国持续出现"泰戈尔热"，《新青年》、《小说月报》、《东方杂志》、《晨报副刊》、《时事新报·学灯》等多家报刊争相翻译泰戈尔的作品。《民国日报·觉悟》也起而呼应这一发源于西方、经日本而最后抵达中国的文学热潮，选译多首泰戈尔的诗作。M·U译《光和爱的世界》，梅九和墨池合译《山梯尼克顿学校歌》，邹政坚译《世纪末日》，如音译《园丁集》第15首和20首，大白译《园丁集》第23首和28首，小峰选译泰谷儿《园丁集》和《新月集》中的多首诗歌。这些译作都刊登在《觉悟》上。《觉悟》对泰戈尔作品的译介没有《小说月报》、《时事新报·学灯》那样全面与广泛，但《觉悟》参与了新文化运动中兴起的这股"泰戈尔热"，通过对泰戈尔诗歌的译介、学习和借鉴，共同推动文学革命向纵深处发展。

从《觉悟》选译的泰戈尔诗歌中，能够看出诗人作品的多面意义。《光和爱的世界》是对"梵"的玄想与解释，体现出诗人的泛神论思想。《山梯尼克顿学校歌》是泰戈尔为自己创办的理想学校写的赞美诗。诗中蕴含着诗人热爱自然、追求自由及人道的爱世精神。《"当时候"与"为什么"》一诗描绘孩童的纯真与可爱，明媚而温暖。而《世纪末日》表现了泰戈尔思想的另一侧面，这仿佛是一首"复仇之诗歌"，向一切贪欲、自私、强权投出尖利的匕首。全诗充满愤慨之气，在批判剥削者寄生性的同时，对赤贫者流露出同情；在企盼和平降临的同时，也鼓励受压迫者不畏强权、勇敢斗争。此外，泰戈尔《园丁集》中的诗作被选译了多首。这部诗集以诗人青春时代的体验为底色，细腻地描绘爱情，唱响生命之歌。这些作品中蕴含的思想力量，正是"五四"时代人们迫切需要的精神食粮。

泰戈尔是高扬自由、民主、人道、个性解放精神的伟大诗人，凭借超凡的才华和使用英语的纯熟技巧，获得了世界声誉。与此同时，泰戈尔是一位出生于殖民地印度的作家，他的《吉檀迦利》不是献给独一无二的耶稣基督的，而是向生命和艺术之神致敬，赐予全人类美与智慧的结晶。他始终坚持民族主义立场和对东方精神文明的信仰，时而流露出来的义愤始终不能促使他赞同暴力革命。1924年4月12日，来华访问

---

① 胡适：《建设的文学革命论》，中国现代文学馆编：《胡适代表作：尝试集》，华夏出版社2011年版，第7页。

的泰戈尔受到正在酝酿革命思想的"科学派"知识分子的抵制,《觉悟》上也刊登了多篇批判泰戈尔的文章,如陈独秀的《评太戈尔在杭州上海的演说》、雁冰的《太戈尔与东方文化——读太氏京沪两次讲演后的感想》、代英的《告欢迎泰戈尔的人》等。叶善枝在《送太戈尔》一诗中写道:"白发苍苍的诗人呵,/先生可以休矣。/亚洲青年的热血正在沸腾,/无论朝鲜,支那,日本,/他们崇拜的是列宁一类的英雄,/他们渴望的诗人是哀希腊的拜伦。"① "泰戈尔热"随着他的中国之行达到高潮后迅速降落。他以"泛神论"和"泛爱论"思想为指导,站在东方文化的立场上批判西方现代文明,这使他的作品逐渐为"五四"后期的中国主流文学所放弃。

"泰戈尔热"是如何兴起的呢?作为亚洲首位获得诺贝尔文学奖的诗人,泰戈尔诗名远播,其作品的经典性已被公认。泰戈尔诗作中对爱与美的歌颂,对弱者的同情,对不公平的批判,对光明与美好世界的向往都深深契合了"五四"时期国人的思想追求和对未来中国的想象。此外,第一次世界大战从客观上起了推动作用,"巨大的创痛使西方社会在反省与批判自身文化的同时,获得了重新认识东方文化的契机,泰戈尔作为东方文化的代表,其价值在西方得到重新审视"②。"泰戈尔热"最先在西方兴起,但当它进入中国时,除了同属东方文明这一地缘上的亲近感外,中国人更多接受的是他的思想中带有西方现代文化特质的东西。《觉悟》对泰戈尔的传播,可谓在贫瘠的中国大地上播撒了人道主义思想的种子。

王尔德是"五四"时期最受中国知识界欢迎的外国作家之一。1909 年,周氏兄弟编译出版的《域外小说集》首篇便是周作人翻译的王尔德的童话《安乐王子》,这是对王尔德作品的首次译介。陈独秀在《文学革命论》中写道:"吾国文学界豪杰之士,有自负为中国之虞哥、左喇、桂特、郝卜特曼、狄铿士、王尔德者乎?有不顾迂儒之毁誉,明目张胆以与十八妖魔宣战者乎?予愿拖四十二生的大炮,为之前驱!"③ 他把王尔德作为世界上最重要的作家之一进行介绍。由陈独秀主编的《青年杂志》对王尔德展开隆重译介,"1915 年薛琪瑛翻译王尔德的《理想的丈夫》,连载于 1915 年 10 月 15 日至 1916 年 10 月 1 日的《青年杂志》第 1 卷第 2 号、第 3 号、第 4 号、第 6 号和第 2 卷第 2 号,可谓正式拉开了译介王尔德的大幕,此后便高潮迭起,一直延续到抗

---

① 《民国日报·觉悟》1924 年 6 月 3 日。
② 秦弓:《"泰戈尔热"——五四时期翻译文学研究之一》,《中国社会科学院研究生学报》2002 年第 4 期。
③ 陈独秀:《文学革命论》,滕浩主编:《民国文化名家经典书馆:陈独秀经典》,北京当代世界出版社 2016 年版,第 12 页。

战,这场长达 20 余年的'王尔德热'才因国难而降温"①。由陆思安和裴配岳翻译的王尔德戏剧代表作《萨洛姆》最早在 1920 年 3 月 27 日至 4 月 1 日的《民国日报·觉悟》上连载。除戏剧外,王尔德的其他类型作品如童话、小说、诗歌、散文等都得到广泛译介。张闻天和汪馥泉合译的王尔德散文《狱中记》就在 1922 年 4 月和 5 月的《觉悟》上连载。对王尔德的译介极大地丰富了中国新文学的文体类型。

《小说月报》、《文学旬刊》、《时事新报·学灯》都翻译过王尔德的诗歌,但《觉悟》无疑是译介王尔德诗作最多的。在《觉悟》选译的 40 多首英国诗歌中,王尔德诗歌约占四分之一。《民国日报·觉悟》1921 年 6 月 7 日登载了小石翻译的王尔德诗歌《伊底坟墓》。这首诗的其他两个译本也刊登在《觉悟》上。张近芬女士将题目译为《我心的孤独》,江爱纶译为《慰死者魂灵的祷歌》。全诗被感伤情绪笼罩,诉说美的消逝给人带来的伤痛,表达了对美坚贞不渝的信仰。陆觉翻译的《他底情爱》表现了诗人对"诚挚的情爱"的渴求与追寻。在小石翻译的《露台之下》这首诗中,诗人将美写到极致。生命只是美的衣裙上的一片花瓣,"你将死在伊底头上的冠冕里/你将死在伊底长袍的褶裥里/你将到伊底清净的心坎里!"② 此外,1922 年 6 月 18 日的《觉悟》上刊载了由美子女士翻译的《露台之下》的另一种译本。一本多译现象频繁出现,可见王尔德在当时的受欢迎程度。此外,《印象》、《恩狄米洪》、《晨光》、《我底玛东娜》、《自春至冬》、《小曲》、《一曲》等带有唯美性质的诗歌都被《觉悟》选译推出。

空幻、耽美、颓废、享乐是唯美主义的本质特征。王尔德是唯美主义最典型的代表作家,他的《道连格雷的画像》和《莎乐美》便是自身艺术主张的最好诠释。这样看来,王尔德岂非与"五四"积极进取的风格格格不入?那么,王尔德为何会在当时被广泛关注呢?有论者认为,20 世纪 20 年代引进中国的王尔德是被中国翻译界重新塑造了的"伟大的汉语王尔德形象","在'王尔德热'中并不是将王尔德视为唯美主义作家,而是奉为改革社会的思想资源"③。当时的知识界回避了他备受指责的道德伦理问题和唯美作风,而偏重于他的思想启蒙意义。因为王尔德作品表现出的个人主义反抗姿态正是破开封闭、禁欲、保守、奴性的传统思想的一把利刃,而且"通过译介王尔德及其作品,中国不少人的确找到了迫切需要的文学新品种和新的创作方法,促

---

① 宋达:《"五四"前后王尔德汉译史考释——王尔德作品汉译得失问题研究(一)》,《北京第二外国语学院学报》(外语版)2008 年第 4 期。

② 《民国日报·觉悟》1921 年 6 月 8 日。

③ 宋达:《"五四"前后王尔德汉译史考释——王尔德作品汉译得失问题研究(一)》,《北京第二外国语学院学报》(外语版)2008 年第 4 期。

成了话剧和诗歌在中国迅速成长"①。王尔德的作品为许多现代作家提供了艺术借鉴的榜样。这是对"王尔德热"很合理的解释。不过,《觉悟》对王尔德的译介呈现出的是一种多元开放姿态,并未有意遮蔽什么,这从《觉悟》连载王尔德坦白自己性向和罪恶的《狱中记》就能够看出来。《觉悟》尽量还原了他的真实人生与丰富复杂的艺术世界。而这些看似"消极"的王尔德的作品又何尝不是身处内忧外患的"五四"时代中国人所需要的精神安慰呢?

二、译者特点：功利与审美

在传统的文学翻译观中,译者是不被重视的存在,往往被原作者的巨大光芒所遮蔽。人们的传统看法是,译者只是转换语言的工具。20世纪70年代,以埃文·左哈尔、安德烈·勒菲弗尔、苏姗·巴斯奈特为代表的西方翻译理论家开始从文化角度研究翻译问题,尤其注重翻译研究的译入语文化取向,译者逐渐被重视起来,其在翻译活动中的主体地位也得到了承认。"译者主体性贯穿于翻译活动的全过程,具体地说,译者主体性不仅体现在译者对作品的理解、阐释和语言层面上的艺术再创造,也体现在对翻译文本的选择、翻译的文化目的、翻译策略和在译本序跋中对译作预期文化效应的操纵等方面。"② 译者本身具有很强的主观能动性,他往往具备熟练掌握两种或多种语言的能力。他是原作的接受者,是译作的创造者。而且好的译文不是随随便便就能产生的,"翻译的实践告诉我们,译者在翻译过程中首先要当好原文的'读者',即首先要对原文分析、理解。译者在准确把握原文信息内容的基础上当好译文的'作者',即进行正确的译文表达"③。《觉悟》上的翻译诗歌是经过译者精心挑选、用心翻译后呈现在读者面前的,因此有必要把研究视点移注到译者身上。

从表面上看,《觉悟》上的译者有如下特点:第一,版权意识淡薄。译者一般不会说明自己的翻译作品依据的是哪一个原始外语文本,有时甚至不标明原作者的名字和国别。译者本身也多用笔名,致使许多译者的真实身份无从考证。这是存在于早期翻译活动中的一种不规范行为。第二,译者的自由人身份。《觉悟》上的译者大都受"五四"精神感召,自发地从事翻译活动,承担传播外国文学的责任,为早期新文学的成长做出贡献。当时的新文学杂志一般没有稿酬,翻译显然不能作为主要的谋生手

---

① 宋达:《翻译的魅力:王尔德何以成为汉译的杰出文学家》,《中国文学研究》2010年第2期。
② 查明建、田雨:《论译者主体性——从译者文化地位的边缘化谈起》,《中国翻译》2003年第1期。
③ 胡庚申:《从"译者主体"到"译者中心"》,《中国翻译》2004年第3期。

段，知识分子大多是在文学革命的呼吁下，主动发挥自己的外语才能，投入译介活动。第三，从译者类型来看，《觉悟》上既有仲密（周作人）、大白、邵洵美、沈雁冰等知名作家；也有在《觉悟》上发表诗作的新诗人，如苏兆骧、枕薪、吴明、德徵等；还有不少专注于翻译事业、产出比较多的译者，像三昧、小峰、白蔷薇、仲逖、馥泉、枕薪、美子、如音、一苇等，他们的翻译占据了《觉悟》诗歌翻译相当大的一部分。

从深层目的上，可以将《觉悟》的翻译主体划分为两类，即功利型译者与审美型译者。功利型译者注重翻译产生的实际功用和效果，他们往往在翻译活动开始之前已经具备了明确的目的，翻译活动成为其自身理论的实践行为。审美型译者则大都是纯粹的诗人，其译诗便不由自主地向审美的方向靠拢，更加注重译诗本身呈现出的美学效果。周作人和刘大白是这两种不同类型译者的典型代表。

周作人对中国新诗的贡献是巨大的，他的诗作《小河》被胡适称为新诗的第一首杰作。1929年出版的《过去的生命》是周作人唯一一本新诗集，收录作者的新诗26首。但是，周作人并非是一个纯粹的诗人，他对新诗的贡献更多地体现在理论倡导和译诗实践上。周作人从日本作家海贺变哲所编的"端呗"及"都都逸"集内选译了《日本俗歌五首》，刊登于1921年7月3日的《觉悟》上。此外，《觉悟》还刊登了他翻译的《日本俗歌八首》、《希腊的挽歌》、《猜谜的武士》等诗作。周作人发表在不同报刊上的译诗最终收入其译诗集《陀螺》之中，于1925年由"北京新潮社"初版。他在序文中说："这集子里所收都是翻译……几乎全是诗，但我都译成散文了……有时也就分行写了；分了行未必便是诗……所以这不是一本译诗集。"① 周作人矛盾的态度正好透露出他作为一个功利型译者面对的两难处境。周作人深知形式美对于诗歌的重要意义，但作为新诗运动的先驱，他不得不扛起自由诗的大旗，推动诗歌朝散文化方向发展。因此，他的翻译"重在忠实的传达原文的意思，——原文所无而由译者加入的文句，加括弧为记号，——但一方面在形式上也并不忽略，仍然期望保存本来的若干风格"。由于译者有这样的顾虑，"只能以这样的散文暂自满足"②。出于这样的目的，周作人通常采用散文化、口语化的语言翻译诗歌，将外来诗歌一律译为自由体，以此推动白话新诗运动的发展。

"五四"新诗坛上的小诗属于自由诗的一种。考察新文学中小诗体的来源，周作人认为，"中国的新诗在各方面都受欧洲的影响，独有小诗仿佛是在例外，因为他的来

---

① 周作人：《陀螺》，钟叔河编订：《陀螺——周作人译作》，岳麓书社2019年版，出版说明。
② 周作人：《陀螺》，钟叔河编订：《陀螺——周作人译作》，岳麓书社2019年版，第201页。

源是在东方的,这里边又有两种潮流,便是印度与日本"①。周作人为中国小诗的发展做出了重要贡献。他在译介日本小诗的同时,结合中国新诗坛小诗发展的状况做了《日本的小诗》、《日本的诗歌》、《论小诗》等文章,对日本与中国的小诗进行深入研究。周作人对小诗的定义是,"指现今流行的一行至四行的新诗"②,是一种简短含蓄的自由诗。事实上,流行于中国的小诗,与其说受到了日本连歌、俳句、川柳的影响,不如说受到了周氏诗歌翻译体的影响。因为形式严谨的日本小诗在经由周作人散文化的译笔移译到中国时,只保留了诗形的短小和诗意的含蓄这两个特点,日本小诗本身的审美价值在翻译的过程中早已大打折扣。当然,作为一名功利型译者,周作人的翻译活动无疑是成功的。他的翻译实践不仅推动了小诗运动的发展,丰富了新诗的诗体形式,同时也促使自由诗的观念日益深入人心。

刘大白是《觉悟》上的高产诗人,同时也是泰戈尔诗歌的著名译者。他是兼具诗人与诗歌翻译家身份的审美型译者的典型代表。《觉悟》上刊登的主要是他对《园丁集》的选译。《园丁集》是泰戈尔书写爱情和人生的抒情诗,是诗人从自己的孟加拉语诗作中翻译成英文的 84 首自由诗的结集。刘大白用白话散文体翻译了泰戈尔《园丁集》的第 23 首和 28 首。"要是我底生命,是一块宝石呢;/我就碎成一百万片,因为要给你那颈儿上挂着,/能串成一条链子,把彼等连缀起来。"③ 刘大白的译文清新流畅,生动活泼,把处于恋爱中的主人公天真、执拗、一往情深、甘于奉献的情状表现出来。"早晨经过了——暗的水在那儿流着。/波纹在单调的懒散的场所,交互地笑着,私语着。/飘着的浮云,在太空底涯际那边底地平线上聚集着。/彼等漂着而把你底脸儿凝视着,在单调的懒散。"④ 第 23 首则充满空茫、迷幻与玄思,蕴含着诗人对人生意义的思考。刘大白的译诗在传达作品思想内容的同时尽量保留了原诗的神韵,译文语言流畅,散文化诗体形式的选择有助于容纳原诗的思想与诗情。同样是以散文化的句法译介外来诗歌,为何周作人属于功利型译者,而刘大白属于审美型译者呢?因为译者的属性应当从其翻译目的和翻译动机上判断。周作人从"信"与"达"的方向用力,力求表现原诗的意义;而刘大白的译诗显然更重视"美"的传递。

---

① 仲密:《论小诗》,杨匡汉、刘福春编:《中国现代诗论》(上编),广州花城出版社 1985 年版,第 63-64 页。
② 仲密:《论小诗》,杨匡汉、刘福春编:《中国现代诗论》(上编),广州花城出版社 1985 年版,第 62 页。
③ 《民国日报·觉悟》1921 年 4 月 17 日。
④ 《民国日报·觉悟》1921 年 4 月 17 日。

三、译诗形态：自由与定型

　　一般来说，呈现在普通读者面前的外国文学作品往往是译作。译作能够帮助读者认识、了解原作的价值，是沟通外国文学作品和本国读者之间的桥梁。但是，"译作"不等同于"原作"，"一部作品，即使不超越它的语言文化环境，它也不可能把它的作者意图完整无误地传达给它的读者，因为每个接受者都是从自身的经验出发，去理解、接受作品的"①。同一语言环境下的作品尚且如此，译作的情况就更加复杂了。一部翻译作品的完成首先要译者去接触原作，理解原作。不同的译者接受程度不同，翻译出来的作品自然千差万别。译作是经过译者精神过滤后的产物。

　　《觉悟》上的翻译诗歌大部分采用散文化的语言、自由诗的形式，符合"五四"时期对白话新诗的倡导。典型的例子如小石翻译王尔德诗歌 Under the Balcony，以下是该诗的第一节（用符号"/"划分音步，"-"区分音节，"´"表示重音）：

　　　　O- /´beau-ti-ful-/´star-with -the -/´crim-son /´mou-th!
　　　　O -/´moon-with -the-/´brows-of -/´gold!
　　　　´Rise-up, /´rise-up, -from -the /´o-do-rous /´sou-th!
　　　　And-/´light -for- my -/´love- her- /´way,
　　　　´Lest-her-/´lit-tle -/´feet- should -/´stray
　　　　On -the- /´windy -/´hill-and-the-/´wold!
　　　　O -/´beau-ti-ful /´star-with- the-/´crim-son-/´mou-th!
　　　　O-/ ´moon-with- the-/´brows -of -/´gold!

　　小石译《露台之下》②：

　　　　哦，/美丽的/星珠/带着/深红的/嘴巴!
　　　　哦，/月儿/带着/金色的/脸容!
　　　　起来，/起来，/从那/芬香的/南方!
　　　　照着/我爱底/道路，
　　　　怕/伊底/娇足/将迷入

---

① 谢天振：《译介学》（增订本），译林出版社 2013 年版，第 109 页。
② 《民国日报·觉悟》1921 年 6 月 8 日。

暴风的/山林中！
哦，/美丽的/星珠/带着/深红的/嘴巴！
哦，/月儿/带着/金色的/脸容！

  Under the Balcony 这首诗共有 32 行，每节 8 行，分 4 小节。诗歌的后 3 节都采用与第 1 小节相同的构形方式，节与节之间完全对称，呈现出较为整齐的诗节节奏。从诗歌的首节来看，作品的结尾两行是对开头两行的重复，在加强语气节奏的同时，使诗行呈现出参差对称的形态。通过对诗歌第一节音节、重音、音步的划分，能够看出诗作的第 1 行、第 3 行、第 7 行分别有 11 个音节，其他几行均是 7 个音节。这首诗不是一首格律诗，很难划出规律的抑扬格，但仍然是一首非常注重节奏的诗作。作品的奇数行都有 4 个重音，偶数行都是 3 个重音，四音步占主要地位，首尾行出现五音步，抑扬格和扬抑格都有体现。诗人还使用了跨行手法，诗歌的 4、5、6 行实为一句。"在英诗里，诗行是诗歌的基本结构单位，遵循的是韵律规则（如韵和节奏等）而非语法规则，诗句是从语法的角度而言的，强调的是句子，遵循语法规则。"① 跨行的运用在强调"stray"这个词的同时，主要是为了完成诗歌的节奏形式。这首诗用韵也较为别致，诗歌以感叹词"o［əʊ］"开头，多次押半谐韵（assonance）"［əʊ］"，如 mouth［maʊθ］、brows［braʊz］、gold［gəʊld］、odorous［ˈəʊdərəs］、south［saʊθ］、wold［wəʊld］，母音的重复出现使诗歌节奏鲜明，朗朗上口。此外，这首诗的尾韵（consonance）很有特点，首节呈现 abaccbab 的押韵规律，其后几节又与此不同，但都有很强的节奏感，这也是王尔德的这首诗被谱曲传唱②的重要原因。

  小石的译诗对原诗的节奏形式做了哪些取舍呢？从整体上看，译诗也采取分行建节的诗歌形式，但诗节之间没有规律，诗行参差不齐，彰显了自由体诗歌不受拘束的特点。但是，自由体诗歌也有节奏，胡适称之为"自然的音节"。胡适从两个层面展开论述。"先说'节'——就是诗句里面的顿挫段落"，相当于英文诗的音步，只是英诗的音步是根据发音的轻重划分，而自由诗的顿是"依着意义的自然区分与文法的自然区分来分析的"。"再说'音'——就是诗的声调"③，即平仄和用韵要自然，通过合理安排诗歌内部词语组织来促进音节和谐。据此，可以对译诗的第一节进行节奏划分。译诗的 7、8 行依旧是对 1、2 行的重复，可分为五音步和六音步，第 3 行是五音

---

  ① 王雪松：《论中国现代诗歌节奏单元的层级建构》，《中山大学学报》（社会科学版）2012 年第 3 期。
  ② Susanne Thea/Malinovsky 曾演唱这首诗歌。
  ③ 胡适：《谈新诗》，中国现代文学馆编：《胡适代表作·尝试集》，华夏出版社 2011 年版，第 47 页。

步,第4行三音步,第5行二音步。单音节、双音节、三音节词都在诗中出现。按照人们的自然阅读习惯和词本身的语法意义做出的停顿,实际上与散文的节奏别无二致。译诗中的跨行手法和首尾复沓是对原诗的借鉴,一定程度上保留了诗的韵味。总体来看,译诗较为散文化,音节自然和谐,语言流畅,不受格律和韵式的束缚,体现出新诗初创期追求自由解放的精神特质,但韵味上不如原诗精妙。

《觉悟》上的大部分译诗是用自由体译介的,译者通常无视原作的形式。在《觉悟》不登载外文原诗的情况下,以白话自由诗体翻译外国诗歌,很容易给读者造成外国诗都是自由体的错觉。这一方面源于"五四"对自由诗的倡导;另一方面,取决于格律诗翻译的难度。且看丁丁翻译的美国诗人郎泛萝(Longfellow)《白昼和月光》(*Daylight and Moonlight*)的原诗与译诗:

原诗:

> In broad daylight, and at noon,
> Yesterday I saw the moon
> Sailing high, but faint and white,
> As a school boy's paper kite.
>
> In broad daylight, yesterday,
> I read a Poet's mystic lay;
> And it seemed to me at most
> As a phantom, or a ghost.
>
> But at length the feverish day
> Like a passion died away,
> And the night, serene and still,
> Fell on village, vale, and hill.
>
> Then the moon, in all her pride,
> Like a spirit glorified,
> Filled and overflowed the night
> With revelations of her light.

And the Poet's song again
Passed like music through my brain;
Night interpreted to me
All its grace and mystery.

丁丁译诗《白昼和月光》①：

　　昨天昼间正午的时候，
　　我见一个月亮奔驰着；
　　但是灰白而且模糊，
　　好似小学生玩的纸鸢。

　　昨天在光明的昼间，
　　我唱一首神秘的诗歌；
　　这诗歌我最是敬爱，
　　好似一个神圣的灵文。

　　但是后来这热烈的白昼，
　　如受灾人般的长逝了；
　　于是那静夜安安稳稳的，
　　笼罩了乡村和山谷。

　　因此月亮重又骄傲地，
　　宛如一个光荣的神灵，
　　盈盈地充满了静夜，
　　她所有的放出的光明。

　　那首诗歌也重复出现，
　　如音乐般的送到我脑，
　　静夜详细地解说我听，
　　它所有的仁慈和玄妙。

---

① 《民国日报·觉悟》1925 年 12 月 19 日。

——《民国日报·觉悟》的诗歌翻译——

Daylight and Moonlight 是一首韵式整齐的英文格律诗。朗费罗在这首诗中写了"诗",把诗与月亮平行对照,使诗中描写的景物与作者创作的"诗"相互阐释。昼间的月是失势的,在强大日光的笼罩下衰态尽显,即便如此,它也在努力吸收日光充实自己,因为夜终会到来。月是夜的统治者,夜幕降临正是它释放光明的时刻。在光明的日间,"我"读到一首"我"认为最好的诗,而在夜间,这首诗以优雅神秘的姿态再次出现。艺术正如同月亮一样,虽有盈亏,却是永恒的存在。诗中充溢的是奋发乐观的精神,充满生命力,而又富含哲理。丁丁的译诗很好地传达了原作的思想,这是用自由体翻译外文诗的一个优点。*Daylight and Moonlight* 这首诗分 5 节,每节 4 行,韵式整齐,节奏明快。丁丁的译诗与原诗的整体诗形结构保持一致,但缺少对诗歌形式美的进一步追求。

有部分译者采用四言、五言、七言诗(此处的五言、七言是广义上的,不同于严格的近体诗)的形式来翻译诗歌,并有意识地使用韵律。枕江翻译的柴门霍夫(F. Zamenhof)的世界语原著 *Versajo sen Fino*(《无穷之诗》)① 就是一首现代四言诗。且看译文节选:

> 溽暑三月
> 欢然而逸,
> 惟彼爱者
> 心心相结;
>
> 牧师之证
> 庄严之仪
> 安东黑莲
> 终为夫妻

这首诗采用四言诗体来译介,语言文白交杂,形式整饬美观。诗作表现的是短暂的婚姻与无穷的恋爱,表达了现代男女对待爱情的随性态度,用古典形式容纳现代诗思。

邵洵美译英国诗人丁尼生(Alfred Lord Tennyson)的诗作《别》(*A Farewell*)时,使用了五言体,运用隔行押韵的韵式。

原诗:

---

① 《民国日报·觉悟》1922 年 8 月 1 日。

flow down, cold rivulet, to the sea, thy tribute wave deliver:
no more by thee my steps shall be, for ever and for ever.
flow, softly flow, by lawn and lea, a rivulet then a river;
no where by thee my steps shall be, for ever and for ever.
but here will sigh thine alder tree, and here thine aspen shiver;
and here by thee will hum the bee, for ever and for ever.
a thousand suns will stream on thee, a thousand moons will quiver;
but not by thee my steps shall be, for ever and for ever.

邵洵美译诗《别》①：

冷河向海移，
小浪随你走，
我不再见你，
永久复永久。

徐徐经草地，
流入大河口：
我不再见你，
永久复永久。

红杨短嘘吁，
白杨长忧愁：
蜂儿叹别离，
永久复永久。

千百载过去，
亿万年以后，
我不再见你，
永久复永久。

---

① 《民国日报·觉悟》1924年3月20日。

丁尼生的这首诗意在写离别。诗人把与"我"别离的对象"你"形象化为一条小溪,流动是它的状态,大海是它最终的归宿。小溪始终不会为沿途的风景停留,而"我"只能如树木或蜂儿般吁叹哀愁,不住地重复离别的永久!诗人通过多种意象寄予情思,前两节多写动态意象隐喻"你",后两节偏重静物描写暗示"我",说明不同的人生轨迹只能导致永久的别离。诗中的"你"可能是"我"的一位殊途知己,也可能指流逝的时间、青春或逝去的生命……邵洵美的译诗可以说很好地把握了原诗的神韵,将原诗的精神内容传达了出来。译者基本上采用直译的方法,只有诗歌的最后一节为了韵律和谐作了意译,但并未损害原诗诗意的表达。就韵式来看,*A Farewell* 一诗,前两节韵式相同,都是 abcb 的偶体韵;后两节采用 bcbc 的交错韵。从诗形上看,全诗分为诗形相同的 4 小节,节与节之间、行与行之间呈现出参差对称的诗体形态。在处理形式因素时,邵洵美的译诗将原诗参差均衡对称的诗形转变为整齐的对称形式。当然,这两种诗歌形式各有千秋,"整齐的对称形式能够为诗歌带来稳定、均匀的视觉效果,而以参差均衡对称所建构的外在诗形,在视觉上则较为灵动鲜活"[①]。在韵式方面,译诗前两节用 abab 式的交错韵,后两节用 cbab 偶体韵,虽与原诗韵式略有差别,但已将丁尼生的韵做了很成功的移植与转化。从邵洵美的译作中能够看出,优秀的译诗并不是对原诗亦步亦趋的模仿,也不是译者随心所欲的创作。优秀的译作是对原作精神意蕴的有效传递。从译作遵循原作的部分,能够看到译者的努力与能力;从译作违背原作的部分,能够看出译者的智慧与创造力。不论是自由诗体,还是定型诗体,均体现出译者为丰富诗歌文体做出的努力,也为新诗的形式建构提供了多种可资借鉴的方法。

原作、译者、译作是本文展开论述选择的三个切入点。这三者之间既有明显的区别,又相互联系。原作是翻译活动的开始,译者是这一活动中的动力因素,而译作是原作者和译者的综合产物。《觉悟》上的诗歌翻译不仅让读者领略到外国诗歌的风采,也为滥觞期的中国新诗建设提供了学习与借鉴的经验。

(作者单位:华中师范大学文学院)

[①] 高健:《中国现代诗歌对称形式研究》,华中师范大学博士学位论文,2018 年,第 22 页。

共和国文学研究

重审 20 世纪 20—80 年代中国新诗朗诵的声音景观[①]

巫洪亮

近年来,从传播接受角度考察 20 世纪中国新诗的现象与问题,成为学界拓宽现代新诗研究视野的有效路径之一。不过,在具体研究的展开过程中也出现了一些不容忽视的偏向,即人们把目光过度聚焦于各类报纸杂志、诗集、手抄本等诗歌传播媒介,有意无意地忽视了诗歌的声音传播研究。事实上,诗朗诵作为诗歌"二次传播"所构筑的独特的声音景观,在中国新诗的大众化传播中发挥着重要作用,因为诗朗诵过程中的声音可以让诗歌接受者规避或跳脱传统文字阅读的障碍,以相对"浅俗直白"的方式经由听觉直接抵达人们的感知系统,尤其是"对那些缺乏教育,无法阅读的男女老幼而言,声音是他们获取信息、了解历史、把握现实最便捷、最普遍的手段"[②]。不过,当代学人更多从朗诵技巧层面讨论诗朗诵,鲜少有人探究中国现当代诗朗诵的声音景观。一些饶有意味的问题值得人们细细思量:中国新诗朗诵传播空间和声音环境发生了哪些变化?激情文化催生了何种声音特质,又形塑了怎样的倾听主体?如何分析诗朗诵声音景观中的文化政治?本文试图重返现代新诗朗诵的历史现场,重审 20 世纪 20—80 年代中国新诗朗诵渐次变换的独异声音景观。

一

声音在一定的介质空间中传播,倾听作为一种空间实践,空间的属性与特质不仅影响声场效果,也刷新人们的倾听体验。声景理论"将声音本身视作一种与人切身接

[①] 本文系 2020 年国家社会科学基金项目"百年中国朗诵诗与诗朗诵史料整理与研究"(20XZW023)的阶段性成果。

[②] 陈香:《大众史学新路径:近代史中的声音与政治》,《中华读书报》2018 年 5 月 16 日。

触的环境,将听觉活动视为一种空间中的生活实践与身体经验"①,因而诗歌声音传播的空间维度是声景研究的重要向度之一。中国新诗朗诵运动发轫之初,进行了"诵读试验的集会",客厅是诗朗诵实验的重要场所与空间。沈从文在《谈朗诵诗》一文中谈及当时的情形:

> 我头一次见到这个才气横溢的作家时(指徐志摩——引者注),是在北平松树胡同新月社院子里,他就很有兴致当着陌生客人的面读他的新作。那时正是秋天,沿墙壁的爬墙虎叶子五色斑斓,鲜明照眼。他坐在石条子上念诗。同听的还有一个王庚先生。环境好、声音清而轻,读来实在很成功②。

这是一个"环境好"或者说充满诗意浪漫的朗诵空间,天气秋高气爽,院子里的斑斓叶子让人倍感耀眼夺目,充分唤醒了人们的视觉审美。在"院子"这样一个清幽而又雅致空间里,朗诵者的声音宜"清而轻",而不宜"大声读",因为"大声读,有时不免令人好笑"③。当时诗人闻一多那"墙壁裱糊得黑黑的(除了窗子完全用黑纸糊上),拦腰还嵌了一道金边"的客厅④,以及刘梦苇的"小屋",都是众多新月派诗人"相互传阅和朗诵他们新作"的地方。朱光潜北平后门慈慧殿3号的家曾举行"读诗会",北大与清华的名教授和林徽因、周煦良等人常聚于此,"多数作者来读他自己的诗,轻轻的读,环境又合宜,因作者的声容情感,很可以增加一点诗的好处"⑤。由此可见,"客厅"、"小屋"、"家"这些私人空间是早期中国新诗朗诵的实验重要场所。在沈从文的记忆中,这一时期的诗歌朗诵以"轻轻的读"为主,效果亦最佳。诗人们在诗歌"沙龙"活动中品诗交友,朗诵者的"轻吟慢诵"之声散发着浓郁的知识精英趣味,他们"企图在诵读上将个人视觉欣赏转而为多数人听觉的欣赏"⑥,在相互倾听

---

① 季凌霄:《从"声景"思考传播:声音、空间与听觉感官文化》,《国际新闻界》2019年第3期。
② 沈从文:《谈朗诵诗》,《沈从文选集·文论》(第5卷),四川人民出版社1983年版,第194页。
③ 沈从文:《谈朗诵诗》,《沈从文选集·文论》(第5卷),四川人民出版社1983年版,第193页。
④ 沈从文:《谈朗诵诗》,《沈从文选集·文论》(第5卷),四川人民出版社1983年版,第194页。
⑤ 沈从文:《谈朗诵诗》,《沈从文选集·文论》(第5卷),四川人民出版社1983年版,第198页。
⑥ 沈从文:《谈朗诵诗》,《沈从文选集·文论》(第5卷),四川人民出版社1983年版,第193页。

中细察"措辞的轻重得失"和节奏的顺口顺耳，探索"新诗或白话诗的音节""怎样才算是好"，"感情和思想跟音节是否配合得恰当，是否打成一片"①。除了试验声音的"轻重缓急"之外，"读诗会"的成员还尝试用方言朗诵新诗。朱光潜与周煦良用安徽秦腔，俞平伯用浙江土腔，林徽因用福建土腔来朗诵新诗，方言入诗以及土腔土调为朗诵诗的声音染上了鲜明的地域色彩。综而观之，在个人私宅所建构的听觉空间里，朗诵者和倾听者共享朗诵诗的文字之美和诗朗诵的声音之魅，彼此之间以声音为媒形成了相互交流与平等对话的关系。"有声"的新诗实验既是知识分子间一场诗艺的切磋与文化的互动，又是一种智慧的碰撞与雅趣的融汇；既是对新诗音响结构的优化，又是对新诗语言与节奏现代性追求的美学实践。当然，诚如有论者所言，"倾听这种行为可以暗中规范和驯化我们感受世界的基本方式"②。"沙龙"有相对固定的成员和趣味相投的圈子，客厅构筑的"私人言说空间"虽然可以让圈子内的成员之间相互切磋朗诵技艺，在艺术之路上彼此扶持，但在倾听"轻吟慢诵"的声音过程中，听者的听觉系统被"暗中规范和驯化"并形成一种新的敏锐的聆听习惯，这为他们之后的诗朗诵累积了一些经验，也带来了朗诵空间切换后的强烈不适应感。

值得注意的是，私宅中的诗朗诵的声音亦非一成不变，轻吟慢诵之音有时也会因朗诵者的性情、音质和对诗节奏的把握而有所改变，更为重要的是，声音景观会随着时局的骤变而发生结构性与整体性嬗变。抗战爆发之后，诗朗诵改变了"原先的少数诗人间和音乐家间的小规模的研究"③的状况，突破了只是"读给自己听，读给几个看着原诗的朋友听"，"为了研究节奏与表现"、"为了欣赏，受用"的局限④而不断走向大庭广众，诗歌由"我的诗"转变为"我们的诗"。许多诗人走出书斋，走向"都市街头，集会广场，荒村僻陬，田间细径"⑤，一面参加歌咏组织，一面寻觅朗诵诗，并在群众中进行诗朗诵实验，以有声的诗歌"号召千百万民众整队地站起来，为祖国地解放而战斗"⑥。民族的危亡把诗朗诵的舞台由原来的私家庭院推向广阔的时代大天地，声音的传播空间变化自然引发了朗诵声景的切换，"诗歌的音响是和所有战斗的音响相配合"，"他不再是自我的吟哦自我的表现，而是反抗者和战斗者的歌声"⑦。"读诗会"所推崇的"轻吟慢诵"已显得不合时宜。穆木天在鲁迅周年纪念会上听到一段

---

① 锡金：《朗诵的诗和诗的朗诵》，《战地》1938年第1期。
② 周志强：《声音与"听觉中心主义"——三种声音景观的文化政治》，《文艺研究》2017年第11期。
③ 锡金：《朗诵的诗和诗的朗诵》，《战地》1938年第1期。
④ 朱自清：《朗读与诗》，《朱自清选集》，开明书店1951年版，第149页。
⑤ 王冰洋：《朗诵诗论》，《时事新报·学灯》1939年第33期。
⑥ 吕骥：《从朗诵谈起》，《战地》1938年第1期。
⑦ 高兰：《诗的朗诵与朗诵的诗》，《时与潮文艺》1943年第6期。

——重审20世纪20—80年代中国新诗朗诵的声音景观——

"如怨如诉"的哀悼鲁迅先生的诗歌朗诵,他感到的"就是倦怠,恨不得能早早地请读者朗读完才好"。而诗人柯仲平在"真正的热情的推动下","高歌出他的那首哀吊的进行曲",倒使穆木天"感到深挚的悲痛"和"狂奋"①。也就是说,在新的听觉空间里,朗诵诗的理想声音应该像洪钟一样响亮而有力,因为在抗战期间,诗人们"应尽力摹取抗战中所特有的音响之形象,比如波动,震荡,爆裂,嚎呼,呻唤,汹涌以及诸如斯类的'音象',才能得到强烈的共鸣"②,而且声音应濡染时代的情绪,即"悲壮、沉痛,欢喜,愤怒,厌恨、恋慕,希望,恐惧等等情感都要由声音表演出来"③。这些诗朗诵中的"救亡"声音也携带着时代意义,发挥着宣传鼓动、凝聚共识、唤醒激情、情感认同、引发共鸣等积极作用,不断重塑新时代的倾听主体。不过,具体的诗朗诵实践中要在技巧上恰如其分地表现音响,显然不是一件易事,"有些诗人朗诵自己的诗篇时,会自己感动得超过了诗的可以感动听者的程度,哭泣着,叫喊着"④。朗诵者情感失控导致声音失真,悲哀与雄壮的调子因缺少变化和多样性而日渐单调,会令人感到乏味、疲倦甚至生厌。梁宗岱对此种声调颇有微词。他曾在法国听一些名流朗诵拉马订的《湖》,结果"朗诵家把声音提得那么非常之高,表情与动作又那么过火",以至于他"许久不敢重读这首灵魂底音乐一般的诗"。他认为,"朗诵术底过度发展或注意,也往往损害诗底本质"⑤。当然,如果朗诵者能巧妙地表现这种音响,也可能有意外的收获。比如,在西南联大时期"新诗社"朗诵活动中,闻一多用"愤怒的颤抖的声音大声朗读"诗歌,这种声音"传达出一种极强烈、极真实的感情的力量"⑥,使听者真正沉入声音所构筑的诗境之中,并且"能够以最为自然/有效的方式,触动大众的身体记忆与生理回应"。也即是,经由声音的刺激引发共鸣继而产生身体的亢奋,实现"声音—情绪—行动"的多重转换,真正发挥声音的革命动员之功效。这就意味着"'有声'的左翼革命动员不仅指向其读者/听众的意识形态和思想认同,更致力于召唤一个集体的、感官的革命主体及其身体性共鸣"⑦。

声音景观不仅含纳鲜明的历史性与现实性,同时还具有涉身性,"这是由于声音作为一种总是包围着人的触觉的媒介,使听觉跟视觉比起来更加关涉身体"⑧。如果说抗

---

① 穆木天:《诗歌朗读和高兰先生的两首尝试》,《大公报》1937年10月23日。
② 王冰洋:《朗诵诗论》,《时事新报·学灯》1939年第33期。
③ 常任侠:《论诗的朗诵与朗诵的诗》,《抗战文艺》1938年第12期。
④ 锡金:《朗诵的诗和诗的朗诵》,《战地》1938年第1期。
⑤ 梁宗岱:《谈"朗诵诗"》,《时事新报·学灯》1939年第33期。
⑥ 闻山:《听诗朗诵有感》,《人民日报》1963年2月3日。
⑦ 康凌:《有声的左翼——诗朗诵与革命文艺的身体技术》,上海文艺出版社2020年版,第90页。
⑧ 季凌霄:《从"声景"思考传播:声音、空间与听觉感官文化》,《国际新闻界》2019年第3期。

战时期充满血与火的残酷现实，使诗朗诵空间由客厅扩大到舞台、街头、广场，"铿锵的金属性的音调"成为此时诗歌声音主流景观和编码方式①，那么，在声音的解码过程中，倾听者的接受能力使诗朗诵的声音推崇"顺口顺耳"。当时的"中国正有半数以上的文盲，即使非常通俗的作品，也还是有限的少数能懂"②，在这种情形之下，要使一般群众能听懂，朗诵诗的"文字必须口语化（可以用方言）"③，要遵循"上口的标准"和"民众的口语的标准"④。有人甚至提出，"诗歌土语化后才能更接近群众"⑤。这里，"口语化"或"土语化"主要是反对欧化或白话夹杂文言的语言，提倡民间方言入诗和方言朗诵，力求从语言和朗诵的维度推动诗歌的大众化进程。不过，梁宗岱对于通过"明白如话"的"极端语言化"追求来实现诗歌在群众中的朗诵效果，提出了质疑。他说，朗诵诗"'明白浅显'和'老妪能解'，这只是接近大众的初步或一个条件。大众之愿意听你底声音与否，以及老妪对你的作品发生不发生兴趣，那又是另一回事"⑥。也即是，在他看来，当时许多人都一厢情愿地认为，用大众语汇或方言土语进行诗歌朗诵可以实现诗歌大众化，恰恰忽略了普通民众众的审美惯习，因为"群众的听觉，在音律节奏方面是用民谣小调评词鼓书及土戏养成的，对于新诗的音响惯律隔膜得很"⑦。他们对故事、歌曲、民谣、旧戏的偏好所形成的审美习性已经成为一种本能化和自动化的结构，深深嵌入自身的审美系统，而审美习性结构更新及"隔膜"的消除需要相当漫长的过程，以至于"朗诵者和听众的范围长时期局限于知识分子和市民阶层"⑧。这使当时诗歌朗诵活动的大众化进程受到极大限制。直到1947年前后，"学生们才把朗诵诗作为一种最有力的宣传工具，而且很普遍的造成一种风气"⑨。当然，诚如朱自清所言，"文化的进展使我们朗诵不全靠耳朵，也兼靠眼睛"⑩，也就是依靠朗诵者的表演——表情和动作来弥补抽象化或定型化的声音导致的诗歌传播低效问题。高兰认为，"在戏剧的舞台上，表情和动作是主，在诗的朗诵舞台上则是宾"，要求朗诵者清晰地认识到自己只是"在代替诗人说话"⑪，表情与动作应

---

① 李雷：《论诗歌朗诵的技巧》，《抗战文艺》1938 年第 5、6 合期。
② 高兰：《诗的朗诵与朗诵的诗》，《时与潮文艺》1943 年第 6 期。
③ 许纪滢：《序〈高兰朗诵诗集〉》，高兰编：《诗的朗诵与朗诵的诗》，山东大学出版社 1987 年版，第 31 页。
④ 朱自清：《朗读与诗》，《朱自清选集》，开明书店 1951 年版，第 148 页。
⑤ 吕骥：《从朗诵谈起》，《战地》1938 年第 1 期。
⑥ 梁宗岱：《谈"朗诵诗"》，《时事新报·学灯》1939 年第 33 期。
⑦ 王冰洋：《朗诵诗论》，《时事新报·学灯》1939 年第 33 期。
⑧ 高兰：《过去朗诵一点体会》，《青岛日报》1957 年 5 月 8 日。
⑨ 金童：《谈新诗的朗诵》，《新民晚报·副刊》1947 年 6 月 30 日。
⑩ 朱自清：《朗读与诗》，《朱自清选集》，开明书店 1951 年版，第 149 页。
⑪ 高兰：《诗的朗诵与朗诵的诗》，《时与潮文艺》1943 年第 6 期。

与声音、诗歌的氛围及意境处于自然融洽状态，过与不及都不"合适"。不过，也有人持不同看法。王冰洋就认为"朗诵时之动作姿态表情声音对于朗诵诗并不是辅助工具，正是其本体的主要构成部分"①，"活的声音"与"动作姿态表情"是一个有机整体。但在当时的战歌社朗诵实践中，表情与动作破坏了声音艺术，"使人感到不和谐"②，最后以失败告终。此外，为了更好地契合普通民众传统的审美趣味，朗诵者在朗诵过程中加重了戏剧表演的成分。比如，闻一多在朗诵艾青的《大堰河》时，"他的演剧的才能""有效地戏剧化了这首诗"，取得了较好的效果③。只是受当时理论探讨空间限制，诗朗诵与演戏在表演方面的内在联系与本质区别的讨论暂时未得到深入展开。在战火频仍的年代，诗朗诵不仅通过表情、动作和戏剧化的表演，有时还"配合了很好的交响乐"，穿插"一阵杀伐之音，还有雨点一般的战鼓"④。有时在农民大会上，用"战斗性很强的标语口号"编成歌谣，喊口号、唱歌和诗朗诵此起彼伏⑤，声势浩大的斗争场面由此形成。这些举措构成了一道独特的声音景观，有力地促进了新诗大众化，让身处听觉场域中的人们将自身的命运与民族的命运联系在一起，形成一种独特的"命运共同体"。总之，在诗歌朗诵空间由客厅向广场的转换过程中，朗诵的声音变得粗犷而有力、夸张而充满戏剧化，"声音不仅作为书写对象（老百姓的声音）、政治象征（人民的觉醒、抗日的意志），同时也作为诗歌本身的听觉展演而存在"⑥。与客厅朗诵对象为"圈子化"熟人不同的是，广场中的朗诵者所面向的是陌生的、集体的听众，朗诵诗人正在探索着将诗本身的声音、时代的声音和听众的声音，集合成一种能激发危机意识和战斗情绪的有辨识度的朗诵声音。

二

1949 年至 1966 年，随着时代主题由"救亡图存"向"和平建设"转变，诗朗诵在时代的转轨中既延续传统又发生了一系列有意味的变化——"许多地方的工人文化宫、青年宫、少年宫、工厂、学校都经常举行各种主题、多种形式的朗诵会"⑦，诗朗诵的传播空间向农村、剧场和广播三个方向拓展。

---

① 王冰洋：《朗诵诗论》，《时事新报·学灯》1939 年第 33 期。
② 沙可夫：《关于诗歌民歌演唱晚会》，《战地》1938 年第 3 期。
③ 朱自清：《论朗诵诗》，《朱自清选集》，开明书店 1951 年版，第 207 页。
④ 高兰：《诗的朗诵与朗诵的诗》，《时与潮文艺》1943 年第 6 期。
⑤ 萧三：《诗朗诵漫谈》，《诗刊》1963 年第 3 期。
⑥ 康凌：《有声的左翼——诗朗诵与革命文艺的身体技术》，上海文艺出版社 2020 年版，第 16 页。
⑦ 邵燕祥：《写给爱好朗诵的年轻朋友》，《朗诵艺术谈》，中国青年出版社 1986 年版，第 2 页。

首先，朗诵诗的传播空间向广大农村和剧场拓展。虽然在抗战爆发之后，"在工厂里，在学校中，我们可以听到诗的声音了"，到抗战胜利前后，"在各种群众运动（特别是学生运动）里，诗朗诵成了必不可少的节目"①，但是诗朗诵的大众化任务仍然相当繁重。虽然中华人民共和国成立后经过屡次扫盲运动和业余教育，农民的文化水平有了明显提高，但是文盲与半文盲的人数仍占相当大的比例。因此，要让朗诵诗的声音以农民"喜闻乐见"的方式在农村中响起，在农村开辟新的天地，依然任重道远。朗诵诗的探索面临一个亟待突破的难题——当代诗人在农村进行诗歌朗诵的经验不足。抗战时期朗诵诗运动的积极分子高兰曾感慨，他"直到一九五一年春在山东省第一届工农兵劳模大会上，才生平第一次站在工农兵大众面前向他们朗诵"②。对于大多数从现代诗坛进入当代文坛的诗人来说，这方面的经验更不足。为了切实推进诗朗诵的大众化进程，当代诗人通过多种途径破解这些难题。他们首先要使"诗通过朗诵时群众能够听懂"，"使广大读者、听众喜闻乐见"③。最关键的是如何准确地理解"听众喜闻乐见"。在20世纪50至60年代，诗朗诵就是要解决"工农兵"的接受能力和习惯问题。一是强调诗歌语言的"口语化"④，使"朗诵起来流畅上口"，"听起来生动易懂"⑤。也就是"在《王贵与李香香》《漳河水》《死不着》的路标下往前走"⑥，在继承延安文艺经验的基础上实现诗歌的民族化和大众化。从某种意义上说，1958年"大跃进新民歌运动"时期"全国农村到处举行的'赛诗会'，其实就是农民自己的'朗诵诗会'"⑦，就是尝试通过改变知识分子的朗诵腔而推举文艺新人——"工农兵"自己创作和朗诵来实现语言"口语化"目标。二是诗歌朗诵与曲艺相结合。如前所述，群众对诸如说书、唱大鼓、唱道情、唱鱼鼓、打莲花落等传统曲艺有浓厚的兴趣，因为这些曲艺的演出形式"有唱有白或半唱半白，内容有人物有故事"⑧，是农民较为"喜闻乐见"的艺术形式。于是，20世纪60年代，人们将诗朗诵与传统曲艺相结合，并在工厂、农村中积极推广。从具体的实践效果来看，"曲艺能帮助诗歌获得更多的群众"⑨。当时，有些曲艺演员演唱了《马凡驼山歌》、《骑马挂枪走天下》等诗中的诗句，把李季《五月端阳》的一些段落用"快板"说或用"二人转"唱；有些地方还开

---

① 臧克家：《诗的朗诵》，《学诗断想》，四川人民出版社1979年版，第80-81页。
② 高兰：《过去朗诵一点体会》，《青岛日报》1957年5月8日。
③ 朱风之：《我们需要朗诵诗》，《延河》1964年第11期。
④ 徐迟：《怎样朗诵诗》，《中国青年》1954年第17期。
⑤ 闻山：《诗歌下乡小记》，《诗刊》1963年第3期。
⑥ 闻山：《听诗朗诵有感》，《人民日报》1963年2月3日。
⑦ 闻山：《诗歌下乡小记》，《诗刊》1963年第3期。
⑧ 萧三：《诗朗诵漫谈》，《诗刊》1963年第3期。
⑨ 闻山：《诗歌下乡小记》，《诗刊》1963年第3期。

——重审20世纪20—80年代中国新诗朗诵的声音景观——

展快板诗运动,出版了像《铜墙铁壁》这样一些"快板·朗诵"的"群众演唱小丛书"。这其实是通过曲艺唤醒工人、农民的传统文化记忆,融入诗朗诵后以刷新其听觉体验,因为"广大群众习惯上是早就欣赏韵脚响亮的曲调和演唱的"①,有人甚至觉得说的(朗诵)比唱的好听——"唱的听时好听,听过了却不如说的印象深刻"②。历史事实证明,"曲艺+朗诵"的"诗歌朗诵演唱会""是受到社员的欢迎的","北京人民艺术剧院的'红色宣传员'农村演出队就很受农民欢迎"③,有些演出甚至出现"人挤得几乎维持不了秩序"的火爆场面④。1963年,武汉还进行了一场别开生面的新诗与曲艺相结合的诗歌朗诵会,一些艺人用"湖北小曲演唱了毛主席的诗词《蝶恋花》、《送瘟神》,用湖北渔歌演唱了工人诗人黄声孝的长诗《站起来了长江的主人》的一章,这种尝试引起了群众的很大兴趣,得到了好评"⑤。三是朗诵内容贴近农民的生活。在朗诵节目中,张志民的《小姑亲事》、《公社一家人》和王老九的诗歌等颇受农民欢迎。这些诗中不论是家长里短的故事内容,还是跌宕起伏的故事情节,都让农民听起来觉得特别亲切和有趣。应该说,这一时期面向工厂、农村的诗朗诵实验既汲取了抗战与延安文学的大众化经验,同时在朗诵者、朗诵形式与内容方面又有所创新发展,新诗借助朗诵者的声音实现"再解放"——"从书房到农村到工厂去'听摩'试验"⑥。有些诗朗诵与农事生产紧密结合起来,比如1961年江西省成立的"谷雨诗会"。这是为号召诗人面向农村,"用自己的诗作为农业生产鼓舞斗志,助长声威"而设立的一个诗的节日。这个诗会通过新诗朗诵、山歌联唱、古诗吟唱、音乐清唱等形式鼓舞农民的生产热情⑦。诚如有论者所言,"左翼的文化动员不仅是思想动员,也是身体动员"⑧。诗朗诵与农事生产结合涉及了声音之于身体的"动员术",也就是说,在类似于"谷雨诗会"的活动中,朗诵者要以"新酒+旧瓶"的艺术形式捕捉群众的身体经验、激发其身体潜能,赋予集体的、劳动的身体新价值,让身体感官在有节奏的音响中获得愉悦与满足。这样由"耳"及"身"、由"情绪"及"行动",建构一种新的有关身体愉悦的记忆,最终实现身体动员,并推动当代农业生产的发展。

诗朗诵的传播空间一方面向广阔农村拓展延伸,另一方面则走向剧场。1950年至

---

① 黎锦熙:《诗朗诵和诗歌韵辙》,《光明日报》1963年5月9日。
② 闻山:《诗歌下乡小记》,《诗刊》1963年第3期。
③ 萧三:《我的宣言——兼谈诗朗诵》,《北京文艺》1964年第4期。
④ 闻山:《诗歌下乡小记》,《诗刊》1963年第3期。
⑤ 《武汉试验新诗与戏曲结合》,《诗刊》1963年第3期。
⑥ 臧克家:《听诗纪感》,《诗刊》1963年第2期。
⑦ 《江西举行谷雨诗会》,《诗刊》1963年第3期。
⑧ 康凌:《有声的左翼——诗朗诵与革命文艺的身体技术》,上海文艺出版社2020年版,第27页。

1951年，南京诗歌工作联谊会"举办过在全国空前创举的诗歌展览会"，其中包括"大规模的四次朗诵晚会"①。从保存至今的诗歌朗诵会节目单中，可以发现一些大型的剧场朗诵活动。兹简要列举如下：1953年，东欧兄弟国家代表团艺术家联合演出《音乐·朗诵》；1955年，北京市中苏友好协会文化馆主办《普希金诗歌朗诵会》，上海市中苏友谊馆举办《诗歌朗诵会》；1956年，北京电影演员剧团举行《朗诵会》，北京市中苏友好协会文化馆主办《"庆祝中苏友好同盟互助条约签订六周年"诗歌朗诵会》；1963年，上海人民艺术剧院举办《诗歌朗诵演唱会》，中央人民广播电台文艺部、《诗刊》编辑部联合主办《迎春诗歌朗诵会》，中国作协、北京市文联和"诗刊社"成立话剧、电影演员朗诵研究小组并创办"星期朗诵诗会"，上海、武汉、南京也相继举办"星期朗诵会"，太原市工人文化宫成立"工人诗歌朗诵小组"让"工人的诗歌，工人朗诵，工人听"②，《诗刊》社举办支持黑人斗争的朗诵会（其中，由殷之光朗诵的《前进吧！铁流》效果绝佳，诵毕满场听众"报之以热烈的掌声"，"顿时群情鼎沸"③）；1964年，甘肃省文联、甘肃省图书馆联合主办《毛主席诗词朗诵音乐会》；1965年，中国人民解放军南京部队前线话剧团举行《"东海前线之歌"诗歌朗诵会》，江苏省文联、南京市文联联合主办《"庆祝越南民主共和国成立20周年"诗歌朗诵·演唱会》，中国作家协会、中央人民广播电台举办《"支持越南人民反美斗争"诗歌朗诵会》等等。有些诗歌朗诵会"不仅场内座无虚席，许多人守在剧场外面静听"，事后许多听众"要求到北京各地区甚至到外地去巡回举行"。随着人们的文化水平逐步提高和革命热情不断高涨，听众文化诉求愈发强烈。若从节目形式来看，这些朗诵会以诗朗诵为主兼及男女声合唱，有些还有"京韵大鼓等演唱表演"④，有些是化妆表演朗诵或配乐朗诵，有些听完诗朗诵之后还可以观看电影。以《大众诗歌》"诗讯"报道的北京市文联举行的工人诗歌朗诵演唱晚会为例：

> 北京市文联于九月二日举行工人诗歌朗诵演唱晚会，到文艺工作者及工人同志百余人，朗诵节目有七十兵工厂李文华的《咱们竞赛搞得欢》，石景山钢铁厂许金祥的《歌唱劳动模范李金泉》，北京机械总厂高延昌的《和平阵营力量大》，北京汽车修配厂赵坚的《谨防扒手》，电车修造厂蔡振中的《完成全年生产任务》，仁立地毯工厂唐继华、车乃刚的《业余学校数来宝》，石景山钢铁厂李炳南

---

① 《诗讯》，《人民诗歌》1951年第5期。
② 志安：《太原举行工人诗朗诵会》，《诗刊》1963年第10期。
③ 汪承栋：《朗诵艺术的魅力》，《诗刊》1988年第7期。
④ 萧三：《诗朗诵漫谈》，《诗刊》1963年第3期。

———— 重审 20 世纪 20—80 年代中国新诗朗诵的声音景观 ————

《小组比计划》，清河治呢厂许华的《考呢鸡》，搬运工人孙琪祥的《快装快卸快搬运》，电车公司工人集体创作的《挑战书、应战书》，北京被服厂集体创作的《杜鲁门强盗滚出去》，演唱节目有被服厂金秀如的独唱：《做活如打仗》（被服厂王敏作），电车修造厂刘连海的单弦《选好劳模》，市文联张棣、陈静的独唱《工人翻身小唱》，合唱《红灯颂》，北京电信局歌咏团的合唱《我们工人要和平》（电信局歌咏团集体创作）。在全国，这是工人同志们自己写自己唱的第一次公开朗诵和演唱，晚会自晚间八时起至十时半散会，工人同志们的节目演唱完毕后，老舍和赵树理在热烈的掌声中，表演了单口相声和陕北地方戏①。

这次诗朗诵会既有独唱又有单弦，既有相声又有地方戏，追求节目类型的多样化。之所以要这样"精心"安排，一方面与工人的审美趣味和接受能力有关，另一方面，可能和剧场朗诵的腔调"定型化"有关。朱光潜参加了一些诗歌朗诵会后觉得演员和业余爱好者"占优势的风格是用演员念台词的声调和姿势，慷慨激昂的调子"②，高兰则也认为虽然一些诗歌朗诵的语言"字正腔圆听着悦耳"，但"在腔调上似乎竟有了一种定型化的倾向"③。这种固定的腔调使得声音单调，形成几种特殊的"调型"——"抒情诗的调，叙事诗的调，或两行体的调，长短句的调等等"④，或者被戏称为"一道汤"的朗诵，出现"音大于意"或"以音害词"的现象⑤。若在剧场中长时间听这种腔调很容易让人产生审美疲劳，尤其是长诗，如果从头至尾一个人长时间朗诵，听众可能吃不消这单调的"声音"，因此需要合唱、舞蹈或其他曲艺形式作为审美调节，或者采取"单人朗诵、集体朗诵、配乐朗诵，还有化妆朗诵和朗诵诗剧"等形式来活跃舞台气氛⑥，不断唤醒观众的视听感官。

诚然，"诗歌朗诵在电台广播是解放后发展起来的"⑦，到 1963 年"广播事业在农村空前发展，不仅每个县有自己的广播站，公社也有。广播喇叭遍及各地农村，收音机在有电源的农村也十分普遍"⑧，这一时期诗歌朗诵的声音也借助广播传向都市与乡村。比如中央人民广播电台在 1950 年 8 月广播了李季的《报信姑娘》（黎阳朗诵）⑨；

---

① 《诗讯》，《大众诗歌》1950 年第 10 期。
② 朱光潜：《谈诗歌朗诵》，《诗刊》1962 年第 6 期。
③ 高兰：《过去朗诵一点体会》，《青岛日报》1957 年 5 月 8 日。
④ 《朗诵艺术座谈》，《诗刊》1963 年第 12 期。
⑤ 王亚平：《诗歌朗诵感想》，《光明日报》1962 年 8 月 30 日。
⑥ 殷之光：《各地开展"向雷锋学习"诗歌朗诵活动》，《诗刊》1963 年第 3 期。
⑦ 惠露：《电台听众对朗诵诗的反映》，《诗刊》1964 年第 8 期。
⑧ 于惠罗：《让广播把诗送到农村》，《诗刊》1963 年第 7 期。
⑨ 《诗讯》，《大众诗歌》1950 年第 9 期。

9月7日广播了艾青的《献给斯大林》、宴明的《献给金日成将军》、田间的《戎冠秀》（中央戏剧学院广播工作组朗诵）；9月13日播送了智利革命诗人聂鲁达作、袁水拍译的《让那伐木者醒来》（徐迟朗诵）；10月1日广播了严阵的《我们是光荣的中华人民共和国的主人》（苏明朗诵）；10月2—3日播放了王亚平的《青春的中国》（杨莎林朗诵）、《迎接中华人民共和国》（蓝天野朗诵）①。再比如中央人民广播电台在1951年3月11日广播了贺敬之的《笑》（贺敬之朗诵）；3月18日广播了宴明的《英雄的城市》（苏民朗诵）、苏联诗人杜木诺夫的《献给中国人民志愿军》（狄辛朗诵）、谷峪的《送暖信》（狄辛朗诵）；3月19日广播了石方禹的《和平的最强音》（金参朗诵）；3月30日广播了朝鲜诗人赵基天的《白头山》（中央人民广播电台播音组朗诵，有音乐和效果配音）②。从中华人民共和国成立后至"文化大革命"之前，"中央人民广播电台开播了每周固定的'诗歌朗诵专题节目'"③。可以说，国家级电台非常重视诗朗诵节目，地方电台也积极效仿，比如"上海人民广播电台，自成立那天起，就经常广播文学朗诵节目，听众对这些节目的兴趣在不断增长"④，"在广播电台的文艺节目中，朗诵已成为听众所关心、喜爱的节目"⑤，到20世纪60年代，"诗歌朗诵已经成为听众喜爱的节目之一"⑥。各级各类广播电台的发展对诗歌传播有着巨大的推动作用。一些重要的诗歌摆脱了剧场时空的限制，以声音赋形，并通过无线电波再次插上腾飞的翼翅，实现了"二次传播"；有些配乐的诗朗诵增加了声音的层次感和穿透力，更加自由地发挥朗诵诗以声传情、以声达意、以声育人的功能；国家主流意识形态的声音也在广播构筑的独特声景中得到有效传播。尤其是当广播中的诗歌朗诵声在城市与乡村同时响起时，社会主义的听觉场域就被有效建构起来，那些经由意识形态编码的声音使身处这一听觉场域中的个体受到召唤，不断唤起和平年代的听众对"听觉共同体"的想象，自然而然地将主体命运与新生民族国家前途联系在一起，将旧社会的黑暗、苦难、衰败与"新中国"的新秩序、新风貌、新气象进行比照。这种声音景观"有效地形塑了民众的'家国感'以及听众对国家的情感认同"⑦，锻造了听者的集体意识和参与意识。

---

① 《诗讯》，《大众诗歌》1950年第11期。
② 《诗讯》，《人民诗歌》1951年第3期。
③ 邵燕祥：《写给爱好朗诵的年轻朋友》，《朗诵艺术谈》，中国青年出版社1986年版，第2页。
④ 上海人民广播电台编：《前记》，《广播诗选》，上海人民出版社1955年版，第1页。
⑤ 孙潜：《文学作品的朗诵》，中国青年出版社1956年版，第4页。
⑥ 孙克恒：《诗的朗诵和朗诵的诗》，《宁夏文艺》1963年第4期。
⑦ 林颖：《有线广播"入户"与中国家庭空间中的声音景观》，《现代传播（中国传媒大学学报）》2021年第7期。

三

在1976年的"天安门诗歌运动"中,许多群众在天安门广场朗诵悼念周恩来总理的诗歌,"天安门广场成了世界上最大的诗歌朗诵的大舞台"①。从某种意义上说,诗歌的声音在天安门广场响起,既是诗歌强力介入公共空间的表征,更是时代思想转轨的"声音政治",因为广场作为"讨论公共事务的地方,或公共集中的地方"②,是一种典型的政治景观。"天安门诗歌运动"中的诗朗诵作为广场中的一种仪式,朗诵者的神态、动作、表情与声音吸引着观者的视听,生成强大的具有鼓动性的声音漩涡,通过情感与思想的召唤将原本分散的独立的个体聚合为一个新的具有向心力的"共同体","是中国新时期诗歌产生的先声"③,开启了历史新阶段"声音的启蒙"的先河。有人回忆当时的历史情形道:"近几年中'天安门诗歌运动'以及庆祝粉碎'四人帮',怀念周恩来总理,欢呼'天安门事件'平反等朗诵活动,至今令人难忘,诗朗诵活动在群众中的广泛影响是启人深思的。"④ 在20世纪70年代末至80年代初,诗歌常以"声音"打开人们思想与情感的"闸门"。比如,1978年《诗刊社》在工人体育馆举行诗歌朗诵会,朗诵了艾青的《在浪尖上》和白桦的《阳光谁也不能垄断》,"观众时而为那朴素、感人的诗句而抽泣、落泪,时而为那激昂、铿锵的呐喊爆发出雷鸣般的掌声"⑤。1979年,诗朗诵雷抒雁的《小草在歌唱》曾引起巨大反响,"青年朗诵演员瞿弦和连续六次谢幕,才平息了海浪般的掌声"⑥。这些洋溢着痛苦回忆、深情申诉、悲愤呐喊和真诚自省的声音,不断敲击着听者的耳膜并汇入思想解放和时代进步的宏大叙事之中。

20世纪70年代末期,随着电视逐渐进入普通百姓家庭,视听结合的立体传播的影响和作用"远远超过了书刊报纸这些古老的平面的宣传形式"⑦,不过,从当时的电视节目单来看,诗歌朗诵会较少通过电视进行传播,更多的仍然以传统的方式进行。这一时期的诗朗诵呈现三大特点。一是专业性朗诵艺术团体形成。1981年,北京朗诵艺术团成立并开展了许多诗朗诵活动,"为配合党和国家各个时期的宣传任务做了许多

---

① 邵燕祥:《写给爱好朗诵的年轻朋友》,《朗诵艺术谈》,中国青年出版社1986年版,第2页。
② 彭兆荣:《作为政治景观的广场》,《文化遗产》2018年第1期。
③ 臧克家:《编者献词》,《中国新时期朗诵诗选》,陕西师范大学出版社1986年版,第1页。
④ 金盾:《从诗朗诵的活跃谈起》,《诗刊》1982年第9期。
⑤ 邵燕祥:《写给爱好朗诵的年轻朋友》,《朗诵艺术谈》,中国青年出版社1986年版,第2页。
⑥ 雷抒雁《祖国,为你而歌(1949—2009)》,安徽文艺出版社2009年版,第4页。
⑦ 雷抒雁:《朗诵诗》,花城出版社1985年版,第1页。

工作",如"配合人口普查、计划生育、法制宣传、文明礼貌月"等①。1985年4月14日,江西南昌市百花朗诵艺术团成立,在江西人民艺术剧院举办了"谷雨诗会"。二是朗诵活动的专题化。比如,当时举办的诗歌专题朗诵不仅有北京朗诵艺术团演出的"我爱你,中国"、"为人民服务"、"欢庆党的十二大胜利召开"、"向张海迪学习",还有诗刊社、中国作家协会与其他单位联办的"外国诗歌朗诵演唱会"(1979)、"少数民族诗歌朗诵音乐会"(1980)、"叙事诗朗诵演唱会"(1980)、"诗与歌朗诵演唱会"(1981)、"庆祝《诗刊》创刊二十五周年诗歌朗诵演唱会"(1982)、"中国式的回答"朗诵音乐会(1983)、"叶甫图申科诗歌朗诵会"(1985)、"普希金诗歌朗诵会"(1987)等。这种围绕某一诗歌主题或类型、某一诗人而展开专题化的朗诵会,能够有效增强诗朗诵活动的吸引力。如1980年北京举行的"叙事诗朗诵演唱会""深深吸引了上万的观众"②;1982年庆祝《诗刊》创刊25周年诗歌朗诵演唱会活动中,就有"二千五百多名观众兴高采烈地欣赏了这次丰富多彩的朗诵演唱会"③。这种成千上万人参加的朗诵会,规模宏大,场面壮观,令人颇感震撼。三是朗诵与曲艺、音乐节目并置。配乐诗朗诵是一种古老而又现代的诗歌传播方式,如果处理得当,诗与乐将相互增色,共同唤醒人们的情绪记忆,提升诗朗诵音乐会的演出效果。这一时期更多采取朗诵诗与音乐节目并置的形式,许多朗诵会上诗朗诵中间穿插着曲艺和音乐等节目。以1979年中国作家协会四川分会、中国音乐家协会四川分会联合举办的"庆祝中国建国三十周年'祖国万岁'朗诵演唱会"节目单为例,节目的内容分为诗歌、曲艺和音乐三大板块,其中诗歌板块有7首诗歌,曲艺包括"四川扬琴"、"四川清音"、"谐剧",音乐包括"男生独唱"、"女生独唱"、"女生小合唱"。从节目内容所占的比例来看,"曲艺"和"音乐"节目占三分之二,朗诵节目虽然排在第一板块,但所占的比例仅有三分之一,节目的编排出现了音乐与曲艺为主、朗诵为辅的现象。同样,1983年,诗刊社和《中国青年报》举办的"中国式的回答"朗诵音乐会分为两部分——"朗诵部分"和"音乐部分",其中音乐部分包括"女高音独唱"、"男生二重唱"、"小提琴独奏"、"男生独唱"等。从这些保留至今的节目单可以发现,20世纪80年代,中央乐团、中国青年艺术剧院、中国歌舞剧院、中央戏剧学院、北京人民艺术剧院、北京朗诵艺术团的艺术家们,经常在诗歌朗诵音乐会中登台演出。这种"在朗诵节目间插进一些歌曲、音乐节目",不仅"使朗诵会的气氛变得更加活跃一

---

① 邵燕祥:《写给爱好朗诵的年轻朋友》,《朗诵艺术谈》,中国青年出版社1986年版,第2页。
② 《北京举办叙事诗朗诵演唱会》,《诗刊》1980年第3期。
③ 艾义:《庆祝〈诗刊〉创刊二十五周年诗歌朗诵演唱会》,《诗刊》1982年第3期。

―― 重审 20 世纪 20—80 年代中国新诗朗诵的声音景观 ――

些"①,而且也促进了朗诵与曲艺人才队伍的融合发展,协同建构诗歌与音乐交相辉映的声音剧场。这其实是对中国古代诗乐合一和吟唱传统的一次遥远的呼应。四是城市中诗朗诵活动活跃。比如,1981 年"新年前后,部分地区的少数民族和汉族诗歌爱好者纷纷举行诗歌朗诵会"②,兰州、南昌等地举行了此类活动;上海在 1982 年"元旦前后举办了三场'我们的生活'诗歌朗诵会,接着广州"搞了两个晚上的'花城诗歌朗诵演唱会'"③;1983 年 1 月,诗刊社邀请在京的老诗人(臧克家、田间、朱子奇、李瑛、钟敬文等)在新侨饭店举行朗诵诗会,旨在"增强诗歌界的联系与友谊"④。这些迹象表明 20 世纪 80 年代诗朗诵的活动空间逐渐由农村向城市转移,身处城市中的诗人、朗诵艺术家和朗诵爱好者共同参与,促使朗诵诗写作与诗朗诵活动向专业化或职业化方向发展。

应该说,20 世纪 80 年代,人们开始比较系统与理性地探讨诗朗诵声音的"真实、自然"问题。比如,英和在《声音中的激情》一文中指出,"热情—真情—激情,是朗诵能打动人心的法宝",由于诗中渗透的诗人的"喜怒哀乐","不仅程度不同,往往是彼此混杂在一起而比重不同的复杂感情",因此,"朗诵者要善于揣摩诗中感情色彩的独特性",并在"感性—理性—感性"的分析、理解、体验过程中把握诗歌文本的情感⑤。在论者看来,声音不是中性的,而是饱含书写者和诵读者复杂的感情。这种浸染了多元感情的声音不但形构着独特的听觉世界,而且将塑造我们的听觉方式。因此,朗诵过程中的情感把控尤为关键。这其实是试图从经验上升到理论层面来解决诗歌朗诵过程中出现的"怕、假、傻、垮、嗲的毛病"⑥。姜湘忱的《诗朗诵的自我控制与风格》提出,"要使朗诵取得预期的效果,还必须解决朗诵过程中的紧张问题,即对自己在朗诵中的情绪进行自我控制"⑦。张筠英的《朗诵与说话》力求辨析朗诵与说话的关系,认为"朗诵与说话是相互补充、相辅相成的。说话是朗诵的基础和源泉,朗诵是经过加工的,艺术化、典型化的说话"。这是为了纠正许多业余朗诵爱好者认为朗诵"只要像自己说话就行了"的认知误区⑧。周正的《朗诵中的表演》旨在探讨"朗诵表演和戏剧表演"在交流对象、表演身份、语言跳跃性等方面的差异性⑨,

---

① 陈爱仪:《怎样组织好朗诵会》,《朗诵艺术谈》,中国青年出版社 1986 年版,第 126 页。
② 木燕:《部分地区举办诗歌朗诵会和座谈会》,《诗刊》1981 年第 2 期。
③ 金盾:《从诗朗诵的活跃谈起》,《诗刊》1982 年第 9 期。
④ 雷霆:《诗刊社举行老诗人谈心和朗诵会》,《诗刊》1983 年第 3 期。
⑤ 英和:《声音中的激情》,《朗诵艺术谈》,中国青年出版社 1986 年版,第 20 页。
⑥ 英和:《声音中的激情》,《朗诵艺术谈》,中国青年出版社 1986 年版,第 20 页。
⑦ 姜湘忱:《诗朗诵的自我控制与风格》,《朗诵艺术谈》,中国青年出版社 1986 年版,第 73 页。
⑧ 张筠英的《朗诵与说话》,《朗诵艺术谈》,中国青年出版社 1986 年版,第 28 页。
⑨ 周正:《朗诵中的表演》,《朗诵艺术谈》,中国青年出版社 1986 年版,第 33 页。

以及朗诵表演如何做到腔调自然与声情并茂，寻求根治长期以来朗诵者的形体与声音表达不够"真实、自然"的顽疾。

综上所述，20世纪20—80年代的中国新诗朗诵中，"有声"诗歌的传播空间由私人寓所向公共舞台、街头、广场等延展，再向农村、城市和剧场转换；诗朗诵的声音主调也由"轻吟慢诵"向嚎呼呻唤过渡，再向激越豪迈与启蒙呐喊转变。在诗朗诵的不断试验过程中也出现了"以音害词"、腔调固定、声音失真等问题，由此我们可以有效窥见中国现当代新诗声音的多维景观、朗诵提升诗歌传播力与传播范围的可能与限度。20世纪90年代以降，随着电视媒体的迅猛发展以及互联网技术的迭代更新，诗朗诵的声音景观显得新异而驳杂，对此笔者将另文详述。

（作者单位：福建龙岩学院师范教育学院）

共和国文学研究

明光遮蔽的幽光：《傅雷家书》书写的青年傅敏

吴迎君

作为共和国书信体文学中的一个独特存在，与同时期"中国现代文学的'常识世界'相比，《傅雷家书》显得与众不同。那里面既没有封建旧习的祸害，也没有帝国主义的压迫……取而代之的，则是对贝多芬、莫扎特、斯卡拉蒂以及罗曼-罗兰和巴尔扎克的充满热情的描述"①，而其"之厚重，之立体，之繁富，之意境高远，都是同类书信体文学所无可比拟的"②（范小青语）。

不过，《傅雷家书》往往被简单化为傅雷先生与长子傅聪的父子对话，忽略了在他们明光烁亮下似乎显得微不足道的傅雷夫人朱梅馥和傅雷次子傅敏。而"了解自己的父母和兄长"③的傅敏，则是《傅雷家书》的傅家四口中光彩最弱的，使人不容易意识到他同样是从小到大"家庭背景，不但在中国独一无二，便是在世界上也很少很少"④而成长起来的"这一个"。"十年浩劫，傅敏受到残酷迫害，生命几乎沦于九泉之下，全部家信荡然无存。"作为写信者和收信者的傅敏，在《傅雷家书》中一度完全缺席，直至1987年第三版《傅雷家书》首度收录"来自'文革'抄家退还的母亲（朱梅馥）抄件"⑤的傅雷给傅敏的三封家书。2003年重编版《傅雷家书》以"'文化大革命'野蛮抄家后残存的（六封）傅聪的家信"⑥为前言，其中包括1957年11

---

① 榎本台子：《〈傅雷家书〉在日本翻译出版的意义》，许钧编：《傅雷的精神世界及其时代意义》，中西书局2011年版，第421页。
② 范小青：《心灵之力，追寻文学的高洁与芬芳》，许钧编：《傅雷的精神世界及其时代意义》，中西书局2011年版，第4页。
③ 《出版说明》，傅敏编：《傅雷家书全编》，江苏文艺出版社2014年版，第5页。
④ 傅敏编：《傅雷家书全编》，江苏文艺出版社2014年版，第119页。
⑤ 傅敏：《编后记》，傅敏编：《傅雷家书全编》，江苏文艺出版社2014年版，第799页。
⑥ 《不是前言的前言》，傅敏编：《傅雷家书》，辽宁教育出版社2003年版，第8页。

月傅聪给傅敏的一封家书；2016年，《傅雷文集　家书卷》首度收录"目前残剩的唯一比较完整的一封傅敏给哥哥的信函，此信写于一九五五年八月，当时傅敏于上海华东师大二附中刚读完高二"①。而傅雷夫妇给傅聪的家书中，多次谈及傅敏的情况。现已具备必要的资料基础，正视在《傅雷家书》中过去"处于……视力的'盲点'上"②、同样"不失赤子之心"而坎途尤艰的青年傅敏的存在了③。

一

"你别忘了：你从小到现在的家庭背景，不但中国独一无二，便是在世界上也很少很少。"④——傅雷在1954年9月4日的家书中写给傅聪的这句话，同样适合于傅敏。但在"傅雷家书时期"（1954—1966）的青年傅聪与青年傅敏，"波涛两浮萍"，家同路不同。青年傅聪的命运受到傅雷的决定性影响，同时也决定性地影响着傅雷的命运⑤。青年傅敏的命运受到傅雷和傅聪的决定性影响，却对傅雷和傅聪的命运几乎毫无决定性影响⑥。作为傅雷一家中最沉默的音符，青年傅敏的命运受到傅雷"郁闷

---

① 傅敏编：《傅雷文集　家书卷　上》，上海远东出版社2016年版，第247页。
② 叶永烈：《傅敏坎途》，叶永烈：《傅雷与傅聪》，作家出版社1995年版，第78页。
③ 傅敏在《傅雷家书全编》中的首次出现，是在1954年2月2日晚傅雷写给傅聪的家书中："今午接尚家骧君来信说，你有'礼盒一匣'带来。即用电话联络他家里的人，约定今晚去领取，不料我们叫阿敏去，尚府全家外出。"（傅敏编：《傅雷家书全编》，江苏文艺出版社2014年版，第61页。）其时，出生于1937年4月15日的傅敏是一名高一学生，既可称之为少年人，也可称之为青年人。
④ 傅敏编：《傅雷家书全编》，江苏文艺出版社2014年版，第119页。
⑤ 傅聪在1958年出走英国。他后来回顾道："我从中国回到波兰后又来到了英国，实际上是救了我的父亲，使他多活了十年。……虽然我当初并没有想到这些。……后来我方才意识到我六十年代在欧洲与西方音乐界的名声，使得中国当局在那时处理我父亲右派分子的问题上有所顾忌。"（苏立群：《傅雷别传》，作家出版社2000年版，第242页。）傅聪在1964年加入英国籍，傅雷在1964年10月31日写给傅聪的家书中说："我们从八月到今的心境简直无法形容。你的处境，你的为难，你的迫不得已的苦衷，我们都深深的体会到，怎么能责怪你呢？可是再彻底的谅解也减除不了我们沉重的心情。民族自尊心受了伤害，非短时期内所能平复；……不知你是否理解我们几个月沉默的原因，能否想象我们这一回痛苦的深度？……最后再嘱咐你一句：你一切行动都有深远的反响波及我们；以后遇到重大的事，务必三思而行，最好先同有经验的前辈多多商量！"（傅敏编：《傅雷家书全编》，江苏文艺出版社2014年版，第721-724页。）
⑥ 傅敏表示，傅雷在1958年被宣布划为"右派"的当晚本想自杀，"父亲当时是考虑到我还在念书，考虑到我哥哥傅聪在波兰留学，经过激烈的思想斗争，才没有走绝路"。（傅敏：《傅雷的最后一封家书》，宋学智编：《傅雷的人生境界》，中西书局2011年版，第200页。）傅雷因担心傅聪和傅敏的命运而未自杀，仍属于傅雷的自我抉择行为。

—— 明光遮蔽的幽光：《傅雷家书》书写的青年傅敏 ——

地搭上了反右的最后一班车"和傅聪"选择出走英国，不惜背上'叛国分子'的名声"①的根本性影响，被囚困在父兄的光芒及其政治阴影里。"我父亲和我哥哥……对我一生影响太大了。"②（傅敏语）在最重要的十字路口③——1954 年放弃专修音乐，1956 年报考外交学院，1959 年改派外语学院学习，1962 年初恋、毕业分配，1966 年父母弃世……形成了青年傅敏相较于青年傅聪的"独一无二"的"平庸者"④ 命运。

在傅雷给傅聪的家书中，多次谈到"弟不及兄"："阿敏……想想他真可怜。他不像你……现在要补的东西太多了。诗、国文，特别要补"；"他的语文根底太差。……他自此为止在提琴方面的表现只能说中等；……敏本身的资质不及你，环境也不及你的好"⑤；"敏……天资差，开窍迟……他十年来思想演变与你大异，使我没法多开口"；"敏……在大二期间正值大搞运动，根底太差，现在补也很困难"⑥。直到 1962 年 2 月 21 日，傅雷仍在给傅聪的家书中可怜已经 26 岁的傅敏道："学问根底太差，资质又平常，要补，要追，也急不来。"⑦ ——在傅雷眼中，青年傅敏的人文素养"全面教育"学浅才疏，"一下子补又补不起来"，是过于刺目的乏善可陈。这一看法，影响到傅雷对傅敏的音乐天分的认识过于苛切保守。他忧虑"专学二三年后是否有发展可能毫无把握"，断然阻止了傅敏的音乐家追求。因而，"阿敏……闹情绪……这几天很没劲"⑧。

可庆幸的是，现存唯一一封青年傅敏的家书——"难为敏写了这封九页的长信，

---

① 傅敏：《傅雷的最后一封家书》，宋学智编：《傅雷的人生境界》，中西书局 2011 年版，第 199 页。

② 刘珺、孙世杰：《〈傅雷家书〉之外的温情故事——访傅雷次子傅敏先生》，宋学智编：《傅雷的人生境界》，中西书局 2011 年版，第 189 页。

③ 本文所论述的青年傅敏，是指 1954—1966 年间"傅雷家书时期"（包括傅雷夫妇离世）的青年傅敏。

④ 称青年傅敏是"平庸者"，是相较于早熟、才华卓绝的青年傅雷和早熟、全身"都是 sparkling［光芒四射，耀眼生辉］"的青年傅聪而言。相较于中国的一般同龄人，青年傅敏堪称是才华突出的"非凡者"。正是在傅雷、傅聪、傅敏父子三人比较的视野下，傅雷夫妇都在写给傅聪的家书中多次谈到傅敏"资质差"，如朱梅馥在 1962 年 1 月 22 日给傅聪的家书中写道："可怜他（傅敏）根底浅，各方面常识欠缺，等到做事，就感到贫乏……他资质差，就是经爸爸点拨，接受的能力有限，也就不够深入。前两个月他曾翻了两篇短文章寄来，爸爸替他仔细校阅，纠正错误，还逐条加以说明，白天没工夫，晚上加班加点。"（傅敏编：《傅雷家书全编》，江苏文艺出版社 2014 年版，第 597 页。）

⑤ 傅敏编：《傅雷家书全编》，江苏文艺出版社 2014 年版，第 120-142 页。

⑥ 傅敏编：《傅雷家书全编》，江苏文艺出版社 2014 年版，第 499-565 页。

⑦ 傅敏编：《傅雷家书全编》，江苏文艺出版社 2014 年版，第 599 页。

⑧ 傅敏编：《傅雷家书全编》，江苏文艺出版社 2014 年版，第 97-142 页。

他至此为止从来没写过这么长的文字"①（傅雷语），展现中学时期的傅敏已具有的不凡音乐禀赋。在这封写给兄长傅聪的家书中，19岁的傅敏谈到法国、德国、美国、苏俄等多国的多部古典乐作品，言论风生。他深切体味到加布里埃尔·福雷（Gabriel Fauré）的宗教音乐作品《安魂曲（Requiem）》"带着一分（救赎的）热盼恳切，获得生命的愉悦宁静"②的"安息"境界，赞叹道："music好极了！非常幽深静穆，和谐的声音是那么的深邃，听着听着一个人好像脱离了俗世，被那美丽、忠贞、和平的境界笼罩着。一切都平静下来了，引起了很多感触。"他相信傅聪也能体会"这部伟大高尚的作品"，说"要是你能听到，那才好呢！"③

傅敏还谈起"20世纪最卓越的钢琴家之一"④罗伯特·卡萨德修（Robert Casadesus）演奏的圣-桑《第四钢琴协奏曲》，评断"他弹得很好，全曲充满了光辉耀目的光彩，technic是惊人的，tone是那么的结实、丰满"⑤。傅敏对歌剧音乐的鉴赏同样专业，说"最近听了一套Claudia Muzio（穆齐奥·克劳迪亚）⑥唱的opera选集"，"那么动人的歌声，真挚的感情完全从心底里流露出来，声音随着感情的波动，忽高忽低，音域范围很广；声音放出来的时候是那么的浓，那么的响亮，收缩也非常自然，细腻得很，每一个音符都充满了情感"⑦。他进一步发挥道："我想中国有丰富的民间材料，就是没有人去整理发展。不知到那一天才会有像Indy（文森·丹第）这类性质的作品"，"欧洲真是人才济济，想想我们中国是多么可怜！"⑧

傅雷在1954年6月写给傅敏的家书中，谈到"阿敏买唱片的劲，比你有过之无不及"⑨。不到一年，1955年4月，傅雷又谈道："你去年盛称Richter（李赫特），阿敏二月中在国际书店买了他弹的Schumann［舒曼］：The Evening［《晚上》］，平淡得很；又买了他弹的Schubert［舒伯特］：Moment, Musicaux［《瞬间音乐》］。"⑩在1955年8月的家书中，傅敏自己也"盘点"道："上个月我们把家里的一些旧唱片，共四十三张，跟'永丰行'换来了三套（十三张）唱片，另外还贴了'永丰行'二十元。……去年买了Stravinsky（斯特拉文斯基）的Petrouchka（《彼得鲁什卡》），由

---

① 傅敏编：《傅雷家书全编》，江苏文艺出版社2014年版，第255页。
② Robin C. Tait. *The musical language of Gabriel Fauré*. University of St Andrews，1986. p. 174.
③ 傅敏编：《傅雷文集 家书卷 上》，上海远东出版社2016年版，第248-249页。
④ Patrick Widhalm. *The Piano Music of Robert Casadesus. The Piano Quarterly*. 1991（40）. p. 38.
⑤ 傅敏编：《傅雷文集 家书卷 上》，上海远东出版社2016年版，第248页。
⑥ 直接引文中的外文译名，方括号内系原书所标，圆括号内系笔者所加。
⑦ 傅敏编：《傅雷文集 家书卷 上》，上海远东出版社2016年版，第249-250页。
⑧ 傅敏编：《傅雷文集 家书卷 上》，上海远东出版社2016年版，第248-250页。
⑨ 傅敏编：《傅雷家书全编》，江苏文艺出版社2014年版，第89页。
⑩ 傅敏编：《傅雷家书全编》，江苏文艺出版社2014年版，第227-228页。

—— 明光遮蔽的幽光：《傅雷家书》书写的青年傅敏 ——

Stokosky（斯托科夫斯基）指挥，跟家里原有的那套是两样的，它由三张片子组成，我很喜欢。这部作品有一种特殊的味儿，尤其是中间一段，由钢琴和铜管乐器奏出的一个 theme，富有东方情调，非常特殊；整个作品的音乐效果很特别，morden 得很。"① 对音乐作品的不同演奏版本，傅敏有着明确的比较意识。"不高明"的鱼目混珠也瞒不了他，比如"上个月来了个宝贝专家，德国的提琴家，我听过他的演奏，拉的是贝多芬 Sonata（《奏鸣曲》）和布拉姆斯 Sonata，不高明，尤其是布拉姆斯，更不行。这位专家还在音乐学院里做过一个讲演，题目是《社会主义现实主义的表现手法》……总之是荒唐透了！看他讲的题目就可想而知了"②。

不难看出，青年傅敏具有专业的古典音乐理解力，在严肃而纯粹的音乐世界不断体会丰富充盈的生命境界。对宗教性音乐超越世俗的神圣境界的深沉体悉，以及对迷惑视听的招摇过市者的清醒洞察，尤其凸显了他在音乐领域的特出禀赋。结合傅雷的"全面性"评述，可这样界定青年傅敏的音乐面相：在"全面的文学艺术修养"③（傅雷语）整体上平平常常的情形下，其音乐修养"一枝独秀"。进一步地说，"声音很好，耳朵也不错……小时候听哥哥弹琴，主旋律都能哼出来"④ 的青年傅敏，在音乐领域具有全面完整的专业天资。

事实上，傅雷也在家书中多次向傅聪言及傅敏的音乐悟性。在 1955 年 12 月的家书中，傅雷承认自己听傅聪演奏的肖邦"玛祖卡"录音"听了四遍以后才开始捉摸到一些，但还不是每支都能体会。……第一支最长的 OP.56，No.3［作品 56 之三］，因为前后变化多，还来不及抓握"⑤。但是，"阿敏却极喜欢"OP.56，No.3 的妙不可言，傅雷不由感慨："我认为不懂什么叫做'tone colour'［音色］的人，一辈子也休想懂得一丝半毫，无怪几个小朋友听了无动于衷，colour sense［音色领悟力］也是天生的。"⑥ 在 1961 年 2 月的家书中，傅雷认同傅敏的音乐解读——"昨天敏自京回沪度寒假，马（思聪）先生交其带来不少唱片借听。昨晚听了维瓦尔第的两支协奏曲，显然是斯卡拉蒂一类的风格，敏说'非常接近大自然'，倒也说得中肯"⑦。

但傅雷"觉得艺术家不但需要在本门艺术中勤修苦练，也得博览群书，也得常常

---

① 傅敏编：《傅雷文集 家书卷 上》，上海远东出版社 2016 年版，第 248-249 页。
② 傅敏编：《傅雷文集 家书卷 上》，上海远东出版社 2016 年版，第 251-252 页。
③ 傅雷：《傅聪的成长》，傅敏编：《傅雷谈艺录》（增订本），生活·读书·新知三联书店 2016 年版，第 392 页。
④ 《我的音乐生活——傅敏采访录》，朱伟编：《爱乐（音乐与音响丛刊）》（第 5 辑），生活·读书·新知三联书店 1995 年版，第 44 页。
⑤ 傅敏编：《傅雷家书全编》，江苏文艺出版社 2014 年版，第 271 页。
⑥ 傅敏编：《傅雷家书全编》，江苏文艺出版社 2014 年版，第 271 页。
⑦ 傅敏编：《傅雷家书全编》，江苏文艺出版社 2014 年版，第 461 页。

作 meditation［冥思默想］"①，而对青年傅敏在音乐之外的人文综合素养的不满和悒结，使傅雷认定次子"不是搞音乐的料子"，全无信心支持傅敏走上职业音乐家之路。1954年7月，傅雷断然否定傅敏报考上海音乐学院附中的志向，傅敏"大哭，大吵，大闹，无济于事"②。朱梅馥在这个月写给傅聪的家书中说："我们同他（傅敏）讲欣赏与学习是两件事。他是平均发展的，把中学放弃了，未免可惜，我们赞成他提琴不要放弃，中学也不要放弃。"③ 傅聪明确支持胞弟专攻音乐，"来信鼓励敏立即停学"④。傅雷则在1954年10月字斟句酌地表示"问题不简单"，顾虑"敏本身的资质不及你，环境也不及你的好，而且年龄也大了"，"倘目前即辍学，假如过了两年，提琴无甚希望……困难就多了"⑤。傅雷态度慎重地列出四点："第一，在家不能单学小提琴，他的语文根底太差"；"第二，他自此为止在提琴方面的表现只能说中等"；"第三，倘要为将来学乐理作准备，则更需要学钢琴……此事更难，他年龄已大"；"第四，截止目前为止，敏根底最好的还是自然科学与数学……不比语文、文史的教学毫无方法"⑥。尽管傅雷试着乐观开解，说"倘等高中毕业以后再酌量情形决定，则进退自如"⑦，但他岂会不知傅敏年龄愈增，希望愈加渺茫？"感到疑惑，百思不得其解"的傅敏无可奈何地接受了，"父亲近来身体很不好，他经常伏案工作到深夜。我不时被他剧烈的咳嗽声从梦中惊醒。……哥哥学琴，已花费了他老人家不少心血。我不忍心再让父亲为我生气和操心。既然如此，那么就让这上音乐学院附中的愿望随这东流的黄浦江水一去不复返吧……"⑧ 傅敏在给胞兄的家书中，只是轻描淡写地说："现在我已把学音乐的念头打消了。"⑨

这番波折以后，家书中的傅敏的音乐生活更加断断续续——寒暑假期是难得暇光："阿敏已放寒假了，听音乐是他惟一的消遣"⑩（1955年1月），"敏今夏假期有四十五天……在家由我为之补英文，每天也拉拉提琴，晚上听唱片"⑪（1961年8月）；考试前夕则整日备考："阿敏……毕业要考三年功课，故他近来整天的忙着温课，连音乐也

---

① 傅敏编：《傅雷家书全编》，江苏文艺出版社2014年版，第697页。
② 叶永烈：《太阳底下最光辉的职业》，《北京文学》1985年第6期。
③ 傅敏编：《傅雷家书全编》，江苏文艺出版社2014年版，第101页。
④ 傅敏编：《傅雷家书全编》，江苏文艺出版社2014年版，第142页。
⑤ 傅敏编：《傅雷家书全编》，江苏文艺出版社2014年版，第142页。
⑥ 傅敏编：《傅雷家书全编》，江苏文艺出版社2014年版，第142页。
⑦ 傅敏编：《傅雷家书全编》，江苏文艺出版社2014年版，第142页。
⑧ 傅敏：《"你将来就教书吧！"》，《中学集》，科学普及出版社1987年版，第172页。
⑨ 傅敏编：《傅雷家书全编》，江苏文艺出版社2014年版，第254页。
⑩ 傅敏编：《傅雷家书全编》，江苏文艺出版社2014年版，第183页。
⑪ 傅敏编：《傅雷家书全编》，江苏文艺出版社2014年版，第542页。

久已不听了"（1956 年 5 月），"阿敏毕业考试已毕。……这一个半月来，没听他拉过琴，倒也是这几年中从来未有的"①（1956 年 7 月）；在家养病是特殊暇光，"HMV 寄来十张唱片……很顺利的收到了。全是精彩的唱片，敏也算运气，今晚动身，差不多全部听完了"（1960 年 8 月），"阿敏此次回家，为了养病，请了一个多月的假，也不出去……晚上无客人就听音乐"②（1961 年 3 月）。

1956 年 8 月 22 日的傅雷家书写道："敏二十五日离沪，是专车，但是特别慢车，……也许你（傅聪）还能在京看到他；也许在路上交错。"③ 这一幕颇有象征意味：同一家庭的同胞兄弟，在青年时代踏上不同的人生道路，相遇抑或交错，各有其身不由己。

二

1962 年 9 月 23 日，傅雷在给傅聪的家书中说到身陷毕业分配悬搁和爱情负担双重困扰里的傅敏，"心里当然七上八下，可是谁也不愿多提，过一天算一天，一切听天由命"，"有了对象，却又多了精神负担……我们爱莫能助，牵肠挂肚，不知如何是好"，无可奈何下只能"且让他多补充一些营养，让我们多享受几天天伦之乐，别的也管不得，而且管不了"④。傅雷当然清楚，傅敏的原定"毕业后回国际关系学院（即前外交学院）当助教，同时跟外籍专家进修"⑤ 的"前途"的破灭，受累于傅雷戴过的"右派"帽子和傅聪出走英国，"再加女友身体坏极，又多了一个包袱"⑥，百般无奈之下只得听之任之。

这样的内外交困，已不止一次打击着青年傅敏，但"他有个长处，就是刻苦能忍，意志相当强"（傅雷语），"他信仰坚定，与你（傅聪）不同，可是身体也不大好"⑦（朱梅馥语）。可以说，"傅雷家书时期"的青年傅敏，几乎完全置身在父亲傅雷和胞兄傅聪的政治命运投射下，一遭接一遭不由自主，疾病缠身更是雪上加霜。"可是别忘了一句老话：岁寒而后知松柏之后凋……"⑧（傅雷语）这些接连不断的莫可奈何，

---

① 傅敏编：《傅雷家书全编》，江苏文艺出版社 2014 年版，第 318-326 页。
② 傅敏编：《傅雷家书全编》，江苏文艺出版社 2014 年版，第 419-475 页。
③ 傅敏编：《傅雷家书全编》，江苏文艺出版社 2014 年版，第 335 页。
④ 傅敏编：《傅雷家书全编》，江苏文艺出版社 2014 年版，第 644-645 页。
⑤ 傅敏编：《傅雷家书全编》，江苏文艺出版社 2014 年版，第 452 页。
⑥ 傅敏编：《傅雷家书全编》，江苏文艺出版社 2014 年版，第 654 页。
⑦ 傅敏编：《傅雷家书全编》，江苏文艺出版社 2014 年版，第 471-497 页。
⑧ 傅敏编：《傅雷家书全编》，江苏文艺出版社 2014 年版，第 412 页。

正有意无意地考验着青年傅敏"比别人更真诚,更敏感,更虚心,更勇敢,更坚忍"①的知识分子人格追求。在不得不接受的一个又一个破灭教训中,青年傅敏"对人生多增了几许深刻的体验,……学到了忍耐,……学到了把感情升华"②,"不必害怕沉沦堕落,只消……能不断的自拔与更新"③,"成真正的人,具有一颗赤子之心的人"④。

表面上,青年傅敏似乎是一个"失败者"——音乐家的理想破灭了,外交家的抱负破灭了,学问家的希望也破灭了,最后"沦落"成一个中学教员。实际上,具有完整人格教育基础的青年傅敏,"淡于名利,……论品格,不在傅聪之下"⑤。"敏弟禀性敦厚,朴素耐劳,吃的穿的都马虎,衣服打了补丁照样穿"⑥,"重是非,处处认真"⑦(傅雷语)。他坚忍不拔,"关节炎这种慢性病,终身不会治愈,但他很能忍耐,即使心中不如意,或身上不好过,也不肯轻易告诉我们。他为人淳朴厚道,这是姓傅的门风"⑧,"对我们也亲切体贴,……待人接物,也很周到"⑨(朱梅馥语),完全称得上是一位健全人格"成功者"。

在高度政治化的社会环境中,青年傅敏得到一个接一个的政治教训,自觉不自觉地"经过'岁寒'的考验"⑩。1955年8月,"明年要考大学"的傅敏尚天真地向傅聪谈到感觉"真是想不到的事"⑪ 的"胡风问题的材料"、"同时发现了大批反革命集团,说潘汉年是反革命分子,已抓起来了"⑫。次年,"阿敏入了团",在家和母亲一起听父亲"作传达(政协会议)报告"。报考大学时,"他自己志愿是'西洋文学',校方却争取他考'外交',说是他家庭成分不差"⑬(傅雷语),傅敏再次放弃"心目中的第一志愿……复旦大学外国文学系"⑭,接受"培养他成为新中国的年轻外交家"⑮ 的"组织"意见。进京读书不到半年,"阿敏……前后写了二十几封信回家,

---

① 傅敏编:《傅雷家书全编》,江苏文艺出版社2014年版,第294页。
② 傅敏编:《傅雷家书全编》,江苏文艺出版社2014年版,第56-57页。
③ 傅雷:《傅雷全集⑦》,辽宁教育出版社2002年版,第5页。
④ 《傅敏先生致辞》,宋学智编:《傅雷的人生境界》,中西书局2011年版,第7页。
⑤ 叶永烈:《太阳底下最光辉的职业》,《北京文学》1985年第6期。
⑥ 傅敏编:《傅雷家书全编》,江苏文艺出版社2014年版,第776页。
⑦ 傅敏编:《傅雷家书全编》,江苏文艺出版社2014年版,第654页。
⑧ 傅敏编:《傅雷家书全编》,江苏文艺出版社2014年版,第480页。
⑨ 傅敏编:《傅雷家书全编》,江苏文艺出版社2014年版,第480页。
⑩ 傅敏编:《傅雷家书全编》,江苏文艺出版社2014年版,第412页。
⑪ 傅敏编:《傅雷家书全编》,江苏文艺出版社2014年版,第255页。
⑫ 傅敏编:《傅雷家书全编》,江苏文艺出版社2014年版,第254-255页。
⑬ 傅敏编:《傅雷家书全编》,江苏文艺出版社2014年版,第284-326页。
⑭ 刘琨、孙世杰:《〈傅雷家书〉之外的温情故事——访傅雷次子傅敏先生》,宋学智编:《傅雷的人生境界》,中西书局2011年版,第189页。
⑮ 叶永烈:《太阳底下最光辉的职业》,《北京文学》1985年第6期。

……对国际局势很关心，有时也会发议论，很肯用脑子"①，满怀政治热忱。

可是，傅敏刚读完大一的1957年8月，父亲傅雷在整风"反右"运动中被"扣上了'走中间路线'、'反苏'的帽子"②，胞兄傅聪紧接着在9月归国"应召赴京参加文化部的整风'反右'运动，……作了检查，并接受批判"（傅敏语）。1958年4月30日，傅雷被错划为"右派分子"，在北京听到消息后，"当时阿敏就要告诉你（傅聪），我们怕刺激你，立即去信阻止"③。身在波兰的傅聪"到了1958年秋，他被要求提前结业回国。而当时传到聪哥耳朵里的是父亲已被抓入狱。同时，自1957年年底以后，他一直没有收到过父亲的信，……在许多波兰友人的劝说和帮助下，出走英国"④（傅敏语）。接踵而至的政治乌云笼罩在傅敏身上。1959年"'反右倾'那阵子，傅敏成了重点的'批判对象'"⑤，并"作为'代培生'，调入北京外国语学院，……外交家之梦，从此彻底破灭了"⑥。傅敏强忍隐痛安慰父母，"来信说学习环境好，要求也高，就是从宿舍到教室要走二十多分钟，如此每天往返数次"，还不忘关心胞兄，"回家来也常常劝慰我们"⑦（朱梅馥语）。

此时的傅敏其实是带病在学，"苦于常发支气管炎"⑧，同时面临持续的营养不足，"尤其他在校，伙食太差，平时只有蔬菜可吃，而且品种极少，肉类是吃不到的"⑨。1960年暑假，"半年来常常腰痛"的傅敏回家治病，"他的腰痛是劳动后受了寒，伤了筋，叫推拿医生推了十几次，现在好些了"⑩。1961年寒假回家，傅敏"腰酸的毛病已有二年多，前天拍了X光片子"，"腰部关节始终不愈；……睡眠不佳，精神不济，舌头发麻，不但脸部浮肿，臂部也有。总而言之是营养问题"⑪。但是，傅敏的"（政治）思想包袱"更重于"身体包袱"，"更可怜的是敏，……怕思想负担，坚决不愿带食物去学校，只接受一些糖果和菜干（当粥菜）"，"他临走，我给他路上吃的一只小小butter cake［黄油蛋糕］，结果他省下来，送给马（思聪）家"⑫。当年6月，"敏下

---

① 傅敏编：《傅雷家书全编》，江苏文艺出版社2014年版，第351页。
② 傅敏：《永恒的傅雷精神》，宋学智编：《傅雷的人生境界》，中西书局2011年版，第34页。
③ 傅敏编：《傅雷家书全编》，江苏文艺出版社2014年版，第367-575页。
④ 傅敏：《追忆先父傅雷》，吴汉民编：《20世纪上海文史资料文库》（第6辑），上海书店出版社1999年版，第364页。
⑤ 叶永烈：《太阳底下最光辉的职业》，《北京文学》1985年第6期。
⑥ 叶永烈：《太阳底下最光辉的职业》，《北京文学》1985年第6期。
⑦ 傅敏编：《傅雷家书全编》，江苏文艺出版社2014年版，第393页。
⑧ 傅敏编：《傅雷家书全编》，江苏文艺出版社2014年版，第393页。
⑨ 傅敏编：《傅雷家书全编》，江苏文艺出版社2014年版，第551页。
⑩ 傅敏编：《傅雷家书全编》，江苏文艺出版社2014年版，第413-419页。
⑪ 傅敏编：《傅雷家书全编》，江苏文艺出版社2014年版，第471-499页。
⑫ 傅敏编：《傅雷家书全编》，江苏文艺出版社2014年版，第480-499页。

乡劳动去了，为期一月。领导本来认为他身体不好，可不去，但敏自动要参加。他病状如旧"①。

1961年8月，回家过暑假的傅敏"浮肿已退，只是瘦如猴子，关节炎仍纠缠不休"，不久开学，"他又得回校去了，……我（朱梅馥）要他带些butter黄油，罐头肉类食物，又怕思想负担而不肯带，只有少量糖果，再三劝说了才肯带"，"回校后，又有浮肿现象"②，"平日校内只有蔬菜，仅阳历元旦及国庆有肉。冬天只有咸菜。一到考试，用多了脑子，就支持不住，人觉得昏昏沉沉，思想都转不出来了"③，只得想方设法苦苦硬撑。"青年头脑太单纯，说他纯洁固然不错，无奈遇到现实，纯洁没法作为斗争的武器。"④ 不断遭遇挫折的傅敏，"几年来受的思想教育不谓不深"，"他看事慢慢也有了独立思考"，"知道一个人愈有知识愈不简单"⑤。在父亲傅雷被"摘帽"以后，傅敏似乎面临"今年（1962年）暑假毕业，分配工作大概回原校当助教"⑥ 的"前途"，"感到贫乏，大大的不够了，还得继续下功夫……他曾翻了两篇短文章寄来，爸爸替他仔细校阅，纠正错误，还逐条加以说明"，"他只想回原校（外交学院）做助教，一则有进修机会，二则有假期"⑦。但毕业以后，"尽管他学业优秀，却眼睁睁地看着同班同学一个个走上工作岗位，他久久地没有接到分配工作的通知书"。1962年9月，"敏尚在家等统一分配，……究竟如何，不得而知"；10月，"分配尚无消息……悬而不决"⑧；11月中旬，"敏尚在京等待分配，回母校当助教已不可能，就是说一边工作一边跟专家进修的机会没有了。大概在北京当中学教员，单位尚未定。他心情波动，……我们当然去信劝慰"；11月底，"敏……分配到北京第一女中教英文"⑨，"他有着那样的父兄，家庭的政治背景如此'可怕'"⑩，只得再度默默忍耐，"在此艰苦时期，只能大家刻苦一些"⑪。

"人生不是都要靠隐忍来撑过去吗？"⑫ 更何况此时的傅敏多了一重忍耐的动力：为了初恋女友小蓉（魏惜蓉）。"很高兴你（傅敏）和她（小蓉）都同意……为着共

---

① 傅敏编：《傅雷家书全编》，江苏文艺出版社2014年版，第515页。
② 傅敏编：《傅雷家书全编》，江苏文艺出版社2014年版，第542-575页。
③ 傅敏编：《傅雷家书全编》，江苏文艺出版社2014年版，第599页。
④ 傅敏编：《傅雷家书全编》，江苏文艺出版社2014年版，第553页。
⑤ 傅敏编：《傅雷家书全编》，江苏文艺出版社2014年版，第599-659页。
⑥ 傅敏编：《傅雷家书全编》，江苏文艺出版社2014年版，第596页。
⑦ 傅敏编：《傅雷家书全编》，江苏文艺出版社2014年版，第596-634页。
⑧ 傅敏编：《傅雷家书全编》，江苏文艺出版社2014年版，第638-649页。
⑨ 傅敏编：《傅雷家书全编》，江苏文艺出版社2014年版，第654-657页。
⑩ 叶永烈：《傅雷之死》，《报告文学》1986年第2期。
⑪ 傅敏编：《傅雷家书全编》，江苏文艺出版社2014年版，第664页。
⑫ 傅敏编：《傅雷家书全编》，江苏文艺出版社2014年版，第91页。

—— 明光遮蔽的幽光：《傅雷家书》书写的青年傅敏 ——

同的理想一步步一步步相勉相策""为她着想，你也得自己振作，做一个榜样。否则她更要多一重思想和感情的负担"①。——1962年初，"虽行年二十有五，真正谈恋爱恐怕还是第一次"的傅敏，"来信语气冲动"地告知父母，自己刚刚"有了一个女友"，面临"这一个人生的大关"②。傅雷随即在3月8日诲尔谆谆道："爱情能促使我们进步，往善与美的方向发展"，"恋爱中的男女……心地也往往格外善良，为了自己幸福而也想使别人幸福，或者减少别人的苦难"③。傅敏在家等待分配时，小蓉"外语学院大二修毕，常来我（傅雷）家玩儿，……二十一岁，很天真朴实，读书也聪明，肯用功，家里人都喜欢她"，可"她历年为了下乡，弄上了妇女病，……又因经常吃杂粮，肠子不适应，从五一节后经常腹泻或是便秘，……非药石所能为力"④。"可怜敏交了一个女友，立即背上一个包袱"，"多一个人需要照料，尤其在这个年头"⑤，促使"禀性敦厚，朴素耐劳"⑥的傅敏不但"能自己管自己"，而且能付出自己援拯恋人。小蓉1964年因病休学，"敏……要她回上海，住我们家养病……现在总算把她说服了，她将……由敏陪她回沪"⑦。在暴风骤雨中深感微弱单纯的傅敏，看到更加微弱单纯的小蓉——"小蓉这孩子天真朴实，整日嘻嘻哈哈，二十四岁只像十五十六岁，可爱之极。……如此无邪的性格。"⑧——"千句并一句：无论如何要咬紧牙关挺下去，堂堂好男儿岂可为了这些生活上的不方便而消沉，泄气！"⑨

1962年3月，傅雷在家书中寄望傅敏，"要做到（清醒），必须下一番苦功在实际生活中长期锻炼"，"许多问题只有在实践中才能真正认识，……但愿我们大家都来不断提高自己，不仅是学识，而尤其是修养和品德！"⑩ 正直善良的青年傅敏，身不由己地在政治化的高压环境中浮沉，身患病疾，又面临一个接一个无常关口的考验洗刷，变得更加坚韧不拔地"全心全意、胸怀一颗赤子之心"⑪。尽管"受到家庭的牵连，傅敏的人生发生了转折，但他并没有怨恨自己的家庭，……他没有选择同他的家庭决

---

① 傅敏编：《傅雷家书全编》，江苏文艺出版社2014年版，第660页。
② 傅敏编：《傅雷家书全编》，江苏文艺出版社2014年版，第602-603页。
③ 傅敏编：《傅雷家书全编》，江苏文艺出版社2014年版，第603页。
④ 傅敏编：《傅雷家书全编》，江苏文艺出版社2014年版，第634-644页。
⑤ 傅敏编：《傅雷家书全编》，江苏文艺出版社2014年版，第644-664页。
⑥ 傅敏编：《傅雷家书全编》，江苏文艺出版社2014年版，第776页。
⑦ 傅敏编：《傅雷家书全编》，江苏文艺出版社2014年版，第615-664页。
⑧ 傅敏编：《傅雷家书全编》，江苏文艺出版社2014年版，第765页。
⑨ 傅敏编：《傅雷家书全编》，江苏文艺出版社2014年版，第660页。
⑩ 傅敏编：《傅雷家书全编》，江苏文艺出版社2014年版，第603-615页。
⑪ 刘琨、孙世杰：《〈傅雷家书〉之外的温情故事——访傅雷次子傅敏先生》，宋学智编：《傅雷的人生境界》，中西书局2011年版，第191页。

裂，只是一个人默默地承受着这一切，……在那样的年代里，这一切更显得难能可贵"①。恋人的孱弱愁苦，激发了他更多"同情心扩大……的具体表现"②，明白"自己先要锻炼得坚强，才不会被环境中的消极因素往下拖，才有剩余的精力对朋友们喊'加油加油'"③，"在恶劣的形势之下，有骨头，有勇气，能坚持的人，仍旧能撑持下来"④。

在"做人——不是狭义的做人"⑤ 的成就上，处境迥异的青年傅敏和胞兄傅聪不期而同，成为"一个具有一颗高尚赤子之心的绝对纯真的人"⑥。——"生活不仅充满难以逆料的艰苦奋斗，而且还包含许许多多日常琐事，……使人防不胜防"⑦，"欲坚持真理，必须准备经受折磨"⑧，"真要过了贫贱日子才真正显出'贫贱不能移'"⑨，"强，更强，永远做一个强者，有一颗慈悲的心的强者！"⑩

三

1962 年 11 月，青年傅敏"阴错阳差……到女一中作了教师"⑪。"女一中在北京是名牌重点学校，已有四十九年历史，不过物质条件、校舍设备差得很"，"校舍是民房，屋少人多，三四个人住一间"，"日常生活不方便"⑫，傅敏一肚子苦水。傅雷在 12 月 2 日的家书中，反复给傅敏打气："这是一个大关，每个年轻人都要过"，"烦恼解决不了问题"，"多想多考虑，多拿比你更苦的人做比较，不久就会想通"，"一朝开始上课，自修课排定，慢慢习惯以后，相信你会平定下来的"⑬。不到一月，"敏开始教课后，情绪大见好转，也肯细细钻研教学方法"⑭。此后在不断充实的工作中，傅敏日益焕发出自身亮光。无常岁寒磨练的"耐寒耐磨"，教学岗位开辟新路而冶炼的独

---

① 叶凯：《傅雷的最后 17 年》，中国文史出版社 2005 年版，第 105 页。
② 傅敏编：《傅雷家书全编》，江苏文艺出版社 2014 年版，第 603 页。
③ 傅敏编：《傅雷家书全编》，江苏文艺出版社 2014 年版，第 359 页。
④ 傅敏编：《傅雷家书全编》，江苏文艺出版社 2014 年版，第 652 页。
⑤ 傅敏编：《傅雷家书全编》，江苏文艺出版社 2014 年版，第 361 页。
⑥ 傅敏：《永恒的傅雷精神》，宋学智编：《傅雷的人生境界》，中西书局 2011 年版，第 48 页。
⑦ 傅敏编：《傅雷家书全编》，江苏文艺出版社 2014 年版，第 420 页。
⑧ 傅敏编：《傅雷家书全编》，江苏文艺出版社 2014 年版，第 651 页。
⑨ 傅敏编：《傅雷家书全编》，江苏文艺出版社 2014 年版，第 399 页。
⑩ 傅敏编：《傅雷家书全编》，江苏文艺出版社 2014 年版，第 361 页。
⑪ 傅敏：《"你将来就教书吧！"》，《中学集》，科学普及出版社 1987 年版，第 173 页。
⑫ 傅敏编：《傅雷家书全编》，江苏文艺出版社 2014 年版，第 657-664 页。
⑬ 傅敏编：《傅雷家书全编》，江苏文艺出版社 2014 年版，第 659-662 页。
⑭ 傅敏编：《傅雷家书全编》，江苏文艺出版社 2014 年版，第 664 页。

立思想,使他成为平凡中学教员岗位上的"非凡者"。不幸的是,此时正潜伏着家庭的消极阴影以及政治的乌云翻滚。

开始走上工作岗位的傅敏,面临开垦荒地的繁重责任——"担任三班初中英文,主要是校正发音,教国际音标,因无教材,一切要自己编,自己想办法。每周课卷有三百本,很辛苦。下学期还要加高中的班级"①。他知道"没吃足苦头决不能有好成绩"②,而"学问从来不辜负人:花多少劳力,用多少苦功,拿出多少忠诚和热情,就得到多少收获与进步"③。在傅雷1963年写给傅聪的家书中,一再出现傅敏夜以继日忙个不停的勤笃形象:"敏在京教课,忙得不得了";"敏工作情绪很高,只是辛苦得不得了。一周难得有一两晚上可自由看些书,做些进修的工作";"他教书颇有兴趣,也很热心负责,拼命在课外找补充材料。校长很重视他,学生也喜欢他";"他就是忙得不可开交,常常失眠头疼,但愿不要……成为神经衰弱"④。此时的傅敏抽不出时间,只得用课间时间写家书。"阿敏教书忙,常常觉得时间不够分配,有时课间写信,总是潦潦草草,也是无可奈何。"⑤——在荒芜之地开辟出一条道路的傅敏的繁忙身影背后,是一种创新性事业提供的独立自由思想品格的砥砺机缘。

青年傅敏"正是年富力强的时候,好比暮春时节,自应蓬蓬勃勃往发荣滋长的路上趱奔"⑥——"伙食也比学生时期好了,故身体不坏","下乡劳动也顶得住,身体够得上;只是前几年害上的关节炎常常要发作,久坐久立就腰酸背痛,直不起来","他工作很辛苦,生活也朴素,环境也能适应","篮球打得出色,替校教工队争得不少光荣"。工作上"能遇到一个识好歹的领导也是大大的幸运"⑦,"杨(滨)校长常来听他的课,……没多久,杨校长就让傅敏开试验班,上观摩课,把他作为教学骨干使用"⑧,"虽然辛苦些,只要能踏踏实实为人民做点工作,总是值得的"⑨。

"从小家庭生活过得比较好"的傅敏,逐渐顺应简陋的物质环境,"吃的穿的都马虎,衣服打了补丁照样穿"⑩。正如傅雷在家书中对他所说的,"物质的苦,在知识分

---

① 傅敏编:《傅雷家书全编》,江苏文艺出版社2014年版,第664页。
② 傅敏编:《傅雷家书全编》,江苏文艺出版社2014年版,第152页。
③ 傅敏编:《傅雷家书全编》,江苏文艺出版社2014年版,第617页。
④ 傅敏编:《傅雷家书全编》,江苏文艺出版社2014年版,第672-682页。
⑤ 傅敏编:《傅雷家书全编》,江苏文艺出版社2014年版,第693页。
⑥ 傅敏编:《傅雷家书全编》,江苏文艺出版社2014年版,第670页。
⑦ 傅敏编:《傅雷家书全编》,江苏文艺出版社2014年版,第670-781页。
⑧ 叶永烈:《太阳底下最光辉的职业》,《北京文学》1985年第6期。
⑨ 傅敏编:《傅雷家书全编》,江苏文艺出版社2014年版,第682页。
⑩ 傅敏编:《傅雷家书全编》,江苏文艺出版社2014年版,第659-776页。

子眼中，究竟不比精神的苦那样刻骨铭心"①。看重精神远甚于看重物质，一方面出于傅敏秉性的淳厚敦朴，一方面出于傅敏日益成熟的知识分子人格（这正和父亲傅雷、胞兄傅聪精神相通）。这一以身作则的知识分子风采之感人至深，从傅敏学生的真切感佩中可略见一斑。"（1963年）十二月十日起敏校中高三英语教师重病请长假，校方调敏接教。原教初二两班放掉，上最后一课时，学生都哭了。过后又纷纷写信给敏，表示惋惜。有个人写的，有全班写的，有几封写得真动人。书法、文字、思想、感情，胜过大学生。"②傅雷在写给傅聪的家书中坦告："我看了真感动。杰出的才具每一代都有，问题在于如何培养。"③朱梅馥则大段转述傅敏的原话道："我教了一年多书，深深体会到传授知识比教人容易，如果只教书而不教人的话，书绝对教不好，而要教好人，把学生教育好，必须注意身教和言教，更重要的是身教，处处要严格要求自己，以身作则。越是纪律不好的班，聪明的孩子越多，她们就更敏感，这就要求自己以身作则，否则很难把书教好。"在知识实践中不断探索前行的切身经验，带给傅敏坚实自信的"乐观与积极气息"，"他（傅敏）对教学的具体情况，有他的看法，也有他的一套，爸爸非常赞同"④。——青年傅敏在精神人格和工作践行上都完全独立自信了。

在傅敏刚开始工作之际仍在可怜"他根底浅，各方面常识欠缺，等到做事，就感到贫乏"和可怜他"还不懂现实与理想的距离，……只好等社会教育慢慢的再磨练他"⑤的傅雷夫妇，到1964年间已"非常赞同"傅敏的"教书原则：'训练小孩的思考能力比传授知识更重要'"⑥，"多高兴"和"庆幸""阿敏居然长成得走正路，……做好本门工作……有些成绩"⑦。乃至傅雷在1965年间给傅聪的家书中，说到傅敏事业上的繁忙"不亚于"在国外"旅途辛苦，演出劳累，难免神经脆弱"的傅聪——"敏在校仍旧忙得不可开交，也许忙得不亚于你，除掉不赶火车飞机之外，他常常星期日也不得空，洗衣服的时间也没有"⑧。

工作上愈加充实的傅敏"保持健康的心情，继续在人生中奋斗"⑨，"平时真用

---

① 傅敏编：《傅雷家书全编》，江苏文艺出版社2014年版，第659页。
② 傅敏编：《傅雷家书全编》，江苏文艺出版社2014年版，第699页。
③ 傅敏编：《傅雷家书全编》，江苏文艺出版社2014年版，第699页。
④ 傅敏编：《傅雷家书全编》，江苏文艺出版社2014年版，第670-712页。
⑤ 傅敏编：《傅雷家书全编》，江苏文艺出版社2014年版，第596-654页。
⑥ 李彦春：《傅雷家教薪火相传》，宋学智编：《傅雷的人生境界》，中西书局2011年版，第203页。
⑦ 傅敏编：《傅雷家书全编》，江苏文艺出版社2014年版，第712页。
⑧ 傅敏编：《傅雷家书全编》，江苏文艺出版社2014年版，第580-765页。
⑨ 傅敏编：《傅雷家书全编》，江苏文艺出版社2014年版，第468页。

—— 明光遮蔽的幽光：《傅雷家书》书写的青年傅敏 ——

功，肯用脑子，替学生设想，发明许多生动有趣的教学法"①。到1966年1月，"他教书已着实有些小名气，北京大半中学校都在提他的名字"②——此时的小蓉则是"贤内助"："敏太忙，简直数月才来几句，一切都由小蓉报道了"③；"敏弟教学忙，信也少，幸而小蓉勤笔，事无大小，都不厌其烦的报告我们，连带也谈谈敏的生活细节，解除我们的寂寞与不安"；他"连星期日也忙得衣服都没时间洗，多半是小蓉去帮他，又是洗又是缝缝补补。他们俩生活朴素之极。小蓉每周来信，一学期来未中断，如此恒心真难得。这孩子天真淳朴少有的厚道，刻苦耐劳，真是未失赤子之心的姑娘！"④（朱梅馥语）相较于朱梅馥的"为我们一家庆幸"的"妈妈说不出有多么高兴"，"越老越是不期然而然的有（浮生如寄的念头）"的傅雷则格外消沉孤寂。"敏和她（小蓉）相继回校以后，三五天茫茫然若有所失，心头一片寂寞，比前几年更难受。大概心情更进入老境了"，敏感意识到"小蓉这孩子……可爱之极。只是如此无邪的性格，在任何时代都不合时宜，看了叫人 sad［悲哀］！"⑤

"工作上的无数的小矛盾，往往把人生中的大矛盾暂时遮盖了，使我们还有喘息的机会。"⑥ 对于在事业上马不停蹄前进的青年傅敏而言，好景不长——"文化大革命"开始了。1966年6月，"国内文化大革命闹得轰轰烈烈，……我们在家也为之惊心动魄"⑦（傅雷语），傅敏也感大事不妙，把给自己的家书全部烧掉，"果然，'文革'一起来，学生就来找我（傅敏）来要那些信了，……没办法，因为这个我会受罪的"⑧。接下来，身在北京"犹如泥菩萨过河"的傅敏，和身在上海"生活中困难重重"的傅雷夫妇，都"正在竭尽所能、出尽全力去满足当前'无产阶级文化大革命'加诸身上的种种要求……"⑨ 9月3日，"父母从从容容、坦坦荡荡的含恨弃世"⑩（傅敏语）。"不幸连着不幸。就在傅敏最为不幸的时刻，他失去了他的心上人……家破人亡，恋人分手。"⑪ 不久，傅敏戴上了比父亲"右派"帽子更沉重的"现行反革命分子"帽子，

---

① 傅敏编：《傅雷家书全编》，江苏文艺出版社2014年版，第781页。
② 傅敏编：《傅雷家书全编》，江苏文艺出版社2014年版，第781页。
③ 傅敏编：《傅雷家书全编》，江苏文艺出版社2014年版，第781页。
④ 傅敏编：《傅雷家书全编》，江苏文艺出版社2014年版，第776-781页。
⑤ 傅敏编：《傅雷家书全编》，江苏文艺出版社2014年版，第765-786页。
⑥ 傅敏编：《傅雷家书全编》，江苏文艺出版社2014年版，第651页。
⑦ 傅敏编：《傅雷家书全编》，江苏文艺出版社2014年版，第787页。
⑧ 傅敏：《我所了解的父亲傅雷先生》，伊华、马学强编：《先贤与城市记忆》，上海：中西书局2014年版，第120页。
⑨ 傅敏编：《傅雷家书全编》，江苏文艺出版社2014年版，第790页。
⑩ 傅敏编：《傅雷家书全编》，江苏文艺出版社2014年版，第790页。
⑪ 叶永烈：《太阳底下最光辉的职业》，《北京文学》1985年第6期。

"隔离审查八个月后,被送到干校和校办工厂劳动多年"①……

"文化大革命"结束后,傅敏婉拒各种"许诺",继续担任中学教员,"能把学生培养成为……有用之材,我(傅敏)就心满意足了,我这一辈子也就没白过。当我离开这个世界时,我就敢于去见我的父母"②。同时,傅敏开始编选《傅雷家书》,并一再增补,以编注者的身份不断塑造"傅雷家书"。"傅敏先生了解自己的父母和兄长,熟悉自己的家庭氛围,……他所选编的《傅雷家书》更能展示傅家门风,再现自己的家庭背景,还原其真实③",包括"傅雷家书时期"的青年傅敏。傅敏自白,自己继承了父亲傅雷的"做人……就是一个'真'字"④。《傅雷家书》里零星但"真切"的青年傅敏,勾画出了一个相较于胞兄傅聪和父亲傅雷更加庸常、也更加庸而不俗的"在最高意义上做一个精神上有所升华的人"⑤(傅敏语)的微弱但"真正的光明"——"决不是永没有黑暗的时间,只是永不被黑暗所掩蔽罢了"⑥。

(作者单位:西北大学文学院)

---

① 任永详:《寒风吹不冷报国心——访刚从英国归来的傅敏》,《中国青年报》1980 年 9 月 20 日。
② 王坚容:《百年傅雷 再谈家书——访傅雷之子傅敏》,宋学智编:《傅雷的人生境界》,中西书局 2011 年版,第 184 页。
③ 《出版说明》,傅敏编:《傅雷家书全编》,江苏文艺出版社 2014 年版,第 5 页。
④ 刘琨、孙世杰:《〈傅雷家书〉之外的温情故事——访傅雷次子傅敏先生》,宋学智编:《傅雷的人生境界》,中西书局 2011 年版,第 190 页。
⑤ 《出版说明》,傅敏编:《傅雷家书》,江苏凤凰文艺出版社 2015 年版,第 6 页。
⑥ 傅雷:《傅雷全集⑦》,辽宁教育出版社 2002 年版,第 5 页。

共和国文学研究

社会教育与女性主体性的建构①
——以十七年小说"新妇女"叙事为核心

张 宇 董卉川

在中国共产党的革命话语中,教育农民一直是个突出的问题,"因为农民本性与社会主义背道而驰。必须要让农民觉悟,中国革命才能产生真正的主体"②。同样的,教育妇女也是一个"严重"的问题。通过社会教育③,原本作为"第二性"的不可见的底层妇女被擢升至社会舞台,在社会、政治、经济、文化等方面由隐身到显形。不过,如何将"化外之民"的妇女纳入革命的政治经济文化秩序,构建妇女的主体性,使其成长为理想的革命主体与性别主体,并由此形塑对于新生政权的认同,则是"十七年"小说需要解决的重要问题。

一、从"回家庭"到"进社会"

在传统中国,妇女教育主要由家庭承担,"女四书"几乎成了妇女教育的唯一来源。因此,妇女平等的教育权,一直是近代妇女解放思潮中的重要关切,亦是救亡图

---

① 本文系国家社科基金重点项目"中国新文学学术史研究"(20AZW015)的中期成果。
② 孙晓忠:《创造一个新世界——延安乡村建设经验》,孙晓忠、高明编:《延安乡村建设资料》(第1卷),上海大学出版社2012年版,第13页。
③ 本文所指的"社会教育",是指狭义的"社会教育",即社会文化机构或社会团体组织对社会成员所进行的教育。民国时期的社会教育,又有"平民教育"、"大众教育"等说法,主要偏重于识字教育,而中国共产党推行的社会教育主要以工人、农民为教育对象,注重与革命、生产相结合。20世纪50年代中国农村的"识字运动",正是"社会教育"的典型体现。可参见周慧梅:《民国社会教育研究》,湖南教育出版社2018年版;孙晓忠:《识字的用途:论1950年代的农村识字运动》,《社会科学》2015年第7期。

存、改造社会的良方。这其中，社会教育在女性文化启蒙、常识普及、国民训练等方面发挥了重要作用。不过，在女性社会教育的具体内容与目标指向上，存在着"回家庭"与"进社会"两种截然相反的导向。

晚清至民国时期，知识分子关于女子教育的宗旨发生过4次论争，分别是"贤妻良母"、"超贤妻良母主义"、"母性主义"、"妇女回家论"。4次论争始终围绕着女子是否应该成为贤妻良母以救国家，展现出国权和女权的冲突与张力①。整个民国时期，女学的内容偏向于家政学，学为贤良仍为女子教育的关键旨归，"女子教育并须注重陶冶健全之德性，保持母性之特质，并建设良好之家庭生活及社会生活"②，烹饪、缝纫、刺绣、编织、家庭卫生和识字成为妇女教育的主要内容。而这一"回家庭"的导向引发了各界的关注，并掀起了关于"新贤妻良母主义"的论争，持续十年之久③。妇女也在这种"穿新鞋走老路"式的经历中感受到双重角色的冲突。"家庭妇女们究竟是就业好？还是在家育儿好？这确是当前一个严重的社会问题。"④

相较于国民党"要求女性回家"的政策导向，中国共产党则积极进行女性出走的社会动员，并开展了一系列政治文化实践。从性别解放的意义上来看，"进社会"的指向无疑更能实现妇女的利益。趋向社会、独立生活、服务国家，成了中共妇女教育的重要宗旨。通过妇女半日学校、识字班、家庭临时训练班、田间流动识字班等多种形式，妇女的政治文化水平大大提高。"政治化的教育方针、构建全覆盖的教育网络、利用多样化的教育资源、采取全员化的管理模式、严格数字化的考核要求、推行政治化的教育目的"⑤，取得卓著成效。大量小说都在不断讲述社会教育使底层妇女摆脱文盲境地，或带来生命层次的提升的故事，形成了一股"社会教育叙事"的热潮。《小巷深处》、《偶然听到的故事》、《铁木前传》、《风云初记》、《为了祖国的明天》、《石爱妮的命运》、《春种秋收》、《山乡巨变》、《青石堡》、《映山红》等小说中，都有社会教育的痕迹。作家们意识到，社会的形塑与规训对个人起着重要的引导作用。"人怎样才能觉悟呢？学习是重要的，个人经历也是重要的，但更重要的是社会的影响。"⑥

---

① 参见万琼华：《在国权与女权之间：近代中国关于女子教育宗旨的四次论争》，《现代大学教育》2010年第3期。
② 《中华民国教育宗旨及其实施方针》，教育部主编：《教育法令汇编》（第1辑），商务印书馆1936年版，第20页。
③ 参见王晓慧：《近代中国女子教育论争史研究（1895—1949）》，中国社会科学出版社2015年版。
④ 左玖瑜：《女子从业和托儿所——一个职业妇女的呼吁》，《妇女月刊》1943年第3卷第2期。
⑤ 胡军华：《中央苏区妇女教育研究》，李东风主编：《传统文化与女性发展研究》，江西人民出版社2015年版，第133页。
⑥ 孙犁：《铁木前传》，《人民文学》1956年第12期。

秦兆阳的《农村散记》中，村里为了扫除文盲而推行"速成识字法"，任村副主任的崔金田每天苦读注音字母，并积极动员妻子秋娥学文化；《卖酒女》中，美丽的刀梦含原本将生命耗费在卖酒调笑中，但她在训练班接受教育之后，转变了人生理想，意识到"既然活着，就不能不白活"①，成为一名光荣的接生员。

"十七年"时期，中国共产党所推行的妇女教育，一方面继承了"五四"时期平民教育的思想，同时进行了教育形式和内容的革命，兼具民众启蒙和政治动员的性质。最为明显的变化有三点。其一，在教育对象上重视工农妇女，尤其是农村妇女教育。其二，在教育内容上，原本强调"妇职"的家政学被抛弃，取而代之的是生产教育、革命教育和政治教化——公民教育、政治教育、卫生教育、道德教育等。妇女教育有着明晰而坚定的目标，即培养现代革命主体的新妇女。其三，在教育方式上，依托于各级妇联所创办的妇女训练班，以文化课、政治课、妇女工作、妇女常识读本为主②。比如，《锻炼锻炼》中，"吃不饱"和"小腿疼"被贴大字报的原因之一就有"开会常不到，也不上民校，提起正经事，啥也不知道"，而"上民校"是知晓国家大事等"正经事"的必要途径之一，也是政治动员得以发挥作用的保障。

妇女社会教育运动并不是简单的识字，也不是纯粹的政治动员，而是将国家意志、妇女解放话语糅合在一起，对妇女进行启蒙与改造，而妇女接受教育和改造后，也要积极参与改造社会。在面向底层妇女的扫盲与启蒙读物中，《新中国妇女》主编的《工农妇女常识课本》影响较大，主要受众包括城市女工、农村妇女与城市家庭妇女，内容主要包括阶级斗争知识和妇女解放知识、革命人生观、劳动观、生产生活知识等③。课本内容经过了精心选择与设计。课本首先从性别关系出发，探讨妇女受压迫的根源，关注妇女的婚姻家庭问题，督促妇女进行生产劳动，同时，引导妇女关注国家和国际政治，关心世界妇女与世界无产阶级，关心妇女的民事权利、政治权利……个人—家庭—社会—国家—世界，个人所处的这一等级序列都得到了编写者的关注，

---

① 徐怀中：《卖酒女》，《人民文学》1958年第4期。

② 周锦涛：《中国革命中女性话语的建构——以抗战时期中共女性教育为叙述中心》，九州出版社2010年版，第185页。

③ 目录如下：第1期：劳动创造世界　挖穷根追富根　女人为什么受轻视　男女工人要团结；第2期：封建婚姻　自由结婚　没有共产党就没有新中国　工人为啥做工；第3期：人人要当英雄　提高生产的三方面　胡心学的自述　大家努力干活；第4期：中国人民政治协商会议　中华人民共和国人民的首都——北京　国旗；第5期：国际民主妇女联合会　亚洲妇女代表会议　中华全国民主妇女联合会　全世界妇女要团结；第6期：毛主席和农民　太阳照进众人家　工人阶级共产党；第7期：什么是共同纲领　妇女的权利　现在的新社会　保护母亲和孩子；第8期：各界人民代表会议　妇女代表会议　怎样选代表　女区长相桂兰　《中苏友好互助同盟条约》；第9期：苏联是我们的好朋友　幸福的苏联妇女　快乐世界　世界工人是一家；第10期：魏国英的劳动互助组　民主家庭。参见《工农妇女常识课本》，《新中国妇女》1949年第1期—第10期。

体现了其敏锐的性别视角与政治关怀。从具体的课文内容来看，课本简单易懂，通过明确的主题设定、强烈的感情指向来进行国家意识形态的建构，将原本复杂拗口的政治语言与意识形态宣传变得日常化。妇女们可以通过日常语言的载体与新中国的政治文化建构相互勾连，借由习得的这些词语、概念、思想来重新认识自我与社会，重新定位妇女与国家的关系。在《石爱妮的命运》中，妇女干部国琴是石爱妮人生道路上的重要启蒙者和领路人。国琴教石爱妮读书识字，虽然时间非常短，但"在这短短的四天里，她懂了许多过去不懂的道理和过去没有听到过的话。这些，如同从阴云的罅隙中透过来的阳光，使她的精神顿时爽朗了起来。从来没有一个人对她这样亲近和体贴，她也从来没有对别人这样过"①。石爱妮同样走上了革命道路，成为一名新妇女。类似的小说还有《秀女翻身记》、《奴隶的女儿》、《洪燕》……在这些文本中，以妇救会、妇女干部等为代表的社会教育力量，是一个重要的存在。虽然此类书写不免有把妇女解放当作民族解放和阶级解放的注脚的嫌疑，但其可贵之处在于"将重心放在现代革命战争给乡村女性带来的境遇、身份、命运的改变上"②，关注民族解放和阶级解放中妇女的社会地位，凸显出对于妇女的呵护。也正是在这一点上，此类书写体现出了社会启蒙的力量。

不过，当时的农村妇女、城市家庭妇女绝大部分都是文盲，而城市女工的教育程度也并不理想。要动员这样的群体，培养其阶级自觉、革命意识，使她们成为自立、自觉、自强的新妇女，跃升为革命主体，并非易事。因此，在有关妇女教育的小说叙事中，对妇女的社会教育的过程，凸显了妇女教育与社会改造的双向互构——既要强调教育妇女，又要通过妇女改造社会。妇女是改造社会的历史主体，同时也作为被社会改造的客体，需要被国家启蒙，也需要在觉悟后与国家联动。妇女们觉悟的提高，不仅与自身解放紧密相关，更是一场深刻的社会变革，它将触及社会的各个领域与各个角落。

二、妇女教育与生活的变革

20世纪的中国，每场变革的发生，都离不开"新人"的推动。不管是晚清政治小说中的政治新人黄克强，还是"五四"时期狷介的狂人，抑或是20世纪30年代革命小说中的职业革命家，都反映了不同时代对于新人的不同要求。延安时期，由于战争环境的限制，塑造新人并没有被提上日程，也没有对新人进行理论上的系统建构与探讨。"十七年"时期，随着新政权的建立，需要巨大的文化力量重新整合国民意识，

---

① 谷峪：《石爱妮的命运》，作家出版社1958年版，第50页。
② 王宇：《空白之页与变异转型——孙犁乡村女性叙事的复杂性》，《南开学报》2014年第4期。

宣传与新社会相匹配的社会主义新人成了急迫的文化需求。因此，通过文学作品塑造新人来影响民众并以新人作为新社会的见证，"呼请国民对新伦理话语的认同"①，就显得尤为关键。不管是延安时期对于文学中新人物的构想，还是社会主义教育运动中对于社会主义新人的呼唤，抑或是"文化大革命"时期的"根本任务论"，都反映出时代对于新人的急迫诉求。

在革命中国，"性别问题成为中国政权成功想象现代性的中心"②。革命不仅需要大规模群众动员，更需要塑造"新妇女"神话，"新妇女"是社会主义中国现代性的典型象征。而正是因为"新妇女"与新社会之间这种双向互构的关系，创造"新妇女"形象成了十七年小说的重要使命。

对于妇女而言，社会教育首先是文化普及，帮助妇女摆脱文盲的处境。《李双双小传》里，李双双家里随处贴着的学习小纸条，正是妇女教育的一个生动侧影。"我真想学习呀，就是没时间"，"裤子的裤字，去掉一边的衣字，就是水库的库。人谁精，谁憨，工作多了见人多了就聪明，整天闷在家里就笨"③。这一情节并非凭空捏造，而是源于一个文盲女炊事员努力学文化的故事。在乡土中国，女性文盲占绝对多数，"几乎是一个没有女子教育的地方"④。而占中国女性群体80%的农村女性，几乎全是文盲。妇女教育者"用宣传、鼓动、解说、奖励等方法，在工厂里，在农村中，在街道上，在厨房内随时随地有系统地、不断地进行妇女大众中的教育工作，文化启蒙运动，识字运动，清洁卫生运动等"⑤。通过系统的、大规模的、多种渠道的扫盲运动，包括夜校、冬学、识字组、妇女识字班等多种渠道的社会教育方式，妇女的识字率普遍有所提升。迫切的学习愿望是一种持久的内驱力，驱使着妇女在扫盲运动中表现出高昂的热情——"决心学文化，天大困难也不怕"⑥。《文化的主人》⑦中，文盲农村妇女李田秀是5个孩子的妈妈，通过自学写作成为通讯员，并被选去省文艺学院读书，"征服"了文化，她反过来教育"我"和"我"的妻子惠娥，要"我""关心妇女的进步"，让惠娥不要被家务和孩子绊住，要努力学习文化。

---

① 樊国宾：《主体的生成——50年成长小说研究》，中国戏剧出版社2003年版，第78页。
② [美]罗丽莎：《另类的现代性——改革开放时代中国性别化的渴望》，黄新译，江苏人民出版社2006年版，第3页。
③ 李准：《李双双小传》，《人民文学》1960年第3期。
④ 云：《陕甘宁边区突飞猛进的女子教育》，中华全国妇女联合会妇女运动历史研究室编：《中国妇女运动历史资料》（1937—1945），中国妇女出版社1991年版，第187页。
⑤ 邓颖超、孟庆树：《我们对于战时妇女工作的意见》，中华全国妇女联合会妇女运动历史研究室编：《中国妇女运动历史资料》（1937—1945），中国妇女出版社1991年版，第47—48页。
⑥ 李准：《我喜爱农村新人——关于写〈李双双〉的几点感受》，《电影艺术》1962年第6期。
⑦ 刘勇：《文化的主人》，《人民文学》1960年第6期。

社会教育对妇女有着升华生命的深层次意义。"动员群众，空洞的政治宣传往往难以持久，完全寄希望于群众的政治觉悟也不靠谱。"① 因此，动员要想有成效，就必须给群众带来实际的好处。而社会教育，给妇女带来了切实可见的利益，也带来了发展的可能。《风云初记》、《山村新人》等小说中就触及了妇女在教育中所获得的自主自强的精神、自我提升与生命境界的变化。妇女首先通过教育获得了关于劳动的现代认知，将劳动与光荣、解放进行关联；同时，扫盲中新法接生的推广，普及了现代生育、科学育儿知识，以现代科学关照妇女身体，将现代科学与妇女的经验密切关联。《接生》、《静静的产院》、《抱孙之前》等产院叙事即表现了这一主题。扫盲运动中夫妻互帮互学，缓和修复了原本紧张的家庭关系，促进了夫妻和睦，也推动了夫妻平等。《满子夫妇》中，周家沟开了冬学，教员鼓励玉莲和丈夫和睦相处，教授"谋虑家务，团结和睦"等课程，让夫妻互相教学，最终两人能够相互理解，恩爱如初。而《我的两家房东》、《春风》等小说，同样关注到妇女接受社会教育后所获得的提升以及夫妻关系的调整。

对于妇女来说，社会教育最重要的成果是克服自卑心理、确立独立人格、认同男女平等的思想，从而导向性别平等的实践。陈伯达在延安时期号召"……妇女们要挺身起来，确立自己独立的人格，经营独立的生活，不做公姑丈夫的奴隶……"②，通过学习，打破自卑感和依赖性，提高自信心，破除传统的奴性人格、依附心理、卑微意识。《桂梅和小惠》③ 中，小惠原本是一个"痴女"，除了吃喝玩乐，"一辈子也不会有啥用"，全村妇女没人愿意和她分到一组，村民也一直歧视她。而桂梅却觉得小惠有培养的希望，"只要多教她，让她同大伙一块干活，兴许也会干好"。桂梅常常给小惠讲一些劳动模范的事、报上的新发明，给她普及农业知识，"耐住点心吧，咱要把她培养成新人"。在桂梅的帮助和教育下，小惠慢慢"开了心窍"，从"烂渣石"变成"夜明珠"。自尊就是充分尊重女性的力量，相信女性自我的能力。林黛玉式的娇弱女性早已经被时代抛弃，健壮、质朴、坚强的新妇女才为时代所期许。最大限度地将女性与懦弱性格、自卑心理剥离，正是这一性别教育的目标。"妇女有自强不息，坚韧奋斗的勇气，从而逐步达到真正的男女平等。"④ 邢更文是典型的"铁姑娘"，这样一个壮硕的女人是很难受男性喜欢的，因为她挑战了传统的性别秩序与性别气质。然而，邢更文在男女平等思想上，却有着清醒、充分的认识——"妇女要求和男人同工同酬，关

---

① 刘卫国：《赵树理作品中的算帐书写与经济观念》，《山东师范大学学报》2020年第6期。
② 陈伯达：《新妇女的人生观》，《中国妇女》1941年第8期。
③ 冯金堂：《桂梅和小惠》，《人民文学》1959年第11期。
④ 邓颖超：《关于妇女宣传教育工作问题》，中国妇女管理干部学院编：《中国妇女运动文献资料汇编》（1949——1983），中国妇女出版社1988年版，第115页。

键就在于学技术，农活技术学不全，净做些简单的辅助性的营生，怎么能提高妇女在劳动中的地位呢？"① 她努力学习摇耧技术，改变了本村妇女对于技术是男性专属的认知，破除了村上女人们的自卑心理。女人们受到邢更文的鼓励，意识到女性是有能力、有力量的，是能够在社会上生存的，争相学习种田技术。这种风气蔓延开来，最终改变了一个村庄的性别道德。

最重要的是，教育拓展了妇女的生存空间、生活空间与发展空间。许多原来是文盲的女性，经过扫盲成为妇女干部或积极分子，广泛参与社会活动，不仅充分发挥个人潜能，也增强了对于世界的探索能力。《长长的流水》中，大姐悉心教"我"读书识字，教育"我"，照顾"我"，促"我"进步，伴"我"成长。她温厚严厉而绵长的爱，最终使我由一个"又野又傻的小丫头"成长为一名作家。《爱情的祝福》里，原来的家庭妇女被动员来参加集体劳动之后，"她们都看到这里比在家自由、热闹，又做活又学习，见识多了，精神也愉快"②。而原本低眉顺眼、寸步不离家的"好媳妇"吴淑兰，参加干部班学习和妇女学习组之后整个人都变了，"她眼里有了奇异的光采，她的嘴角泛起了新奇的笑容"③。教育为人们提供了逃脱底层并进行阶层跃升、阶层流动的希望和现实可能④。教育不仅能够使妇女自己管理自己，还能够促使她们最大限度地享受生活本身。

三、妇女教育与社会改革的互促互构

"文盲是处在政治之外的，必须先教他们识字。不识字就不可能有政治，不识字只能有流言蜚语、谎话偏见，而没有政治。"⑤ 社会教育提高了妇女政治参与的能力，妇女前所未有地参与到社会治理之中，底层妇女拥有了发声的权利与通道，不再成为沉默的凹陷主体。诸多"十七年"小说积极表达了这一想象。

有关"新妇女"政治参与的书写，是"十七年"小说的独特贡献。在传统中国，女性参政一向被视为对性别秩序的最严重的挑战。社会政治与治理，向来是由男性把控的场域。对于广大的底层妇女来说，政治是遥远的"男人"的事情。而通过立法，

---

① 张彦昭：《妇女队长》，《火花》1963年第8期。
② 黄天明：《爱情的祝福》，《红岩》1957年第11期。
③ 王汶石：《新结识的伙伴》，《人民文学》1958年第12期。
④ [美] 约翰·肯尼思·加尔布雷思：《美好社会——人类议程》，王中宝、陈志宏、李毅译，江苏人民出版社2009年版，第58页。
⑤ [苏] 列宁：《新经济政策和政治教育委员会的任务》，《列宁全集》（第42卷），人民出版社1987年版，第200页。

调整政治中的性别结构,补足了社会性别制度对于妇女参政权的忽视。妇女参与选举的情节,恰是对向警予等左翼女权运动者不懈追寻的妇女公民权利最好的回答。在《竞选》这篇小说中,巧凤带着妇女们抢干重活,帮助妇女争取同工同酬,领导妇女种棉丰收。不过,她的功劳全被丈夫抢去。丈夫自称成果全归功于自己的领导,这种傲慢的姿态引发了女性的不满。在妇女们的鼓励和支持下,巧凤也参加了选举。巧凤从发展生产和解放妇女两个维度来发表竞选演说,提出"以后我还要多想办法提高妇女的地位,反对压迫妇女"①,最终全票当选。巧凤的当选具有重要意味,它彰显出作家对于底层女性政治权利的敏感,表现出独特的性别关切。

妇女在教育中获得成长,也积极介入社会生活,改造社会,以个人启蒙促进群体启蒙。小说中的"新妇女"被时代寄予了高度的期望,一方面自己要在教育中成长,另一方面在长成之后又要对群众起到教育作用,成为道德模范与人格理想的具象表现。"新妇女"对于群众的教育功能以及社会意义被无限放大。"新妇女"所具有的精神力量与道德垂范,被看作社会进步的助推器。社会主义的"新妇女",同社会主义新人一道,被看作推动社会前进的先进力量与时代的脊梁②。"新妇女"对生活有着"积极进攻"的作用,能够改变周围的生活。"只有通过这种新人物,作品才能够真正做到用社会主义精神教育群众。"③ 黑凤(《黑凤》)、黑妮(《黑妮种棉》)、张腊月(《新结识的伙伴》)、犟姑娘(《骏马飞腾》)、海岚(《海姑娘》)等均是已经觉醒了的女性。"新妇女"对社会的反哺作用在十七年文学中得到了不断的回响,她们是"推动社会进步的,带领人类前进的,使落后转向进步的力量……没有这些新人物,旧人物的转变将是不可能的事"④。

妇女通过社会教育被吸纳入妇女组织,从而有机会参与国家的治理体系,给妇女参与政治带来了空间。"教育不仅使得了解公共事物的一定人群存在,而且使得他们要求别人听到自己的声音。未受过教育的人们,特别是那些散居乡野、从属于地主的人,很容易保持沉默并处于权威的控制之下,这是公认的。"⑤ 在妇女组织中,底层女性抱团发声,使得声音被听见、需求被尊重。地方女性精英的存在,使光亮照进妇女生存的幽暗深谷。她们关心妇女的权利,倾听妇女的声音,纾解妇女的苦痛。例如,《山乡

---

① 秦兆阳:《竞选》,《人民文学》1954年第10期。
② 秦德林:《读〈黑凤〉产生的联想——谈表现时代精神和写新人性格》,《雨花》1964年第3期。
③ 周扬:《社会主义现实主义——中国文学前进的道路》,《人民日报》1953年1月11日。
④ 策:《论一般公式化》,《人民文学》1951年第5期。
⑤ [美]约翰·肯尼思·加尔布雷思:《美好社会——人类议程》,王中宝、陈志宏、李毅译,江苏人民出版社2009年版,第60页。

巨变》中的妇女主任邓秀梅深知女性的不易，时刻注意妇女的权益保护，关心妇女的处境，对妇女抱有最大的同情。不管是对老年妇女的诉苦、年轻姑娘的泼闹、中年妇女的怠惰，她都能给以关爱之情。邓秀梅等革命女性精英多从事妇运工作，而在妇运中涌现出来的积极分子，又往往成为妇女干部的重要来源。地方精英女性的再造，一定程度上也瓦解了乡绅传统对于乡村的统治力量，使原本男性中心的权力结构，调和进了一定的女性色彩，也使国家政治具有了性别视野。比如，《新媳妇》中，边惠荣在出嫁前就是村里的劳动模范，而在出嫁后的村子里，同样出工捣粪，生产队长给妇女每人计六分，给男社员每人计九分。边惠荣带领妇女反抗这一不合理的分配机制。队长对于妇女们的抗议很不高兴，道："女的就是女的，怎么能跟男人比？"他对于妇女的轻视显而易见。边惠荣毫不退让地反驳道："按劳取酬，还能分男女？我们跟他们捣一样多，就该记一般多的工分。"① 最终，在惠荣的坚持下，重新制定了工分分配的原则。如惠荣一般活跃在文本中的女县长、妇女代表、妇女队长、女支书等地方女性精英形象，如周雪珍（《土地》）、李佩钟（《风云初记》）、周红梅（《红梅》）、阿宝（《西沙儿女》）等，都在以一种积极的方式参与地方治理，为女性争取话语权。

结　语

"十七年"小说中，作家对于社会教育进行了积极的书写，关注社会教育对"新妇女"的主体塑成作用，以"新妇女"叙事展现出个人启蒙与社会启蒙的良性互动。小说昭示出社会教育给妇女带来希望，使她们脱离了蒙昧的境地，增强了妇女对于个人权利的敏感性，促进了女性主体性的建构，提高了女性在政治经济社会中的参与度，获得了与男性博弈、竞争、共同发展的能力，并最终提升了妇女的主体境遇，改变了妇女的命运，推动了妇女解放进程。尽管这一主体改造工程有其内在困境，但不可否认的是，社会教育给妇女带来的生存、生活与生命意义上的提升，是难以磨灭的。

（作者单位：张宇，江南大学人文学院；董卉川，青岛大学国际教育学院）

---

① 浩然：《新媳妇》，《芒种》1957年第11号。

共和国文学研究

《白鹿原》中的瘟疫叙事及其叙事伦理

谭琳妃

瘟疫是自然或人为产生的重要灾难现象。作为与死亡、恐慌、衰退相伴随的灾难的代名词，它贯穿人类社会变迁始终。在特定的历史条件与环境下，瘟疫突然而至或自有症候发生，蔓延的范围不固定，造成的损失无法估量，成为人类不得不面对的现实。"从中国历史来看，疫灾流行对我国的人口、经济、政治、文化、宗教等各方面都产生了重大影响。"① 在瘟疫这面镜子下，社会的混乱、失序，人性的阴暗、恐惧，无一不是关键环节。在瘟疫这一灾害面前，不同阶层的人们，尤其面临生死时，各自的人生轨迹都被改写。从肉体的伤残、消失到精神的打击、恐慌，从财富的萎缩、转移到人伦的阵痛、变革，以及从时间蔓延的长短到亲友们被卷入的程度和范围，显然，这一切都是局外人所不能感同身受的。

文学是社会生活的审美反映，瘟疫自然而然地成为了一种特别的文学表现题材。如法国作家加缪的名作《鼠疫》、马尔克斯的《霍乱时期的爱情》之类，均涉及鼠疫、霍乱等重大传染性疾病，映照出芸芸众生在生死面前的日常，其中，生命个体的脆弱与苦难令人触目惊心。从小说叙事的角度来看，"瘟疫叙事"或"瘟疫书写"都是具有高度概括力的术语，在人物身上，在故事、情节的背后，其叙事伦理既指向悲剧性的人的苦难命运，也指向为何发生、本质是什么这一追问。呈现生命的脆弱、无助与苦难，我们反思瘟疫发生的缘由，以及反思瘟疫蔓延过程中可能的人为性因素，往往杂糅在一起，成为逼视现实生存与历史真相的严峻考验。正因如此，文学作品以个案方式，加上典型人物、环境的限制，让读者在直面人性的道路上有了不同的思考：关于生与死的命运、关于生命个体的担当与价值、关于苦难和正义等人性的诸多方面

---

① 王树芬：《我国历史上的大疫及其发生规律初探》，《中医杂志》1995 年第 6 期。

—— 《白鹿原》中的瘟疫叙事及其叙事伦理 ——

……因为瘟疫的发生、进展有自己的特殊规律,往往很难一下被控制;限于某时某地的条件,甚至一时之间没有克服和阻挡的可能,于是,任其蔓延让无数的肉体成为与瘟疫短兵相接的盾牌,变成肉搏战、消耗战,最终社会付出沉重代价赢得阶段性胜利。人类与瘟疫的斗争成为战争的隐喻、疾苦的隐喻。虽然最终人类胜利了,但付出的沉重代价让人喘不过气来。所以,当瘟疫成为文学题材之后,文学中的瘟疫叙事便变得异常沉重。

围绕瘟疫叙事的诸多面相,长篇小说《白鹿原》① 无疑给出了极为生动的呈现与诠释。看起来,瘟疫叙事只是小说中一个略显孤立的情节,并没有贯通小说的始终,但在此一叙事的前后数章中,都有山雨欲来风满楼的铺垫或曲径通幽式的拓展。瘟疫叙事在全书中的起因、发展与交代,以及与不同人物命运的复杂联系,让它成为一个不可或缺的存在。

一、《白鹿原》中的瘟疫叙事

《白鹿原》是陕西作家陈忠实的代表作,于20世纪90年代初发表,在当代小说界是一部影响深远的作品。不少学者认为它是近些年来茅盾文学奖获奖作品中评价最高的几部作品之一,还有学者认为"白鹿原不仅是陕西式的灵感,更是中国式的灵感"②。笔者多年前读过《白鹿原》,后来又多次重温过其中不少经典的章节,检视重要的情节或人物线索,印象自是十分深刻。2020年春节,最初在武汉集中爆发的新型冠状病毒肺炎疫情呈蔓延之势,全国民众响应政府号召宅居在家,过了一个戴着口罩的春节(在笔者写作与修改此文时,疫情仍在)。中国数千年的历史长河中,没有准确名字的各种流行性瘟疫屡有发生,都统一在"瘟疫"这一名词之下。新冠肺炎在全球肆虐,带给全世界民众恐慌,经济的动荡与社会的失序、患者在病床上的挣扎、痛失亲人的破碎家庭的悲痛都难以笔述。于是,笔者在关注疫情的发展和变化的同时,重新翻阅了《白鹿原》小说中相关的疫情情节和部分线索,前后进行反复勾连,从现实到历史进行了穿越,对小说中的情节、人物的命运把握更加得心应手。换言之,由现实的新冠肺炎联想到《白鹿原》中经典的瘟疫书写,竟如此转换自如,令人难以置信。

《白鹿原》全书50多万字,一共34章,从第25章开始描写白鹿原上一场毁灭性的真实瘟疫。在瘟疫书写之前,已有或明或暗的铺垫:第18章写了差不多一年没有下

---

① 陈忠实:《白鹿原》,文化艺术出版社2008年版。
② 崔明路:《〈白鹿原〉的女性迷思》,《小说评论》2016年第6期。

雨的严重旱灾所导致的大年馑;第 19 章提到白鹿原上各村落民众的大饥荒,还有政府组织的赈济会、饿死的民众等。结合小说中的人物描写,前面几章的情节自然扣合着白孝文的堕落、田小娥的意外之死,以及白灵的革命工作等诸多线索。特别在写到白鹿原上因旱灾导致的年馑、饥饿以及应对时,有白孝文抢舍饭和白孝文媳妇饿死的细节等。这一铺垫与瘟疫的爆发、流行有内在关联。

> 白鹿原又一次陷入毁灭性的灾难之中。
> 一场空前的大瘟疫在原上所有或大或小的村庄里蔓延,像洪水漫过青葱葱的河川的田亩,像乌云弥漫湛蓝如洗的天空,没有任何遮挡没有任何防卫,一切村庄里的一切人,男人和女人,老人和孩子,穷人和富人,都在这场无法抵御的大灾难里颤抖。

《白鹿原》用这种形象的手法,彰显瘟疫的不可防御性和巨大的破坏力。灾难发生的时间在夏天,白鹿村最先患病倒下的是长工鹿三的妻子鹿惠氏,病症是"两头放花",也就是上吐下泻。当时,全村乃至白鹿原上数个村庄,唯一能治病的是小说主要人物之一乡村医生冷先生。在接诊病患时,其治疗方法主要有两个:第一回是开中药三副,另嘱将生柿子烧了吃,但鹿惠氏已吃不进去药,吃完随即吐得干干净净,没能控制住病情;第二回则是用银针刺入患者脊椎放血,再开中药,如仍不管用就叮嘱病患家人准备后事。冷先生的医术只能到这层,但在当地依然极具权威性。结果药不管用,鹿惠氏仍然上吐下泻,直到双目失明,最终致死,从发病到去世仅为一周左右。由此开端,白鹿村不断有村民患上此病,症状基本相同,且不论男女老幼。整个村庄随即陷入巨大的恐慌之中,绝门倒户的现象陆续出现。除财东鹿子霖一家之外,全村不同家庭都有因此病去世的亲人,包括族长白嘉轩家。尽管家大业大,白嘉轩也失去了妻子白吴氏,后其家人外出避难得以保全,否则也不知道是否还会有亲人患病离世。除白鹿村之外,白鹿原上各村庄的情况都差不多。

冷先生和白嘉轩既是挚友也是亲家,冷先生除了开药方治疗之外,还建议白嘉轩准备桃木艾叶用来驱邪,有些村民亦效仿,不过仍然没能止住瘟疫。那鹿子霖家为什么能全身而退呢?原因还是有新方法。鹿子霖的次子鹿兆海在外地,系读书人中见多识广者,略为懂得科学防疫之法。鹿兆海捎信回家,让其父亲在屋子里外和院子里都撒上厚厚的一层生石灰,因为瘟疫是病菌传播,石灰可以消毒。鹿子霖家成为唯一没有在瘟疫中死去亲人的家庭。可叹的是,当时白嘉轩见鹿家此举,曾去请教冷先生关于撒石灰是否有效,冷先生不懂科学防疫反而嘲讽鹿家,白嘉轩也不相信这个方法,最终痛失爱妻。

村民在走投无路之际,将瘟疫归因于死于鹿三之手的田小娥。田小娥因为被视为红颜祸水,在村里不受人待见,最终被自己的公公鹿三用梭镖刺死,抛尸于村东边的窑内。"她以恶的方式生,又以恶的方式死。"① 在这里,作者不惜用大量的篇幅反复渲染封建迷信的内容:先是说鹿惠氏临死之前托话给她,埋怨鹿三狠心刺死儿媳;后说田小娥鬼魂附身于鹿三,鹿三装田小娥说话的腔调甚是惟妙惟肖,说瘟疫起因是她冤死而来,威胁要全体村民甚至白鹿原上的人为她塑像修庙,才能止住瘟疫,否则要让白鹿原上的百姓全部死光。族长白嘉轩不信邪,哪怕被所有人孤立也要拼死抗争,最后硬是以族长身份带人将田小娥尸骨挖出来架在硬柴上烧了三天三夜,并造六棱砖塔予以镇压。巧合的是,瘟疫此时也退去了。从叙事情节来看,其中田小娥作为鬼魂附身于鹿三身上的言行举止,白嘉轩请法师捉鬼的片断,村民在田小娥死的窑院前烧香跪拜的场面,白鹿两姓族人在祠堂前下跪请求为田小娥修庙葬尸骨的情景等,无不令人叹为观止。

瘟疫的描写主要集中在第25章,到了第26章时便只剩下一个小尾巴。此瘟疫从夏天开治流行,到冬天便自然缓和下来。到了冬至交九以后,在大雪和之后的寒冷日子里,白鹿村的瘟疫彻底结束,村民才从各自的惊恐和悲痛中走出来。经此瘟疫的疯狂肆虐,健壮如牛的鹿三一下子失去了精气神,注定与田小娥之死绾结在一起,得不到彻底的解脱。最重要的是,续任族长的白孝武提议修填族谱,将死者上族谱加以祭祀。这一提议得到其父白嘉轩的大力支持,也得到白鹿两姓族人的全力支持。小说叙述到此,才算将白鹿原与瘟疫所导致的生生死死这一情节真正打住。

二、在历史与虚构之间:陕西对应性的瘟疫记录

《白鹿原》以数章的篇幅铺垫、延展,用一章多的篇幅来集中记录陕西关中一个村庄的瘟疫遭遇,从篇幅来看并不是很长。小说并没有单纯叙写瘟疫的发生、破坏力和各种惨状,而是结合典型人物的性格、小说的情节发展娓娓道来。可是,这一情节却十分显眼,成为《白鹿原》中特别出彩之处。

在历史与真实的维度上,小说抓住关键点对当时的历史现实进行了全面客观的记录。据史料记载,民国二十一年(1932),陕西省全境大部分地区曾流行霍乱,时年6月19日至7月初,"城乡一带死亡之数已逾二百有奇,平均每日在二十人左右"②。此

---

① 雷达:《废墟上的精魂——〈白鹿原〉论》,《文学评论》1993年第6期。
② 《潼关虎疫蔓延仍极猛烈》,《西北文化日报》1932年7月4日。

次霍乱是民国有文字记录中传播面积最广的一次疫病灾害,后来霍乱蔓延到全国20多个省市,其中陕西尤为严重。据不完全统计,陕西全省实际死亡人数大约在20万左右①。而关于传染病的传播路径,据推测,就是因为1931年修通了抵达潼关的陇海铁路。这一交通方式,便捷地将霍乱沿铁路送到更远的地方。相对来说,未开通铁路的地方疫情就要好很多。当时陕西省内公路也已经修建了多条,譬如西安至潼关、长武、陇县、眉县都已通车,一方面交通发达为老百姓的出行带来了便捷,另一方面也为霍乱疫情传播提供了条件。而《白鹿原》的故事背景为西安周围滋水县等关中地区,当时整个关中地区实为重灾区。

陈忠实写作此小说之前,曾花了数年时间搜集历史资料,仔细翻阅过20世纪上半叶当地的县志、地方志,想必也有过充分的酝酿。他依据真实的历史材料去还原历史的一角,去提供典型的环境、丰富的人物性格,并据此展开小说的方方面面。

霍乱这一瘟疫在白鹿原上各村肆虐,离不开以下几个原因:一是有大灾在前,可谓"大灾之后必有大疫"。1932年之前的几年中,陕西发生了大范围的旱灾,民众食不果腹,体质较差,易染疫疾。1928—1930年,西北、华北大旱,发生了严重的大饥荒,陕西因此死亡和流离失所的人口达900多万,占全省人口的70%②。《白鹿原》在书写瘟疫发生的前几章中,也是这样铺垫的。正因如此,民众刚从饥饿的死亡边缘走回来,体质下降,很难抵抗住瘟疫的摧残。二是限于当时医术落后,对科学有效的防疫知识和方法缺乏了解。霍乱发病之初,患者往往感觉身体不适,头昏脑胀,烦躁不安,继而腹痛恶心,上吐下泻不止,粪便变稀、变绿,吐泻势如水注。患者身体由此缺水,保持不了平衡,最后不吐不泻,病患无力、昏迷,双目下陷,直至昏迷不醒而死去。传统中医主要靠汤剂口服生效,一旦病人无法摄入汤剂便没有办法进行防治。在小说中,白鹿原上就只有冷医生一人可以开药方,他经营中药铺子,子承父业在白鹿原上看病,不懂西医,治疗方法也只有有限的几招,如果不管用也就束手无策了。三是整个瘟疫期间,作为族长的白嘉轩和乡约的鹿子霖等,既没有组织卫生防疫人员,也没组织起有效的疫情防控战线。从《白鹿原》的描写来看,基本上是村民原始自发防疫,老族长白嘉轩想到的办法是送亲人外出躲避,如果疫情蔓延范围大,这一招其实也是行不通的。乡约鹿子霖独自从外地买白石灰回家消毒,不管是居家之所还是家畜杂栏棚户都撒上,做到了不留死角,结果证明效果不错。从头到尾,我们没有看到

---

① 张萍:《环境史视域下的疫病研究:1932年陕西霍乱灾害的三个问题》,《青海民族研究》2014年第3期。
② 张堂会:《民国时期自然灾害与现代文学书写》,中国社会科学出版社2012年版,第360-361页。

鹿子霖去动员村民积极防疫，也没有去配合宣传，老百姓没有效仿。四是民众卫生知识匮乏，公共卫生条件差。老百姓不太讲究卫生，譬如对患者进行及时隔离和治疗、对饮用水和人居场所及时消毒、区分开人畜居所等都无从谈起。

从霍乱这一瘟疫来看，这是一种以胃肠道症状为主的急性传染病，主要经消化道传播、流行。患者的症状是大吐大泻，从而导致病患严重脱水、中毒而亡。以今天的医学水平和科学认知能力来看，如果能及时给予补液，加上抗生素治疗，绝大部分病人是可以得到救治的；再者，如果能够按照胃肠道传染病的预防原则，做好家居环境的隔离消毒，也能有效控制其传播规模和范围。但在白嘉轩当族长的时代，限于当时的医疗和社会条件，这一切都是不可能的，只能被动消极地防疫，只能听天由命。至于村民对霍乱这一病症自始至终完全没有任何认知，到头来只会信奉封建迷信，全都以为是田小娥惨死的无情报复。如果不是白嘉轩一人死扛，甚至可能会出现替田小娥塑像修庙的荒诞画面。

"毫无疑问，大规模的传染病流行病不仅是一个医学事件，而且被当作是一个文学事件，一个道德事件，一个政治事件，此外，还是一个经济事件。"① 除医学事件、文学事件之外，这里所说的"道德事件"、"政治事件"，已在《白鹿原》中的瘟疫叙事中有所体现。当然，也可以把它当作一个"历史事件"，"经济事件"的说法也包含这样的意思在内。如果生石灰能轻易得到，村民中可能也会有人加以效仿。而财东家死人有限，主要还在于经济实力上，他们对饥馑的抵抗能力要大得多，身子骨要好许多，相对而言对瘟疫的抵抗能力也要强许多。

三、邪不压正：《白鹿原》独特的叙事伦理

《白鹿原》是一部纪实和虚构并存的小说，在纪实与虚构之间显示出作者巧妙的构思、圆熟的人物刻画。小说中的瘟疫叙事伦理，最重要之处在于写出底层百姓的无助与无力，写出百姓普遍而深重的苦难，以及苦难中的温情与求生意志。譬如，最先鹿三之妻鹿惠氏死去，全村民众都去吊唁帮忙，后来发现是传染病，村民之间都不敢往来了。到白嘉轩妻子白吴氏去世时，白嘉轩没有通知任何亲友，安排几个门中侄儿和侄孙打了一个墓坑，就把死者埋葬了。这里的描写反映了疫情下人性的真实性，"先顾活人"乃是人间至理。在接踵而至的灾难与瘟疫面前，对人心的抚慰、安定很重要，底层百姓尽管当初有惶惶不可终日之感，在生与死的边缘挣扎煎熬，但最后战胜了恐惧，在生死面前站在有尊严的生存一面，终止了各自人生的最大劫难。在瘟疫面前，

---

① [美]苏珊·桑塔格：《疾病的隐喻》，程巍译，上海译文出版社2018年版，第3页。

这是最为重要的。"苦难是历史叙事的本质,而历史叙事则是苦难存在的形式。对苦难的叙事构成了现代性叙事的最基本的一种形式。"① 此语一言中的,不无道理。

相比于这种苦难叙事,邪不压正是《白鹿原》瘟疫叙事背后最为核心的叙事伦理,值得我们关注。首先,瘟疫叙事是村落兴衰、善恶的一种寓言。关于村民患上瘟疫而大规模去世,在小说中有一个十分形象的说法——"断折的车轴"。白鹿原是平原,在农事的经营方面,用牛、马拉的车较多,牛车或马车成为村民使用频率最高的一种交通工具。牲畜拉的铁箍木轮大车,免不了车轴断折,而车轴断折后必须换上一根新车轴才能重新上路。这个贴近日常生活的隐喻是白嘉轩关于人生的看法,没有表现出特别的悲哀。对于诸多村民而言,生与死是人的定数与轮回,像祠堂上一个个牌位一样,在无声地等待,永远默默地屹立在那方寸之地。只要不是大范围的非正常死亡,对于白鹿原的村民而言都不是什么了不得的大事。整个白鹿原上的土地与粮食出产是基本不变的,遇上灾年还会减少,因此整个原上对人口的承载也就会有一个相当的极限。关于这一现象,小说所讲述的故事采用了一种迷信、唯心的方式进行呈现。比如在这次瘟疫导致的大范围死亡面前,白嘉轩想起的是当地自古流传下来的一句咒语:白鹿村的人口不能冒过一千,啥时候冒过了一千肯定要发生灾难,使全村人口急剧下降到一千以内。这种人口的自然大回缩,代表性地说明了老百姓长期以来的听天由命状态,是在土地里刨食果腹的形象写真。的确,天灾人祸、瘟疫、兵乱,在这片土地上总是不断循环,成为冥冥中的一种宿命。白鹿原是关中平原的粮仓,是农耕文明的典型发育之地,盛产小麦、玉米、红豆等农作物,但自然灾害时有发生,兵灾、匪灾以及统治阶层的压榨等层出不穷,从没有停歇过,有此宿命论也就不足为奇。《白鹿原》既叙述了老百姓像庄稼一样听天由命之外,同时也主动写出了他们种种出自本能的抗争,虽然抗争中对善恶、是非界限并不十分清晰,甚至是扭曲而异化的。在小说中,比较典型的方式是善恶的颠倒与反转。比如,田小娥的鬼魂附身于杀害她的公公鹿三身上,经过捉鬼之后,鹿三仍然如此。在瘟疫无法控制的情况下,老百姓一夜之间在田小娥生前居住的窑院前的平地上点起了大片香火,男男女女烧香点蜡,跪伏在蓬蒿中磕头作揖,以免瘟疫传染。在白嘉轩反对以后,全体族人又委托3个老者前来求情说项,田小娥借鹿三之口提出三个要求——一是塑身修庙,二是重新将其尸骨装殓入棺,三是族长白嘉轩和鹿子霖抬棺坠灵,否则她将会使瘟疫进一步蔓延扩散。由于恐慌到了极点,求生欲望支配下的村民们已完全乱了分寸,乱了阵脚,哪怕失去做人的尊严,哪怕摘下仁义廉耻的面纱。白鹿原这一个无数次敬神与敬鬼的斗争之所,又一次被推到了历史的最前面。敬神的只有老族长等极少数人,其他人都主张敬鬼,

---

① 陈晓明:《无根的苦难:超越非历史化的困境》,《文学评论》2001年第5期。

―― 《白鹿原》中的瘟疫叙事及其叙事伦理 ――

包括鹿子霖、白嘉轩的次子白孝武、冷医生等。但小说为了突出人物的善与恶、正与邪，突出族长所信奉的礼教、纲常等传统人伦修养之力量，突出白嘉轩这一个小小乡土世界里独一无二的硬汉形象，进行了叙事的突然反转，也将叙事伦理在紧张对立中无限凸显与放大。在关中平原的普通村落中，这样的硬汉人物是十分重要的。事实证明，这种以刚克柔、以正克邪的方法关乎仁义，关于人伦，也关乎人性。小说也是如此叙述的。这种叙事伦理的核心，实际上可以归纳为"邪不压正"的内在叙事模式。

为什么能做到这一点呢？并不见得是白嘉轩有多么聪明，多么有威望，多么厉害，而同样是以求生为目的。他虽苟全性命于瘟疫，但也要维护人的尊严和气节，不能为了控制瘟疫就没有原则，一味苟活。白嘉轩在和白鹿书院朱先生这一被称为儒者化身的姐夫商量后，为免以后生出更多事端，采取了更加强硬的方式，将田小娥的冤魂封死镇压以一了百了。双方对峙，是塑像修庙以兴妖，还是造塔祛鬼予以镇邪，宛如两军对垒，针锋相对的形势一目了然。显然，正义战胜了邪恶，以族规和乡约为准绳仍然是维系乡村伦理的有效武器。瘟疫弄得人心惶惶，但村民不能没有主心骨。事实上，这是一种无关新旧的乡村伦理存在方式，以田小娥的鬼魂为中介，表面是修庙和修塔之争，实际上是人心的向背之争，是人性有无光辉的民间伦理之争，根子里张扬的是人的求生欲望和善恶观念，是无数普通村落千百年来人丁兴衰、善恶自有公论的真实写照，也是一个意味深长的民间寓言。

其次，邪不压正的框架模式也进一步凸显了人物善恶并存的性格及其混融性发展。在小说的这一重要关头，都会牵涉到主要人物的出场和言行举止，如白嘉轩、鹿子霖、白孝武、鹿三、冷医生、田小娥，以及千百个有姓无名的普通百姓。在这里，我们认为对田小娥之死的看法是根本的。田小娥是小说中一个十分复杂的人物，具有双重性质：一方面是受害者，她最初是郭举人的小妾，主动诱惑黑娃而委身于他，后来随黑娃来到白鹿原安家，始终没有寻找到自己在家族与家庭中的位置；另一方面也是小人，如委身于鹿子霖，又作帮凶帮鹿子霖去引诱白孝文，成为白嘉轩心头之痛。她有软弱善良的一面，也有叛逆丑恶的一面。她经历过封建礼教的摧残，譬如在祠堂让人用刺刷打得鲜血直流，直到被鹿子霖占有，她都有不甘心、不气馁的心理，也有以牙还牙、主动报复的勇气，"发出了千百年来被压迫、被损害、被欺侮的女性最高亢的反叛之音"[①]。但她缺少文化和道义的支撑，往往因为人生格局的短视与狭窄而成为宗族争斗的工具，成为无畏的牺牲品，抑或是令人惋惜的祭品。黑娃与田小娥在白鹿原上站不住脚，外因似乎是白嘉轩不让他们进祠堂祭祖成亲，不得不像外村人一样游离于白鹿村周边。在纲常伦理之外的灰色地带，田小娥在白、鹿两家的大家族中掀起了阵阵风

---

① 吴鸿雁：《女性主义视角下〈白鹿原〉中的民族命运》，《名作欣赏》2019年第17期。

浪，特别是在白孝文的堕落上负有主要责任。长工鹿三出于忠义，挺身而出，杀死了他从没有承认过的儿媳妇田小娥，成为小说中最大的看点之一，也是一个疑点。如何判断其中的是非曲直，成为考验人心与人性的试金石。从百姓的角度来看，是是非非显然没有那么森严绝对，而是具有摇摆性、反复性，比如鹿惠氏、白吴氏临死之前都化成了冤魂来控诉。在这些妇女们看来，她们有同情田小娥的心理与情感倾向。田小娥化为冤魂附身在鹿三身上，也是如此。最后，永久性镇压住田小娥的冤魂以后，鹿三得以解脱。但这件事也成为了他一生的分水岭，他失去了原有的勤俭、反抗、坚定的精气神，再也没有好转过来。在瘟疫叙事的始终，白嘉轩的形象当然是最为典型的。他的身上有冷漠、刻板、不肯通融的一面，田小娥的种种悲惨经历自然也有他推波助澜之故。在各人物身上，善良与丑陋、正义与邪恶并存，只是所占比例不同而已。白嘉轩的胜利，表面来看是家族道统的胜利，是中国儒家礼教的胜利，实际上也是乡村权力的胜利，是乡土民间家族势力蔓延与泛滥的胜利。作为小说中的一个最重要节点，白鹿原上的众生相既可往前追溯，也可往后延展，其人物的性格与命运也由此可见端倪，譬如鹿三最后风烛残年之画面、鹿子霖最终因疯而悲惨死去……由此可见，在这段瘟疫书写中，没有无缘无故的情节，而是将瘟疫内化于乡土社会的人伦与人性之中，以便凸显人物性格和进一步推动情节的发展。

再次，瘟疫叙事的叙事伦理，在美学内蕴上借人鬼之争凸显出来。这一伦理带有二元化对立的魔幻色彩，让人在亦人亦鬼之间惊叹于作者的匠心妙想；同时，凭借人与鬼的斗争及其结果，小说接续了中国文学此类叙事的传统。向死而生，或者虚构死亡之存在，直抵民间信仰的核心地带。在中国文学经典的传统里，鬼魂的存在一直络绎不绝，甚至成为显赫的存在。对死亡的书写，寄托着生者生存于世的某些真相。在乡土世界里，乡村的贫穷、封闭、破落以及愚昧不断重复，沿袭千年。由死亡而反观生存，人性的善与恶、公与私由此形成鲜明的对比，传统乡民的亲情、人伦仍然在日常伦理的常与变中得到鲜明的彰显。至于白嘉轩，固然有其冷血和固执的一面，但生生不息的是一种直面死亡的人格力量。在剧烈的冲突和斗争中，他背后站着传统正义的道德力量，站着某种科学的力量，站着不信邪、不怕邪的力量。和鬼邪势力斗争到底、让厉鬼万世不得翻身的决心，是一种不可多得的信仰。不得不说，这在魔幻中更多是现实的一种隐喻。在二元对立中揭露瘟疫的非鬼式真相，白嘉轩有作为乡村灵魂人物的独立思考，是民间审美文化中的仁义之化身。这中间既有道德的高度，也有人性的宽度。被公公杀害的田小娥，生前不如意，死后也不甘心。作为冤魂，她在扩大化的报复中寻找到快感，依托别人的肉身寻找到自身存在的价值与意义。但终究邪不压正，正义之塔像乡村世界中的诸多塔建筑一样，成为乡村伦理世界的外化之物。

灾荒的实际影响,或是促成社会变乱,或是招致经济衰落①。在《白鹿原》的瘟疫叙事中,两者皆存。在虚构与真实之间,叙事伦理的背后有一种周而复始的重复、惯性。疫情过后,人们又恢复了往日的生活,活着的人更好地活着,代替死去的人守望在世上。"上族谱"则成为一种象征,把活生生的人变成小小的牌位。类似的悲剧给人一种熟悉与陌生交错的感觉——悲哀、麻木、虚无,在重复交叉的无数悲剧的剧本中,一次又一次重复过去的伤口。《白鹿原》中的瘟疫叙述,只是形象地记载过去的人和事,虚构不同的人物形象和历史之间的关系,最终归于尘埃。瘟疫让社会暴露了人生百态与生存真相,轻浮的表述是不恰当的,煽情的叙述,同样也是不适合的。

结　语

对特定历史阶段的瘟疫书写,建构了现实主义文学的重要侧面。《白鹿原》以其历史的厚重、真实和高度浓缩著称。正因为此,这部小说的瘟疫叙事以白鹿原上百姓的生死为背景,涉及普通百姓的日常,虽然在小说中交叉了人与鬼的斗争,杂糅了迷信与愚昧的成分,但总的来说,写出了百姓承受瘟疫的人生百态。总而言之,作为核心的情节,瘟疫书写在《白鹿原》的不同章节中前后都有所勾连,在邪不压正的结构下形成了一条完整的故事链,上面拴着人物,映射着人性的光泽。瘟疫叙事是《白鹿原》中人物形象与性格的重要支点,凸现了明与暗、正与邪,也大写着不变的人心与人性。

(作者单位:贵州师范大学学报编辑部)

---

① 邓云特:《中国救荒史》,商务印书馆2011年版,第107-160页。

共和国文学研究

文学史视野下"70后"作家的小镇书写[①]

聂章军

小镇已经成为"70后"作家的文学地标。徐则臣的花街、鲁敏的东坝、张楚的桃源镇、艾玛的涔水镇、魏微的微湖闸、阿乙的红乌镇、梁鸿的吴镇、哲贵的信河街、薛舒的刘湾镇、朱山坡的蛋镇、计文君的均镇……众多"70后"作家中的代表人物,都有优秀的小镇文学创作。一方面,因为众多的"70后"作家出身于乡镇,他们对于小镇有着深刻的人生、情感体验;另一方面,随着改革开放后中国经济的迅速发展,小镇作为城乡之间的中间地带,其独特的地位与属性愈加凸显。出生于"革命"与"改革"过渡时期的"70后"一代人,与位于乡土文明与商业文明交界地带的小镇,二者"中间物"的特殊性使"70后"作家的小镇叙述具有独特的美学特质。以文学史的视野来考量"70后"作家的小镇文学,有助于反思21世纪以来的中国文学创作以及对"70后"作家的评价问题,并能提供观察城镇化进程与中国文学发展脉络之关系的独特视阈。

一、孤独与幻灭:城镇化进程中的人与世界

如果为所有"70后"作家的小镇文学创作,乃至全部非城市出身的"70后"作家创作,概括一个共同的主题,那就是"进城"。改革开放带来了前所未有的机遇,渴望改变命运的年轻人开始涌入城市。"70后"是伴随着改革开放和中国社会经济转型而成长起来的一代人。在进入社会的青春岁月,"70后"赶上了90年代中国的深化

[①] 本文系河北省研究生创新资助项目"70后作家的'小镇'想象与身份建构研究"(CXZZBS2019010)的研究成果。

改革和大规模人口流动。与此同时，中国的城镇化开始高歌猛进，城镇人口所占比重逐年提升。进城成为了小镇青年的梦想与时代的主题，这也注定了"70后"一代人与中国改革开放的进程紧密相连。

进入城市，通过奋斗改变身份和命运的主题，出现在几乎每一位乡镇出身的"70后"作家笔下。阿乙的《模范青年》中，去大城市是周琪源一生念兹在兹的梦想，直至含恨而终；朱山坡在文集《十三个父亲》的自序《如何把全镇的诗集买光》中，表述了爱诗的小镇少年如何渴望外出去实现自己的文学梦；徐则臣的《耶路撒冷》中，花街少年们在北京做着办假证、卖盗版盘等非法买卖，筚路蓝缕、居无定所，只为在大城市有自己的一席之地；路内的《雾行者》以宏大的地理版图，刻画了一个个在城镇中奋斗的底层群像；鲁敏的《六人晚餐》中，在厂区长大的林晓蓝一直梦想着走出去，在不离不弃的爱人和远方之间，理性让晓蓝选择了后者；张楚的《骆驼到底有几个驼峰》用超现实的叙事，写出了县城中的花花世界给一个农村小姑娘带来的震撼；盛可以的《北妹》中，"北妹"们（从广东以北来到广东的打工妹）忍受着艰苦、枯燥的工作，只为有朝一日可以过上更好的生活；畀愚的《通往天堂的路》里，孙一定的儿子想要通过火葬场的生意发财，没想到自己先死在了实现梦想的路上；李凤群的《大野》、柳营的《姐姐》、计文君的《开片》、黄咏梅的《瓜子》、乔叶的《紫蔷薇影楼》、魏微的《异乡》，都是讲述女性为了改变命运的逃离与努力；杨遥的《弟弟带刀出门》、梁鸿的《美人彩虹》、李云雷的《纵横四海》、马笑泉的《打铁打铁》、薛舒的《唐装》、黄孝阳的《人间值得》的共同主题是小镇青年的奋斗。

然而奋斗和努力不一定带来成功。当这个社会、国家在飞速发展，自己却在原地踏步，甚至向下沉沦，孤独与幻灭感便出现了。"70后"导演贾樟柯的电影《任逍遥》讲述了世纪之交中国的小镇青年。其中有这样一个镜头：小镇青年小季骑着摩托车，面前出现了一个小小的土坡，这时摩托车熄火了，他一遍遍尝试，却始终无法跨越这个微不足道的难题。年轻人往往会觉得自己无所不能，骑上摩托车便可以去这世界上任何一个角落，然而现实却是残酷的。"70后"一代人的成长伴随着中国社会的转型与经济的飞速发展，在遍地都是机遇的世纪之交，很多小镇青年并没有能够乘上那列名为发展的"列车"。于是，便有了"70后"作家小镇文学中一个个富有悲剧性的故事。盛可以的《时间少女》可以称为中国小镇版的《德伯家的苔丝》。女主角西西出身农村，不幸的家庭给她带来了不幸的童年。一个偶然的机会，西西来到小镇工作，并爱上了在城中读书的傅寒。但之后为傅寒堕胎的经历，让西西渐渐明白，出身带来的差异如鸿沟般将她和小镇隔绝开来。还有一些小镇青年则在奋斗之路上误入歧途。马笑泉的《愤怒青年》中的主角楚小龙，十几岁便来到县城讨生活。无依无靠的他加入了当地的帮派，从此和地痞流氓混在一起。楚小龙是一个讲原则的年轻人，他自以为可以靠着好勇斗狠、打架卖力而出人头地，却没想到在如今的时代，道义在金钱与权力面前早就不值一提。随着楚小龙被手下和大哥背叛，他自己最终也难逃法网。此外，阿乙的《模范青年》中的周琪源一生被困在小镇中；石一枫的《小李还乡》中那位昔日的有志少年小李，"衣锦还乡"之时已沦为诈骗犯；李凤群的《大野》中的在桃，走出小镇，却绕了一圈又回到了原点。如同司汤达笔下《红与黑》中一念天堂、一念地狱的主角于连，由奋斗后的失败所带来的孤独与幻灭感，是一代想要实现阶层跃迁而不得的小镇青年的心灵写照。

这种小镇青年们在高速城镇化进程中的孤独与幻灭感，其外在表现形式便是个人与世界的对抗。当这个世界在飞速发展，而"我"却裹足不前，"我"与世界之间便会产生剥离感，仿佛世界与"我"为敌，"我"在对抗整个世界。田耳的《一个人张灯结彩》便讲述了一位哑巴对于世界"无声"的反抗。女哑巴小于爱上了罪犯钢渣，两位小镇底层的孤独者彼此温暖着对方。钢渣为了哑巴而去抢劫，没想到却失手杀了人，而死的人恰好是哑巴的哥哥。钢渣在入狱前曾与哑巴约定一起过春节，在大年三十晚上，哑巴自知钢渣已经无法赴约，还是固执地一个人在家里挂满了红灯笼。哑巴小于和罪犯钢渣都是这个世界里孤独的边缘人，他们以各自的方式反抗着世界，一个选择无言的抗争，另一个则选择做炸弹这种极端的手段，让所有人都听到他们的声音。人类的悲欢并不相通，一个人张灯结彩的哑巴小于并不渴望他人的理解，她只是孤独地在对抗整个世界。计文君的《无家别》中，"我"的朋友、同事、师长及身边的一切人都在"前进"，而"我"却在不断"后退"。主角史彦从乡村来到小城均州，又通过考博来到北京。几乎实现了人生"逆袭"的史彦却不愿承受大城市的压力，深觉"长安居，大不易"，选择了回家乡的学校教书。然而家乡的生活同样充满坎坷，史彦在学校中遇到了各种困难，无法立足的他最终辞职回乡。没想到村子正在拆迁，昔日村里的600多户人家，如今只剩他们一家。在这个飞速发展的世界中一路后退的史彦，终于发现自己已无路可退，甚至无家可别。史彦用退让的方式避免一切的抗争。在面对学校的压力时，他选择辞职而不是据理力争，这又何尝不是另一种抗争的方式，只是这种方式同样注定无果。在一次次后退中，史彦走向孤独与幻灭。

中国改革开放取得的经济成就举世瞩目，从农业国发展为城镇化率过半的国家，城镇常住人口逐年上升。改革开放、城镇化、小镇青年、大规模人口流动、打工潮、下海潮、机遇与挑战，这些是属于20世纪八九十年代及世纪之交中国的关键词。这些关键词又对应同样一个主题——进城。"70后"一代人的成长伴随着中国的社会转型，时代氛围督促着他们通过奋斗改变自身命运。他们之中的一些人实现了阶层跃迁，还有一些人在小镇中蹉跎岁月。"70后"作家的小镇文学关注到了这些群体，对他们的幸福与痛苦、心结与留恋、憧憬与幻灭以及精神世界的展现构成了"70后"作家小镇文学的独特美学特质。

二、绝望与虚妄间的小镇体验

生活环境可以塑造人的性格。分别成长、生活在乡村、小镇、城市的人，其对于生活的态度，对于当下与未来的看法，都会有所不同。小镇生活的特点在于，一方面不需要像农村面朝黄土背朝天地辛苦劳动，另一方面，又不像大城市有着数不尽的未知与诱惑。在小镇中，衣食无忧的同时，生活乏善可陈。小镇生活会影响一个人对于世界的感知。对于那些长期生活在发展缓慢的小镇中的人而言，这个世界可能是一成不变的，或者说世界的飞速变化发展与他已不构成关联。小镇文学自然离不开对小镇生活的描写，而在"70后"作家笔下，他们着力塑造的是小镇生活环境如何影响一个人的世界观、价值观，在生命的欲望与虚妄之间描绘小镇人的绝望与希望。具体而言，表现在三个方面：

首先是小镇生活的无聊与琐屑造成的小镇人精神世界的困境。阿乙经常谈到，小镇中的生活会带给他一种压抑感——

> 有一天，艾国柱、副所长、所长、调研员四个人按东南西北四向端坐，鏖战一夜后，所长提出换位子，重掷骰子。四人便按顺时针方向各自往下轮了一位。艾国柱就是在这一刻看到了他极度无聊的永生：20岁的他变成了30岁的副所长，30岁的副所长变成了40岁的所长，40岁的所长变成了50岁的调研员，头发越来越稀，肚皮越来越鼓，眼睛越来越浑浊，一根中华烟抽灭了，点起烟屁股继续抽①。

所以，阿乙总是致力于描写小镇中"令人窒息"的生活。《自杀之旅》中的张家民有一桩不幸的婚姻，婚后生活让他感到空虚与无聊至极。于是，几乎是"顺理成章"的，张家民打算自杀。然而他的"自杀之旅"却充满坎坷，好不容易快到目的地了，又经不住诱惑想要嫖娼，结果被警察抓了现行。小镇生活给张家民带来的不只是无聊，还有屈辱。阿乙的另一篇作品《在流放地》中，身为民警的"我"在一个偏远的小镇工作，这里还有另一位因犯错而"流放"至此的民警老王。"我"与老王以打牌度日，在无意义的牌桌上无意义地争强好胜。被无限延长的牌局，仿佛小镇人不断重复的生活。日复一日的庸常生活也会让人对自身的独立性与自主性产生怀疑。曹寇的《在县城》通过对几位年轻人混乱的情感关系的描写，表现了小镇青年贫瘠的精神

---

① 洪鹄：《杀手阿乙》，《文学界》（专辑版）2012年第6期。艾国柱为作家阿乙本名。

生活。李芫、张亮、王奎、高敏、罗婷燕等人，有的在搞婚外恋，有的想和原配离婚，有的表面想离婚却不愿真正离，有的只不过是在扮演着朋友或情人。他们彼此之间浅薄而微妙的情感随时有可能开始或结束，而且没有人会真正在乎。曹寇仅仅通过几个人的谈话，便塑造了苍白与虚无的氛围，表现了小镇生活残忍的真相。

其次是因在小镇中对世界的发展变迁置身事外，从而产生的一种局外人心态。阿乙的《下面，我该干些什么》中的主角被称为"21世纪的'多余人'"。故事讲述了一位19岁的少年因为无聊，突然决定杀一个人，因为他觉得生命没有意义，想要在杀人与逃亡中摆脱这种空虚与孤独感。当"杀人游戏"后的逃亡也不能给他带来刺激，少年便主动自首了。有时，这种局外人心态不是以个体，而是以群体的方式出现。曹寇的《小镇夜景》就讲述了这样一种"局外人症候群"。赵塘镇中的女老师梁小春失踪了，梁小春的表姐和"我"、李黎、赵志明开始"紧张地"搜寻。这个貌似带有侦探破案色彩的故事却演变为一场闹剧与狂欢。事情的真相是，梁小春不过就是自行车爆了胎，而且和寻人小队擦肩而过。焦急的寻人事件却反映出人际关系的冷漠，几名男青年从始至终都并不在乎失踪的年轻女老师，他们只想着和漂亮的表姐调情。甚至表姐这位发起寻人的亲属，也逐渐在这场寻人游戏中窥见自己内心的冷漠，表面的心急如焚也无法掩盖她其实也是"局外人"的事实。在另一些故事中，局外人心态是他们与世界抗争的方式。梁鸿的《一朵发光的云在吴镇上空移动》中，吴镇少年阿清看到了一朵发光的云，为了离那朵云更近，他选择"与世隔绝"，生活在树上。久而久之，阿清的嘴里长出了嫩芽，身上长满了霉菌，变成了名副其实的"树人"。但树上的阿清自以为远离尘世，更接近象征美好的那朵发光的云，没想到因为在树上可以俯瞰一切，他看见了小镇中种种肮脏龌龊的勾当。最终，阿清还是从树上下来，与世俗"同流合污"，并且拒不承认自己有过那样一段树上的生活。在剧烈变革的社会中，总有人本能地抗拒一切变化。改革开放后的中国语境中，拼搏奋斗、追逐梦想成为文学、影视中叙事的主流，但那些在变革面前无所适从的人、小镇中的"遗弃人"、边缘者与局外人，他们的精神世界同样值得关注。

最后是小镇文学塑造的一个个"小镇畸人"形象。无论何时何地，每个人都需要活下去的动力，即支撑自己生活的某种信念。小镇生活往往平凡无奇，甚至无聊、乏味，置身其间的人就需要抓住一个理念，使自己不至于被遗弃在精神的荒原。正如美国作家舍伍德·安德森在其代表作《小城畸人》（又名《小镇畸人》）中写道："一个人一旦拿走一个真理，就称之为他的真理，并且依照这个真理生活，他就变成一个怪癖的人，而且，他所拥抱的真理就变成谬误。"① 安德森在小说中塑造了一个个拥有

---

① ［美］舍伍德·安德森：《小城畸人》，刘士聪译，人民文学出版社2011年版，第3-4、49页。

某种"怪癖"的小镇人物,类似的"小镇畸人"形象也频繁出现在中国"70后"作家笔下。张楚在成为全职作家前是小镇中的公务员。对青年张楚而言,"灰扑扑"的小镇是用来逃离的,"我知道,一切都结束了,热的血,干净的体液和皮屑,明朗的理想主义,明媚的光芒四射的青春,这所有的一切,都将会消散在县城散发着纸浆味道的空气里,消散在乡村纳税人的喧闹声中"①。张楚作品中的小镇人往往具有某种精神病态,如《七根孔雀羽毛》里在放浪和颓丧中自甘堕落的宗建明,《刹那记》里对女儿漠不关心、对丈夫充满猜忌的裁缝母亲,《梁夏》里偏执的梁夏与深陷情欲和报复之中的三嫂,《夏朗的望远镜》中对女儿、女婿有着变态控制欲的方雯父亲……他们性格中的畸形与残缺正来源于其小镇生活。"小镇畸人"也并非一定意味着某种病态,那些偏执、诡异的行径,可能不过是他们平淡生活中的某种精神寄托。当这种寄托被打破,生活也就失去了意义。梁鸿的《许家亮盖屋》里的许家亮是吴镇中的老单身汉。他有多次上访的经历,镇领导吴保国骂许家亮是地老鼠,只知道捣乱要钱。许家亮气不过,便真的当起了"地老鼠",在自家地下挖了一个大洞,住了进去。这种离奇的行径自然惹恼了镇领导,而这正是许家亮想要看到的。许家亮还在洞中正中央挂起了领袖像,他这种荒诞的抗争实际上已经成为其生存下去的精神支撑。

　　小镇生活之所以在"70后"作家笔下充满颓废与绝望,是因为在改革发展日新月异的中国,"到城市去"成为时代的主流。在这样的氛围下,尤其对于年轻人而言,逃离小镇几乎成为他们共同的选择,奋斗之路停留在小镇也往往是迫不得已。尽管如此,"70后"作家虽然竭力渲染停滞、庸常、琐碎的小镇生活,其实也旨在戳穿生活的真相,乐于去承担自己的命运和生存状况。正如罗曼·罗兰所言,"世上只有一种英雄主义,就是在认清了生活真相后依然热爱生活"②。不逃避现实,直面世界的荒诞,这样或许可以在平淡中创造一点人生价值。阿乙也曾这样说:"人们善待了讨好的喜鹊,却驱赶带来凶讯的乌鸦。可是乌鸦走了,不幸还是会照样降临。而且,我恰恰觉得,人们只有对自己的内心坦诚,去认清那些本就存在的结局、宿命,才会在绝望中清醒,才能走上自我找寻的道路。在这点上,我是加缪的信徒。"③ 正如诺贝尔文学奖得主 V. S. 奈保尔在《米格尔街》中塑造了一个个平凡的小人物,他们在绝望与忧伤中依然把生活过得有滋有味。他们兴高采烈地过着一成不变的生活,因为生活才是高于一切的法则。

---

　　① 张楚:《野草在歌唱——县城里的写作者》,《文学港》2014 年第 12 期。
　　② [法]阿尔贝·加缪:《局外人·鼠疫》,郭宏安、顾方济、徐志仁译,译林出版社 2013 年版,第 23 页。
　　③ 洪鹄:《杀手阿乙》,《文学界》(专辑版)2012 年第 6 期。

三、作为"历史中间物"的小镇与"70后"作家

"历史中间物"的概念是鲁迅在写于1926年的《写在〈坟〉后面》一文中提出的。鲁迅说:"一切事物,在转变中,是总有多少中间物的。动植之间,无脊椎和脊椎动物之间,都有中间物;或者简直可以说,在进化的链子上,一切都是中间物。"① 鲁迅的"历史中间物"意识是在现代中国中西文化碰撞交融的大背景下形成的,关于其内涵与价值,论者已多有探讨。笔者在这里引述黄健教授的观点——"历史'中间物'不属于任何一种文化体系,但又始终保持着与不同文化的内在关联。他们的意识往往能够超越于一种文化的意识之上,能够以更客观、更公正和更科学的视野及价值标准,更强和更旺盛的文化创造精神来沟通不同文化之间的联系,促进文化间的融合"②。它同时承受着两种社会文化,又不单独归属于其中的某一种。这种"在而不属于"的状态,在一定意义上与小镇和"70后"作家的文化形态、文化品格相契合。小镇位于乡村和城市之间,而"70后"一代人处于"革命"和"改革"之间。可以说,小镇和"70后"作家都承担着"历史中间物"的使命与责任。

改革开放是小镇和"70后"作家承担起"中间物"角色的关键因素。改革开放带来了中国的社会转型,新、旧两种文化的交替引发了诸多震荡。"70后"是中国伴随着改革开放出生、成长起来的第一代人,他们深刻感受着这一历史进程。同时,"70后"处于"革命"与"改革"之间,在新、旧时代夹缝中的他们,自身也面临着心理认知的矛盾,两难的尴尬也由此而来。不过也正因为此,"70后"作家对于转型期的文化、心理断层有着深刻的认知。通过对于故乡小镇的叙述,"70后"作家着力于描写的便是转型时期人们的文化断层、心理断层。当旧的理想被粉碎,人们在新的社会意识中摇摆不定,在那些跟不上时代节奏的人身上,作家的思辨、文学的丰富内涵与多元性正得以体现。阿乙就曾说过,他的作品是"来书写县城的生活,来书写压抑的小城人,来书写一种科技时代的遗弃人"③。在谈论自己的长篇小说《早上九点叫醒我》时,阿乙说主题有两个,一个是他印象中的乡镇没有了,另一个是乡镇里有性格的人没有了。主角宏阳活着的时候一言九鼎,死后便一文不值,连下葬后的棺材都被打开。在新旧交替的时代,总会有一些东西消失,另一些东西出现。薛舒的"刘湾镇系列"作品刻画了浦东小镇的发展变迁,直至最后被融于上海。《唐装》中通过唐装

---

① 鲁迅:《写在〈坟〉后面》,《鲁迅全集》(第一卷),人民文学出版社1981年版,第286页。
② 黄健:《历史"中间物"的价值与意义——论鲁迅的文化意识》,《学术交流》1998年第4期。
③ 舒晋瑜:《阿乙:一个作家的权力在于他的作品》,《中华读书报》2014年2月7日。

的流行与没落,到再度风行,以时尚潮流的转变写人心、道德的改变。回到老家却找不到祖坟的一家人,寓意着文化、心理层面的断裂。《那时花香》写由小镇拆迁带来的官、民之间的斗争,"那时花香"的题目透露着作者对于昔日故乡的无比眷恋。肖江虹的《蛊镇》等作品则独辟蹊径,通过镇里的年轻人都奔向城市、传统的巫傩制蛊之术后继无人,抒发作者对于生命本能的呼唤以及对于自然的迷恋与敬畏。《悬棺》中,蛊镇中的人死后棺材不下葬,而是悬于断壁残垣之间,因为他们的祖先远道而来,渴望有朝一日能够重返故乡,所以棺材都冲着故乡的方向。可是,由于地区旅游的开发,镇民们被迫放弃了悬棺的习俗,由此表达了在变革的年代,作者对于农耕文明的留恋和对城市工业文明的质疑与反思。

"70后"作家之所以多选择小镇作为书写"革命"与"改革"交界时代的背景空间,书写社会转型期的文化、心理断层,是因为小镇本身也处于乡村和城市两种文明的断层之中。曹寇的《小镇夜景》中有这样一段描写:

也就是说,当夜幕降临,全赵塘镇陷入黑暗的时候,独有镇中心这么一块地方灯火通明。这里的人跟村子里的人不能说是生活在两个世界,但可以说他们生活在两个时间概念里。此时此刻,村里人大多已洗脚上床呼呼大睡,而镇上的夜生活刚刚开始,正如火如荼[①]。

小镇里灯火通明,夜生活刚刚开始;而一旁的村子里早已漆黑一片,村民都入睡了。同一个世界却产生了两种不同的时间概念。作者在有意无意间写出了小镇生活中的断层。农村与城市两种不同的文明在小镇中交汇,小镇居民也深刻感受着其中的差异。改革开放带来的变革是全方位的,在多元文化交融的小镇之中,更便于全景式地展现这种变革。

综上所述,这便是"70后"作家、改革开放、小镇叙述与"历史中间物"意识的契合点所在。在某种意义上,这四者都是断层、转型或发展的一部分。在论及"70后"作家群时,论者或冠以"中间代写作"之名。"中间代"意味着转型,意味着承前启后,这也是其独特性所在。伴随着中国的社会转型而成长起来的"70后"一代人,与生俱来地担负起在复杂的精神变迁中,充当新、旧两种文化、两个社会的"联络官"。在鲁迅那里,"历史中间物"意识的意义在于自我反省与把握现在。这也是"70后"作家最需要做的事。也许在目前看来,"70后"作家还没有取得公认的文学成就,但一代有一代之文学,中华文脉不绝,"70后"作家全面进入文学史也只是时

[①] 曹寇:《小镇夜景》,《文学教育》(上)2008年第11期。

间问题。恰如徐则臣所言,"70后作家写得如何,我说了不算,但有一点可以肯定,我绝不相信延续在'50后'、'60后'身上蓬勃的文学才华,会在10年或者20年后的一代人身上突然集体萎缩掉。也许'70后'已经做得很好,也许'70后'的路还很长,这要留待时间去定夺"①。

四、小镇文学地理:通向世界文学的可能性

中国文学如何实现"走出去",是长久以来困扰中国文坛的重要问题。200多年前,歌德曾畅想一种普遍的、跨民族的、跨国界的世界文学。在全球化日益发展的今天,世界文学从一种畅想逐渐变为现实。中国文学如何打通通往世界文学之路,也一直是作家、评论家们关注的焦点。民族国家间的文化隔阂是客观存在的,如何实现超越文化隔阂的写作,让中国故事具有"世界品性"就成为通往世界文学的关键。

民族的就是世界的,建构故乡的文学地理一向是"地方故事"通往世界文学的有效途径。福克纳、马尔克斯等享誉世界的作家对故乡文学地理的打造,给新时期的中国作家以启迪——一个民族的文化、精神、历史可以浓缩进一个小小的文学王国,借此反映一个民族,乃至全人类的普遍问题。在中国的"50后"、"60后"作家笔下,他们往往通过某个狭小的乡土地理空间,将百年中国的大事件,如革命战争、抗日战争、解放战争、"反右"、三年困难时期、"文化大革命"等融入其中,以地方故事来讲述"中国故事",如莫言的《丰乳肥臀》和《生死疲劳》、张炜的《古船》、阎连科的《日光流年》和《受活》、贾平凹的《古炉》、刘震云的《故乡天下黄花》等。

中国人的故乡情结是根深蒂固的,建构家乡的文学地理也延续到了"70后"作家这里。当然,新的时代也有了新的命题。对于"70后"作家而言,他们对于"革命年代"并没有深刻的记忆与感悟,改革开放与中国的社会转型才是伴随他们成长的关键因素。于是,便有了徐则臣从花街到北京的故事,鲁敏作品中东坝的人性良善与城市的人性异化,阿乙笔下红乌镇的治安与道德的倒退,张楚那个桃源镇从"灰扑扑"变得光怪陆离,艾玛文学世界中一切都在发生变化的湖南水乡小镇,朱山坡那里充满隐喻性的山雨欲来的蛋镇……由改革开放带来的家乡小镇的种种经济、社会、文化、心理变迁,在"70后"作家笔下一一呈现。如果说"50后"、"60后"作家们是通过打造故乡的地理空间,以浓缩共和国的"革命史","70后"作家就是通过对城乡之间小镇的建构,书写中国的"改革史"。

如前文所述,"70后"作家的小镇叙述中着力描写的是转型期中国在飞速发展中

---

① 徐则臣:《别用假嗓子说话》,《长江文艺》2018年第10期。

的心理断层、文化断层。如果以世界文学的视野来看,这种对于过渡时代以地域空间进行缩影式的描写,其中的"中国故事"看似特殊,实则具有超越地域文化的人类普遍性。类似的描写方式在世界文学的经典作品中也常常出现。辛克莱·刘易斯的《大街》、舍伍德·安德森的《小城畸人》、奈保尔的《米格尔街》、卡森·麦卡勒斯的《伤心咖啡馆之歌》、约翰·斯坦贝克的《罐头厂街》、威廉·福克纳的《喧哗与骚动》、尤多拉·韦尔蒂的《金苹果》、巴尔加斯·略萨的《绿房子》、马尔克斯的《百年孤独》等等享誉世界的小说,都是以小镇为叙述空间,或浓缩民族国家的百年历史,或书写在变革年代不合时宜的边缘人与孤独者,或以沉闷、荒诞的小镇集中展现人类精神世界的异化。将中国"70后"作家的小镇文学和世界文学范畴内的经典小镇文学进行对比,至少可以发现以下3个共同点:

第一,书写一个国家在社会经济飞速发展时期的小镇变迁。考察欧洲、美国和拉丁美洲的历史可以发现,很多国家在步入近现代文明之后,于工业革命后的某个时期迎来了社会经济的急速发展,如英国的维多利亚时期(19世纪中后期)、美国的"镀金时代"(从南北战争结束到20世纪初)、拉丁美洲的"黄金时代"(1900年前后)。在一个民族国家社会经济高歌猛进,甚至达到繁荣顶点的时期,置身其间的人会充满乐观与自信;而在局外人眼中,会无比好奇这个国家经历了什么。以拉丁美洲为例,阿根廷、墨西哥、智利等国家在19世纪中后期实现民族解放之后,迅速进入了经济、文化发展的新阶段,并在20世纪初走向繁荣。马尔克斯的《百年孤独》中写到了马孔多小镇的"香蕉热潮"时期,牲畜们疯狂地繁殖,农作物不分昼夜地生长,小镇终日狂欢,布恩迪亚家宴席不断。经济发展之快,以至于马孔多的老居民每天都要重新认识自己的家乡。巴尔加斯·略萨的《绿房子》写到,落后的小镇皮乌拉迅速发展为一个现代化的城市,上流人士过着醉生梦死的奢华生活,底层的人们仍然处于水深火热之中。如今,中国也来到了一个"炸裂"发展的时代。改革开放40余年来,中国经济建设取得的成绩举世瞩目。书写这个期间到底发生了什么,归纳其中的兴衰冷暖,便是使"中国故事"获得普遍人类意义的途径之一。

第二,将小镇作为两种文明过渡时期的典型缩影。在18、19世纪的欧美小镇文学中,小镇尚属于乡土世界的一部分,一度是田园牧歌般的理想寄托——安逸,优雅,衣食无忧,朴实无华,且富有情调。但随着工业文明的到来,人类历史上前所未有的高速城镇化开始了。铁路、汽车、电话、工厂等工业科技时代的产物开始出现在小镇中,处于城乡之间、相对保守的小镇开始遭受新时代的冲击,田园理想迅速破灭,一些小镇甚至逐步发展为城市。工业化也并非一味带来进步。在新、旧两种文明的过渡转型时期,旧的道德体系开始崩溃,新的道德理念和行为规范尚未形成。在道德的真空期,精神危机、社会危机便会出现。以美国的小镇文学为例,辛克莱·刘易斯的

《大街》的背景是20世纪二三十年代的美国中西部小镇。那是美国经济空前发展的时期，高度的商业化也带来了种种问题。《大街》便批判了由物质崇拜、功利主义所带来的种种社会黑暗面，辛辣地嘲讽了小镇中的狭隘与鄙俗。卡森·麦卡勒斯的《伤心咖啡馆之歌》系列小说描写了20世纪上半叶的美国南方小镇。在步入现代化的进程中，许多保守的南方人逐渐丧失了信仰。麦卡勒斯通过典型的南方小镇，展现了这一时期美国人的精神、信仰危机。将以上作品和中国"70后"作家的小镇文学对比，可以发现其内核多有相似之处。前者描绘的是美国在由农业、手工业文明步入工业、商业文明时期的道德失范、社会失序，而中国的"70后"作家书写的是由"革命"进入"改革"的年代，以小镇作为时代缩影，表现出的物质、精神变迁。叙述两种文明交替的过渡时代，是中国文学对话世界的有效方法。

第三，以人物群像的方式，书写小镇中不合时宜的孤独者与边缘人。群像式的为小人物立传的小说写作方式由何时出现已难以考证，不过却集中出现在中外小镇文学作品中。奈保尔的《米格尔街》中，下层民众平凡、病态，日复一日地沉闷绝望，却又兴高采烈、充满热情地生活着；舍伍德·安德森的《小城畸人》中，一个个有着某种怪癖的孤独者，靠着拥抱某种奇怪的信念而执着地活着；约翰·斯坦贝克的《罐头厂街》中，一个个普通的流浪汉，这群底层的边缘人，过着艰苦的生活，虽处逆境却仍然自食其力、热爱生活。类似的写作方式也大量出现在中国"70后"作家的小镇文学之中。徐则臣的"花街系列"、鲁敏的"东坝系列"、艾玛的"涔水镇系列"、马笑泉的"愤怒青年"、薛舒的"隐声街系列"、张楚的"桃源镇系列"、计文君的"均镇系列"、梁鸿的"吴镇系列"、哲贵的"信河街传奇"、田耳的"佴城系列"等作品，都是在小镇空间中书写小人物的人生百态。群像式的书写方式在"70后"作家笔下不约而同地集中出现，应该说，这样的文学现象并非偶然。在高速城镇化的进程中，处于城乡之间、农业与工商业之间的小镇所遭受的冲击和人事变迁极具代表性，值得关注。在一个个平凡的普通人身上，他们的情感、灵魂和人生困境是超越地域文化的。

诸多经典的世界文学作品已经证明，文学地理的建构是通往世界文学的有效途径。中国的"70后"作家在小镇中建立了自己的文学"根据地"，通过小镇中的人与事，表达着他们对于时代的思辨与感悟。这也实现了文学地理的超越性，使改革开放进程中的中国小镇获得了更广泛意义上的世界性。从文学地理的建构到对文学地理的超越，"70后"作家们通过自己的艺术探索为当代中国文学表现某种人类共通的情感体验提供了一种路径。从小镇视角表现转型期的中国，不失为中国文学通往世界文学的一种可能性。

（作者单位：河北大学文学院）

共和国文学研究

殉情叙事传统在当代小说中的继承与裂变

郭芷华

"殉情"是古今中外文学作品中的一个重要母题。古希腊悲剧《安提戈涅》中的海蒙在死神屋里抱着未婚妻的尸体自尽。罗密欧在被朱丽叶的美貌照亮的墓窟里用匕首结束了自己的生命。梁山伯与祝英台化蝶飞舞。莲妹与枣哥生不能与子同老,死变莲花合花苞。我国一些少数民族的行吟诗人①也把生生死死的爱恋当作咏叹的主题。"五四"新文化运动中,殉情叙事受节烈文化牵累,多少受到一些新文学家的非议,但是仍然有《命命鸟》这样将哲理和人性融汇在一起的作品产生,以一种现代观念的渗入延续着中国文学史上殉情母题的书写传统。对于殉情叙事的研究层出不穷,观点集中于对《孔雀东南飞》等古代殉情故事和现代文学中的相关叙事所呈现出的殉情原因、作品模式的整合,以及与此相对应的文化背景的阐述。不同时代的作品在表达同样的主题时,往往会在某些地方产生重叠,形成某种"原型",弗莱在《批评的解剖》中将其解释为"可以交流的单位"②。它犹如一个没有内容的形式,在不同时代的文学作品中被反复表达,以一种类似于约定性的模式呈现出来。作为一种具有极致诱惑力的让爱情叙事走向结局的方式,"殉情"在无数作家笔下得到呈现,展示出了文化的自发性与文学书写的继承性,并且在层累的创作中显示出了相对固定的叙事模式:相爱—干涉—殉情。随着时代的变化,殉情的主题及其书写中的要素往往在"继承"中包含着"裂变",那么它在当代文学中是如何被表现的呢?本文拟以当代小说为研究

---

① 哈萨克族的《萨里哈与萨曼》、《阿诗姆与哈里玛》、《莱依勒与玛居努恩》等爱情长诗,白马藏族民间故事《新娘鸟》和《阿拜波与娥曼妹》,维吾尔诗人尼扎里的诗《莱丽和麦吉侬》与《热碧亚和赛丁》等均以"殉情"作为结局。

② [加]诺思罗普·弗莱:《批评的解剖》,陈慧、袁宪军、吴伟仁译,百花文艺出版社 2006 年版,第 142 页。

对象，做出初步的探索。

一

如果说"相爱—干涉—殉情"是我国文学史上殉情叙事的一种总体模式，那么，在这种总体模式中，我们可以发现一个非常有意义的叙事环节——变形。每每故事中的人物选择殉情时，都令人悲不能止，但是作家往往转而述之，在人物殉情后，用"变形"的方式沟通了我们对于爱情想象中的最纯粹的永恒部分。"所谓变形，指的是文学创作过程中对客观对象的形态性质作有意或无意的改变。"[①] 在殉情故事中，人物殉情之后常常会幻化成其他形态，爱情也在其间长久永存。陆东美与妻子朱氏相重比肩，妻亡，东美不食而死，两只鸿雁常栖于墓间。韩凭夫妇相继殉情而亡后，梓木生于二冢之端，夫妇二人的精魂化为一对鸳鸯恒栖树上，交颈悲鸣，令人闻之感慨。在"夜莺恋着玫瑰，百灵恋着花儿"的维吾尔族，诗人将塔依尔与佐合拉至死难休的爱情化为坟头紧紧交织的玫瑰花与藤草。这些美丽的"变形"事件，在当代的小说中也常有精彩的想象与描写。

在徐小斌的《天鹅》一书中，主人公夏宁远和古薇因为身份、年龄以及种种阴差阳错的际遇而无法相守。故事结尾处，夏宁远不幸去世，古薇来到赛里木湖边，看见湖中有一只孤独的、晶莹的天鹅。她知道，这便是心心念念的爱人。于是，古薇向这世界做了最后一次回眸，便毅然走向湖心，走向生命中的"大欢喜"。《黄河东流去》中的雪梅死在洇河岸边的一棵大柳树下。蓝五找到雪梅的尸体后，选择在她身旁殉情。两人被合葬在洇河边朝南的坡上。第二年春天，洇河岸上有两棵柳枝吐出了茁壮的紫色嫩芽。王安忆也在《荒山之恋》的结尾处留下了一丝亮色。金谷巷女孩与男子前往荒山殉情，荒山的背阴处长出了一片郁郁葱葱的草丛。阎连科的《风雅颂》中，付玲珍无怨无悔地爱着杨科，希望死后能将杨科的贴身衣物与自己合葬，以求得"生不同衾，死则同穴"的爱情仪式。在玲珍出殡的那天，成群的蝴蝶落在她的棺材上。

这些带有神性的想象与表述使作品在字里行间带上了传奇性的色彩。"变形"书写，作为文化的情感固结，成全了千百年来文人骚客的爱情想象。随着现代主义、后现代主义崛起，浪漫主义由于它那无法被说清的内涵和理论边界而逐渐被作家和艺术家们舍弃。但事实上，浪漫主义元素依然穿梭于许多庄严肃穆的作品中。爱情，作为浪漫元素的一种，当它立在那里，便好似漫漫长稿中的一座艺术品，带着玫瑰般的香气绵延到人的内心深处，于缥缈朦胧间为作品镀上了一层微微的光晕。人类在对待感

[①] 胡有清：《文艺学论纲》，南京大学出版社1992年版，第182页。

情时,始终在心底保留了一份柔软的想象与期待。因此,仍然有许多作家愿意为殉情者描画出一个个圆满相守的身后世界。与此同时,这种表述还在深层次上隐潜着一种原始思维。自古以来,我国文学既受到先秦理性精神的影响,也混同着楚汉的浪漫主义传统。幻想与现实、神话传说与理性教义兼具并存。"变形"环节中的想象力与想象指向,无疑来自于楚汉文化中的浪漫精神与原始思维。在楚巫文化的影响下,人们崇尚万物有灵,认为一切自然之物皆可与人的情感沟通。生命可以在这样的世界里实现自身的转化,而思想始终伴随。《天鹅》中的夏宁远坚信,只要彼此深爱,下一世无论转换成什么形态都可以相认。书中的巫女温倩木在古薇走向赛里木湖时也曾告诉她:物质是不灭的,即使肉体死亡,生命也会以另一种形式存在。古薇与夏宁远契合的灵魂造就了一对晶莹的天鹅。这份爱情带着一丝神性。于是,殉情成为走向另一种新生的途径,死亡的痛苦将伴随着新生的欢愉。

在当代小说中,还存在着另一种"变形"的叙事环节,忠贞的爱情最后通过殉情这种极端的方式获得了人们的认可。这种"变"不是殉情者自身形态的变,而是阻碍和干扰爱情的环境因素的"变"。《荒山之恋》的最后,所有人都对两个殉情者充满了理解和宽容。金谷巷女孩的母亲认为女儿能够跟自己生命中唯一的男人一同去了,倒也是一种福分。男人的妻子也不怎么恨他,想着这么多年来,男人已经够苦的了,她甚至非常心疼他。阎连科的《丁庄梦》一书描写了丁亮和玲玲之间不被传统道德认可的恋情。当两人相继离世后,原本反对的丁庄人为他们合办了盛大的葬礼,并将双人墓修得古色古香,年长的土工还在那一间屋似的墓壁上刻出了整个东京城市图。这些故事中的人物在殉情后反倒获得了些许认同。更有甚者,人物殉情后并没有死亡,而是获得了在现实中团圆的结局。田东照的《河利》讲述了一对青年男女准备殉情的故事。殉情未成,最后反而获得了理解。和国才创作的《摩鲁游翠阁》一书讲述了主人公和满久命与木富鲁殉情三次而未死,最终感受到了生命的宝贵,又在机缘巧合下重新返回"人间"并得到大家的谅解。《寻找第三国》中的文彪和秀兰因为阶级身份不同,爱情得不到认可,两人决定殉情。然而在他们醒来的那一刻,发现自己落在了一个不知名的村子里。生活在村子里的人们是先后在不同年代同他们一样跳崖殉情却无意中落到这里的。之后,大家齐心协力一起离开了这个地方,回到了原本熟悉的家乡继续生活。

在这些"变形"书写中,无论是"变形"后的相偎还是遭遇阻碍却最终获得团圆,都使故事在结尾处平添了些许和解的意味。殉情之后的"变形"显示的是梦想与现实的和解,殉情未遂的"变形"显示的是环境与人物的和解。这种传统的思维模式与书写形态迎合了儒家文化中的"中和"观念。中国民间传说与文学书写中极少出现过分的悲伤,但凡出现也会被调和,因此,古典叙事中男女的结局多如《平山冷燕》那般得到上层阶级的肯定从而奉旨完婚,抑或如《锦香亭》那般被家族成全,得到父兄的祝福。《花月痕》的初稿本以刘秋痕和韦痴珠的死亡作为高潮而结束,然而魏子安又续上了韩荷生与杜采秋的团圆结局。一个是含恨而终,一个是爱情美满。这种写法一直流传下来,在"殉情"书写中同样得到了体现。

若仅仅从构建团圆的故事形态来看,似乎这些作品或多或少都落入了传统叙事的俗套,仅供人聊以自慰罢了。在20世纪20年代,新文学的前驱鲁迅曾经猛烈地批评过中国文学中的"大团圆"传统。他指出,中国人的心底是很喜欢团圆的,所以凡是历史上不团圆的,在小说里往往给他团圆。至于中国婚姻的缺陷,才子佳人小说作家早就感受到了,然而作家们往往用"才子及第,奉旨成婚"进行补救①,通过外界的自上而下的力量来施以团圆。傅斯年也在《新青年》上发表的《再论戏剧改良》一文中表示,一个精致的戏剧,本可以在看的人的心里留下深切不能忘的感想,却因为大团圆的结局而将这些感想和情绪一笔勾销②。这些观点在批判瞒和骗的国民性格的启蒙语境中是完全必要的,并且直到今天依然值得作家们警醒。但是,从文学历史发展的角度看,构建团圆的故事形态并不一定意味着苦难意识的缺乏,人物的团圆背后也都包含着许多的生活苦难。《摩鲁游翠阁》中的和满久命与木富鲁殉情未遂后在山上经历了千般苦难,并且失去了他们的儿子摩鲁鲁布。那天,当夫妻俩背鱼回来时,看见一条巨大的蟒蛇横卧在卧室里,当木富鲁用子弹打死了蟒蛇,剖开蛇身时,摩鲁鲁布正张着那张甜甜的小嘴,闭着双眼。他再也不能唤出"爸爸,妈妈"了。那一晚,星星也在空中悲哀地流着眼泪,到处充满了落叶的味道。《寻找第三国》中的文彪和秀兰是在多次死而未成的情况下才重新拾起了对生命的信心。即使是《丁庄梦》中最后被谅解、被合葬的丁亮和玲玲也曾经时时刻刻感受着病魔与死亡的阴影。没有一对殉情者的经历不是用磨难和生死体验堆砌起来的。作者们愿意在这些悲伤的书写中给出一点甜蜜,为故事着上几丝亮色,只是暂时性地安慰了我们的心灵与期待视野。

二

将有价值的东西毁灭给人看,这已然成为小说创作中的一种重要的文学共识。想象中的团圆终究无法抹杀真实生活里遭遇的苦难。爱情,本来就是人性中最为深刻、最为普遍的一种情感方式,而现代文学的人性解放理念首先或者说主要的一点就体现

---

① 鲁迅:《论睁了眼看》,《鲁迅全集》(第1卷),人民文学出版社2005年版,第252页。
② 傅斯年:《再论戏剧改良》,《新青年》1918年第5卷第4期。

在爱的解放与宣示上。所以，将"爱"这一最有价值的情感毁灭给人看，成为小说创作中一种重要的悲剧追求，殉情叙事则是这一悲剧追求的极致表现。在"团圆"的结局之外，许多故事依旧被设置在"相爱—干涉—殉情"的框架中，生命在殉情发生的那一刻便终止了，也不曾发生任何"变形"的场景。

但由于民族文化的精神底蕴和历史传统不一样，在表达殉情母题的方式上存在一定的区别和差异。譬如，在日本文学中也存在着大量的殉情剧，然而这些作家更愿意欣赏爱情，而非爱情所受到的伦理道德的审判，在殉情描写中也更加浓墨重彩地渲染殉情事件中殉的过程与仪式。"消亡美学"使得日本文学产生了大量纯粹地为爱和美而放弃生命的故事。渡边淳一的《失乐园》便是一个典型。久木和凛子为了让爱情和恋人的容颜能够停留在最美好的样子而选择在最幸福的时候离世。而汉文化体系中的殉情叙事更注重的是个人意志和伦理秩序之间的冲突、道德意识与爱情冲动之间的矛盾。作家在小说里始终竭力向我们呈现出人物在现实中维持爱情的艰难，不断诉说推动他们走向殉情的重要原因。古代文学是如此，当代的小说创作依然是如此。因此，无论作品向我们呈现了哪一种结局，弱化悲剧抑或直面死亡，作家们在叙述时特别关注的往往都是主人公经历的苦难与阻碍，"干涉"部分始终是作品书写的重点。它展现了人物殉情的重要原因，也构成了书写中叙事结构发展的基本动力。

传统的伦理道德与社会等级差异自古以来便是男女爱情自由之大敌。古代的殉情叙事中常常存在一个强大而禁锢的封建社会景象，恋人们没有自由选择婚姻的余地。即使在讲求民主和开放的新时代，虽然传统的婚姻制度已经被否定，但是根植于封建体制的伦理观念作为一种古老的文化遗存，仍然或深或浅地影响着人们的思维方式和情感生活。莫言《白棉花》中的方碧玉，被父亲出于升迁的目的强行定亲给了马牙、驴嘴、狮鼻的疤脸国忠良。《天堂蒜薹之歌》中的金菊尽管与高马相爱，却仍旧被父母定下了婚约，对象刘胜利是一个得了气喘病、连水桶也提不起的男子。《黄河东流去》中的雪梅在还未懂事时就被卖与一个白痴做媳妇。这些女子青春美好，却都不幸沦为买卖婚姻的牺牲品。如花是李碧华笔下20世纪20年代香港石塘咀倚红楼的红牌阿姑。"如梦如幻月，若即若离花"的花牌承载着她与富家子弟十二少的情意。然而社会身份的巨大差异令陈家拒绝十二少迎娶如花。如花只能在无奈之下约十二少殉情。和晓梅《情人跳》中的吉与木是一对相爱的恋人，但身份的差别使他们的爱情遭受了吉的父亲鲁若土司和几乎整个统治阶层势力的反对。《阴阳关的阴阳梦》中，寒冰云优雅热情，阴差阳错地成了阴阳关关长的填房，而关长仅仅将她当成一个玩物。阴阳关里的人们仍然按传统的封建制度生活。冰云无法逃脱强大的旧势力，最后只能抱着心爱之人的尸体自尽。范稳的《水乳大地》中设置了多种宗教与文化交相汇合的环境。藏传佛教的喇嘛与活佛、基督教的上帝与神父、纳西族东巴教的大祭司等中西宗教人物一一出现。人们以"族群"形式生活,不同"族群"之间有着异常坚固的隔阂。然而,藏族小伙扎西尼玛与纳西姑娘阿美相爱了。民族与宗教间的阻碍使他们无法顺利结合,于是阿美在"游丹舞"的引领下带着扎西尼玛选择了殉情。

这些故事中的青年男女的组合本该如一座盛放的花园,茉莉般秀丽的姑娘呼应着依兰般的男子,爱情在其中沿着浪漫的轨迹,芬芳前进。然而,他们无法选择自己的出身、无法改变被订婚的宿命,封建压抑的生存环境使他们不得不被传统的婚姻道德和强权制度所束缚,无法完全凭借一己之力实现理想。

但是,这些书写又与古代的殉情叙事有所不同。《孔雀东南飞》里的焦仲卿与刘兰芝的母亲、兄弟等人代表着传统的伦理秩序,他们的一系列行为阻碍了焦仲卿与刘兰芝的幸福。而焦、刘二人的内心深处是认同这种伦理秩序的——"处分适兄意,那得自任专"。他们始终希望获得认可,传统的社会秩序已经在潜意识中内化为行事准则。并未真正反抗是他们走向死亡的原因。他们选择殉情不过是用自身的道德意志战胜了生存意志。然而,金菊、雪梅等人被作家们赋予了一定的反抗精神。这些人物虽然大多是平凡生活中的普通人,力量薄弱,但都努力地进行了抗争。他们反对传统的伦理秩序,反抗强权势力,在命运带来一重重阻碍时,依旧坚定不移。雪梅大胆主动地追求爱情,不惜冒着风险也要与权势逼人的国民党缉私处处长孙楚庭离婚,后来不幸被杀害。蓝五是一个乡间唢呐王,这个身份为中国民间所独有,本身便具备特定的民族意义。作为一个典型的民间艺人,蓝五正直爽快,无论对待艺术、乡民,还是他与雪梅的爱情,都很好地展现了性格中坚韧的一面。即使与雪梅私奔后被关进监牢也不妨碍他心中对于爱情的守候。金菊的父母要用她给大哥换亲。起先,金菊接受了这种安排,认为给大哥换亲就是她的命,但是又被高马热烈的爱情所感动,于是金菊决定抗争,两人都被打得血肉模糊,也未曾屈服。身处诡秘莫测的阴阳关的寒冰云,是一个穿着玫瑰红袄子和深红长裙的、敢于忘掉自己三奶奶身份的、纯净善良的人。当方郁林出现在她的生命中,她感到自己重新又活过来了并大胆追求自己的爱情。《商州》中,珍子和刘成即使面对重重困难也没有轻易放弃。这些人物都充满了抗争意识,他们的失败不是懦弱的失败,而是抗争的失败,他们的殉情是对个人意志的坚守。

正是由于当代小说叙事中殉情者的自主意识在不断提高,作家的笔触也逐渐转向人物的内心。现代性观念的"启蒙"使人的自我意识觉醒,然而在大的时代背景下,各人的具体环境和主体强弱千差万别。有些觉醒者的个体精神意志和人生境遇还很难使他们完全承担起命运。《风景》中的二哥在接触了更多知识、了解了更美好的生活方式后,教育层次的转变使他心中对于爱和美有了自己的追求。那一句句诗将他的心缠绕得紧紧，二哥的心底涌着无限忧伤。但他无法在现实中找到实现理想人生的途径，只能在呼唤爱的悲哀中自尽，临终时的双眼里盛满了无人理解的忧伤。铁凝《麦秸垛》中的沈小凤是一个开朗单纯的下乡知青，内心充满对爱的渴望，她的身上充分体现着现代女性的思维。在这个精神生活十分匮乏的乡下，杨小凤选择以打情骂俏的方式来表达内心对于爱的追求。然而处于那样的环境中，她的心灵注定无法得到慰藉，最终精神难以承受而选择了死亡。虹影《英国情人》中的闵是一位既有中国传统女性的柔美，又接受了西方自由主义熏染的高雅女子。她虽然接受了西方的教育，中国传统文化的影响也并不能就此完全抹去，只能苦苦挣扎于传统与现代价值观之间。她的家庭背景是一夫多妻制的传统模式，她渴望逃离，于是挣脱藩篱与贝尔相爱，似乎不接受传统婚姻的束缚。然而，闵与贝尔相爱的最终渴望仍然是能够与贝尔组成一个家庭。她敢于在婚姻中投向另一个男人的怀抱，而最终依然是想要与他回归家庭，这不同于贝尔所经历的正统的西方自由主义思想。因此，当裘利安离她而去后，闵找不到自己的路在哪里，最终选择自杀。这些人物的殉情仍可归结为外界原因，但角色的心理活动得到了更多的表达，作家的笔触愈发深入到人物的心灵深处，使他们能够比较清晰地感受到内心的需求。然而，这样一群人依旧挣扎着徘徊，不能完全释放自己的情感，现实的境遇不允许他们的爱情和人生达到理想化，最终只能选择死亡。

如果说伦理秩序、文化传统这些阻碍与干扰因素，是在历史过程中不断形成或强化的，也在历史过程中不断被定性和定型，因而对殉情的产生具有一定的必然性和可预见性，那么，在个体的人的命运中，还有许许多多偶然的、不可预见的因素，成为殉情事件的促因，或者成为殉情者无可逃避的宿命。所以，当代小说中还写到这样一种殉情：一切外界因素的存在似乎都有合理性，所有看似人为的阻碍都不完全成立。我们无法在生活中确切地找到形成悲剧的根源，但是殉情这种极致的方式还是发生了。这种情形在某种程度上只能看成是宿命中强大的不可抗力造成的。

鬼子笔下的主人公阿香和李貌相爱却始终无法结合，欲望和灾难总是相伴而来。每当李貌和阿香的情感有一线希望时，命运就会无情地带来一重阻碍，甚至一次比一次深重和残酷。李貌得知阿香的死讯后，疯狂地赶往墓地，上演了一场"梁祝"式的跳坟合葬。"君既为侬死，独生为谁施？欢若见怜时，棺木为侬开。"可悲的是，这些阻碍每次都在阴差阳错下自然而然地发生，所有人的阻碍都并非完全不道德。黄蓓佳《所有的》里的姐妹俩艾早、艾晚的经历也同样体现了命运的无奈。面对爱情，姐姐艾早勇敢地挣扎反叛，最后结束了自己殉情式的一生。妹妹艾晚则始终谨慎地守候屈从，不敢前进，不敢主动，终其一生都将在忏悔和思念中度过，用后半生践行一场殉情。姐妹俩谁都没能获得理想中的爱情。宿命之下，叛逆或屈从，也许无分好坏。这种宿命感还体现在神秘的基因影响中。20世纪30年代，沈从文笔下那个充满灵气的姑娘翠翠，她的父母便是一对殉情的恋人。于是翠翠生来就有着浪漫的血液，这是一种继承式的心绪。像沈从文一样，鲁彦周用落满山头的梨花祭悼了一个个女子前赴后继的爱情悲剧。《梨花似雪》中的母亲宁蓝瑛不顾女儿们的反对，义无反顾地爱上了情人方真，之后因为方真的离世而选择殉情，她的三个女儿也同样在人生中进行了一场场或直接或间接的殉情。大女儿周丽从少女时期便爱上了年轻俊朗的军官丰勤，当丰勤牺牲后，周丽仍然坚守自己的爱情，过着殉情式的生活。二女儿周凤一生中所经历的爱情也是刻骨难忘的。无论对象是小师政委，还是地区领导人黄承，抑或是知识分子领导匡星，周凤的每一次经历都是倾情之爱。小女儿周彩同样为爱义无反顾。姐妹三人的爱情态度与母亲的人生选择在冥冥中产生了联系。这些女子和她们心中对爱情的守候都如梨花那般纯洁美好。母亲宁蓝瑛与爱人方真在梨花盛开的时节邂逅，周丽与丰勤、周凤与黄承、周彩与何开都是在梨花盛开的时节结婚。书中的"纪事（七）春残"里，那个以死殉情的小寡妇经历的哀艳往事也发生在梨花似雪的时候，仿佛连同时光都被染成梨花似的纯白。当梨花落满山头，一个个故事也终究落下帷幕。将生命和爱情同自然之物相连，可见其周而复始的传承之意。

每个人都在生活中倾注了自己的爱与心血，但他们似乎总是无法摆脱命运带来的苦难。宿命论在中国古典哲学和希腊哲学中都有对应的阐述。不可否认的是，宿命论是千百年来文学的一个巨大的生发点。它激起探索的欲望，为文学赋予哲学高度。悲剧作品往往与宿命论相伴而生。古希腊悲剧强调人和神之间意志的对立。人作为个体有着独立的意志，当这种意志与自然、宇宙的意志产生碰撞时，人无法完全服从神的旨意因而不断地进行抗争，这反抗的过程便充满了悲剧精神。中国的文化与文学同样建立在一种悲剧意识之上。老子学说的"无为"思想正是在于认识到了人与"天"的对立以及人所面临的生存苦难。只不过中国传统的知识分子在现实生活中感受到了深重的苦难以及人在这个世界里的悲剧性地位时，更愿意在文学中弱化这种苦难的感受，因此直到今天仍然有很多作品看起来充满了乐天的元素，作家们赋予了人物另一个世界的幸福。但即便如此也仍然不能抹杀他们所遭遇的每一种人生困境，古代的文人们也许是看到了这个问题的，可是一到快要显现缺陷的危机触发之际，他们总即刻连说"并无其事"。现代启蒙思想对于"人"的解放的呼吁使得文学开始直面人类自身存在的悲剧性。进入当代以来，传统的束缚虽然已经相对减弱，但是中国文学中的悲剧意识并未减少，甚至因为人物的抗争无果而更加显现出悲哀。无论是雪梅、金菊，还是宁蓝瑛母女等人，他们都拥有美好坚定的品格，却终究无法对抗无形的宿命。正如斯丹纳所表示的那样，悲剧是无法拯救的，它不会因为人曾经受过的苦难而走向正义或者给予他们某种奖励。也正如新疆作家纯懿笔下的爱情故事,所有人物始终拼命地追逐自己的爱情,但这种寻爱活动总是归于破灭,爱情最终只能被烧毁,或是被冷冻。

三

渡边淳一在《失乐园》的前言中作了这样的表达:"他们只有一个选择,就是在爱的极致一起死去。一起死去的话,爱的纽带就再也不会松开了。"久木和凛子认认真真地考虑"死亡"这件事,精心设计死亡的方式①。《失乐园》日文版的封面和封底分别是火焰和樱花。火焰恰如人的情欲,熊熊燃烧。樱花则以其短暂的生命让人感受生之绚烂和死之凋零,恰如短暂的极致之爱。我国纳西族的"情死"文化同样充满了激情,对殉情事件中的殉的过程和仪式也给予了丰富多彩的描绘。

东巴经殉情长诗《鲁般鲁饶》中描述的"玉龙第三国"是恋爱男女渴望进入的爱情圣地。那里白云缠着姑娘,白雪盖着小伙,白云绕白雪,变成一把永远打不开的银锁,锁住了一个永恒欢乐的世界。在许多纳西族小说中,殉情就像一层潮湿的薄雾笼罩着作品。蔡晓龄的小说《天边女儿国》一开头便描写了白水姑娘阿灿的殉情。在得知爱人杨正被砍头后,阿灿精心置办了衣帽配饰,夜间轻唤杨正的名字以指引他的魂灵跟随自己前往玉龙雪山②。天大亮以前,阿灿完成了情死者所需进行的仪式,然后便同杨正的魂灵一起前往心中的天堂——"玉龙第三国"。牛玉兰和紫岚更是在很小的时候便听老人讲述了许多殉情故事。沙蠡在《爱情的绝唱》中写到很多纳西动物也会情死,真正写出了一个将"情死"刻在世代灵魂上的民族。殉情前的准备过程被认为是重视"情死"仪式的体现,只有经历了这样的准备,纳西人才能最好地完成殉情。《情人跳》中的吉与木在决定殉情后特地去采购了美丽的服饰、可口的食物和其他必需品。"她要看厚实的内衫是否平整而不起皱,宽大的袖口是否有精细的同种颜色花边,枣红色的羊绒夹袄是否掺进杂质,羊皮坎肩上绣花的丝线是否有断头,七星上垂下的带子是否都由小山羊皮锻制。"③ 小说按照"情死"的过程结构全文,其中的仪式、空间等都染上了独属于纳西族的色彩。然而在殉情行为开始的关键时刻,木退缩了。吉只能一个人死去,她也因此无法抵达心中的"第三国"。在文化开放的时代背景下,许多纳西族作家开始站在"理性"的角度来反思民族的历史文化。但他们更

---

① [日]渡边淳一:《失乐园》,竺家荣译,北京联合出版公司2014年版,第1页。
② 在纳西族的文化中,类似于被砍头等非正常死亡者的魂灵是无法自己沿着迁移之路回归到祖先之地的,若得不到其他力量的指引,将无法得到安宁和永生。
③ 和晓梅:《呼喊到达的距离》,云南人民出版社2012年版,第201页。

多地将"殉情"等同于爱情的盲目和对生命的轻视。小说中的"殉情"除了在民俗文化范围内被追忆和叹息外,更多是被否定和消解。《女人是"蜜"》中的"我"作为一个现代知识分子,认为她们对爱情的坚持是盲目的。"我"认为阿菊旦最后独自死去便是她爱情失败的最好证明。人们不应该相信这样一种饱含欺骗性和虚幻性的情死文化。木丽春《情死部落的女人》一书中也有着类似的表达。

新时期成长起来的作家大多接受了多元文化的教育,在一定程度上淡化了本民族的文化传统在文学深处的表达。殉情,其实从来不是纳西族自古遗传的习俗。在传统纳西族人的想象中,自然与生命合同为一。他们看重情性个性,信奉爱情自由。纳西族传统的生死观认为,人有生死,但生命不绝,死者已矣,生者继起。他们在以生命殉理想、爱情、民族的时候真正做到了视死如归,以至于"不畏死"成为了纳西族历史上一种重要的民族精神。一对对恋爱中的纳西男女选择以殉情的方式来争取自己的爱情自由。然而,一些纳西族作家在利用殉情进行民族文化的反思时,逐渐消解了殉情最本真的含义。和国才在《摩鲁游翠阁》的结尾处借诸葛书记之口表达,殉情是纳西人热爱自由、不畏强暴的举措。"纳西人反抗封建婚姻制度的斗争进行了整整两百多年。在那漫长的两个多世纪里,多少青年男女上山'游舞'①,献出了宝贵的生命。"②随着时代的变化,如今"游舞"在纳西人中应该结束了,但不能否认这条胜利的路是先辈的鲜血浇灌培育出来的。我们需要深入地了解文化背后的成因,从已经支离破碎的民族传统文化中对其进行重新塑造和构建,努力表达原始文化中最该保留住的爱与生命的激情。一味地落入批判与否定会使书写变得窄化。

同样,金菊、沈小凤、李貌等人最后的殉情行为仿佛都是一刹那的决定,在极短的话语中得到了展现。若是夏宁远没有染上"非典",也不曾因为救人而去世,我们似乎很难想象他们能够勇敢地走到一起。意外造就了传奇。王安忆的《荒山之恋》中,作者花了很大的篇幅去理性地说明两个人走到殉情这一步的原因。尤其值得关注的是,《白蛇传》、《梁祝》等许多古老的殉情故事在今天的文学创作中被大量地改写,但是,经典中原本感人至深的"爱情"已经很少被提及,作品越来越多地去思考人性与时代,有些文本甚至是借古讽今式的戏说。对生命苦难的挖掘、对民族文化的思考构成了作品的主旨,爱情不是书写中呈现与表达的重点,"殉情"被简化成了人物反抗无效后的结果行为,它的存在更多地被用来强化人物遭遇的种种苦难。对于殉情行为产生原因的探求,一方面是出于对生命本身的思考,另一方面,这种书写习惯也符合我国传统文化中的"重生"观念。人们普遍奉行"身体发肤,受之父母,不敢毁

---

① 纳西语中,"殉情"被称为"游舞"或"游巫"。
② 和国才:《摩鲁游翠阁》,作家出版社2002年版,第348页。

伤，孝之始也"（《孝经·开宗明义第一》），除了"殉节"之外的自杀行为通常被认为是不吉利的，不能被谅解。佛教进入中国以后，与中国的儒家思想相结合，"重生"的观念进一步加强。在这种民族文化的影响之下，书写殉情多是为了"导愚适俗"，正如《孔雀东南飞》的最后一句所述："多谢后世人，戒之慎勿忘。"这种叙事形态一方面更加强烈地展示了命运给人带来的无可奈何，而另一方面，"殉情"行为本身占据的分量，以及它所饱含的自由意志、生命与爱的激情也在无形中被弱化了。

与此同时，商品经济和改革开放的日益发展使都市里的人们愈发感受到自身存在的渺小。当商品经济占据统治地位后，社会开始普遍面临一种精神危机。闹市街区交织着无数的车辆和行人，仿佛是大峡谷里相互交错纵深的一道道激流，而彼此间又是独独的一股。都市男女感觉生命好似浮在空气中，飘忽不定。爱情作为生命的附丽物，更是无着无落。卫慧、棉棉等作家笔下的都市青年在物质生活上自由富足，却得不到内心的充实和满足。他们感到空虚和孤独，将生活中获得的仅有的情感当成生命的全部，然后因为这份感情的消失而选择放弃自己的生命。安妮宝贝《彼岸花》中的Vivian是一个女写手，她笔下的人物绢生经历了漂泊后缺乏归属感，对于爱情的渴望又很难实现，最终无奈跳楼。《上海宝贝》中的天天内心痛苦压抑，如氧气一般依赖女友倪可。在得知倪可与马克之间的亲密关系后，他选择以吸毒的方式慢性自杀。作家在书写这一形象谱系时，常常让人物自己发声，从他们的语言中我们能感受到更为深切的虚无之感。《莲花》中的"她"对善生表示，死亡和生存都是虚无，让人模糊了挣扎的意义何在。这种人物所殉的情不是一份具体可感而深入骨髓的爱，而是一个关于"爱"的概念。在这个浮躁的世界里，古典主义式的审美精神和生命形态逐渐丧失活力。当生命价值都已经不再具有意义时，追寻爱情不过是为了打发这生命的无聊。人们没有真正爱的激情，也失去了爱情本身的崇高与美好。

很有意味的是，有些作家也感受到了这种变化，于是在小说文本中对"殉情"展开了探讨。叶兆言直接在小说中组织了关于"殉情"的座谈会，而"我"作为旁观者感受到的是这场座谈会的空虚。小说里林林的主编很清楚地指明，如今殉情这样的事不太多，因此有那么点新闻性，可以满足人们些许的好奇感。阿香和李貌的故事感人至深，然而小说中小香的男友晓汪表示，这种年月里，城里人谈及爱情自己都觉得酸，更何况这还是一份乡下人的爱情；只有拿社会、教育、关怀这些大事来说事，才能吸引人的注意。《胭脂扣》中的袁永定也通过如花的故事来反思现世人的情爱态度。在这样的时代下，为爱殉情似乎变得矫情、乌托邦化，"不谈爱情"才是对的。人们对于"殉情"行为是漠视的，一个古老的话题在现代社会成了一个尴尬的存在。

总而言之，当代小说中的殉情叙事在"相爱—干涉—殉情"的原型模式中呈现了

"重生"观念和苦难意识,西方的人文观念、传统的伦理意识、现代"人的文学"传承以及当代以来中国独特的社会环境,都在影响着殉情这种文学母题的书写。不同民族、不同时期的文学书写,无法用某个量化的标准来评判优劣,每个民族的民族性之秘密正是在于它理解事物的方式,各种文学书写的背后是丰富各异的文化形态。然而,纵使"殉情"本身存在一定的弊端,但是书写死亡,是对生命的本源和终极意义的一次唯美的探寻。真正表达自由与爱的殉情叙事才是激动人心的,它会穿越死亡的沼泽地,让人物走向生命的霞光。

(作者单位:南京师范大学文学院)

情感记忆、现代魅影与文化自觉

——论城市化进程中返乡叙事的乡俗书写①

黄明海

返乡叙事作为乡土小说典型的叙事模式,在20世纪中国的不同历史阶段成为思想启蒙、革命救亡、社会主义改造、文化寻根等话语的产物,主要以返乡的背景、人物、情节等构成相对完整的故事,包括以跟返乡有关的意象、文化为审美中心的小说,显现为对自然大地的亲近、对传统文化的追思。乡俗作为传统文化的重要组成部分,不仅是乡土社会的文化内核,也是维系乡土社会运转的内生动力。钟敬文指出"民俗"是"一个国家或民族中广大民众所创造、享用和传承的生活文化"②,丁帆将"风俗"定义为"特定社会文化区域内历代共同遵守的行为模式或规范"③。本文统一采用"乡俗"予以表述,涵括乡土社会中约定俗成的家训、族规、宗法、礼仪等文化形式和行为准则。

返乡叙事向来注重对乡俗的书写,比如鲁迅《故乡》、《祝福》等小说以乡俗画出国人的灵魂、剖示民族的心理,产生了大批追随者;20世纪30年代后,乡俗成为文艺大众化的重要形式,也构成废名、沈从文、汪曾祺等一脉作家的抒情底色;到20世纪80年代,作家借乡俗描绘乡村改革现状,发掘民族精神文化。伴随20世纪90年代以来城市化进程的全面推进,乡土社会的文化结构加速了现代性转变,乡俗呈现出世俗性、表演性、创新性等特征。作家在此期间历经社会转型对知识与情感结构的形塑,包括流动于城乡所产生的文化异位心态,使他们对乡俗的审视不仅存在于记忆的参照

---

① 本文系上海师范大学学生科研重点项目"城市化视域下新世纪返乡叙事小说研究"(21WKY007)的阶段性成果。
② 钟敬文主编:《民俗学概论》,高等教育出版社2010年版,第3页。
③ 丁帆等:《中国乡土小说史》,北京大学出版社2007年版,第23页。

中,还受到个体思维方式和政治敏锐性的影响。因此,在城市化进程的返乡叙事中,作家常借返乡者之眼呈现乡俗的存在状态,以理性认知反思乡俗的现代魅影,探索新时代乡俗继承与发展的出路,体现出乡俗书写深刻的历史内涵和现实意义。

一、世俗性:乡俗的情感记忆

乡俗是返乡者观察乡土社会文化传统和人情礼俗的直接对象,也是调动记忆、激发乡情的重要因素,常在一些重要场合以隆重的形式展示出来,一般具有完备的流程与特定的含义,反映出人与自然、人与社会、人与人之间的某种约定关系。因此,返乡叙事的乡俗书写以表现乡俗的世俗性为要,讲述乡土社会中有关传统节庆、婚丧嫁娶、邻里往来、生活礼仪等故事,以此传达出作家对于乡俗的情感体验和艺术审美。

传统节庆是乡俗的重要体现,浓缩了厚重的乡土文化和民众的情感记忆。有学者认为,"民俗的'重复'展演,从表层上看,是民俗仪式得以传承、民俗教化功能得以实现的重要保障;而更重要的意义在于心理层面构成一种'集体认同'"①。一年一度的节庆活动给人们带来观感刺激和心理暗示,乡俗的蕴意才逐渐内化于身心。返乡者游走在城乡之间,对他们来说,重温传统节庆不仅可以疗愈漂泊谋生的孤独与空虚,唤醒内心积淀的集体认同,还能引发对乡土社会的审视与反思。

除夕和春节作为传统节庆的重中之重,将出外打拼的乡亲重新放回差序格局中,展现了内心的慰藉与冲突。映泉的《衣锦还乡》(《人民文学》1990年第9期)描写何大山将军除夕当天返乡,跟多年未见的弟弟和战友相聚,故居何家老屋门前热闹非凡,狮子舞、龙灯翻、采莲船、踩高跷的队伍络绎不绝,此情此景让他感受到苦尽甘来、安度晚年的满足。房间的火盆里还并排摆着三截木炭,"这是家乡的风俗,腊月三十木炭不剖开,以图完整;摆上三截,象征弟兄三人团圆之意"。美好的寓意唤起将军对童年往事的回忆,但各自人生境遇的天壤之别,加上何家老屋既是革命文物又是地主遗产,为后来三人就拆除何家老屋改修公路、支持乡镇企业发展产生分歧而埋下伏笔。传统节庆在此不仅召唤情感记忆,还引申出历史遗留问题。黄佩华的《回家过年》(《清明》1992年第3期)讲述常住省城的"我"携妻儿费尽周折返乡,陪独守老宅的母亲过一个"桂西北农村概念的年",再度感受传统年俗,比如:村民避开猪的忌日一道杀年猪;到儿时伙伴家看新房,去邻村帮忙写对联;大年三十清扫屋子,举行招魂仪式,宰鸡祭祖,守夜过程确保祭台香火不断、祭品温热;大年初一让人无所适从的忌讳,初二、初三渐觉疲倦的拜访请客等。这些描写令人想起鲁迅《祝福》

---

① 郑土有等:《五缘民俗学》,同济大学出版社2013年版,第16页。

中的祝福场景，不同的是，这篇小说剔除了封建礼俗的批判，代之以浓厚的乡情守护，对一些繁缛的乡俗也不加粉饰，"包含了一种重返故园的族群认同感和看到故乡人们生活的充满勃勃生机的欣慰和自豪感"①，表现了作家对乡俗的理解与真情。这正如小说的点睛之句——"一种风俗一种传统的形成肯定有它具有生命力和实用性的地方"。就此而言，返乡者对乡俗的审视应置于乡土社会自身发展脉络中予以考察，避免主观批判，方才合情合理。还有龙青山《回家过年》（《飞天》1995年第8期）描写村庄的破败与温情的守望，陈集益《回家过年》（《福建文学》2007年第1期）叙述返乡的艰难和年俗的淡薄，刘安龙《回乡过年》（《四川文学》2013年第7期）写到本是家人团聚的年关却成为请客吃饭的爆发期，表现了作家对乡俗文化变迁的复杂情感。

婚俗作为乡俗的重要组成部分，从微观上展示出乡土社会的经济状况、文化心理、道德观念等因素的发展演变②。返乡叙事的婚俗描写常以具体流程显示婚嫁的隆重程度，凝聚深厚的乡情伦理，同时反映作家对城市化进程的隐忧。张宇的《乡村情感》（《人民文学》1990年第5期）讲述父亲决定在战友麦生伯病逝前，把女儿秀春嫁给他的儿子小龙，按照风俗来说新媳妇过门戴热孝极不吉利，消息传开后两大家族为父亲的仁义所感动，倾情倾力操办婚礼。小说详尽描写这场规格高、阵仗大的婚礼仪式，从张家老族长亲自迎接郑家的迎亲队伍，到吃酒席、捆嫁妆、送新娘，再到郑氏家族"动了老礼"迎接新娘，一排三眼铳放响礼炮，五杆金唢呐同时吹奏《百鸟朝凤》等，彰显传统婚俗特色。整部小说如其题名，饱含"乡村情感"。父亲和麦生伯的生死友情、秀春和小龙患难与共的爱情、家族内部团结互助的情谊，以及两大家族之间互相尊重得体的礼仪规范，都体现出浓厚的人情味和人性的真善美。鲍十的《拜庄》写"我"跟妻子回到三合屯举办婚礼，按照风俗在婚礼前一日要进行具有感拜之意的"拜庄"仪式："新郎倌斜披着一匹红布，由两支唢呐呜呜哇哇地伴着，到全屯每一家的门前去，拱起手，对每一家迎到门前来的人深深地鞠上一躬，呼着那人的尊称，言道：'我明天结婚，您老人家喝酒去啊！'"③母亲执意让"我"以这种质朴的行动和话语对乡邻表示尊重，感恩他们的教诲与帮扶。小说描写"我"挨家挨户进行拜庄仪式的过程，还穿插讲述三合屯的传奇人物和历史变迁。婚礼结束，"我"和妻子回到城里生活，对于故乡的苦难与温情会否被后代所忘却表露出忧虑和感伤。因此，婚俗不仅是返乡者联络乡情、追怀历史、光耀门楣的重要载体，也隐含了作家对城市化进程中乡村发展的文化焦虑，包括伦理失序、观念冲突与情感遗憾等。

---

① 崔志强：《此处真情别样浓——读黄佩华小说〈回家过年〉》，《小说评论》2007年第S1期。
② 鲍宗豪：《婚俗文化：中国婚俗的轨迹》，上海人民出版社1990年版，第1页。
③ 鲍十：《拜庄》，北方文艺出版社1999年版，第42页。

丧葬是乡土社会中又一重大仪式,最初是在关于"灵魂"和"灵魂不死"的信仰观念下产生的,即"对死者不是随意遗弃而是妥善地加以处理"①,让死者恒久留在子孙后代的记忆中,体现人们慎终追远的意识。即便当下火葬逐渐取代土葬,仪式所包蕴的意义相较于过去有所弱化,但它仍是承载生者与死者之间血缘关系、情感记忆的重要依托,也是维系生者之间感情的纽带。陈晓明认为,"故乡是信息的死亡之地,是信息的墓地。关于离乡与返乡的信息的基本内涵总是与死亡、与祭祀联系在一起。这是所有的关于家乡记忆书写的经典场景,离乡返乡总是以这样的场景开头或者终结"②。返乡叙事中有关丧葬仪式的描写,多以城乡差异表现返乡者对朴素温情的乡村伦理的怀念,以及对落叶归根的情感认同。魏微的《乡村、穷亲戚和爱情》(《花城》2001年第5期)中,出生在城里、不喜欢穷亲戚的"我"随家人回到乡下,将奶奶的骨灰与爷爷合葬,当"我"看到乡民挖开坟墓撒进骨灰又填上新土,感觉自己"和死去的亲人一起,把一些东西留在了这片土地上",且从跪拜中懂得自己和那些穷亲戚是血脉相连的一家人,沉睡在身体里的乡情得以苏醒。但"我"终将回到城里,也深知自己没有能力改变城乡现实,故乡只是盛放情感记忆之地。同样,蔡东的《福地》(《天涯》2013年第6期)叙述定居深圳的傅源返乡参加堂叔的丧礼,"吊丧的宾客一到,傅源就和亲人一齐发出悠长的哭声。一同跪着的家族成员,多半已印象模糊,刚打照面时叫不出名字,有些不尴不尬,但在哭声中,他感到疏离渐渐消失了,裂开的缝隙弥合在一起,他们之间,有着久远而深刻的关联"。死亡讯息和跪拜仪式将散居各地的亲人联系起来,召唤出共同的情感记忆。傅源沉迷于乡村司仪按照本地丧俗从容调度,转而想到远在深圳的老乡下葬在公墓,想到那些形制雷同而又各自陌生的墓碑,傅源感到彻底的空虚,因为他发现自己从未属于深圳,也渐渐不再属于傅屯(傅家祖坟所在地)。下一代人还会将父辈送回故乡安葬吗?这一疑问道出作家对城市化进程中逝者难以落叶归根的关切与感伤。又如王哲珠的《家园》(《湖南文学》2019年第3期)通过描写"上坟"仪式串联起"我"和母亲相依为命的亲情纠葛,揭秘从未谋面的父亲奔赴国难后失踪的往事,在怀念与祭奠中寻找精神的家园。

谈论和书写乡俗的世俗性,往往带有一种私情与怀旧的意味。曾有学者在考察和研究乡村文化时指出:"我们常见到一些年老的农民,谈起话来总是'想当年'如何如何,往事如数家珍;而对现在和未来,则常常模糊一片,或者颇有微词。这多少透露了传统农耕生活在他们的文化心理上所留下的历史烙印,它表征着以往农民取向过

---

① 陈华文:《丧葬史》,上海文艺出版社1999年版,第3页。
② 陈晓明:《"还乡"的文学或文字——超越图像霸权的文学书写》,《长城》2004年第2期。

去、背对未来的心态。"① 这类现象直到当下依旧存在，返乡叙事对此有所表现，但是仍显不足。恰如晏洁在分析现代文学中自由主义视角下的乡俗叙事时指出，像周作人、废名、沈从文、汪曾祺等作家的创作，看重文化传统的承续与民族情感的凝聚，这种"难以挪移的精神认同也是一把双刃剑，它使某些明显落后的习惯心理失去了更新的可能性"②，从而导致某种理性认知的障碍。对照城市化进程中的返乡叙事，乡俗固然唤醒了返乡者的情感记忆，安抚了漂泊空虚的灵魂，同样也需要在长时段中对其进行理性的认知与反思。

二、表演性：乡俗的现代魅影

随着20世纪90年代以来城市化进程加速推进，乡土社会成为前现代、现代与后现代交织的场域③，世代相传的乡俗在规范人心、延续伦理、传承文化的同时，遭遇来自现代化的各种挑战，使得乡俗在很大程度上呈现出"表演性"的异化特征。不可否认的是，乡俗在其源初和历史演进过程中一直具有表演性，但是当"表演"成为乡俗的全部内容，成为经济围猎的消费产品，用以满足外来者的猎奇心理，或者沦为传播迷信和恶俗趣味的衍生品，实则是本末倒置的行为，也使其成为乡土社会中一道幽暗的"魅影"。

美国民俗学家理查德·鲍曼指出，"表演"本质上是一种口头语言的交流方式，它"使表演者在交流上负有责任，也赋予观众对表演者的相关技巧以及表演完成的有效性进行品评的责任"④。乡俗的异化表演将生活经验形象化，把未知事物和文化矛盾转化为幻象，给观众展示或灌输某种价值取向，同时借助表演自带的"面具"，遮蔽掉一些阴暗丑恶的物事，甚至有时观众也主动或被迫参与表演，这从一定程度上弱化了观众品评的责任和能力。结合返乡叙事来看，乡俗的表演性大致体现在以下方面：重组传统乡俗的形式和流程，调整其原本所赋予的情感经验和文化心理，重新塑造表演形象，并以集体的名义和形式展示出来。

传统乡俗的重组是对传统文化的一次"越界"，这不仅表现为传统文化内部滋生的糟粕因素，导致乡俗丧失原本的精神价值，人们身在其中却盲目乐观，还包括现代

---

① 胡潇主编：《世纪之交的乡土中国》，湖南出版社1991年版，第157页。
② 晏洁：《想象与形塑：新文学乡土叙事的多元建构》，华南理工大学出版社2018年版，第161页。
③ 丁帆：《"现代性"与"后现代性"同步渗透中的文学》，《文学评论》2001年第3期。
④ [美]理查德·鲍曼：《作为表演的口头艺术》，杨利慧、安德明译，广西师范大学出版社2008年版，第69页。

文化粗暴介入，造成乡俗的不伦不类。比如贾平凹的《土门》中，仁厚村新任村长成义为阻止房地产商的拆迁开发，带领村民采取一系列措施巩固村庄的实力，并在一场关乎仁厚村声誉和命运的明王阵鼓乐演出中达到高潮。小说详细描述了这场持续三天的演出"盛况"①，无论是村民的穿着打扮、乐器的种类规制，还是队形排列、演出路线等规划，都力图摆出一副人多势众、财大气粗的阵仗，甚至设定奖惩制度强制村民参加，以此宣告"仁厚村的存在和永远存在的决心"，最后还以醉酒相庆。村民投身于这场闹剧式的狂欢，实际上是被一种"群体心理"所支配。正如勒庞所说，"形成群体的个人也会感觉到一种势不可当的力量，这使他敢于发泄出自本能的欲望；而在独自一人时，他是必须对这些欲望加以克制的。他很难约束自己不产生这样的念头：群体是个无名氏，因此也不必承担责任"②。仁厚村演出队伍这个"群体"的形成，让村民的个体意识自觉隐匿起来，他们不敢逾越乡俗规约，就像眉子没有参加游行而被称为"汉奸"。乡俗在仁厚村被异化成集体反抗城市化的手段，并且落入宗法专制的窠臼。政府利用仁厚村的乡俗文化搭台，唱的是一场经济大戏，为即将举办的经贸会预热，故而村民虚张声势的演出游行，势必无法获得政府层面对拆迁事宜的妥协。回到这个"群体"的组织者，成义保卫村庄的举措都在围绕如何恢复传统乡俗展开，但是"用力过猛"，走向了"泥古"和"异化"的困境，最终也为之付出了生命的代价。

有学者认为，"人们在社会体系或社会制度中的身份和地位，往往是借着各种仪式来表达的"③。一般来说，乡俗的组织者、仪式的主人公往往是乡土社会里德高望重的人物。而在异化乡俗中存在一些迷失自我、以权谋私的表演者，他们将私欲和邪念赋形于仪式，篡改了历史文化中本有的角色形象。周大新的《湖光山色》写到省城五洲旅游公司到楚王庄投资兴建度假房舍，开挖地基时挖出一批文物，项目开发经理薛传薪根据考古专家谭老伯虚构的故事策划"离别棚"表演，安排村主任旷开田扮演楚王赀，他从开始不愿参演，到之后越来越主动、越演越自如，表演时"心里觉着很快活，眼见得那么多的人都簇拥着你，都对你毕恭毕敬，无人敢对你说半个不字，他们都是你的臣民，你可以随意处置他们，这让人心里特别顺畅、高兴"④。旷开田沉浸于仪式表演带来的威望，逐渐在现实生活中也把自己当作楚王庄的"王"，依仗权势让原本

---

① 贾平凹：《土门》，广州出版社 2007 年版，第 133-134 页。
② [法] 古斯塔夫·勒庞：《乌合之众：大众心理研究》，冯克利译，广西师范大学出版社 2007 年版，第 49-50 页。
③ 陈春声：《乡村的文化传统与礼仪重建》，黄平主编：《乡土中国与文化自觉》，生活·读书·新知三联书店 2007 年版，第 179 页。
④ 周大新：《湖光山色》，作家出版社 2006 年版，第 244 页。

文化底蕴深厚、自然风光秀美的楚王庄沦为敛财纵欲之地。这一切的直接因素正是异化的仪式表演。旷开田置换了楚王贲的历史形象，使得充满历史追思、家国情怀、母子情深的仪式场面，变成他一个人威风凛凛接受"臣民"朝拜的行为。

城市化进程中乡俗的异化还受到"资本下乡"的消极影响，如《湖光山色》的情节就显示出仪式表演被资本所裹挟的现象。乡俗潜在的经济价值吸引人们利用其积累资本，资本拥有者反过来又敷衍文化，被各种形式包装起来的乡俗到最后只剩下空虚的外壳，造成情感流失与文化断裂。王十月的《寻根团》（《人民文学》2011年第5期）对此有一段典型描写。小说讲述一批楚州籍旅粤商人应楚州市长的盛情邀请，在清明节前夕组成回乡投资考察文化寻根团，除了参观大型企业、开展招商座谈外，逐鹿岭公祭是这场文化寻根之旅的重头大戏。在仅有硕大的土堆和朱漆描刻的石碑面前，"每个团员胸前戴了花，又发了一支长盈三尺的高香，点燃高香，早早地按地位高低财富多寡排好了队"。公祭现场锣鼓喧天，一位道长用楚州腔吟唱屈原的《招魂》，众人随他绕行土堆三圈，再由市长宣读半文不白的祭文。整个公祭仪式俨然是一场程式化的"表演"，电视台全程拍摄也让团员暴露在聚光灯下，他们不仅成为彼此参照的镜像，还被有选择性地展示给电视观众收看。当政者打着文化寻根的旗帜招商引资、补充政绩，旅粤商人也借此满足衣锦还乡的虚荣心理，对家乡发展工业经济而变得面目全非的处境，却都抱着事不关己的态度。

异化乡俗的仪式表演是一种互动行为，表演者的一举一动都预设了观众，能够较大程度弱化异己的声音，建立起与观众的利益关系和虚拟情感，带有强烈的掩饰性和目的性，这在《土门》、《湖光山色》、《寻根团》中均有体现。再如艾伟的《小姐们》（《收获》2003年第2期）中曾被赶出家门的兆曼带着6个小姐返乡为母亲举行葬礼，她本能地意识到要先哭上几声以表孝顺，而小姐们的欲望诱惑和哭丧表演则完全消解了传统丧俗的肃穆之感。又如赵德发的《经山海》写到吴小蒿副镇长受邀参加神佑集团举办的孝道文化除夕晚会，董事长兼总经理慕平川首先向出席的领导的父母致敬，随后在煽情音乐的伴奏下，亲自给每位副总和经理的父母磕头洗脚，令众人潸然泪下。如此举动似乎遵循了"老吾老以及人之老"的孝道传统，可转念一想："这些老人之外的老人呢？那些被长年欺压、无情剥夺的渔民，他们的父母是否受到伤害？在这个除夕之夜是否快乐？"①慕平川伪善的面具之下是一副心狠手辣、欺行霸市的嘴脸，异化表演无法掩饰他的邪念和野心，最终得到"恶有恶报"的后果。

值得深味的是，返乡叙事常将乡俗的表演性置于"文化矛盾"的框架中，对之采取批判视角。这些"农裔城籍"的创作主体面对城市化进程一直有着矛盾难解的心

---

① 赵德发：《经山海》，安徽文艺出版社2019年版，第71页。

态。借用电影《逆光》里的台词,一个"传统的乡村"和一个"现代的乡村"同时叠印在作家心中①,他们既怀有对乡村的情感认同和精神向往,又拒绝乡村城市化进程的异化糟粕,这让他们在揭示乡土文化转型、塑造人物形象、表达小说题旨时大多采取质疑或否定的策略。诚如贺桂梅分析 20 世纪 80 年代"寻根"意识发生的历史情境时,指出了"现代化"与"乡愁"的张力关系:"当'现代化'不再是一个遥远的理想化他者,而成为重构生活与社会秩序的现实力量,并且这一重构首先便发生于中国乡村社会时,'乡愁'便成为了'挽歌',成为对即将消逝的世界中那些'最后一个'的注目礼。"② 20 世纪 90 年代以来,返乡叙事创作主体的"乡愁"置于越发迅猛的城市化进程,便不再仅止于吟唱"挽歌"或"最后一个"的注目,更要借助那些反映乡土社会"异常"运作的异化乡俗,寻思乡土社会的发展方向。譬如《土门》中仁厚村被拆除后,村民失去表演乡俗的载体,新型城乡区"神禾塬"能否成为他们的安栖之所?《湖光山色》中楚王庄恢复祥和的旅游氛围后,暖暖却在湖心三角区"迷魂烟雾"景点看到被众人前呼后拥的楚王赘影像,今后的乡村变革会否重蹈"离别棚"表演的覆辙?这些小说结尾都透露出作家的现实忧患与矛盾心态。

具有超稳定结构的乡土社会,在城市化进程中显现为"古老的乡村"和"现代的乡村"的交叠,其中乡俗的表演性正是城市化的显影。一些乡村在追求城市化时只注重物质生产,没有认真考虑城乡的现实状况,尤其忽略了在乡者的知识结构与群体心理,导致乡俗表演华而不实,甚至被政绩或资本收编。同时,乡土社会内部对城市化的抵抗,还不时出现"反现代化的现代化"③ 现象,造成乡土社会发展的某种断裂。返乡叙事对于上述两种悖论式困境的思索,显示出较为鲜明的批判性和自省意识,也体现了作家对于乡土社会和谐发展的期许。

三、创新性:乡俗的文化自觉

乡俗作为传统文化的根基,也是联结"国家"意识与"地方"文化的重要纽带。但如前文所述,处于社会结构转型和城乡关系重组中,乡俗的世俗性与表演性愈益表

---

① 丁荫楠 1982 年执导的电影《逆光》讲述了 20 世纪 80 年代初一批青年选择不同的人生道路,反映出理想与现实的碰撞。影片开头有这样一句旁白:"一个传统的中国和一个现代的中国,这两个影子同时叠印在人们心中。"
② 贺桂梅:《新启蒙知识档案:80 年代中国文化研究》,北京大学出版社 2010 年版,第 175 页。
③ 钱承旦曾撰文指出,"反现代化"是现代化推进过程中常见的现象,它"并不反对现代化,其实质是用现代化的手段来维护传统的价值取向,用现代化的形式来抵抗现代化的实质"。详见钱承旦:《反现代化——一个理论假设》,《学术界》2001 年第 4 期。

露出文化的危机。那么,通过怎样的动员、磨合与转化,才能让传统乡俗成为城市化进程中积极的干预力量?返乡叙事又如何阐述这类主题?离开具体的社会语境,显然很难回答这些问题。21世纪以来,国家出台了一系列政策引导和扶持农村文化建设,推动传统乡俗的创造性转化与创新性发展,比如2005年中共中央国务院联合发布《关于进一步加强农村文化建设的意见》,2011年中共十七届六中全会审议通过《中共中央关于深化文化体制改革、推动社会主义文化大发展大繁荣若干重大问题的决定》,2018年中央发布一号文件《关于实施乡村振兴战略的意见》等。概而言之,发展优秀的传统乡俗要深入其文化内核,不断赋予其时代内涵,更要将乡村资源重新"组织起来",让它们在自身内部形成一种文化自觉。同时,作家也要在"顶层设计"的引导下深入生活。

蔡翔在分析十七年文学"动员—改造"的叙事结构时指出,"组织起来"这个概念"不仅关涉乡村的权力结构,同时还指向某种生产方式,甚至指向一种伦理态度"①,于是,"集体劳动"的生产形态与"互助合作"的乡土伦理,被当时的文学创作赋予"巨大热情的乌托邦想象"。中国乡村的社会主义现代化建设起初就是按照《关于劝止农民盲目流入城市的指示》②等政策实行城乡分治,这也让乡村成为相对独立的"地方"空间,使其"传统"得到某种程度上的巩固,对传统乡俗的改造也就意味着对传统文化的继承。伴随20世纪90年代以来城乡关系的松动与重组,人口、物资、信息等因素在城乡间的流动性扩大,乡村作为"地方"的独立性逐渐被瓦解,乡俗的传统形态也随之遭到破坏。因此,当"国家"将流动的乡村资源重新"组织起来",让"地方"乡俗充分发挥凝聚人心、教化群众、淳化民风的作用时,需要面临巨大的挑战,经历漫长的过程。当然,不可否认,无论是国家层面的引导扶持,还是地方层面的自发维护,乡俗文化的创新性发展都在不断付诸实践。正是在这种背景下,作家结合乡土经验和考察素材,以返乡叙事反映城市化进程中乡俗的出路探索。

赵德发的《经山海》中关于乡俗文化创新发展的描述,可以作为这类书写的典型例证加以解读。吴小嵩从隅城区政协考取楷坡镇副镇长,镇文化站站长带她熟悉楷碑、挂心橛、丹墟遗址、霸王鞭、香山遗美等文化遗迹,又在石屋村看到一群老汉给娶亲人家敲打《斤求两》民乐。历史专业出身的吴小嵩意识到,这或是不可多得的非物质文化遗产,后来通过查阅资料、仔细研究证实了猜想,写出文章《锣鼓铿锵〈斤求

---

① 蔡翔:《革命/叙述:中国社会主义文学—文化想象(1949—1966)》,北京大学出版社2010年版,第48页。

② 周恩来:《中央人民政府政务院关于劝止农民盲目流入城市的指示》,《人民日报》1953年4月18日。

两〉》并先后在省委机关报、国家级报纸发表,且在首届"楷坡春晚"上力推《斤求两》演出,又请隅城区文化馆专业人员亲临指导,排练出豪华版《斤求两》亮相安澜市元宵灯会,吸引电视台制作专题片,最终使之成功列入市政府非物质文化遗产名录。从吴小蒿无意中看到《斤求两》现场演奏,产生研究兴趣和写作动机,到后来的推荐、排演、宣传、申遗等一系列流程,可以看出"知识"与"创新"对传统乡俗文化发展的重要性。

政策引导和财力支持同样不可或缺。小说中,楷坡镇政府是"国家"意识下放到基层的组织机构,楷坡镇下属的各个乡村则可视为"地方"。此"国家"意识进入"地方"乡俗的过程,值得展开深入探讨。从小说情节可以看到,要将演奏《斤求两》的乡村资源"组织起来"并不能一蹴而就。首先,村里大批青年到城镇打工生活,以至于敲锣打鼓都凑不齐人数,只有几位老汉配合敲出节奏分明的鼓点,要想"组织起来"则缺少群众基础和文化氛围。其次,这群老汉起初以为吴小蒿跟先前那些领导一样贪图享乐,所以听到小孩叫嚷"值班羊,值班羊,当官的一来就开膛"的顺口溜时,便"不再演奏《斤求两》,而是脸色阴沉,将锣鼓敲出单调的节奏,像在给小孩子的叫喊助威"①。再者,最终排练完成的豪华版《斤求两》除了8位老汉外,还找来6个美女助阵,并将原先老旧的锣鼓换新,其中主鼓直径达两米以上,尽管如此创新增加了观赏性和震撼力,但也不可避免地失去了原汁原味的特色,后代人或许只能从"故纸堆"里查找原初的表演形式。可见,"地方"乡俗的创造性转化与创新性发展,在"国家"的引导和扶持下常常有所取舍,甚或以"妥协性的结果"②呈现,体现着文化统一性与多样性的辩证关系。

乡土社会在城市化进程中的闭合性与开放性同时存在,倘若国家权力与社会资本直接覆盖进来,必然会遭到不同程度的抵触。所以,"组织起来"不是政策的生搬硬套,要靠组织者对乡俗的深刻理解,以及对在乡者的共情意识。小说叙述吴小蒿以满腔热情和实际行动,力求在深入了解历史生活中动员村民,在挖掘民俗文化内涵、保留基本文化元素的基础上实现创新。她通过钻研史料,结合现场演奏,听出《斤求两》的鼓谱,让老汉们刮目相看,为后续排演打下了基础。有学者考察《斤求两》的由来,指出它"实则是算数口诀,用锣鼓敲打表现'问斤求两',是口算心算的推广和普及"③。秦始皇统一中国后制定度量衡标准,确定一斤为十六两,取自北斗七星、

---

① 赵德发:《经山海》,安徽文艺出版社2019年版,第23页。
② 蔡翔:《革命/叙述:中国社会主义文学—文化想象(1949—1966)》,北京大学出版社2010年版,第70页。
③ 张永军:《鲁东南〈斤求两〉敲打乐的由来》,《日照日报》2020年8月9日。

南斗六星、福禄寿三星，告诫生意买卖不可缺斤少两，否则就会无福折寿。这种讲究信义的历史传统和文化积淀在民间流传，正如演奏《斤求两》的核心角色"老花鼓"说起祖辈传承下来的民谚："秤上亏心不得好，秤平斗满是好人！"相比而言，神佑集团举办虚伪的孝道文化晚会，干的却是坑蒙拐骗、欺行霸市的行为，暴露出传统信义的沦丧。所谓"礼失而求诸野"[①]，原因在于乡间的"礼"不仅能解决生活实际问题，还能起到教化人心的作用，这也正是发展优秀乡俗的必要性所在。

小说还讲述大学生村干部孙伟调到文化站后普及广场舞、建设农家书屋，并借助楷坡镇底蕴丰厚的渔业文化，组织排演舞蹈《海上高跷》，筹办祭海节等民俗活动。吴小蒿还受到喜好收藏渔具、唱渔家号子的船老大启发，筹划建造一座渔业博物馆，又亲自去孔林拿到珍贵的楷树种子，将楷坡重新栽上楷树，欲以"圣树"教化人心。总的来说，像赵德发的《经山海》、陈毅达的《海边春秋》（百花文艺出版社 2019 年版）、滕贞甫的《战国红》（春风文艺出版社 2019 年版）等返乡叙事关于乡俗文化创新发展的众多描述，尽管带有一些读解政策的意味，但的的确确展现了乡村文化建设的美好图景。尤其是在实施乡村振兴战略的背景下，越来越多的小说创作向时代生活、历史现实靠拢，逐渐形成一种创作自觉。

近年来，表现乡俗文化创新发展题材的返乡叙事，还频繁出现在少数民族小说创作中，成为一道独特的风景线。藏族作家永基卓玛的《夏日里的蓝调》（《民族文学》2018 年第 9 期）讲述中文系毕业生曲珍考进歌舞团被选为编剧，在娜姆老师严格要求下学习音乐舞蹈知识，却总是无法准确地用文字表达民族歌舞的美感。跟曲珍同时报考歌舞团落选的洛桑，租借平房大院，召集民间艺人开办"藏文化体验班"，利用微信微博等平台招揽游客，通过叙说神话、佛典、歌谣，让游客放下旅游指南，真正了解本地民族的内心世界。他经常去雪山集市，坐在篝火边看人们即兴吟唱起舞，又到藏民家坊应聘歌手，尝试用蓝调表现民歌。从中可以看出，民族传统文化的发展要在生活中寻找灵感，也要从创新中获得生命力。侗族作家石庆慧的《等待山花烂漫》（《民族文学》2020 年第 3 期）叙述云岭村首位大学生清莲返乡过年，一边重温传统年俗，一边跟久别重逢的朋友谈论家乡发展的出路，并把所学知识带回乡村，以实际行动建设乡村，他们共同筹办春节晚会、山歌大赛，让沉寂的村庄热闹起来，把流动的村民凝聚起来。这些民俗活动"不仅仅是娱乐，而是一个国家、一个民族文化与精神的体现"。还有满族作家关仁山的《金谷银山》（作家出版社 2017 年版）、藏族作家阿来的《云中记》（北京十月文艺出版社 2019 年版）、羌族作家谷运龙的《几世花红》

[①] 原文为："（汉书艺文志）仲尼有言。礼失而求诸野。"详见（清）孙星衍辑，（隋）王通著，（宋）阮逸注：《孔子集语》，上海古籍出版社 1989 年版，第 35 页。

(《民族文学》2019年第4期）等小说均涉及乡俗文化创新发展的情节描述。少数民族作家从各自民族内部视角出发，书写乡村文化建设发展状况，为返乡叙事注入丰富的地域特色和时代内涵。

城市化进程中返乡叙事的乡俗书写，归根到底是要探讨乡俗何去何从的话题。无论是作为城乡张力关系表达的载体，还是成为"新时代的'创业史'"① 的篇章，乡俗的坚守和创新都要有所取舍。在肖江虹的"民俗三部曲"《蛊镇》、《悬棺》、《傩面》中可以体味那种坚守的疼痛与希望的可能，从上述小说则能看到乡俗创新发展过程中存在的阻力与缺口。如何以更宽的视野、健全的心态推动返乡叙事的乡俗书写向纵深方向发展，值得作家们进一步关注和思考。

四、结语

乡俗的形成本身是一个不断变化、吸收、整合的动态过程，受其内在的生命力和外来的牵制力影响，它与时代的发展同频共振。正如露丝·本尼迪克特所说的那样，"谁也不会以一种质朴原始的眼光来看世界。他看世界时，总会受到特定的习俗、风俗和思想方式的剪裁编排"②。作家常常以两种"眼光"来看待乡俗，他们既是传统乡俗的参与者和传承者，又经历城乡流动获得对自我与乡村的新的认识。基于此，返乡叙事中的乡俗一方面作为主要情节推动故事发展，另一方面也以其隐喻彰显小说题旨，既有满怀眷恋的情感记忆，又呈现文化解体的现代魅影，还包括对其创新发展的期待。

当我们谈论乡俗的时候，远远不只是谈论乡俗本身的问题。城市化进程中的乡俗折射出中国城乡互动，它指向历史与未来的生成和发展，以及对于人类命运共同体的价值关怀。基于此，返乡叙事中乡俗书写的意义大致可以概括为三个方面：首先，乡俗书写直接呈现民众的生活方式与文化观念。传统节庆、婚俗、丧俗跟普通民众的生产生活息息相关，反映了淳朴的乡村伦理及其式微趋向；乡俗的表演性异化显示民众受到传统文化糟粕和消费主义观念的影响；乡俗的创新发展则透露出民众在政策引导下具有了开放与包容的心态。其次，乡俗书写间接关联社会历史与个体生命。作家通过对乡俗的描画回望过去、揭示当下、前瞻未来，反映出社会历史的"变"与"不变"；个体置身其中体味乡俗消逝的伤感与发展的希望，以及对同时代人能否重温乡俗

---

① 铁凝：《书写新时代的"创业史"——在全国新时代乡村题材创作会议上的讲话》，《文艺报》2020年7月20日。
② ［美］露丝·本尼迪克特：《文化模式》，王炜等译，生活·读书·新知三联书店1988年版，第5页。

的疑惑与关切。最后，乡俗书写还突显了国家政策进入地方空间的张力及其实效。一边是"组织起来"所要面临的巨大挑战，另一边则是乡村外流人才主动回归参与乡村建设，其中的张力关系仍有值得探讨的空间，也让读者切实感受到乡俗的动态发展以及未来的可能性。

不可否认，返乡叙事的乡俗书写还存在一些局限，比如过度强调乡俗的情感记忆容易形成理性认知的障碍，批判乡俗的现代魅影也可能造成"破而不立"的局面，书写和赞美乡俗的创新发展又极易落入颂歌体的俗套。中国式的城市化建设方兴未艾，归根到底要在充分尊重乡村的"地方"秩序前提下展开，只有保持"乡土性"的历久弥新，才能走出一条可持续发展的道路。因此，在思维观念上，作家也要打破城市/乡村、中心/边缘、现代/传统的二元模式。正如贺善侃所指出的，"文化在现代性与传统性的矛盾中产生和发展，任何现代性都是从传统性的土壤中孕育和生长起来的，现代性中必然含有传统性因素；而今天的传统性，曾经是过去的现代性；今天的现代性，又必将成为明天的传统性"①。具体到乡俗的发展状况，它的传统性与现代性势必在长时段里交互渗透。因此，作家需要直面城乡之间的真实差距和辩证关系，且不拘囿于怀旧的乌托邦想象，而将乡俗视为"地方性"资源和新时代文化的构成要素，从鲁迅所言"有地方色彩的，倒容易成为世界的"②话语中获得启悟。这对拓宽乡俗书写的视域、增强其表现力大有裨益。

（作者单位：上海师范大学人文学院）

---

① 贺善侃：《文化自觉与文化现代性》，上海市社会科学界联合会编：《中国文化 现代性与主体性——上海市社会科学界第九届学术年会文集（2011年度）哲学·历史·文学学科卷》，上海人民出版社2011年版，第5页。

② 鲁迅：《致陈烟桥》，《鲁迅全集》（13卷），人民文学出版社2005年版，第81页。

著述·综述

《中国小说史略》研究百年述论[①]

王瑜锦

1920年8月,鲁迅任教于北京大学,此后开始教授"中国小说史"。为授课之便,其陆续编纂写作了《中国小说史略》(以下简称"《史略》")一书,后又不断增删修改,臻于完美。此书的完成,结束了"中国小说自来无史"的局面。作为大学的讲义,鲁迅与他的《史略》不仅开创了中国小说史学科的新局面,其考证之精密、论说之清晰也让它从产生之日起便饱受赞誉,而这百年间产生的相关研究论著更是汗牛充栋。从时间分期来看,1925年至1949年的《史略》研究多以鲁迅个人及其治学方法为中心,对其多有称颂,尤其是胡适、蔡元培、郑振铎等人的称赞加速了其成为经典的步履;1949年至1980年间的研究成果较少;20世纪80年代以后,《史略》的研究逐步深入且系统,不断有著作和论文涌现,这些论著涵盖《史略》的方方面面,如版本、小说分类、批判、小说史学等多方面。鉴于此,本文以时间为线条,以《史略》的各种研究为横切面,试图兼顾《史略》在不同时期的研究状况,希冀对近百年来《史略》的研究状况作一清晰的梳理。由于所涉文献浩瀚如海,文中挂一漏万之处还望方家不吝赐教。

一、民国以来《史略》的接受与经典化

《史略》从产生之日起便获得巨大声誉。1925年,毕树棠在《清华周刊·书报介绍副刊》评价其有几大优点:"第一是选材精当,第二是立说确切,第三是考证明简,

---

[①] 本文系教育部人文社会科学基金规划项目"文献学视阈中文言语体说部编撰及其思想研究"(20YJA751013)、南通大学人文社科博士科研基金项目"中国小说史学科之生成研究"(135421601120)的阶段性成果。

第四是举例适宜。"① 同期胜已的《书鲁迅〈中国小说史略〉后》一文也作相近之评价，其云："中国小说本没有什么历史，近年间的亦都无一读的价值，要找一本完善的、清晰的、宏博的、有价值的中国小说史来看看，那要推鲁迅先生的《中国小说史略》了。"② 此年，郑振铎在《中国小说提要》一文中也高度评价了《史略》，其谓："中国小说向来没有人加以有系统的整理。商务印书馆出版的《小说丛考》及《小说考证》二书，虽可供给些参考的资料给我们，然而叙列没有什么次序；且不叙本书的内容，也是一个大缺憾。更可引以为恨的是，此二书的作者并没有把小说及戏曲两种体裁认识得清楚。所以二书虽以小说名，所叙述的却有一大部分是戏曲，不全是小说。最近出版了一部鲁迅先生的《中国小说史略》，可算是一部很好的有系统的书，虽然只是薄薄的二册。"③ 郑氏将《史略》与《小说丛考》、《小说考证》两书进行对比，首先表彰了《史略》的系统性，其次称颂了鲁迅的小说观念。胡适亦在《白话文学史自序》中多方面评价了《史略》的成就，其云："在小说的史料方面，我自己也颇有一点点贡献。但最大的成绩自然是鲁迅先生的《中国小说史略》；这是一部开山的创作，搜集甚勤，取材甚精，断制也甚谨严，可以替我们研究文学史的人节省无数精力。"④ 同是研究中国小说史的胡适与郑振铎对《史略》积极且中肯的评价产生了大范围的影响。

1936年鲁迅去世后，学界在痛悼鲁迅的同时，也在褒扬鲁迅为小说史研究所做出的贡献。蔡元培在挽联中写到"著述最谨严，非徒中国小说史；遗言尤沉痛，莫作空头文学家"，高度概括了鲁迅一生的成就，也给予了《史略》极高的评价。钱玄同在追忆鲁迅时也说道："此书条理明晰，论断精当，虽编成在距今十多年以前，但至今还没有第二部书比他更好的（或与他同样好的）中国小说史出现。"⑤ 赵景深亦云："鲁迅的《中国小说史略》是现有的三部同类书最好的一部，到现在为止，还没有比他写的更好的。"⑥ 1941年，金灿然在《鲁迅与国故》一文中指出了鲁迅在小说史研究上的三大功绩："第一，与过去研究小说的人相反，他不把小说看成'玩物丧志''向壁虚造'的东西，却把它看做'载道'的工具，他认为任何作品都是客观环境的产物，是作者有所为而写出的。第二，他把各个历史阶段中小说的禅递因袭之迹明白地叙述

---

① 毕树棠：《〈中国小说史略〉介绍》，《清华周刊·书报介绍副刊》1925年第16期。
② 胜已：《书鲁迅〈中国小说史略〉后》，《清华周刊·书报介绍副刊》1925年第16期。
③ 郑振铎：《中国小说提要》，《鉴赏周刊》1925年第2期。
④ 胡适：《白话文学史》，商务印书馆1928年版，自序第9页。
⑤ 钱玄同：《我对于周豫才君之追忆与略评》，《师大月刊》1936年第30期。
⑥ 赵景深：《中国小说史家的鲁迅先生》，氏著《小说戏曲新考》，世界书局1943年版，第98页。

出来。第三,因为鲁迅先生是文学家,又精于汉学,对所论述的每本或每篇著作都会下一番考证钻研的功夫,决非辗转传抄者可比,故书中的论断大都恰当而精彩,所引例证,又能抓住每本著作或每篇著作的要点。"① 郭沫若直接称《史略》和王国维的《宋元戏曲史》为"中国文艺史研究上的双璧",认为它们"不仅是拓荒的工作,前无古人,而且是权威的成就,一直领导着百代的后学"②。上述学者在横向与纵向的对比中将《史略》的价值阐明,影响深远。

20 世纪 40 年代的几部鲁迅传记和回忆录在描述鲁迅生平时也给予了这部著作极高的评价。小田岳夫在《鲁迅传》中称史略"在中国小说史的研究工作上,可以说是有着纪念碑式的成就"③。在学界享有盛誉的许寿裳《亡友鲁迅印象记》一书则称赞道:"(鲁迅)搜罗的勤劬,考证的认真,允推独步。近年来研究小说者渐次加多了,宋以后的史料虽有新获了,但是蒐辑古逸之功,还未见有能及鲁迅的呢。"④ 日本学者增田涉也云:"中国自古以来,小说作品很多,但小说史却没有。鲁迅首先打算整理它,但因为开头的尝试,所以需要多年的努力,而所完成的著作是非常卓越的。看看在他以后的,慢说超过他的,连和它比肩的东西也没有出来,就可以知道,他的苦心努力,并不是寻常的。"⑤ 1949 年,王士菁《鲁迅传》云:"由于中国小说史略的出版,向来的士大夫阶级视小说为闲书的观念,被鲁迅打破了;他确定小说在中国的旧文苑里的以及传统的文学史上的价值,并且把它提高到应占有的地位。同时,由于这书的出版,后来的治小说史这门学问的人们,也得到了一个最好的榜样。"⑥ 王氏认为鲁迅对小说观念的改变作用是巨大的,其评价极为中肯。

上述民国间关于《史略》的论述奠定了其成为小说史学科的经典著作,此间也并未有超越周著者产生。中华人民共和国成立之后,《史略》依旧被视为本领域最优秀的著作,称赞之声不绝如缕。1956 年,阿英《关于〈中国小说史略〉》开篇便云:"中国小说之有专史,始于鲁迅先生的《中国小说史略》。"郭豫适认为鲁迅的小说史研究是"一项开创性的艰巨的研究任务",而其成果《史略》是"一部奠基性的卓越

---

① 金灿然:《鲁迅与国故》,中国社会科学院文学研究所鲁迅研究室编:《1913—1983 鲁迅研究学术论著资料汇编第 3 卷(1940—1945)》,中国文联出版公司 1987 年版,第 476-480 页。
② 郭沫若:《鲁迅与王国维》,《文艺复兴》1946 年第 2 卷第 3 期。
③ [日] 小田岳夫:《鲁迅传》,范泉译,开明书店 1946 年版,第 49 页。
④ 许寿裳:《亡友鲁迅印象记》,峨嵋出版社 1947 年版,第 9 页。
⑤ [日] 增田涉:《鲁迅的印象》,钟敬文译,湖南人民出版社 1980 年版,第 72 页。作者是在 1947 年写出此书并发表,次年加以修订并改名为《鲁迅的印象》。
⑥ 王士菁:《鲁迅传》,生活·读书·新知三联书店 1949 年版,第 223 页。

的科学论著"①。齐裕焜认为《史略》最重要的功绩首先是"建立了中国小说史的比较科学的体系",这个体系包括小说史研究范围的划分、古代小说的科学分类、小说史发展阶段的划分及其社会原因;其次是对"作品作了精辟的分析和恰当的评价,对文艺创作的基本规律提出了很多宝贵的见解",这些规律有:强调文艺的真实性、强调文艺作品的概括性和典型性、强调文学形象反映生活的特点、全面评价作品、正确处理政治标准和艺术标准②。黄进德认为,鲁迅在小说起源、小说文体价值的认定、小说史的分期、作家作品的分期等方面都令后人难以望其项背③。作为一名小说史家,萧相恺认为"迄于今,还没有一部真正从整体上全面超过《中国小说史略》的著作出现"④,刘勇强也认为"《史略》还第一次通过大量文本的直接引述,以精选、浓缩的方式,向读者直观地展示了中国古代小说的发展概貌"⑤。

除此之外,郑振铎、巴人、郭豫衡、陈平原等人撰文对鲁迅的治学方法和治学精神作了深入论述。1938年,蔡元培在为《鲁迅全集》作序时认为,鲁迅治学一方面受"清代学者的濡染",但又不为"清儒所囿",特举《史略》为例⑥。同年,郑振铎在《鲁迅先生的治学精神》中说:"他是在根本上做工夫的。他打定了基础,搜齐了材料,然后经过尖锐的考察,精密的分析,而以公平的态度下判断。不马虎,不苟且,从根本上做工夫,这便是他治学的精神。"⑦ 在《鲁迅的辑佚工作》⑧ 一文中,郑氏又表彰了鲁迅辑佚古小说材料的功绩。巴人《鲁迅的学习精神》一文以《史略》为例证,认为鲁迅"学习精神之专一,那可说是继承了朴学精神最优秀的一面"⑨,又在《鲁迅先生的治学方法》一文中认为鲁迅的方法论是历史的现实主义的方法论,并认为其承自章太炎但是超越章氏⑩。郭豫衡认为,鲁迅治学以史学为基础,并且将辑佚、校勘、目录、版本、考证治学融于一体,继承前人的同时又超越了前人⑪。范宁认为,

---

① 郭豫适:《〈中国小说史略〉的重大贡献》,氏著《中国古代小说论集》(修订三版),华东师范大学出版社1992年版,第357—367页。
② 齐裕焜:《鲁迅是中国小说史研究的开拓者——读〈中国小说史略〉》,《兰州大学学报》1981年第3期。
③ 黄进德:《鲁迅对中国小说研究的贡献》,《扬州师院学报》(社会科学版)1986年第3期。
④ 萧相恺:《鲁迅的〈中国小说史略〉》,《古典文学知识》2000年第2期。
⑤ 刘勇强:《论小说史书写中的"举例"——以〈中国小说史略〉为中心》,《上海师范大学学报》(哲学社会科学版)2013年第4期。
⑥ 《鲁迅全集》(第一卷),鲁迅全集出版社1938年版。
⑦ 郑振铎:《鲁迅先生的治学精神》,《申报》1937年10月19日第5版。
⑧ 郑振铎:《鲁迅的辑佚工作》,《文艺阵地》1938年第2卷第1期。
⑨ 巴人:《学习与战斗》,上海杂志公司1939年版,第221页。
⑩ 巴人:《学习与战斗》,上海杂志公司1939年版,第233—267页。
⑪ 郭豫衡:《关于鲁迅治学方法的探讨》,《北京师范大学学报》(社会科学版)1979年第1期。

鲁迅在研究中不仅重调查研究（考据），还前进一步去探寻文学的客观规律①。陈平原认为，后来学者谈鲁迅治学方法均未脱蔡元培之概括，他则另辟蹊径，着重"清理了鲁迅接受以及超越清儒的特殊途径"，详细剖析了鲁迅不同于前辈学者的学术选择，这一选择使其"重考据而又不囿于考据"，"承清学而又不囿于清学"②。关于鲁迅这一科学的治学方法和治学精神，后来的景明、徐明安、赵维国等人均有论述。除此之外，景明还认为鲁迅重视研究者的"史识"，强调用全面的眼光对资料进行认识和评价③。徐明安认为鲁迅在小说研究中追求创新，在探索中提出了新颖独到的见解④。孙丽华认为《史略》是"借鉴史学方法成立的小说学的代表作"⑤。赵维国全面论述了鲁迅的小说史研究方法，认为这一方法主要体现在两端：首先是考证方法，即注重文献资料的搜集整理，然后对作家、作品予以考辨；其次是理论方法，即以历史唯物史观为基础，将文学作品置于复杂的历史条件下全面考察，对于具体问题具体分析⑥。王春宇认为《史略》一书在对中国古代小说的批评中，"成功化用了西方的理论方法和文艺批评话语，使之与中国传统文论话语融为一体，成为中国现代文学理论批评话语系统构建的典范"⑦。这些研究都从不同方面揭示了鲁迅成功创造经典著述的原因。

二、《中国小说史略》的勘误、批判与注解

虽然《史略》在出版以后赢得了很高的声誉，但由于涉及作家、作品过于繁多，其中错误之处不可避免。同时代与后来的学者针对这些错误有批评，有补充，也有勘正。首先是关于《史略》内容的勘正和批评。1935 年，胡怀琛在《读鲁迅〈中国小说史略〉》一文中首先对《史略》的内容提出了 4 点商榷，其内容主要是相关文献的补

---

① 范宁：《鲁迅在中国古典文学研究上的贡献》，《文学遗产》1981 年第 3 期。
② 陈平原：《作为文学史家的鲁迅》，《学人》第 4 辑，江苏文艺出版社 1993 年版，第 71-108 页。
③ 景明：《鲁迅研究古典文学方法谈》，《锦州师范学院学报》（哲学社会科学版）1994 年第 4 期。
④ 徐明安：《作为小说学者的鲁迅的学术理念和科学精神》，《绍兴文理学院学报》（哲学社会科学版）2001 年第 3 期。
⑤ 董乃斌、陈伯海、刘扬忠主编：《中国文学史学史》第 3 卷第 3 编第 2 章第 4 节，河北人民出版社 2003 年版。
⑥ 赵维国：《鲁迅的小说史研究与小说史研究体系的构建》，《宁夏大学学报》（人文社会科学版）2003 年第 2 期。
⑦ 王春宇：《鲁迅与中国现代文艺理论批评话语系统之建立——以〈中国小说史略〉为例》，《山东师范大学学报》（人文社会科学版）2019 年第 3 期。

充，同时也阐述了一些不同的观点，如其征引元稹诗句说明"说话"的起源便颇有价值①。1940年，赵景深在《〈中国小说史略〉勘误》一文中也指出了《史略》存在的十几处小错误，涉及字词、引文、作品之时代等多方面，赵氏对这些错误一一进行了驳正②，后来的《鲁迅全集》本《史略》吸取了赵氏的意见，对相关错误做出了改正。1981年，丁锡根在《〈中国小说史略〉笺补拾零》一文中引用相关材料列举了近百处《史略》在内容上的错误，并一一指正，对相关讹误进行了一次较为系统的清理③。米格智撰文指出《史略》述《赵飞燕别传》"赵后入宫至自缢，复以冥报化为大鼋事"之误，"自缢"且"化为鼋"者为昭仪，并非赵后④。周二雄指出《史略》述吴趼人《还我灵魂记》实乃《还我魂灵记》之误，并详述了此篇作品背后的历史史实⑤。刘中一指出《史略》述《金瓶梅》"春梅夙通其前妻之子"中的"前妻之子"实有误，实乃"老家人周忠之次子周义"，应称"家人之子"⑥。薛蕊指出鲁迅论述《花月痕》"已而韦妻先殁，韦亦寻亡"有误，韦妻并未死，而是其爱妾遇难先亡，故而此处应为"韦妾"⑦。李坚怀指出鲁迅援引杜甫《少年行》诗句说明蒋防《霍小玉传》中李益事有误，两者并无关联⑧。林宪亮通过详细考证指出颜从乔《僧世说》并非是鲁迅所言的清代作品，而是明末创作而成的⑨。除了这些细微之处的勘误之外，还有一些学者对其结构和内容等多方面予以批评。如阿英指出周书存在的三个问题："第一就是在每一蜕变期间，社会经济背景叙述的不足；其次，是对作者以及作品思想考察部分的缺乏；再其次，是由于当时的未见，许多重要的书，无从得其概略。"⑩ 值得注意的是2008年欧阳健撰成的《中国小说史略批判》一书。此书援引了大量的资料，围绕《史略》的文献、观念、体例、评骘四方面对其存在的问题进行了详细清理，这些批判几乎涉及了《史略》的全部内容。毫无疑问，此书是21世纪《史略》

---

① 中国社会科学院文学研究所鲁迅研究室编：《1913—1983鲁迅研究学术论著资料汇编》（第1卷），中国文联出版公司1985年版，第1133-1135页。
② 赵景深：《〈中国小说史略〉勘误》，《小说月刊（上海）》1940年第7期、第9期。
③ 丁锡根：《〈中国小说史略〉笺补拾零》，复旦大学中国语言文学研究所鲁迅研究室编：《纪念鲁迅诞生一百周年论文集》，复旦大学出版社1981年版，第127-159页。
④ 米格智：《中国小说史略一误》，《新乡师范学院学报》（哲学社会科学版）1985年第1期。
⑤ 周二雄：《〈中国小说史略〉勘误一则》，《鲁迅研究动态》1989第5、6期合刊。
⑥ 刘中一：《"前妻之子"还是"家人之子"？——鲁迅〈中国小说史略〉订误一则》，《内江师范学院学报》1992年第1期。
⑦ 薛蕊：《〈中国小说史略中〉的一点疏忽》，《鲁迅研究月刊》1996年第6期。
⑧ 李坚怀：《鲁迅〈中国小说史略〉辨误一则》，《上海鲁迅研究》2014年第2期。
⑨ 林宪亮：《〈僧世说〉成书年代考——鲁迅〈中国小说史略〉辨误一则》，《图书馆杂志》2014年第10期。
⑩ 阿英：《作为小说学者的鲁迅先生》，《光明（上海1936）》第1卷第12期。

研究的重大创获①。上述这些成果均在不同方面指出了《史略》内容上的错误，希望今后的《史略》整理者在整理出版时能积极吸收。

另外，《史略》在成书后，陈源指责此书抄袭自盐谷温《中国文学概论》的小说部分。面对指责，鲁迅在《不是信》一文中予以了回击，指出其说之谬。可以说，在鲁迅身后，此桩公案俨然成为了一个重要的学术史问题。关于此，纪维周、钟扬、鲍国华、符杰祥、谢崇宁、牟利锋、张真等人均从不同方面撰文做出论述②，基本都认为虽然鲁迅对盐谷温的著作有借鉴，但将其定性为"抄袭"则有失公允。

由于《史略》用文言写就，且内容高度凝练，故一般研究者和读者在阅读中会有障碍，所以，20世纪70年代以来便有多种注解本出版。1981年，《鲁迅全集》本《史略》首先增加了注释，这些注释对理解《史略》大有助益，但是其中也存在一些错误，徐斯年、汪卫东都曾撰文指正③。1984年，赵景深《〈中国小说史略〉旁证》一书对《史略》进行了通篇疏证，对于一些重点语词和作家、作品都进行了详细解释，征引材料十分丰富，同时也不乏精确之考证。2005年，周锡山对《史略》进行了释评，"释"主要是在注释中详解周书的难点，"评"主要是对正文所引出的学术史相关问题做出解读④。2012年，张兵、聂付生出版了《〈中国小说史略〉疏识》一书，书中分设"疏"与"识"，在"疏"的部分，大量吸收了学界已有的诸多成果，对相关知识点予以详细疏解，另在每一篇正文之后还单撰一篇"识"，试图阐述他们的个人见解，传递前沿信息，以求推动小说史研究的深入发展⑤。上述诸书对《史略》内容的详细阐发使其文本研究不断深化，加强了《史略》与其他研究成果的联系，也助推了小说学史研究的整体发展。

---

① 欧阳健：《〈中国小说史略〉批判》，山西人民出版社2008年版。

② 参纪维周：《鲁迅"抄袭"公案真相》，《世纪》2004年第6期；钟扬：《盐谷温论〈红楼梦〉——兼议鲁迅"抄袭"盐谷温之公案》，《南京师大学报》（社会科学版）2005年第2期；鲍国华：《鲁迅〈中国小说史略〉与盐谷温〈中国文学概论讲话〉——对于"抄袭"说的学术史考辨》，《鲁迅研究月刊》2008年第5期；符杰祥：《重识鲁迅"剽窃"流言中的人证与书证问题》，《山东师范大学学报》（人文社会科学版）2008年第3期；谢崇宁：《中国小说史的构建——鲁迅与盐谷温论著之比较》，《中山大学学报》（社会科学版）2011年第4期；牟利锋：《盐谷温〈支那文学概论讲话〉在中国的传播》，《中国现代文学研究丛刊》2011年第11期；张真：《论盐谷温的〈红楼梦〉研究脱胎于森槐南——从另一个角度看鲁、盐"抄袭案"》，《鲁迅研究月刊》2015年第4期；张永禄、张谡：《论盐谷温对鲁迅小说史研究的影响》，《中国现代文学研究丛刊》2015年第5期。

③ 参徐斯年：《〈中国小说史略〉注释补证（第一至第十三篇）》，《鲁迅研究月刊》2001年第10期；徐斯年：《〈中国小说史略〉注释补证（第九至第十三篇）（续）》《鲁迅研究月刊》2001年第11期；汪卫东：《〈中国小说史略〉的编订与出版过程兼及两版〈鲁迅全集〉的注释》，《鲁迅研究月刊》2015年第9期。

④ 鲁迅著，周锡山释评：《中国小说史略（释评本）》，上海文化出版社2005年版。

⑤ 张兵、聂付生疏识：《〈中国小说史略〉疏识》，复旦大学出版社2012年版。

三、20世纪70年代以来的版本研究

从 1920 年开始在北京各校授课的鲁迅,由于教学所需,陆续编印了《中国小说史略》讲义,先后有油印本讲义和铅印本讲义,1923 年 12 月由新潮社出版了上册,1924 年 6 月出版了下册,此后鲁迅又多次修订再版,加之《鲁迅全集》多次修订,故而《史略》存世版本繁多。所以,版本之讨论成为《史略》研究中的一个重镇。

1972 年 5 月,路工在《文物(革命文物特刊)》上发表了《从〈中国小说史大略〉到〈中国小说史略〉》① 一文,首次介绍了《中国小说史大略》,并将它的内容与"初版本"进行了比对,对之后《小说史大略》的研究起到了极大的推动作用。1979 年,《中国现代文艺资料丛刊》刊发了单演义保存的油印本《小说史大略》,此后陕西人民出版社出版了单行本,书末附有单演义《关于油印本〈中国小说史略〉讲义的说明》一文,对此书进行了详细的介绍。1979 年,荣太之的《〈中国小说史略〉版本浅谈》② 是一篇力作,清晰地梳理了油印讲义本、铅印讲义本、初版本、再版本、三版本、订正本、十版本等诸多版本的流变,并对其中内容作了仔细的论述与说明。稍后,在 1980 年,荣氏据北京博物馆藏本整理的《小说史大略》③ 刊登在了《社会科学战线》编辑部所编的《鲁迅研究论丛》上。他又撰写了《〈小说史大略〉整理说明》,对这一油印讲义本的外形、标点、页码等都做出了说明。同期的《鲁迅研究论丛》还刊有常惠《鲁迅先生在北大讲授中国小说史的回忆》与陆树仑《略谈〈中国小说史略〉版本上的一些问题》两文。常文回忆油印本是 1920 年下半年至 1921 年上半年由国文系教授会印的,而铅印本是其帮鲁迅校对印行的。由于常氏保存有铅印本并且是当事人,故而这些追忆弥足珍贵④。陆文认为写印本(油印本)早于排印本,并将其编印起始时间定在 1920 年末至 1921 年上半年;又认为排印本(铅印)是北大印刷所印行的教学讲义,编写于 1923 年下半年,完稿于 12 月 20 日⑤。1983 年,吕福堂撰《中国小说史略的版本演变》⑥ 一文,对铅印本进行了细致的介绍,并通过与初版

---

① 文物编辑委员会:《文物革命文物特刊》,文物出版社 1972 年版,第 46-48 页。
② 荣太之:《〈中国小说史略〉版本浅谈》,《山东师院学报》(哲学社会科学版)1979 年第 3 期。
③ 《社会科学战线》编辑部编:《鲁迅研究论丛》,吉林人民出版社 1980 年版,第 1-86 页。
④ 常惠:《鲁迅先生在北大讲授中国小说史的回忆》,《社会科学战线》编辑部编:《鲁迅研究论丛》,吉林人民出版社 1980 年版,第 89-92 页。
⑤ 陆树仑:《略谈〈中国小说史略〉版本上的一些问题》,《社会科学战线》编辑部编:《鲁迅研究论丛》,吉林人民出版社 1980 年版,第 113-138 页。
⑥ 唐弢等:《鲁迅著作版本丛谈》,书目文献出版社 1983 年版。

本之比较，得出"初版本是在铅印讲义本的基础上，作者又一次作了较全面的修改校订"的结论，另外还述及再版合订本、订正本、最后修订本的内容之变动。1986 年，《鲁迅研究资料》第 17 辑刊发了许寿裳保存的铅印本①，此本是在油印本的基础上进行修改和增补而成的。油印本和铅印本的相继公布，使《史略》的版本演进之迹渐趋明晰，而研究者也得以透过这些早期版本窥知鲁迅早期的小说思想。

1989 年，余时购得北京女子师范学院的《史略》印本，撰文介绍了其版面与格式，并通过此本所收之内容考订其印行时间大致在 1930 年以后②。1996 年，杨燕丽《〈中国小说史略〉的生成与流变》一文③对鲁迅前期的知识储备、辑录小说史料、编成《史略》一书、多次在再版时修改作了细致的论述，将《史略》一书放在更广阔的时间段，论述时间贯穿鲁迅整个生涯。同年，周国伟在《鲁迅注译研究版本编目》一书中叙述了《史略》的版本沿革状况，并列出了 1923 年至 1973 年间 30 种不同的版本④。这些成果给学者们从事鲁迅和小说史研究提供了极大便利。

21 世纪以来，《史略》的版本研究依然稳步推进。2008 年，鲍国华在《鲁迅小说史学》一书第二章中对《史略》的版本流变作了考察。值得注意的是，在本章附录部分，他撰写的《新发现的〈中国小说史略〉新潮社再版本》一文对北京鲁迅博物馆所藏 1925 年 2 月北大新潮社再版《史略》上、下册本与新潮社初版本作了简要对比，指出了再版本的几处修订，颇具文献价值⑤。2011 年，李雪对《小说史大略》油印本、铅印本、《明以来小说年表》、《中国小说的历史的变迁》以及《史略》5 种著述的写定时间做出了考述，在此基础上纠正了此前研究中存在的一些偏差⑥。2014 年，李云撰文介绍了北大藏鲁迅《中国小说史大略》的铅印本讲义，虽然此本与已公布的许寿裳藏本完全一致，但她还是据此本校正了一些此前《史略》讲义整理的错讹⑦。同年，刘然也撰文披露了北京鲁迅博物馆所藏的许广平旧藏初版《史略》⑧。此本是许广平听鲁迅小说史课程的课本，许广平在书中的若干条笔记弥足珍贵，借助此本我们对鲁迅

---

① 北京鲁迅博物馆鲁迅研究室编：《鲁迅研究资料 17》，天津人民出版社 1986 年版，第 3-194 页。
② 余时：《〈中国小说史略〉一版本》，《鲁迅研究动态》1989 年第 3 期。
③ 杨燕丽：《〈中国小说史略〉的生成与流变》，《鲁迅研究月刊》1996 年第 9 期。
④ 周国伟：《鲁迅著译版本研究编目》，上海文艺出版社 1996 年版，第 173-183 页。
⑤ 详见鲍国华：《鲁迅小说史学研究》，天津社会科学院出版社 2008 年版，第 38-50 页。
⑥ 李雪：《鲁迅〈小说史大略〉等五种的完成或改定时间》，《鲁迅研究月刊》2011 年第 11 期。
⑦ 李云：《北大藏鲁迅〈中国小说史大略〉铅印本讲义考》，《中国现代文学研究丛刊》2014 年第 1 期。
⑧ 刘然：《许广平藏〈中国小说史略〉》，《鲁迅研究月刊》2014 年第 10 期。

当时的教学情境能有更深入的了解，可惜刘文并未逐条整理许广平的笔记。2018年，陈子善介绍了其所得1925年9月北新书局合订本《史略》。这是北新书局首次将上、下册合订发行的版本，故陈氏又谓其为"合订初版本"①。

上述诸多有关《史略》版本的研究重建了《史略》成书的时间链条，使我们对鲁迅小说史观念的认识更加清晰；相关珍稀版本的发掘也同时推动了《史略》小说学、校勘学等方面的研究。

四、《中国小说史略》的小说学观点研究

在《史略》一书中，鲁迅以其对传统文化的了解和个人卓越的史识在相关小说材料的基础上下了很多论断。这些论断在很长时间内频频被征引，产生了很大影响。后来学者针对这些观点有颇多阐发，笔者在此处便简要地梳理一下这些成果。

在《史略》第二篇《神话与传说》中，鲁迅认为小说起源于神话，并概括了神话之定义及演进之过程。1985年，王永生在《鲁迅论神话与民间传说》一文中结合《史略》与鲁迅的其他著述，详细地阐发了鲁迅的神话学观点②。李玉兰认为鲁迅是神话研究的拓荒者，他概括了神话的定义，阐明了中国神话消歇的原因，又确立了神话与文学、小说的渊源关系，虽然观点有争议，但是其功绩不可抹杀③。而在另一篇文章中，李玉兰又认为"鲁迅神话研究的最大特点就是他把中国神话纳入中国文学系统，探讨与阐释其本质、起源、发展、演变、分期、消歇原因，以及它与后世文学的关系等基本问题，这在中国是具有开创性意义的"④。温庆新认为鲁迅这一以"神话和传说"为小说起源的观点源自盐谷温，而相关论述的讨论过程中又出现了"论断过程不严密、证据不充分及逻辑混乱等情形"，这些甚至影响了《史略》建构的理论基石⑤。

鲁迅在《史略》第八篇中概述唐之传奇文时指出，唐传奇"叙述婉转，文辞华艳"，"与六朝之粗陈梗概者较，演进之迹甚明，而尤显者乃在是时则始有意为小说"。这一论断影响深远，成为小说史研究中的一个热点问题，后世撰文讨论者不绝如缕。这些研究可概括为两端。首先，一些学者对"有意为小说"的内涵进行了细致的阐释。1985年，王枝忠撰文指出唐人"始有意为小说"的全部内涵是"唐人自觉地把传

---

① 陈子善：《〈中国小说史略〉合订初版本》，《文汇读书周报》2018年4月16日。
② 王永生：《鲁迅论神话与民间传说》，《青海社会科学》1985年第6期。
③ 李玉兰：《作为中国神话研究拓荒者的鲁迅》，《鲁迅研究月刊》2015年第6期。
④ 李玉兰：《鲁迅神话研究概观》，《东方论坛》2015年第6期。
⑤ 温庆新：《中国小说起源于"神话与传说"辨正——以鲁迅〈中国小说史略〉为中心》，《南京大学学报》（哲学·人文科学·社会科学）2014年第5期。

奇小说作为一种文学体裁来认识，注意对生活的剪裁、提炼和加工改造"①。韩黎范认为"唐传奇作家由于认识到了小说'有益于世'的功用、深刻而广泛地反映社会现实生活的意义和提高艺术性的必要，因而'始有意为小说'"②。1994年，董乃斌《中国古典小说文体的独立》一书同意鲁迅的观点，并在此基础上详细阐述了小说文体诸要素如何发展至唐而独立。关诗珮则撰文详细解读了鲁迅"始有意为小说"一语背后的现代小说观，指出了其最重要的衡量标准是"虚构"③。程国赋认为"有意为小说"之有意主要体现在三个方面，分别是小说创作主体意识的增强、小说文体的成熟与小说所体现出来的高超的叙事技巧④。

其次，很多学者并不同意鲁迅将唐代断为"有意为小说"的论断，提出了许多新的论断。吴代芳与鲁迅持不同观点，认为"有意为小说"始于《世说新语》⑤。同样，吴志达也认为唐代之前的杂记体志怪小说"从其艺术想象力的丰富，意境的描写，情致的动人，抒情气氛的浓郁，都可以体察到作者在有意为小说"⑥。刘金仿认为，"唐人的小说观念并未独立自觉，唐人的小说行为依然处于传统思维方式指导下，为传统的小说观念所束缚"⑦。王恒展认为《幽明录》中的作品篇幅较长、情节曲折，已开有意为小说之先河⑧。彭磊与鲜正确撰文指出，"从目录学的角度讲，唐代以前的人，就已经在'有意为小说'了；从文学的角度来看，则唐代的人还没有一种将虚构性放在首要地位的自觉的小说观"，故而"有意为小说"也便无从谈起⑨。陈文新认为，"有意为小说"这一命题并不能成立，且疏漏甚多，唐传奇的划时代意义真正体现在"传记辞章化"上⑩。李玉栓认为，在魏晋南北朝时期，有一些作品已经与唐传奇颇为

---

① 王枝忠：《说唐人"始有意为小说"》，《社会科学研究》1985年第6期。
② 韩黎范：《唐传奇"始有意为小说"刍议》，《古代文学理论研究》第11辑。
③ 关诗珮：《唐"始有意为小说"——从鲁迅的〈中国小说史略〉看现代小说（fiction）观念》，《鲁迅研究月刊》2007年第4期。
④ 程国赋：《"唐人始有意为小说"刍议》，《中国文化研究》2017年第4期。
⑤ 吴代芳：《论〈世说〉开始有意为小说》，《郴州师专学报》（综合版）1997年第4期。
⑥ 吴志达：《魏晋南北朝志怪小说的审美特征——兼对是时"亦非有意为小说"质疑》，《人文论丛》第1辑。
⑦ 刘金仿：《唐人"始有意为小说"辨析》，《武汉职业技术学院学报》2002年第4期。
⑧ 王恒展：《已始"有意为小说"——〈幽明录〉散论》，《蒲松龄研究》2002年第4期。
⑨ 彭磊、鲜正确：《唐传奇"始有意为小说"辨——从"小说"之两类概念谈起》，《重庆社会科学》2007年第7期。
⑩ 陈文新：《传、记辞章化：从中国叙事传统看唐人传奇的文体特征》，《武汉大学学报》（人文科学版）2005年第2期；陈文新：《"唐人始有意为小说"这一命题不能成立》，《中国文化研究》2017年第4期。

类似，初现"有意为小说"之端倪①。王平从唐代小说家的序跋和在小说中的表白出发，认为唐代小说尚未摆脱传统的小说观念②。刘晓军认为，唐人"始有意为小说"论建基于小说虚构论之上，其学理依据既不具备完全的正当性，逻辑推理的过程也不太经得起推敲③。

上述仅仅是以"始有意为小说"一语为研究对象所产生的数量巨大的研究成果，而从唐传奇的整体研究状况来看，这仅仅是冰山一角。事实上，鲁迅对唐代小说的构建涉及多个方面，其中以传奇之来源、传奇文体之特征、传奇之内涵、传奇与杂传等文体之关系等内容为主。关于此，王运熙、程千帆、孙逊、李剑国、程国赋、李时人、卞孝萱、程毅中、崔际银、李军均、吴怀东等人均有专著或论文问世④。这些成果在鲁迅既有的研究之上都有拓深。

除了唐传奇之外，鲁迅在研究宋元小说及其演变时，提出了"话本"与"拟话本"的概念，认为话本即说话人的底本。这一概念被胡适、谭正璧、郑振铎、赵景深等人接受。1965年，日本学者增田涉在《论"话本"的定义》一文中对《史略》所言之"话本"提出质疑。他认为，鲁迅的论证过程和方法都有问题，"话本"并没有"说话人的底本"的意思，而是"故事"之义。增田氏之观点对后来话本小说研究的影响极大，后来者或认同鲁迅，或认同增田涉，或增补其中一家之观点⑤。关于这一问题的讨论，又牵涉到其他问题，如"拟话本"这一概念准确与否、话本小说的起源、话本作品的界定等等问题，产生了众多的研究成果。

而在明清小说的研究上，鲁迅出于小说史建构之需，为明清章回小说划分了诸多类名，如"讲史小说"、"神魔小说"、"人情小说"、"才学小说"等。这些概念将众多小说作品涵纳其中，整合了驳杂繁多的明清小说。《史略》的这些论述影响巨大，后来的研究成果层出不穷。此处姑且以"才学小说"之研究为例，作一简单梳理。在《史略》第二十五篇"清之以小说见才学者"中，鲁迅将《野叟曝言》、《蟫史》、《燕山外史》、《镜花缘》纳入其中。民国时期有关这4部作品的研究多偏重于考证和内容分析。20世纪90年代后，有关"才学小说"概念及作品的研究大范围出现。在作品研究上，王琼玲据鲁迅所言撰《清代四大才学小说》一书，首先对"才学小说"重新

---

① 李玉栓、李思语：《魏晋南北朝"始有意为小说"刍论》，《安庆师范大学学报》（社会科学版）2018年第1期。
② 王平：《唐代"始有意为小说"辨析》，《蒲松龄研究》2019年第2期。
③ 刘晓军：《唐人"始有意为小说"辨》，《学术研究》2019年第8期。
④ 《唐代小说学术档案》（程国赋、蔡亚平主编，武汉大学出版社2015年版）一书对上述所列研究论著有较为详细之介绍。
⑤ 刘相雨、陈文新主编：《宋元话本学术档案》，武汉大学出版社2014年版，第124-134页。

定义,后又对 4 部小说的作者、版本尤其是小说所涉"才学"之内容作了详尽的分析①。关于《野叟曝言》,王进驹撰文认为此书是通过"自况"形象的才学特色去表达作者在文化思想上的思考②;董国炎与蔡之国认为此书称为言志小说更符合实情③;秦川认为此书是才学小说中最典型的作品,才学小说的兴盛与当时的科举制度、学术风气以及文人心态密切相关④。鲁小俊、杜贵晨、王齐洲则对《镜花缘》进行了剖析⑤。除了作品研究之外,苗怀明撰文认为"才子小说"不足以成为小说流派,将其视为一种炫学的创作趋向,这一趋向的出现既是作品表达的需要,也是人生价值的需要,更是保存个人学术见解的体现⑥。温庆新也认为鲁迅提出的"以小说见才学者"并非指小说类别和文体,而是一种特殊的创作现象,鲁迅以此为名是为了强调此类小说的史料与文献价值⑦。傅承洲进一步梳理了"才学小说"的接受史和研究史。他指出,将"才学小说"视为一种类型始于王琼玲,但是这一观点是不妥的,它应该被视为一种创作现象⑧。2019 年,赵春辉《清代才学小说考论》一书则对"才学小说"进行了更为全面的梳理和研究,此书既有对"才学小说"的含义、源流、文化生态等方面的界定和阐释,又对相关的 7 部作品进行了细致的考论⑨。

《史略》作为一部小说史著作,其中有众多观点借鉴自前贤时彦,最为突出的是鲁迅对胡应麟的观点进行了改造。关于此,陈卫星认为鲁迅从观点、研究方法到研究材料几方面都借鉴了胡应麟⑩。张杰也撰文探讨了鲁迅与胡应麟之间的学术联系,认

---

① 王氏为"才学小说"下的定义是:"《野叟曝言》《蟫史》《燕山外史》《镜花缘》四部'才学小说',乃是以小说的形式,罗列、炫耀个人才学的作品。作者的创作本衷是'露才显能',亦即'以撰写小说为手段、工具,试图达成其展现、炫耀个人才学的主要目的'。因'才学小说'以展现作者个人的才学内涵为主,故对于小说艺术的各项要求,虽有时兼顾,但为了炫才则不一定重视、遵行。"见王琼玲:《清代四大才学小说》,台湾商务印书馆股份有限公司 1997 年版,第 7 页。
② 王进驹:《才学小说与自况——〈野叟曝言〉的小说类型研究》,《暨南学报》(哲学社会科学版)2007 年第 5 期。
③ 董国炎、蔡之国:《言志小说,还是才学小说?——试论〈野叟曝言〉性质及小说分类细化之得失》,《明清小说研究》2010 年第 1 期。
④ 秦川:《〈野叟曝言〉与清代才学小说》,《明清小说研究》2011 年第 1 期。
⑤ 鲁小俊:《通俗小说的学术化——以〈镜花缘〉为中心》,《连云港师范高等专科学校学报》2012 年第 3 期;杜贵晨:《试论《镜花缘》题材内容的三个特点及其意义——兼及仅以〈镜花缘〉为"才学小说"的偏颇》,《辽东学院学报》(社会科学版)2013 年第 1 期;王齐洲:《论〈镜花缘〉与清代才学小说》,《内江师范学院学报》2013 年第 11 期。
⑥ 苗怀明:《清代才学小说三论》,《南京师大学报》(社会科学版)2010 年第 6 期。
⑦ 温庆新:《"以小说见才学者"辨正及其小说史叙述意义——兼及"才学小说"的概念使用》,《南京师大学报》(社会科学版)2014 年第 4 期。
⑧ 傅承洲:《清代才学小说是否构成一个小说类型》,《河北学刊》2017 年第 6 期。
⑨ 赵春辉:《清代才学小说考论》,人民出版社 2019 年版。
⑩ 陈卫星:《少室山房笔丛与鲁迅的古代小说研究》,《兰州学刊》2005 年第 4 期。

为主要有四方面，分别是小说的分类、小说的观念、小说史料的考证、小说之辨伪①。刘晓军则认为鲁迅在接受胡应麟的小说理论的过程中，对其作了符合自身期待视域的解读，而这一解读与胡氏之原意并不符②。整体上来看，作为古代小说研究的一个高峰，胡应麟对鲁迅的影响不可谓不大。

事实上，《史略》一书作为小说史的开拓和奠基之作，其内容除引文之外，几乎每一句论断在这一百年以来都有所研究，总体上来看数量非常庞大，研究内容也更为细致详尽。本文只是拣其一二，略作概括。

结　语

《史略》作为中国小说史的奠基性和开拓性著作，又是鲁迅精心结撰的一部学术精品，在这一百年以来产生了大量的研究成果。尤其是20世纪70年代末、80年代初以来，《史略》版本、内容、研究方法等方面的研究不断深化，《史略》呈现出来的历史面貌越来越清晰，后人对于鲁迅学术思想的了解也由此更加深入。总的来看，《史略》研究既是鲁迅研究的一部分，又是小说史研究的一部分。鲁迅及其思想研究是20世纪学术研究的热点，在鲁迅逝世后不断有新的研究成果涌现，受此影响，《史略》也自然成了学者们的关注对象；相比于鲁迅研究，小说史视阈下的《史略》研究相对起步较晚，但也产生了众多成果，尤其是几部专著（孙昌熙《鲁迅"小说史学"初探》、欧阳健《中国小说史略批判》、鲍国华《鲁迅小说史学研究》、温庆新《鲁迅中国小说史略研究——以中国小说史学为视野》）的出现，使《史略》的整体面貌越来越清晰。

（作者单位：南通大学文学院）

---

① 张杰：《鲁迅与胡应麟的学术联系》，《鲁迅研究月刊》2009年第5期。
② 刘晓军：《被虚构的小说虚构论——以鲁迅对胡应麟的接受为中心》，《明清小说研究》2019年第3期。

|✐ 著述·综述|

中华传统优秀文化的创新与通俗文学批评标准的构建[①]
——评汤哲声《百年中国通俗文学价值评估·史学书写卷》

黄 杨

由江苏凤凰教育出版社出版的《百年中国通俗文学价值评估》是一套由5部著作构成的学术论著丛书，是国家社科重大项目"百年中国通俗文学价值评估、阅读调查及资料库建设"（13&ZD120）的最终成果和国家"十三五"重点出版物出版规划项目。其中被列为第一部的《百年中国通俗文学价值评估·史学书写卷》（以下简称"《史学书写卷》"）由该项目的首席专家汤哲声教授撰写。

这个项目所要解决的核心问题是中国现当代通俗文学的价值评估。既是价值评估，评估标准的科学设定就至关重要。作为项目的首席专家，汤哲声必须要为评估标准的设定提出主导意见。在这部《史学书写卷》中，汤哲声教授以百年中国通俗文学作为学术研究视野，从传统文化、中国故事、市场运作、大众阅读等方面，对中国现当代通俗文学的批评标准做出了设定。

一、传统文化是中国现当代通俗文学价值评估的出发点

汤哲声认为，中国现当代通俗小说是中国传统通俗小说在中国现当代的延续。他说："从发展的角度上说，通俗小说代表着中国小说的传统，也就是'中国的小说'。进入近代，虽然外国小说大规模地被翻译到中国，中国的小说创作在潜移默化中发生

[①] 本文为国家社科基金基础类重点项目"中国当代通俗小说史与大事记整理研究"（20AZW019）的阶段性成果。

着变化,但是总体来说,中国作家的创作还是传统型思维,即使是那些翻译小说也被'削删'成中国的脚穿中国的鞋。"① 传统性决定了中国现当代通俗文学传统文化的文化内核,也决定了中国现当代通俗文学批评标准设定的文化属性。

从传统文化的角度评估中国现当代通俗文学,中国现当代通俗文学作家的很多文化取向、精神气质和政治态度就能够得到合理地阐释。范伯群说,通俗小说是"在内容上以传统的心理机制为核心的,在形式上继承中国古代小说传统为模式的文人创作或经文人加工再创造的作品"②。中国现当代通俗文学作家笔下强烈的家国情怀、民族大义,表现的是中华传统文化中做人的气节。中国现当代通俗文学作品所提出的父慈子孝、天人合一等价值诉求,表现的是中华传统文化中的道德人格和生命认知。对中华传统文化的坚持也突显出中国现当代通俗文学作家与"五四"新文学作家的文化分歧。冲破家庭和自由恋爱是"五四"新文化运动的两大口号。然而,对这两种口号,通俗文学作家并不认同。他们认为冲破家庭是"非孝"的行为,自由恋爱是个性的泛滥。中华传统文化熏陶和培养出的中国现当代通俗文学作家的文化价值观念具有鲜明的传统性。

在新时期坚持和弘扬中华传统文化是中国现当代通俗文学的核心价值。习近平提出:"要使中华民族最基本的文化基因与当代文化相适应、与现代社会相协调,以人们喜闻乐见、具有广泛参与性的方式推广开来。"③ 在这部《百年中国通俗文学价值评估·史学书写卷》中,汤哲声教授将其列为中国现当代通俗文学的批评的核心标准。中国传统文化有积极面,也有消极面。中华传统文化的两面性在中国现当代通俗文学中表现得很明显。既然要对中国现当代通俗文学进行价值评估,其导向性就需要很明确。在这部著作中,汤哲声对张恨水等人的社会言情小说和抗战小说、包天笑等人的社会小说、李寿民和金庸等人的武侠小说、程小青和孙了红等人的侦探小说、唐浩明等人的历史小说、刘慈欣等人的科幻小说都给予了很好的评价,因为这些作家、作品弘扬了中华传统优秀文化精神,是中华传统文化的积极面。同时,在这部著作中,汤哲声对清末民初通俗文学作品中的"寡母精神"和网络文学中基于本能的人性表现给予了批评,因为这些是中华传统文化中的消极面。作为一部价值评估的著作,作者的态度必须鲜明且有根据。应该说,汤哲声教授做得很出色。

---

① 汤哲声:《百年中国通俗文学价值评估·史学书写卷》,江苏凤凰教育出版社 2021 年版,第 6 页。
② 范伯群:《中国近现代通俗作家评传丛书》,南京出版社 1994 年版,第 1 页。
③ 习近平:《习近平谈治国理政》,外文出版社 2014 年版,第 164 页。

二、讲好中国故事是中国现当代通俗文学生命力所在

通俗文学是由宋元时期的"说话"叙事发展而来,类型化、程式化、回目化在传统的通俗文学发展中逐渐形成。中国现当代通俗文学是中国通俗文学发展链条中的一个环节,自然去不掉中国通俗文学所具有的美学特征。正是从这样的认知出发,汤哲声将讲好中国故事视作中国现当代通俗文学价值评估的重要标准。

以人物为叙事中心写人物,还是以情节为叙事中心讲故事,被认为是精英文学(或称雅文学)与通俗文学叙事方式的重要区别。追求情节传奇、弱化人物形象、叙事冗长而琐碎也成为通俗文学的弱点,常常受到学术界的批评。对通俗文学叙事形态,汤哲声没有简单地加以评估,而是进行了客观的分析。他说:"讲故事是以事件的叠加构成情节发展的波动起伏,以因果关系推动情节的发展前行,无穷尽的事件可以构成无穷尽的因果链,冗长与琐碎就成为了通俗小说最常见的弊病。为了避免或减少这样的弊病,事件的传奇(或者是离奇)和情节的曲折就成为通俗小说的必然选择。同样的道理,事件的离奇和情节的曲折是通俗小说的美学套路,如果将这一套路去掉,通俗小说也将不是'通俗小说'。"① 显然,他认为讲故事是通俗文学的标配,通俗文学的叙事弊病是故事叙事形态必然会产生的问题,同样也是通俗文学的标配。承认通俗文学弊病的"胎生性"并不代表让通俗文学的叙事弊病放任自流,而是要在认知通俗文学叙述弊病前提下,对通俗文学叙事系统进行创新性改造。讲好中国故事,关键在于怎样讲得好。

怎样才是通俗文学的好故事?在《百年中国通俗文学价值评估·史学书写卷》中,汤哲声教授提出了三个标准。一是具有中国生活和世俗心态。在这部著作中,汤哲声对中国世俗生活的现代化转型、中国城市平民生活的困苦与心态、改革开放之后带来的社会情绪的涌动以及深层次的问题带来的社会困惑特别关注。讲故事需要社会生活和材料资源,中国本色是通俗文学讲好故事的基础。二是具有与时俱进的创新意识。在中国现当代文学发展中,"五四"新文学展现出的新的文学叙事模式具有很强的现代意识和现代美学,如何将新文学所长融入通俗文学的故事叙述中是中国故事创作现代化转型的重要路径。在这部著作中,汤哲声对张恨水小说给予了高度评价。他认为张恨水的小说是中国故事现代型的叙事模式,并对张恨水的《春明外史》、《金粉

---

① 汤哲声:《百年中国通俗文学价值评估·史学书写卷》,江苏凤凰教育出版社2021年版,第13页。

世家》、《啼笑因缘》作了详尽的评介,借以说明中国故事怎样在张恨水的小说创作中走向了现代化之途。三是对中国故事进行结构性革新,构建具有中国特色的现代型的中国故事叙事模式。汤哲声显然很推崇金庸小说的叙事形态。他认为金庸小说的故事叙述形态是对中国故事传统的叙事形态结构性的革新,并给中国故事现代叙事模式提供了一种范式。"金庸对通俗小说的情节结构做了重大调整。他建构了说故事、写人物的通俗小说情节模式,传奇故事随着人物的成长和人物性格逐步展开,带来的不仅仅是通俗小说事件传奇和情节曲折的性格根据,还是通俗小说故事精练和结构完整的内在要求,道理很简单:由性格的展开而引发的形象塑造成为小说情节结构起承转合的内在驱动力,性格丰富了,再多的事件叠加,情节都显得精练;形象完整了,再漫溢的结构都显得完整。从这个意义上说,金庸小说为中国通俗小说的美学表现增添了新的要素。"① 说故事,显示的是中国故事叙事模式的传统性;写人物,显示的是中国故事叙事模式的创新性。金庸小说讲故事的叙事模式,在汤哲声看来,就是讲好中国故事的标杆。

三、市场运作体现了中国现当代通俗文学活力

通俗文学具有商品的性质,沈雁冰曾经批评这些作家是"金钱主义"②。汤哲声认为沈雁冰的批评并不错,问题在于如何评价"金钱主义"。在中国现当代文学中,无论是精英文学还是通俗文学都追求经济效益最大化,鲁迅等作家也为自己的作品撰写广告。鲁迅说:"虽然大抵是'传播文化'的,而'折本'却是'传播文化'的致命伤。"③ 汤哲声认为通俗文学作家是依存于市场的职业作家,对于在市场中生存发展的通俗文学来说,取得社会效益和经济效益双赢的结果尤其重要。为此,他提出了构建健康的市场运作的评价标准。

在这部论著中,汤哲声对中国现当代通俗文学做出的市场运作的贡献给予了肯定。他认为,中国现当代通俗文学作家是中国第一批具有市场敏感性的职业作家。他们引领着百年中国通俗文学的创作,并推动着中国大众文化潮流的发展。在市场的运作中,中国通俗文学构建了中国市场文学的"三制一广"(作家中心体制、编辑负责制、读

---

① 汤哲声:《百年中国通俗文学价值评估·史学书写卷》,江苏凤凰教育出版社 2021 年版,第 13 页。

② 沈雁冰在《自然主义与中国现代小说》中说,通俗小说在"思想上的一个最大的错误,就是游戏的消遣的金钱主义的文学观念"。见 1922 年 7 月《小说月报》第 13 卷第 7 期。

③ 鲁迅:《〈译文〉复刊词》,《鲁迅全集》(第六卷),人民文学出版社 1991 年版,第 509 页。

者互动制和广告传播),是现代市场文学的引领者与运作策略制定者。他们成功地展开了通俗小说与影视剧等大众艺术的流转,并创造了很多经典的案例,例如平江不肖生的《江湖奇侠传》与电影《火烧红莲寺》、金庸小说改编的影视剧、众多网络小说改编的影视剧等等。与中国传统通俗文学相比较,中国现当代通俗文学具有更强烈的读者意识。无论是办刊还是文学创作,以及作品改编,通俗文学均以读者为中心进行运作。美国社会学家刘易斯·科塞说:"大众文化产业,正因为它是一种产业这个明显的事实,最关心的是销路。产品必须打入市场。在正常活动过程中,销路的要求优先于所有其他考虑。大众文化产品的生产者私下里也许和其他人一样十分关心美学价值和人类显示,但是,作为生产者的角色,他们必须首先考虑商业利润。"① 市场是通俗文学的活力,运作是通俗文学的手段,读者是通俗文学的目标。如果没有了市场运作,通俗文学只会萎靡不振。

如果只是单纯地追求市场效益,市场运作所带来的弊病将显而易见。负面的社会效应以及作品创作的泡沫化都曾对中国现当代通俗文学带来伤害,例如清末民初的黑幕小说、当下那些只追求流量而缺少社会责任的网络小说。因此,要求取得积极、正面的社会效益也就成为了通俗文学构建健康的市场运作评价标准的核心内容。正是从这样的思考出发,汤哲声对张恨水的《啼笑因缘》、秦瘦鸥的《秋海棠》等作品的创作以及市场运作给予了高度评价,认为它们是中国现当代通俗文学市场运作的典范,其中很多经验可以借鉴。

四、阅读最大化是通俗文学成为经典的途径

汤哲声认为,"新文学或精英文学是以人生启蒙作为创作目的,它的理想读者是社会的精英人士,可以称作为'精英读本'。通俗文学追求的是阅读读者的最大化,努力地覆盖社会中各个读者阶层,并不为特定阶层而设定,因此,通俗文学可以称作'大众读本'"②。的确如此,无论是传统文化的呈现、讲好中国故事,还是健康的市场运作,最后的落实是读者的阅读。是否有读者阅读对于通俗文学的重要性要远远大于精英文学。正因为如此,汤哲声将读者阅读的最大化作为通俗文学价值评估的重要标准,并将之视作通俗文学经典化的重要途径。通俗文学的优势就是读者阅读的最大

---

① [美]刘易斯·科塞:《理念人——一项社会学的考察》,郭方等译,中央编译出版社 2001 年版,第 355 页。
② 汤哲声:《百年中国通俗文学价值评估·史学书写卷》,江苏凤凰教育出版社 2021 年版,第 14 页。

化。道格拉斯·弗里克说:"严肃作家的读者可能只有几千个,而通俗作家的读者却多达数百万计,因为后者给了读者所追求的消遣和逃逸。"①

最大化的阅读是通俗文学经典化的标识,但二者并不能画等号,阅读量大并不代表有好的口碑,在通俗文学阅读市场中尤其如此。例如现代通俗文学创作中的那些宫闱小说,都曾经掀起阅读的狂热。最大化的阅读、最好的口碑需要思想健康、艺术圆熟的糅合。在《史学书写卷》中,汤哲声作了有意识的褒贬。以中国现当代通俗文学最大的文类——武侠小说批评为例,武侠小说几乎都有较大的读者群,汤哲声在书中突出了平江不肖生、李寿民、白羽、王度庐、梁羽生、古龙、金庸等人的作品,就在于这些作家、作品不仅仅有很大的读者群,还有家国情怀和对中国生命哲学的阐释,是中国现当代武侠小说的经典之作。

五、中国现当代通俗文学批评标准设定的价值与意义

中国现当代通俗文学的研究一直不够深入,一个重要的原因就是批评标准不够科学。中国现当代文学的批评体系主要是精英文学标准。用精英文学批评标准批评鲁迅等精英文学作家、作品,科学而准确,但批评通俗文学则不合适,因为通俗文学的文化表现、美学传承、运行方式和市场追求都与精英文学有很大的差别。文学是人学,它要表现人的精神状态、社会需求和自然需求,因此文学批评有其终极性,以人学作为批评对象。然而,不同类型的文学有不同的表现形态,文学批评就有适应性。在终极性的设定下建立不同的适应性标准,这样的文学批评才与批评对象相适应,才能产生效果。条条大道通罗马,罗马每条大道周边的风景不一样,都很美。俗话说"布用尺度,米用斗量",讲的就是这个道理。汤哲声在《史学书写卷》中提出了中国现当代通俗文学批评标准,并以百年中国通俗文学创作实践作为批评对象,其价值和意义在于为中国现当代通俗文学构建了适应性的批评标准,在实际运用中也证明了其适用和有效。

汤哲声显然很注重中国现当代通俗文学的特性,他所构建的批评标准具有很鲜明的"通俗性"。他曾撰写了《何谓通俗:"中国现当代通俗文学"概念的解构与辨析》一文,试图明确中国现当代通俗文学的基本概念。他认为,"通俗文学是中国传统文学

---

① [美]道格拉斯·弗里克:《美国文学中的高雅艺术和通俗艺术》,《当代外国文学》1981年第3期。

的延续,依托于大众媒体和市场运作,主要呈现中国传统文化精神的类型化的世俗化阅读"①。在这部《史学书写卷》中,他所构建的批评标准可以看作对中国现当代通俗文学概念进一步的分解和展开。无论是概念,还是标准,汤哲声都努力在中国现当代文学的视野中强调通俗文学的特性和个性。

自20世纪范伯群先生带领他的研究团队开展中国现当代通俗文学研究,取得了很大的成绩——从文学史的撰写,提出"一体两翼"的文学史构想,到"填平雅俗鸿沟",打破文学雅俗的分野。此时,汤哲声构建了通俗文学的批评标准。中国现当代通俗文学研究又向前推进了一步。

从构建批评标准的角度评析这部著作,这部著作还有进一步打磨和拓展的空间。其中,中国网络文学的研究和评估需要加强。中国网络文学是中国现当代通俗文学新的发展阶段。关于中国网络文学与中国现当代纸质的通俗文学具有什么样的传承关系,作者所构建的通俗文学批评标准对中国网络文学的覆盖性如何,都还有进一步阐释的必要。

(作者单位:苏州大学文学院)

---

① 汤哲声:《何谓通俗:"中国现当代通俗文学"概念的解构与辨析》,《学术月刊》2018年第9期。

编后语

陈思广

不知不觉中,《现代中国文化与文学》已出刊到第 40 辑了,辑刊也在学界赢得了广泛的声誉,文章的质量也一直保持在高水平状态,这无论如何是一个值得感念的时刻。

骆寒超先生的大名在我读本科时就如雷贯耳,他对中国现代新诗的精研是其标志性的学术界碑。如今,年近 90 的骆先生依然宝刀不老,笔耕不辍,新作《李金发系列论(一):李金发的诗歌审美观》总结了李金发诗歌审美观的四个方面,认为诗应表现人的内在世界、诗应追求外物象征功能、诗应构建一个想象系统、诗应追求超常语言体式,读来令人击节叹服。的确,读他老人家的大作真是受益匪浅,常读常新。

《南京百年文学史》是张光芒教授 2013 年初接受南京市文联委托,牵头撰写的一部"南京现当代文学史"。他将此课题申请立项为江苏省社科基金项目,并联合张勇、赵磊、陈进武、袁文卓等青年学者一起推进了这项艰巨而具有重要学术价值和文学史学意义的工作。如今,书稿顺利出版,颇得学界好评。张光芒教授约请一些青年学子谈思路、谈收获、谈意义、谈体会,不仅对于地方文学史研究有所裨益,对地方路径视角也有所启发,对学科建设同样有不小的推进意义。

《数字时代的诗为媒:文学生活的跨界建构与话语审美》一文也值得一读。众所周知,数字时代的文学、艺术、新闻等依托媒介技术提供的平台,加速了彼此的融合,同时也各自发现和开掘了更为丰富的可能性与可沟通性,恰如诗歌的创作与传播早已跨越传统文学的边界,以自媒、互媒、融媒的叙事及表达互动重构着人类精神生活中的"诗与远方",形塑出新的文化生活体验。这样的日常生活审美为我们观照媒体诗学等数字文化生产与创意提供了研究新视野和价值审思的新面向。

诗朗诵是诗歌实现"二次传播"的重要途径之一,其所构筑的声音景观极大地丰富了 20 世纪中国新诗的历史面相。巫洪亮的《重审 20 世纪 20—80 年代中国新诗朗诵的声音景观》一文,力图再审20世纪20—80年代中国新诗朗诵的声音景观,再现"有声"诗歌的传播空间由私人寓所向公共舞台延展,再向农村、城市与剧场转换的过程,追溯诗朗诵声音由轻吟慢诵向嚎呼呻唤过渡,再向激越豪迈转变的历程,以学理的眼光辨析了这一时期中国新诗声音传播的可能与限度,也让我仿佛回到了那个时代。

  文学档案与相关的史料文章是我们多年来坚持的一个特色栏目。随着电子数据库的普及与相关档案的开放,越来越多的佚文与档案材料得以发掘,以往纸本所收不足或有限的问题随之凸显出来。相应的,一大批"新发现的××史料×则"或"新发现的××佚文(通信)释读"之类的稿件迅速激增。在我们的审稿过程中,这类稿件有时竟占三分之一左右。当然,史料的新发现对于作家作品或文学史现象的研究有着不可忽视的积极意义,但如果仅仅是新材料的一般性展示而没有对其意义的深入发掘,或者材料本身就没有多大的学术价值,这样的"新发现"未必就是有意义的新发现。特别是作者没有就这一史料提炼出相关的问题,没有上升到现象与本质的高度,仅以平平如也的"新发现的××作家的×篇佚文(通信)"为题行文,就很难吸引审稿者的眼光,当然也很难抓住读者的眼球。每当看到这类题目的时候,我常常想:作者能不能打开就事论事的视野,把题目做得敞亮一点?将史料的线索再上下左右勾连一点?将其内涵与意义做得再丰富扎实一点?把发掘的价值再彰显明晰一点呢?当然,像沈卫威老师那样多角度、多层次、由表及里的深入思考,让史料活起来的功力,对很多青年学者而言有很大的难度,但我们能不能将沈老师的方法作为我们史料研究的一个标尺而努力师法呢?我觉得这是可行的。